JN437708

제 6 판

# 민법총칙

홍 성 재

DY DAE YOUNG CO. 도서출판 대영문화사

# 제6판 머리말

2013년 제5판에 이어 제6판을 내게 되었다. 이 번 개정판은 책의 분량을 늘리지 않으면서 새로 나온 판례와 학설을 충실하게 보완하고자 하였다. 그리하여 일부 판례는 본문에 판례번호만을 기재하고 그 요지는 삭제는 것으로 하고, 새로 나온 판례의 요지를 그 부분에 넣었다. 그리고 이 번 개정판에서는 본문의 설명이 조금 장황한 부분을 간략하게 수정하였으며, 물론 설명이 부족하거나 불명확한 부분은 보완하였다.

특히 불법행위책임의 요건으로서의 과실 개념에 관한 부분과 법인의 대표권제한에 관한 부분, 계약성립의 유형의 설명에 관한 부분, 제한능력자의 설명 부분, 비정상적 의사표시에 관한 부분, 대리제도에 관한 부분, 법률행위의 유효요건에 관한 부분, 법률행위의 무효와 취소 부분, 권리남용제도의 설명부분, 소멸시효에 관한 부분 등 민법총칙의 전반에 걸쳐 판례의 소개라든가 학설의 설명에서 수정 보완을 하였다.

법학전문대학원의 도입으로 학부 법학과의 존재의의를 묻는 이가 적지 않다. 하지만 여전히 학부 법학과의 존재의의는 크다고 할 수 있을 것이다. 이제는 사법시험을 목표로 교육과정을 운영할 수는 없게 되었지만, 변호사 이외의 법학 수요는 여전하다. 더욱이 민법은 우리 삶에 필요한 재화와 용역의 획득과 교환을 위한 제도로서 계약법과 부동산이나 동산과 같은 물건에 대한 지배법으로서 물권법을 포함하고 있다. 또한 민법은 사회생활을 하면서 발생하는 손해에 대한 피해구제법으로서 기능한다.

그런데도 법학교육을 위한 학제개편은 법 이론서에 대한 수요를 감소시키고 있다. 그 결과 법학서적 출판계의 사정은 말할 수 없이 어렵다. 이러한 상황에서 계속해서 개정판을 내는 것은 책에 대한 무한한 애정과 관심이 없으면 할 수 없는 일이다. 그럼에도 불구하고 또 다시 개정판의 출간을 흔쾌히 들어 주신 대영문화사 임춘환 사장님의 후의와 배려에 감사드린다. 역시 정재훈 과장님의 이 책에 대한 애정과 관심에 고마움을 전한다.

2016년 7월 1일
洪性載 씀

# 제5판 머리말

대체로 민법을 말할 때, 사회공동생활의 질서유지를 위한 법규범의 일부로서 개인 상호간의 경제적・가족적 생활관계를 규율대상으로 하는 사법의 일반법이라고 개념 정의한다. 그런데 기능적 측면에서 볼 때, 민법은 자기사무(신상보호, 의식주에 필요한 재화와 용역의 획득, 획득한 재산의 관리)의 처리에 관한 법이면서 권리 기타 법익의 침해로 인한 피해에 대한 구제법(물권적 구제법, 채권적 구제법)이라고 할 수 있다.

이 경우 자기사무의 처리에 관하여 민법은 사적자치의 원칙을 적용하면서, 자기사무의 처리능력이 결여되거나 부족한 자를 보호하기 위하여 행위무능력자제도를 마련하여 사적자치의 능력을 보완하고 있었는데, 최근에 민법을 개정하여 그 보호에 관한 페러다임을 전환하였다.

특히 사회복지적 관점에서, 기존 행위능력・후견제도를 현재 정신적 제약을 가지고 있는 사람은 물론 미래에 정신적 능력이 약해질 상황에 대비하여 후견제도를 이용하고자 하는 사람이 재산 행위뿐만 아니라 치료, 요양 등 복리에 관하여 도움을 받을 수 있는 성년후견제로 개편하였다.

우선 행위무능력자를 제한능력자로 개념 정리하면서 그 범주를 미성년자, 피성년후견인, 피한정후견인, 피특정후견인, 피임의후견인으로 구분하고, 이들의 후견을 가족후견인제에서 전문후견인제로 전환하면서 후견인의 감독기관으로 친족회를 폐지하고 후견감독인제를 도입하였다. 그리고 피성년후견인 등과 거래하는 상대방을 보호하기 위하여 피후견인의 제한된 능력의 범위라든가 후견인의 권한 범위, 그리고 후견계약 등에 대하여 등기로 공시하도록 하는 후견등기에 관한 법률을 제정하여, 개정민법과 함께 2013년 7월 1일부터 시행에 들어갔다.

이에 이 책을 다시 개정하게 되었다. 물론 입양제도 등 친족편의 개정내용과 아울러 새로운 판례와 학설도 반영하였다.

법학교육을 위한 학제개편의 영향으로 법 이론서에 대한 출판계의 사정은 말할 수 없이 어렵다. 이러한 상황에서 계속해서 개정판을 내는 것은 책에 대한 무한한 애정과 관심이 없으면 할 수 없는 일이다. 그럼에도 불구하고 또 다시 개정판의 출간을 흔쾌히 들어 주신 대영문화사 임춘환 사장님의 후의와 배려에 감사드린다. 역시 정재훈 과장님의 이 책에 대한 애정과 관심에 고마움을 전한다.

2013년 7월 1일

洪性載 씀

# 제4판 머리말

주지하듯이 민법은 판덱텐의 체계에 따라 재산권을 물권과 채권으로 준별하여 규율하고 있다. 그런데 이러한 규율체계는 '경제적 생활관계'의 차이가 아니라 '법적 효과'의 차이에 근거하고 있어 '이론과 실무의 괴리'가 발생하게 된다.

그리하여 그동안 "민법의 편별보다는 생활사실의 유형성 · 친근성"(양창수, 민법학 교육의 문제점과 개선방향, 민사법학 제17호(1999), 237면)이 일차적인 교재편찬의 기준이 되어야 한다거나, 민법교육에 있어서도 "민법전의 체제에서 벗어나야 길이 보인다."(김동훈, 민법학 교육, 무엇이 문제인가, 연세대 법학연구 제12권 제2호(2002), 46면)거나, 민법의 강의방법도 민법전의 체계에 따른 "체계적 접근법"을 지양하고 민법의 주요 주제를 기준으로 하는 "주제별 접근법" 또는 "기능적 접근법"을 취하여야 한다(김재형, 새로운 민법교육의 체계와 방법: 서울대의 경우, 민사법학 제45-1호(2009), 51면)는 주장이 있어 왔다.

그렇지만 기존 교재는 위의 과제를 실천하고 실현하기에 적절하다고 하기는 어렵다. 물론 기존의 민법교재가 법학교육 및 법조인 양성교육의 교재로서의 역할을 하지 못한다는 것은 아니다.

그렇다면 어떠한 교재가 민법학 강의에 적절한 것이라고 할 수 있겠는가?

무엇보다도 기존 교재와 차별화되면서 **양적으로 통합**된 교재가 아니라 **질적으로 통합된** 체계서를 집필할 필요가 있다고 할 것이다. 그리고 실천적 **법학교육** 및 **법조인 양성교육에 부응한** 교재를 집필할 필요가 있을 것이다. 즉, 민법전의 편별보다는 생활사실에 즉응하여, 재산법을 물권법과 채권법으로 준별하지 않고 계약법 영역과 물권법 및 민사 피해구제법의 영역으로 구분하여 체계화할 필요가 있다고 할 것이다.

이번의 개정판에서는 위와 같은 체계서의 출간을 기대하면서 이 책의 상당부분을 손질하였다. 첫째, 법인 이사의 대표권 제한 위반의 효과 부분과 법인 아닌 단체의 법률관계 부분을 정비하였다. 둘째, 성년후견제의 도입(2013. 7. 1. 시행 예정)에 따라 "행위무능력자제도"를 "제한능력자제도"로 변경하고 그에 관한 설명 부분에 개정된 내용을 요약 · 소개하였다. 셋째, 개정된 법률의 내용을 반영하였으며, 종래에 소개하였던 참고판례 중에서 일부는 빼고 새로 나온 판례를 넣었다. 넷째, 이미 소개하였던 2004년의 민법개정안은 그대로 두었고, 법인 · 시효에 관한 민법개정안이 국회에 상정되었는바(2011. 6. 22.), 그에 관한 내용도 관계되는 곳에서 소개하였다.

특히 이번 개정판은 제4판으로 하면서 편집형식을 대폭 변경하였다. 그러다 보니 완전히 새롭게 책을 출간하게 되었다. 이 자리를 빌어 대영문화사 임춘환 사장님의 후의와 배려에 온 마음으로부터 감사의 말씀을 드린다. 그리고 정재훈 과장님의 이 책에 대한 애정과 관심에 감사의 마음을 전한다.

2012년 2월

홍성재 씀

# 전정판 머리말

이번에는 다소 많은 부분을 수정·보완하였다. 제2판을 낸 후, 민법의 개정이 있었고 호적법이 폐지되고 가족관계의 등록 등에 관한 법률이 시행되는 등 법률의 제·개정이 있었으며, 참고하여야 할 대법원의 판례도 상당히 많이 나왔기 때문이다. 그리고 개정판에서 미처 손질을 하지 못한 부분도 이번 판에서는 과감하게 정비하려고 하였다. 그래서 전정판으로 출간하기로 하였다. 특히 법률행위의 유효 요건에 해당하는 '제2장 제3절 의사능력·행위능력' 부분을 제3장 제3절로 옮겨 편집하였다. 그 결과 목차 및 색인도 새로 작성하게 되었다. 또한 설명이 부족하였거나 미흡하였던 부분(예: 주체와 주체의 관계 부분, 착오에 의한 의사표시의 유형 부분, 법인 아닌 단체에 관한 판례 등)을 좀더 명확하고 자세하게 보충하였다. 그리고 성년후견제도의 도입에 관한 민법개정안(2009. 9. 18.)의 내용과 가계약에 관한 내용을 새롭게 삽입하였으며, 사실적 계약관계론의 형성과 전개에 관한 부분은 삭제하였다. 특히 1999년에 발족한 민법개정특별분과위원회의 작업을 토대로 2004년 10월 21일 정부안으로 국회에 상정되고, 이 책에 소개하였던 민법개정안은 제17대 국회의 폐회로 자동 폐기되었지만, 2009년 2월에 발족한 민법개정위원회의 활동 결과가 나올 때까지는 여전히 참고의 가치가 있다고 보아 그대로 두었다. 어쨌거나 삭제한 부분보다 보충한 부분이 많아져서 책의 부피가 더 커지게 되었다.

개정판의 머리말에서 지적한 바와 같이 민법을 공부할 때는 민법의 규율대상과 방법 및 그 역할을 직시할 필요가 있다. 그중에서도 특히 민법의 기능 내지 역할을 염두에 두고 법개념과 법제도를 파악할 필요가 있다. 민법은 물권을 침해하거나 방해하는 경우에 물권적 청구권을 행사하여 그 침해나 방해 상태를 중지하도록 하거나, 채무자가 채무의 내용에 좇은 이행을 하지 않는 경우에 강제이행을 통하여 채권의 목적을 달성할 수 있도록 하며, 채무불이행이나 불법행위로 인하여 피해자가 손해를 입은 경우에는 손해배상책임을 물어 당사자가 입은 피해를 구제받을 수 있게 한다. 또한 민법은 경제활동의 행위규범으로서 기능한다. 즉, 계약을 체결하여 사적인 법률관계를 형성하고자 하는 경우라든가 물건을 지배하는 경우에 행위준칙으로서 기능한다. 아무리 계약 자유의 원칙이 적용된다고 하더라도 그것은 법질서를 해하지 않는 범위에서 인정된다. 그리고 물건에 대한 지배권은 법률 또는 관습법이 정한 종류와 내용에 따라서 형성할 수 있다. 나아가 민법은 법적 지위를 강화하거나 불안을 제거하는 기능을 하기도 한다. 가령, 채권자는 보증인을 세우게 하거나 담보물권을 설정하여 채권의 만족을 확보하거나 보전할 수 있게 한다.

계속해서 하는 말이지만, 법률의 제·개정 및 판례의 출현 등으로 매년마다 그 내용의 변경을 요구하는 법률 서적의 출간은 경제나 경영의 측면에서는 썩 마음에 드는 일이 아니다. 더군다나 너무 많은 부분을 수정·보완하게 되면 새롭게 책을 출판하는 것과 마찬가지의 결과가 되므로 더욱 그렇다. 그럼에도 불구하고 필자의 요구를 흔쾌히 들어 주신 대영문화사 임춘환 사장님의 후의와 배려에 감사드린다.

2009년 7월 1일
洪性載 씀

# 초판 머리말

이 책은 필자의 강의안을 보완하여 출간한 것이다. 이미 시중에 민법총칙이라는 이름의 대학교재가 많이 나와 있으나, 또 같은 책을 출간하기로 마음먹은 데에는 나름대로의 이유가 있다. 무엇보다도 필자의 강의안을 공간하여 열린 교재로 사용하고자 함에 있다. 매 학기마다 교재를 선정하여 강의를 시작하기는 하지만, 강의를 하다 보면 교재와 달리 강의를 진행하는 경우가 있기 때문이다. 이는 교재를 잘못 선택한 데에 그 원인이 있는 것이 아니라, 대부분의 민법총칙 교재가 저자들의 욕심 탓인지 모르겠지만 교과서라기보다는 오히려 주석서라고 해야 할 정도로 너무 많은 내용을 담고 있다는 데에 주된 원인이 있다고 생각한다. 일반적으로 민법총칙은 법학을 공부하는 학생들이 맨처음 만나게 되는데, 그 교재의 방대함으로 인하여 학생들로 하여금 책장을 펼쳐보기도 전에 주눅들게 할 뿐 아니라 아예 공부할 의욕을 잃어버리게 한다. 그래서 이 책에서는 그 내용을 대폭 줄였다. 그렇다고 그 내용이 빈약한 것은 절대 아니다.

그리고 이 책은 법의 문외한이 처음 법학 공부를 시작할 때 보게 된다는 점을 염두에 두고 쓰여졌다. 대체로 법학 교재들은 책의 첫 장부터 일상생활에서는 사용하지도 또 이전에는 들어보지도 못한 법률용어를 사용하여 선뜻 다가오지 않는 법개념 내지 법제도들을 설명하고 있다. 민법총칙 교과서라고 해서 예외가 아니다. 오히려 민법총칙은 일반적이고 추상적인 내용을 담고 있어 더욱 그렇다. 즉, 민법총칙은 민법의 모든 분야에 걸쳐 기초가 되는 기본 이념과 기본 제도의 집합체라고 할 수 있기 때문이다. 따라서 민법총칙의 내용을 제대로 이해하기 위해서는 물권법과 채권법의 내용까지도 아울러 공부하여야 하는 부담이 있다. 그리하여 법학 공부는 민법총칙에서 시작하여 민법총칙으로 끝난다고 말하기도 한다. 민법총칙이 법학에서 차지하는 비중이 그만큼 크다는 말일 것이다. 이 책에서는 이러한 민법총칙의 중요성을 인식하고 좀더 쉽게 흥미를 가지고 민법 공부를 시작할 수 있도록 서술하려고 노력하였다.

첫째, 이 책에서는 민법총칙을 권리 중심으로 서술하지 않고 사법관계를 중심으로 서술하였다. 기존 민법총칙 교과서는 대체로 서론, 권리의 주체, 권리의 객체, 권리의 변동, 권리의 소멸시효 등으로 나누어 민법총칙을 권리 본위로 체계화하고 있다. 이러한 까닭으로 종래의 교과서는 그 내용이 구체적 사실관계와는 동떨어져 있어서, 민법총칙이 갖고 있는 역할을 파악하지 못하고, 사뭇 추상적으로 받아들여진 느낌이 없지 않았다. 그리하여 이 책에서는 민법이 규율 대상으로 하는 사법관계를 상정하고, 사법관계의 당사자 · 사법관계의 형성 · 사법관계의 내용으로 나누어, 사법관계를 중심으로 민법총칙을 이해할 수 있도록 서술 방식을 채택하였다. 즉, 민법의 총론을 제1장에서 다루고, 제2장 사법관계의 당사자(자연인과 법인), 제3장 사법관계의 형성(법률행위의 성립과 효력), 제4장 사법관계의 내용(권리 · 의무의 개념, 권리의 객체, 권리의 행사와 의무의 이행, 권리의 소멸 등)을 다루고, 마지막 제5장에서 기간을 설명하였다. 이러한 서술 방식은 민법전의 편제와 형식적으로는 차이가 있으나, 실질적으로는 민법총칙이 사법관계의 규율에 어떠한 의미와 기능을 가지고 있는지를 좀더 용이하게 파악할 수 있도록 해 줄 것이다.

둘째, 법개념이나 법제도를 설명하는 경우에 그 종류 등을 나열하여 기술하는 것을 지양하고, 구체적 사실관계를 상정하여 그 속에서 법개념이나 법제도가 어떠한 기능과 역할을 갖고 있는지를 밝히는 데 주안을 두었다. 법개념이나 법제도는 문제의 해결을 위한 법적 장치 내지 수단이기 때문이다. 물론 그것의 내용을 알아야 구체적 사건에서 그것이 어떠한 내용으로 적용되는지를 파악할 수 있지만, 법률용어에 익숙치 않은 학생들의 입장에서 볼 때, 개념풀이식 서술 형태로는 법개념이나 법제도의 내용을 외우는 데 급급한 나머지 그 개념이나 제도가 어떠한 기능과 역할을 갖고 있는지를 파악하면서 공부하기란 쉽지 않다. 흔히들 법개념 내지 법제도는 암기하려고 하지 말고 이해하려고 노력하여야 한다고 말한다. 교과서에서 설명하고 있는 어떠한 법개념이나 법제도를 외우고 있더라도 그것을 구체적인 법률문제의 해결을 위한 법적 수단으로서 활용하지 못하면 많은 내용을 암기한들 아무런 소용이 없기 때문이다. 하기야 낯선 법개념이나 법제도의 설명이 이해가 잘 안 될 경우에는 무조건 외우고 보자는 식의 태도도 법학 공부의 한 가지 방법일 수는 있다. 그러나 무턱대고 암기하는 것은 금물이다.

한편 이 책에서는 그림과 정리표를 부가하여 학생들이 문제의 쟁점을 한눈에 파악하고 논리의 전개 과정을 분석하고 이해할 수 있도록 하였다. 다만, 좀더 많은 그림을 삽입하려고 하였지만 책이 산만해질 염려가 없지 않고 또 책의 분량도 늘어날 것이라는 점에서 최소한의 그림만을 넣기로 하였다. 이 책의 그림은 이토 마고토(伊藤眞)의 민법총칙 교재에서 아이디어를 얻은 것임을 밝혀둔다. 특히 이 책에는 2002년에 제안된 민법개정 시안을 관계되는 곳에 제안 이유와 함께 실었다. 또한 법학을 공부하는 경우에 판례의 중요성은 다시금 강조할 필요가 없을 것이다. 그래서 이 책에서는 민법총칙과 관련한 중요 판례를 최근의 것까지 그 요지만을 선택해서 실었다. 물론 관련 사실을 적시하여 어떠한 사안에서 그러한 판시를 하였는가를 확인할 수 있도록 하는 것이 바람직하기는 하지만, 이는 민법총칙 교과서에서 다룰 것이 아니라 별도의 판례 교재가 담당해야 할 몫으로 넘기기로 하였다. 그리고 오늘날은 정보통신기술의 발달로 인터넷으로 국내의 정보는 물론이고 다른 나라의 정보도 쉽고 빠르게 접할 수가 있다. 당연히 법학 관련 문헌이나 판례도 컴퓨터를 통하여 손쉽게 검색할 수 있게 되었다. 그래서 이 책에서는 판례를 인용하면서 검색에 필요한 판례번호만을 들어 두었다. 민법 조문도 조문번호만을 표기하였다.

권리는 독자적으로 인정되고 보장되는 것이 아니라 어디까지나 사회관계 속에서 그 지위를 보장받아야 한다. 또한 권리와 더불어 의무도 강조되어야 한다. 권리의 이면에는 대체로 의무가 있고 권리자는 동시에 의무를 부담하는 것이 상례이기 때문이다. 사정이 이러할진대 오늘의 우리들은 사회관계 속에서 권리만을 주장하지 그에 따르는 책무는 뒷전이다. 이제는 권리 중심적 사고를 떠나 의무 본위 사고로의 전환이 좀더 요청되는 시점이라고 하겠다. 아무튼 이 책은 완성된 책이 아니다. 모쪼록 독자 여러분의 질정을 기대하면서, 더욱 손질하고 보완하여 독자들이 만족할 수 있는 책이 되도록 노력할 것을 다짐한다.

끝으로 이 책이 나오기까지 애정어린 관심과 따뜻한 가르침으로 필자를 학문의 길로 이끌어 주신 성균관대학교 고상룡 교수님께 이 자리를 빌어 감사의 말씀을 드린다. 또 경영상의 어려움이 예상됨에도 이 책의 출판을 흔쾌히 수락해 주신 대영문화사의 임춘환 사장님의 후의에 감사드린다. 그리고 바쁜 와중에도 기꺼이 책의 체제와 내용을 검토하고 교정을 보아 준 성균관대학교와 공주대학교의 강사인 김병두 박사에게 고마움을 전한다. 또한 책을 쓴답시고 남편으로서 또 아빠로서의 책무를 다하지 못하였음에도 옆에서 묵묵히 지켜봐 준 가족들에게 고마움을 느낀다.

2003년 6월 30일<br>금강이 내려다 보이는 연구실에서<br>洪性載 씀

# 차 례

# 민법
# 총칙

# 제 1 장 총 론

## 제 1 절 민법의 의의

### 1 민법의 개념

#### 1) 개 관

우리는 태어나면서부터 생명을 다할 때까지 가족생활·사회생활·직장생활 등을 하면서 의식하든 의식하지 않든 항상 법과 관련을 맺고 살아간다. 그중에서도 민법과 밀접한 관련을 가진다. 민법은 사람이 세상에 태어나서 생존하는 동안에 다른 사람들 및/또는 사물에 대하여 맺는 가족관계라든가 재산관계를 그 규율 대상으로 하기 때문이다. 이러한 민법은 특정한 사람·장소·사항에 한정하지 않고 일반적으로 적용될 것을 예정하고 있다. 그래서 민법은 사법의 일반법이라고 일컬어지고 있다. 이는 민법을 실질적으로 파악한 것으로 형식적 의미의 민법과 일응 구별된다.

#### 2) 형식적 의미의 민법

형식적 의미의 민법이란 1958년 2월 22일 법률 제471호로 제정·공포되고, 1960년 1월 1일부터 시행된 '민법'이라는 이름의 성문법전을 의미한다(현행 민법전의 연혁과 체제에 대해서는 제1장 제4절 참조). 성문민법전의 내용은 대부분 실질적 의미의 민법에 해당하지만, 절차법규범이나 형사법규범 등도 포함되어 있다. 가령, 실종선고 및 취소의 절차(제27조, 제29조) · 채무의 강제이행(제389조) 등의 규정은 절차법규범에 해당하고, 법인의 이사 등에 대한 벌칙(제97조)에 관한 규정은 형사법규범에 속한다.

### 3) 실질적 의미의 민법

우리가 보통 민법이라고 말할 때는 민법전을 가리키지만, 민법학에서 말하는 민법은 모든 사람들의 사적인 생활관계에 일반적으로 적용되는 실질적 의미의 민법을 지칭한다. 실질적 의미의 민법이란 사회 공동생활의 질서 유지를 위한 법규범의 일부로서 개인 상호간의 경제적 · 가족적 생활관계를 규율하는 사법의 일반법이라고 개념정의할 수 있다. 이를 분설하면 다음과 같다.

#### (1) 법으로서 민법

민법은 법규범의 일부이다. 즉, 민법은 사람의 사회생활관계를 규율하는 법규범의 하나이다. 다만, 규범으로서의 법의 특징은 정치적으로 조직된 사회인 국가의 강제력에 의하여 그 실효성이 보장된다는 데 있으나, 다른 법과 달리 민법에서는 국가의 강제성은 최소한에 그치고 당사자 간의 자율성이 강조된다. 민법은 이성적 존재로서의 인간을 상정하고, 사람에게 인간으로서의 존엄과 가치를 바탕으로 법적 주체로서의 지위를 부여함과 동시에 개인의 의사에 권리형성력을 부여하여 자신의 자유로운 의사에 좇아 법률관계를 형성하도록 하고 있다. 즉, 민사관계의 형성은 사적자치를 원칙으로 한다. 물론 이러한 자기결정에 기초한 사적자치의 원칙은 법질서의 테두리 내에서 허용된다.

**법의 이념**

일반적으로 **정의 · 합목적성 · 법적 안정성**을 법의 이념으로 들고 있다.

i) **정의**란 같은 것을 같게 다른 것을 다르게 취급하는 것을 말한다(H. Henkel, *Einführung in die Rechtsphilosophie*, 2. Aufl., 1977, S.395f.). 그런데 우리는 이러한 정의를 근거로 하여 곧바로 법 내용을 도출할 수는 없다. 즉, 정의는 시대와 장소에 따라 달라질 수 있기 때문에 정의에 대한 판단도 각자의 가치관이나 세계관에 따라 달라질 수 있다.

ii) 여기에서 정의와 나란히 법 이념의 두 번째 요소로서 **합목적성**이 요구된다. 법의 이념으로서의 정의는 절대적인 기준이나 일정한 도식에 의하여 그 내용이 정해지는 것은 결코 아니고, 합목적적 판단에 의하여 그 내용이 밝혀진다고 할 것이다. 문제는 합목적적 판단은 일의적으로 답할 수 없다는 데 있다. 특히 민주주의 국가에서는 상대주의적 세계관이 지배하기 때문에 어떤 목적 하나만이 절대적으로 인정되지 않는다. 가령, 국민의 재산권은 보장되지만, 재산권의 행사는 공공복리에 적합하도록 하여야 한다(헌법 제23조 제2항). 그렇다고 정의를 상대주의적으로 다양성에 내맡길 수는 없다. 법은 공동생활의 질서이기 때문이다.

iii) 이리하여 **법적 안정성**이라고 하는 법의 제3의 요구가 등장한다. 법은 법 자체의 안정성과 사회질서의 안정성을 요구한다. 법의 안정성이 보장되면 사회질서의 안정도 보장된다. 법이란 행위규범인 동시에 재판규범이기 때문에 그것이 자주 변경되면 국민이 행동의 지침을 잃게 될 것이며 사회도 안정될 수가 없다. 법이 사회질서를 유지할 힘을 잃게 되면 법으로서의 존재 의의도 상실하게 된다. 따라서 법적 안정성, 즉 법에 의한 사회질서의 안정 유지 또한 법의 근본적인 가치이고 법의 목적이라 할 수 있다(G. Radbruch, *Rechtsphilosophie*/법철학(최종고 역), 삼영사, 1975, 109면).

### (2) 사법으로서 민법

① 법은 그 규율 대상인 법률관계에 따라 공법과 사법으로 나뉜다. 공적인 생활관계를 규율하는 법을 공법이라 하고, 사적인 생활관계를 규율하는 법을 사법이라고 한다. 개인의 사적인 생활관계를 규율 대상으로 하는 민법은 사법이다. 그런데 무엇을 기준으로 양자를 구별할 것인가는 문제이다.

② 공법과 사법의 구별 기준에 대해서는 이익설(법의 목적이 공익에 있느냐 사익에 있느냐를 구별 표준으로 하는 설), 주체설(법률관계의 주체가 국가 등이냐 사인이냐를 기준으로 구별하는 설), 성질설(규율 대상이 불평등관계인지 평등관계인지에 따라 구별하는 설), 생활관계설(규율 대상이 국민으로서의 생활관계인지 인류로서의 생활관계인지에 따라 구별하는 설) 등이 대립하고 있다. 판례(2006마117결정)는 성질설을 따르는 것으로 보인다(송덕수, 4면).

그러나 어느 학설이 타당하다고 단정지을 수는 없다. 즉, 이익설은 법의 규율 내용이 공익과 사익 모두를 보호하는 경우를 설명하기 어려우며, 주체설은 국가 등이 사경제 주체로서 활동하는 면을 설명하기 곤란하고, 성질설에 따르면 국제법을 사법으로 친자관계법을 공법으로 보아야 한다는 결과가 된다. 그리고 생활관계설에 대해서는 그 구별 기준이 모호하다는 비판이 있다.

③ 어쨌든 규율 원리라든가 소송 형태 등에서 공법과 사법의 구별은 필요하다. 공법과 사법은 다음의 기준에 따라 일응 구별할 수 있을 것이다.

공법이란 국가 또는 지방자치단체와 그 구성원(국민, 시민) 사이의 통치관계(정치적 생활관계)를 규율하는 법을 말하고, 사법이란 개인 간의 사적 생활관계(경제적 생활관계와 가족적 생활관계)를 규율하는 법을 의미한다. 따라서 국가 등이 사경제의 주체로서 법률관계에 관여하는 경우에 그 법률관계는 사법관계로서 사법이 적용된다. 이 경우 공법은 고권적(高權的) 행정의 원리가 지배하고 사법은 사적 자치의 원리를 그 기본 원리로 한다. 즉, 공법은 기속적인 결정을 내용으로 하고 사법은 자유로운 결정을 내용으로 한다(이영준, 4면). 특히 행정사건의 경우에는 행정심판이 인정되며(행정심판법 제3조), 행정소송은 피고의 소재지를 관할하는 행정법원의 전속관할에 속한다(행정소송법 제3조). 한편 공법은 시대와 장소에 따라 변화하는 데 비하여 사법은 보편적인 법이라고 할 수 있다. 실제로 2천 년 전의 로마사법이 오늘의 사회에서도 대체로 타당하다는 점에서 그렇다고 할 수 있다.

**판 례**

어떤 법률관계가 불평등한 것이어서 민법의 규정이 배제되는 공법적 법률관계라고 하기 위하여는 그 불평등이 법률에 근거한 것이라야 하고, 당사자 간의 불평등이 공무원의 위법한 강박행위에 기인한 것일 때에는 이러한 불평등은 사실상의 문제에 불과하여 이러한 점만을 이유로 당사자 사이의 관계가 민법의 규정이 배제되는 공법적 법률관계라고 할 수 없으므로, 재단의 이사장직에서 사임한다는 의사표시의 성립 과정에 국가공무원들의 불법적인 강박행위가 개재되어 있었다 하더라도 사임의 의사표시를 하도록 강박하고, 그 의사표시를 당해 법인에 전달한 국가공무원의 행위를 가리켜 국민의 재산권을 수용하는 수용에 유사한 행정처분이라고 볼 수는 없다(95다40038판결, 방송사 주식을 국가에 증여하기로 하는 증여계약의 체결 과정에 국가공무원의 강박행위가 있었던 경우에 관한 93다6409판결도 참조).

### 법률관계의 개념 · 내용 · 형성

i ) 법률관계의 개념

사람의 사회생활관계 중 법의 규율을 받는 생활관계를 법률관계라 하고, 기타 도덕 · 관습에 의하여 규율되는 관계를 인간관계라고 한다. 가령, 친구의 집들이에 초대받은 관계라든가 타인의 승용차를 얻어 타는 관계는 인간관계이나, 집들이에 필요한 음식을 음식점에 주문하는 행위라든가 택시나 버스의 이용행위는 법률관계이다.

법률관계와 구별하여야 하는 개념으로 법률제도가 있다. 법률관계는 매매·임대차관계처럼 구체적인 당사자의 생활관계를 전제로 하는 개념이고, 법률제도는 매매제도·임대차제도와 같이 구체적 당사자를 상정하지 않은 추상적인 개념이다.

ii) 법률관계의 내용

법률관계는 권리와 의무를 그 내용으로 하는데, 권리란 법에 의해서 보호되는 이익 내지 힘이라고 정의할 수 있고(**권리법력설의 입장**), 의무는 권리와 표리관계에 있는 법률상의 구속을 뜻하는 것으로 설명한다(**가령, 이영준, 30면**). 그런데 이러한 설명은 청구권에서는 타당하고 이를 일반화하는 것은 무리가 있다(**자세한 것은 제4장 제1절 2. 2) 참조**). 아무튼 의무자가 법적 의무를 이행하지 않으면 권리자는 의무의 이행을 청구하여 이를 강제할 수 있다. 물론 반드시 권리에 대응하여 의무가 또는 의무에 대응하여 권리가 존재하는 것은 아니다. 가령, 취소권(**제5조 제2항 등**)과 같은 형성권은 권리만 있고 이에 상응하는 의무가 없으며, 감독의무(**제755조**)는 의무만 있고 그에 상응하는 권리는 없다. 또한 친권과 같이 의무의 속성을 함께 가진 권리도 있다.

iii) 법률관계의 형성

사람의 생활관계가 변동함에 따라 법률관계도 역시 끊임없이 형성된다. 오늘날 자본주의의 법질서는 개인에게 인격의 자유에 기초하여 권리능력을 인정하고 또 개개인에게 주어진 권리를 토대로 계약을 통해서 사회 경제생활을 하도록 한다. 이렇게 해서 법률관계도 끊임없이 발생·변경·소멸된다. 이러한 법률관계는 권리와 의무를 그 내용으로 하므로 그 형성은 권리와 의무의 변동이 된다. 따라서 법률관계의 형성은 권리의 측면에서 권리의 발생·변경·소멸의 모습으로 나타나며, 권리의 주체를 중심으로 보면 권리의 득실·변경으로 나타난다.

| 법률사실 | → | 법률요건 | = | 법률효과 |
|---|---|---|---|---|
| (청약+승낙) | | (임대차) | | (권리·의무의 발생) |

iv) 법률관계의 형성 원인

법률관계가 형성된다는 것은 일정한 원인에 근거하여 법률관계의 당사자에게 법률효과(**권리와 의무**)가 발생한다는 것을 의미한다. 법률효과의 발생 원인을 이루는 것을 법률요건이라 하고, 법률요건을 이루는 개개의 사실을 법률사실이라 한다. 가령, 법률사실로서 임대인의 임대의사(**청약**)와 임차인의 임차의사(**승낙**)가 합치하여 임대차계약이라고 하는 법률요건이 성립되면, 임대인의 목적물 인도의무와 임차인의 차임지급의무 등 임대차의 효과가 발생한다. 법률요건에는 위의 임대차계약과 같은 법률행위와 법률의 규정이 있다. 즉, 제750조와 같은 법규가 정하는 요건을 충족하게 되면 손해배상청구권이라고 하는 법률효과가 발생한다.

**법률관계의 중심 개념**

i) 권리 본위

법은 당위를 내용으로 하는 규범이므로, 그것은 명령·금지의 모습으로 나타나게 마련이다. 따라서 법이 발전해 오는 초기에는 법은 개인을 구속하는 것이라고 의식되었고 법률관계는 의무 본위로 파악되었다. 그러나 개인의 존엄성과 가치가 강조됨에 따라 의무보다는 권리의 관념이 강하게 나타남으로써 법률관계를 권리 본위로 파악하는 방법론이 지배하게 되었다. 즉, 권리는 19세기 이래 법의 중심 개념으로 되어 근대법은 대부분 권리 본위로 구성되어 있다.

ii) 의무의 강조

20세기에 들어와서는 자유주의적 개인주의에 대한 반동으로서 다시 의무를 강조하는 경향과 함께, 권리 대신에 법률관계를 사법의 중심 개념으로 대체하려는 논의가 일고 있다(곽윤직, 47면; 이영준, 36면; 김상용, 94면). 즉, 권리의 사회성·공공성이 강조되면서 권리 대신에 법률관계를 사법의 중심 개념으로 봄으로써, 권리자의 권리뿐만 아니라 의무도 동시에 파악할 수 있으며, 권리의 사회적 기능에도 주목할 수 있게 된다는 것이다.

### (3) 일반법으로서 민법

① 민법은 재산관계와 가족관계에 대하여 특정한 사람·장소·사항에 한정되지 않고 일반적으로 적용될 것을 예정하고 있다.

다만, 상인 간의 거래관계는 거래의 신속화 내지 복잡화로 인하여 일반 시민들 사이의 거래와는 다른 특별한 규율이 필요하게 된다. 여기에서 상인을 중심으로 하는 특별한 법률관계를 규율하는 상법이 제정되었다. 상법과 같이 경제적 거래관계 중에서 특정의 법률관계에 대하여 특별히 규율하기 위하여 제정된 법률을 민법에 대하여 특별법이라 한다.

② 특별법과 일반법의 관념은 상대적이지만(예: 상법은 민법의 특별법이지만 상사특별법에 대해서는 일반법이다), 민법은 사법관계에 적용되는 가장 일반적인 법률이다. 즉, 민법은 사람이라면 누구에게나 적용될 것을 예정하고 있으며, 특정한 직업을 가진 사람이나 특정한 장소 또는 특정한 사항에만 적용되는 것이 아니다. 그래서 민법은 사법의

일반법이다.

특별법은 특정한 법률관계, 즉 특정한 사람・장소・사항 등에 한하여 적용되는 법이다. 예컨대, 상법은 상사관계에만, 근로기준법은 노사관계에만, 주택임대차보호법은 주택의 임대차관계에만, 상가건물임대차보호법은 일정한 범위의 상가건물의 임대차관계에만, 가등기 담보 등에 관한 법률은 가등기담보 등의 법률관계에만, 동산・채권등의 담보에 관한 법률은 동산담보권과 채권담보권의 법률관계에만, 집합건물의 소유 및 관리에 관한 법률은 집합건물의 법률관계에만 적용되는 특별법이다.

③ 어떤 법률관계에 대하여 일반법과 특별법이 상호 모순・저촉되는 경우에는 특별법이 우선 적용되고(**특별규정우선의 원칙**), 특별법이 존재하지 않거나 일반법과 특별법이 상충하지 않는 경우에는 일반법이 적용되거나 경합하여 적용될 수 있다(98다32564판결). 가령, 주택의 임대차에 대해서는 우선 주택임대차보호법이 적용되고 동법에 규정이 없는 경우에 비로소 민법의 임대차에 관한 규정이 적용된다. 그러나 민사법이라고 말할 때에는 성문민법을 비롯하여 상법・근로기준법・주택임대차보호법・상가건물임대차보호법・가등기 담보 등에 관한 법률・동산채권 등의 담보에 관한 법률・약관규제에 관한 법률・집합건물의 소유 및 관리에 관한 법률 등 특별법과 가족관계 등록 등에 관한 법률・부동산등기법 등 민사부속법을 포함해서 말한다.

#### (4) 실체법으로서의 민법

민법은 실체법에 속하며, 민법에 규정된 권리와 의무는 절차법인 민사소송법・민사집행법・가사소송법 등에 의해서 실현된다. 실체법이란 권리와 의무의 내용과 그 변동을 규율하는 법이다. 반면에 절차법은 실체법이 규정하는 권리와 의무의 내용을 실현하는 구체적 절차를 규율하는 법이다.

## 2 근대 민법의 성립과 규율 대상

### 1) 근대 민법의 성립

(1) 근대 국가가 성립하는 과정에서, 봉건적인 제약으로부터 해방된 개인의 자유로운 경제활동을 제도적으로 보장하는 것이 강하게 요구되었다. 즉, 국가는 개인의

경제활동을 보장하고 또 그 활동을 용이하게 하기 위해서만 권력을 행사하여야 하고, 그 이상으로 개인의 자유를 제한해서는 안 된다는 사상이 나타났다. 이것이 **자유주의의 사상**이다.

(2) 이러한 사상을 토대로 자유로운 개인 사이의 관계(주로 재산적 관계이지만, 가족관계를 포함하는 사적인 관계)에 관한 규율을 분명히 정해 놓는 것이 요구되었는데, 그 규율의 집합으로서 민법이 성립되었던 것이다.

(3) 가령, 로크(John Locke)의 시민정부론에 나오는 자연상태는 민법을 이해하는 데 유익하다. 자연상태에서는 토지나 기타 재산을 스스로 소유하는 개인이 타인의 침해로부터 재산과 가족을 보호하면서, 타인이 소유하는 재산과 자기 재산과의 교환을 통하여 생산과 소비를 행한다. 이러한 상태에서의 문제는 자신보다 강한 타인이 나타나 모처럼 축적한 재산을 탈취하거나, 자신과 가족에게 위해(危害)를 가하는 데 있다. 또 재산 교환의 약속을 하였는데 상대방이 약속을 지키지 않는 데 있다. 그래서 사람들은 국가를 세우고 국가 권력에 의하여 실효성이 보장된 규범을 만들어서, 타인의 침해를 벌(罰)하고 또 약속을 지키도록 하는 것이다.

(4) 이러한 규범에는 자신의 재산을 침탈한 타인을 국가가 체포하여 일정의 기간 사회로부터 격리하여 제재(制裁)를 가하는 것이 있다. 이것이 **형법**인데, 형법에서는 규범을 위반한 자와 국가와의 관계가 직접 전면에 나타난다. 그래서 형법을 공법이라 한다. 이에 대하여 국가의 개입은 적으면 적을수록 좋다고 하는 사상에 입각하면, 자연 상태에의 국가의 개입은 최소한에 그쳐야 한다. 즉, 물건을 탈취한 것이라면 탈취한 것을 반환시키고, 손해를 끼친 것이라면 배상하게 하면 충분하다. 또 약속한 것을 지키지 않았다면 지키도록 강제하면 족하다. 그 이상은 개입하지 않는다고 하는 법률이 민법이다.

### 2) 민법의 규율 대상과 방법

(1) 민법은 경제적 생활관계(재산관계)와 가족적 생활관계(가족관계)를 그 규율 대상으로 한다. 재산관계는 의식주에 필요한 재화와 용역을 조달하고 제공받는 생활관계이며, 가족관계는 사람의 혼인과 출생 및 사망으로 인하여 형성되는 생활관계라고 할 수 있다. 재산관계는 「자기보존」을 위한 관계로, 가족관계는 「종족보존」을 위한 관계

로 설명하기도 한다 (곽윤직/김재형, 민법총칙, 7면).

**(2)** 민법은 재산관계를 절대적이고 배타적인 효력을 가지는 물권관계와 상대적 효력을 가지는 채권관계로 준별하여 규율한다. 가령, [그림 1-1]에서 A, B라고 하는 사람은 각각 자신의 재산인 부동산과 금전을 소유하고 있다. 그리고 C는 A 또는 그의 재산에 대하여 침해행위를 행한 자인 경우를 예로 들어 보자.

**(3)** 이와 같은 세 당사자 관계로 나타나는 모델적 상황을 상정하여, 사람들이 자연 상태로부터 벗어나 안전하게 사적인 사회관계를 맺을 수 있도록 새로운 규범을 만드는 경우, 규율의 필요가 있는 관계는 다음과 같다 (內田貴, 民法 I(總則 · 物權總論), 東京大學出版會, 1994, 13면).

① A, B 사이의 약속관계
② A, B의 그 소유하는 부동산 및 금전과의 관계
③ A, B에 대한 침해자 C의 관계

**(4)** ①은 계약관계인데, A와 B 사이에 계약이 성립하게 되면 A는 B에 대하여 일정한 권리를 취득한다. 반면에 B는 A에 대하여 일정한 의무를 부담하게 된다. 민법은 이를 상대적 효력을 가지는 채권관계로 규율한다. ②는 소유관계인데, A와 B의 부동산과 금전에 대한 지배관계가 성립하게 되면, 민법은 그것을 소유권을 중심으로 절대적이고 배타적 효력을 가지는 물권관계로서 규율한다. ③은 침해관계인데, C의 침해행위로 인하여 A의 생명 · 신체 · 재산에 대하여 피해가 발생하는 경우에, 민법은 그 피해구제 방법을 물권관계와 채권관계로 나누어 규율한다. 가령, C의 가해행위로

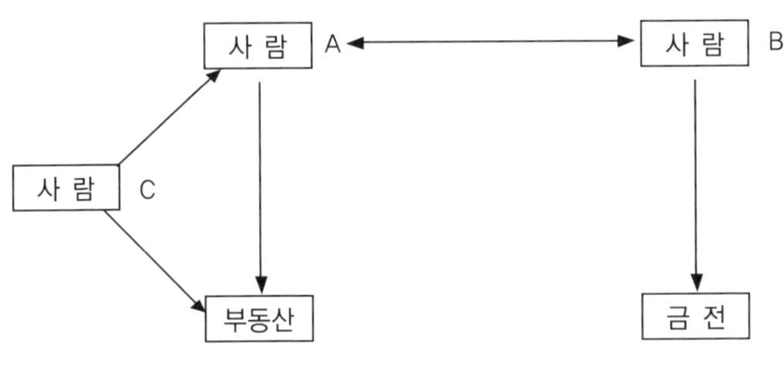


**그림 1-1** 사법관계의 형성 요소

A의 재산이 침해된 경우를 보자. 하나는 물건을 침탈당한 때에 그 물건을 그대로 반환시키는 경우인데, 민법은 이를 물권의 효력(물권적 청구권)으로 규율하고 있다. 다른 하나는 물건이 손괴되어 물건을 반환시킬 수 없다든가 과실이 있는 경우에 금전으로 손해의 배상을 하도록 하는 경우로서, 민법은 이를 채권의 효력으로 규율한다.

(5) 한편 민법은 가족관계로서 개인의 존엄과 양성의 평등을 토대로 사람의 혼인·출생·사망으로 인하여 발생하는 혼인관계·친자관계·상속관계를 그 규율 대상에 포함한다.

## 제 2 절 민법의 기본 원리와 역할

### 1 민법의 기본 원리

#### 1) 근대 민법의 기본 원리

(1) 민법상의 권리와 제도는 조문의 형태로 규정되어 있다. 그리고 민사에 관한 법규들은 단순히 나열되어 있는 것이 아니라, 일정한 가치를 보호하고 실현하기 위하여 일정한 원칙에 따라 체계적으로 편성되어 있다. 즉, 실정법의 개개의 조항들은 일정한 법이념의 고려하에 제정되어 있다고 할 것이다.

(2) 민법이 추구하는 기본 가치로는 인격의 존중, 계약의 자유, 소유의 보장, 가족의 보호를 들 수 있다. 하지만, 이러한 가치를 어떠한 방법으로 실현할 것인가에 대해서는 명문의 규정을 두고 있지 않다.

(3) 앞에서 지적한 바와 같이 근대 민법은 자유주의의 사상을 그 이념으로 하여 성립되었다. 즉, 근대 민법은 모든 사람을 인격자로 승인하고 모든 사람을 평등하게 다루며, 각 개인의 자유로운 활동을 보장하는 것을 목적으로 한다.

(4) 그리하여 일반적으로 근대 민법은 자유인격평등의 원칙을 전제로 하면서, 이를 실현하기 위하여 소유권존중의 원칙·계약자유의 원칙·과실책임의 원칙을 기본원리로 삼고 있는 것으로 설명한다(가령, 곽윤직, 30-4면). 근대 민법은 사적자치의 원칙

에 따라 사적인 법률관계를 형성하도록 하고 있다는 것이다.

### 2) 우리 민법의 기본 원리

(1) 우리 민법의 기본 원리에 대해서는, 크게 공공복리를 최고 원리로 한다는 입장(곽윤직, 36-8면)과 사적 자치의 원칙을 최고 원리로 한다는 입장(통설)으로 갈려 있다.

**공공복리를 최고 원리로 한다는 입장**

우리 민법은 자유인격의 원칙과 공공복리의 원칙을 최고 원리로 하며, 공공복리라는 최고의 존재 원리의 실천 원리 내지 행동 원리로서 신의성실 · 권리남용의 금지 · 사회질서 · 거래안전의 여러 기본 원칙이 있고, 그 밑에 이른바 3대 원칙이 존재한다고 할 수 있다. 이것이 민법의 기본적인 원리적 구조이다. 이러한 의미에서, 근대 민법의 3대 원칙은 우리 민법의 3대 원칙이기도 하지만, 그것은 근대 사회의 초기에 그 절대 자유를 자랑하던 그러한 3대 원칙이 아니라, 근대 사회와 근대 민법의 발전 과정에서 수정되고 달라진 3대 원칙임을 명심하여야 한다는 것이다(곽윤직, 38면).

(2) 우리 민법은 근대 민법을 계수하였다는 점(제26회 국회정기회의 속기록(1957. 11. 6), 5면 하단 · 6면 상단; 양창수, 민법의 역사와 민법학, 민법연구 제3권, 박영사, 1995. 141면 이하 참조)에서 자유주의 사상을 그 이념으로 하고 있다. 따라서 민법은 개인에게 국가의 개입을 될 수 있으면 적게 받고 가능한 한 더 많은 자유를 부여하는 것을 이상으로 한다.

(3) 이와 같이 볼 때, 우리 민법도 모든 사람에게 권리주체로서의 법적 지위를 부여함과 동시에 개인의 의사에 권리형성력을 부여하는 사적자치의 원칙을 채택하고 있다고 할 것이다. 이러한 사적자치의 원칙은 '인간의 존엄과 가치' 및 '행복을 추구할 권리'(헌법 제10조)로부터 도출되는 일반적 행동의 자유의 원칙에 해당한다(99헌가18,99헌바71·111,2000헌바51·64·65·85,2001헌바2(병합) 전원재판부 결정).

**사적 자치의 원칙에 대한 입법안**

i) 제안 이유 : 헌법의 이념을 구체화하고 자유로운 경제활동을 보장하기 위하여 사적자치의 원칙이 민법의 최고 원리임을 선언하고 사람의 인격권이 일반적으로 보호됨을 규정한다.

ii) 규정 내용 : 第1條의2(**人間의 尊嚴과 自律**) ① 사람은 人間으로서의 尊嚴과 價値를 바탕

으로 자신의 자유로운 意思에 좇아 法律關係를 形成한다.

② 사람의 人格權은 保護된다.

(4) 이에 따라 각 개인은 자기의 법률관계를 자기 의사에 따라 자유롭게 형성하고 (자기결정), 그 결과에 대하여 책임을 져야 하는 것이다 (자기책임). 물론 사적자치의 원칙은 강행법규 내지 선량한 풍속 기타 사회질서를 해치지 않는 한도에서 허용되며, 상대방의 신뢰보호 또는 형평성의 추구에 의하여 제한될 수 있다.

사적 자치의 원칙이 어떠한 내용과 기능을 가지는가를 사법관계의 구성 요소와 관련하여 항을 나누어 좀더 자세히 살펴보기로 한다.

## 2 사법관계의 구성 요소와 원칙들과의 관계

### 1) 사법관계의 구성 요소

가령, [그림 1-1]에서 부동산을 가지고 있는 A와 금전을 가지고 있는 B 간에 부동산을 사고 팔기로 하였다고 하자.

위의 예는 A와 B가 각각 가지고 있는 부동산과 금전을 교환하기로 하는 매매계약을 체결한 것이다. 여기에서 A와 B를 사법관계의 **주체 내지 당사자**라 하고, 부동산과 금전을 사법관계의 대상인 **객체**라고 한다. 그리고 A와 B는 각자 자유로운 의사에 따라 매매계약이라고 하는 행위를 한 것이다. 이 경우 행위는 사법관계를 형성하는 원인으로서 **법률행위**라고 한다.

이러한 주체·객체·행위는 사법관계의 가장 기본적인 구성 요소로서, 민법의 원칙들도 이 3요소와 상호 관련을 가지고 있다.

### 2) 주체와 객체와의 관계

#### (1) 주체와 객체의 준별

사법관계의 주체가 되는 것에는 자연인(제3조)과 법인(제34조)이 있다. 그리고 객체로 되는 것은 물건과 권리이다. 자연인과 법인은 주체이지 객체가 될 수 없고, 물건과 권리는 객체이지 주체가 될 수 없다. 가령, 예전의 노예는 사법관계의 주체로서의 지위가 부정되어, 인간이면서도 객체로 취급되었다. 오늘날은 이를 부정하고 사람은 사람인 사실로부터 차별적 대우를 받지 않고 평등하게 사법관계의 주체가 될 수 있다. 이를 **권리능력 평등의 원칙**이라 한다. 이에는 양성평등의 원칙도 포함된다. 다만, 의학기술의 발달로 인하여 주체와 객체의 준별에 혼란이 초래되고 있다. 가령, 태아의 전단계로서 체외수정란(배아)이 사람인지 물건인지 아니면 사람도 물건도 아닌 제3의 것인지 논란되고 있다. 헌법재판소는 배아의 청구인 적격을 인정하지 않고 있다(2005헌마346결정).

#### (2) 주체의 객체에 대한 지배

사법관계의 주체는 객체를 지배한다. 주체의 객체에 대한 지배는 물권적 지배(전세권자의 목적물 지배)와 채권적 지배(예, 임차인의 목적물 지배)로 구별할 수 있다.

물권적 지배의 가장 기본적인 것이 소유관계이다. 즉, 주체가 객체를 완전히 지배할 수 있는 권리를 소유권이라 한다. 소유권은 다음과 같은 의미를 가진다. 첫째, 1개의 물건(객체)에는 1개의 소유권만이 성립할 수 있다. 소유권은 소위 배타성을 가진다. 이른바 봉건제하에서의 중첩적 소유권은 현행법상 인정되지 않는다. 둘째, 소유권은 누구에게나 주장할 수 있는 권리이다. 소위 절대성을 가진다. 누구든지 소유권을 침해하면 법률상의 제재를 받는다. 이를 **소유권 존중의 원칙**이라 부른다.

이러한 소유권 존중의 원칙에서는 봉건제 하에서와는 달리 토지 기타 소유물에 대한 거래의 자유가 확보되고, 토지 기타 소유물을 자유로이 이용할 수 있게 된다. 그리하여 소유권 존중의 원칙은 근대 산업사회의 생산활동을 지탱하는 제도적 토대가 되었던 것이다. 물론 이러한 절대성은 무제한 허용되는 것은 아니고, 국가안전보장·공공복리·질서 유지를 위하여 법률로써 제한될 수 있다(헌법 제37조 제3항).

### 3) 주체와 주체의 관계

#### (1) 계약자유의 원칙

앞에서 본 바와 같이 민법은 사법관계의 형성을 원칙적으로 사적 자치에 맡기고 있다. 즉, 모든 사람을 인격자로 승인하고, 사람에게 권리주체로서의 지위와 아울러 개인의 의사에 권리형성력을 부여하고 있다. 사적 자치의 실현 수단으로서 중요한 것이 계약이다. 사적 자치를 그 기본 원리로 하는 법질서는 당사자로 하여금 계약을 통하여 사적인 법률관계를 자유로이 형성할 수 있도록 하고 있다. 이를 **계약자유의 원칙**이라 한다. 이는 헌법상의 행복추구권 속에 함축된 일반적 행동자유권으로부터 파생되는 것이라고 할 수 있다 (89헌마204결정). 계약자유의 원칙은 계약 체결의 자유, 상대방 선택의 자유, 내용 결정의 자유, 방식의 자유, 유언의 자유, 사단 설립의 자유를 포함한다. 물론 계약을 체결하지 않을 자유도 포함한다.

**판 례**

이른바 **계약자유의 원칙**이란 계약을 체결할 것인가의 여부, 체결한다면 어떠한 내용의, 어떠한 상대방과의 관계에서, 어떠한 방식으로 계약을 체결하느냐 하는 것도 당사자 자신이 자기 의사로 결정하는 자유뿐만 아니라, 원치 않으면 계약을 체결하지 않을 자유를 말하여, 이는 헌법상의 행복추구권 속에 함축된 일반적 행동자유권으로부터 파생되는 것이라 할 것이다 (89헌마204결정).

계약자유의 원칙은 무제한 허용되는 것은 아니고, 사회적 형평 또는 신뢰보호 내지 거래 안전을 위하여 제한될 수 있다. 그리고 계약의 목적 내지 채권의 목적(급부)은 확정적이어야 하고, 이행 가능하여야 하며 강행법규에 저촉되어서는 안 된다. 또한 급부의 내용은 사회적 타당성을 가져야 하며(제103조), 급부 사이에는 공정성을 유지하여야 한다. 특히 민법은 상대방의 궁박·경솔(선천적 판단력의 부족)·무경험을 이용하여 급부 사이에 공정을 잃은 경우에 불공정한 법률행위로서 무효로 규율한다 (제104조).

**판 례**

어느 일방이 교섭 단계에서 계약이 확실하게 체결되리라는 정당한 기대 내지 신뢰를 부여하여 상대방이 그 신뢰에 따라 행동하였음에도 상당한 이유 없이 계약의 체결을 거부하여 손해를 입혔다면 이는 **신의성실의 원칙**에 비추어 볼 때 계약자유 원칙의 한계를 넘는 위법한 행위로서 불법행위를 구성한다고 할 것이다 (99다40418판결).

이처럼 법질서는 계약의 내용을 규제하여 사적자치의 한계를 정한다. 뿐만 아니라 법질서는 다른 사람의 이익을 위하여 또는 공동생활의 이익을 위하여 그에 상응하는 행태를 요구하기도 한다. 특히 권리를 행사함에 있어서는 신의칙에 따라야 하고 권리를 남용해서는 안 된다.

### (2) 계약의 구속력과 그 배제

계약의 형성에 자유가 인정된다고 하더라도 계약의 당사자는 일단 형성된 계약에 구속된다. 가령, 앞의 [그림 1-1]에서 A와 B는 매매계약이라고 하는 행위에 의하여 사법관계를 형성한 것이다. 이 경우 A와 B 간에 계약이 성립하면, A와 B는 그 계약에 구속된다. 즉, 당사자는 각각 계약으로부터 발생하는 의무를 이행하지 않으면 안 된다. 자기 멋대로 계약관계로부터 탈퇴하거나 계약의 내용을 변경할 수 없다(2001다35785판결). 이를 **계약의 구속력**이라 한다.

**판 례**

계약의 효력에 관하여는 그 체결 당시의 법률이 적용되어야 하고, 계약이 일단 구속력을 갖게 되면 원칙적으로 그 이후 제정 또는 개정된 법률의 규정에 의하여서도 변경될 수 없으며, 예외적으로 입법에 의한 변경을 하거나 계약 체결 후에 제정 또는 개정된 법률에 의하여 계약 내용이 변경되는 것으로 해석한다고 하더라도, 그러한 입법 내지 법률의 해석에는 계약 침해 금지나 소급입법 금지의 원칙상 일정한 제한을 받는다(2001다35785판결).

이와 같이 자유로운 사람이 계약에 구속되는 것은 스스로의 의사에 따라 구속받기를 원한 데에 그 근거가 있다는 것이다. 이를 **의사이론**이라고 한다. 따라서 계약이 성립하는 과정에 계약 당사자인 A 또는 B의 의사에 문제(흠결 또는 하자)가 있는 경우에는 계약의 구속력은 상실되거나 완화되고, 당사자는 무효를 주장하거나 착오 또는 사기, 강박을 이유로 계약을 취소할 수 있는 것이다(제107조 내지 제110조).

물론 계약이 유효하게 성립한 경우에도 계약상의 권리자는 의무자가 그 의무를 이행하지 않는 경우, 즉 계약을 위반한 경우에는 그 계약을 해제함으로써 계약관계로부터 벗어날 수 있다(제548조). 또한 일정한 요건 하에 계약을 철회할 수도 있다(제16조, 제134조, 할부거래에 관한 법률 제8조, 제9조 등). 나아가 판례는 계약의 기초가 된 사정의 변경을 이유로 당사자는 계약의 내용을 변경하거나 해제하여 계약상의 의무로부터 벗어날 수 있음을 인정하기도 한다 (2004다31302판결).

**계약 공정에 의한 계약자유의 제한**

i) 근대 민법의 입법자들은 사적 자치를 인정함으로써 개인의 사회적 · 경제적 활동의 자유가 보장되며 또 그것이 조화롭게 발전될 것으로 믿었다. 그러나 근대 산업자본주의의 급격한 변화에 따라 개인들 사이의 빈부의 격차는 커져갔고 노동자와 자본가의 대립은 심각해졌으며, 사람은 구체적으로 결코 사회적 · 경제적 · 지적 수준에서 자유롭고 평등한 지위에 있지 못하다는 것이 드러났다. 즉, 개인 본위 사상에 입각한 전통적 계약자유의 원칙은 사회적 · 경제적 문제를 타당하게 규율할 수 없게 되었다. 특히 계약의 내용을 미리 당사자의 일방이 부동문자로 정해 놓은 약관에 의하여 체결하는 부합계약(**附合契約**)으로 상대방의 계약의 자유가 침해되는 결과를 낳게 되어, 계약의 자유보다 오히려 **계약의 공정**이 문제되고 있다.

ii) 그리하여 전통적 계약자유의 원칙은 사회 본위 사상에 의하여 보완 · 수정 · 제한받게 되었다. 이는 곧 사적 자치의 영역이 좁아짐을 의미하고 또한 특별법의 제정 필요성의 증대를 의미한다. 그리하여 종래에는 강행법규가 주로 선량한 풍속 등에 관한 것이었으나, 오늘날에는 계약관계에서 교환적 정의를 실현하고 또 경제적 · 사회적 약자의 보호와 공익의 실현을 위하여 경제질서 및 공익질서에 관한 강행법규가 점점 늘어가고 있다. 특히 계약의 체결이 강제되거나(**예: 전기 · 수도 · 가스 등의 공급계약**), 일정한 종류의 계약을 체결할 때에는 법률에 의하여 정해진 내용으로만 계약을 체결할 수 있게 하는 이른바 규제된 계약이 등장하게 되었다 (**물가안정에 관한 법률 제2조 제1항 참조**). 그리고 계약이 유효하기 위해서는 행정관청의 허가나 인가 혹은 증명을 요구하기도 한다.

## 3 민법의 역할: 권리구제

1) 민법은 기능적 측면에서 볼 때, 자기사무(**신상보호, 의식주에 필요한 재화와 용역의 획득, 획득한 재산의 관리**)의 처리에 관한 법이면서, 권리 기타 법익의 침해로 인한 피해에 대한 구제법(**물권적 구제방법, 채권적 구제방법**)이라고 할 수 있다.

2) 민법은 자기사무의 처리에 있어서는 사적자치의 원칙을 기본 원리로 하면서, 권리 기타 법익의 침해에 대하여는 과실책임의 원칙을 기초로 다양한 권리구제 수단을 마련하여 재화와 용역의 지배 내지 귀속과 그 이전을 확보해 준다. 또한 인격적 이익

을 보장해 준다.

**3)** 그 하나는 질서위반 상태의 중지이다. 가령, [그림 1-1]에서 C가 A가 소유하는 부동산의 이용을 방해하는 경우에 A는 방해행위의 중지를 청구할 수 있다. 이를 **물권적 청구권**이라 한다(제213조, 제214조). 이는 객관적 위법 상태만 있으면 행사할 수 있다. 즉, 방해자의 고의나 과실과 같은 책임 요건은 필요로 하지 않는다.

**4)** 그 둘은 질서위반 상태의 시정이다. 가령, A 또는 B가 계약에 따른 의무를 이행하지 않으면 B 또는 A는 강제적으로 의무의 이행을 청구할 수 있다(제389조). 이를 **강제이행**의 청구라 한다. 이 경우에도 귀책사유는 요구하지 않는다.

**5)** 그 셋은 질서위반 상태의 회복이다. 즉, 질서위반 상태가 없던 상태로 되돌리는 것이다. 이를 **민사책임**이라 한다. 가령, 제3자인 C가 A의 부동산을 과실로 손괴한 경우에는 C는 그 손해를 배상해 주어야 한다(제750조). 이를 **불법행위 책임**이라 한다. 또한 A 또는 B가 계약에 따른 이행을 하지 않은 경우에는 B 또는 A는 손해배상을 청구할 수 있다(제390조). 이를 **채무불이행책임**이라 한다. 이 경우 민법은 **금전배상의 원칙**을 취하고 있다(제394조). 즉, 원칙적으로 금전배상 대신에 원상회복청구권은 허용되지 아니한다(2004년 개정안은 상당한 이유가 있는 경우에 이를 인정한다. 제394조 제1항).

**6)** 다만, 손해배상에서는 물권적 청구권 및 강제이행의 경우와는 달리 방해 내지 침해자의 고의·과실을 요구한다(제750조). 이를 **과실책임의 원칙**이라 한다.

#### 채무불이행책임에서의 위법성과 과실

당사자 사이에 채무가 미리 존재하는 채무불이행책임에 있어서는 확정된 채무의 내용에 좇은 이행이 행하여지지 아니하였다면 그 자체가 바로 위법한 것으로 평가되는 것이고, 다만 그 이행하지 아니한 것이 위법성을 조각할 만한 행위에 해당하게 되는 특별한 사정이 있는 때에는 채무불이행이 성립하지 않는 경우도 있을 수 있다(2000다47361 판결). 그리고 채무의 이행은 채권자의 이익을 위한 행위라는 점에서, 채무불이행에 있어서는 원칙적으로 타인사무를 처리하는 경우에 요구되는 선량한 관리자의 주의의무를 위반하여 채무의 내용에 좇은 이행을 하지 못한 경우에 과실이 있는 것으로 되지만(제374조, 제681조, 2009다83629 판결), 무상임치 등의 경우에는 자기사무를 처리하는 때에 기울이는 정도의 주의의무를 위반하여 채무를 불이행한 경우에 비로소 과실이 인정된다(제695조, 제922조).

특히 불법행위책임에 있어서 과실책임의 원칙은 사람의 자유로운 활동의 한계를 그어 준다. 따라서 사람은 사회생활상 다른 사람에게 피해를 주지 않도록 요구되는 주의의무를 다하여 행동하는 한 타인에게 손해가 발생하더라도 배상책임이 없는 것이 원칙이다. 이리하여 사람들의 **행동의 자유**가 확보되는 것이다.

불법행위 책임요건으로서의 과실은 위법한 결과의 발생에 대한 예견의무와 그 회피의무의 위반을 내용으로 한다. 즉, 행위자가 사회 생활상 요구되는 주의를 태만히 하여 위법한 결과의 발생을 예견할 수 있었음에도 불구하고 그 결과의 발생을 예견하지 못하였거나, 그 결과의 발생을 회피할 수 있었음에도 불구하고 그 결과의 발생을 회피하지 못한 경우에 비로소 과실을 인정할 수 있다(86다카1469판결). 다만, 그와 같이 하지 아니한 것이 불가항력적이었다면 과실이 있다고 볼 수 없다(79다1843판결). 그러므로 사회생활상 요구되는 주의의무를 위반하여 타인의 권리 기타 법익을 침해한 경우에는 위법하여 책임을 부담하되, 그 법익침해의 결과에 대한 예견가능성과 회피가능성이 없는 경우에는 책임을 지지 않는다. 이 경우 사회생활상 요구되는 주의 내지 행위의무는 법률·계약·관습 또는 조리(條理) 등에 근거하여 인정될 수 있고, 행위의 성질이나 위험성에 비례하여 요구된다고 할 것이다. 그리고 과실은 사회평균인으로서의 주의 내지 행위의무를 위반한 경우를 가리키는 것인데, 여기서의 '사회평균인'이라고 하는 것은 추상적인 일반인을 말하는 것이 아니라 그와 같은 업무와 직무에 종사하는 보통인을 말하는 것이다(66다1938 판결, 2000다12532판결).

**판 례**

가령, 인간의 생명과 건강을 담당하는 의사에게는 그 업무의 성질에 비추어 보아 위험방지를 위하여 필요한 최선의 주의의무가 요구된다(96다5933 판결, 2007다70445 판결 등). 그리고 의료사고에 있어서 의료종사원의 과실을 인정하기 위하여서는 의료종사원이 결과 발생을 예견할 수 있음에도 불구하고 그 결과 발생을 예견하지 못하였고, 그 결과 발생을 회피할 수 있었음에도 불구하고 그 결과 발생을 회피하지 못한 과실이 검토되어야 할 것이며(82도3199판결), 이에는 사고 당시의 일반적인 의학의 수준과 진료환경 및 조건, 의료행위의 특수성 등이 고려되어야 할 것이다(86다카1469판결). 위와 같은 과실의 존재는 손해배상을 청구하는 피해자에게 그 입증책임이 있다(2003다20183판결).

하지만, 민법은 과실책임의 원칙을 취하면서도 입증책임을 전환하여 그 책임을 가중하기도 한다. 가령, 책임무능력자의 감독자의 책임(제755조), 사용자책임(제756조), 공작물 점유자의 책임(제758조 제1항 본문), 동물 점유자의 책임(제759조)의 경우에 책임자는 과실 없음을 증명하지 못하면 손해배상책임을 져야 한다. 나아가 판례는 입증책임의 완화를 통하여 피해자를 보호하기도 한다(2010다57787판결 등 간접사실들의 증명을 통한 과실의 추정법리). 한편 대규모의 기업이나 시설은 그 경영 자체 속에 많은 위험을 안고 있기 때문에, 이러한 경우에까지도 과실책임의 원칙을 관철하게 되면 손해 분담의 공평을 잃은 것이 되므로, 기업 등에게 **무과실책임**(공작물 소유자의 책임에 관한 제758조 제1항 단서, 자동차손해배상보장법 제3조, 원자력손해배상보장법 제3조, 환경정책기본법 제31조, 제조물책임법 제3조)을 인정하여 피해자를 보호하고 있다.

### 민사책임과 형사책임의 비교

가령, 타인 소유의 물건을 훔친 경우에는 민사상 불법행위(제750조)가 됨과 동시에 형사상 절도죄(형법 제329조)에 해당하는 범죄행위가 된다. 민사책임과 형사책임은 규범에 반하는 행위의 억제를 통해서 사회질서이 유지라는 역할을 같이 하지만, 그 목적을 달리하며 그에 따라 다음과 같은 차이가 있다.

민사책임의 목적은 위법행위로 인하여 발생한 손해의 전보, 즉 손해 발생 전의 상태로의 회복에 있지만, 형평사상에 입각하여 발생한 손해를 적정하게 분배하는 것을 또한 목적으로 한다. 반면에 형사책임은 위법한 행위자에 대한 제재에 있으며, 부수적으로 범죄발생의 예방을 목적으로 한다. 이에 따라 형사책임은 행위자의 주관적 사정을 중시하여 원칙적으로 고의범을 처벌하며, 행위자의 악성(惡性)에 비추어 미수범도 처벌한다. 이에 대하여 민사책임은 발생한 손해를 전보하는 데 그 목적이 있으므로 가해자의 고의·과실은 동가치적으로 다루어지며 미수는 문제되지 않는다. 즉, 민사책임은 손해가 발생한 경우에만 문제된다. 또한 민사책임은 피해자의 과실을 고려하여 손해를 적정하게 분배함을 목적으로 한다. 나아가 민사책임은 가해자에게 유책성이 없는 경우에도 손해배상 의무를 인정하는 경우가 있다(무과실책임).

## 제 3 절 민법의 법원

### 1 법원의 의의

#### 1) 법원의 개념

법원(法源)이란 법(법개념, 법제도)의 역사 또는 법을 인식할 수 있는 소재(발현형태)를 의미하나, 일반적으로 후자의 의미에서 법 인식의 근거 내지 법의 존재형식을 말한다. 학설 중에는 존재형식설과 인식연원설로 구별하여 이해하는 견해(최병조, 민법주해(Ⅰ), 26-7면; 이은영, 27면)가 있으나, 이를 특별히 구별할 것은 아니라고 할 것이다.

#### 2) 민법 제1조

민법 제1조는 "민사에 관하여 법률에 규정이 없으면 관습법에 의하고 관습법이 없으면 조리에 의한다."고 규정하여, 민법의 법원 및 그 적용 순서를 정하고 있다. 즉, 법률 · 관습법 · 조리를 민법의 법원으로 열거하고 있다.

여기에서의 법률은 형식적 의미의 민법만을 의미하는 것이 아니고, 널리 민사에 관한 제정법을 가리킨다. 그리고 관습법은 법률에 규정이 없을 때 민사에 관한 법원이 된다고 규정하고 있으나, 학설은 관습법의 효력을 둘러싸고 견해의 대립이 있다. 또한 조리의 법원성을 인정할 것인지에 대해서 논의가 있으며, 나아가 판례의 법원성에 대해서도 논의가 있다.

### 2 제정법

성문법주의를 취하는 우리 법체계에서 성문의 법률은 가장 중요한 법원이 된다. 제정법에는 법률 · 조약 · 명령 · 자치법규 · 헌법재판소의 결정 · 대법원규칙 등이 포함된다.

민법의 법원으로서 중요한 것은 형식적 의미의 민법인 민법전(법률 제471호)이다. 민법전 이외에 민사특별법 등 실질적 의미의 민법도 또한 중요한 법원임에 틀림없다. 조약은 국회의 동의를 얻어 비준·공포되면 국내법과 동일한 효력을 가지며(헌법 제6조 제1항), 일반적으로 승인된 국제법규도 국내법과 동일한 효력을 가진다(동조 동항). 따라서 조약이나 국제법규에 민사에 관한 사항이 포함되면 민법의 법원이 된다.

그리고 행정기관에 의해서 제정되는 법규명령도 민사에 관한 한 민법의 법원이 된다. 또한 지방자치단체가 자치입법권에 기하여 법령의 범위에서 제정한 자치에 관한 법규(헌법 제117조 제1항)도 민사에 관한 것이면 민법의 법원이 된다. 나아가 헌법재판소의 결정은 법원, 기타 국가기관과 지방자치단체를 기속하므로(헌법재판소법 제47조), 그 결정 내용이 민사에 관한 것이면 민법의 법원이 된다. 역시 대통령의 긴급명령(헌법 제76조)은 법률과 동일한 효력을 가지므로 이러한 긴급명령이 민사에 관한 것인 때에는 민법의 법원이 된다. 대법원규칙(예: 부동산등기규칙, 공탁사무처리규칙 등)도 민사에 관한 것이면 민법의 법원이 될 수 있다.

## 관습법

### 1) 관습법의 의의

관습법이란 일정한 행위가 오랫동안 계속 반복하여 행하여짐으로써 법적 확신을 얻은 것을 말한다. 관습법은 그 내용이 성문(成文)의 형태로 존재하는 것이 아니고 자연발생적인 규범이라는 점에서 그 성립 시기를 확정하기 어렵다는 특색이 있다. 또한 관습법은 성문법과 어떠한 관계에 있는지 문제된다.

### 2) 관습법의 성립 요건

(1) 일정한 관행이 존재하여야 한다. 즉, 어떤 사항에 관하여 오랫동안 동일한 행위가 반복되어 그 사항에 관해서는 보통 같은 행위가 행하여질 것이라고 하는 상태가 존재하여야 한다.

(2) 관습법이 법적 구속력을 가지기 위해서는 단순한 관습이어서는 부족하고 법적

확신을 얻어야 한다(법적 확신설. 기타 관습법의 효력의 근거에 관해서는 김욱곤, 관습법에 관한 연구, 숭전대학교논문집, 제5집, 1974, 362-70면 참조). 여기서 법적 확신을 얻는다는 것은 그 관행을 따르는 자에게 그것이 마치 성문법과 마찬가지의 구속력을 갖고, 따라서 그것을 위반하면 법적 제재가 가해진다고 생각할 정도에 이른 상태를 의미한다. 이 경우 법적 확신의 주체가 누구인가에 대해서는 논의가 있으나(김욱곤, 관습법에 관한 연구, 374면), 그 취득 여부는 종국적으로 법원의 판결에 의하여 확인될 수밖에 없다고 할 것이다. 다만, 법원에 의하여 관습법의 존재와 내용이 확인되더라도 그 관습법은 관습이 법적 확신을 취득한 때에 소급하여 성립한 것으로 인정된다(곽윤직, 18면; 최병조, 민법주해(Ⅰ), 48면).

(3) 한편 판례는 관습법은 헌법을 최상위 규범으로 하는 전체 법질서에 반하지 아니하는 것으로서 정당성과 합리성이 있다고 인정될 수 있는 것이어야 하고, 그렇지 않는 한 비록 그것이 사회의 거듭된 관행으로 생성된 것이라고 할지라도 이를 법적 규범으로 삼아 관습법으로서의 효력을 인정할 수 없다고 한다(2001다48781판결).

### 3) 관습법의 효력

#### (1) 성문법과의 관계

근대법의 성립 이전에는 관습법이 중요한 법원이었으나, 성문법을 제1차 법원으로 하는 성문법주의하에서의 관습법은 성문법의 보충적 효력이 있을 뿐이다(곽윤직, 19면; 이영준, 21면; 최병조, 민법주해(Ⅰ), 51면. 다만, 김증한/김학동, 14면; 고상룡, 376면은 관습법의 대등적 효력을 인정한다). 그러나 법은 스스로 관습 및 관습법에 대하여 성문법의 보충적 효력의 예외를 인정하고 있다. 첫째, 사적 자치가 인정되는 영역에서는 사실인 관습이 법률행위 해석의 기준으로서 임의법규보다 우선해서 적용된다(제106조). 둘째, 물권에 관하여는 관습법의 대등적 효력이 인정된다(제185조). 특히 토지 소유자 상호간의 상린관계를 규율하는 경우에 관습은 법원으로 인정되고 있다(제224조, 제229조 제3항, 제234조, 제237조 제3항). 셋째, 상사에 관하여는 상관습법이 민법에 우선해서 적용된다(상법 제1조).

#### (2) 관습법의 개폐

사회의 거듭된 관행으로 생성된 사회생활 규범이 관습법으로 승인되었다고 하더라도 사회구성원들이 그러한 관행의 법적 구속력에 대하여 확신을 갖지 않게 되었다거나, 사회를 지배하는 기본적 이념이나 사회질서의 변화로 인하여 그러한 관습법을 적용하여야 할 시점에 있어서의 전체 법질서에 부합되지 않게 되었다면 그러한 관습법은 법적 규범으로서의 효력이 부정될 수밖에 없다 (2002다1178판결).

한편 헌법 제111조 제1항 제1호 및 헌법재판소법 제41조 제1항에서 규정하는 위헌심사의 대상이 되는 법률은 국회의 의결을 거친 이른바 형식적 의미의 법률을 의미하고(95헌바3결정 등), 또한 민사에 관한 관습법은 법원에 의하여 발견되고 성문의 법률에 반하지 아니하는 경우에 한하여 보충적인 법원(法源)이 되는 것에 불과하여 관습법이 헌법에 위반되는 경우 법원이 그 관습법의 효력을 부인할 수 있으므로(2001다48781전원합의체 판결 등), 결국 관습법은 헌법재판소의 위헌법률심판의 대상이 아니라 할 것이다 (2007카기134결정).

**관습법과 사실인 관습**

i) 판례는 제1조의 관습법은 사회의 법적 확신 또는 법적 규범으로 승인되고 있는 관습이고, 따라서 당사자의 주장·입증을 기다리지 않고 법원이 이를 직권으로 확정하는 것이며 법원(法源)으로서 보충적 효력이 인정되는 관습이라고 한다. 이에 대하여 사실인 관습은 사회의 법적 확신이나 인식에 의하여 법적 규범으로서 승인될 정도에 이르지 않은 관습이고, 따라서 당사자가 이러한 관습을 주장·입증하여야 하며 법률행위 해석을 통하여 임의규정을 개폐하는 효력을 갖는 관습이라고 하여, 관습법과 사실인 관습을 구별한다 (80다3231판결).

ii) 학설은, 관습법과 사실인 관습을 구별하는 입장과 구별을 부인하는 입장으로 갈려 있다. 구별설에는, 양자는 그 성격·효력·적용 범위가 전혀 상이한 것이므로 이를 구별하여야 하고, 이를 구별하여도 양자의 관계에서 아무런 모순이나 불합리가 없다는 견해(이영준, 301면; 백태승, 377면)와 양자는 구별되나 당사자는 임의법규보다 일반관습에 따를 개연성이 훨씬 높기 때문에 민법은 이와 같은 강한 개연성에 입각하여 제106조와 같은 추정의 규정을 두고 있으므로, 사적 자치가 인정되는 범위에서는 실제로 입증책임의 문제를 제외하고는 그 구별의 실익이 없다는 견해(김욱곤, 관습법에 관한 연구, 364면)가 있다. 반면에 구별부인설에는, 양자는 성질상 같은 것이나, 법의 존재 형식에서 보는 경우와 법의 적용의 기준이라는 점에서 본 경우에 차이가 생길 뿐이라고 하는 견해(곽윤직, 227면)와 법적 확신·법적 성격·입증책임에서 양자는 다른 점이 없다는 견해(고상룡, 375면)가 있다.

iii) 생각건대 구별설은 법규범성, 즉 법적 확신에 따라 사실인 관습과 관습법은 다르게 존재한다고 한다. 그러나 사회에 존재하는 관습에 관습법으로 존재하는 관습과 사실인 관습으로 존재하는 관습이 따로 존재하는 것으로 볼 것이 아니라, 법원에서 관습이 어떻게 적용되었는지, 즉 그 적용 결과에 따라 양자는 일응 구별될 뿐이라고 보아야 할 것이다. 다시 말하면, 어떤 관습이 제1조에 따라 재판규범으로 적용되면 그 관습은 법적 확신을 얻게 되어 관습법으로서 법원이 되는 것이고, 그 관습이 제106조에 따라 법률행위의 해석의 기준으로 고려되면 사실인 관습인 것이라고 보아야 할 것이다. 이렇게 관습법과 사실인 관습을 이해하게 되면 법 적용 순위와 관련하여 제기되는 제1조와 제106조 사이의 모순관계는 처음부터 문제되지 않는다고 할 것이다.

이와 같이 볼 때 성문법과 달리 관습법은 그 내용이 명확하게 존재하는 것이 아니라 사후적으로 법원성을 확인받게 되므로, 법원이 이를 알 수 있는 경우(**이미 법원성을 확인받은 관습법이 있는 경우**)를 제외하고는 당사자가 이를 주장·입증할 책임이 있다고 할 것이다(곽윤직, 18면; 80다3231판결).

## 4 판례·조리의 법원성

### 1) 판례의 법원성

특정 사건에 대한 판결이 그 사건에 그치지 않고 유사한 사건에 반복되어 인용되면서, 동일·유사한 사건에 적용될 수 있는 법리가 확립된 경우에 그러한 법리를 판례라 한다. 판례의 법원성에 대하여는 논의가 있다(고상룡, 14면; 김증한/김학동, 18면은 판례의 법원성을 인정한다. 이영준, 23면은 관습이 법적 확신의 획득으로 법원이 되는 것처럼, 판례 역시 법적 확신의 획득으로 법원이 된다고 한다).

요컨대 긍정설은 판례의 법원적 가치를 인정함으로써 법이 기본적으로 요구하는 판결의 부동요, 즉 법적 안정을 유지할 수 있다는 점을 들어 판례의 법원성을 인정하고자 한다. 그러나 법관은 재판시에 선례에 구속될 법적 의무가 없다는 점, 즉 법원(法院) 스스로 판례를 변경할 수 있다는 점에서, 판례는 원칙적으로 법적 구속력은 인정되지 않는다고 할 것이다. 다만, 법원조직법상 당해 사건에 한하여 하급심은 상급심의 판단에 구속되므로(동법 제8조), 그 범위에서 사실상의 구속력이 인정된다고 보아야 할 것이다(곽윤직, 21면).

그러나 사회적 필요성과 법원의 권능, 그리고 판례에 대한 관계자들의 합의 내지 부합이라는 세 가지 요소를 갖춘 이른바 확고한 판례는 실증법규범의 하나로서 법규범성이 인정되어야 할 것이다(김욱곤, 판례의 법원성, 현대민법학의 제문제, 김증한박사 화갑기념논문집, 1981, 756면).

### 2) 조리의 법원성

법관은 판결의 기준(법규범)이 존재하지 않는다고 하여 재판을 거부할 수는 없다. 즉, 법규나 관습법 및 판례가 존재하지 않는 경우에는 자기가 입법자라면 그러한 경우에 어떻게 입법할 것인가라고 판단되는 기준에 따라 재판을 하여야 한다(스위스 민법 제1조 제2항 참조). 이 경우 법관이 준거하는 판단 기준을 조리(條理)라고 할 수 있다. 다만, 조리는 사물의 이치 내지는 사물의 본성(Natur der Sache)을 의미하는 점에서 구체적으로 무엇이 법인가를 나타내 주지는 않는다. 이러한 측면에서 조리의 법원성을 인정하는 데에 어려움이 있다.

그러나 법관의 지나친 자유재량과 자의적 법 적용의 전횡 방지를 도모하기 위해서는 조리의 법원성을 인정함이 타당하다(이은영, 52면은 조리를 법규범의 한 형태로 보아 법원성을 인정한다. 동지, 김주수, 38면; 김상용, 29면). 가령, 토지의 경계에 관하여 그 증거가 부족하여 아무리 해도 객관적인 경계의 존재 위치를 확정하기 어려운 경우에는 법원이 조리 등에 따라 경계를 형성・확정할 수 있는 것이다. 부정설은 조리를 재판의 준칙으로 인정하는 것은 그것이 법이기 때문이 아니라 법관은 재판을 거부할 수 없다는 사실에 기인할 뿐이라고 한다(고상룡, 12면; 이영준, 24면; 김증한/김학동, 21면. 특히 곽윤직, 23면은 조리는 법은 아니지만, 법원에 의하여 적용되는 것이라고 본다). 판례는 조리의 법규범성을 승인하고 있는 것으로 보인다(65다1156판결, 2002다1178전원합의체 판결, 2009다30946판결 등). 가령, 부동산 거래에 있어 거래 상대방이 일정한 사정에 관한 고지를 받았더라면 그 거래를 하지 않았을 것임이 경험칙상 명백한 경우에는 신의성실의 원칙상 사전에 상대방에게 그와 같은 사정을 고지할 의무가 있는데, 이와 같은 고지의무의 대상이 되는 것은 직접적인 법령의 규정뿐 아니라 널리 계약상, 관습상 또는 조리상의 일반원칙에 의하여도 인정될 수 있다는 것이다(2004다48515판결, 2005다5843판결).

**판 례**

헌법 제35조 제1항은 환경권을 기본권의 하나로 승인하고 있으므로, 사법의 해석과 적용에 있어서도 이러한 기본권이 충분히 보장되도록 배려하여야 하나, 헌법상의 기본권으로서의 환경권에 관한 위 규정만으로써는 그 보호 대상인 환경의 내용과 범위, 권리의 주체가 되는 권리자의 범위 등이 명확하지 못하여 이 규정이 개개의 국민에게 직접적으로 구체적인 사법상의 권리를 부여한 것이라고 보기는 어렵고, 사법적 권리인 환경권을 인정하면 그 상대방의 활동의 자유와 권리를 불가피하게 제약할 수밖에 없으므로, 사법상의 권리로서의 환경권이 인정되려면 그에 관한 명문의 법률 규정이 있거나 관계 법령의 규정 취지나 조리에 비추어 권리의 주체, 대상, 내용, 행사 방법 등이 구체적으로 정립될 수 있어야 한다 (94마2218결정).

# 제 4 절 민법전의 연혁과 체제

## 1 민법전의 제정

### 1) 민법전의 제정 전

(1) 민법이라는 말은 1894년의 홍범 14조(洪範十四條)의 제13조에서 처음으로 쓰였으며, 1895년에 설치된 법관양성소의 교과과정도 민법 과목이 포함되어 있었다. 그리고 동년 6월에는 민법을 제정하려는 움직임이 있었으나 실패로 끝났다. 나아가 1905년에 다시 법부(法部)에 법률기초위원회를 설치하여 민법을 제정하고자 하였으나, 일본이 국권을 강탈함에 따라 결실을 맺지 못하였다.

(2) 1910년 9월 29일 강제합병에 따라 일본은 1912년 3월 18일 제령 제7호로 조선민사령을 발포함으로써 일본의 민법이 우리나라에 의용되었다. 다만, 법률행위의 해석 기준으로 우리나라의 관습이 있는 경우에는 그 관습에 의한다고 정하였고(동령 제10조), 부동산에 관한 물권의 득실 및 변경에 대하여는 조선부동산등기령의 규정에 따르도록 하였고(동령 제13조), 조선인의 친족 및 상속에 관하여는 원칙적으로 우리의 관습에 의한다고 정하고 있다 (동령 제11조).

**일제에 의한 관습의 왜곡**

일본인에 의하여 조사된 관습조사에 의하면, 일본의 호주상속제 및 가독상속제(家督相續制)를 우리의 관습으로 인정하고 있다(조선총독부, 관습조사보고서, 353면). 그러나 우리나라에서는 호주에게 강력한 권한을 부여한 바도 없었으며 그 지위의 승계도 독자적인 발전을 보지 못하고 제사상속에 흡수되어 승중자(承重子)의 지위로 대치되었고, 상속에서도 호주가 사망한 경우의 재산상속에 관한 한 장자단독상속이 아니라 재산상속은 직계비속의 균분상속이 원칙이었고, 다만 승중자에 대하여 5분의 1이 가급(加給)될 뿐이었다. 즉, 자녀균분상속제는 우리의 가족제도를 특징짓는 가장 본질적인 요소였다고 할 것이다(이상욱, 일제하의 전통가족법의 왜곡, 한국법사학논총 Ⅱ, 박영사, 1991, 371면 이하).

### 2) 민법전의 제정 과정

(1) 1945년 8월 15일 국권을 되찾았으나 북위 38도선 이남에는 미군에 의한 군정이 실시되었으며, 미군정법령 제21호에 의해서 여전히 민사에 관하여 조선민사령이 그 효력을 유지하였다. 특히 미군정의 실시 중 1947년에는 법전기초위원회가 설치되어 1948년 민법기초요강을 완성하게 된다. 그 후 1948년 정부가 수립되어 법전편찬위원회가 설치되고 민법기초요강의 연장선상에서 민법안편찬요강을 1950년 완성하게 된다. 이를 기초로 하여 당시의 김병로 대법원장의 기여로 민법안(본문 1118조 부칙 32조)이 1954년 9월 26일 국회에 제출되었다.

(2) 이 민법안은 제3대 국회의 법사위에 회부되었고 법사위는 민법안심의소위원회를 설치하여 심의에 들어가 1956년 심의 결과를 민법안심의록 상·하권으로 공간하였다. 나아가 법사위는 1957년 민법안을 수정안과 함께 본회의에 회부하였다. 본회의에서 민법안은 1957년 12월 17일 그 심의를 종결하고, 1958년 정부에 이송되어 법률 제471호로 공포하게 된다(본문 제1111조 부칙 28조).

## 2 민법전의 개정

1) 민법전은 지금까지 아홉 차례 이상 개정되었다. 우선 1970년까지 네 차례의 개정은 단편적이고, 5차 이후의 개정은 대폭적인 개정이다.

**2)** 제1차 개정은 법정분가제도의 도입이고, 제2, 3차 개정은 부칙 제10조 1항의 개정이다. 즉 부동산 물권 변동에 대한 등기주의의 채용에 따른 등기 이행 기간의 연장이다 (1965년 12월 31일까지). 그리고 4차 개정은 확정일자 청구의 비용 부담에 관한 것이다.

**3)** 1977년 12월 31일의 5차 개정은 친족·상속편의 개정이다. 그 주요 내용으로는 동의혼인을 미성년자로 한정하였고, 성년의제제도를 도입하였으며, 협의이혼의 경우 가정법원의 확인을 받도록 하였다. 나아가 유류분제도를 신설하였다 (1979년 1월 1일 시행). 그리고 1984년 4월 10일의 제6차 개정(동년 9월 1일 시행)은 오직 총칙과 물권편의 개정이다. 이때 특별실종 기간을 3년에서 1년으로 단축하였고, 구분지상권을 신설하였다. 그리고 전세권에 대하여 우선변제적 효력을 인정하였으며, 건물전세권의 최단존속기간을 1년으로 정하였다.

**4)** 1991년 1월 1일부터 시행된 제7차 개정은 가족법의 개혁이라고 할 만큼 대폭적인 개정이 이루어졌다. 우선 친족의 범위를 조정하였으며, 호주제도를 호주승계제도로 바꾸었다. 그리고 계모자·적모서자 간에 친자관계를 인척관계로 하였다. 나아가 이혼 배우자의 면접교섭권 및 재산분할청구권을 인정하였으며, 가(家)를 위한 양자제도를 자(子)의 복리를 위한 양자제도로 전환하고 재산상속에서의 차별을 없앴다. 또한 기여분제도 및 분여제도를 신설하였다.

**5)** 2005년 3월 2일 국회는 호주제의 폐지와 친양자제도의 도입을 골자로 하는 민법의 개정안을 통과시켰다. 우선 호주에 관한 규정과 호주제도를 전제로 한 입적·복적·일가 창립·분가 등에 관한 규정을 삭제하고, 가족에 관한 규정(제779조)을 새롭게 정비하였다. 자녀의 성(姓)과 본(本)은 부(父)의 성과 본을 따르되, 혼인 신고시 부모의 협의에 의하여 모(母)의 성과 본을 따를 수 있도록 하였으며(제781조 제1항), 자녀의 성과 본을 변경할 필요가 있는 때에는 부(父) 또는 모(母) 등의 청구에 의하여 법원의 허가를 받아 이를 변경할 수 있도록 하였다 (제781조 제6항). 또한 동성동본금혼제도를 폐지하고 근친혼금지제도로 전환하되, 8촌 이내의 부(父)계혈족 또는 모(母)계혈족 사이에서는 혼인을 금지하는 등 금지혼의 범위를 조정하였으며(제809조), 여성의 재혼 금지기간을 삭제하는 한편, 친생부인의 소의 제소권자를 부(夫)뿐만 아니라 처(妻)까지 확대하고, 제소기간도 친생부인 사유를 안 날로부터 2년 내로 연장하는 등 친생부인제도를 개선하였다 (제846조, 제847조). 나아가 양친과 양자를 친생자관계로 보

아 종전의 친족관계를 종료시키고 양친과의 친족관계만을 인정하며 양친의 성과 본을 따르도록 하는 친양자제도를 신설하였다(제908조의2 내지 제908조의8). 그리고 부모 등 친권자가 친권을 행사할 때는 자(子)의 복리를 우선적으로 고려하여야 한다는 의무 규정을 신설하고(제912조), 상당한 기간 동안 동거하면서 피상속인을 부양한 상속인에게도 공동상속인의 협의 또는 법원에 의하여 기여분이 인정될 수 있도록 하였다(제1008조의2).

**6)** 2007년 11월 23일 국회 본회를 통과한 민법 중 개정법률은 법체계의 통일성과 내용의 형평성을 도모하기 위하여 과태료 금액을 500만 원으로 현실화하고(제97조), 국민의 권리 행사 및 의무 이행이 용이하도록 기간의 말일이 토요일에 해당한 때에는 기간은 그 익일로 만료하도록 하며(제161조), 헌법상의 양성평등 원칙 구현을 위하여 남녀의 약혼연령 및 혼인 적령을 남녀 모두 만 18세로 일치시키는 한편(제801조 및 제807조), 신중하지 못한 이혼을 방지하기 위하여 양육하여야 할 자녀가 있는 경우는 3개월, 양육하여야 할 자녀가 없는 경우는 1개월의 이혼숙려기간 제도를 도입하고(제836조의2 제2항 및 제3항 신설), 이혼 가정 자녀의 양육 환경을 개선하기 위하여 협의이혼 시 자녀 양육 사항 합의를 의무화(제836조의2 제4항 신설 및 제837조, 제909조 제4항)하는 등 현행 규정의 운영상 나타난 일부 미비점을 개선·보완하였다. 또한 자녀에게도 면접교섭권을 인정하고(제837조의2 제1항), 부부의 일방이 상대방 배우자의 재산분할청구권 행사를 해함을 알고 사해행위를 한 때에는 상대방 배우자가 그 취소 및 원상회복을 법원에 청구할 수 있도록 재산분할청구권을 보전하기 위한 사해행위취소권을 인정하였다(제839조의3 신설).

**7)** 한편 2004년 정부는 민법 개정에 대한 정부안을 마련하여 국회에 상정한 바가 있으나, 이 개정안은 제17대 국회의 폐회로 자동 폐기된 바 있다. 그런데 최근에 2013. 7. 1. 시행된 세 개의 민법 일부 개정법률안이 국회를 통과·공포되었다. 하나는 성년연령을 19세로 낮추면서 성년후견제도를 도입한 것이고, 다른 하나는 친권행사자의 선임에 관한 규정을 보완한 것이다. 그리고 셋째는 미성년자 입양의 경우에 법원의 허가를 얻도록 하는 등 입양제도를 보완하였다.

이 경우 성년후견제도의 내용은 이 책의 관계되는 곳에서 설명하기로 하고(제3장 제3절 2. 참조), 이곳에서는 친권행사자의 선임에 관한 내용과 입양제도의 개정내용만을 보기로 한다. 우선 이혼 등으로 단독 친권자로 정해진 부모의 일방이 사망하거나 친권을 상실하는 등 친권을 행사할 수 없는 경우에, 다른 생존 부모가 친권을 회복한다는 종전의 판결(94다1302판결)과 달리 **가정법원의 심리를 거쳐** 친권자로 정해지지 않았던 부모의 다른 일방을 친권자로 지정하거나 후견이 개시되도록 하고, 입양이 취소되거나 파양된 경우 또는 양부모가 모두 사망하거나 친권을 상실한 경우 등에도 가정법원의 심리를 거쳐 친생부모 일방 또는 쌍방을 친권자로 지정하거나 후견이 개시되도록 하여 부적격의 부 또는 모가 당연히 친권자가 됨으로써 미성년자의 복리에 악영향을 미치는 것을 방지하고(제909조의2 신설), 이혼 등으로 단독 친권자로 정해진 부모의 일방이 유언으로 미성년자의 후견인을 지정한 경우라도 미성년자의 복리를 위하여 필요하다고 인정되면 후견을 종료하고 친권자로 정해지지 않았던 부모의 다른 일방을 친권자로 지정할 수 있게 하였다(제927조의2 신설, 제931조 제2항 신설, 제912조 제2항 신설). 그리고 미성년자를 입양하려는 경우에는 가정법원의 허가를 받도록 하였고(제867조 제1항), 양자로 될 자의 승낙연령을 15세에서 13세로 낮추었다(제869조). 또한 양자가 미성년자 또는 피성년후견인인 경우에는 협의상 파양을 인정하지 않고, 재판상 파양만을 인정하였다(제898조). 다만, 피성년후견인인 양부모는 성년후견인의 동의를 받아 파양을 협의할 수 있도록 하였다(제902조). 나아가 양자가 미성년자든 성년자든 입양의 경우에는 부모의 동의가 필요한데, 부모가 친권상실의 선고를 받은 경우와 부모의 소재를 알 수 없는 등의 사유로 동의를 받을 수 없는 경우에는 부모의 동의가 없어도 가정법원은 입양의 허가를 할 수 있도록 하였다(제867조제1항 단서). 그리고 부모가 3년 이상 자녀에 대한 부양의무를 이행하지 아니한 경우와 부모가 자녀를 학대 또는 유기(遺棄)하거나 그 밖에 자녀의 복리를 현저히 해친 경우에는 부모가 동의를 거부하더라도 가정법원은 입양의 허가를 할 수 있게 하였다(제870조 제2항). 제870조 제2항의 취지는 친양자 입양의 경우에도 인정된다(제908조의2 제2항).

## 3 민법전의 체계와 민법총칙의 성격

### 1) 민법전의 체계

(1) 민법전의 체계는 크게 'institutiones' 체제인 로마식과 'Pandekten' 체계인 독

일식으로 나눌 수 있으나, 우리 민법은 총칙·물권·채권·친족·상속의 5편으로 구성되어 있는 점에서 독일식 체계를 따르고 있다. 물권법·채권법을 재산법이라 하고, 친족·상속법을 가족법이라 한다. 총칙은 재산법과 가족법에 공통으로 적용되는 사항을 규정하고 있다. 특히 민법은 동일한 생활관계를 법률효과의 차이에 따라 물권법과 채권법으로 나누어 규율하고 있다. 가령, 양도계약상 의무의 발생은 채권법에서 규정하고(제568조), 그러한 의무의 이행은 물권법이 규율하고 있다(제186조, 제188조).

(2) 제1편 총칙은 통칙, 人, 法人, 물건, 법률행위, 기간, 소멸시효 등 재산법의 통칙적 사항을 정하고 있으며, 제2편 물권은 총칙, 점유권, 소유권, 제한물권으로서 지상권, 지역권, 전세권, 유치권, 질권, 저당권을 각각 정하고 있다. 제3편 채권은 총칙과 계약 및 사무관리·부당이득·불법행위를 규정하고 있다. 특히 총칙에서는 채권의 목적, 채권의 효력, 수인의 채권자 및 채무자, 채권의 양도, 채무의 인수, 채권의 소멸에 대하여 규정하고 있다. 그리고 제4편 친족과 제5편 상속은 혼인·출생·사망에 의한 법률관계를 규정하고 있다.

### 2) 민법총칙의 성격

이와 같이 민법은 재산법과 가족법으로 구분되며, 민법총칙은 물권법·채권법, 친족법·상속법에 공통적으로 적용된다. 즉, 민법총칙은 민법 전체의 총칙인 셈이다. 다만, 가족법에는 특별규정을 두고 있는 경우가 있기 때문에, 민법총칙의 규정은 그러한 특별규정이 없는 경우에 적용된다. 그래서 민법총칙은 주로 재산법의 총칙으로서 성격을 가진다고 할 수 있다.

## 제 5 절 민법의 해석

### 1 법의 적용과 해석의 필요성

1) 법적인 다툼은 법률을 구체적 사실에 적용하는 방법으로 해결한다. 그런데 법

률은 일반적 추상적인 내용을 담고 있는 바, 이를 구체적 사실에 적용하기 위해서는 해석이 필요하다. 즉, 당해 추상적인 법규가 어떠한 사실을 그 포섭 범위로 하는지를 명확히 하지 않고서는 법을 적용하여 다툼을 해결할 수 없기 때문이다.

구체적 사실 ⇔ 법률(해석 · 적용) = 재판(가치판단)

2) 가령, 민법 제275조는 "법인이 아닌 사단의 사원이 집합체로서 물건을 소유할 때에는 총유로 한다."고 정하고 있는데, 이 조문에서 '법인 아닌 사단'이란 어떠한 요건을 갖춘 조직체를 말하는가, 또 '총유(總有)'란 어떠한 법률관계의 소유 형태를 의미하는지 명확하지 않다. 이를 명확히 하는 작업이 법의 해석이다. 예를 들어, 'OO寺'란 사찰이 토지와 건물을 소유하고 있다고 하자. 위의 사찰이 법인 또는 개인 사찰이라면 제275조는 적용될 수 없고, 법인 아닌 사단이라고 할 때 제275조가 적용되어 그 사찰 명의의 토지나 건물에 대한 소유 형태를 총유로 보게 된다.

3) 문제는 사찰이 어떠한 실체를 가지고 있을 때 법인 아닌 사단으로 보게 되느냐에 있다. 사람들의 집합체라고 하여, 모두 법인 아닌 사단이 될 수는 없고, 이는 제275조 소정의 법인 아닌 사단이기 위한 요건을 명확히 함으로써 밝혀진다. 또한 어떠한 소유 형태를 총유라고 하는지에 대해서도, 그 법률관계를 명확히 하지 않고서는 단독소유와는 물론이고 공유(共有)라든가 합유(合有)와도 어떻게 다른지를 판단할 수 없다. 결국 해석이란 작업을 통하여 '법인 아닌 사단' 내지 '총유'의 객관적 의미를 명확히 함으로써 제275조의 적용 범위를 확정할 수 있게 되는 것이다.

## 2 법 해석의 방법

1) 앞에서 본 바와 같이 법의 해석이란 법의 적용을 위하여 필요한 작업이다. 따라서 법의 해석은 궁극적으로 법 적용의 결과인 판결을 통하여 구체화된다. 그런데 판결은 반드시 어떤 이익을 일정한 방식 · 정도로 보호하여 다른 이익을 일정한 방식 · 정도로 배척하든가, 어떤 가치를 일정한 방식 · 정도로 실현하여 다른 가치를 일정한

방식 · 정도로 배척하는 결과가 된다.

따라서 법 해석에서의 문제는 어떠한 이익을 어떻게 또는 어느 정도로 보호할 것인가, 그리고 어떠한 가치를 어떻게 또는 어느 정도로 실현해야 할 것인가에 있다고 할 것이다. 즉, 당해 법규가 어떠한 이익 내지 가치를 어떻게 또는 어느 정도로 보호하고 실현하기 위하여 존재하는가를 명확히 할 필요가 있다.

**2)** 이러한 작업의 전(前)단계로서 우선 문리 해석과 논리 해석이 선행되어야 하고, 입법자 내지 기초자의 의도를 탐구하는 일이 필요하다. 문리 해석 및 논리 해석이 필요한 이유는 법률은 언어 내지 문자로 표현되어 있고, 또 조문의 형식으로 하나의 체계를 이루고 있을 뿐 아니라 법관은 헌법과 법률에 구속되기 때문이다. 따라서 어떠한 이론이나 해석도 법조문이 출발점이 되어야 한다.

그리고 법 개념의 상대성으로 인하여 문리 해석이나 논리 해석만으로는 해석이 안 되는 경우가 있다. 여기에서 입법자 내지 기초자의 의사의 탐구라는 작업이 필요하게 된다. 즉, 입법자가 무엇 때문에 어떠한 사회관계를 어떠한 방향으로 만들기 위하여 또는 어떠한 다툼을 어떻게 해결하려고 그러한 법률 내지 조문을 제정했는지를 밝히는 것은 중요한 일이다. 이때 어떤 제도 내지 개념의 연혁적 · 비교법적 방법이 필요함은 우리 민법과 같은 계수법인 경우에는 당연하다 (고상룡, 법해석학의 연구 동향, 민법학특강, 법문사, 1995, 9면).

**3)** 끝으로 법을 해석할 때 반드시 고려하여야 할 요소가 있다 (内田貴, 민법 I, 7면). 하나는 법의 해석은 일관성이 요구된다는 점이다 (2006다81035판결). 그래야 법적 안정성을 기할 수 있다. 결론의 타당성을 추구한 나머지 그때그때 마음대로 이유를 붙이는 것은 올바른 해석이 아니다. 일관성이란 이미 축적되어 있는 확립된 법 원리와의 정합성이라고 할 수 있다.

둘은 어떤 사례에서 제시되었던 해석론은 같은 사례에서 선례로서 기능한다는 점에서, 그 사정 거리에 있는 유사한 사례에서도 타당성이 인정되어야 한다. 구체적 타당성을 지향한 나머지 특수한 상황하에서만 타당한 결론을 도출하는 것은 올바른 해석론이 될 수 없다. 법해석의 목표는 어디까지나 법적 안정성을 저해하지 않는 범위 내에서 구체적 타당성을 찾는 데 두어야 한다 (2010다81254판결).

셋은 해석론의 귀결은 정의 · 형평의 관점에서 지지를 얻을 수 있어야 한다. 사회 일반의 상식, 즉 거래사회의 건전한 상식과 동떨어진 결론은 올바른 해석이라고 할 수 없다.

## 제 6 절 민법의 효력

### 1 시적(時的) 효력 범위

법률은 시행일로부터 그것이 폐지될 때까지 효력을 가진다. 그리고 법률은 기득권 존중 및 법적 안정성의 요청에 의하여, 그 효력이 발생한 때부터 그 후에 발생한 사실에 대해서만 적용되는 것이 원칙이다. 이를 **법률불소급의 원칙**이라 한다. 법률불소급의 원칙은 형법에서는 엄격하게 적용된다(헌법 제13조 제1항). 그리고 모든 국민은 소급입법에 의하여 재산권을 박탈당하지 않는다(동조 제2항).

그러나 민법은 부칙 제2조에서 "본법에 특별한 규정이 있는 경우 외에는 본법 시행일 전의 사항에 대하여도 이를 적용한다."라고 규정하여, 원칙적으로 소급효를 인정하고 있다. 다만, 동조 단서에서 "그러나 이미 구법에 의하여 생긴 효력에는 영향을 미치지 아니한다."라고 규정함으로써, 기득권의 보호를 꾀하고 있다.

**판 례**

일반적으로 과거의 사실 또는 법률관계를 규율하기 위한 소급입법의 태양에는 이미 과거에 완성된 사실 또는 법률관계를 규율의 대상으로 하는 이른바 '진정소급효의 입법'과 이미 과거에 시작하였으나 아직 완성되지 아니하고 진행 과정에 있는 사실 또는 법률관계를 규율의 대상으로 하는 이른바 '부진정소급효의 입법'이 있으며, 소급입법에 의한 재산권의 박탈이 금지되는 것은 전자인 진정소급효의 입법이고 소위 부진정소급효의 입법의 경우에는 원칙적으로 허용되는 것이다(96헌바94결정).

## 2 인적 · 장소적 효력 범위

민법은 모든 국민에게 적용된다. 국내에 있든 외국에 있든 관계없이 적용된다(속인주의). 또한 민법은 우리나라의 영토(한반도와 그 부속도서, 헌법 제3조) 내에 있는 외국인에 대해서도 그 효력이 있다(속지주의). 그런데 속인주의와 속지주의를 관철하면 경우에 따라 우리 민법과 외국 민법이 충돌할 수 있다. 가령, 한국인과 미국인이 혼인하거나 한국인과 중국인이 거래를 하는 경우에는 우리나라의 법과 외국의 법이 적용될 가능성이 있게 되는데, 그 규정 내용의 차이로 인하여 어느 나라의 법을 적용하느냐에 따라 그 법률효과가 달라질 수 있다. 이와 같이 법이 충돌하는 경우에 어느 나라의 법을 적용할 것인지를 정하는 법이 국제사법이다.

# 제 2 장 사법관계의 당사자

## 제 1 절 권리능력

### 1 개 념

누가 계약을 체결하여 사법관계를 형성할 수 있는 당사자로 될 수 있는가? 즉, 의사를 표시하여 계약을 성립시킬 수 있는 당사자는 어떤 자인가? 예컨대, 아무리 지능이 높은 원숭이도 계약의 주체가 될 수는 없다. 이는 원숭이의 지능이 낮기 때문이 아니다. 지적 능력이 전혀 없다고 할 수 있는 어린이도 부모가 대리하여 의사표시를 하여 계약을 체결할 수 있지만, 원숭이에게 대리인을 선임하는 것은 인정되지 않는다. 즉, 원숭이가 계약을 체결할 수 없는 것은 지적 능력이 낮기 때문이 아니고, 단순히 그 자격이 없기 때문이다. 또한 고도의 지적 능력이 있는 생물이 존재하여도(가령, 인류보다 지적 능력이 높은 우주인이 출현해도), 민법상 계약의 주체가 될 수 있는 자격은 인정되지 않고 재산을 소유할 수 있는 자격 역시 인정되지 않는다. 나아가 소송당사자 능력도 인정되지 않는다(2004마1148, 1149결정). 가령, 자연물인 도롱뇽 또는 그를 포함한 자연 그 자체로서는 당사자능력이 인정될 수 없다.

사법상의 권리의무의 주체로 될 수 있는 의미에서, 이러한 자격을 권리능력이라 한다.

## 2 권리능력자

민법은 권리능력자로서 '인(人)'(제3조)과 '법인(法人)'(제34조)을 인정한다. 여기에서 주의할 것은 사람이 권리능력자로서 인정되는 것은 실정법이 우리 인간을 권리능력자로 승인하였기 때문이라는 사실이다(곽윤직, 72면). 이 점은 인간이 아니면서 권리능력자로 인정되는 법인을 이해하는 데 도움을 준다(고상룡, 67면). 물론 법인이 아닌 사람에게 권리능력을 인정하는 것은 개인의 존엄과 가치로부터 당연히 도출되는 것이므로, 권리능력이 법에 의하여 인정된 것임을 강조하는 것은 너무 법실증주의에 치우친 것으로서 권리능력이 갖는 의미를 퇴색케 할 염려가 있다는 견해도 있다(이영준, 718-9면).

아무튼 인간을 권리능력자로 인정한 실질적 이유는 인간은 '자유로운 의사'를 가진 인격자라는 데 있다. 즉, 사람은 자유로운 의사에 따라 자기의 법률관계를 자기 책임하에 형성할 수 있다고 믿었기 때문이다. 그리고 일정한 단체에 법인격을 부여하여 자연인과 마찬가지로 권리능력자로 인정하는 이유에 대해서는, 후술하는 바와 같이 종래 법인실재설과 법인의제설의 대립이 있으며, 최근에는 단체의 실체의 측면과 아울러 기능적·기술적인 측면을 고려하여 법인을 이해하고자 하는 다원설이 주장되고 있다(제2장 제4절 2. 2) 참조).

# 제 2 절 자연인

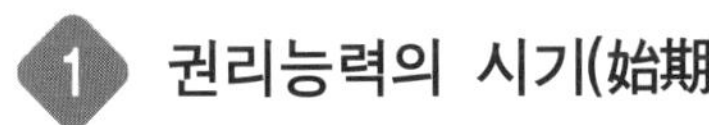

## 1 권리능력의 시기(始期)

### 1) 민법 규정

제3조는 사람은 '생존한 동안' 권리 의무의 주체가 될 수 있음을 정하고 있다. 즉, 사람은 출생시부터 사망시까지 권리능력이 인정된다.

## 2) 시 기

### (1) 출생한 때

출생한 때의 의미에 대해서는 진통설, 일부노출설, 전부노출설, 독립호흡설이 있으나, 통설은 전부노출설이다 (형법 제251조 소정의 영아살해죄의 구성요건 해당 여부는 진통설을 기준으로 한다. 81도2621판결, 2005도3832판결). 문제는 현대 의학의 발달로 자연분만이 아닌 수술에 의한 분만이 행하여지고 있을 뿐 아니라, 분만이 되었더라도 기계적 장치에 의하지 않고서는 생명을 유지할 수 없는 조산아의 출산이 행해지고 있다는 점이다. 이러한 경우에도 모체로부터 완전 분리되었음을 이유로 권리능력을 취득하는 것으로 새기는 것은 타당하지 않다 (반대, 이영준, 734면; 이은영, 129면). 유의할 것은 가족관계등록부의 기재는 출생의 존부 및 시기를 추정할 뿐이고, 따라서 그 기재 사실에 반하는 증거에 의하여 그 추정을 번복할 수 있다 (통설. 67다499판결).

### (2) 태아의 권리능력

민법 제3조의 해석으로는 태아에게는 권리능력이 인정되지 않는다. 그러나 가령, 부(父)가 사망 후 2~3시간 후에 태어났다거나, 태아로 있는 동안에 제3자의 불법행위로 태아가 손해를 입었을 경우에, 태아에게 상속권을 인정하지 않거나 태아 자신의 손해를 배상받을 수 없다고 하는 것은 태아에게 너무 가혹하다.

① 태아 보호에 관한 입법례

a) 일반적 보호주의: 로마법(태아의 이익이 문제가 되는 경우에는 언제나 출생한 것으로 본다), 특히 스위스 민법(제31조 제2항)은 정지조건적으로 태아를 출생한 것으로 보아 일반적으로 태아를 보호하고 있다.

b) 개별적 보호주의: 독일 민법(제1923조 제2항, 제1912조 등)이나 프랑스 민법(제725조, 제906조 등), 일본 민법(제721조, 제886조 제1항, 제965조)은 특별한 법률관계에 관하여서만 태아를 보호하고 있다.

② 현행 민법의 태도

a) 상속능력을 인정한다 (제1000조 제3항, 제1001조, 제1118조).

b) 불법행위로 인한 손해배상청구권을 인정한다 (제762조).

c) 수유(受遺) 능력을 인정한다 (제1064조, 제1000조 제3항).

d) 인지(認知)의 대상이 될 수 있다 (제858조).

**판 례**

태아도 손해배상청구권에 관하여는 이미 출생한 것으로 보는 바, 부(父)가 교통사고로 상해를 입을 당시 태아가 출생하지 아니하였다고 하더라도 그 뒤에 출생한 이상 부의 부상으로 인하여 입게 될 정신적 고통에 대한 위자료를 청구할 수 있다(93다4663판결).

e) 이외에 학설(법정해제조건설)은 증여, 사인증여(제562조가 유증에 관한 규정을 준용한다는 점을 근거로 당연히 이를 인정하는 견해가 있다. 고상룡, 82면; 곽윤직, 76면; 김증한/김학동, 101면; 이은영, 133면), 인지청구권이 있음을 인정한다.

③ 태아의 권리능력의 본질: '이미 태어난 것으로 본다'는 법문을 어떻게 해석할 것인가?

a) 법정정지조건설: 태아는 살아서 태어나는 것을 조건으로 권리능력을 취득한다고 이해한다. 즉, 태아로 있는 동안은 권리능력을 가질 수 없고, 살아서 태어나면 문제의 시기(가령, [그림 2-1]에서 불법행위시)에 소급하여 권리능력을 취득한다고 한다(김주수, 107면; 이영준, 784면; 백태승, 128면). 따라서 태아가 사산(死産)하면 권리능력을 취득할 여지가 없음은 당연하다.

b) 법정해제조건설: 태아로 있는 동안에 권리능력을 인정하되, 사산하는 경우에는 권리능력이 소급해서 소멸한다고 이해한다(곽윤직, 77면; 고상룡, 79면 이하; 김증한/김학동, 103면; 이은영, 136면).

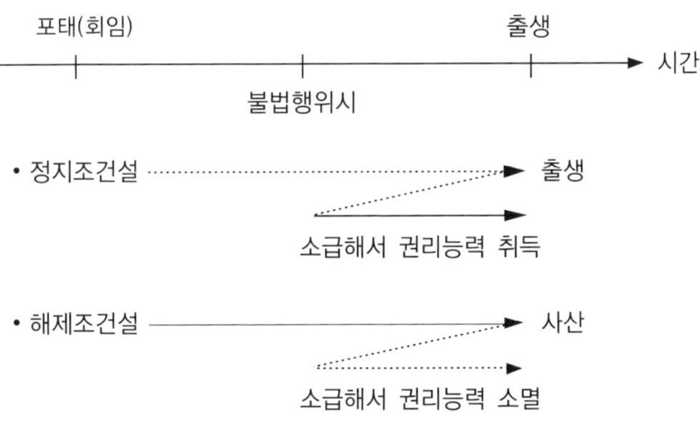


**그림 2-1** 태아의 법적 지위

c) 판례는 법정정지조건설의 입장에 있다 (2004헌바81전원재판부 결정).

판 례

태아가 특정한 권리에 있어서 이미 태어난 것으로 본다는 것은 살아서 출생한 때에 출생 시기가 문제의 사건의 시기까지 소급하여 그때에 태아가 출생한 것과 같이 법률상 보아 준다고 해석하여야 상당하므로 그가 모체와 같이 사망하여 출생의 기회를 못 가진 이상 배상청구권을 논할 여지가 없다 (76다1365판결).

판 례

의용 민법이나 구 관습하에 태아에게는 일반적으로 권리능력이 인정되지 아니하고 손해배상청구권 또는 상속 등 특별한 경우에 한하여 제한된 권리능력을 인정하였을 따름이므로 증여에 관하여는 태아의 수증능력이 인정되지 아니하였고, 또 태아인 동안에는 법정대리인이 있을 수 없으므로 법정대리인에 의한 수증행위도 할 수 없다 (81다534판결).

d) 생각건대 태아에는 법정대리인이 없다는 이유로 법정정지조건설을 주장하고 있지만, 태아를 보호하고 또 출생률(出生率)이 사산율(死產率)보다 월등히 높다는 점을 고려할 때, 법률관계의 안정을 유지할 수 있는 법정해제조건설이 타당하다고 할 것이다.

④ 체외수정(體外受精)과 태아의 권리능력

이상과 같이 태아에게 권리능력을 인정하는 경우 언제부터 태아로 볼 것인지가 다시 문제된다. 특히 체외에서 수정된 수정란의 상태를 태아로 볼 것인가이다. 하나의 생명체로 볼 수 있다고는 할 수 있지만, 권리능력을 인정할 수 있는 태아로 보는 것은 문제가 있다 (2005헌마346결정). 태아로 볼 수 있는 시기 및 기간이 불분명하기 때문이다 (고상룡, 84면).

## 2 권리능력의 종기(終期)

### 1) 사망: 권리능력의 소멸 사유

사람은 생존한 동안 권리능력을 가지므로, 생존의 종료, 즉 사망에 의하여 권리능력을 상실한다. 사망으로 상속(제997조) 또는 유언의 효력 발생(제1073조 제1항), 혼인의 해소로 잔존 배우자의 재혼 가능, 보험금청구권(상법 제730조) 및 연금수급권의 발생(국민연금법 제62조 등) 등 여러 가지 법률문제가 발생하므로 사망의 시기는 중요한 의미를 가진다.

### 2) 사망의 시기

#### (1) 자연사

호흡이 멈추거나 맥박이 중지되거나 혹은 동공이 확산되었을 때, 사람은 사망한 것으로 본다. 즉, 심장의 기능이 회복 불가능한 상태로 정지된 때를 사망의 시기로 본다(통설).

#### (2) 장기이식과 뇌사설

장기 등 이식에 관한 법률에 의하면, 뇌사판정위원회에 의하여 사람이 뇌사 상태인 것으로 판정되면 뇌사자로부터 장기 등을 적출하여 다른 사람에게 장기를 이식할 수가 있게 된다(동법 제22조제3항). 뇌사자로부터 장기 등을 적출한 때 뇌사자는 뇌사의 원인으로 사망한 것으로 본다(동법 제21조제1항). 따라서 뇌사 상태인 것만으로는 아직 사망한 것으로 볼 수 없는데, 동조 제2항은 뇌사자의 사망시각을 뇌사판정위원회가 뇌사판정을 한 시각으로 규정하고 있다.

#### (3) 사망의 증명

사망의 증명은 의료업에 종사하고 직접 진찰하거나 검안한 의사, 치과의사, 한의사만이 할 수 있다(의료법 제17조 제1항). 물론 가족관계등록부에 기재된 사항은 사망의 유력한 증거가 된다. 다만, 이러한 기재는 사망에 대한 추정력만 발생하는 점에서, 반대 사실의 증명에 의하여 번복할 수 있다.

**판 례**

호적부(이제는 가족관계등록부)의 기재 사항은 이를 번복할 만한 명백한 반증이 없는 한 진실에 부합되는 것으로 추정이 되며, 특히 호적부의 사망 기재는 쉽게 번복할 수 있게 해서는 안 되고, 그 기재 내용을 뒤집기 위해서는 사망신고 당시에 첨부된 서류들이 위조 또는 허위 조작된 문서임이 증명되거나 신고인이 공정증서원본부실기재죄로 처단되었거나 또는 사망으로 기재된 본인이 현재 생존해 있다는 사실이 증명되고 있을 때 또는 이에 준하는 사유가 있을 때 등에 한해서 호적상의 사망 기재의 추정력을 뒤집을 수 있을 뿐이고, 그러한 정도에 미치지 못한 경우에는 그 추정력을 깰 수 없다(94스26결정).

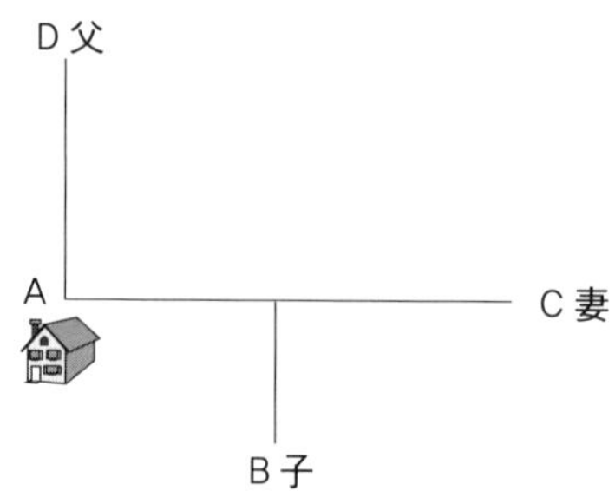


- A 先亡의 경우 → 처 C와 子 B가 일단 상속받은 후, B를 상속한 C가 가옥을 단독상속
- B 先亡의 경우 → 父 D와 처가 C가 가옥을 공동상속
- A · B 동시사망의 경우 → 동시 사망자 상호간에는 상속이 일어나지 않으므로, 父 D와 처 C가 공동상속

**그림 2-2** 동일한 위난으로 A와 B가 사망한 경우와 상속

### (4) 동시사망의 추정

① 2인 이상의 사망과 사망 시기

2인 이상이 사망한 경우에 누가 먼저 사망하였느냐를 확정하는 것은 상속문제 등에 중대한 관련이 있다. 가령, 가옥을 소유하고 있던 A가 부(父) D와 처 C를 남겨두고 그의 자(子) B와 함께 동일한 사고로 사망한 경우에, A와 B의 사망 선후에 따라 상속은 다르게 일어난다[그림 2-2]. 그러나 이 경우 사망의 선후를 입증한다는 것은 거의 불가능하다. 여기에서 민법은 2인 이상이 '동일한 위난'으로 사망한 경우에 그 사망의 선후를 알 수 없는 때에는 동시에 사망한 것으로 추정한다. 이는 어디까지나 추정이므로 반대 사실의 증명에 의하여 이를 번복할 수 있다.

**추 정**

추정(推定)이란 일반적으로 어느 사실에서 다른 사실 또는 권리를 추인하는 것을 말하는데, 추정에는 사실상의 추정과 법률상의 추정이 있다. 가령, 매도증서의 보관 사실에서 매수 사실을 추정하는 것은 사실상의 추정이고(89다카14363판결), '동시사망의 추정'(제30조)과 같이 추정 규정을 적용하여 행하는 추정을 법률상의 추정이라 한다. 법률상의 추정은 다시 사실추정과 권리추정으로 나뉜다. 가령, 전후 양시(兩時)에 점유한 사실이 있는 때에는 그 점유는 계속된 것으로 추정함은 사실의 추정이고(제198조), 점유자가 점유물에 대하여 행사하는 권리는 적법한 것으로 추정하는 것(제200조)이 권리추정이다. 그리고 기한은 채무자의 이익을 위한 것으로 추정하는 것(제153조 제1항)처럼, 법규가 의사표시의 내용을 추정하는 것은 엄격한 의미에서의 추정은 아니고 법률행위의 해석 규정이다(이시윤, 신민사소송법, 박영사, 2002, 452면 이하).

② 동시사망 추정의 효과

사망자 상호간에는 상속이 일어나지 않게 된다. 동시사망의 추정은 피상속인과 피대습자(상속인)가 동시에 사망한 경우에도 인정된다고 할 것이다(제1001조 참고).

**판 례**

원래 대습상속제도는 대습자의 상속에 대한 기대를 보호함으로써 공평을 꾀하고 생존 배우자의 생계를 보장하여 주려는 것이고, 또한 동시사망 추정 규정도 자연과학적으로 엄밀한 의미의 동시사망은 상상하기 어려운 것이나 사망의 선후를 입증할 수 없는 경우 동시에 사망한 것으로 다루는 것이 결과에 있어 가장 공평하고 합리적이라는 데에 그 입법 취지가 있는 것인 바, 상속인이 될 직계비속이나 형제자매(피대습자)의 직계비속 또는 배우자(대습자)는 피대습자가 상속 개시 전에 사망한 경우에는 대습상속을 하고, 피대습자가 상속 개시 후에 사망한 경우에는 피대습자를 거쳐 피상속인의 재산을 본위상속을 하므로 두 경우 모두 상속을 하는데, 만일 피대습자가 피상속인의 사망, 즉 상속 개시와 동시에 사망한 것으로 추정되는 경우에만 그 직계비속 또는 배우자가 본위상속과 대습상속의 어느 쪽도 하지 못하게 된다면 동시사망 추정 이외의 경우에 비하여 현저히 불공평하고 불합리한 것이라 할 것이고, 이는 앞서 본 대습상속제도 및 동시사망 추정 규정의 입법 취지에도 반하는 것이므로, 민법 제1001조의 '상속인이 될 직계비속이 상속 개시 전에 사망한 경우'에는 '상속인이 될 직계비속이 상속 개시와 동시에 사망한 것으로 추정되는 경우'도 포함하는 것으로 합목적적으로 해석함이 상당하다(99다13157판결).

③ 동시사망 추정의 확장

문제는 '상이(相異)한 위난(危難)'으로 2인 이상이 사망하고, 그 사망의 선후를 알 수 없는 경우에도 동시사망한 것으로 추정할 수 있는가이다. 학설은 대체로 이를 인정한다 (고상룡, 90면; 곽윤직, 82면; 백태승, 137면. 다만, 이영준, 791면은 이를 인정하는 것은 유추 적용의 한계를 넘는 것이라고 한다. 동지, 김증한/김학동, 105면; 이은영, 147면).

**동시사망 추정 규정의 개정안**

i) 제안 이유: 현행 규정은 동시사망의 추정을 '동일한 위난'의 경우로만 한정하고 있는데 '서로 각각 다른 위난의 경우'로 확대한다.

ii) 규정 내용: 제30조(동시사망의 추정) 수인의 사망자 중 한 사람이 다른 사람의 사망 후에도 생존한 것이 분명하지 아니한 경우에 이들은 동시에 사망한 것으로 추정한다.

### 3) 인정사망

사망신고는 진단서 또는 검안서가 첨부된 사망신고서에 의하여야 한다 (가족관계 등록 등에 관한 법률 제84조 제1항). 그러나 사망의 확증(시신의 발견 등)은 없으나, 사망한 것이 확실한 것으로 인정되는 경우에, 그러한 요건을 요구하는 것은 적절하지 못하다. 가족관계 등록 등에 관한 법률(이하 '가족관계등록법'이라 한다)은 이러한 경우에 인정사망제도를 두고 있다.

인정사망(認定死亡)이란 수난, 화재 기타 사변으로 인하여 사망이 확실시되는 경우에 사고조사를 한 권한 있는 관공서의 사망보고에 의하여 가족관계등록부에 사망한 것으로 기재하는 것을 말한다 (가족관계등록법 제87조). 그 자는 관공서의 사망 보고에 의한 가족관계등록부 기재의 사망일에 사망한 것으로 다루어진다. 다만, 실종선고와는 달리 사망의 추정력이 인정되는 데 불과한 점에서 반대 사실의 증명에 의하여 번복될 수 있다.

**판 례**

수난, 전란, 화재 기타 사변에 편승하여 타인의 불법행위로 사망한 경우에 있어서는 확정적인 증거의 포착이 손쉽지 않음을 예상하여 법은 인정사망, 위난실종선고 등의 제도와 그밖에도 보통실종선고제도도 마련해 놓고 있으나, 그렇다고 하여 위와 같은 자료나 제도에 의함이 없는 사망 사실의 인정을 수소법원이 절대로 할 수 없다는 법리는 없다 (87다카2954판결).

## 3 외국인의 권리능력

### 1) 내 · 외국인 평등의 원칙

외국인이란 한국의 국적을 가지지 않은 자를 말한다. 따라서 외국인에는 외국 국적을 가진 자와 무국적자가 있다. 국적의 득실은 국적법에 의한다. 민법은 외국인의 권리능력에 관하여 아무런 규정을 두고 있지 않다. 그런데 헌법에 의하여 외국인은 "국제법과 조약이 정하는 바에 의하여 그 지위가 보장된다"(헌법 제6조 제2항). 따라서 내 · 외국인 평등주의가 우리 법의 태도라고 할 수 있다(고상룡, 112면; 곽윤직, 79면; 김증한/김학동, 106면; 이영준, 786면; 백태승, 130면).

### 2) 외국인의 권리능력 제한

민법에는 외국인의 권리능력을 제한하는 규정은 없으나, 특별법은 절대적으로 또는 상호적으로 외국인의 권리능력을 제한하고 있다. 즉, 권리능력이 부정되는 경우(항공법 제6조 제1호, 선박법 제2조, 도선법 제6조 제1호, 공증인법 제12조), 상호주의에 의하여 권리능력이 제한되는 경우(외국인토지법 제3조, 저작권법 제3조, 특허법 제25조, 실용신안법 제4조, 상표법 제5조, 디자인보호법 제4조의24, 국가배상법 제7조), 국회의 동의나 정부의 인가를 필요로 하는 경우(수산업법 제5조), 법률에 특별한 규정이 있는 경우를 제외하고 제한을 받지 않는 경우(외국인투자촉진법 제4조 제1항) 등이 그러하다.

# 제 3 절 주소 · 부재자

## 1 주 소

### 1) 주소의 개념

(1) 주소(住所)란 사람의 생활의 근거가 되는 곳을 말한다(제18조 제1항). 보통 사람

들은 일정한 장소와 관련을 가지고 법률관계를 형성 · 유지한다. 생활의 근거가 되는 곳이란 사람의 사회생활관계의 중심지라고 할 수 있다.

(2) 주소는 주민등록지와 구별된다. 주민등록지란 30일 이상 거주할 목적으로 일정한 장소에 주소 또는 거소를 가지는 자가 주민등록법에 의하여 등록한 장소를 말한다 (동법 제6조). 반증이 없는 한 주민등록지는 주소로 추정된다.

그러나 주민등록법 제23조에 의하여, 공법관계에서는 주민등록지를 주소로 본다.

### 2) 주소의 결정

(1) 주소를 정하는 기준으로 형식적 표준에 의하여 획일적으로 정하는 형식주의와 생활의 실질적 관계에 따라 구체적으로 정하는 실질주의가 있다. 민법은 생활의 근거가 되는 곳을 주소라 하여 실질주의에 입각하고 있다 (제18조).

(2) 또한 주소의 결정 또는 변경에 관하여 정주(定住)의 사실만 있으면 된다는 객관주의와 정주의 사실 외에 정주의 의사도 필요하다는 의사주의가 있다. 의사무능력자를 위한 법정의 주소를 두고 있지 않고 주소의 표준에 관하여 실질주의를 취하는 점을 고려할 때 객관주의를 전제하고 있다고 할 것이다 (고상룡, 162면).

(3) 주소의 개수에 관하여 민법은 '주소는 두 곳 이상 있을 수 있다'고 하여, 복수주의를 취하고 있다 (제18조 제2항).

### 3) 주소의 법적 효과

(1) 주소는 부재와 실종의 표준이 되며(제22조, 제27조), 변제 장소를 정하는 표준이 되고(제467조), 상속의 개시지(제998조)가 된다.

(2) 어음 · 수표행위의 장소(어음법 제2조, 수표법 제8조), 재판관할의 표준(민사소송법 제3조, 가사소송법 제13조, 제22조, 제26조 등), 민사소송법상 송달장소(동법 제183조 제1항)와 부가기간(동법 제172조)의 표준이 된다. 한편 섭외사법(폐지)상 주소는 준거법을 정하는 표준이었으나, 국제사법은 연결점으로 주소 대신 상거소(常居所)를 도입하였다 (국제사법 제3조).

### 4) 거소, 가주소

(1) 거소(居所)란 사람이 상당한 기간 계속하여 거주하는 장소이지만, 장소적 밀접도가 주소에 미치지 못하는 곳을 말한다. 주소를 알 수 없거나 주소가 없는 경우에는 거소를 주소로 본다(제19조, 제20조). 한편 장소적 관계가 거소보다 희박한 현재지 관념을 언급하는 경우가 있으나, 법적으로 이를 구별할 실익은 없다(고상룡, 158면).

(2) 가주소(假住所)란 당사자가 어떤 거래에 관하여 일정한 장소를 선정하여 그 거래관계에 관하여 주소로서의 법률적 기능을 부여한 장소를 말한다(제21조). 가주소는 당사자의 의사에 의하여 설정되며, 당해 거래관계에 한하여 주소로서의 효과를 가진다.

##  부재자

### 1) 부재자의 법적 지위

(1) 부재자(不在者)란 종래의 주소나 거소를 떠나 당분간 돌아올 가망이 없는 자로서, 그의 재산이 관리되고 있지 못하는 상태에 있는 자를 말하는 바(곽윤직, 108면; 고상룡, 159면; 이영준, 821면), 부재 상태가 상당한 기간 계속되면 그의 잔류재산을 관리하고 잔존 배우자나 상속인을 보호하기 위한 적절한 조치를 취할 필요가 있다.

(2) 민법은 부재자가 아직 생존하고 있는 것으로 추정하여 부재자의 잔류재산을 관리하며 부재자가 돌아오기를 기다리는 부재자 재산관리제도와 부재자의 생사불명의 상태가 일정 기간 계속되어 생존 가능성이 적게 되면 일정한 절차에 따라 그가 사망한 것으로 보아 법률관계를 확정하는 실종선고제도를 두고 있다.

(3) 한편 군사분계선 이북 지역에서 그 이남의 지역에 옮겨 새로이 취적한 자 중 군사분계선 이북 지역 잔류자(가족관계등록부에 군사분계선 이북 지역 거주로 표시된 자)에 대한 부재선고와 1945년 8월 15일부터 1953년 7월 28일 사이에 군사분계선 이남의 지역에서 주소나 거소를 떠난 후 생사가 분명하지 아니한 자에 대한 실종선고의 절차에 관한 특례 및 이중 취적의 정리를 위한 부재선고 등에 관한 특별조치법이 있다. 이 법률에 따라 부재선고를 받은 자는 상속과 혼인에 있어서 사망한 것으로 본다.

### 2) 부재자의 재산관리제도

#### (1) 제도의 취지

부재자 재산관리제도는 부재자의 잔류재산을 관리하기 위한 것이다. 따라서 부재자가 스스로 재산관리인을 두고 있는 경우 및 부재자에게 법정대리인이 있는 경우에는 원칙적으로 법이 관여할 필요는 없다. 다만, 재산관리인의 권한이 본인의 부재 중 소멸하거나 부재자의 생사가 불명하게 된 경우에는 부재자 및 이해관계인의 이익을 위하여 법이 개입할 필요가 있다. 역시 부재자에게 재산관리인이 없는 경우에도 당연히 법이 관여할 필요가 있다.

#### (2) 부재자 자신이 재산관리인을 둔 경우

① 부재자가 재산관리인을 둔 경우에 그 관리인은 부재자의 수임인이며 또한 임의대리인이다. 따라서 관리인의 권한과 관리의 방법 등은 부재자와 관리인 사이의 계약에 의하여 정하게 된다(제680조 이하).

② 다만, 부재자가 재산관리인을 둔 경우라도 재산관리인의 권한이 부재 중 소멸한 경우에는 관리인을 두지 않은 경우와 같은 조치를 취하게 된다(제22조 제1항 후문). 또한 부재자의 생사가 불명하게 되면 가정법원은 재산관리인, 이해관계인 또는 검사의 청구에 의하여 재산관리인을 개임(改任)할 수 있다(제23조). 물론 가정법원은 재산관리인을 개임하지 않고 감독만 할 수도 있는데, 재산목록의 작성·재산 보존에 필요한 처분을 명하거나(제24조), 관리인의 권한을 넘는 행위에 대한 허가(제27조 후단) 또는 상당한 담보를 제공하게 하고, 부재자의 재산으로 상당한 보수를 지급할 수 있다(제26조 제3항).

**판 례**

부재자가 6·25사변 전부터 가사 일체와 재산의 관리 및 처분의 권한을 그 모인 '갑'에 위임하였다 가정하더라도 '갑'이 부재자의 실종 후 법원에 신청하여 동 부재자의 재산관리인으로 선임된 경우에는 부재자의 생사가 분명하지 아니하여 민법 제23조의 규정에 의한 개임이라고 보지 못할 바 아니므로, 이때부터 부재자의 위임에 의한 '갑'의 재산관리 처분 권한은 종료되었다고 봄이 상당하고, 따라서 그 후 '갑'의 부재자 재산처분에 있어서는 민법 제25조에 따른 권한초과행위 허가를 받아야 하며, 그 허가를 받지 아니하고 한 부재자의 재산 매각은 무효이다(76다1437판결).

### (3) 재산관리인을 두지 않은 경우

① 부재자에게 재산관리인이 없는 경우에 가정법원은 이해관계인 또는 검사의 청구에 의하여 재산관리에 필요한 처분을 명하여야 한다(제22조 제1항). 처분에는 재산관리인의 선임과 잔류재산의 매각 등을 들 수 있다.

② 가정법원에 의하여 선임된 재산관리인은 법정대리인이다(곽윤직, 109면). 선임된 재산관리인은 언제든지 사임할 수 있고, 법원도 언제든지 자유재량으로 개임할 수 있다(통설).

③ 재산관리인은 부재자의 재산에 관하여 제118조 소정의 관리행위를 자유롭게 할 수 있으나, 이를 초과하는 처분행위를 하고자 할 경우에는 가정법원의 허가를 얻어야 한다(제25조 전단). 허가 없이 한 또는 허가의 범위를 넘는 처분행위는 무권대리행위로서 무효이다(69다1820판결). 그러나 후에 법원의 허가를 얻으면 추인에 의하여 유효로 된다고 한다(80다1872, 1873판결).

**판 례**

법원이 선임한 부재자 재산관리인의 관리행위는 부재자를 위하여 그 재산을 보존·이용·개량하는 데 그치고, 법원의 허가를 얻어 처분하는 경우도 이는 부재자를 위한 범위에 한정된다(77다1159판결). 부재자 재산관리인에 의한 부재자 소유의 부동산 매매행위에 대한 법원의 허가 결정은 그 허가를 받은 재산에 대한 장래의 처분행위뿐만 아니라 기왕의 매매를 추인하는 방법으로도 할 수 있다(99다19278판결).

**판 례**

부재자 재산관리인의 부재자 소유 부동산에 대한 매매계약에 관하여 부재자 재산관리인이 권한을 초과하여서 체결한 것으로 법원의 허가를 받지 아니하여 무효라는 이유로 소유권이전등기절차의 이행청구가 기각되어 확정되었다고 하더라도, 패소판결의 확정 후에 위 권한초과행위에 대하여 법원의 허가를 받게 되면 다시 위 매매계약에 기한 소유권이전등기청구의 소를 제기할 수 있다(2001다41971판결).

④ 부재자의 재산관리인은 관리할 재산의 목록을 작성하여야 하며, 재산의 보전을 위하여 가정법원의 명에 따라 재산의 봉인이라든가 보존등기를 수행하여야 한다(제

24조). 또한 재산관리인은 재산의 관리 및 반환에 관하여 상당한 담보의 제공의무를 지고(제26조 제1항), 반면에 보수청구권을 가진다(제26조 제2항). 그리고 재산관리를 위하여 지출한 필요비와 그 이자 및 과실 없이 입은 손해의 배상을 청구할 수 있다(제24조 제4항).

⑤ 부재자가 후에 재산관리인을 둔 경우, 본인 스스로 재산관리를 할 수 있게 된 경우, 부재자의 사망이 분명하게 되거나 실종선고가 있은 경우에는 가정법원은 본인 또는 이해관계인의 청구에 의하여 종전의 처분명령을 취소하여야 한다(제22조 제2항). 취소의 효력은 소급하지 않는다.

**판 례**

사망한 것으로 간주된 자가 그 이전에 생사불명의 부재자로서 그 재산관리에 관하여 법원으로부터 재산관리인이 선임되어 있었다면 재산관리인은 그 부재자의 사망을 확인했다고 하더라도 선임 결정이 취소되지 아니하는 한 계속하여 권한을 행사할 수 있다 할 것이므로, 재산관리인에 대한 선임 결정이 취소되기 전에 재산관리인의 처분행위에 기하여 경료된 등기는 법원의 처분허가 등 모든 절차를 거쳐 적법하게 경료된 것으로 추정된다(91다11810판결, 69다719판결).

**표 2-1** 재산관리인

| 구 분 | 위임관리인 | 선임관리인 | 법정관리인 |
|---|---|---|---|
| 발생 근거 | 위임계약, 수권행위 | 법원의 선임 | 법률의 규정 |
| 예 | 수임인, 대리인 등 | 부재자재산관리인,<br>상속재산관리인,<br>유언집행자 등 | 친권자, 후견인 |
| 법적 성질 | 임의대리인 | 법정대리인 | 법정대리인 |
| 권 한 | 계약 내지 수권행위로 정한 범위, 제118조 소정의 관리행위 | · 원칙: 제118조 소정의 관리행위<br>· 법원의 허가: 처분행위 | · 처분권 포함<br>· 친권자(제916조, 제922조)<br>· 후견인(제949조, 제952조, 제956조) |

## 3 실종선고

### 1) 의 의

(1) 부재자의 생사불명의 상태가 장기간 계속된 경우에, 그의 재산관계·신분관계를 그대로 방치하여 둔다는 것은 그의 가족 등 이해관계인에게 가혹할 뿐 아니라, 재산의 효율적 이용이라는 측면에서도 바람직하지 못하다. 물론 잔존 배우자는 부재자의 생사가 3년 이상 분명하지 아니한 때에는 가정법원에 이혼을 청구할 수 있다(제840조 제5호).

(2) 이에 민법은 일정한 요건과 절차에 의하여 그러한 자를 사망한 것으로 보아 그 자에 대한 재산상·신분상의 법률관계를 확정하는 제도를 두고 있다. 이것이 실종선고제도(失踪宣告制度)이다.

### 2) 실종선고의 요건

**(1) 부재자의 생사가 분명하지 않아야 한다**

생존해 있는지 사망하였는지가 불명하여야 한다. 가족관계등록부상 이미 사망한 것으로 기재되어 있는 자에 대해서는 실종선고를 할 수 없다(97스4결정).

**(2) 일정한 실종기간이 경과하여야 한다**

① 보통실종은 5년, 특별실종은 1년이다(제27조). 다만, 개정안은 실종기간이 1년인 특별실종 중 사망의 개연성이 높은 선박 침몰, 항공기 추락 등의 경우에는 6개월로 기간을 단축하여 법률관계를 조기에 확정짓도록 하고 있다.

② 보통실종의 기산점은 생존을 증명할 수 있는 최후의 시기이다(제27조 제1항). 특별실종의 기산점은 사망의 원인이 될 위난이 종료한 때이다(제27조 제2항). 전지(戰地)에 임한 자는 전쟁이 종지한 때로부터 기산한다. 통설은 전쟁이 종지한 때란 전쟁이 사실상 종료한 때(예: 항복선언, 정전이나 휴전 선언이 있는 때)로 새긴다(곽윤직, 112면; 고상룡, 96면; 이영준, 828면; 김증한/김학동, 146면). 따라서 전쟁 실종의 경우에 전쟁이 종료하기 이전의 어느 특정의 전투에서 실종되었음이 밝혀진 경우에도 실종기간의 기산점은 전쟁이 사실상 종료한 때로 보아야 한다는 것이다. 개개의 전투의 종료 시점을 확

정하기 어렵다는 점에서 통설의 태도가 타당하다. 그리고 침몰한 선박 중에 있던 자는 선박이 침몰한 때로부터 기산하며, 기타 위난을 당한 자는 이러한 위난이 종료한 때로부터 기산한다.

**판 례**

여기에서 "사망의 원인이 될 위난"이라 함은 화재·홍수·지진·화산폭발 등과 같이 일반적 객관적으로 사람의 생명에 명백한 위험을 야기하여 사망의 결과를 발생시킬 가능성이 현저히 높은 외부적 사태 또는 상황을 가리킨다. 따라서 잠수장비를 착용한 채 바다에 입수하였다가 행방불명되었다고 하여 "사망의 원인이 될 위난"을 당하였다고 할 수 없다(2010스165결정).

**(3) 이해관계인이나 검사의 청구가 있어야 한다**

이해관계인이란 실종선고에 의하여 권리를 취득하거나 의무를 면하게 되는 자이며(86스20결정), 검사를 청구권자로 인정하고 있는 것은 공익을 대표하는 자라는 점에서 그렇고, 이해관계인이 없을 때 검사가 실종선고를 청구할 수 있다고 보아야 할 것이다. 학설은 이해관계인에 부재자의 채권자를 포함하고 있으나(곽윤직, 112면; 백태승, 180면; 김증한/김학동, 146면), 이 경우 채권자는 재산관리인의 선임을 청구하여 그를 상대로 채권추심을 할 수 있다는 점에서 굳이 실종선고를 청구하여야 할 이유는 없다고 할 것이다(고상룡, 96면). 즉, 채권추심을 위하여 부재자를 사망케 하는 실종선고청구권을 채권자에게 인정할 것은 아니다. 부재자의 재산관리에 관한 처분과 부재자의 실종선고의 청구는 이해관계가 다르다는 점도 고려하여야 할 것이다.

**판 례**

부재자의 종손자로서, 부재자가 사망할 경우 제1순위의 상속인이 따로 있어 제2순위의 상속인에 불과한 청구인은 특별한 사정이 없는 한 위 부재자에 대하여 실종선고를 청구할 수 있는 신분상 또는 경제상의 이해관계를 가진 자라고 할 수 없다(92스4, 5, 6결정).

(4) 실종선고의 청구를 받은 가정법원은 선고에 앞서 6개월 이상의 기간을 정하여 공시최고(公示催告; 가사소송규칙 제53조 이하)를 한 후, 그 기간이 지나도록 신고가 없을

때 실종선고를 하여야 한다.

### 3) 실종선고의 효과

#### (1) 실종기간의 만료시에 사망한 것으로 '본다'

이는 추정과 달리 실종자 본인이 살아 돌아오거나, 실종기간 만료시와 다른 때에 사망하였다는 반증이 있더라도 실종선고의 취소가 없는 한 여전히 사망한 것으로 의제한다는 것을 의미한다(94다52751판결).

**판 례**

실종선고를 받은 자는 실종기간이 만료한 때에 사망한 것으로 간주되는 것이므로, 실종선고로 인하여 실종기간 만료시를 기준으로 하여 상속이 개시된 이상 설사 이후 실종선고가 취소되어야 할 사유가 생겼다고 하더라도 실제로 실종선고가 취소되지 아니하는 한, 임의로 실종기간이 만료하여 사망한 때로 간주되는 시점과는 달리 사망 시점을 정하여 이미 개시된 상속을 부정하고 이와 다른 상속관계를 인정할 수는 없다(94다21542판결).

#### (2) 실종기간의 '만료시'에 사망한 것으로 본다

문제는 실종기간 만료시부터 실종선고시까지 실종자의 재산관리인이 재산관리행위, 즉 실종자의 재산을 처분한 경우에는 실종선고로 인하여 실종자가 사망한 후에 거래행위를 했다는 결과가 되는데, 이 경우 거래행위는 사망자의 법률행위로 된다는

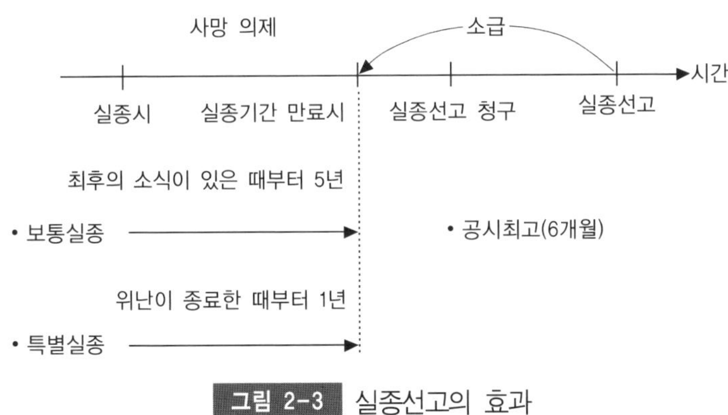


그림 2-3 실종선고의 효과

점에서 무효로 된다 (이설 없음). 즉, 재산관리인의 처분은 결과적으로 실종자의 상속인의 재산을 처분한 것이 되어 무효로 된다. 따라서 선의의 제3자의 보호가 문제된다. 물론 대리권 소멸 후의 표현대리 또는 선의취득제도에 의하여 보호되는 경우가 있을 수 있지만, 강제집행 등 사실행위의 경우에는 보호가 안 된다 (고상룡, 99면). 다만, 판례는 재산관리인이 법원의 허가를 얻어 처분한 경우에는 그렇지 않다고 한다 (91다11810판결). 또한 판례는 소송당사자능력의 흠결로 보지 않고 판결을 유효한 것으로 본다 (91다2455판결).

**판 례**

부재자의 재산관리인에 의하여 소송절차가 진행되던 중 부재자 본인에 대한 실종선고가 확정되면 그 재산관리인으로서의 지위는 종료되는 것이므로, 상속인 등에 의한 적법한 소송수계(訴訟受繼)가 있을 때까지는 소송절차가 중단된다 (85다카1151판결).

### (3) 사망으로 보는 범위

사망으로 보는 범위는 실종선고제도의 취지에 따라 자연사라든가 인정사망의 경우와는 달리, 종래의 주소 및 거소를 중심으로 하는 사법적 법률관계에서만 사망한 것으로 본다. 따라서 공법적 법률관계에서는 사망의 효과가 미치지 않는다 (93노8195판결, 하집 96(2), 718면). 물론 실종선고를 받은 경우에 실종기간이 만료할 때까지는 살아 있었던 것으로 추정한다 (통설). 그러면 실종선고를 받지 않고 있는 경우에도 살아 있는 것으로 추정되는가? 이 경우에도 실종기간 만료시까지는 생존한 것으로 추정하고 그 이후는 사망한 것으로 추정하여야 한다는 견해가 있으나(백태승, 183면), 생명의 존엄성에 비추어 실종기간에 관계없이 생존추정을 긍정하여야 할 것이다 (고상룡, 102면; 김증한/김학동, 148면; 이영준, 831면; 이은영, 199면. 다만, 곽윤직, 114면은 그러한 추정은 생기지 않으며 사실문제로서 해결하여야 한다고 새긴다).

## 4) 실종선고의 취소

### (1) 의 의

실종선고에 의하여 실종자는 사망한 것으로 의제되므로, 실종자의 생존, 기타의 반증이 있어도 사망의 효과는 번복되지 않는다. 실종선고의 효과를 뒤집기 위해서는 실종선고 취소의 절차를 밟아야 한다.

### (2) 실종선고 취소의 요건

① 실종자가 생존하고 있는 사실, 실종선고로 사망한 것으로 보는 시기와 다른 시기에 사망한 사실이 있을 때(제29조 제1항) 또는 실종기간의 기산점 이후에 실종자가 생존하고 있었던 사실이 있어야 한다(통설).

② 본인과 이해관계인 또는 검사의 청구에 의하여 실종선고를 취소할 수 있다(제29조). 이 경우 공시최고는 요하지 않는다.

### (3) 실종선고 취소의 효과

① 원칙: 실종선고가 취소되면 실종선고로 인하여 생긴 법률효과는 소급하여 무효로 된다(제29조 제1항 본문). 따라서 상속은 개시되지 않았던 것으로 되거나, 상속재산관계의 변동이 생긴다. 또한 사망으로 인한 혼인 해소의 효과도 소급하여 무효로 된다.

② 예 외

a) 거래안전을 보호하기 위하여 민법은 "실종선고 후 그 취소 전에 선의로 한 행위의 효력에 영향을 미치지 않는다."(제29조 제1항 단서)고 규정하고 있다. 다만, 이 경우에도 실종자를 보호하기 위하여 '실종선고를 직접 원인으로 하여 재산을 취득한 자'는, 선의인 경우에는 현존 이익(수익자가 현존 이익이 없음을 입증, 96다32881판결)의 반환의무를 악의(악의의 입증책임은 실종자가 진다. 제197조 제1항 참조)인 경우에는 그가 받은이익에 이자를 붙여 반환하고 손해가 있으면 그것도 배상하도록 정하고 있다(제29조 제2항). 이 경우 반환청구권은 10년의 소멸시효에 걸린다(이영준, 833면).

b) 문제는 '선의로 한 행위'의 의미에 대한 이해를 어떻게 할 것이냐이다. 우선 누가 '선의'일 것을 요하는가이다.

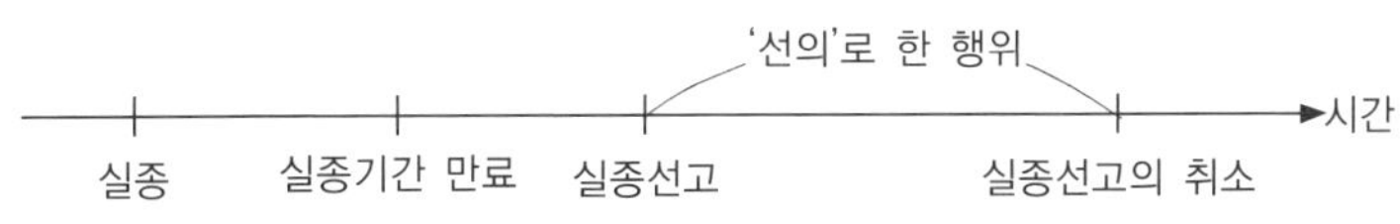


그림 2-4 '선의'로 한 행위의 시적 범위

ㄱ) 단독행위의 경우에는 행위자만이 선의이면 족하다 (통설).

ㄴ) 계약의 경우에는 견해가 갈린다. 쌍방선의설, 상대적 효력설, 절대적 효력설이 그것이다.

쌍방선의설은 당사자 쌍방이 선의이어야 영향을 받지 않는다고 하고(곽윤직, 115면; 이영준, 832면; 김증한/김학동, 152면), 상대적 효력설은 쌍방선의설에 따르면 악의자로부터 양수한 선의자는 불측의 손해를 입을 염려가 있고(전득자 보호를 위하여 제108조 제2항의 유추 적용을 인정하는 견해(장경학, 262면)가 있으나, 실종자에게 허위의 외관형성에 대한 책임을 인정하기 어렵다는 점에서 의문이다), 쌍방 선의에 의하여 보호되고 나면 그 후의 자는 악의이어도 보호되는 점에서 문제가 있다고 한다. 따라서 각 당사자에 따라 구체적 · 개별적으로 그 효력을 결정하여야 한다는 것이다 (김주수, 138면). 그러나 상대적 효력설에 의한다고 하더라도 선의자가 언제나 보호될 수는 없다고 비판한다. 즉, 선의자로부터 목적물을 취득한 악의자가 실종선고의 취소에 영향을 받아 실종자로부터 목적물의 반환을 청구받게 되는 경우, 악의자는 선의자를 상대로 담보책임(제570조 본문)을 추급할 수 있기 때문이라고 한다 (곽윤직, 116면).

절대적 효력설에 의하면, 이 문제는 선의자 보호 · 거래안전의 확보라는 요청과 실종자의 이익 보호라는 요청을 어떻게 조화시킬 것이냐에 있다고 하면서, 실종선고를 하게 된 이유는 실종자 측의 사유에 있으며, 제29조 제1항 본문의 취지는 실종자의 이익을 보호하려는 데 있지만, 그 단서의 취지는 선의자의 보호 · 거래의 안전에 있다고 한다. 따라서 선의자 보호 · 거래안전이라는 측면에서 볼 때, 실종선고를 직접 원인으로 하여 재산을 취득한 자로부터 그것을 양수한 자가 선의이면 제29조 제1항 단서가 적용되어 확정적으로 소유권을 취득한다고 해석한다 (고상룡, 106면 이하. 전득자선의설(이은영, 205면)도 마찬가지의 결과를 인정하는 것으로 보인다). 결국 그 후의 전득자(轉得者)가 악의라도 권리를 유효하게 취득한다는 것이다. 물론 이 경우 실종자는 제29조 제2항에 의하여 실종선고를 직접 원인으로 하여 재산을 취득한 자에 대해서는 상환을 청구할 수 있다. 절대적 효력설을 지지한다.

c) 그리고 제29조 제1항 단서 소정의 '행위'에 신분행위도 포함할 것이냐이다. 통설은 신분행위도 포함된다고 해석한다. 다만, 상대적 효력설은 신분행위에서는 쌍방이 선의이어야 한다고 해석한다. 그리하여 쌍방이 선의인 경우에는 후혼(後婚)이 유효하고 전혼(前婚)은 부활하지 않는다고 한다. 이에 대하여 쌍방이 악의이거나 일방

이 악의인 경우에는 전혼이 부활하여 후혼은 중혼(重婚)이 되어, 전혼에는 이혼 사유가 발생하며(제840조 제1호) 후혼은 취소혼이 된다(제810조, 제816조, 제818조 전단)고 새긴다.

그러나 신분행위에는 거래안전보다는 당사자의 의사가 존중되어야 할 뿐만 아니라, 악의자가 선의자보다 실종선고가 취소되지 않기를 바랄 것이라는 점에서 신분행위에는 그 적용이 없고, 따라서 제29조 제1항 본문이 적용되어 전혼은 부활한다고 새겨야 할 것이다(고상룡, 108면). 결국 전혼이 부활하여 후혼은 중혼이 되고, 이 경우에는 3자 합의에 의하여 중혼문제를 해결하여야 할 것이다. 이러한 해석은 제29조 제2항이 재산행위를 전제로 하는 규정이라는 점에서도 타당하다.

**표 2-2** '선의'로 한 '행위'의 효력

| 구 분 | 내 용 | | |
|---|---|---|---|
| | 재산행위 | | 신분행위 |
| 쌍방선의설 | ·쌍방 선의: 유효<br>·일방 또는 쌍방 악의: 무효 | | ·쌍방 선의: 후혼만 유효<br>·일방 또는 쌍방 악의: 전혼 부활(전혼에는 이혼 사유, 후혼은 취소혼) |
| 상대적 효력설 | ·선의자: 유효<br>·악의자: 무효 | | |
| 절대적 효력설 | 전득자 | ·선의: 유효<br>·악의: 무효 | §29① 단서가 적용되지 않고 본문이 적용되어 전혼 부활(중혼문제) |

## 제 4 절 법 인

### 1 법인제도의 의의

#### 1) 법인의 개념

법인(法人)이란 자연인이 아니면서 권리능력이 부여된 단체를 말한다. 단체는 법인이기 위한 실질적 요건이다. 단체에는 사단과 재단을 포함한다. 사단이란 사람의 집합체를 말하고 재단이란 일정한 목적에 바쳐진 재산의 관리체를 말한다.

**단체의 법적 지위**

i) 단체 자신이 구성원과는 독립하여 권리 · 의무의 주체가 된다(4294행상102판결, 96다46484판결).

ii) 단체 자신의 명의로 등기할 수 있다(부동산등기법 第26조).

iii) 단체가 구성원과는 독립하여 소송당사자가 될 수 있다(민사소송법 第51조, 第52조, 2010다58889판결).

### 2) 법인의 종류

법인에는 법인 설립의 준거법에 따라 공법인과 사법인으로 구분된다. 공법인은 그 설립 · 관리에 관하여 국가의 공권력이 관여하는 법인을 의미한다. 공법인은 공법의 규율을 받는다. 사법인에는 사단법인 · 재단법인과 영리법인 · 비영리법인이 있으나, 영리법인은 상사에 관한 규정이 준용되므로 원칙적으로 민법의 규정은 비영리의 사단법인과 재단법인을 그 규율 대상으로 한다. 다만, 재단법인 또는 사단법인으로서 "학자금 · 장학금 또는 연구비의 보조나 지급, 학술 · 자선에 관한 사업"을 목적으로 하는 법인은 공익법인의 설립 · 운영에 관한 법률의 적용을 받는다. 동법은 공익성을 유지하기 위하여 그 설립 · 운영 등에 관하여 민법에 대한 특칙을 정하고 있다(동법 제3조 내지 제16조).

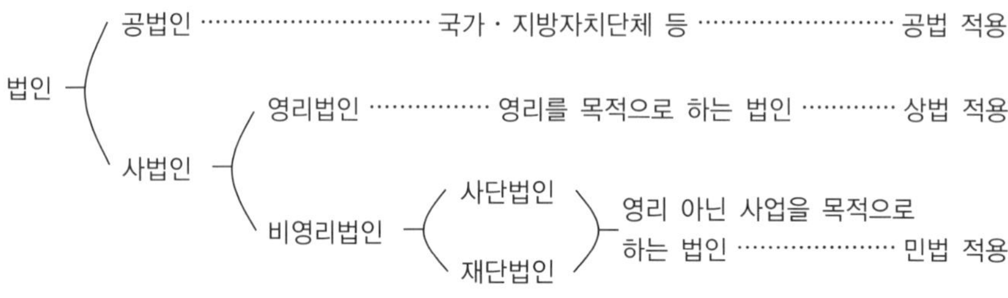


그림 2-5 법인의 종류

### 3) 법인제도의 유용성

(1) 사단법인의 경우에는 우선 다수 당사자의 법률관계를 간명하게 처리할 수 있게 한다. 그리고 법인과 구성원 사이의 재산관계를 분별하여 파악할 수 있도록 한다.

(2) 재단법인에서는 단체의 재산과 출연자(出捐者)의 개인 재산을 법적으로 별개의 재산으로 파악하여 법률관계를 형성할 수 있도록 한다.

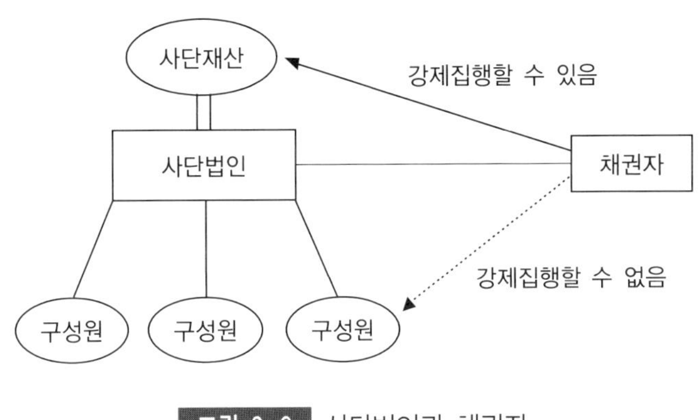


**그림 2-6** 사단법인과 채권자

(3) 따라서 단체에 대한 채권자는 그 단체의 재산만을 압류할 수 있고, 구성원에 대한 채권자는 그 구성원 개인의 재산만을 압류할 수 있을 뿐이다.

물론 단체에 법인격이 인정된다고 하더라도 모든 법인에 이러한 법적 효과가 인정되는 것은 아니고(합명회사의 사원은 무한책임을 진다. 상법 제212조), 또 법인격이 인정되지 않는 일정한 단체에도 이러한 효과가 인정될 수 있다(후술 7. 법인 아닌 단체의 법률관계 참조).

**법인격부인론**

i) 어떤 단체에 법인격을 부여함으로 인하여 발생하는 법률효과는 경우에 따라서 실제로 부당한 결과를 초래하여 오히려 법인제도를 인정한 취지에 반하는 경우도 생길 수 있다. 이러한 경우에 법인으로서의 존재 그 자체는 인정하면서 특정한 법률관계에서 법인의 베일을 박탈하여 그 배후에 있는 실체를 파악하고, 법인과 그 배후자의 동일성을 인정하여 법적 처리를 하는 것을 법인격부인론(法人格否認論)이라 한다. 이는 법인제도를 남용한 배후자에게 책임을 부과하여 법인과 거래한 상대방을 보호하기 위한 논의라고 할 수 있다.

ii) 근 거

ⓐ 법인격남용론(法人格濫用論): 법률의 규정이나 계약상의 의무를 회피하기 위하여 다른 회사를 설립한다든가, 불법·부당한 목적을 위하여 법인격을 남용하는 경우가 이에 해당한다. 예컨대 A 회사가 갑을 해고한 후 별개의 회사를 설립하여 법인격이 다름을 들어 갑의 복

직을 거부하는 경우를 들 수 있다.

ⓑ 법인격형해화론(法人格形骸化論): 법인의 형식을 이용하는 배후자와 법인을 실질적·경제적으로 동일하다고 볼 수 있는 경우에는 법인의 형식을 무시하고, 거래의 상대방을 보호하기 위하여 그 실체에 따라서 법적 처리를 하는 이론이다. 예컨대 회사의 운영 방식에서 요건이 준수되지 않은 경우를 들 수 있다.

iii) 판례의 동향

74다954판결에서는 법인격부인론을 받아들이지 않았으나, 87다카1671판결에서는 법인격 남용론에 근거하여 법인격부인론을 인정하였다. 그리고 97다21604판결에서는 그 요건을 좀 더 분명히 하고 있다. 즉, 회사가 외형상으로는 법인의 형식을 갖추고 있으나 이는 법인의 형태를 빌리고 있는 것에 지나지 아니하고 그 실질에서는 완전히 그 법인격의 배후에 있는 타인의 개인기업에 불과하거나 그것이 배후자에 대한 법률 적용을 회피하기 위한 수단으로 함부로 쓰여지는 경우에는, 법인격이 부인될 수 있다는 것이다(동지, 2002다66892판결). 여기에서 회사가 법인격의 배후에 있는 개인기업에 불과하려면 회사가 이름뿐이고 실질적으로는 개인영업에 지나지 않을 상태로 될 정도로 형해화되어야 하고, 그 정도에 이르지 않더라도 회사의 배후에 있는 자가 회사의 법인격을 남용한 경우이어야 한다는 것이다(2007다90982판결). 그렇지만, 권리관계의 공권적인 확장 및 그 신속, 확실한 실현을 도모하기 위하여 절차의 명확·안정을 중시하는 소송절차 및 강제집행절차에서는 그 절차의 성격상 乙회사에 대한 판결의 기판력 및 집행력의 범위를 법인격을 부인론을 근거로 甲회사에까지 확장하는 것은 허용되지 아니한다(乙회사가 채무를 면탈하기 위하여 甲회사를 설립한 경우의 93다44531판결).

## 2 법인의 본질

### 1) 문제의 소재

(1) 법인은 왜 그것을 구성하는 구성원이나 재산으로부터 독립하여 권리 주체로 인정되는가? 즉, 무엇을 근거로 자연인 이외에 법인을 권리·의무의 주체로서의 자격을 인정하는가이다.

(2) 자연인에게 권리능력을 인정하는 실질적 근거는 자유로운 의사를 가진 인격자라는 데 있다. 법인은 자연인과 같은 의사능력이 없는 관념적인 존재라는 점에서 권

리능력의 인정 근거를 어디에서 구할 것인가에 대하여 논의가 있다.

### 2) 학설의 태도

#### (1) 개 관

법인의 본질에 관해서는 종래 로마법적인 이론인 의제설(擬制說)과 게르만법적인 실재설(實在說)이 주장되고 있었다. 의제설은 법인의 실체성을 부인하고 실재설은 이를 인정한다는 점에서 차이가 있다. 그러나 최근에는 법인의 본질을 다원적으로 파악하는 견해가 유력하게 주장되고 있다. 다만, 입법과 학설·판례의 노력으로 법인이론이 확립되어 있는 오늘날에는 법인 본질에 관한 논의는 별로 실익이 없다는 견해도 있다 (곽윤직, 119면).

#### (2) 의제설

의제설에 의하면, 법인은 본래 법인격을 부여받을 만한 실체가 존재하지 않지만, 자연인에 의제하여 법률에 의하여 창조된 것이라고 한다. 즉, 법인은 권리 주체임에 적합한 조직체에 대하여 법이 법인격을 부여한 것으로서 법률관계를 간명하게 처리하기 위한 법기술이라고 한다 (이영준, 838면. 동지, 이은영, 234면).

#### (3) 실재설

실재설에 의하면, 법인은 법률이 창조한 의제물이 아니라, 권리 주체로서 적합한 사회적 실체를 가진다고 한다. 다만, 실재설은 그 실체가 구체적으로 무엇인가를 둘러싸고 유기체설과 조직체설로 갈린다. 유기체설은 법인은 유기체로서 단체 고유의 생명과 의사를 가지는 사회적 실재체라고 본다 (김증한/김학동, 158면). 조직체설은 법인의 실체를 일정한 목적을 위하여 인적·물적 요소가 결합되어 있는 목적 구속적 조직체(김상용, 216면) 또는 권리 주체임에 적합한 법률상의 조직체라고 본다 (백태승, 197면).

#### (4) 다원설(기능설)

법인은 법기술적 측면과 실체적·기능적 측면을 동시에 갖춘 것이므로, 그중 어느 하나만을 파악하여 이론 구성한 의제설이나 실재설은 타당하지 않고 양면성을 고려한 이론이 필요하다고 한다. 즉, 법인에 권리능력이 인정되는 근거는 구성원이나 재산의 변동에 관계없이 그 동일성을 유지하면서 사회적 활동을 하는 사회적 실재라고 하는 측면과 또한 단체에 법인격을 부여함으로써 법률관계를 단순화하거나 구성원의 개인 재산과 단체 자체의 재산, 그리고 출연자의 개인 재산과 출연된 재산을 분리하여 파악할 수 있도록 하는 법기술적 측면에 있다고 한다 (고상룡, 173면 이하. 특히 김주수, 143면은 단체에게 법인격을 인정하는 데에는 세 가지의 계기(실체적 계기, 가치적 계기, 기술적 계기)가 있기 때문에, 이를 고려하면서 개개의 문제의 해결을 꾀하여야 한다고 한다).

### (5) 사 견

생각건대 법인이란 일정한 목적을 가진 조직체로서 일정한 요건하에 법인격이 부여된 단체를 말하는 바, 법인제도를 인정하고 있는 현행법하에서 과연 법인의 본질을 논의하는 것이 어떠한 실익이 있는지 의문이 없지는 않다 (법인본질에 관한 논의가 민법의 해석론에 어떠한 영향을 미치는지 의문이 있다).

어쨌든 법인격이 인정되기 위해서는 일정한 조직을 갖추고 있어야 한다는 점, 또 일정한 가치 내지 이익을 실현하기 위하여 법인격을 인정할 필요가 있다는 점, 즉 그러한 조직체를 둘러싼 법률관계를 일정한 방법으로 처리하기 위한 법기술이라는 점을 무시할 수 없다. 또한 민법이 법인의 기관에 관하여 대표의 개념을 사용하되 그에 관하여 대리에 관한 규정을 준용하도록 한 점(제59조 제2항), 법인격이 부여되더라도 그 목적의 범위 내에서 권리능력이 인정된다고 규정한 점(제34조), 법인의 불법행위책임을 인정하되 기관 개인의 책임이 면제되지 않는다고 규정하고 있는 점(제35조 제1항 후문)에서, 민법은 어느 한쪽의 이론을 토대로 법인의 법률관계를 규율하고 있다고 볼 것이 아니라 실재설과 의제설의 양 측면을 아울러 고려하여 법인의 법률관계를 규율하고 있다고 보아야 할 것이다.

이와 같이 볼 때 법인실재설의 근거와 법인의제설의 근거 모두를 법인 본질의 근거로 삼아야 할 것이다. 결국 법인이란 권리 주체로서 적합한 실체에 대하여 법인격을 부여한 것으로서(실재설의 측면), 그 실체를 둘러싼 법률관계를 일정한 방법으로 처리하기 위한 법기술(의제설의 측면)이라고 새길 수 있을 것이다.

## 3 법인의 설립

### 1) 법인법정주의

#### (1) 의 의

법인은 어떠한 요건하에 권리·의무의 주체가 되는가? 즉, 일정한 단체가 어떠한 요건하에 법인격을 취득하는가이다. 민법은 "법인은 법률의 규정에 의함이 아니면 성립하지 못한다."(제31조)고 규정하여, 법인 설립을 할 때 법정주의를 취하고 있다.

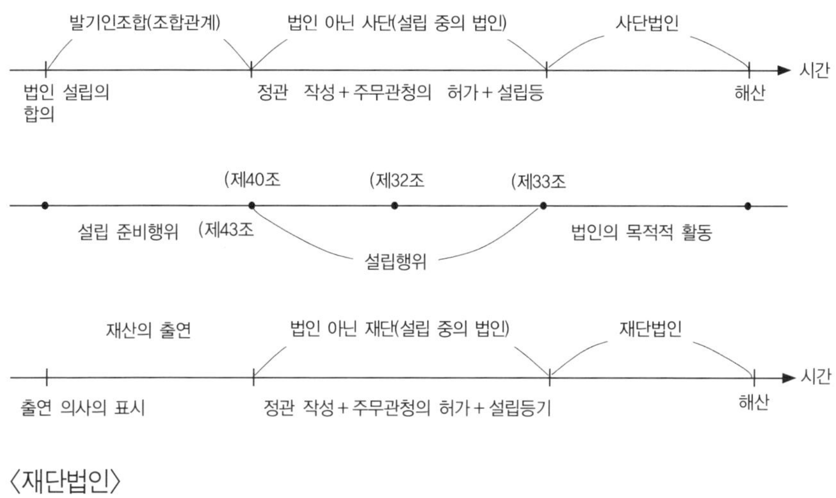


그림 2-7 법인의 설립 과정과 설립 중 법인의 성격

#### (2) 내 용

법인은 설립행위와 주무관청의 허가 및 주된 사무소 소재지의 법인등기부에 설립등기라는 요건을 갖추었을 때 성립한다(제32조 내지 제33조). 법인 설립의 주체는 설립자이다. 사단법인의 설립자는 2인 이상이어야 하나(곽윤직, 131면), 재단법인의 설립자는 1인이든 다수이든 상관 없다.

## 설립 중 법인의 법적 성격

사단법인의 설립을 진행하고 있는 과정에 있는 단체의 성질 및 그 법률관계를 어떻게 이해할 것인지가 문제된다.

사단법인의 설립 과정을 보면, 일반적으로 설립자들이 법인의 설립이라는 공동의 목적을 달성할 것을 합의하여 법인 설립에 관한 계획을 수립하고(**계획 내지 설립 준비 단계**), 그것이 확정되면 법인 설립에 필요한 여러 행위를 하게 된다. 즉, 정관을 작성한다든가 이사 및 감사를 선출하고 단체의 기금 내지 활동자금을 모금하며, 사무소를 마련하여 사무직원을 채용하는 등의 사실상의 단체활동에 들어간다(**설립 과정**). 그리고 주무관청의 허가와 설립등기를 갖추어 설립 과정에 있던 단체가 법인으로 성립하게 된다(**설립 완료**).

이러한 사단법인 설립 과정을 볼 때, 계획 단계에서는 설립자 상호간에 법인 설립을 목적으로 하는 법률관계가 성립하는 것으로 볼 수 있는데, 이는 발기인조합 또는 설립자조합으로서 민법상 조합계약이 성립한 것으로 파악할 수 있다(**통설**). 그런데 발기인조합이 행한 행위는 준비행위로서 설립 중의 법인의 행위와 구별되며, 그 준비행위에 대해서는 조합 자체가 책임을 진다고 보아야 할 것이다(**곽윤직, 134면**). 따라서 발기인 개인 또는 발기인조합의 명의로 이루어진 권리·의무를 법인에 귀속시키기 위해서는 권리의 양수 및 의무의 인수 등의 이전행위가 있어야 한다(**90누2536판결, 93다50215판결, 97다56020판결**). 다만, 재단법인 설립의 경우에 출연재산이 발기인 개인 또는 법인 아닌 재단 명의로 등기가 된 때에는 제48조 제1항에 따라 법인이 성립한 때 당연히 등기이전행위 없이도 법인에게 귀속한다고 할 것이다(**72다2344, 2345판결 참조**).

한편 발기인조합이 조합계약에 따라 정관을 작성하고 법인의 최초의 구성원을 확정하면, 단체로서의 실질을 갖추게 되어 설립 중의 법인은 법인 아닌 사단으로 되는데, 통설은 이 경우 설립 중의 법인은 장차 성립할 법인의 전신으로서 실질적으로 장래 법인격을 취득할 법인과 동일한 것이라고 한다. 다만, 아직 법인격을 취득하지 못하였기 때문에 법인격 없는 사단으로 볼 뿐이라고 한다(**2007다37394, 37400판결**). 따라서 통설은 법인 설립 중의 행위는 그 실질적 동일성이 인정되는 설립 후의 법인에 당연히 귀속된다고 해석한다.

판례도 "피고 조합은 그 조합원의 가구의 공동생산, 공동가공, 공동소비를 목적으로 하여 설립된 조합인 바 피고 조합이 설립되기 전의 설립 중인 피고 조합 발기인들이 관청에서 하는 부당한 가구 등의 도급 수의계약 체결을 방지하는 데 공동 노력하기로 하고, 그에 필요한 비용을 차입한 금원은 특별한 사정이 없는 한 설립 중인 위 조합의 설립 자체를 위한 비용이라고 볼 수 없는 것을 그 조합의 목적사업을 위한 비용이라 하여, 설립 후의 조합에게 변제할 책임이 있다고 판단하였음은 설립 중인 법인의 행위에 대하여서의 설립 후의 법인의 책임에 관한 법리를 오해한 위법이 있다고 할 것이다."(64다1940판결. 설립 중의 회사와 관련해서도 판례는 같은 법리를 전개하고 있다. 93다50215판결 참조)라고 하여, 발기인조합과 설립 중의 법인을 구별하여 법률관계를 정한다.

### 2) 법인격의 일반적 취득 요건

**(1) 실질적 요건**(단체이기 위한 요건, 99다4504판결, 98도4200판결)

① 일정한 목적을 가지고 있어야 한다(통합진보당 해산사건 참조. 2013헌다1결정).

② 일체적 내지 체계적 조직(구성원 각자의 역할을 정하는 것)을 갖추고 있어야 한다. 그리고 그 조직이 단체의 규범으로서 정관 내지 규칙에 반영되어야 한다(제40조, 제43조). 즉, 정관에는 대표의 선임 방법, 사원의 자격, 총회의 운영, 재산의 관리 기타 단체의 운영에 관한 중요한 사항이 기재되어야 한다.

**판 례**

법주체 각자에게 일반적인 행동의 자유를 인정하는 우리 법세도 아래에서 디수의 사람이 어떠한 목적을 추구하여 결합한 단체는 기본적으로 자연인과 마찬가지로 자율성을 가지며 그 목적의 달성을 위하여 어떠한 사업 또는 활동을 어떠한 내용으로 수행할 것인지는 단체 자신의 의사로 자유롭게 결정할 수 있는 것이 원칙이다(2008다85345판결, 91다29026판결).

③ 대 내·외적인 업무집행자로서 대표자 내지 관리인이 있어야 한다. 특히 사단의 경우에는 내부 의사결정기관으로서 총회가 존재하여야 한다.

④ 구성원이나 재산의 변동에 관계없이 그 동일성이 유지되어야 한다. 사단의 경우에는 2인 이상의 구성원이 있어야 하고, 구성원의 가입·탈퇴가 자유로워야 하며, 재단의 경우에는 일정한 목적에 바쳐진 재산이 있어야 하고, 재산의 증감·변동에 관계없이 그 동일성이 유지되어야 한다.

**(2) 형식적 요건**

법인 설립에 관하여 위의 실질적 요건만 갖추면 법인격을 인정하는, 즉 자유설립주의를 취하고 있는 입법례(스위스 민법 제60조)도 있지만, 민법은 법인법정주의를 취하여 자유설립주의를 배제하고 있다.

**법인 설립에 관한 입법주의**

i) 특허주의: 특별히 법률의 제정에 의하여 성립하는 법인으로서 한국은행, 한국산업은행, 한국수출입은행, 중소기업은행 등 국책은행, 한국방송공사, 한국전력공사 등 정부 출연에 의하여 설립되는 공사(公社) 등은 특별법에 의하여 설립된다.

ii) 허가주의: 일정한 조직을 갖추고 주무관청의 허가를 얻어 설립되는 법인으로서, 민법은 비영리법인의 설립에 관하여 허가주의를 취하고 있다. 이는 법인의 활동에 관하여 감독이나 국가적인 보호를 함으로써, 법인이 난립하거나 부당한 행위가 자행되는 것을 방지하는 데 그 목적이 있다. 따라서 합목적적 판단에 의하여 불허할 수 있다. 이러한 허가주의에 대하여는 결사의 자유 및 재산처분의 자유와 조화하지 않는다는 비판이 있으며(**다만, 허가주의에서 인가주의로의 민법개정안이 마련되어 있다. 개정안 제32조 등 참조**), 오히려 행정관청의 감독은 법인 성립 여부에 의할 것이 아니라 그 사업활동에 두어야 할 것이라고 한다. 학교법인 등 비영리법인, 의료법인, 의사회, 약사회 등이 이에 속한다.

iii) 인가주의: 일정한 조직을 갖추고 주무관청의 인가를 얻어 설립되는 법인으로서, 법인 설립에 관하여 주무관청의 합법적 심사를 요하지만 법률이 정한 일정한 요건만 갖추어 신청하면 반드시 인가하여야 하는 주의이다. 즉, 법률이 정한 요건에 합치하는가에 대한 판단이 주무관청에 유보되어 있다고 하는 점에서 준칙주의와 다르다. 법무법인, 상공회의소, 농협협동조합, 중소기업협동조합, 수산업협동조합, 자동차운송사업조합 등이 이에 속한다.

iv) 준칙주의: 법률이 정하는 일정한 조직을 갖춤으로써 성립하는 법으로서, 법인 설립에 관한 요건을 갖춘 경우에는 당연히 법인으로 성립하는 주의이다. 법인 설립에 관하여 주무관청의 간섭을 배제할 수는 있으나, 일반 거래의 안전을 해칠 염려가 있다. 그리하여 그 조직과 내용을 공시하도록 등기를 그 성립 요건으로 하는 것이 보통이다. 민법에 의한 영리법인, 상법상의 회사, 노동조합, 상호신용금고 등이 이에 속한다.

v) 강제주의: 법인 설립을 국가가 강제하는 주의로서, 단체를 조직하기 위해서는 반드시 법인으로 하여야 하는 주의이다. 변호사회, 변리사회, 공인회계사회, 약사회, 의사회, 수의사회, 상공회의소 등이 이에 속한다.

### 3) 비영리 사단법인의 설립 요건

#### (1) 설립 목적의 비영리성

학술·종교·자선·기예·사교 기타 영리 아닌 사업을 목적으로 하여야 한다(제32조). 영리 아닌 사업이란 단체 구성원의 경제적 이익을 목적으로 하지 않는 사업을 말한다. 따라서 사업활동의 수익이 구성원에게 분배되지 않는 한, 법인의 목적 달성을 위하여 필요한 한도에서의 영리행위는 상관 없다(2009노74판결).

### (2) 설립행위

① 정관의 작성: 사단법인을 설립하기 위해서는 설립행위로서 정관을 작성하여야 한다(제40조). 즉, 사단법인의 설립행위는 2인 이상의 설립자가 정관을 작성하여 기명날인하여야 하는 요식행위이다. 정관에는 반드시 필요적 기재 사항을 기재하여야 하며(제40조), 임의적 기재 사항이라도 일단 정관에 기재되면 필요적 기재 사항과 동일한 효력을 가지며, 이를 변경하기 위해서는 정관 변경절차에 의하여야 한다. 정관에 다른 정함이 없는 한 사단법인의 정관은 총사원 3분의 2 이상의 동의가 있는 때에 한하여 이를 변경할 수 있다(제42조 제1항). 그리고 정관의 변경은 주무관청의 허가를 얻어야 효력이 있다(동조 제2항).

② 법적 성질: 설립행위의 법적 성질에 대해서는 특수계약설과 합동행위설이 대립한다. 특수계약설은 설립행위를 단체적 효과의 발생을 목적으로 하는 특수한 계약이라고 본다(이영준, 165면; 김증한/김학동, 175면. 이은영, 258면은 합동행위설은 법인 설립을 위한 설립자의 행위를 정관 작성과 기명날인만으로 파악하고 있으며 단체로서의 실질을 갖추기 위한 행위는 무시하고 있다고 한다). 합동행위설에 의하면, 설립행위는 다수의 당사자의 의사표시가 방향을 같이하며, 각 당사자에게 동일한 의의를 가지고 또한 같은 법률효과를 가져온다는 점에서 계약이나 단독행위와는 다르다고 한다(곽윤직, 133면; 고상룡, 186면; 김상용, 227면; 백태승, 223면. 김준호, 171면은 사단은 조합과 달리 사단법인으로 성립한 후에는 그 설립자가 그 효과를 받는 것이 아니라는 점에서 계약으로 파악하는 데 어려움이 있다고 한다).

합동행위설을 취하면 제124조의 쌍방대리규정의 적용이 없다고 하며, 또 상대방 없는 합동행위에는 제108조가 적용되지 않는다고 한다. 그리고 설립자 중의 1인에 제한능력이나 의사의 흠결 등 무효·취소의 사유가 있어도 다른 설립자의 의사표시의 효력에 영향이 없다는 것이다. 이에 대하여 계약설은 단체를 창설한다는 특수성을 고려할 때, 제124조의 적용이 없어 자기계약 또는 쌍방대리가 허용된다고 하며, 제한능력이나 의사의 흠결에 관한 규정은 사단법인의 설립행위에도 적용되지만, 단체가 사회적으로 활동을 개시한 후에는 일부 표의자의 의사표시의 결함으로 설립행위 전체가 소급적으로 무효로 되는 것이 아니라, 문제된 표의자만 탈퇴 형식으로 의사표시의 구속으로부터 벗어날 수 있다고 한다.

생각건대 설립자들의 합의(발기인조합)와 사단의 설립행위는 구별된다는 점, 설립자

중의 한 사람 또는 일부에 행위무능력 또는 의사의 흠결의 사유가 있는 경우에 그 효과를 단체의 설립행위에 적게 미치게 하여야 한다는 점에서 합동행위설에 따른다.

**판 례**

사단법인의 정관은 이를 작성한 사원뿐만 아니라 그 후에 가입한 사원이나 사단법인의 기관 등도 구속하는 점에 비추어 보면 그 법적 성질은 계약이 아니라 자치법규로 보는 것이 타당하므로, 이는 어디까지나 객관적인 기준에 따라 그 규범적인 의미 내용을 확정하는 법규 해석의 방법으로 해석되어야 하는 것이지, 작성자의 주관이나 해석 당시의 사원의 다수결에 의한 방법으로 자의적으로 해석될 수는 없다 할 것이어서, 어느 시점의 사단법인의 사원들이 정관의 규범적인 의미 내용과 다른 해석을 사원총회의 결의라는 방법으로 표명하였다 하더라도 그 결의에 의한 해석은 그 사단법인의 구성원인 사원들이나 법원을 구속하는 효력이 없다(99다12437판결).

### (3) 주무관청의 허가

사단법인을 설립하기 위해서는 주무관청의 허가가 있어야 한다(제32조). 법인의 목적이 두 개 이상의 행정관청의 관할 사항인 때에는 그들 행정관청 모두가 주무관청이다(반대, 김용한, 156, 160면은 그중 하나의 주무관청의 허가만 받으면 충분하다고 한다. 고상룡, 188면은 반대설이 비영리법인의 설립에 관한 준칙주의로의 입법론이란 측면에서 경청할 가치가 있다고 한다). 이 경우 허가 여부는 행정관청의 자유재량에 속한다. 따라서 불허가처분은 원칙적으로 행정소송의 대상이 되지 못한다. 이러한 허가주의에 대해서는 결사의 자유를 과도하게 제한하는 것으로, 민법 개정안은 법인설립에 대한 허가주의를 인가주의로 변경할 것을 제안하고 있다.

**판 례**

민법은 제31조, 제32조에서 비영리법인의 설립에 관하여 허가주의를 채용하고 있으며, 현행 법령상 비영리법인의 설립 허가에 관한 구체적인 기준이 정하여져 있지 아니하므로, 비영리법인의 설립 허가를 할 것인지 여부는 주무관청의 정책적 판단에 따른 재량에 맡겨져 있다. 따라서 주무관청의 법인 설립 불허가처분에 사실의 기초를 결여하였다든지 또는 사회 관념상 현저하게 타당성을 잃었다는 등의 사유가 있지 아니하고, 주무관청이 그와 같은 결론에 이르게 된 판단 과정에 일응의 합리성이 있음을 부정할 수 없는 경우에는, 다른 특별한 사정이 없는 한 그 불허가처분에 재량권을 일탈·남용한 위법이 있다고 할 수 없다(95누18437판결).

#### (4) 설립등기

법인이 성립하기 위해서는 주된 사무소 소재지에서 설립등기를 하여야 한다(제32조). 즉, 법인은 설립등기를 함으로써 성립한다.

### 4) 비영리 재단법인의 설립 요건

(1) 비영리재단법인도 비영리사단법인과 마찬가지로 비영리적 목적을 가지고 있어야 한다(제32조).

(2) 재단법인의 설립행위는 재산의 출연과 정관 작성으로 이루어진다. 즉, 재단법인의 설립자는 일정한 재산을 출연하고 정관을 작성하여야 한다(제43조). 이 경우 설립행위는 상대방 없는 단독행위로서 생전처분으로 할 수 있음은 물론이고 유언으로도 할 수 있다(통설).

만일 재단법인의 설립자가 그 명칭, 사무소 소재지 또는 이사 임면의 방법을 정하지 아니하고 사망한 때에는 이해관계인 또는 검사의 청구에 의하여 법원이 이를 정한다(제44조). 그리고 재단법인의 정관은 그 변경 방법을 정관에 정한 때에 한하여 변경할 수 있다(제45조 제1항). 다만, 재단법인의 목적 달성 또는 그 재산의 보전을 위하여 적당한 때에는 명칭 또는 사무소의 소재지를 변경할 수 있다(동조 제2항). 또한 재단법인의 목적을 달성할 수 없을 때에는 설립자나 이사는 주무관청의 허가를 얻어 설립의 취지를 참작하여 그 목적 기타 정관의 규정을 변경할 수 있다(제46조). 정관을 변경한 때에는 주무관청의 허가를 얻어야 한다(제45조 제3항). 다만, 제45조와 제46조 소정의 '허가'의 법적 성격에 대하여, 판례는 일반적 금지의 해제를 의미하는 '허가'로 새겼던 종전의 판결(79누248판결, 84누509판결)을 폐기하고, 이를 법률행위의 효력을 보충하여 완성시켜 주는 '인가'로 변경하였다(95누4810판결).

**판 례**

재단법인은 일정한 목적을 위하여 바쳐진 재산이라는 실체에 대하여 법인격을 부여한 것이므로 그 출연된 재산, 즉 재단법인의 기본 재산은 바로 법인의 실체인 동시에 법인의 목적을 수행하기 위한 가장 기본적인 수단으로서 이를 처분한다는 것은 재단법인의 실체가 없어지는 것을 의미하므로 재단법인의 기본 재산은 이를 함부로 처분할 수 없는 것이고, 재단법인이 정관의 변경을 초래하는 기본 재산의 처분을 위하여 주무관청의 허가를 신청할 것인지 여부는 특별한 사정이 없는 한 재단법인의 의사에 맡겨져 있다고 할 것이므로, 채무자인 재단법인에 다른 재산이 없어 기본재산을 처분하지 않고는 채무의 변제가 불가능하다고 하더라도, 재단법인으로부터 기본 재산을 양수한 자도 아니고 금전채권자들에 불과한 자에게는 강제이행청구권의 실질적인 실현을 위하여 필요하다는 사유만으로 기본 재산의 처분을 희망하지도 않는 재단법인을 상대로 주무관청에 대하여 기본 재산에 대한 처분허가신청절차를 이행할 것을 청구할 권한이 없다 (98다19202, 19219판결).

(3) 사단법인에서와 마찬가지로 주무관청의 허가를 얻어야 하고(제32조), 주된 사무소 소재지의 법인등기부에 등기를 하여야 한다 (제33조). 특히 판례는 위에서 본 바와 같이, 재단법인 설립을 위한 주무관청의 허가의 법적 성격을 '허가'로 새기면서도 (95누18437판결), 재단법인 정관 변경을 위한 주무관청의 허가의 법적 성격은 '인가'로 해석하고 있다 (95누4810판결).

## 5) 재단법인 출연재산의 귀속 시기

### (1) 출연재산이 물권인 경우

① 문제점

민법은 "생전처분으로 인하여 재단법인을 설립하는 때에는 출연재산은 법인이 성립한 때로부터 법인의 재산이 된다."(제48조 제1항)고 규정하여, 재단법인의 설립자 또는 그 밖의 출연자가 재산권을 법인 설립을 위하여 출연할 의사를 표시하여, 그에 따라 재단법인이 성립한 경우에, 그 재산의 소유권은 법인이 성립한 때로부터 법인의 재산이 되는 것으로 하고 있다. 다만, 유언으로 재단법인을 설립하는 때에는 법인이 성립한 때가 아니라, 유언의 효력이 발생한 때로부터 법인에 귀속한 것으로 본다는 예외규정을 두고 있다 (동조 제2항). 이는 과실, 기타 이익이 설립자 또는 그 밖의 출연자의 의사에 반하여 상속인에게 귀속하는 것을 저지하려는 데에 그 입법 취지가 있는 것으로 해석된다.

출연재산 귀속에 관한 이러한 규정은 의용민법 중 '법인 설립 허가를 받은 때'를 '법인이 성립한 때'로 수정한 것 이외에 의용민법의 내용과 같다. 의용민법은 물권변동에 관하여 의사주의를 취하고 있었지만(의용민법 제176조), 특히 생전처분으로 인하여 재단법인을 설립하는 경우에 재단법인의 설립을 위한 출연의 의사표시가 있는 경우에는 그 의사표시를 한 때가 아니고 법인의 설립 허가를 받은 때에 법인에 소유권이 이전하는 것으로 정하고 있었다. 아무리 출연의 의사표시가 있다고 하더라도 법인 설립의 허가를 받지 않은 상태에서는 출연된 재산이 법인에 귀속할 수는 없기 때문이다. 다만, 유언으로 재단법인을 설립하는 때에는 예외로 유언의 효력이 발생하는 때에 출연재산이 법인에 귀속하는 것으로 의제하였던 것이다. 그러나 이와 같은 원칙은 출연자와 법인과의 관계에서의 효과일 뿐이고, 제3자와의 관계에서는 일본 민법 제177조에 따라 등기 없이는 대항할 수 없는 것으로 해석한다 (일본의 통설).

그런데 의용민법과 달리 민법은 제186조에서 법률행위로 인한 부동산 물권변동에 관하여 등기주의 내지 형식주의를 채용하였다. 여기에서 법인에의 부동산 출연행위도 법률행위(상대방 없는 단독행위)인 결과 동 규정과의 관계에서 법인에의 부동산 출연이 있는 경우 등기를 하여야 그 부동산이 법인의 재산으로 귀속되는가, 아니면 출연 부동산은 등기와는 관계 없이 법인이 성립되었을 때 법인에 귀속되는지가 문제된다. 또한 유언에 의한 출연에서도 유증의 법리가 적용된다는 점에서(제47조 제2항), 그에 기한 등기가 없는 경우에 제1073조에 따라 유언의 효력발생시 재단에 채권적 청구권을 인정할 것인가, 아니면 제187조(상속)를 유추 적용하여 유언의 효력발생시 물권변동의 효력을 인정할 것인가가 문제된다. 다만, 이러한 문제는 특정적 유언에 의한 출연의 경우에 발생된다. 즉, 포괄적 유언의 경우에는 수유자는 상속인과 동일한 권리·의무가 있고(제1078조), 상속의 경우에는 등기 또는 인도 없이도 물권이 이전되므로(제187조의 적용 또는 유추 적용), 출연자의 사망시에, 즉 유언의 효력이 발생한 때에 법인에 귀속한다고 보아야 한다 (제48조 제2항. 동지, 김증한/김학동, 물권법(제9판), 박영사, 1997, 72-3면).

물론 출연재산의 이전에 일정한 형식을 요구하지 않는 경우에는 당연히 제48조가 적용된다 (통설).

② 학 설

a) 학설은 민법 제48조를 중시하여 등기 없이 출연 부동산의 소유권은 법인의 성립시에 귀속한다고 보는 설(곽윤직, 136면; 고상룡, 192면; 김주수, 163면; 김상용, 233면. 이하 제48조 적용설이라 한다)과 민법 제186조를 중시하여 등기를 요한다고 하는 설(김증한/김학동, 180면; 이영준, 862면; 이은영, 267면; 김준호, 179면; 백태승, 230면. 이하 제186조 적용설이라 한다)로 갈려 있다.

b) 제48조 적용설은, 만약 제186조를 중시하게 되면 첫째, 재단법인이 성립한 후에도 출연재산에 관한 이전등기를 할 때까지는 전혀 재산이 없는 재단법인이 존재하게 되는데, 이는 재단법인의 본질에 반한다는 것이며, 둘째, 이 경우 출연재산의 이전청구권이라고 하는 채권적 청구권이 귀속하기 때문에 재산 없는 재단법인이 생기는 것은 아니라고 하나, 출연행위를 물권행위로 보면서 이로부터 채권적 청구권이 발생한다고 하는 것은 모순이고(곽윤직, 136면), 셋째, 제48조가 없다면 물론 제186조에 의해서 등기가 있어야 부동산의 권리가 법인에게 귀속한다고 하여야 할 것이지만, 제48조가 있고 제187조가 있는 한 제48조를 전적으로 무시하는 것은 타당하지 않다는 것이다.

c) 제186조 적용설은 첫째, 제187조 소정의 법률의 규정이라고 하는 것은 당사자의 의사를 기초로 하는 것이 아닌 모든 경우를 총칭하는 것인데, 재단법인 설립행위는 의사에 기초하는 것이므로 재단법인 설립에 관하여 제187조를 적용할 수 없는 것은 분명하고, 둘째, 출연재산이 부동산인 경우만 있는 것은 아니라는 점에서 제48조를 제187조의 특별규정으로 새기는 것도 문제가 있고, 셋째, 출연행위를 물권행위로 볼 것은 아니고, 제47조에 의하여 출연행위에 관하여는 증여에 관한 규정을 준용할 것이라고 하는 점에서, 계약법 일반의 규범이 평등하게 적용되어야 하므로 등기가 있어야 출연 부동산의 소유권이 재단법인에 귀속한다고 보아야 한다는 것이다.

③ 판 례

법인 설립을 위하여 부동산을 출연하였더라도 법인 명의로의 이전등기가 없으면, 법인과 제3자와의 관계에서는 출연자의 재산이고 출연자와 법인과의 관계에서는 법인의 재산으로 본다.

판 례

재단법인을 설립함에 있어서 출연재산은 그 법인이 설립된 때로부터 법인에 귀속된다는 민법 제48조의 규정은 출연자와 법인과의 관계를 상대적으로 결정하는 기준에 불과하여 출연재산이 부동산인 경우에도 출연자와 법인 사이에는 법인의 성립 외에 등기를 필요로 하는 것은 아니지만, 제3자에 대한 관계에 있어서, 출연행위는 법률행위이므로 출연재산의 법인에의 귀속에는 부동산의 권리에 관한 것일 경우 등기를 필요로 한다 (78다481, 482전원합의체 판결, 80다2762, 2763판결, 93다8054판결).

판 례

유언으로 재단법인을 설립하는 경우에도 제3자에 대한 관계에서는 출연재산이 부동산인 경우는 그 법인에의 귀속에는 법인의 설립 외에 등기를 필요로 하는 것이므로, 재단법인이 그와 같은 등기를 마치지 아니하였다면 유언자의 상속인의 한사람으로부터 부동산의 지분을 취득하여 이전등기를 마친 선의의 제3자에 대하여 대항할 수 없다 (93다8054판결).

④ 검토와 사견

우선 법인 성립 전에 출연한 재산을 발기인 개인 또는 법인 아닌 재단의 명의로 등기한 경우에(부동산등기법 제26조), 이러한 재산이 법인의 재산으로 되는 시기는 물론 제48조에 의하여 법인이 성립한 때라고 하겠다. 판례도 "재단법인의 발기인은 법인 설립 인가를 받기 위한 준비행위로서 재산의 증여를 받을 수 있고, 그 등기의 명의신탁을 할 수 있으며 이러한 법률행위의 효과는 그 법인이 법인격을 취득함과 동시에 당연히 이를 승계한다."(72다2344, 2345판결)고 판시하고 있다 (이러한 결과는 제48조가 있기 때문이고, 제48조가 없다면 제186조에 따라 법인 명의로의 이전등기를 한 때 출연재산은 법인에 귀속한다고 새겨야 할 것이다).

문제는 생전처분으로서 재단법인 설립을 위한 출연행위가 있었지만, 법인 아닌 재단 명의 내지는 그 발기인의 명의로 등기가 없을 뿐 아니라 법인 명의로의 물권변동의 등기가 없는 경우에, 제48조에 기하여 법인이 성립되었을 때에 출연재산이 법인에 귀속하는 것으로 해석할 것이냐이다. 이는 법인의 이익을 보호할 것이냐 제3자의 이익을 보호할 것이냐인데, 제48조적용설에 의하면 재산 없는 재단법인은 그 존재 의의가 없다는 이유를 들어 등기를 요하지 않는다고 할 것이나, 출연행위에 의하여 법인

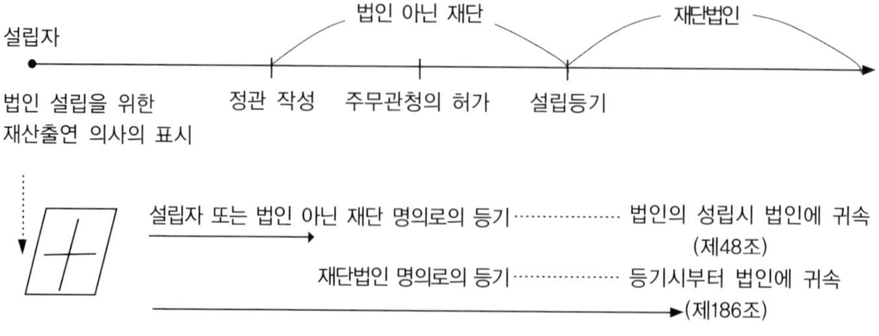


**그림 2-8** 물권의 출연과 재단법인에의 귀속 시기

은 출연자에 대하여 재산권이전청구권을 가진다고 하는 점에서 제186조 적용설을 취한다고 하여 법인의 보호에 미흡한 것만은 아니라고 할 것이다(독일 민법 제82조 참조). 따라서 부동산의 출연행위가 있다고 하여 등기 없이 법인에 귀속한다고 볼 수는 없고, 법인 명의로 등기이전을 한 때에 법인의 재산으로 된다고 하겠다. 특히 출연자가 법인 설립을 위하여 부동산을 출연한 후 등기이전을 해 주지 않고 이를 다시 제3자에게 양도하여 등기이전을 해 주는 경우는 이른바 이중매매라 할 것이므로, 제3자에게 출연자의 배임(내지 배신)행위에 적극 가담하였다고 하는 특별한 사정(예: 제103조에 해당하는 반사회적 행위)이 없는 이상, 제3자에의 소유권 이전은 유효하다고 새겨야 할 것이다.

한편 판례는 출연자와 법인과의 사이에서는 제187조를 적용하고 법인과 제3자와의 사이에서는 제186조를 적용하고 있다. 즉, 법인은 출연자와의 관계에서는 등기 없이도 법인이 성립한 때 출연 부동산의 소유권을 취득하지만, 제3자에 대한 관계에서 법인은 등기 없이는 출연 부동산의 소유권 귀속을 주장할 수 없다는 것이다. 이러한 판례의 태도는 출연 부동산의 귀속에 관하여 이른바 관계적 소유권 귀속을 인정하고 있는 것이라고 할 것이다.

그러나 판례의 이론 구성은 일본 민법상의 의사주의·대항요건주의하에서의 물권변동이론의 잔재로 보이며, 더욱이 소유권은 물권으로서 누구에게나 주장할 수 있는 것이고, 이에 대한 제한은 명문의 규정을 요한다고 하는 점에서 문제가 있다. 또한 소유권은 포괄적·혼일적(混一的)으로 이해되고 있음에 비추어 볼 때, 명문의 규정이 없는 현행법상 소유권의 분열 현상을 인정할 수 있겠는지는 의문이다. 물론 판례는 법인과 제3자를 동시에 보호하고자 하는 의미를 내포하고 있는 것으로 판단된다. 그렇다고 하더라도 민법에 근거도 없는 소유권의 분열을 가져오는 이론 구성은 재고되어야 할 것이다.

### (2) 출연재산이 채권인 경우

출연재산이 채권인 경우에도 출연재산이 물권인 경우와 마찬가지로 논의가 있다. 다만, 지명채권의 경우에는 제48조가 정하는 시기에 법인에 귀속한다는 데 학설은 일치하고 있다. 즉, 법인 설립을 위하여 지명채권을 출연한 경우에는 제449조에 의하여 양도계약만에 의하여 채권은 양도되어 법인 성립시에 법인에게 이전하고, 제450조 소정의 채권양도에 관한 대항 요건을 갖추면 채무자 및 제3자에게 대항할 수 있게 된다.

그러나 지시채권이나 무기명채권과 같이 채권의 양도에 일정한 형식(배서·교부 또는 교부)을 요하는 경우에는 견해가 대립한다.

불필요설은 증서의 배서·교부 내지 교부 없이도 출연채권은 법인이 성립한 때 법인에게 귀속한다고 한다. 즉, 제48조를 제508조나 제523조의 예외규정 또는 특별규정으로 본다(곽윤직, 137면; 고상룡, 200면).

형식필요설은 유가증권에 관하여는 거래의 안전이 특히 요구되기 때문에, 만약 제48조에 의하여 증서의 배서나 교부 없이도 당연히 법인의 성립시에 법인에게 귀속한다고 보면, 아무런 공시 방법도 없이 지시채권이나 무기명채권이 이전되는 결과가 되어 거래 안전이 크게 위협받게 된다는 것이다(김증한/김학동, 180면; 이영준, 862면; 이은영, 268면).

생각건대 지시채권이나 무기명채권과 같은 증권적 채권의 양도에 일정한 형식을 요구하는 것은 유통성 확보라고 하는 증권적 채권의 본질 자체에 기인한 것으로, 이러한 이익은 법인의 재산 충실의 이익에 앞선다고 보아야 할 것이다. 따라서 제508조 또는 제523조에 따른 배서·교부 또는 교부가 있어야 출연채권은 법인에게 귀속한다고 할 것이다.

**제48조의 개정안**

i) 제안 이유: 재단법인 출연재산의 귀속 시기와 관련, 현행법은 생전처분의 경우 법인이

성립된 때, 유언의 경우 유언의 효력이 발생한 때 법인재산이 된다고 규정하고 있으나 물권변동의 성립 요건인 등기나 인도가 필요한지에 대하여는 학설이 나뉘고 있는 바, 출연재산의 귀속을 법률행위에 의한 물권변동으로 보아 등기나 인도를 하여야만 재단법인에게 귀속되는 것으로 규정한다.

ii) 규정 내용: 제48조 제3항 및 제4항을 다음과 같이 신설한다.

③ 第1項 및 第2項의 경우에 그 權利變動에 登記, 引渡 등이 필요한 出捐財産은 이를 갖추어야 法人의 財産이 된다.

④ 第1項 및 第2項의 경우에 設立者의 死亡 後에 財團法人이 성립된 때에는 設立者의 出捐에 관하여는 그의 死亡 前에 財團法人이 成立한 것으로 본다.

## 4 법인의 능력

### 1) 법인의 권리능력

#### (1) 개 관

단체가 법률의 규정에 좇아 법인격을 취득하면 권리·의무의 주체가 된다. 민법은 "법인은 법률의 규정에 좇아 정관으로 정한 목적의 범위 내에서 권리와 의무의 주체가 된다."(제34조)고 규정하고 있다. 따라서 법인의 권리능력은 자연인의 그것과는 달리 법률의 규정과 정관이 정한 목적에 의하여 제한된다(2004도1632판결). 그리고 법인은 그 성질상 자연인의 천부적 성질을 전제로 하는 권리와 의무를 누릴 수는 없다.

#### (2) 성질에 의한 제한

법인은 자연인의 천부의 성질을 기초로 하는 친권(親權), 부권(夫權), 생명권(生命權) 등은 가질 수 없다(스위스 민법 제53조 참조). 단, 명예권, 성명권, 신용권 등은 가질 수 있다(96다17851판결). 또한 상속권도 자연인에만 인정되는 것으로 법인은 가질 수 없다(독일 민법 제2044조 제2항, 제2101조 제2항은 법인의 상속능력을 인정한다). 다만, 포괄적 유증을 받음으로써 상속의 효과를 가져올 수 있을 것이다(곽윤직, 139면). 역시 이사·지배인은 자연인이어야 하므로 법인은 이사·지배인이 될 수 없다. 그러나 파산관재인, 유언집행인, 청산인은 될 수 있다.

**판 례**

법인도 법인의 목적과 사회적 기능에 비추어 볼 때 그 성질에 반하지 않는 범위 내에서 인격권의 한 내용인 사회적 신용이나 명예 등의 주체가 될 수 있고 법인이 이러한 사회적 신용이나 명예 유지 내지 법인격의 자유로운 발현을 위하여 의사결정이나 행동을 어떻게 할 것인지를 자율적으로 결정하는 것도 법인의 인격권의 한 내용을 이룬다고 할 것이다(2009헌가27결정).

### (3) 법률의 규정에 의한 제한

제34조에 따라 법률(명령에 의한 권리능력의 제한은 허용되지 않음)에 의하여 권리능력이 제한될 수 있다. 가령, 회사는 다른 회사의 무한책임사원이 될 수 없다(상법 제173조). 그리고 청산법인은 청산의 목적의 범위 내에서만 권리능력이 인정되며(제81조, 상법 제245조), 파산한 법인은 파산의 목적의 범위 안에서 존속하는 것으로 본다(채무자 회생 및 파산에 관한 법률 제328조)고 규정하고 있는데, 이는 법률의 규정에 의한 권리능력의 제한에 관한 규정이 아니고 목적의 범위에 의한 권리능력의 제한에 관한 규정이라고 할 것이다. 또한 법인에 관하여 법률에 일정한 행위를 함에는 일정한 절차를 거치거나 특정한 방법에 의하도록 하는 규정 또는 일정한 행위를 금지하는 규정이 많은데, 그러한 규정은 권리능력을 제한하는 규정이 아니다(김증한/김학동, 188면). 이는 이른바 법인 대표자의 권한을 제한하는 것이다. 다만, 하급심은 가령, 자산유동화에 관한 법률이 유동화전문회사의 업무를 자산유동화계획에 따른 일정한 행위들로 제한하는 것은 권리능력을 제한하는 것으로 새긴다(2008가합3898판결).

### (4) 목적에 의한 제한

① 통설은 제34조를 근거로 법인은 '정관으로 정한 목적의 범위 내'에서만 권리능력을 가진다고 한다(곽윤직, 140면; 김증한/김학동, 188면; 이영준, 864면; 김준호, 184면). 이 경우 '목적의 범위 내'의 의미에 관해서는 소극적으로 목적에 위반되지 않는 범위 내에서 권리능력이 있다는 견해(곽윤직, 140면; 김증한/김학동, 189면)와 적극적으로 법인의 목적을 수행하는 데 직접 또는 간접으로 필요한 범위 내라고 보아 상대적으로 좁게 새기는 견해(이은영, 239면)가 있으나, 결과적으로 큰 차이가 있는 것은 아니다.

통설을 따르면, 법인의 행위능력도 목적 범위 내로 제한되므로, 법인의 대표기관이 법인의 목적 범위에 속하지 않는 법률행위를 행한 경우에는 법인에 대하여 효력이 없다. 따라서 그 법률행위를 법인이 사후에 추인하더라도 효력을 인정할 수 없고, 목적 범위 외의 사항에 대하여 표현대리도 성립할 수 없다.

② 판례도 통설과 마찬가지로 법인은 정관으로 정한 목적의 범위 내에서만 권리능력을 가진다고 한다(65다854판결). 즉, 법인의 권리능력 혹은 행위능력은 법인의 설립 근거가 된 법률과 정관상의 목적에 의하여 제한된다는 것이다(2004도1632판결). 그리고 목적 범위 내의 의미에 대해서는 적극적으로 새긴다(86다카1230판결, 91다8821판결).

**판 례**

법인의 대표자가 그 법인의 목적에 속하지 않는 범위에 관하여 어떤 법률행위를 한 경우에는 그 법률행위는 법인을 위하여 그 효력이 없다(65다854판결).

**판 례**

법인의 권리능력은 법인의 설립 근거가 된 법률과 정관상의 목적에 의하여 제한되나 그 목적 범위 내의 행위라 함은 법률이나 정관에 명시된 목적 자체에 국한되는 것이 아니라 그 목적을 수행하는 데 있어 직접, 간접으로 필요한 행위는 모두 포함된다(2000그98결정, 86다카1230판결도 참조).

③ 유력설은 개념적으로 권리능력은 목적에 의하여 제한될 수 없으며, 또한 제35조와의 관계에서 불법행위를 목적으로 하는 법인의 존재는 있을 수 없다는 점에서, 목적에 의한 권리능력의 제한은 있을 수 없다고 한다. 그리하여 목적에 의해서는 단지 행위능력이나 대표권을 제한하는 것으로 이해한다(고상룡, 199면 이하; 김민중, 256면. 이은영, 238면 이하는 목적 범위는 권리능력의 제한과 이사의 대표권 제한의 양자를 포함하지만, 행위능력을 제한하는 것은 아니라고 한다). 유력설의 좀더 자세한 내용은 이사의 대표권 제한에서 보기로 한다.

## 2) 법인의 행위능력: 사법관계의 형성능력

### (1) 법인의 행위능력의 의미

법인은 자연인에 비유하면 유아(幼兒)라든가 심신상실자에 가깝다. 물론 법인실재설에 의하면 대표기관의 행위를 곧 법인의 행위로 보기 때문에 법인에게도 행위능력이 있다고 본다(77누155판결). 그러나 아무리 법인실재설을 취한다고 하더라도 법인 자신이 현실적으로 법률행위를 한다는 것은 불가능하다. 따라서 자연인과 비교하면 법인은 행위능력이 없다고 보아야 할 것이다. 아무튼 법인은 대표기관을 통해서 법률행위를 한다. 이는 대표기관의 행위를 법인의 행위로 보든 대리의 효과로 보든 달리 볼 것은 아니다. 따라서 법인의 행위능력의 문제는 누가 대표기관이 되고, 대표기관이 어느 범위에서 법률행위를 했을 때 법인의 행위로 되는가의 문제로 파악하여야 할 것이다. 그러므로 대표기관의 대표권의 범위와 법인의 행위능력의 범위는 일치한다(고상룡, 204면; 백태승, 236면. 종래의 통설은 법인은 권리능력이 인정되는 범위에서 행위능력이 인정된다고 본다. 곽윤직, 141면; 이영준, 869면; 김증한/김학동, 190면; 김상용, 257면). 물론 행위능력 개념은 의사능력이 없거나 불완전한 자를 보호하기 위한 제한능력 개념에 대응하는 것으로, 그러한 보호의 여지가 없는 법인의 경우에 행위능력 개념을 사용하는 것은 적절하지 않다.

### (2) 법인의 대표기관

법인을 위하여 권리를 취득하고 의무를 부담할 수 있는 자연인을 대표기관이라 한다. 법인의 대표기관으로는 이사, 임시이사(이사가 없거나 궐원이 있는 경우, 제63조), 특별대리인(법인과 이사의 이익상반행위의 경우, 제64조), 청산인(청산법인의 대표, 제82조 내지 제84조), 직무대행자(제52조의2, 제60조의2)가 있다.

### (3) 법인이사의 대표권

① 이사의 대표권과 그 제한

이사의 직무권한은 대내적 사무집행권과 대외적인 사무집행권으로 나눌 수 있는데, 이 경우 대외적인 사무집행권을 이사의 대표권이라 한다. 민법은 "이사는 법인의 사무에 관하여 각자 법인을 대표"(제59조 제1항)하고, "법인의 대표에 관하여는 대리에 관한 규정을 준용한다."(동조 제2항)고 규정하고 있다. 즉, 법인은 이사 등 대표자의 행위에 의하여 권리를 취득하고 의무를 부담하는데, 그러한 이사의 대표권은 법인의 모든 사무에 미치고(총괄대표의 원칙), 각자 법인을 대표하는 것을 원칙으로 하고 있다(단독대표의 원칙).

그런데 법인은 일정한 목적을 위하여 존재하는 것이므로 대표권도 그 목적 범위 내에서 제한되며(제34조), 필요한 경우에는 정관이나 사원총회의 결의에 의하여 대표자의 권한 행사에 제한을 가할 수 있다 (제59조 제1항 단서). 그리고 법령도 특정한 목적을 위하여 법인으로 하여금 일정한 권리의 취득과 의무의 부담을 금지하거나 법인을 위한 대표자의 행위 방식에 제한을 가하는 경우가 있다(사립학교법 제28조 등). 이 경우 대표자는 그러한 목적 범위나 제한된 대표권의 범위 내에서만 법인을 위하여 행위를 하여야 하고, 만약 그 범위를 넘어 행위한 때에는 그러한 대표자의 행위는 법인의 행위로서 인정될 수 없다.

② 이사의 대표권 제한의 모습

a) 목적 범위에 의한 대표권 제한

앞에서 본 바와 같이 판례·학설은 목적 범위에 의한 권리능력의 제한 여부를 둘러싸고 견해의 일치를 보지 못하고 있다. 권리능력제한설에 의하면 법인은 정관으로 정한 목적 범위 내에서만 권리능력을 가지므로, 목적 범위외의 행위는 법인에 그 효력이 발생하지 않는 것으로 이해한다.

**판 례**

대표이사의 대표권한 범위를 벗어난 행위라 하더라도 그것이 회사의 권리능력의 범위 내에 속한 행위이기만 하면 대표권의 제한을 알지 못하는 제3자가 그 행위를 회사의 대표행위라고 믿은 신뢰는 보호되어야 하고, 대표이사가 대표권의 범위 내에서 한 행위는 설사 대표이사가 회사의 영리목적과 관계없이 자기 또는 제3자의 이익을 도모할 목적으로 그 권한을 남용한 것이라 할지라도 일단 회사의 행위로서 유효하고, 다만 그 행위의 상대방이 대표이사의 진의를 알았거나 알 수 있었을 때에는 회사에 대하여 무효가 되는 것이며, 이는 민법상 법인의 대표자가 대표권한을 남용한 경우에도 마찬가지이다 (2003다34045 판결).

그러나 대표권제한설은 통설의 제34조의 '목적'에 의한 권리능력의 제한이라는 표현 내지 의미에 대해서 다음의 점을 들어 비판한다. 첫째로 용어상 권리능력제한이란 어떠한 종류의 권리를 가질 수 없다는 것을 의미하는데, 법인의 경우에 '목적'과의 관계에서 가질 수 있는 구체적인 권리의 종류를 제한한다는 것은 무리이며, 둘째 제35조 제1항을 설명하기 어렵다는 것이다. 즉, 타인에게 손해를 가하는 행위가 법인의 '목적'의 범위에 속한다고 할 수는 없기 때문이라고 한다 (이에 대해서는 권리능력과 불법행위능력 개념을 혼동한 것이라는 비판이 있다. 명순구, 197면). 이러한 이유에서 대표권제한설은 '목적'에 의하여 제한되는 것은 행위능력을 제한하는 것이며 좀더 구체적으로 말하면 '대표권'을 제한하는 것으로 풀이한다. 이러한 측면에서 보면 제34조 및 제81조는 법인의 권리능력에 관한 규정으로 새길 것은 아니고 법인 이사의 대표권 제한에 관한 규정으로 새길 것이다. 그리하여 대표권제한설에 의하면 추상적으로 무엇이 목적의 범위인가를 논하는 것은 의미가 없고, 대표기관의 행위의 효과가 법인에게 귀속할 때와 안 할 때 법인 및 상대방에게 어떠한 이익의 차이가 발생하는가를 구체적으로 검토하여 양자의 이익을 조화시키는 노력이 더욱 중요하다는 것이다. 목적에 의하여 권리능력을 제한하게 되면 권리능력의 범위가 불확정적이어서 법률관계의 안정을 가져오기 어렵다는 점에서 대표권 제한설이 타당하다.

아무튼 통설인 권리능력제한설에 따르면 법인이 정관 목적을 넘는 행위를 한 경우에 그것은 법인의 행위로 인정되지 않고 그 행위의 효력은 법인에 귀속하지 않는다. 따라서 그 법률행위를 법인이 사후에 추인하더라도 효력을 인정할 수 없고, 또 목적범위 외의 사항에 대하여 표현대리노 성립할 수 없다. 다만, 상대방은 법인에 대하여 계약 체결상의 과실책임을 물을 수는 있을 것이다. 이에 대하여 대표권제한설에 의하면 법인이 정관 소정의 목적을 넘는 행위를 한 경우에도 만약 이사의 그러한 행위가 표현대리에 해당하거나, 아니면 무권대리에 해당되더라도 법인이 이를 추인하면 법인에 그 효과가 귀속될 수 있는 여지가 있게 된다.

b) 법령에 의한 대표권 제한

법령에 의하여 법인이사의 대표권을 제한하는 경우가 있다. 예컨대, 학교법인으로 하여금 충실한 육영사업을 영위할 수 있게 하기 위하여 교육에 제공된 기본재산의 처분을 하거나 의무부담행위를 함에는 감독청의 허가를 얻는 외에 이사회의 의결을 거치도록 하는 것이 그것이다 (사립학교법 제16조, 제28조. 기타 상호신용금고법 제7조, 보험업법 제9조 등). 다만, 그 법령이 효력규정인지 아니면 단순한 단속법규인지에 따라 그에 위반된 법률행위가 당연히 사법상 무효가 되거나 그 효력에 영향을 미치지 않을 수 있다. 그런데 과연 그 법령이 어느 것에 해당하는 것인지에 대해서는 그 법령 및 당해 제한규정의 취지를 고찰하여 판단할 수밖에 없다 (제3장 제6절 2. 2) (2) 참조).

어쨌든 효력규정에 위반한 대표자의 행위는 법인에 대하여 그 효력이 발생하지 않는다. 즉, 효력규정에 위반한 대표자의 행위는 법인의 권리능력을 넘는 행위일뿐 아니라 이사의 대표권 제한 규정을 위반한 것으로서 무효이기 때문이다. 판례는 이 경우 표현대리 규정이 준용되지 않는다고 한다(83다548판결).

**판 례**

학교법인을 대표하는 이사장이라 하더라도 이사회의 심의·결정을 거쳐야 하는 이와 같은 재산의 처분 등에 관하여는 법률상 그 권한이 제한되어 이사회의 심의·결정 없이는 이를 대리하여 결정할 권한이 없는 것이라 할 것이므로, 이사장이 한 학교법인의 기본 재산 처분행위에 관하여는 민법 제126조의 표현대리에 관한 규정이 준용되지 아니한다(83다548판결, 94다38199판결, 2000다2344판결 등).

c) 정관에 의한 대표권 제한

ㄱ) 이사의 대표권은 정관에 의하여 제한할 수 있다(제59조 제1항 단서). 이사의 대표권 제한은 임의적 기재 사항이지만 정관에 기재하지 않으면 효력이 없다(제41조). 본래 이사는 각자 법인을 대표하며, 이사의 대표권은 법인의 모든 사무에 미치기 때문이다. 따라서 이사의 대표권 제한이 있음에도 불구하고 정관에 기재하지 않으면 이사의 행위가 그 제한에 위반하여도 유효하다. 또한 이사의 대표권 제한은 등기 사항이며(제49조 제2항 제9호), 등기하지 않으면 제3자에 대항할 수 없다(제60조).

여기에서 문제가 되는 것은 위의 경우 제3자의 범위를 선의의 제3자로 한정하지 않고 악의의 제3자도 포함할 것인가에 있다. 즉, 등기하지 않으면 악의의 제3자에 대해서도 대표권의 제한을 주장할 수 없는가이다. 민법개정안은 선의의 제3자로 한정할 것을 제안하고 있다.

**판 례**

재단법인의 대표자가 그 법인의 채무를 부담하는 계약을 함에 있어서 이사회의 결의를 거쳐 노회와 설립자의 승인을 얻고 주무관청의 인가를 받도록 정관에 규정되어 있다면, 그와 같은 규정은 법인 대표권의 제한에 관한 규정으로서 이러한 제한은 등기하지 아니하면 제3자에게 대항할 수 없다. 따라서 법인의 정관에 법인대표권의 제한에 관한 규정이 있으나 그와 같은 취지가 등기되어 있지 않다면 법인은 그와 같은 정관의 규정에 대하여 선의냐 악의냐에 관계없이 제3자에 대하여 대항할 수 없다(86다카2484판결, 91다24564판결, 2003다34045판결).

ㄴ) 판례는 선의·악의를 불문한다.

ㄷ) 학설은 악의자는 보호할 필요가 없다는 이유에서 악의의 제3자에 대해서는 이사의 대표권의 제한이 등기되어 있지 않더라도 대항할 수 있다는 제한설이 종래의 통설이다(곽윤직, 147면; 김상용, 248면; 김용한, 184면; 이은영, 278면. 김증한/김학동, 204면은 거래안전이 중시되는 상거래에서도 등기하지 않았더라도 악의의 제3자에게는 대항할 수 있도록 규정하는데, 좀더 거래안전이 덜 중시되는 민사거래에서 악의의 제3자에게 대항할 수 있다고 하는 것은 균형을 잃은 것이라고 한다). 그러나 유력설은 입법자가 '선의'라는 요건을 의도적으로 삭제한 것으로 보는 것이 타당하다고 하여 무제한설을 취하면서(양창수, 민법연구, 제1권, 박영사, 1991, 122면 이하), 제60조가 정하는 '제3자'의 범위를 선의의 제3자에 국한하지 않고 악의의 제3자를 포함하는 것으로 해석한다면 사정 여하에 따라서는 현저히 정의 관념에 반하는 것으로 느껴지는 경우도 예외적으로 없지는 않을 것이지만, 이러한 경우에야말로 법의 엄격함을 완화하는 신의칙의 등장이 기대된다고 한다(위의 책, 126면).

ㄹ) 요컨대 이사의 대표권은 법인의 모든 사무에 미치고 각자 법인을 대표한다고 규정하고 있는 점에서(제59조 제1항 본문), 이사의 대표권에 대한 제한은 이러한 원칙에 대한 중대한 제한이며 오직 법인의 이익만을 위한 것이라고 보아야 하기 때문에 그로 인하여 상대방은 불이익을 받게 된다. 이와 같이 법인의 일방적인 편의로 이사의 대표권을 제한한 경우에는, 제3자로 하여금 불의의 손해를 입지 않도록 하기 위하여 최소한 제3자에게는 공평한 방법(등기)을 갖추도록 한 것이라고 해야 한다. 따라서 등기가 되어 있지 않은 경우에는 적어도 제3자와의 관계에서는 단독대표 또는 총괄대표의 원칙으로 돌아가게 되며 그 이사의 행위는 법인에 미치게 된다. 결국 그러한 효력은 상대방의 선의·악의에 따라 영향을 받지 아니한다고 해야 할 것이다. 특히 제54조의 등기의 대항적 효력에 관한 규정에 비추어도 등기하지 않으면 악의의 제3자에 대하여 대표권제한을 주장하지 못한다고 할 것이다. 다만, 거래의 상대방이 배신적 악의자라고 판단되는 경우에는 그러한 악의자의 권리 행사에 대하여는 신의칙에 반하여 권리남용의 문제로 다룰 수 있을 것이다(고상룡, 222면). 직무대행자가 그 권한을 위반한 경우에는 선의의 제3자에게 대항하지 못하는 특별규정이 있다(제60조의2 제2항).

d) 사원총회 결의에 의한 대표권 제한

통설은 제59조 제1항 단서를 근거로 사단법인의 이사의 대표권은 사원총회의 결의에 의해서도 제한할 수 있고, 이러한 제한은 정관에는 기재할 필요는 없지만 등기는 하여야만 제3자에게 대항할 수 있다고 한다(제60조).

이에 대하여 유력설은 제59조 제1항 단서를 의용민법의 규정 체계에 좇아 해석하는 데는 제41조가 "이사의 대표권에 대한 제한은 이를 정관에 기재하지 아니하면 그 효력이 없다."고 정하고 있기 때문에, 사단법인의 경우에 사원총회의 결의는 있으나 아직 정관에 기재되지 아니한 경우에는 과연 '이사의 대표권 제한'이 유효하게 이루어진 것인가 아닌가 하는 문제가 발생한다고 한다(이호정, 사원총회 결의에 의한 이사의 대표권의 제한, 고시계, 1986. 8, 108면 이하). 따라서 이사의 대표권을 제한하는 사원총회의 결의는 있었으나 아직 그 제한이 정관에 기재되지 아니한 경우에는 이사의 대표권 제한은 상대적으로는 유효하고, 사단법인의 외부에 대한 관계에서는, 즉 대외적으로는 이사의 대표권 제한의 효력은 없는 것으로 해석하여야 한다는 것이다. 또 이와 유사한 유력설은 사원총회 결의에 의한 이사의 대표권 제한은 고유한 의미의 이사의 대표권 제한이라고 하기보다는 이는 단순히 상대적인 사무집행상의 지침에 불과하고, 따라서 대외적으로 이사의 대표권을 제한한 것으로 볼 것은 아니라고 제59조 제1항 단서를 의미·이해하기도 한다(양창수, 민법연구, 제1권, 박영사, 1991, 130면).

생각건대 유력설들은, 한편으로 제41조와의 관계에서는 타당한 견해라고 여겨지지만, 다른 한편으로 사원총회의 결의사항에는 수인(數人)의 이사 중에서 특정 이사만이 법인의 '대표'이사가 된다든지 공동으로 대표권을 행사하여야 한다는 경우가 있고, 정관의 기재사항 내지 변경할 사항이 아니고 단순히 이사의 '업무집행권한의 방식과 범위'의 제한을 내용으로 하는 결의사항이 있다는 것을 구별하지 아니한 점에서 의문이 있다. 제59조 제1항은 각자대표의 원칙과 아울러 총괄대표의 원칙을 정한 것으로 보아야 하기 때문이다. 따라서 가령, 사원총회결의에 의하여 수인의 이사 중에서 법인의 '대표'이사가 되는가에 대하여 결의한 경우에는 정관변경절차를 거쳐서 정관에 기재하여야 하고(제41조), 단순한 이사의 '업무집행권한의 방식 및 범위' 등은 정관변경절차를 거치지 않고도 사원총회결의(제75조 제1항)에 의해서 제한을 가할 수 있다고 함이 제59조 제1항 단서의 규정취지라고 새겨야 할 것이다.

결국 사원총회의 결의에 의한 '업무집행권한의 방식 및 범위'에 대한 대표권의 제한은 정관에 기재하지 않더라도 등기함으로써 제3자의 보호에 충분하다고 하겠다.

**판　례**

민법상의 사단법인에 있어서는 비록 재산이 중요하고 유일한 것이라 하여도 그 처분에 있어 반드시 사원총회의 결의를 필요로 하는 것은 아니고, 재산의 처분에 총회의 결의가 있어야 유효하다는 것을 대외적으로 주장하려면 법인 대표자의 대표권을 제한하여 총회의 결의를 필요로 하는 취지의 대표권 제한을 등기하여야 한다 (74다410판결).

e) 법인과 이사의 이익상반(利益相反)의 경우

법인과 이사의 이익이 상반하는 사항에 대하여는 당해 이사는 대표권이 없으며, 이해관계인이나 검사의 청구에 의하여 법원이 선임하는 '특별대리인'이 법인을 대표한다 (제64조). 다만, 이사가 수인 있는 경우에는 다른 이사가 법인을 대표하고 다른 이사도 없는 경우에만 특별대리인이 법인을 대표한다고 할 것이다 (통설).

**판　례**

이사장 등 직무집행정지가처분에 의하여 선임된 사단법인의 이사장 직무대행자는 위 법인에 대하여 이사와 유사한 권리의무와 책임을 부담하므로, 위 법인과의 사이에 이익이 상반하는 사항에 관하여는 민법 제64조가 준용되고, 위 법인의 이사장 직무대행자가 개인의 입장에서 원고가 되어 법인을 상대로 소송을 하는 경우에는 민법 제64조가 규정하는 이익 상반 사항에 해당함이 분명하다 (2002다69211판결).

③ 대표자의 권한 내의 행위와 대표권 남용

a) 본래 이사는 제한된 대표권의 범위 내에서만 법인을 위하여 행위할 수 있고 그 한에서만 대표자의 행위의 효력이 법인에 귀속한다. 그런데 이사가 형식적으로는 대표권의 범위 내에 속하는 행위를 이사 개인 또는 제3자의 이익을 도모하기 위하여 행한 경우에 무조건 대표권의 범위 내의 행위라고 하여 그 효과를 법인에게 귀속시킬 것인지가 문제된다. 이 문제가 이른바 대표권의 남용에 관한 문제이다.

b) 가령, 법인의 이사가 형식적으로는 그 대표권의 범위 내에 속하는 행위를 그 기초적 법률관계(위임계약)에 따른 의무에 위반하여 이사 개인 또는 제3자의 이익을 도모하기 위하여 행한 경우에, 단순히 무권대리로 파악하여, 법인의 추인, 상대

방의 철회, 대표자에 대한 책임 추급 등으로 다루는 것은 상대방의 보호라는 측면에서는 받아들이기 어렵다. 그렇다고 상대방의 선의·악의 또는 과실 유무에 관계없이 법인에게 그 효과를 귀속시키는 것도 법인에게 가혹한 점에서 바람직스러운 방법은 아닐 것이다. 그러면 어떠한 근거로 대표권 남용의 효과의 귀속을 제한할 것인가?

c) 판례는 법인의 대표자가 대표권을 남용한 경우에 상대방이 악의이거나 과실이 있는 경우에는 민법 제107조 제1항 단서를 유추 적용하거나 신의칙에 근거한 권한남용설을 취하여 법인에 그 효과를 주장할 수 없다고 한다(74다1452판결, 86다카1858판결). 물론 법인의 대표자가 한 매매계약이 법인에 대한 배임행위에 해당하고 그 상대방이 배임행위를 유인·교사하거나 그 전과정에 관여하는 등 배임행위에 적극 가담한 경우에는 그 매매계약은 반사회적 법률행위에 해당하여 무효로 되어, 당연히 상대방은 그 효과를 법인에 대하여 주장할 수 없다(2006다47677판결, 2010다91831판결).

**판 례**

주식회사의 대표이사가 그 대표권의 범위 내에서 한 행위는 설사 대표이사가 회사의 영리목적과 관계없이 자기 또는 제3자의 이익을 도모할 목적으로 그 권한을 남용한 것이라 할지라도 일응 회사의 행위로서 유효하고, 다만 그 행위의 상대방이 그와 같은 정을 알았던 경우에는 그로 인하여 취득한 권리를 회사에 대하여 주장하는 것이 신의칙에 반하므로, 회사는 상대방의 악의를 입증하여 그 행위의 효과를 부인할 수 있을 뿐이라고 하거나(86다카1522판결), 그 행위의 상대방이 대표이사의 진의를 알았거나 알 수 있었을 때에는 회사에 대하여 무효가 되는 것이며, 이는 민법상 법인의 대표자가 대표 권한을 남용한 경우에도 마찬가지라고 한다(2003다34045판결). 한편 89다카24360판결에서는 대표이사의 권한남용행위에 대하여 상대방이 대표이사의 진의를 알았거나 알 수 있었을 때에는 그로 인하여 취득한 권리를 회사에 대하여 주장하는 것은 신의칙에 반하는 것이므로, 회사는 상대방의 악의를 입증하여 그 행위의 효력을 부인할 수 있다고 판시하고 있다. 그러나 이 판결은 그 판시 이유만을 놓고 볼 때 제107조 제1항 단서 유추적용론에 입각한 것인지 아니면 신의칙에 근거한 권한남용설을 취한 것인지 분명하지 않다.

d) 학설은 대표권 남용의 문제를 대리권 남용과 동일한 방향에서 접근하고 있다(제3장 제5절 1)(5)참조). 즉, 대표권부인설(정당한 이유기준설(이영준, 810면; 이은영, 622면), 명백설(백태승, 237면)), 신의칙설(고상룡, 212면; 김증한/김학동, 192, 197면)이 그것이다. 한편 학설 중에는 대리권 남용의 경우에는 판례처럼 제107조 제1항 단서 유추적용설을 취하면서도(곽윤직, 233면), 대표권한 유월행위로서 문제될 수 있는 경우, 즉 법인의 대표기관이 대표권을 남용하여 부정한 대표행위를 한 경우만을 문제삼고(곽윤직, 143면), 본래 의미에서 대표권 남용의 문제는 언급하지 않는 입장도 있다.

e) 판례·학설의 검토

판례는 대표권을 남용한 경우를 진의 아닌 의사표시에 해당한다고 새기고 있으나, 대표자가 대표권을 남용한 경우에도 어디까지나 대표행위의 법률효과를 법인에게 귀속시키려는 대표의사가 존재한다는 점에서, 제107조 제1항 단서를 유추 적용하는 것은 문제가 있다. 즉, 대표자에게 배임의 의사가 추가되어 있을 뿐 의사와 표시와의 불일치는 존재하지 않기 때문이다.

정당한 이유기준설에 의하면, 법인의 대표와 법률행위를 한 상대방이 대표자의 배임행위를 알았거나 정당한 이유 없이 알지 못한 경우에는 대표권이 부정되므로 대표행위는 무권대표로 된다고 한다. 그러나 정당한 이유기준설은 상대방의 주관적 사정에 따라 유권대표가 무권대표로 전환된다고 보는 점에서 문제가 있다. 즉, 유권대표냐 무권대표냐의 문제는 법인과 대표자 사이의 문제인데 상대방의 주관적 사정에 의하여 이를 판단할 수는 없기 때문이다. 더구나 대표권 범위 내에서 사리(私利)를 도모한 행위인 대표권 남용행위에 대하여 제126조를 유추 적용하는 것은 논리적으로 문제가 있다. 즉, 표현대리는 상대방을 보호하는 제도인 반면에 대표권 남용은 법인을 보호하는 문제이기 때문이다(동지, 백태승, 237면). 명백설은 상대방이 악의이거나 객관적 사정에 비추어 대표자의 배임행위가 명백한 경우에는 법인의 책임을 부정하여야 한다고 하나, 어떠한 배임행위가 명백하게 남용행위가 되는지 그 기준이 모호하다. 요컨대 대표권 남용이라는 문제는 실질적으로 대표행위의 상대방 보호라는 측면과 법인의 보호라는 측면을 어떻게 조화시킬 것인가, 즉 어느 쪽에 책임을 부담지울 것인가의 판단의 문제라 할 것이다(고상룡, 221면). 이러한 점에서 보면 대표권 남용의 위험은 원칙적으로 법인의 지배·이익권에 속하기 때문에 상대방에게 대표권의 권한 남용의 진의를 조사할 것을 기대하는 것은 무리이다. 이러한 측면에서는 신의칙설과 대표권부인설은 같은 입장에 있다. 다만, 신의칙설은 상대방의 악의·중과실 등 주관적 태양에 따라 상대방의 권리 행사가 신의칙에 반하는 경우에는 그 위험을 상대방이 부담하도록 하는 것이 좋다는 입장이고, 대표권부인설(정당한 이유기준설, 명백설)에 따르면 상대방에게 중과실이 없더라도 객관적으로 상대방에게 정당한 이유가 없거나 배임행위가 명백하면 대표권 남용을 인정할 수 있는 여지가 있다. 그러나 상대방의 주관적 사정을 고려하지 않고 객관적으로 정당한 이유 또는 배임행위의 명백성에 의하여 대표권 남용을 인정하여 법인의 책임을 부정하는 것은 상대방을 가혹하게 할 염려가 있다. 다만, 배임행위에 대한 중과실·정당한 이유·명백성은 같은 기준을 다르게 표현하고 있지 않은가 생각된다.

f) 문제는 이와 같이 대표권 남용행위의 효과가 법인에 귀속하지 않게 되는 경우에, 상대방은 법인에 대하여 불법행위책임을 물을 수 있다고 할 것인가이다. 상대방이 악의이거나 중과실이 있는 경우에는 그 책임을 물을 수 없다고 새겨야 할 것이다(2003다34045판결). 그 경우에는 대표권 남용으로 인하여 발생하는 손해를 상대방이 부담하는 것으로 해석하는 것이 신의칙(선행행위와 모순되는 행위의 금지의 원칙)에 비추어 타당하기 때문이다. 다만, 민법 제107조 제1항 단서 유추적용설처럼 대표권 남용행위에 대하여 상대방에게 경과실이 있는 때에도 법인에 대하여 그 효과의 귀속을 부정하는 경우에는(신의칙설을 따르면 대표권 남용행위에 대하여 상대방에게 경과실이 있는 경우에는 그 행위의 효과가 법인에 귀속하는 것으로 보기 때문에 법인의 불법행위책임 여부는 문제되지 않는다), 대표기관의 대표권 남용행위가 제35조 제1항의 요건을 충족하는 때에는 손해를 입은 상대방은 법인에 대하여 손해의 배상을 청구할 수 있을 것이다(98다39602판결). 즉, 후술하는 바와 같이 제35조 제1항은 불법행위책임의 요건으로 그 행위가 직무에 관한 행위일 것을 요구하지 목적 범위 내의 행위 여부를 묻지 않고(다만, 김증한/김학동, 195면은 목적 범위를 넘는 행위는 법인의 행위능력을 벗어난 것으로서 법인의 행위도 불법행위로도 될 수 없다고 하나, 의문이다), 또 상대방에게 단순히 경과실이 있는 경우에까지 상대방이 그 손해를 인수한 것으로 해석할 수는 없다고 할 것이기 때문이다.

### 3) 법인의 불법행위능력(책임)

#### (1) 제35조 제1항의 성격

법인실재설에 의하면 법인은 이사나 대표자의 행위를 통하여 적법한 행위와 동시에 불법행위도 할 수 있다고 한다(김증한/김학동, 192면; 김상용, 239면). 따라서 제35조 제1항은 당연한 규정이라고 한다. 다만, 제35조 제1항 후문에서 대표기관 개인에게도 불법행위책임을 인정한 것은 피해자를 좀더 두텁게 보호하기 위한 정책적 고려 및 대표기관으로 하여금 불법행위를 하지 않도록 방지하는 예방적 목적에 기초한 규정으로 이해한다.

반면에, 법인의제설에 의하면 본래 법인의 기관의 법률행위가 법인에게 효력을 발생하는 것은 대리의 효과인데, 민법은 특별히 본조를 둔 것이라고 한다(이영준, 870면). 특히 제35조 제1항 후문이 기관 개인의 책임을 인정하는데, 법인실재설에 의하면 기관의 행위는 법인의 행위로 되어 법인의 불법행위책임 이외에 기관의 책임을 인정할 여지가 없는 것이므로 본조 제1항 후문을 설명하기 어렵다고 한다.

이에 대하여 유력설은, 제35조는 법인과 밀접한 관계에 있는 대표기관의 행위에 의하여 제3자에게 손해를 가한 경우에, 대표기관 개인만이 아니고 법인도 책임을 지게 하는 것이 사회적으로 보아 타당하다는 데 기인하여 입법된 것이라고 한다(고상룡, 208면). 만약 기관 개인만이 책임을 져야 한다면, 통상 법인의 재산에 비하여 대표자가 자력이 없을 경우에는 피해자를 보호하는 데에 충분치 못하게 된다는 것이다. 이와 같이 이른바 보상책임의 원리 또는 정책적 고려가 이러한 책임을 인정한 것이라고 한다(동지, 백태승, 238면).

생각건대 법인실재설은 제35조 제1항 전문은 당연한 규정이지만 그 후문은 정책적 규정이라고 이해하는 반면에, 법인의제설과 유력설은 전문과 후문 규정 모두가 피해자 보호를 위한 법정책적 고려에 기한 규정이라고 보는 점에서 차이가 있다. 따라서 차이가 나는 부분은 전문(前文)의 성격을 어떻게 이해하느냐에 있다고 할 것이다.

하지만, 이러한 차이는 법인의 불법행위책임의 요건 및 효과의 설명에 어떠한 영향을 가져오는 것은 아니다. 따라서 제35조 제1항의 성격에 관한 논의는 실익이 없는 논쟁이라고 보아야 할 것이다.

### 제35조 제1항과 채무불이행책임

혹자는 법률행위에 근거한 채무불이행의 경우에도 제35조 제1항의 적용을 긍정하여야 한다고 하나(**백태승, 239면**), 의문이다. 물론 법률행위를 통하여 제3자에게 손해를 가한 경우에는 법인과 아울러 기관 개인도 제35조 제1항에 의거하여 불법행위책임을 진다고 할 것이다. 그러나 법인이 대표기관의 법률행위를 통하여 채무를 부담하는 경우에는 법인만이 급부 의무를 부담하고, 그 급부 의무의 불이행으로 인한 채무불이행책임 역시 법인만이 부담하는 것으로 보아야 한다. 어디까지나 법률행위에 기한 채무의 불이행책임은 법인만이 부담하고 기관 개인은 부담하지 않는다고 보아야 한다.

### (2) 불법행위의 요건

① 대표기관의 행위일 것: 이사 기타 대표자가 한 행위임을 요한다. 대표기관이 아닌 자의 불법행위에 대하여는 법인은 사용자책임을 질 뿐이다(제756조). 다만, 판례는 이 경우 '법인의 대표자'에 그 명칭이나 직위 여하 또는 대표자로 등기되었는지 여부를 불문하고 당해 법인을 실질적으로 운영하면서 법인을 사실상 대표하여 법인의 사무를 집행하는 사람을 포함하고 있다(2009다15439판결).

**판 례**

학교법인의 대표자였던 자에 의한 차금행위가 불법행위가 된다면 이는 민법상 사용자의 배상책임이 아니고, 민법 제35조에 의한 법인 자체의 불법행위가 되어 배상책임이 있다(78다132판결).

**판 례**

조합의 대표권자가 아닌 자가 그 개인적인 사업자금 조달을 위하여 개인으로부터 자금을 차입하여 타인에게 손해를 가하였다고 하더라도, 이는 위 조합의 목적 범위 내에서 타인에게 불법행위를 가한 경우라고 할 수 없어 위 조합 자체의 불법행위가 된다고 할 수 없다(64다1321판결). 대표권이 없는 이사의 경우도 마찬가지이다(2003다 30159판결)

② 직무에 관한 행위일 것: 직무관련성이 없는 대표기관의 행위로 인하여 타인에게 손해를 끼친 경우에는 기관 개인의 불법행위책임이 성립할 뿐이다(제750조). 혹자는 대표자가 법인의 목적 범위를 넘는 행위를 한 경우에는 법인의 불법행위가 될 수

없고, 대표자 개인의 불법행위일 뿐이라고 하나(김증한/김학동, 195면), 의문이다. 대표자의 행위가 직무관련성이 있으면 족하고 그것이 법인의 목적 범위 내일 것을 요하는 것은 아니기 때문이다 (동지, 이은영, 286면).

통설·판례는 제35조 제1항 소정의 '직무에 관하여'의 의미를 법인의 직무행위라고 판단할 수 있는 행위는 물론이고(일체불가분의 관계), 그 자체로서는 본래 직무행위에 속하지 아니하나 행위의 외형상 직무행위와 사회 관념상 상당한 견련성을 가지는 행위를 포함한다고 이해한다. 이른바 외형이론(外形理論)을 취하고 있다.

**판 례**

행위의 외형상 법인의 대표자의 직무행위라고 인정할 수 있는 것이라면 설사 그것이 대표자 개인의 사리를 도모하기 위한 것이었거나 혹은 법령의 규정에 위배된 것이었다 하더라도 위의 직무에 관한 행위에 해당한다 (68다2320판결).

**판 례**

학교법인의 대표자가 교육시설의 확장 등 학교의 정상적인 유지 운영을 위하여 금원을 차용하고 수표를 발행하는 행위는 피고 법인대표자의 직무행위라 할 것이고, 또 이는 법인의 사무집행에 관한 행위로서의 객관적인 외형을 갖추었다 할 것이므로, 법인은 위 대표자가 타인으로부터 금원을 차용하고 수표를 발행함에 있어 사립학교법 제16조 및 제28조가 정하는 이사회의 결의를 거치지 아니하고, 감독관청의 허가를 받지 않은 잘못으로 인하여 타인이 입은 손해를 불법행위자로서 배상할 의무가 있고, 금원을 법인에게 대여함에 있어서 사립학교법이 정하는 절차를 거쳤는지 여부를 알아보지 아니한 과실이 있는 금원 대여자는 과실책임을 진다 (75다666판결).

다만, 판례는 대표기관의 불법행위에 대하여 언제나 법인 아닌 단체 또는 법인이 책임을 지는 것으로 보지 않고, 사용자책임의 경우(83다카217판결, 92다10531판결)와 마찬가지로 외형이론에 따라 상대방의 주관적 요소를 고려하여 법인의 불법행위책임 여부를 결정하고 있다. 즉, 외형상 직무에 관한 대표자의 행위로 인하여 상대방이 손해를 입은 경우라도 대표자의 행위가 직무에 관한 행위에 해당하지 아니함을 상대방 자신이 알았거나 또는 중대한 과실로 인하여 알지 못한 경우에는 비법인사단 또는 법인에게 책임을 물을 수 없다고 한다 (2002다27088판결, 2005다34711판결 등).

**판 례**

비법인사단의 경우 대표자의 행위가 직무에 관한 행위에 해당하지 아니함을 피해자 자신이 알았거나 또는 중대한 과실로 인하여 알지 못한 경우에는 비법인사단에게 손해배상책임을 물을 수 없다고 할 것이고, 여기서 중대한 과실이라 함은 거래의 상대방이 조금만 주의를 기울였더라면 대표자의 행위가 그 직무권한 내에서 적법하게 행하여진 것이 아니라는 사정을 알 수있었음에도 만연히 이를 직무권한 내의 행위라고 믿음으로써 일반인에게 요구되는 주의의무에 현저히 위반하는 것으로 거의 고의에 가까운 정도의 주의를 결여하고, 공평의 관점에서 상대방을 구태여 보호할 필요가 없다고 봄이 상당하다고 인정되는 상태를 말한다 (2002다27088판결).

**판 례**

법인의 대표자의 행위가 직무에 관한 행위에 해당하지 아니함을 피해자 자신이 알았거나 또는 중대한 과실로 인하여 알지 못한 경우에는 법인에게 손해배상책임을 물을 수 없다고 할 것이고, 여기서 중대한 과실이라 함은 거래의 상대방이 조금만 주의를 기울였더라면 대표자의 행위가 그 직무권한 내에서 적법하게 행하여진 것이 아니라는 사정을 알 수 있었음에도 만연히 이를 직무권한 내의 행위라고 믿음으로써 일반인에게 요구되는 주의의무에 현저히 위반하는 것으로 거의 고의에 가까운 정도의 주의를 결여하고, 공평의 관점에서 상대방을 구태여 보호할 필요가 없다고 봄이 상당하다고 인정되는 상태를 말한다 (2003다34045판결 등).

③ 대표기관의 행위가 불법행위의 일반적 요건을 갖출 것: 통설은 대표자의 고의·과실로 인한 위법행위로 타인에게 손해가 발생하여야 한다고 한다 (곽윤직, 143면; 고상룡, 215면; 장경학, 327면; 김상용, 242면; 백태승, 243면). 다만, 제117조를 유추 적용하여 대표자의 책임능력은 필요치 않다고 하는 견해(이영준, 873면), 제35조 제1항은 그 가해행위가 반드시 불법행위임을 요하지 않고 있다는 점에서, 그 행위가 위법한 행위인 이상, 본조에 의하여 법인의 손해배상책임이 성립한다고 보는 견해(김증한/김학동, 194면), 대표기관의 행위는 법인의 불법행위를 매개하기 위한 수단일 뿐이므로, 그 행위 자체가 고의·과실 및 위법성을 갖출 것은 요건이 아니라는 견해(이은영, 288면)가 있다.

생각건대 책임능력과 행위능력은 그 존재의 평면을 달리한다는 점에서 제117조를 유추 적용하는 것은 문제가 있고, 또 대표기관의 행위가 단순히 법인의 불법행위를 매개하기 위한 수단으로 본다고 할지라도, 법인의 불법행위책임을 논의하기 위해서는 대표기관의 행위를 대상으로 할 수밖에 없다. 그러므로 대표기관의 행위가 불법행위의 일반적 요건을 갖추어야 한다고 새기는 통설이 타당하다.

**판 례**

법인에 대한 손해배상책임의 원인이 대표기관의 고의적인 불법행위라고 하더라도, 피해자에게 그 불법행위 내지 손해 발생에 과실이 있다면 법원은 과실상계의 법리에 좇아 손해배상의 책임 및 그 금액을 정함에 있어 이를 참작하여야 한다(86다카1170판결).

### (3) 기관 개인의 책임

① 법인의 불법행위가 성립하는 경우에도 기관 개인의 책임이 면제되는 것은 아니다(제35조 제1항 후문). 이 경우 법인의 책임과 기관 개인의 책임은 공동불법행위의 관계에 놓이게 되어(제760조 제1항), 부진정연대채무로 이해된다(통설). 따라서 피해자는 법인 또는 대표기관에 대하여 선택적으로 또는 동시에 손해배상을 청구할 수 있다. 그리고 법인이 피해자에게 배상하면 기관 개인에 대하여 구상할 수 있다(제65조). 대표기관은 법인에 대한 선량한 관리자로서의 주의 의무를 위반한 과실이 있기 때문이다(제61조).

한편 사원도 대표자와 공동으로 불법행위를 저질렀거나 이에 가담한 경우에는 제3자에 대하여 대표자와 연대하여 불법행위로 인한 손해배상책임을 진다. 즉, 사원총회 등에서 사원 등 의결참여자가 대표자와 공동으로 불법행위를 저질은 경우에 그렇다. 다만, 판례는 제3자에 대한 관계에서 사회상규에 반하는 위법한 행위라고 볼 수 있을 정도로 이에 가담하였다고 볼 수 있는 경우에 불법행위가 성립한다고 한다(2006다37465판결). 즉, 대표자의 위법행위를 단순히 막지 못하였다는 이유로 의결참여자 등이 제3자에 대하여 불법행위책임을 진다고 할 수는 없지만, 이에 적극 가담한 경우에는 불법행위가 성립한다는 것이다.

② 앞에서 본 바와 같이 법인의 목적 범위 외의 행위라도 직무관련성이 인정되면

제35조 제1항에 의한 법인의 불법행위책임이 성립할 수 있다(전술 3) (2), ② 참조). 그러나 법인의 목적 범위 외의 행위가 직무관련성이 없어 법인의 불법행위가 성립하지 않더라도 대표기관은 제750조에 따라 손해배상책임을 진다. 다만, 이 경우 민법은 피해자 보호를 위해, 공동불법행위의 요건을 갖추었는지 여부를 묻지 않고 그 사항의 의결에 찬성하거나 그 의결을 집행한 사원, 이사 및 기타 대표자가 연대하여 손해배상책임을 지도록 하고 있다(제35조 제2항).

**법인의 목적 범위 · 이사의 대표권 · 직무 범위의 상호관계**

〈권리능력제한설〉

이사의 대표권의 내연

법인의 목적 범위=직무 범위=이사의 대표권의 외연

〈대표권제한설〉

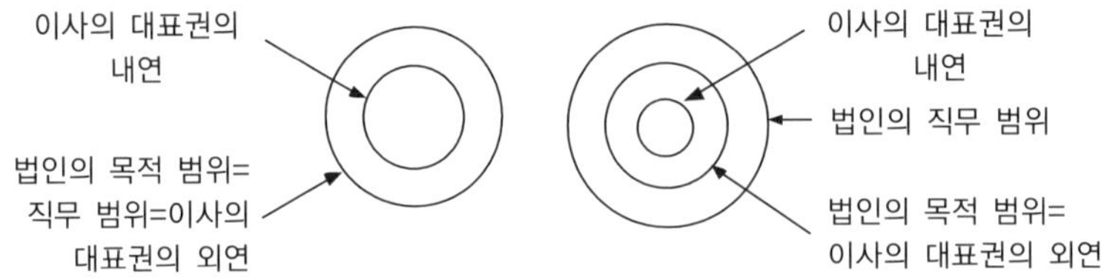

이사의 대표권의 내연

법인의 직무 범위

법인의 목적 범위=이사의 대표권의 외연

i) 법인의 권리능력을 제34조의 법문에 따라 정관으로 정한 목적의 범위에 의하여 제한되는 것으로 해석하면, 법인의 목적 범위와 직무 범위의 외연(外延) 및 대표권의 외연은 동일한 것으로 이해된다. 그러나 정관으로 정한 목적 범위에 의한 능력 제한을 대표권 제한으로 해석하면, 법인의 목적 범위의 외연은 이사의 대표권의 외연과 동일한 것으로 볼 수 있으나 직무 범위의 외연과는 동일한 것으로 이해할 수는 없고, 목적 범위의 외연보다 직무 범위의 외연이 크다고 할 것이다.

ii) 물론 이사의 대표권의 범위는 법인의 목적 범위로 제한되며, 특히 그 범위는 정관, 법령 기타 사원총회의 결의 등에 의하여 한계지어질 수 있다.

iii) 법인은 원칙적으로 목적 범위 내에서만 이사의 대표행위로 인한 법률행위책임을 지고, 목적 범위 외에서는 직무행위의 범위에서 표현대리가 성립하는 경우에 비로소 법률행위책임을 진다고 할 것이다.

iv) 한편 법인은 제35조에 의하여 직무행위의 범위 내에서 이사 기타 대표자의 행위로 인한 불법행위에 대하여 불법행위책임을 부담한다. 이 경우 기관 개인도 불법행위에 대한 책임을 짐은 물론이고, 특히 목적 범위 외의 행위에 대한 의결에 찬성하거나 그 의결을 집행한 사원, 이사 기타 대표자는 연대하여 손해배상의 책임을 부담하게 된다.

### (4) 이사의 대표 권한 유월행위와 표현대리책임

① 이사는 본래 대표권의 범위에서만 법인을 위하여 행위할 수 있다. 대표권의 범위를 넘는 행위는 무권대표행위가 되어 원칙적으로 법인에 그 효력이 발생하지 않고 이사 개인이 책임을 지게 된다(제135조). 그런데 대표권의 범위 외의 행위라고 하여 단순히 이사 개인에게만 책임을 묻는다면 제3자는 불측의 손해를 입을 염려가 있다.

그렇다면 이사의 대표 권한 유월행위에 대하여 어떠한 근거로 법인에게 책임을 지게 할 것인가. 대체로 대표 권한 유월행위는 대부분 법인의 대표기관이 자신의 개인적 이익을 꾀할 목적으로 법령, 기타 정관에 의한 대표권의 제한을 위반한 경우에 문제된다 (이 문제를 학설 중에는 대표권 남용에 관한 문제로 논의하는 입장이 있으나(이영준, 869면), 대표권 남용은 어디까지나 제한된 대표권을 일탈하지 않으면서 사리(私利)를 도모하기 위하여 대표행위를 한 경우에 그 효과를 법인에 귀속시킬 것이냐에 관한 문제라는 점을 유의하여야 할 것이다. 백태승, 237면). 따라서 이때 대표자가 대표권을 일탈하여 타인에게 손해를 입힌 경우라면 법인의 불법행위책임이 성립하게 되는데, 문제가 되는 것은 그 행위가 거래행위(법률행위)인 경우에 법인의 불법행위책임의 문제로만 다룰 것인가, 아니면 법인의 표현대리책임을 물을 수 있을 것인가이다.

② 판례는 표현대리책임으로 다루지 아니하고 법인의 불법행위책임의 성립만을 문제삼고 있는 것으로 보인다(74다71판결, 75다666판결). 특히 당해 사안은 대표권이 법령에 의하여 제한되어 있는 것이라는 점에서, 판례의 태도를 일반화하기는 어렵다. 다만, 판례 중에는 대표이사의 대표권한 범위를 벗어난 행위라 하더라도 그것이 회사의 권리능력의 범위 내에 속한 행위이기만 하면 대표권의 제한을 알지 못하는 제3자가 그 행위를 회사의 대표행위라고 믿은 신뢰는 보호되어야 한다고 판시하고 있는 점에서, 표현대리책임으로 다룰 수 있음을 인정하고 있는 것으로 판단된다 (2003다34045판결).

**판 례**

비법인사단인 교회의 대표자는 총유물인 교회 재산의 처분에 관하여 교인총회의 결의를 거치지 아니하고는 이를 대표하여 행할 권한이 없다. 그리고 교회의 대표자가 권한 없이 행한 교회 재산의 처분행위에 대하여는 민법 제126조의 표현대리에 관한 규정이 준용되지 아니한다 (2006다23312판결).

판 례

학교법인을 대표하는 이사장이라 하더라도 이사회의 심의·결정을 거쳐야 하는 이와 같은 재산의 처분 등에 관하여는 법률상 그 권한이 제한되어 이사회의 심의·결정 없이는 이를 대리하여 결정할 권한이 없는 것이라 할 것이므로, 이사장이 한 학교법인의 기본 재산 처분행위에 관하여는 민법 제126조의 표현대리에 관한 규정이 준용되지 아니한다(83다548판결).

③ 학설은 대표자의 권한 유월행위에 대하여 제126조의 권한을 넘는 표현대리의 성립을 인정한다. 다만, 법인의 불법행위책임을 부정하는 것이 아니고, 그와 함께 표현대리 성립 여부를 다툴 수 있다는 선택적 적용설(황적인, 112면)과 우선 표현대리의 성립 여부를 살피고 이것이 불성립하는 때에 법인의 불법행위책임에 의할 것이라는 제126조 우선적용설(곽윤직, 143면; 장경학, 327면, 고상룡, 215면), 그리고 대표자의 권한 유월행위에 대하여 법인의 불법행위책임을 부담시키면 충분하다는 불법행위책임설(이영준, 869면; 백태승, 243면; 김증한/김학동, 199면)로 갈려 있다.

선택적 적용설은 제35조 제1항과 제126조는 그 적용 요건 및 효과에 차이가 없으므로, 상대방은 손해배상책임이든 이행책임이든 임의로 선택하여 추궁할 수 있다는 것이다. 그러나 제126조 우선적용설에 의하면 제35조 제1항과 제126조는 그 효과면에서 근본적인 차이가 있기 때문에 상대방의 선택에 따라 임의로 적용한다는 것은 타당치 않다고 한다. 그렇다고 제35조 제1항의 요건이 충족되는 경우까지 그 적용 가능성을 전혀 배제하는 것은 옳지 못하다고 하여 제126조 우선적용을 주장한다. 불법행위책임설은 제126조의 적용 여부를 적극적으로 검토하지는 않고 위의 경우에는 당연히 불법행위책임이 발생할 뿐이라고 한다.

④ 그러면 과연 어느 설에 의할 때 법인 및 상대방에 대하여 타당한 결론이라 할 것인가. 요컨대 법인이사의 대표에 관하여는 대리에 관한 규정이 준용된다. 따라서 행위가 법률행위인 경우에는 이론상 표현대리가 적용될 수 있는 여지가 있다.

그러나 정관 등에 의한 대표권 제한은 등기되어 있는 이상 표현대리의 요건을 충족하게 되는 경우가 현실적으로 있을 수 있는지 의문이다. 또한 대표권 제한은 등기하지 않은 이상 제3자에게 대항할 수 없다는 제60조의 규정상, 즉 이 경우 제3자는 선의·악의를 불문한다는 점(위의 2) (3) ② c) ㄷ) 참조)에서 이러한 경우에 표현대리의 적용 여부를 문제삼는 것은 제60조의 규정 취지를 무의미하게 할 우려가 있다. 그리고 법령에 의하여 대표권이 원시적으로 제한된 경우에도 표현대리의 주장이 가능한 것인가에 대해서도 의문이 있다. 이 경우 표현대리의 성립을 인정하여 법인에게 법령 위반의 대표행위의 효과를 귀속시키는 것은 대표권을 제한하여 법인과 그 구성원 및 채권자를 보호하기 위한 법의 취지를 무의미하게 할 염려가 있기 때문이다(83다548판결, 94다38199판결).

결국 표현대리가 문제되는 경우는 법인의 목적 범위에 의한 대표권 제한의 경우로 한정해야 할 것이다. 그렇다면 목적 범위에 의한 대표권 제한을 유월한 행위에 대하여 법인의 불법행위책임과 함께 표현대리 책임도 인정할 것인가?

생각건대 이 경우 대표 권한 유월행위가 법률행위라면 거래법인 표현대리를 우선 문제삼고 그것이 인정되지 않는 경우에 비로소 법인의 불법행위책임을 물어야 한다는 제126조 우선적용설의 주장도 일리는 있다. 그러나 그 행위가 법률행위라고 하여 표현대리를 먼저 문제삼을 것을 요구하는 법적 근거도 없으며, 표현대리와 불법행위는 그 요건과 효과를 달리하기 때문에 구제적 사안에 따라서는 상대방이 불법행위를 다투는 것이 유리한 경우도 있을 것이다(이은영, 277, 286면은 목적 범위를 초과한 대표행위에 대하여는 불법행위책임이 인정될 수 있고, 표현대리의 규정이 준용된다고 한다). 특히 제126조 우선적용설은 거래행위에서는 상대방의 보호가 중요하므로 먼저 표현대리책임을 적용함이 타당하다고 하나, 오히려 제35조 제1항이 상대방의 과실 유무를 문제삼지 않는다는 점에서 상대방에게 유리한 면이 있다. 물론 앞에서 본 바와 같이 거래적 불법행위의 경우에 상대방이 악의·중과실인 때에는 불법행위책임을 주장하지 못한다(전술 3) (2) ② 참조). 따라서 상대방은 구체적 사안의 성질에 따라 그 선택으로 불법행위를 주장하거나 법인의 표현대리책임을 물을 수 있다고 해야 할 것이다.

## 5 법인의 기관

### 1) 법인과 기관의 관계

법인격이 인정된다고 하더라도 법인 스스로 의사능력을 가지고 법적 행위를 할 수는 없다. 따라서 법인이 목적사업을 수행하기 위해서는 부득이하게 자연인으로 구성되는 기관이 필요하다. 문제는 법인과 기관과의 관계이다. 법인의제설은 기관을 법인의 대리인이라고 보며, 법인실재설은 기관은 마치 자연인의 두뇌나 수족과 같이 법인이라는 조직체의 구성 요소로서, 법인의 의사를 결정하고 법인의 행위를 담당하는 지위에 있다고 본다. 그러나 기관은 법인과의 위임 유사의 계약에 기하여 법인의 사무를 대내·외적으로 처리할 권리의무가 있는 관리관계에 있다고 새기는 것이 타당하다 (고상룡, 218면). 즉, 자연인에 의하여 구성되는 기관에 의하여 법인의 의사를 결정하고 대내적으로 법인의 사무를 처리하며 대외적으로 법인을 대표하게 된다.

**판 례**

민법상 법인과 그 기관인 이사와의 관계는 위임자와 수임자의 법률관계와 같은 것으로서 이사의 임기가 만료되면 일단 그 위임관계는 종료되는 것이 원칙이고(83다카938판결, 81다614판결), 다만 그 후임 이사 선임시까지 이사가 존재하지 않는다면 기관에 의하여 행위를 할 수밖에 없는 법인으로서 당장 정상적인 활동을 중단하지 않을 수 없는 상태에 처하게 되므로, 민법 제691조의 규정을 유추하여 구이사로 하여금 법인의 업무를 수행케 함이 부적당하다고 인정할 만한 특별한 사정이 없고 종전의 직무를 구이사로 하여금 처리하게 할 필요가 있는 경우에는 후임 이사가 선임될 때까지 임기 만료된 구이사에게 이사의 직무를 수행할 수 있는 업무수행권이 인정된다 (96다37206판결. 동지, 95다40915판결, 95다56866판결).

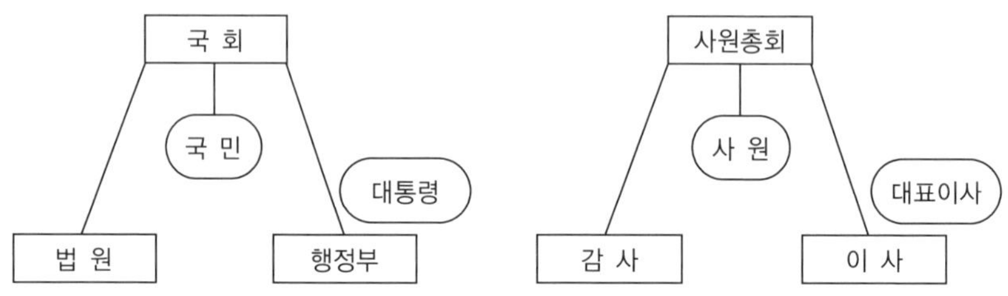


**그림 2-9** 국가조직과 사단법인의 조직 비교

사단법인의 기관으로는 이사와 사원총회, 감사가 있다. 반면에 재단법인의 기관으로는 이사와 감사가 있으며, 사원총회는 성질상 있을 수 없다.

### 2) 이 사

(1) 이사(理事)는 대외적으로 법인을 대표하고 대내적으로 법인의 사무를 집행하는 상설의 필요기관이다 (제57조, 제58조, 제59조). 이사의 수와 임기의 제한은 없고, 정관에서 임의로 정할 수 있다 (제40조, 제43조). 1인의 이사만을 둘 수도 있다. 다만, 공익법인에는 5인 이상 15인 이하의 이사를 두되, 주무관청의 승인을 얻어 그 수를 증감할 수 있다 (공익법인의 설립·운영에 관한 법률 제5조 제1항). 이사는 자연인에 한하며, 사형, 무기징역 또는 무기금고의 판결을 받은 자는 이사가 될 수 없다 (형법 제43조 제1항 제4호).

(2) 이사의 임면

① 이사의 임면(任免)에 관한 사항은 정관의 필요적 기재 사항이다 (제40조 제5호). 다만, 이사의 선임은 묵시적으로 행해질 수 있다 (70다1256판결). 이사의 해임 및 퇴임은 정관에 의하여야 하지만, 정관에 규정이 없는 경우에는 대리(제127조)와 위임(제689조)에 관한 규정을 준용하여야 한다.

**판 례**

법인과 이사의 법률관계는 신뢰를 기초로 한 위임 유사의 관계이므로, 이사는 민법 제689조 제1항이 규정한 바에 따라 언제든지 사임할 수 있고, 법인의 이사를 사임하는 행위는 상대방 있는 단독행위이므로 그 의사표시가 상대방에게 도달함과 동시에 그 효력을 발생하고, 그 의사표시가 효력을 발생한 후에는 마음대로 이를 철회할 수 없음이 원칙이다 (92다749판결). 그러나 법인이 정관에서 이사의 사임절차나 사임의 의사표시의 효력발생시기 등에 관하여 특별한 규정을 둔 경우에는 그에 따라야 하는바, 위와 같은 경우에는 이사의 사임의 의사표시가 법인의 대표자에게 도달하였다고 하더라도 그와 같은 사정만으로 곧바로 사임의 효력이 발생하는 것은 아니고 정관에서 정한 바에 따라 사임의 효력이 발생하는 것이므로, 이사가 사임의 의사표시를 하였더라도 정관에 따라 사임의 효력이 발생하기 전에는 그 사임의사를 자유롭게 철회할 수 있다 (2007다17109판결).

② 이사의 성명과 주소는 등기 사항이다 (제49조 제2항). 이 경우 등기는 제3자에 대한 대항 요건이다 (제54조 제1항, 제52조). 따라서 이사의 선임, 해임 또는 퇴임은 등기하지 않으면 제3자에게 대항할 수 없다.

### (3) 이사의 직무 권한

① 이사는 대내적으로 법인의 사무집행권을 가진다(제58조 제1항). 이사가 수인(數人) 있는 경우 법인의 사무집행은 이사의 과반수로써 결정한다(제58조 제2항). 그리고 이사는 대외적으로 법인을 대표한다(제59조 제1항). 이사가 수인 있는 경우에도 각자 법인을 대표한다 (제59조 제1항 본문). 법인의 대표에 관하여는 대리에 관한 규정을 준용한다 (제59조 제2항).

물론 대내적인 사무집행과 대외적인 법인의 대표는 엄격하게 구분되는 것은 아니고, 동일한 행위가 대내적으로는 사무집행행위이면서 대표행위가 되는 경우가 있다. 다만, 대표행위는 동시에 사무집행행위이지만 반대로 사무집행위행위가 반드시 대표행위가 되는 것은 아니다.

아무튼 이사는 선량한 관리자의 주의로 그 직무를 수행하여야 한다 (제61조). 이를 위반하면 이사는 법인에 대하여 채무불이행책임으로 인한 손해배상책임을 지며, 임무를 해태한 이사가 수인이면 연대하여 배상책임을 진다 (제65조).

**판 례**

법원의 직무집행정지 가처분결정에 의해 회사를 대표할 권한이 정지된 대표이사가 그 정지기간 중에 체결한 계약은 절대적으로 무효이고, 그 후 가처분신청의 취하에 의하여 보전집행이 취소되었다 하더라도 집행의 효력은 장래를 향하여 소멸할 뿐 소급적으로 소멸하는 것은 아니라 할 것이므로, 가처분신청이 취하되었다 하여 무효인 계약이 유효하게 되지는 않는다 (2008다4537판결).

한편 이사는 정관 또는 사원총회의 결의로 금지하지 아니한 사항에 한하여 타인으로 하여금 특정한 행위를 대리하게 할 수 있다 (제62조). 그렇지만 포괄적 복임권의 수

**판 례**

사립학교법 제27조, 민법 제62조에 의하면 학교법인의 이사는 특정한 행위를 다른 이사에게 대리하게 할 수 있으나, 학교법인의 제반사무처리를 포괄적으로 위임할 수는 없다 (87다카2407판결).

여는 허용되지 않는다. 이사가 선임한 대리인은 법인의 기관이 아니며, 이사는 그 선임・감독에 관한 책임을 진다.

② 이사의 사무집행권의 내용은 다음과 같다.

a) 재산목록의 작성 및 비치: 재산목록이란 적극재산과 소극재산의 명세서를 말하는 바, 이사는 법인이 성립한 때에 기본 재산목록을 그 후로는 매년 3월 안에 매년도 재산목록을 작성하여, 사무소에 비치하여야 한다 (제55조 제1항).

b) 사원명부의 작성・관리 및 비치: 사단법인의 이사는 사원명부를 작성・비치하고 그 변경이 있으면 이를 기재하여야 한다 (제55조 제2항).

c) 사원총회의 의사록의 작성: 이사는 매년 1회 이상 통상총회를 소집하여야 하고 또한 일정한 절차에 따라 임시총회를 소집하여야 하며(제69조, 제70조), 사원총회의 의사록을 작성・비치하여야 한다 (제76조).

d) 파산신청: 법인이 채무를 완제할 수 없게 된 때에는 이사는 지체 없이 파산을 신청하여야 한다 (제79조).

e) 청산인이 되는 것: 법인이 해산한 때에는 원칙적으로 이사가 청산인이 된다 (제82조).

f) 법인에 관한 각종 등기 사항도 법인의 업무에 속하는 바, 등기업무도 이사가 하여야 한다 (제49조 이하).

③ 이사의 대표권한 내의 행위와 대표권의 남용(제4절 4. 2) (3) ③) 및 대표권 유월행위와 표현대리(제4절 4. 3) (4) ③)에 대해서는 앞에서 보았다.

④ 이사회・임시이사・특별대리인・직무대행자

a) 이사회: 이사회는 법인의 사무집행을 결정하기 위하여 이사 전원으로 구성된 의결기관을 말한다. 이사회는 상설기관이 아니며, 정관에 특별한 규정이 없으면 사원총회에 관한 규정을 준용할 것이다 (통설).

**판 례**

재단법인 이사회가 법령 또는 정관이 정하는 바에 따른 정당한 소집권자 아닌 자에 의하여 소집되고 그 이사 가운데 일부만이 참석하여 결의를 하였다면, 그 이사회의 결의는 부적법한 결의로서 효력이 없다 (92다749판결, 2004다63408판결).

**판 례**

민법은 법인의 이사회의 결의에 부존재 혹은 무효 등 하자가 있는 경우 법률에 별도의 규정을 두고 있지 않으므로, 이해관계인은 언제든지 또 어떤 방법에 의하든지 그 무효를 주장할 수 있다 (2000다60197판결).

b) 임시이사: 법인이 성립한 후에 일시적으로 이사가 없거나 결원이 생겨도 법인의 존립에는 영향이 없지만, 그로 인하여 법인에 손해가 발생할 염려가 있는 경우에는 법원은 이해관계인이나 검사의 청구에 의하여 비송사건절차법에 따라 임시이사를 선임하여야 한다 (제63조). 이사가 정식 선임된 경우에는 임시이사의 권한은 소멸한다 (통설). 그리고 법원이 임시이사의 선임 결정을 한 후에 사정 변경이 생겨 그 선임 결정이 부당하다고 인정될 때에는 이를 취소 또는 변경할 수 있다 (91마730결정). 임시이사도 원칙적으로 정식이사와 동일한 권한을 가진다 (2012다40332 판결). 다만, 학교법인 임시이사의 권한은 통상적 업무에 관한 사항에 한정된다.

**판 례**

민법 제63조의 임시이사 선임 신청을 할 수 있는 이해관계인이라는 것은 임시이사가 선임되는 것에 관하여 법률상의 이해관계가 있는 자, 즉 사건 본인 법인의 정당한 최후의 이사였다가 퇴임한 자이거나 이 사건 신청 당시 사건 본인 법인의 등기부상의 이사로서 사건 본인 법인의 업무처리를 담당해 온 자 등을 말한다 (76마394결정).

c) 특별대리인: 법인의 이익과 이사의 이익이 상반하는 사항에 관하여 이사는 대표권이 없으며, 이 경우 이해관계인 또는 검사의 청구에 의하여 법원이 선임한 특별대리인이 법인을 일시적으로 대표한다 (제64조). 이사가 제64조를 위반하여 법인을 대표한 경우에 그 행위는 무권대리 행위로서 법인에 대하여 무효로 된다. 특별대리인의 선임도 비송사건절차법에 의한다 (동법 제33조 제1항).

d) 직무대행자: 이사가 직무집행을 정지당함으로써 사실상 직무를 행할 수 없는 경우에 이해관계인의 신청에 의하여 법원은 가처분의 형식으로 이사직무를 대리하도록 직무대행자를 선임할 수 있다 (제52조의2). 직무대행자는 가처분명령에 다른 정함이

없으면 법인의 통상사무에 속하는 행위만을 할 수 있다(제60조의2 본문). 다만, 법원의 허가를 얻은 경우에는 그러하지 아니하다(제60조의2 단서). 직무대행자가 위의 규정에 위반한 행위를 한 경우에 법인은 선의의 제3자에 대하여 책임을 진다(제60조의2 제2항).

**판 례**

직무대행자는 민사소송법 가처분 규정의 준용에 의하여 선임되므로, 비송사건절차법에 의하여 선임되는 본법 제63조의 임시이사, 본조의 특별대리인과는 그 선임 절차와 성질에 있어서 서로 다르다(61마431결정). 가처분결정에 의하여 재단법인의 이사의 직무를 대행하는 자를 선임한 경우에 그 직무대행자는 단지 피대행자의 직무를 대행할 수 있는 임시의 지위에 놓여 있음에 불과하므로, 그 법인을 종전과 같이 그대로 유지하면서 관리하는 한도 내의 통상업무에 속하는 사무만을 행할 수 있다고 하여야 할 것이고(99다30039판결), **가처분결정의 종기가 도래하여 직무대행자가 그 권한을 행사할 수 없게 된 경우에는 위임관계 종료시의 긴급처리를 규정한 민법 제691조가 적용되지 않는다. 직무대행자는 위임에 의한 것이 아니라 법원의 선임결정에 의한 것이기 때문이다**(2010나1056결정).

### 3) 감 사

(1) 감사(監査)는 이사의 사무집행을 감사하는 기관으로, 정관 또는 사원총회의 결의에 의한 임의기관이다(제66조). 다만, 공익법인의 경우에는 2인의 감사를 두되 주무관청의 승인을 얻어 그 수를 증감할 수 있다(공익법인의 설립·운영에 관한 법률 제5조 제1항). 감사의 선임 방법, 자격, 수, 임기 등은 정관 또는 총회의 의결에 의한다.

**(2) 직무권한**

① 감사는 내부적으로 이사의 직무를 감독할 권한을 가진다. 감사는 그 선임행위의 성질상 이사와 마찬가지로 선량한 관리자의 주의로 직무를 수행하여야 하고, 이것을 위반하면 채무불이행책임을 진다.

② 감사의 직무에 대해서는 제67조가 정하고 있으나, 이에 한정되는 것은 아니다.

### 4) 사원총회

(1) 사원총회는 모든 사원으로 구성되는 최고의사결정기관이며, 필수기관이다(제68조 참조).

**(2) 사원총회의 종류**

① 사원총회는 통상총회(제69조)와 임시총회(제70조)가 있다. 통상총회는 적어도 매년 1회 일정한 시기에 소집되어야 한다. 임시총회는 이사가 필요하다고 인정하는 때(제70조 제1항), 감사가 필요하다고 인정하는 때(제67조 제4호) 또는 총사원 5분의 1 이상(정관으로 달리 정할 수 있다)이 회의의 목적 사항을 제시하여 청구하는 때(제70조 제2항) 소집된다.

② 사원총회의 소집은 이사나 소수 사원 등 적법한 소집권자가 1주간 전에 그 회의의 목적 사항을 기재한 통지를 발하고, 기타 정관에 정한 방법에 의하여야 한다(제71조). 소수 사원의 소집 청구가 있으면 이사는 총회를 소집하여야 하는데, 이사가 2주간 내에 소집절차를 밟지 않으면 소수 사원들이 법원의 허가를 얻어 스스로 총회를 소집할 수 있다(제70조 제3항). 소집절차가 법률 또는 정관에 위반한 하자가 있는 경우의 효과에 관하여는 민법에 규정이 없다. 판례는 소집의 절차·결의의 방법이 법인의 정관에 위반한 경우에는 그 사원총회의 결의는 무효라고 본다(78다1664판결, 95다44986판결). 다만, 그 하자가 경미한 경우에는 무효라고 볼 것은 아니라고 한다(69다1774판결). 그리고 소집 및 결의의 방법에 관하여 정관에 규정이 없을 경우에는 관례에 따른다고 한다(71다2673판결, 78다1045판결).

**판 례**

소집 권한 없는 자에 의한 총회 소집이라고 하더라도 소집권자가 소집에 동의하여 그로 하여금 소집하게 한 것이라면 그와 같은 총회 소집을 권한 없는 자의 소집이라고 볼 수 없으나, 단지 소집 권한 없는 자에 의한 총회에 소집권자가 참석하여 총회 소집이나 대표자 선임에 관하여 이의를 하지 아니하였다고 하여 이것만 가지고 총회가 소집권자의 동의에 의하여 소집된 것이라거나 그 총회의 소집절차상의 하자가 치유되어 적법하게 된다고는 할 수 없다(92다40402판결).

③ 사원총회의 권한

a) 정관으로 이사 기타 임원에게 위임한 사항을 제외하고는 모두 사원총회의 결의에 의하여야 한다. 특히 정관의 변경(제42조)과 임의해산(제77조)은 반드시 사원총회의 결의로써 이를 결정하여야 한다.

b) 단체자치의 원칙에 비추어 사원총의의 결의로 사원의 권리를 제한 또는 박탈할 수도 있다고 할 것이나(2009다19864 판결. 물론 자연적 종족집단인 종중의 경우에는 그러하지 아니하다. 91다25383 판결), 사원의 소수사원권(제70조제2항)이나 결의권(제73조)과 같은 고유권은 그 사원의 동의 없이는 정관의 규정 또는 총회의 결의에 의해서도 제한 또는 박탈할 수 없다(80다516 판결). 사단법인의 본질적 성격에 반하기 때문이다(고상룡, 230면). 그러한 고유권의 행사를 어렵게 하는 것도 마찬가지이다. 가령, 판례는 종중의 성격과 법적 성질에 비추어 장기간 동안 종중의 의사결정에 참여할 수 있는 모든 권리를 박탈하는 것은 종원이 가지는 고유하고 기본적인 권리의 본질적인 내용을 침해하는 것으로서 그 효력을 인정할 수 없다고 한다(2004다47024판결).

c) 사원총회의 결의 사항은 정관에 다른 규정이 없으면 총회를 소집할 때 미리 통지한 사항에 한하여 결의할 수 있음이 원칙이나, 정관에 다른 규정이 있으면 그에 따른다(제72조). 다만, 소집 통지에 '기타 사항'을 결의 사항으로 기재한 경우에 어떠한 것이 기타 사항에 해당하는지 문제될 수 있다.

**판 례**

비법인사단인 재건축조합이 총회 소집 통지를 함에 있어서 회의의 목적 사항을 열거한 다음 '기타 사항'이라고 기재한 경우, 총회 소집 통지에는 회의의 목적 사항을 기재토록 한 민법 제71조 등 법규정의 입법 취지에 비추어 볼 때, '기타 사항'이란 회의의 기본적인 목적 사항과 관계가 되는 사항과 일상적인 운영을 위하여 필요한 사항에 국한된다고 보아야 한다(95다5688판결).

d) 사원의 결의권은 평등하지만, 정관으로 달리 정할 수 있다(제73조제3항. 주식회사는 1개의 주식마다 1개의 결의권이 있다). 그리고 법인과 어느 사원과의 관계 사항을 의결하는 경우에 그 사원에게는 결의권이 없다(제74조. 2008다1521판결). 결의권은 정관에

달리 정함이 없으면 서면 또는 대리인에 의하여 행사할 수 있다(제73조 제2항. 97다44102판결, 99다20155판결). 총회의 결의는 본법 또는 정관에 다른 규정이 없으면 사원 과반수의 출석과 출석사원의 과반수로써 한다(제75조 제1항). 제73조 제2항의 경우에는 당해 사원은 출석한 것으로 한다(제75조 제2항).

특히 제73조 제2항 및 제75조 제2항 소정의 사원총회 결의 방법에 관한 규정은 종중과 같은 법인 아닌 사단의 경우에도 준용된다(91다46830판결).

④ 사원권

a) 사원권(社員權)이란 사원이라는 지위에서 사단법인에 대하여 가지는 포괄적 권리와 의무를 말한다.

b) 사원권은 사단법인의 관리 운영에 참여할 수 있는 공익권(예: 결의권 · 소수사원권 · 업무집행권 · 감독권)과 사원 자신의 이익의 향유를 내용으로 하는 자익권(예: 사단의 설비를 이용할 수 있는 권리)으로 나뉜다. 또한 사원은 회비 납부의무 등의 의무를 부담한다.

c) 사원권은 양도 또는 상속의 대상으로 되지 않는다(제56조). 다만, 정관으로 달리 정할 수 있다.

**판 례**

"사단법인의 사원의 지위는 양도 또는 상속할 수 없다."고 한 민법 제56조의 규정은 강행규정은 아니라고 할 것이므로, 정관에 의하여 이를 인정하고 있을 때에는 양도 상속이 허용된다(91다26850판결, 95다6205판결). 그러나 단체의 의사결정 기관 구성원으로서의 지위는 일신전속권으로서 상속의 대상이 될 수 없다(2003다64381판결).

d) 사원의 지위는 사원의 사망 · 탈퇴, 총회의 결의, 정관에 정하는 사유에 의하여 소멸한다. 사원권의 박탈은 특별한 사유가 없는 한 불가피한 경우에만 인정된다. 종원의 자격을 10년 내지 20년 간 정지시키는 내용의 처분은 무효이다(2004다47024판결).

**판 례**

사단법인 부산시개인택시여객운송연합회와 같은 단체의 구성원인 조합원에 대한 제명처분은 조합원의 의사에 반하여 그 조합원인 지위를 박탈하는 것이므로, 조합의 이익을 위하여 불가피한 경우에 최종적인 수단으로서만 인정되어야 할 것이고, 또 조합이 조합원을 제명처분한 경우에 법원은 그 제명 사유의 존부와 결의 내용의 당부 등을 가려 제명처분의 효력을 심사할 수 있다(93다21750판결).

## 6 법인의 소멸

### 1) 개 관

법인은 상속이 문제되지 않으므로, 재산관계를 정리할 필요가 있다. 법인이 그 목적적 활동을 중지하고 재산관계의 정리절차에 들어가는 것을 해산이라 한다. 따라서 법인은 해산으로 곧 소멸하는 것이 아니라 청산절차가 종료되어야 소멸한다. 청산은 해산한 법인의 재산관계를 정리하는 절차이다. 따라서 법인은 해산 후 청산이 종결될 때까지 제한된 범위에서 권리능력을 가진다. 이러한 법인을 청산법인이라고 한다. 물론 청산법인과 본래의 법인은 동일성을 가진다.

### 2) 해산 사유

#### (1) 공통적 해산 사유

존립 시기가 만료하였거나, 법인의 목적 달성 또는 불능, 법인이 채무 초과로 인하여 파산한 경우, 주무관청에 의하여 설립 허가가 취소(장래효)된 경우에 법인은 해산한다(제77조 제1항. 2011두25012판결). 사단법인의 존립 시기나 기타 해산 사유는 정관의 필요적 기재 사항이나(제40조 제7호), 재단법인의 경우에는 임의적 기재 사항이다(제43조 참조). 그리고 이사는 법인이 채무초과 상태가 된 때에는 지체 없이 파산을 신청하여야 한다(제79조, 제97조 제6호). 채무 초과로 충분하고 지급 불능일 필요는 없다.

#### (2) 사단법인에 특유한 해산 사유

사단법인의 경우에는 사원이 없게 되거나 사원총회의 결의에 의하여 해산할 수 있다 (제77조 제2항). 사원이 없게 된 경우란 사원이 1명도 없게 된 경우를 말한다. 총회의 해산 결의는 정관에 다른 규정이 없는 한 총사원의 4분의 3 이상의 동의를 필요로 한다 (제78조).

### 3) 청산절차

(1) 청산절차에는 파산으로 해산하는 경우와 기타의 원인으로 해산하는 경우가 있다. 파산으로 해산하는 경우에는 도산법이 정하는 절차에 따르고 기타의 원인으로 해산하는 경우에는 민법이 정하는 절차에 따른다.

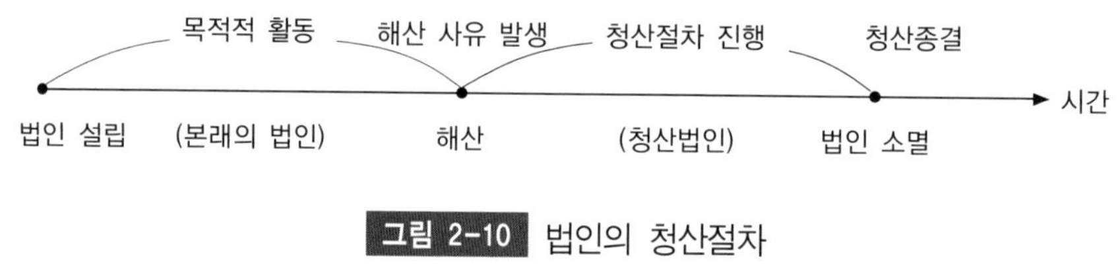


**그림 2-10** 법인의 청산절차

**판 례**

민법 제54조 제1항, 제85조 제1항의 규정에 따르면 법인이 해산한 경우에 청산인은 파산의 경우를 제외하고 해산등기를 하여야 하고, 해산등기를 하기 전에는 제3자에게 해산 사실을 대항할 수 없다 (84다카493판결).

#### (2) 청산법인의 권리능력

청산법인은 청산의 목적 범위 내에서 권리가 있고 의무를 부담한다 (제81조). 청산인은 정관으로 정한 자, 총회의 의결에 의해서 선임된 자, 해산 당시의 이사가 된다 (제82조). 그리고 위에 해당하는 자가 없거나 청산인이 있더라도 후에 결원이 생겨 손해가 생길 염려가 있는 경우에는 직권으로 또는 이해관계인이나 검사의 청구에 의하여 법원이 청산인을 선임한다 (제83조). 그리고 법원은 중요한 사유가 있을 때에는 직권으로 또는 이해관계인이나 검사의 청구에 의하여 청산인을 해임할 수 있다 (제84조). 이사의 사무집행 등에 관한 규정은 청산인에 준용한다 (제96조).

**판　례**

비법인사단인 교회의 교인이 존재하지 않게 된 경우 그 교회는 해산하여 청산절차에 들어가서 청산의 목적범위 내에서 권리·의무의 주체가 되며, 이 경우 해산 당시 그 비법인사단의 총회에서 향후 업무를 수행할 자를 선정하였다면 민법 제82조 제1항을 유추하여 그 선임된 자가 청산인으로서 청산 중의 비법인사단을 대표하여 청산업무를 수행하게 된다(2001다32687판결).

### (3) 청산인의 직무와 잔여재산의 귀속

청산인은 그 취임 후 3주간 내에 해산의 등기와 주무관청에의 신고를 하여야 한다(제85조, 제86조). 그리고 현존 사무를 종결하고, 채권의 추심 및 채무를 변제하고 잔여재산의 인도를 하여야 한다(제87조). 잔여재산의 귀속권리자는 정관으로 지정한 자가 되나, 정관으로 귀속권리자를 지정하지 아니하거나 이를 지정하는 방법을 정하지 아니한 때에는, 이사 또는 청산인은 주무관청의 허가를 얻어 그 법인의 목적에 유사한 목적을 위하여 그 재산을 처분할 수 있다(제80조 제1항). 그러나 사단법인의 경우에는 총회의 결의가 있어야 한다. 처분되지 아니하고 남은 재산은 국고에 귀속한다(제80조 제2항). 한편 사립학교법은 고등학교 이하 각급 학교를 설치·경영하는 학교법인이 학생 수의 감소로 그 목적 달성이 곤란한 경우에 이사 정수의 3분의 2 이상의 동의를 얻은 잔여 재산처분계획에 따라 잔여재산의 귀속을 정하는 특례를 정하고 있다(동법 제35조의2).

**판　례**

법인 해산시 잔여재산의 귀속권리자를 직접 지정하지 아니하고 사원총회나 이사회의 결의에 따라 이를 정하도록 하는 등 간접적으로 그 귀속권리자의 지정 방법을 정해 놓은 정관 규정도 유효하다. 민법상의 청산절차에 관한 규정은 모두 제3자의 이해관계에 중대한 영향을 미치기 때문에 이른바 강행규정이라고 해석되므로, 이에 반하는 잔여재산의 처분행위는 특단의 사정이 없는 한 무효라고 보아야 한다(98두5279판결). 이사 전원의 의결에 의하여 잔여재산을 처분하도록 한 정관 규정은 성질상 등기하여야만 제3자에게 대항할 수 있는 청산인의 대표권에 관한 제한이라고 볼 수 없다(94다13473판결). 이는 제80조 제1항에 따라 잔여재산의 귀속권리자를 지정하는 방법을 정한 것으로 법령에 의한 대표권의 제한이기 때문이다(동지, 남효순, 민법상 이사의 대표권 제한, 서울대 법학 제50권 3호(2009), 137면).

### (4) 파산신청과 공고

청산절차를 밟고 있는 도중에 법인의 재산이 그 채무를 모두 변제하기에 부족하다는 것이 분명하게 된 때에는, 청산인은 지체 없이 파산선고를 신청하고 이를 공고하여야 한다(제93조).

### (5) 청산종결의 등기

청산이 종결한 때에는, 청산인은 3주간 내에 이를 등기하고 주무관청에 신고하여야 한다. 청산종결의 등기가 경료되었더라도 청산사무가 종료되지 아니한 경우에는 청산법인으로 여전히 존속한다고 할 것이다.

**판 례**

법인에 관하여 청산종결등기가 경료된 경우에도 청산사무가 종료되었다고 할 수 없는 경우에는 청산법인으로서 당사자능력이 있다(97다3408판결 등).

**판 례**

사단법인의 구성원들이 구 법인을 해산하고 신 법인을 결성한 경우, 구 법인과 신 법인의 구성원이 동일하고 그 두 법인의 임원과 대표자가 일시 부분적으로 중복된 때가 있었으며, 두 법인의 설립 목적이 같고 구 법인이 해산하면서 그 재산을 신 법인에 승계시키기로 결의하고 신 법인이 구 법인의 재산을 사실상 인수하여 관리한 바 있더라도 구 법인이 그 청산절차를 종료하지 않은 이상 의연히 법인으로 존속하므로, 구 법인과 신 법인과는 별개의 법인으로 보아야 한다(88다카26123판결).

## 7 법인 아닌 단체

### 1) 개 관

법인의 실질을 갖추고 있으면서 법인격을 취득하지 못한 사단 또는 재단을 법인 아닌 단체라고 한다. 이를 권리능력 없는 단체 또는 법인격 없는 단체라고도 한다. 이러한 단체는 민법이 비영리법인의 설립에 허가주의를 취하고 있어서(제32조), 허가를 얻지 못하거나 또는 행정관청으로부터 감독, 기타 규제를 받기 원하지 않기 때문에 발생한다. 다만, 법인격이 없는, 즉 허가를 얻지 못했거나 얻지 않고 있는 동안의 단체에 대해서는 법인격을 취득하지 않았더라도 민사소송법상 당사자능력이 인정되고(민사소송법 제52조), 또 부동산등기법상 등기능력이 인정되고 있으며(부동산등기법 제26조), 또한 민법은 법인 아닌 사단의 사원이 집합체로서 물건을 소유하는 경우에는 이를 총유로 한다고 규정하고 있다(제275조).

## 2) 법인 아닌 사단

### (1) 성립 요건

법인 아닌 사단이기 위해서는 단체로서의 실질을 갖추고 있어야 한다. 즉, 2인 이상의 구성원들이 공동의 목적하에 조직을 갖추고(단체로서의 일체성), 대표의 선임방법·총회의 운영·재산의 관리 기타 사단으로서의 중요한 사항이 정관 내지 규칙으로 확정되어야 한다. 나아가 사단은 구성원으로부터 독립되어야 하며 또 구성원의 가입·탈퇴에 의하여 그 동일성을 잃지 않아야 한다(98도4200판결, 97다20908판결). 다만, 판례는 종중의 성립에 있어서는 그 요건을 엄격히 하고 있지는 않다(94다56401판결). 물론 법인 아닌 사단이 법인의 설립요건인 주무관청의 허가와 그 설립등기를 마치면 사단법인으로 된다.

**판 례**

부동산등기법 제41조의2 법인 아닌 사단·재단 및 외국인의 부동산등기용 등록번호 부여절차에 관한 규정에 의한 공부에 갑 교회가 신규등록을 하고 을이 그 교회의 대표자로 변경등록까지 하였다 하더라도, 이 등록번호 부여절차에서 단체의 실체나 대표자 자격이 실질적으로 심사되지 않는 점에 비추어 그것만으로 갑 교회가 단체의 실체를 갖추고 있거나 을이 그 교회의 적법한 대표자라고 보기 어렵다(94다14094판결).

**판 례**

종중에 유사한 비법인사단은 반드시 총회를 열어 성문화된 규약을 만들고 정식의 조직 체계를 갖추어야만 비로소 단체로서 성립하는 것이 아니고, 실질적으로 공동의 목적을 달성하기 위하여 공동의 재산을 형성하고 일을 주도하는 사람을 중심으로 계속적으로 사회적인 활동을 하여 온 경우에는, 이미 그 무렵부터 단체로서의 실체가 존재한다고 하여야 한다 (94다56401판결).

### (2) 조합과의 구별

조합은 2인 이상이 상호 출자하여 공동사업을 경영할 것을 약정함으로써 성립하는 인적 결합체이다 (제703조). 법인 아닌 사단도 인적결합체라는 점에서는 조합과 다르지 않다. 여기에서 법인 아닌 사단에 관하여 독일 민법(제54조)이나 스위스 민법(제62조)은 명문으로 조합에 관한 규정을 준용하도록 하고 있으나, 우리 민법에는 그러한 규정이 없다. 그러나 통설 · 판례는 총유에 관한 제275조 및 법인 아닌 사단은 법인의 설립 허가 내지 등기를 하지 않았을 뿐 법인의 실질을 갖고 있다는 점을 들어서, 조합의 규정을 적용할 것이 아니라 사단법인에 관한 규정 중 법인격을 전제로 한 사항(예: 법인 규정 중 등기(설립등기(제32조), 대항등기(제54조), 해산등기(제85조), 종결등기(제94조)) 관련 규정)을 제외하고는 모두 유추 적용된다고 해석한다 (곽윤직, 126면; 이영준, 852면; 백태승, 204면. 다만, 고상룡, 258면은 법인 아닌 단체라 할지라도 그의 명의로 등기제도가 마련되어 있기 때문에, "법인격을 전제로 하는 것을 제외하고 법인에 관한 규정을 준용한다."는 설명은, 일본의 학설 · 판례를 답습한 것으로, 그것이 어떠한 규정인지 현행법상 찾을 수 없다고 한다. 그러나 이러한 이해는 법인 내지 단체의 재산에 관한 등기와 법인의 등기사항을 혼동한 것으로 타당하지 않다).

이 경우 조합과 법인 아닌 사단을 구별할 때는 단체성의 강약, 즉 구성원의 개성이 강하게 드러나는가 여부를 기준으로 한다 (92다2431판결, 93다51591판결, 99다4504판결). 가령 인적 결합체라는 단체명이나 기관, 대표자가 정해지지 않은 경우에는 조합으로 볼 것이다. 특히 조합의 채권자가 조합재산에 대하여 강제집행을 하려면 조합원 전원에 대한 집행권원을 필요로 하고, 조합재산에 대한 강제집행의 보전을 위한 가압류의 경우에도 마찬가지로 조합원 전원에 대한 가압류명령이 있어야 할 것이므로, 조합원 중 1인만을 가압류채무자로 한 가압류명령으로써 조합재산에 가압류집행을 할 수는 없다 (2012다21560 판결). 물론 법인 아닌 사단 재산에 대하여 강제집행을 하려면 구성원 전원에 대한 집행권원을 필요로 하는 것은 아니고 법인 아닌 사단 자체에 대한 집행권원을 필요로 한다.

### (3) 법인 아닌 사단의 권리주체성

법인 아닌 사단에 실체법상 권리 · 의무의 주체로서의 지위를 인정할 것인가. 무엇보다도 권리능력을 인정하면 사단법인과의 구별이 모호해진다. 반면에 권리능력을 인정하지 않으면 부동산등기법 제26조의 규정이나, 민사소송법 제52조의 규정과 조화하지 않는다. 다만, 학설 중에는 절차법상의 당사자능력(민사소송법 제52조)에 대한 반사적 효과로서 실체법상으로도 권리능력이 인정되어야 한다는 견해가 있다(고상룡, 262면).

판례는 종중에게 분묘기지권의 시효취득을 인정하고(69다2013판결), 분묘수호관리권의 침해에 대한 손해배상청구권을 인정한다(91다30491판결). 나아가 판례는 실체법상 권리능력을 인정하지 않으면 민사소송법상 당사자능력을 인정할 실익이 없을 뿐 아니라, 당사자능력 그 자체도 부여될 수 없는 결과가 된다고 한다(4294행상102판결).

**표 2-3** 법인 아닌 사단과 조합의 구별

| 구 분 | 법인 아닌 사단 | 조 합 |
|---|---|---|
| 구성원의 개성 | 약함(박약) | 강함(두드러짐) |
| 단 체 성 | 강함(단일성) | 약함(복수성) |
| 내부규칙 | 정 관 | 조합계약 |
| 업무집행 | 기관(대표자) | 각 조합원(업무집행 조합원) |
| 의사결정 | 총 회 | 통상사무 : 각자(업무집행 조합원)<br>특별사무 : 과반수의 결의 |
| 설 립 | 합동행위(정관 작성) | 조합계약 |
| 출자 의무 | 없 음 | 있 음 |
| 재산관계 | 소유 : 총유(지분 無)<br>보존·관리·처분 : 총회의 결의<br>사용·수익 : 구성원 각자 | 소유 : 합유(지분 有)<br>보존행위 : 각자<br>이용·개량행위 : 과반수 결의<br>처분 : 전원의 동의 |
| 등기 명의 | 단 체 | 조합원 |
| 당사자능력 | 인 정 | 불인정 |
| 채무에 대한 책임 | 단체재산 | 각 조합원(손실분담 비율) |
| 구성원의 가입 탈퇴 | 자 유 | 부자유 |

**판 례**

증여는 증여자와 수증자 간의 계약으로서 수증자의 승낙을 요건으로 하므로, 아직 형성되지도 아니한 종중 또는 친족공동체에 대한 증여의 의사표시는 아무런 효력이 없다(91다28344 판결).

생각건대 소송법상 당사자능력을 인정하는 경우에 반드시 실체법상 권리능력을 그 전제로 하여야 한다는 논리적 필연성은 없다고 하더라도(특히 판례는 조합 업무를 집행할 권한을 수여받은 업무집행 조합원은 조합재산에 관하여 조합원으로부터 임의적 소송신탁을 받아 자기 이름으로 소송을 수행할 수 있다고 한다. 2000다68924판결), 이를 인정함이 자연스럽고 또 특정한 법률관계에서 태아에게 권리능력을 인정할 수 있듯이, 법인격을 취득하지 못한 법인 아닌 사단에 대해서도 조리에 터잡아 권리능력을 인정할 수 있다고 할 것이다. 다만, 총유에 관한 규정(제275조 이하)을 고려할 때 법인의 권리능력과는 차이가 있다.

**판 례**

일반적인 사찰은 독자적인 권리능력과 당사자능력을 가진 법인격 없는 사단이거나 재단이므로, 통상 그 사찰의 토지 및 건물을 점유하고 있는 자는 사찰 자신이고 사찰의 대표기관에 지나지 아니한 주지의 지위에 있는 자가 이를 점유하는 것은 아니지만, 일반 사찰 소유의 사찰 재산이나 불교시설일지라도 개인이 이를 일반 사찰과는 무관하게 사인의 자격에서 사실상 지배하는 경우에는 그 점유의 귀속 주체는 어디까지나 그 개인일 뿐 일반 사찰이 그를 통하여 당해 재산이나 시설을 점유하고 있다고 볼 수 없다(96다46484판결).

### (4) 법률관계

① 내부관계

a) 법인 아닌 사단의 내부관계(조직이라든가 대표자의 선임 등)에 관하여는 민법에 규정이 없으므로, 정관이나 규약에 정함이 있으면 그에 따르고, 정관에 규정이 없으면 사단법인에 관한 규정을 유추 적용할 것이다.

b) 법인 아닌 사단의 운영에 있어서는 단체자치의 원칙(2008다85345판결)에 따라 먼저 정관을 적용하고, 정관에 규정이 없으면 사원총회의 결의에 따른다. 이 경우 총

회의 결의는 정관에 달리 정함이 없으면 사원과반수의 출석과 출석사원의 결의권의 과반수로써 한다(제75조). 다만, 민법 제71조, 제72조에 비추어, 정관에 다른 규정이 없는 한 총회에서는 소집 1주간 전에 통지된 그 회의의 목적사항에 관하여만 결의할 수 있다 (2004다7408판결).

**판 례**

종중총회의 결의방법에 있어 종중규약에 다른 규정이 없는 이상 종원은 서면이나 대리인으로 결의권을 행사할 수 있으므로, 일부 종원이 총회에 직접 출석하지 아니하고 다른 출석 종원에 대한 위임장 제출방식에 의하여 종중의 대표자 선임 등에 관한 결의권을 행사하는 것도 허용된다 (99다20155판결, 91다25383판결).

**판 례**

고유의미의 종중에 관한 규약을 만들면서 일부 구성원의 자격을 임의로 배제할 수 없는 것이며, 특정지역 내에 거주하는 일부 종중원에 한하여 의결권을 주고 그 밖의 지역에 거주하는 종중원의 의결권을 박탈할 개연성이 많은 종중규약은 종중의 본질에 반하여 무효이다 (92다15048판결).

**판 례**

종중총회는 특별한 사정이 없는 한 족보에 의하여 소집통지 대상이 되는 종중원의 범위를 확정한 후 소재가 분명한 모든 종중원에게 개별적으로 소집통지를 하여야 하고, 일부 종중원에게 소집통지를 결여한 채 개최된 종중총회의 결의는 효력이 없다 (95다44986판결).

물론 총회의 결의에 의하더라도 사원의 고유하고도 본질적인 권리를 침해해서는 안 된다 (2007다34982판결).

**판 례**

어촌계의 계원이 정관상 제명사유에 해당하는 행위를 하였고 제명결의 외에 달리 제재할 수 있는 방법이 마련되어 있지 않더라도 제명으로 인하여 생계의 터전인 권리를 잃게 된다는 점 등의 제반 사정에 비추어 볼 때, 제명은 위 행위로 인하여 어촌계의 목적 달성이 어렵게 되거나 공동의 이익을 위하여 불가피한 경우에 최종적인 수단으로서만 인정된다 (2003다69942판결).

c) 법인 아닌 사단의 대표기관의 선임도 정관에 정함이 없으면 총회에서 선임할 것이며, 법인 아닌 사단과 대표기관의 법적관계 역시 위임인과 수임인의 법률관계와 같다. 따라서 대표자는 업무집행에 관하여 정관 내지 사원총회의 결의에 어긋나지 않도록 해야 할 선량한 관리자의 주의의무를 부담한다(제681조). 또한 민법 제691조가 유추 적용되어 대표기관의 임기가 만료되었더라도 특별한 사정이 없는 한 후임 대표자가 선임될 때까지 임기만료된 구 대표자에게 대표자의 직무를 수행할 수 있는 업무수행권이 인정된다(2002다74817판결). 임시이사의 선임에 관한 제63조는 법인 아닌 사단이나 재단에도 유추 적용할 수 있다(2008마699전원합의체 결정).

**판 례**

자연부락이 그 부락주민을 구성원으로 하여 고유목적을 가지고 의사결정기관 및 집행기관인 대표자를 두어 독자적인 활동을 하는 사회조직체라면 비법인사단으로서 당사자능력이 있다 할 것이지만, 집행기관인 대표자의 선정은 규약에 따를 것이고 그 규약에 특별한 정함이 없는 경우라면 그 부락을 구성하는 가구의 대표자 과반수의 출석과 출석가구주의 과반수 찬성에 의하여 선임된다고 볼 것이다(85다카2508판결).

② 외부관계

a) 법인 아닌 사단의 외부관계에 관하여도 사단법인의 외부관계에 관한 규정을 유추 적용할 것이다. 따라서 대표기관의 권한, 대표행위의 방법, 대표기관의 불법행위에 대한 법인 아닌 사단의 책임에 관하여 사단법인에 관한 규정이 유추 적용된다.

b) 법인 아닌 사단의 대표기관의 권한은 정관 또는 총회의 결의에 의하여 제한되지 않는 한, 원칙적으로 법인 아닌 사단의 모든 사무에 관하여 각자 대표권을 가진다. 다만, 등기사항과 관련한 규정, 가령 이사의 대표권 제한에 관한 규정(제60조)은 성질상 법인 아닌 사단에 적용될 수 없다.

판 례

비법인사단의 경우에는 대표자의 대표권 제한에 관하여 등기할 방법이 없어 민법 제60조의 규정을 준용할 수 없고, 비법인사단의 대표자가 정관에서 사원총회의 결의를 거쳐야 하도록 규정한 대외적 거래행위에 관하여 이를 거치지 아니한 경우라도, 이와 같은 사원총회 결의사항은 비법인사단의 내부적 의사결정에 불과하다 할 것이므로, 그 거래 상대방이 그와 같은 대표권 제한 사실을 알았거나 알 수 있었을 경우가 아니라면 그 거래행위는 유효하다고 봄이 상당하고, 이 경우 거래의 상대방이 대표권 제한 사실을 알았거나 알 수 있었음은 이를 주장하는 비법인사단 측이 주장・입증하여야 한다 (2002다64780판결, 2006다2476판결, 2004다60072, 60089전원합의체 판결). 이와 같이 판례는 법인 아닌 단체의 대표자가 대표권의 제한을 위반한 경우에 표현대리의 규정을 유추 적용하지 않고, 대표권의 남용의 법리에 의하여 법인 아닌 단체와 거래 상대방과의 관계를 규율하고 있다.

c) 법인 아닌 사단의 대표에 관하여도 대리에 관한 규정이 준용된다고 할 것이다. 따라서 제62조에 위반한 포괄적 수임인의 대행행위는 법인 아닌 사단에 대하여 효력이 미치지 아니한다 (94다18522판결, 2008다15438판결).

d) 법인의 불법행위에 관한 제35조는 법인 아닌 사단의 경우에도 준용된다 (92다49300판결). 법인 아닌 사단의 대표자에는 법인을 실질적으로 운영하면서 사실상 법인을 대표하는 자도 포함된다 (2009다15439판결).

판 례

비법인사단의 경우 대표자의 행위가 직무에 관한 행위에 해당하지 아니함을 피해자 자신이 알았거나 또는 중대한 과실로 인하여 알지 못한 경우에는 비법인사단에게 손해배상책임을 물을 수 없다 (2002다27088판결).

e) 한편 법인 아닌 단체는 그 대표자가 정해져 있으면 소송상 당사자능력을 가지므로(민사소송법 제52조), 법인 아닌 단체가 소송상 당사자로 되어 소송을 제기하거나 법인 아닌 단체를 상대로 소송을 제기할 수 있으며, 법인 아닌 단체에 대한 집행권원을 가지고 법인 아닌 단체의 재산에 대하여 강제집행할 수 있다.

③ 재산귀속형태

a) 법인 아닌 사단 소유의 재산은 그의 명의로 등기할 수 있으나(부동산등기법 제26조), 민법은 법인 아닌 사단의 소유형태를 총유로 규정하고 있다(제275조). 총유에 관하여는 정관 등에 규정이 없는 한, 그 보전·관리·처분은 사원총회의 결의에 의하고 각 사원은 정관 기타 규약에 좇아 총유물을 사용·수익할 수 있다 (제276조. 2004다44971 판결). 총유물에 관한 사원의 권리의무는 사원의 지위를 취득상실함으로써 취득상실된다 (제277조). 다만, 법인 아닌 사단의 재산소유형태를 총유로 파악하는 것은 법인 아닌 사단의 법률관계에 법인격을 전제로 하는 것을 제외하고는 법인에 관한 규정을 준용하고 있는 판례·학설의 태도와는 어울리지 않는다. 따라서 입법론으로 법인 아닌 사단에 법인에 관한 규정을 준용할 것이라면(개정안 제39조의2 참조), 오히려 소유권은 법인 아닌 사단 자체에 귀속하는 것으로 규율함이 타당하다고 할 것이다.

아무튼 사단의 구성원은 설령 그가 사단의 대표자라거나 사원총회의 결의를 거쳤다 하더라도 그 소송의 당사자가 될 수 없고, 이러한 법리는 총유재산의 보존행위로서 소를 제기하는 경우에도 마찬가지이다. 즉, 판례는 보존행위도 공유나 합유의 경우와 달리 구성원 각자가 할 수 없고, 법인 아닌 사단이 그 명의로 사원총회의 결의를 거쳐 하거나 또는 그 구성원 전원이 당사자가 되어 필수적 공동소송의 형태로 할 수 있을 뿐이라고 한다 (2004다44971전원합의체 판결).

**판 례**

종중 소유의 재산은 종중원의 총유에 속하는 것이므로 그 관리 및 처분에 관하여 먼저 종중 규약에 정하는 바가 있으면 이에 따라야 하고, 그 점에 관한 종중 규약이 없으면 종중 총회의 결의에 의하여야 하므로 비록 종중 대표자에 의한 종중 재산의 처분이라고 하더라도 그러한 절차를 거치지 아니한 채 한 행위는 무효이다 (2000다22881판결).

한편 판례는 보증계약과 같은 단순한 채무부담행위는 총유물의 관리·처분행위에 해당하지 않는다고 한다 (2004다60072, 60089전원합의체 판결). 따라서 가령, 비법인사단인 재건축조합의 조합장이 채무보증계약을 체결하면서 조합규약에서 정한 조합 임원회의 결의를 거치지 아니하였다거나 조합원총회 결의를 거치지 않았다고 하더라도, 그것만으로 바로 그 보증계약이 무효라고 할 수는 없다는 것이다. 즉, 법인 아닌 사단의 대표권의 권한을 넓게 인정한 결과 단체의 재산 충실의 이익 보다는 법인 아닌 사단과 거래한 상대방을 보호하고 있다.

b) 소유권 이외의 재산권에 관해서도 총유에 관한 규정이 준용되므로(제278조), 채권・채무를 비롯하여 각종의 재산권도 준총유적으로 총사원에게 귀속된다. 따라서 사단채무에 대한 책임재산은 사단재산이며, 각 구성원은 소정의 부담금만 지고 개인재산으로서 책임을 질 필요가 없다(통설・판례).

c) 법인 아닌 사단이 법인격을 취득한 경우에는 사단으로서 동일성을 잃지 않으므로, 법인 아닌 사단의 권리・의무는 당연히 사단법인에 이전한다(통설). 판례도 같은 입장이다(70다1357판결).

**판 례**

권리능력 없는 사단에 있어서 그 사단이 채무를 부담하게 되는 경우, 그 채무는 권리능력 없는 사단 그 자체에 귀속되는 것이어서 그 채무를 그 사단의 구성원 또는 대표자에게 부담시킬 수 없는 것이다(96다16582판결).

**판 례**

법인사단인 선어중매조합의 대표자의 위임에 따른 어음행위로 인한 어음금의 지급책임은 독립한 권리의무의 주체인 위 조합에게 귀속되는 것이지 그 구성원들이 이를 부담하는 것은 아니다(92다2431판결).

### (5) 법인 아닌 사단의 예

① 종 중

종중이란 공동선조의 후손들에 의하여 선조의 분묘 수호 및 봉제사와 후손 상호간의 친목을 목적으로 형성되는 자연발생적인 종족 단체로 선조의 사망과 동시에 후손에 의하여 성립하는 것을 말한다(93다27703판결). 종중은 공동선조를 정하는 방법에 따라 대종중과 소종중 또는 지파종중 등 다층적으로 성립될 수 있다. 물론 고유 의미의 종중이 아닌 종중 유사의 법인 아닌 사단도 있을 수 있다(2009나7310판결). 그러나 종중이 종중원의 자격을 어느 지역에 거주하는 후손으로 제한할 수는 없다. 공동선조와 성과 본을 같이 하는 후손은 남녀를 불문하고 성년이 되면 당연히 종중원이 된다(2002다1178전원합의체 판결, 2002다13850전원합의체 판결). 다만, 종중이 공동선조의 제사봉행을 주목적으로 하는 것과 종래의 양자제도의 목적 등에 비추어 보면 타가에 출계한 자와 그 자손은 친가의 생부를 공동선조로 하는 종중에는 속하지 않는다(81다584 판결, 96다12566판결).

**판 례**

공동선조의 후손 중 특정 지역 거주자나 특정 범위 내의 자들만으로 구성된 종중이란 있을 수 없으므로, 공동선조의 후손 중 특정 지역 거주자나 지파 소속 종중원만으로 조직체를 구성하여 활동하고 있다면 이는 본래의 의미의 종중으로는 볼 수 없고, 종중 유사의 권리능력 없는 사단이 될 수 있을 뿐이다(95다34330판결). 이러한 종중은 사적인 임의단체로서 공동선조의 후손 중 남성만을 그 구성원으로 하고 있다고 하더라도 헌법 제11조 및 민법 제103조에 위반하여 무효라고 할 수 없다(2009다17783판결).

**판 례**

종중의 토지에 대한 수용보상금은 종원의 총유에 속하고, 위 수용보상금의 분배는 총유물의 처분에 해당하므로 정관, 기타 규약에 달리 정함이 없는 한 종중총회의 분배 결의가 없으면 종원이 종중에 대하여 직접 분배청구를 할 수 없으나, 종중 토지에 대한 수용보상금을 종원에게 분배하기로 결의하였다면, 그 분배 대상자라고 주장하는 종원은 종중에 대하여 직접 분배금의 청구를 할 수 있다(93다32446판결).

② 교 회

a) 교회는 개신교의 교회를 말하고 천주교회는 이에 해당하지 않는다(천주교회는 재단법인이다. 67다591판결 참조). 교회는 성금 기타 수입과 교회 건물로 구성되는 교회 재산을 가지고 있다. 문제는 교인들이 분열된 경우에, 교회의 분열을 인정할 것인가, 이를 인정한다면 교회 재산의 분열도 인정할 것인가이다. 종전 판례는 일부 교인들은 종전 교단에 계속 남아 있고 나머지 교인들은 소속 교단의 변경을 결의하여 새로운 교단에 가입한 경우에, 교회의 분열을 인정하면서도 교회 재산은 분열 당시의 교인들

의 총유에 속한다고 하여 그 분할을 인정하고 있지 않았다(91다1226판결).

b) 그러나 최근의 대법원은 일부 교인들이 종전 교회를 탈퇴한 경우에 교회의 분열은 허용되지 않고, 교회의 재산은 잔존 교인들의 총유에 속한다고 판시하였다. 다만, 의결권을 가진 교인 3분의 2 이상의 찬성에 의하여 소속 교단을 탈퇴하거나 다른 교단으로 변경한 경우에 종전 교회의 실체는 교단을 탈퇴한 교회로서 존속하고 종전 교회 재산은 탈퇴한 교회 소속 교인들의 총유로 귀속된다는 것이다. 이 경우 의결권을 가진 교인의 3분의 2 이상의 찬성에 의하여 소속 교단에서의 탈퇴 또는 소속 교단의 변경 결의가 적법·유효하게 이루어졌다는 점은 이를 주장하는 자가 입증하여야 한다(2007마224결정).

c) 한편 민법은 상법(제174조 등)과 달리 비영리 법인에 대한 합병에 관한 규정을 두고 있지 않다. 여기에서 통설은 2개 이상의 사단법인이 1개의 법인으로 통합 또는 합병되고 종전 사단법인들에 귀속되었던 재산을 통합 또는 합병 사단법인이 소유하는 방식의 사단법인의 통합 또는 합병은 인정되지 않는다고 한다. 이러한 법리는 법인 아닌 사단에 대하여도 유추 적용될 수 있으며, 따라서 2개 이상의 법인 아닌 사단

**판 례**

우리 민법이 사단법인에 있어서 구성원의 탈퇴나 해산은 인정하지만 사단법인의 구성원들이 2개의 법인으로 나뉘어 각각 독립한 법인으로 존속하면서 종전 사단법인에게 귀속되었던 재산을 소유하는 방식의 사단법인의 분열은 인정하지 아니한다. 그 법리는 법인 아닌 사단에 대하여도 동일하게 적용되며, 교회가 법인 아닌 사단으로서 존재하는 이상, 법인 아닌 사단의 재산관계와 그 재산에 대한 구성원의 권리 및 구성원 탈퇴, 특히 집단적인 탈퇴의 효과 등에 관한 법리는 교회에 대하여도 동일하게 적용되어야 한다. 따라서 교인들은 교회재산을 총유의 형태로 소유하면서 사용·수익할 것인데, 일부 교인들이 교회를 탈퇴하여 그 교회 교인으로서의 지위를 상실하게 되면 탈퇴가 개별적인 것이든 집단적인 것이든 이와 더불어 종전 교회의 총유 재산의 관리처분에 관한 의결에 참가할 수 있는 지위나 그 재산에 대한 사용·수익권을 상실하고, 종전 교회는 잔존 교인들을 구성원으로 하여 실체의 동일성을 유지하면서 존속하며 종전 교회의 재산은 그 교회에 소속된 잔존 교인들의 총유로 귀속됨이 원칙이다(2004다37775판결).

의 구성원들이 각각 집단적 결의를 하여 1개의 법인 아닌 사단으로 통합 또는 합병되고 그에 따라 통합 또는 합병되기 전의 법인 아닌 사단의 재산이 통합 또는 합병된

법인 아닌 사단의 구성원들에게 총유적으로 귀속되는 결과를 초래하는 형태의 법인 아닌 사단의 통합 또는 합병은 원칙적으로 인정되지 않는다고 할 것이다.

그러나 그 대신 합병의 효과를 낼 수 있는 다른 방법, 즉 법인의 해산・청산과정을 거쳐서 새로운 법인을 설립하면서 종전의 법인을 소멸시키는 방법은 인정된다고 한다(송호영, 비영리법인의 합병・분할에 관한 입법론적 연구, 민사법학 제47호(2009. 12), 579면 이하 참조). 그리하여 법인 아닌 사단이었던 기존의 교단들이 해산되고 기존 각 교단의 구성원들이 새로운 통합 교단을 결성하는 방법에 의한 통합은 가능하다. 다만, 이 경우에는 정관을 변경하는 데 그치지 않고 각 교단이 동일성을 잃고 해산되는 것을 전제로 하므로 사단법인의 해산 결의에 관한 민법 제78조를 유추 적용하여 기존 각 교단의 각 총 구성원의 3/4 이상의 동의를 필요로 한다고 할 것이다(2009나47236판결).

③ 사 찰

a) 사찰(寺刹)이란 불교 교의를 선포하고 불교의식을 행하기 위한 시설을 갖춘 승려, 신도의 조직인 단체로서 독립한 사찰로서의 실체를 가지고 있다고 하기 위하여는 물적 요소인 불당 등의 사찰재산이 있고, 인적 요소인 주지를 비롯한 승려와 상당수의 신도가 존재하며, 단체로서의 규약을 가지고 사찰이 그 자체 생명력을 가지고 사회적 활동을 할 것이 필요하다(99다42179판결). 판례에 의하면, 사찰은 신도들이 사찰의 운영이나 재산의 관리・처분에 관여하는 정도에 의하여 재단 또는 사단인 사찰로 구분되기는 하지만 일반의 재단 또는 사단과는 달리 이념적 요소로서의 불교 교의, 행위적 요소로서의 법요(法要) 집행, 조직적 요소로서의 승려와 신도, 물적 요소로서의 토지, 불당 등 시설이 결합되어 성립하는 것이라고 한다(94다41249판결). 이와 같이 판례는 사찰은 법인 아닌 사단 또는 법인 아닌 재단으로 구분된다고 한다. 또한 사설 내지 개인 사찰의 관념도 인정하고 있다(98다13600판결).

b) 한편 종래 판례는 교회의 경우와 달리 사찰의 분열 내지 신도회의 분열을 인정하지 않고 있다.

판 례

일단 사찰이 성립한 이상 그 분열은 인정되지 않고 그 요소의 하나인 신도회도 분열될 수 없는 것이며, 일부 승려나 신도들이 사찰이 내세우는 종지(宗旨) 또는 사찰의 운영에 반대하여 탈종한다거나 신도회에서 탈퇴하였다 하더라도 이를 가리켜 사찰 또는 신도회가 분열되었다고 할 수는 없다. 기존의 사찰에서 이탈한 신도들과 승려가 조계종에 소속될 새로운 사찰의 건립이라는 공동 목적으로 사찰의 대표, 신도회장 등 체계적인 조직을 만들고 그들의 출재(出財)와 노력에 의하여 토지를 매수하여 그 지상에 불당을 완공한 경우, 불당의 완공 당시 위 단체는 그 명칭이나 특정 종단의 귀속 여부에 불구하고 독립된 사찰로서의 실체를 갖추게 된 것으로 그 실질은 권리능력 없는 사단이라고 할 것이다(94다41249판결).

④ 동·리 등 자연부락

판례는 동·리 등 자연부락도 법인 아닌 사단에 속한다고 한다(92다39532판결). 즉, 자연부락이 그 부락주민을 구성원으로 하여 고유목적을 가지고 의사결정기관 및 집행기관인 대표자를 두어 독자적인 활동을 하는 사회조직체라면 비법인사단으로서 당사자능력이 있다(85다카2508판결, 90다카25765판결). 따라서 이 경우 집행기관인 대표자의 선정은 규약에 따를 것이고 그 규약에 특별한 정함이 없는 경우라면 그 부락을 구성하는 가구의 대표자 과반수의 출석과 출석가구주의 과반수 찬성에 의하여 선임된다고 볼 것이다(92다39532판결 등). 또한 마을 주민들이 매매대금을 출연하여 토지를 매수한 경우에 그 토지의 소유권은 마을 주민들을 구성원으로 하는 마을의 공동소유로서 그 구성원들의 총유에 속한다(2009나3738판결).

판 례

법인 아닌 사단이나 재단도 대표자 또는 관리인이 있으면 민사소송의 당사자가 될 수 있으므로, 자연부락이 그 부락주민을 구성원으로 하여 고유목적을 가지고 의사결정기관과 집행기관인 대표자를 두어 독자적인 활동을 하는 사회조직체라면 비법인사단으로서의 권리능력이 있다고 할 것이나(98다33512판결), 이와 같이 자연부락이 비법인사단으로서 존재하는 사실을 인정하려면 우선 그 자연부락의 구성원의 범위와 자연부락의 고유업무, 자연부락의 의사결정기관인 부락총회와 대표자의 존부 및 그 조직과 운영에 관한 규약이나 관습이 있었는지의 여부 등을 확정하여야 할 것이다(2006다64573판결 등).

⑤ 보중·어촌계

판례는 보중과 어촌계에 대하여 법인 아닌 사단성을 인정하고 있다.

**판 례**

보중(洑中)이 그 몽리민(蒙利民)을 구성원으로 하여 고유 목적을 가지고 매년 정기적으로 총회를 개최하여 그 보중을 대표하고 업무를 집행할 대표자를 선출하여 보중을 운영하는 한편, 특정한 재산을 소유하고 있는 경우에는 비법인사단으로서 당사자능력이 있다(94다15288 판결).

**판 례**

비법인 사단인 어촌계의 구성원은 총유재산에 대하여 특정된 지분을 가지고 있는 것이 아니라 사단의 구성원이라는 지위에서 총유재산의 관리 및 처분에 참여하고 있는 것에 불과하고, 그 신분을 상실하면 총유재산에 대하여 아무런 권리를 주장할 수 없는 것이므로, 비록 그가 어촌계의 계원으로 있을 당시 어촌계가 취득한 보상금이라 하더라도 그 분배 결의 당시 계원의 신분을 상실하였다면 그 결의의 효력을 다툴 법률상의 이해관계가 없다고 보아야 할 것이다(99다71931판결).

⑥ 주택조합(주택법제32조. 99다34420판결)·연합주택조합(2000다96판결)·집합건물의 관리단(94다49687, 49694판결)·공동주택입주자대표회의(91다4478판결)·아파트 부녀회(2006다52723판결)도 법인 아닌 사단이다. 한편 도시 및 주거환경정비법상 조합은 법인이다(동법 제18조 제1항). 판례는 이 경우 조합을 공법인으로 파악한다(2007다2428전원합의체 판결).

**판 례**

비법인사단인 주택조합에 부과된 개발부담금을 조합원들에게 어떻게 분담하게 하는가는 정관, 기타 규약에 따라 조합원총회 등에서 조합의 자산과 부채를 정산하여 조합원들이 납부하여야 할 금액을 결정하고 이를 조합원에게 분담시키는 결의를 하였을 때 비로소 확정적으로 발생하는 것이므로, 이러한 결의 등의 절차 없이 구청장이 분담금을 임의로 확정하여 이에 대한 국세징수법상의 채권압류통지를 하였다 하여도 조합원들에게 압류의 효력이 미치지 아니한다(98다18414판결).

### 3) 법인 아닌 재단

#### (1) 성립 요건

재단의 본질은 그의 재산을 관리하여 목적사업을 수행하는 데 있는 바, 법인 아닌 재단이기 위해서는 목적재산이 출연자의 재산으로부터 분리·독립하여야 하고, 일정한 목적을 달성하기 위한 관리체가 존재하여야 한다. 특히 한정승인을 한 상속재산(제1028조 이하)·상속인 없는 상속재산(제1053조 이하)·파산재단(채무자 회생 및 파산에 관한 법률 제382조)·각종의 재단저당의 목적이 되는 재단(공장 및 광업재단저당법 제3조 등) 등은 채권자 기타 제3자의 권리를 보호하기 위하여 법률상 다른 재산과 구별하기 위한 것으로 권리의 객체라고 볼 것이고, 이를 법인 아닌 재단으로 파악할 것은 아니다.

그리고 법인 아닌 재단의 설립은 재단법인의 설립과 마찬가지로 설립자의 단독행위의 성질을 가진다. 법인 아닌 재단의 설립에 관하여는 증여와 유증에 관한 규정이 준용된다(제47조).

**판 례**

불교신도나 승려 등 개인이 토지를 매수하여 그 지상에 사찰건물을 건립한 다음 주지를 두고, 그 곳에서 불교의식을 행하는 경우 위 사찰의 창건주가 특정 종단에 가입하여 그 소속 사찰로 등록을 하고 사찰의 부지와 건물에 관하여 그 사찰 명의로 등기를 마침으로써 사찰재산을 창건주 개인이 아닌 사찰 자체에 귀속시키는 등의 절차를 거쳤다면, 이로써 그 사찰은 법인 아닌 재단 또는 사단으로서 독립된 권리 주체가 되었다고 할 것이나, 이에 이르지 못한 경우에는 창건주의 개인 사찰로서 불교 목적시설에 불과하다고 할 것이고, 일시적으로 사찰재산의 일부에 관하여 사찰을 명의인으로 한 등기가 마쳐졌다는 사정만으로 위 사찰이 법인 아닌 재단으로서 단체성을 취득하는 것은 아니다(2003다54971판결).

#### (2) 법인 아닌 재단의 권리주체성

일정한 목적에 제공된 재산의 관리체가 법인 아닌 재단이다. 이러한 법인 아닌 재단도 법인 아닌 사단과 마찬가지로 권리주체성을 인정할 수 있다. 판례도 법인 아닌 재단으로서 사찰의 권리능력을 인정한다(89다카2902판결, 96다46484판결). 물론 법인 아닌 사단의 경우와 마찬가지로 법인 아닌 재단도 부동산등기법상 등기능력(동법 제26

조)과 소송상 당사자능력(민사소송법 제52조)을 가진다.

**판 례**

사찰이 권리능력의 주체로 됨에 있어 사찰로서의 등록이 반드시 그 요건으로 되는 것은 아니라 할 것이다(92다12018, 12025판결).

**(3) 법률관계**

① 내부관계: 법인 아닌 재단의 내부관계(대표기관의 선임, 정관변경 등)에 관하여도 재단법인에 관한 규정을 유추 적용할 것이다(2008마699전원합의체 결정). 따라서 정관이나 규약에 정함이 있으면 그에 따르고, 정관에 규정이 없으면 재단법인에 관한 규정(제45조 등)을 유추 적용할 것이다.

② 외부관계: 법인 아닌 재단의 외부관계에 대하여도 법인격을 전제로 하는 것을 제외하고는 재단법인에 관한 규정을 유추 적용할 것이다. 따라서 대표기관의 권한, 대표행위의 방법, 대표기관의 불법행위에 대한 법인 아닌 재단의 책임에 관하여 재단법인에 관한 규정이 유추 적용된다.

③ 재산귀속형태

a) 법인 아닌 재단 소유의 재산은 그의 명의로 등기할 수 있으나(부동산등기법 제26조), 사단과 달리 법인격 없는 재단의 재산 소유 형태에 관하여 민법은 아무런 규정을 두고 있지 않다. 다만, 판례는 법인 아닌 재단인 사찰의 소유 형태를 사찰의 단독소유로 파악한다. 법인 아닌 재단의 권리주체성을 인정하는 한 소유권 이외의 재산권도 재단 자체에 귀속한다고 할 것이다.

다만, 부동산물권 이외의 권리에 관하여는 공시방법이 없으므로 재단의 단독소유라고 하기는 곤란하다고 하여, 부동산물권 이외의 권리의 귀속관계는 신탁의 법리, 즉 재산은 관리자의 개인 명의로 보유되며, 법률행위도 그 관리자 개인 명의로 하는 수밖에 없다는 견해가 있다(곽윤직, 129면). 하지만, 신탁의 경우에도 유가증권·주권·사채권 및 등기 또는 등록하여야 할 재산권에 관하여만 공시하도록 하고 있다는 점에서(신탁법 제3조 제1항), 공시방법이 없음을 들어 부동산물권 이외의 권리의 귀속관계를 신탁의 법리에 의할 수밖에 없다는 설명은 의문이 있다. 더구나 신탁의 법리로 설명하는 입장은 법인 아닌 재단의 실체를 인정하는 것과 모순된다고 할 것이다. 즉, 신탁의 법리는 어디까지나 신탁자의 지위에 있는 법인 아닌 재단에 재산이 귀속한 것을 전제로 하여야 가능한 논리이기 때문이다 (명순구, 민법총칙, 256면).

**판 례**

전통사찰보존법에 따라 문화공보부에 전통사찰로 등록되어 있고 독립한 사찰로서의 실체도 갖추어 권리능력 없는 재단으로 인정되는 사찰의 경우, 그 사찰 명의로 등기된 재산은 독립한 권리 주체인 사찰의 소유인 것이지 그 사찰의 창건 또는 재산관리에 있어서 신도들이 기여한 바가 크다 하더라도 그것이 신도들의 총유물로서 사찰에 명의신탁된 것이라는 법리는 성립할 수 없다 (91다9336판결).

b) 법인 아닌 재단에 출연한 부동산의 귀속시기에 관하여는, 법인격을 전제로 하는 제48조를 유추 적용할 수는 없다고 할 것이다. 따라서 출연부동산이 법인 아닌 재단의 재산으로 되기 위해서는 재단의 설립만으로는 부족하고, 민법 제186조 및 부동산등기법 제26조에 따라 재단명의로 소유권이전등기를 경료하여야 한다.

### (4) 법인 아닌 재단의 예

① 사찰의 법적 성격에 대하여, 판례는 이를 법인 아닌 사단 또는 재단으로 보고 있다 (98다13600판결, 96다46484판결 등).

② 교회는 대체로 법인 아닌 사단으로서의 지위를 가지고 있다고 할 수 있으나, 법인 아닌 재단의 성격을 가지는 경우도 있을 수 있다. 그렇지만 양 성격을 가지는 경우는 인정될 수 없다.

**판 례**

교회를 법인격 없는 사단으로 인정하는 이상, 그 교회의 재산은 교인들의 총유에 속하고 교인들은 각 교회 활동의 목적범위 내에서 총유권의 대상인 교회재산을 사용·수익할 수 있다 할 것인데, 이러한 교회가 법인격 없는 재단으로서의 성격을 함께 갖고 있다고 본다면, 교회재산인 부동산이 교인의 총유이면서 동시에 법인격 없는 재단의 단독소유가 된다는 결과가 되어 그 자체가 모순될 뿐만 아니라 그 소유관계를 혼란스럽게 할 우려가 있으므로, 교회가 법인격 없는 사단이면서 동시에 법인격 없는 재단이라고 볼 수는 없다 (97누17261판결).

③ 유치원

판례는 유치원을 법인 아닌 재단으로 보고 있다.

**판 례**

유치원에 종전부터 이사회가 구성되어 있어 동 이사회가 유치원의 의사결정을 하여 왔으며 어린이의 보육을 위한 유치원 경영이라는 계속적인 목적과 원칙에 따라 설립자에 의하여 관리 운영되는 사실상의 사회생활의 하나의 단체이고, 그 단체 중에서도 출연자의 출연으로 인하여 그 재산이 출연자의 소유를 떠나서 유치원 자체가 재산을 소유하고 있다면 법인 아닌 재단으로 민사소송법상 당사자능력이 있다(65다1651판결, 68다2387판결).

④ 국공립대학은 법인도 법인격 없는 사단 또는 재단도 아니다.

**판 례**

서울대학교는 국가가 설립·경영하는 학교임은 공지의 사실이고, 학교는 법인도 아니고 대표자 있는 법인격 없는 사단 또는 재단도 아닌 교육시설의 명칭에 불과하여 민사소송에 있어 당사자능력을 인정할 수 없다(2001다21991판결).

### 4) 법인 아닌 단체의 소멸

법인과 마찬가지로 법인 아닌 단체도 해산으로 소멸하는 것이 아니라 청산절차가 종료되어야 소멸한다고 할 것이다(90다카25895판결). 청산절차에 관하여는 법인에 관한 규정을 준용할 것이다. 다만, 법인 아닌 단체의 본질상 주무관청에 의한 설립 허가의 취소는 해산 사유가 아니며, 법인 아닌 단체는 설립등기가 없기 때문에 청산종결등기의 문제도 발생하지 않는다.

**판 례**

법인 아닌 사단에 대하여는 사단법인에 관한 민법 규정 가운데서 법인격을 전제로 하는 것을 제외하고는 이를 유추 적용하여야 할 것인바, 사단법인에 있어서는 사원이 없게 된다고 하더라도 이는 해산 사유가 될 뿐 막바로 권리능력이 소멸하는 것이 아니므로, 법인 아닌 사단에 있어서도 구성원이 없게 되었다 하여 막바로 그 사단이 소멸하여 소송상의 당사자능력을 상실하였다고 할 수는 없고 청산사무가 완료되어야 비로소 그 당사자능력이 소멸하는 것이다(92다23087판결). 가령, 비법인사단인 교회의 교인이 존재하지 않게 된 경우 그 교회는 해산하여 청산절차에 들어가서 청산의 목적 범위 내에서 권리·의무의 주체가 되며, 이 경우 해산 당시 그 비법인사단의 총회에서 향후 업무를 수행할 자를 선정하였다면 민법 제82조 제1항을 유추하여 그 선임된 자가 청산인으로서 청산중의 비법인사단을 대표하여 청산 업무를 수행하게 된다(2001다32687판결).

**판 례**

비법인사단에 해산 사유가 발생하였다고 하더라도 곧바로 당사자능력이 소멸하는 것이 아니라 청산사무가 완료될 때까지 청산의 목적 범위 내에서 권리·의무의 주체가 되고, 이 경우 청산 중의 비법인사단은 해산 전의 비법인사단과 동일한 사단이고 다만 그 목적이 청산 범위 내로 축소된 데 지나지 않는다(2006다41297판결).

# 제 3 장 사법관계의 형성

## 제 1 절 총 설

### 1 사법관계의 규율

#### 1) 개 관

사법관계는 재산관계와 가족관계를 그 내용으로 한다. 재산관계는 경제적 생활관계로서 약속관계 · 지배관계 · 침해관계를 토대로 형성되며, 가족관계는 혼인 · 출생 · 사망을 원인으로 해서 형성된다 (제1장 제1절 2. 2) 참조). 특히 민법은 하나의 경제적 생활사실로 행해지는 재산관계를 채권관계와 물권관계로 준별하여 규율하고 있다. 그리하여 생활사실에 즉응하여 타인과의 약속관계를 규율 대상으로 하는 계약법이라든가 물건에 대한 지배관계를 규율 대상으로 하는 물권법, 그리고 타인의 권리 기타 법익의 침해관계를 규율 대상으로 하는 불법행위법 등으로 직접 규율하지 않고, 이를 다시 채권관계와 물권관계로 환원하여 규율하는 체제를 취하고 있다.

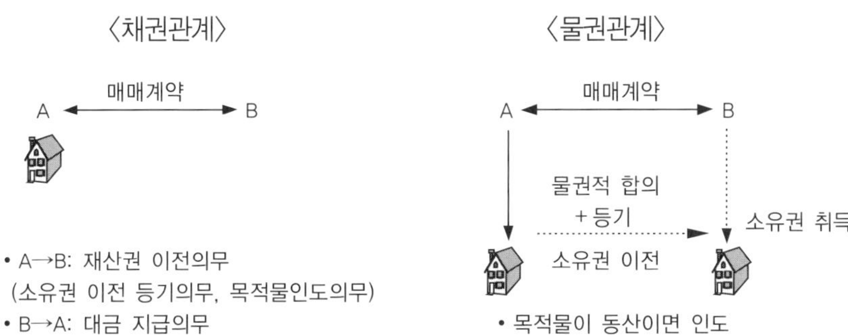


**그림 3-1** 채권관계와 물권관계

이러한 체제에서 민법총칙은 재산법의 총칙으로서의 성격이 강하고, 또 가족법은 민법총칙상의 법률행위의 법리에 대한 특칙을 두고 있는 경우가 많은 점에서, 이 책에서는 가족관계의 형성에 대해서는 이를 일반적으로 다루지 않고 개별적으로 언급하는 데 그치기로 한다.

### 2) 채권관계로의 규율

(1) 우선 계약관계로부터 발생하는 권리는, 구체적으로 계약의 상대방이 약속한 것을 지키도록 하는 권리인데, 이는 특정의 상대방에게 어떠한 행위를 요구할 수 있는 권리이다. 민법은 이를 채권관계로서 규율한다. 그래서 이러한 권리를 채권이라고 하며, 이것에 대응하는 상대방의 의무를 채무라고 한다. 따라서 계약은 채권관계를 발생시키는 원인이라고 할 수 있다. 이 경우 채무자가 그 부담하는 채무를 이행하지 않으면 채권자는 채무의 이행을 청구하여 이를 강제하거나 손해배상을 청구할 수 있다.

(2) 그리고 타인의 권리 기타 법익이 침해된 경우에, 민법은 그 피해구제 방법으로 두 가지를 상정하고 있다. 하나는 소유권(물권)의 효력으로 규율하는 물권적 구제방법(후술)이고, 다른 하나는 금전으로 손해를 배상하도록 하는 방법이다. 후자의 방법은 채권관계로서 규율한다. 즉, 침해행위에 대하여 피해자는 가해자에 대하여 손해배상을 요구할 수 있는데, 이와 같이 피해자에게 부여된 손해배상을 청구하는 권리는, 침해자인 특정의 상대방에게 손해배상의 지급이라고 하는 행위를 청구하는 채권이다. 즉, 채권은 계약으로부터 발생하지만, 불법행위로부터도 발생한다.

(3) 또한 계약도 불법행위도 없는 경우에, 특정의 상대방에 대해서 어떤 행위를 요구할 수 있는 권리를 발생시키는 경우가 있다. 가령, 어떤 사람이 길에 쓰러진 여행자(행려병자)를 병원에 택시로 운송하여 치료를 받게 하면, 그는 택시요금과 치료비를 부담하게 된다. 이 경우 비용 지출을 도덕적인 문제로 다룰 것인가? 하지만, 호의로 이러한 행동을 한 사람에게는 행려병자로부터 구상받을 수 있는 권리를 인정함이 타당하다. 물론 이러한 권리를 넓게 인정하면, 쓸데없는 참견으로 권리가 발생하게 되어 문제가 있지만, 또 전혀 이를 인정하지 않으면 원활한 사회생활을 영위함에 적당하지 않다. 이와 같이 의무 없이 타인의 사무를 관리하는 경우에, 민법은 사무관리의 성립을 인정하고 이를 채권관계로서 규율하고 있다.

(4) 한편 계약이 체결되었으나 어떠한 사정으로 무효인 경우를 생각해 보자. 무효임을 알지 못하고 목적물을 이미 상대방에게 인도하였다면, 그것을 도로 찾아오지 않으면 곤란하다. 그러나 계약은 무효로 되었기 때문에 계약으로부터 발생하는 채권에 의하여 이 권리를 근거지을 수는 없다. 그래서 물건이나 금전을 인도한 원인이 없게 되어, 상대방이 부당하게 이익을 얻고 있는 경우에는 그것의 반환을 구할 수 있는 특별한 채권이 발생한다고 하여야 한다. 이러한 부당이득은 침해행위에 의하여 또는 손실자의 비용 지출에 의해서도 발생하는 바, 민법은 이를 채권관계로서 규율하고 있다.

### 3) 물권관계로의 규율

(1) 소유관계에서 문제되는 권리는 사람의 물건에 대한 지배권으로서, 민법은 이것을 채권과 구별하여 물권으로 규율한다. 물건을 완전하게 지배할 수 있는 권리를 소유권이라고 한다. 민법은 그 소유권의 내용에 관하여 상세한 규정을 둠과 동시에, 소유권이 침해된 경우에 그 구제 방법을 소유권의 효력(예: 물권적 청구권)으로 규율하고 있다.

(2) 그런데 물건에 대한 권리는 소유권만으로는 불편하다. 그래서 민법은 가령, 토지를 단순히 이용만 할 수 있는 권리의 설정도 가능하도록 하고 있다. 이것은 소유권의 권능의 일부분만을 내용으로 하는 권리라고 할 수 있다. 이를 용익물권이라고 하며, 지상권이라든가 지역권 및 전세권이 그것이다.

또한 소유권의 권능에는 물건의 가치를 파악하는 권리가 있다. 그래서 민법은 물건을 이용하지 않고 이러한 권능만을 파악하는 물권의 설정도 가능하도록 하고 있다. 이것도 역시 소유권의 권능의 일부분만을 내용으로 하는 권리로서 담보물권이라 한다. 이에는 유치권이라든가 질권 및 저당권이 있다.

용익물권과 담보물권은 소유권능의 일부를 제한하는 물권이라는 점에서 제한물권이라고 한다. 소유권의 효력으로 인정되는 물권적 청구권은 제한물권에도 준용된다.

(3) 나아가 민법은 물건을 사실상 지배하고 있는 경우, 그 지배를 정당화하여 주는 법률상의 권리가 있느냐 없느냐를 묻지 않고, 물건의 사실상의 지배 상태인 '점유'에 대하여 일정한 법률효과를 인정하고 있다. 가령, 물건을 사실상 지배하는 자에게는 점유권을 인정하고, 점유를 침해 내지 방해받는 경우에는 점유보호청구권을 인정한다.

이와 같이 민법은 물건에 대한 사실상의 지배 상태에 일정한 법률효과를 부여하여 점유자를 보호하고 있다. 민법이 소유권 등 본권을 인정하는 외에 사실상의 지배 상태를 독립의 권리로 인정하는 점유제도를 두고 있는 취지는, 사회의 평화 유지와 물건의 지배질서를 도모하고 개인(점유자)의 이익을 보호(과실취득권 및 비용상환청구권)하는 데 있다.

##  사법관계의 형성 원인

### 1) 사법관계의 형성과 법률요건

(1) 사람들은 사회생활을 하면서 다른 사람과 사법관계를 끊임없이 형성해 간다. 그리하여 사법관계는 계속해서 발생 · 변경 · 소멸된다. 이러한 사법관계는 권리와 의무를 그 내용으로 하므로, 사법관계가 형성된다는 것은 당사자에게 권리와 의무(법률효과)가 발생 · 변경 · 소멸한다는 것을 의미한다.

그런데 어떠한 법률효과가 발생 · 변경 · 소멸하였다면 그와 같은 법률효과를 발생시킨 원인이 있게 마련이다. 이 경우 사법관계의 형성을 가져오게 하는 원인을 법률요건이라 한다(제1장 제1절 1. 3) (2) 참조). 여기에서 법규는 대체로 일정한 법률요건이 갖추어졌을 때 그에 따른 법률효과가 발생한다는 조건명제의 형식을 취하고 있는 것이다.

**표 3-1** 법률사실

| 구 분 | | 내 용 | 구체적 예 |
|---|---|---|---|
| 의사표시 | | 일정한 법률효과의 발생을 의욕하는 의사를 외부에 표시하는 행위 | • 청약, 승낙<br>• 철회 또는 거절(제16조 제3항), 추인 또는 거절(제132조)<br>• 취소, 해제, 유언 등 |
| 준법률행위 | 의사의 통지 | 자기의 의사를 타인에게 통지하는 사법상의 행위 → 법률효과의 발생을 의욕하지 않음 | • 최고(제15조, 제88조, 제131조, 제381조, 제387조, 제552조 등)<br>• 변제수령의 거절(제395조, 제460조) |
| | 관념의 통지 | 어떤 사실을 통지하는 사법상의 행위 → 표시된 의식의 내용이 법률효과를 의욕하지 않음 | • 채권양도의 통지(제450조)<br>• 채무승인(제168조, 제450조)<br>• 사원총회 소집통지(제71조)<br>• 승낙연착의 통지(제528조) |
| | 감정의 표시 | 어떤 감정을 발표하는 사법상의 행위 | • 용서(제556조 제2항, 제841조) |
| 사실행위 | | • 순수사실행위 → 외부적 결과의 발생만으로 법률효과 인정<br>• 혼합사실행위 → 어떤 의식과정이 따를 것을 요구 | • 주소의 설정, 매장물의 발견, 가공, 저작물의 창조 등<br>• 선점, 물건의 인도, 사무관리, 부부의 동거 등 |
| 내부적 용태 | | • 관념적 용태 → 일정한 사실에 관한 마음 속의 의식<br>• 의사적 용태 → 마음 속에 일정한 의사를 가지고 있는지에 대한 내심적 과정 | • 선의, 악의 또는 정당한 대리인이라고 믿은 신뢰<br>• 소유의 의사, 제3자 변제의 경우 채무자의 허용 또는 불허용의 의사 |
| 사 건 | | 사람의 정신작용과 관계없는 사실로서 법률상의 의미가 인정되는 것 | • 사람의 출생과 사망<br>• 시간의 경과<br>• 실 종<br>• 물건의 자연 발생과 소멸 등 |

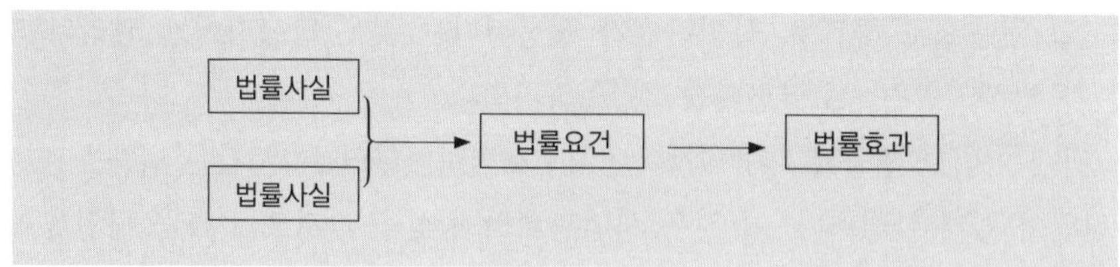


(2) 법률요건은 법률사실들로 구성되어 있다. 즉, 법률요건은 1개의 법률사실로 구성될 수도 있고, 2개 이상의 법률사실로 구성될 수도 있다. 가령, 매매계약이라고 하

는 법률요건은 매도인과 매수인 사이의 청약과 승낙이라는 법률사실로서 두 개의 의사표시의 합치에 의하여 성립한다. 그리고 추인은 법률사실인 하나의 의사표시만에 의하여 법률요건을 이룬다.

법률사실은 크게 용태와 사건으로 구분된다. 용태는 사람의 의식이나 정신작용에 기초한 법률사실로서 의사표시, 의사의 통지, 관념의 통지, 감정의 표시, 사실행위가 이에 속한다. 법률로 그 효과가 주어지는 의사의 통지 · 관념의 통지 · 감정의 표시를 준법률행위라고 하여 행위자의 의사에 따라 법률효과가 발생하는 의사표시와 구별한다. 그리고 용태에는 외부적 용태 외에 내부적 용태가 있다. 내부적 용태에는 관념적 용태와 의사적 용태가 있다. 사건은 사람의 정신작용과 관계 없는 법률사실로서 시간의 경과 · 출생 · 사망 등이 그 예이다.

이와 같이 **법률사실은 의사표시, 준법률행위, 사실행위, 내부적 용태, 사건**으로 분류할 수 있다.

### 2) 채권관계와 물권관계의 형성 원인

(1) 채권관계를 형성시키는 법률요건에는 계약과 같은 법률행위와 법률의 규정이 있다. 가령, 토지를 소유하고 있는 A와 그 토지를 매입하여 건물을 신축하고자 하는 B 사이에, 토지에 관한 매매계약을 체결하였다고 하자. 매매계약에 따라 A는 B에게 토지 소유권을 이전해 주어야 할 의무를 부담하고, B는 A에게 대금을 지급하여야 할 의무를 부담한다 (제568조). 역으로 A와 B는 각각 상대방의 의무에 상응한 권리인 채권을 취득하게 된다. 이 경우 A와 B에게 발생한 각각의 채권과 채무는 매매계약을 원인으로 해서 발생한 것이기 때문에, 매매계약은 채권관계의 발생 원인이 된다. 한편 위의 예에서 A의 소유권 이전의무의 이행으로 B는 토지의 소유권을 취득하게 되므로, 매매계약은 채권관계의 발생 원인임과 동시에 소유권 변동의 원인이 된다 ([그림 3-1] 참조).

(2) 또한 채권관계는 법률의 규정에 의해서도 발생한다. 가령, A가 소유하는 건물이 B의 방화로 인하여 소실된 경우에, A는 B에 대하여 불법행위로 인한 손해배상청구권을 행사하여 소유권 침해로 입은 손해를 전보받을 수 있는데, 이 경우 법률효과로서 나타난 손해배상청구권은 제750조 및 실화책임에 관한 법률(2007. 8. 30. 헌법불합치 결정으로, 2009. 4. 17. 경과실 실화자도 원칙적으로 그 책임을 지되, 배상액의 감경청구를 할 수 있

도록 하는 내용으로 동법이 재제정되었다)이라고 하는 법률의 규정에 의하여 발생한 것이므로, 법률의 규정은 법률요건이 된다. 불법행위 이외에 법률의 규정에 의한 채권관계의 발생 원인으로 사무관리와 부당이득이 있음은 위에서 보았다(본절 1. 2) (3)·(4) 참조).

소유권 기타 물권의 변동도 법률의 규정에 의해서 발생할 수 있다. 가령, 위의 예에서 B의 방화로 건물에 대한 A의 소유권은 소멸하게 되는데, 이는 법률의 규정에 의하여 물권이 소멸하는 경우이다. 또한 A가 B로부터 손해배상을 받아 건물을 신축한 경우에 A는 법률의 규정에 의하여 신축 건물의 소유권을 취득하게 된다. 나아가 건물을 소유하는 A가 사망하게 되면 상속에 의하여 상속인에게 건물의 소유권이 당연히 이전하게 되는데, 이것도 법률의 규정에 의한 소유권 변동에 해당한다. 이와 같이 물권의 변동도 채권관계의 발생과 마찬가지로 법률행위와 법률의 규정을 원인으로 해서 발생한다.

**(3)** 민법은 계약·사무관리·부당이득·불법행위 등 채권관계의 발생 원인을 채권편에 규정하고 있으며, 물권변동에 관해서는 물권편 총칙에 일반규정(제186조 내지 제191조)을 두고, 개별 조문(가령, 취득시효(제245조)·선의취득(제249조)·무주물 선점(제252조)·유실물 습득(제253조)·매장물 발견(제254조)·첨부(제256조 내지 제259조) 등)으로 법률의 규정에 의한 물권변동 원인을 규정하고 있다.

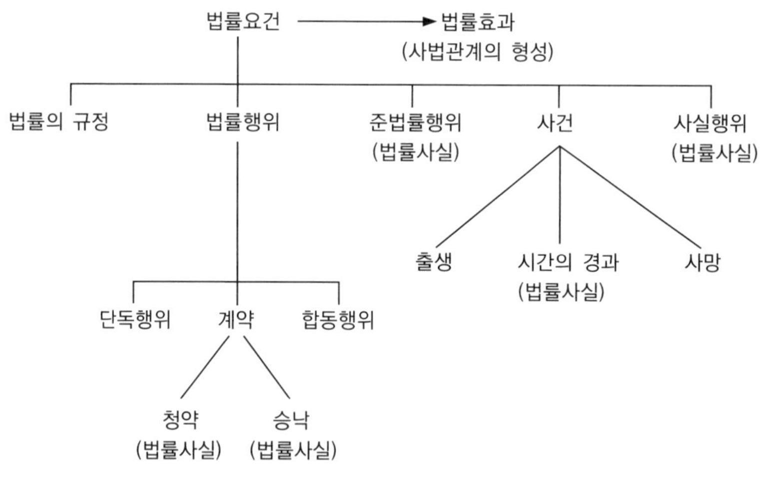


**그림 3-2** 법률요건과 법률효과

민법총칙은 물권관계와 채권관계에 공통한 형성 원인으로서 법률행위에 관하여 규정하고 있다. 사적 자치에 의한 사법적 법률관계의 형성시에 법률행위는 물권과 채권에 공통한 법률요건이 되며, 그중에서도 계약은 그 중심을 이루고 있다. 즉, 상품교환 시대에 사람들은 계약을 통하여 당사자 사이의 법률관계를 맺고 물건에 대한 지배관계를 형성하게 된다.

## 제 2 절 법률행위

### 1 개 념

#### 1) 법률행위는 의사표시를 불가결의 요소로 하는 법률요건이다

(1) 일반적으로 법률행위를 한 개 또는 수 개의 의사표시(Willenserklärung)를 불가결의 요소로 하는 법률요건이라고 설명한다. 다시 말하면, 법률행위는 의사표시를 구성 요소로 하여 성립하고, 그 법률효과는 의사표시의 내용대로 발생한다는 것이다. 이러한 법률행위의 개념 형성은 인간의 행위론에서 출발하였다. 인간의 여러 가지 행위에는 의사에 기초한 행위와 의사에 기초하지 않는 행위가 있다. 의사에 따른 행위 중에는 적법행위와 위법행위가 있으며, 다시 적법행위에는 당사자 사이에 사법관계를 형성하려는 의사에 따른 행위와 그렇지 않은 행위가 있다. 사법관계를 형성하려는 의사에 기초한 행위가 19세기의 판덱텐(Pandekten)학파들에 의하여 법률행위(Rechtsgeschäft)로 발전하였다.

(2) 사법관계를 형성하려는 의사(채무부담의사 및/또는 처분의사, 가족관계의 형성의사)에 기한 행위인 법률행위는 준법률행위와 구별된다. 즉, 법률행위는 법률요건으로서 의사표시의 내용대로 법률효과가 발생한다. 그러나 준법률행위는 사람의 정신작용에 기초한 의식 있는 행위이지만 그 법적 효과는 표현된 의사대로 발생하는 것이 아니라 법률의 규정에 의하여 발생한다. 또한 법률행위는 호의행위(好意行爲)와 구별된다. 법률행위는 의사표시의 내용대로 법률적 구속을 받는 데 반하여, 호의행위는 일반적

으로 법적 구속을 받으려는 의사가 없는 행위이다. 그러므로 호의행위에 기초한 약속은 이를 지키지 않아도 그것의 이행을 소(訴)로써 청구할 수 없다 (다만, 일정한 경우에는 불법행위가 성립하는 경우가 있다. 90다13710판결 참조).

**법률행위의 종류**

우선 법률행위는 의사표시의 모습에 따라 계약, 단독행위, 합동행위(2007다62437판결)로 구별된다. 이 경우 **계약**은 다시 상대방이 상환적인 채무를 부담하느냐에 따라 **쌍무계약과 편무계약**으로 구별한다. 쌍무계약은 그 상환성으로 인하여 그 성립·이행·소멸시에 양 채무는 견련성을 가지는 점에서 편무계약과 다른 특징이 있다. 또한 계약은 계약의 성립에 목적물의 인도를 요하느냐에 따라 요물계약과 낙성계약으로 나뉜다. 그리고 **단독행위**는 다시 의사표시가 상대방에게 도달하여야 그 효과가 발생하는 상대방 있는 단독행위와 의사표시가 존재하면 곧 법률효과가 발생하는 상대방 없는 단독행위로 구분된다. 합동행위는 사단의 설립행위처럼 목적을 같이하는 다수의 의사표시의 합치에 의해서 성립한다. 이러한 점에서 서로 대립하는 의사표시의 합치에 의하여 성립하는 계약과 합동행위는 다르다.

그리고 법률행위는 그 방식이 의사표시의 수단인지 여부에 따라 **요식행위**와 **불요식행위**로 나뉘는데, **증여계약**은 본래 불요식행위이지만 증여의사가 서면으로 표시되지 않은 경우에는 이를 해제할 수 있는 준요식행위로 된다. 그리고 법률행위는 그 법률효과에 따라 **채권행위·물권행위·신분행위**로 구별한다.

또한 법률행위는 상대방도 대가적인 출연을 요하느냐에 따라 **유상행위**와 **무상행위**로 구별되는데, 유상행위에 대하여는 매도인의 담보책임 등 매매에 관한 규정이 준용되나, 무상행위에서 증여자나 사용대주는 하자를 알면서 불고지한 경우가 아닌 한 원칙적으로 담보책임을 지지 않는다. 그리고 유상행위는 출연의 기초가 되는 원인의 실효에 의하여 영향을 받느냐에 따라 **유인행위**와 **무인행위**로 구별된다.

한편 채권행위의 이행으로 물권이 변동하는 경우에 처분의사를 요소로 하여 구성되는 **물권행위**를 둘러싸고 전개되는 이른바 물권행위의 독자성(물권행위가 물권변동의 요건인가의 문제)과 무인성(물권행위는 원인행위의 실효에 의하여 영향을 받는가의 문제)에 관한 논의는 물권변동론에서 중요한 쟁점이 되고 있다.

### 2) 법률행위는 사적 자치의 실현 수단이다

(1) 사적 자치의 원칙(Prinzip der Privatautonomie)이란 모든 사람에게 권리주체로

서의 지위를 부여하여 그의 자유로운 의사를 기초로 하여 사적인 법률관계를 형성할 수 있도록 하고, 국가는 이와 같이 해서 형성된 사법관계를 존중하여야 하며 이에 간섭해서는 안 된다는 원칙을 말한다. 즉, 사적 자치의 원칙이란 권리의무관계의 형성, 특히 의무 부담의 근거를 각자의 자유의사에서 찾으려고 하는 근대의 특수한 사고(개인주의와 자유주의를 그 내용으로 하는 사회계약설)이며, 추상적인 법원리(권리의무의 변동은 각자의 자유의사에 따라서만 발생한다는 원칙)를 말한다 (고상룡, 304면).

(2) 그러면 왜 개인은 법률행위를 통해서 사적인 법률관계를 형성할 수 있는가. 근대 이전에는 법적인 의무 부담의 근거를 객관적 규범에서 찾았다. 즉, 법적인 의무 부담의 근거를 종래에는 인간의 본성·자연법 등에서 찾았으나, 인간이 인격적 존재이면서 동시에 이성적 존재로서 인정된 다음부터는, 이러한 인격의 자유로운 전개를 가능케 하는 의사의 자유에서 그 근거를 찾게 되었다 (김욱곤, 계약의 구속력의 근거에 관한 일고찰, 177면 이하; 지원림, 법률행위 개념의 정신적 기초, 사법연구, 제2집, 청림출판, 1994, 24면 이하 참조).

하지만, 자기결정에 기초한 사법관계의 형성은 법이 예정하고 있는 행위 양식에 의해서만 가능하다. 즉, 사적 자치는 선량한 풍속 기타 사회질서에 반하거나 강행법규에 반해서는 안 된다. 여기에서 사적 자치는 법질서에 선재하면서도 법질서에 의하여 실현되는 것이라고 한다 (이영준, 100면). 프랑스 민법은 "적법하게 형성된 합의(合意)는 이를 성립시킨 당사자 사이에서는 법률에 대신한다." (제1134조 제1항)고 규정하고 있다.

### 사적 자치의 쇠퇴론

오늘날 사적 자치의 사고는 완화되거나 쇠퇴하고 있다는 주장이 있다. 첫째, 의사능력이 없는 자의 법률행위가 무효인 것은 그러한 자에게 '의사'가 없다는 점에서 그러한 것이 아니고, 의사능력이 없는 자를 보호하기 위하여 그러한 자의 법률행위를 무효로 한다고 한다. 둘째, 착오도 의사의 흠결로 설명하지 않고 착오자의 보호라는 면에서, 또 상대방과 표의자와의 이해 조정이라는 측면에서 검토되고 있다고 한다. 셋째, 계약의 성립도 반드시 의사표시의 합치에 의해서만 성립하는 것이 아니라, 급부의 사실상의 제공과 사실상의 이용이라는 사실적 행위에 의해서도 성립될 수 있음을 인정하고 있다고 한다. 또 민법은 많은 경우에 의사에 따르지 않고 의무를 부담하는 경우를 인정한다고 한다 (고상룡, 30면 이하).

## 2 법률행위의 성립

### 1) 개 관

법률행위가 법률요건으로서 법률효과의 발생 원인이 되기 위해서는 일정한 요건을 갖추어야 한다. 우선 성립 요건을 갖추어야 하고 그러한 성립 요건이 충족된 것을 전

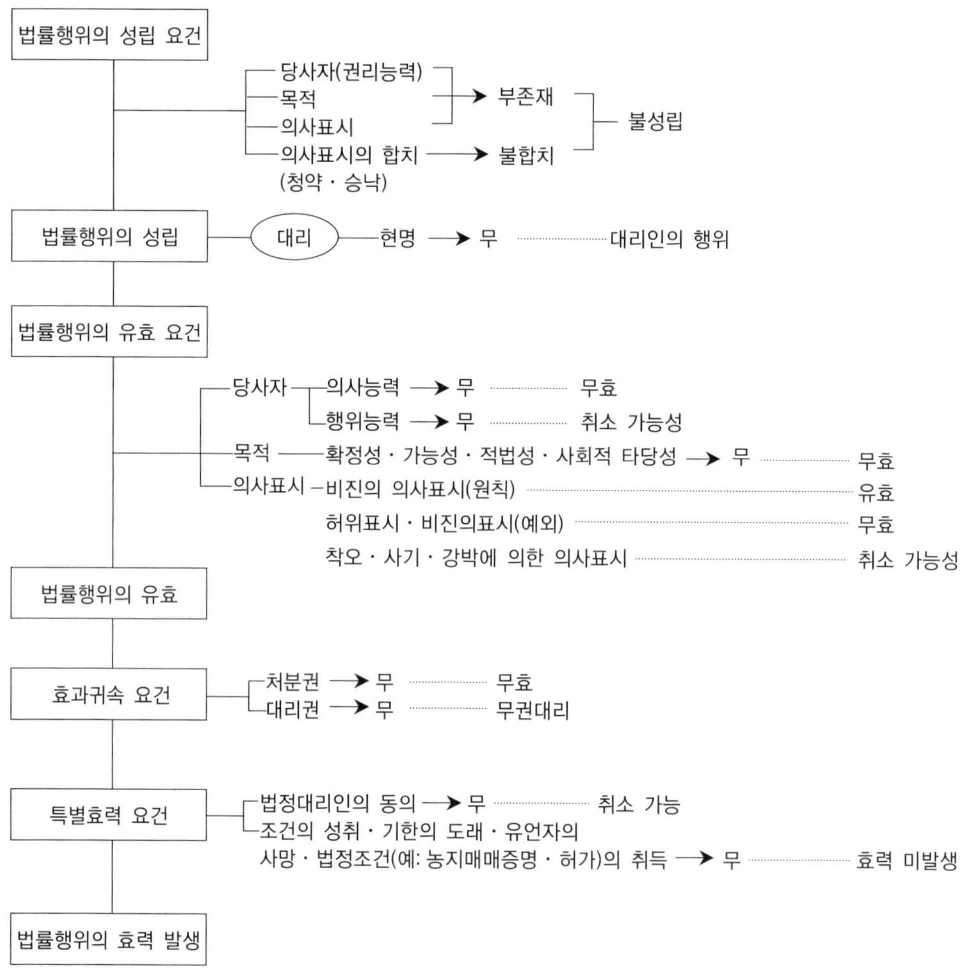


그림 3-3 법률행위의 성립과 효력 발생

제로 유효 요건을 갖추어야 한다. 가령, A와 B 사이에 매매의 청약과 승낙의 의사표시가 합치되면 매매계약은 성립하지만, 법률행위의 유효 요건을 결한 경우(가령, 제103조 또는 강행규정 위반 등)에는 매매계약의 효력이 발생할 수 없다. 다만, 법률행위가 처음부터 성립 요건을 갖추지 못한 경우(가령, 우주인과의 매매라든가 의사표시의 합치가 없는 경우 등)에는 법률행위 자체의 부존재로서 그 효력이 발생할 여지가 없다. 즉, 법률행위가 부존재로 판단되면 법률행위의 유효·무효·취소의 문제도 논의할 여지가 없게 된다.

그런데 법률행위는 유효한 성립을 전제로 하는 것이므로 그 요건을 성립요건과 효력요건으로 구별하는 것은 무의미하다는 견해가 있다(이태재, 민법총칙, 213면 이하; 김욱곤, 주석채권각칙(I), 250면 이하). 하지만, 입증책임이나 무효행위의 추인에서 법률행위의 불성립과 무효를 구별할 실익이 있으며, 다음의 점에서 유효한 성립을 전제로 하지 않는 법률행위의 관념을 상정할 필요가 있다고 하겠다. 가령, 허가나 신고 또는 등기신청의 대상인 법률행위 등은 반드시 유효한 법률행위일 필요가 없다. 그리고 불합의는 법률행위의 성립요건을 갖추지 못한 경우에 해당하고 착오는 그 유효요건에 하자가 있는 경우에 해당한다. 또한 채권자취소의 대상이나 자주점유의 판단근거인 권원도 반드시 유효한 법률행위일 필요가 없다.

### 2) 법률행위의 성립 요건

어떠한 행위가 법률행위라고 할 수 있을 만한 최소한의 외형적·형식적인 요건을 성립 요건이라 한다. 성립 요건은 다시 일반적 성립 요건과 특별 성립 요건으로 구분된다.

#### (1) 일반적 성립 요건

법률행위의 성립 요건으로 당사자의 존재, 그 법률행위를 구성하는 의사표시의 존재, 그리고 법률행위의 내용(목적)의 식별이 있어야 한다(통설. 94다34432판결). 이를 일반적 성립 요건이라고 한다. 다만, 유력설은 법률행위의 목적은 의사표시에 포함되어 있으며, 이는 법률행위의 유효 요건에 해당한다고 이해한다(고상룡, 313면).

#### (2) 특별 성립 요건

법률행위의 특별 성립 요건은 법률에 의하여 부가적으로 요구되는 요건으로서, 요식행위에서의 방식 · 요물계약에서의 목적물의 인도 등이 그 예이다. 그리고 혼인 성립을 위한 신고(제812조 제1항), 법률행위로 인한 물권변동의 요건으로 요구하는 등기(제186조)와 인도(제188조)도 법률행위의 성립 요건으로 새겨야 할 것이다 (반대설 있음).

### 3) 계약의 성립

#### (1) 계약 성립의 모습

계약은 2인 이상의 당사자의 서로 대립하는 의사표시의 합치에 의하여 성립한다. 즉, 계약이 성립하기 위해서는 서로 대립하는 청약의 의사표시와 승낙의 의사표시의 합치를 요한다. 민법은 청약과 승낙에 의한 계약의 성립 외에 교차청약(제533조), 의사실현에 의한 계약의 성립(제532조)을 인정하고 있다. 학설상으로는 사실적 계약관계가 논의되고 있다.

**합의와 불합의**

i ) 계약이 성립하려면 서로 대립하는 의사표시의 합치, 즉 합의가 있어야 한다. 합의가 성립하기 위해서는 객관적 합치와 주관적 합치가 있어야 한다. 객관적 합치란 청약의 의사표시와 승낙의 의사표시가 내용적으로 일치하는 것을 말한다. 우선 계약 내용의 중요한 점 내지 계약의 객관적 요소에 관하여 모두 일치하고 있어야 한다(2001다53059판결). 즉, 청약에서 제안되지 않았더라도 계약의 중요한 점으로서 계약의 본질적 요소(예, 매매에 있어서 대금과 목적물)에 관해서는 의사표시의 합치가 있어야 한다. 다만, 계약의 본질적 요소 자체에 대한 합의가 없더라도 그에 관한 확정기준이 정하여져 있으면 된다 (94다34432판결, 2001다7940판결). 그리고 계약의 중요한 점은 아니라고 하더라도 당사자가 그것에 중대한 의의를 두고 계약성립의 요건으로 할 의사를 표시한 때에는 이에 관하여 합치가 있어야 계약이 적법 · 유효하게 성립한다 (2000다51650판결). 주관적 합치란 당사자의 의사표시가 서로 상대방에 대한 것이어서 상대방이 누구인가에 관하여 잘못이 없는 것을 말한다. 다만, A의 청약이 B라는 특정인에게 중점이 있지 않고 상품에 중점이 있음이 명백한 경우에는 C가 승낙하더라도 계약이 성립할 수 있다. 복수 당사자의 합의 중 일부 당사자의 의사표시가 무효인 경우에는 일부무효의 법리에 의하여 그 유효 여부를 판단한다 (2009다41465판결).

ii) 불합의: 불합의에는 의식적인 것과 무의식적인 것이 있다. 의식적 불합의는 당사자가 의식적으로 불일치를 초래하는 경우에 성립하며, 어떤 청약에 대하여 조건을 붙이거나 변경을 가하여 승낙하는 경우가 그 예이다(제534조). 무의식적 불합의는 당사자가 계약의 성립을 믿고 있음에도 불구하고 사실상 어떤 점에 불합의가 있는 경우이다. 가령, 무의식적 불합의는 청약을 받은 자가 청약의 의미를 오해하여 그 청약과 일치하지 않는 승낙을 하였다든지 모호한 점에 관하여 당사자가 그 뜻을 명백히 하지 않고 의사표시를 하였기 때문에 당사자들의 의사표시에 틈이 생긴 경우에 일어난다(예: 물품 가격을 오해하고 매수하겠다고 승낙하는 경우이다).

불합의가 있으면 계약은 처음부터 성립하지 않는다. 그런데 무의식적 불합의와 착오는 혼동하기 쉽다. 무의식적 불합의는 대립하는 두 개의 의사표시 사이에 틈이 생겨 어긋나는 경우에 인정되는 것이고, 착오는 하나의 의사표시 성립 과정에서 의사와 표시 사이에 불일치가 있는 경우이다. 즉, 무의식적 불합의의 경우에도 착오가 있지만, 그 착오는 자기의 의사표시에 관한 것이 아니고 상대방의 의사표시에 대한 것이라는 점에서 제109조의 착오와 구별된다. 특히 착오가 개재한 법률행위가 계약인 경우에는 착오를 논하기에 앞서 계약의 성립 여부를 검토하여야 한다. 당사자의 의사표시의 합치가 성립하지 않은 불합의가 존재하면 착오는 문제될 여지가 없기 때문이다.

### (2) 청약과 승낙에 의한 계약의 성립

계약은 청약과 그에 대응하는 승낙으로서 성립한다. 청약은 불특정 다수인에 대해서 할 수 있으나 승낙은 청약자에 대해서만 할 수 있다. 계약의 성립은 승낙의 유무에 의하여 좌우되고, 청약자가 별도의 의사표시를 할 필요는 없다.

① 청약이란 이에 대응하는 승낙이라는 의사표시가 있으면 계약을 성립시키려고 하는 구체적 확정적인 의사표시를 말한다(92다32507판결, 92다29696판결). 따라서 청약에는 계약의 내용을 확정할 수 있을 정도의 사항을 포함시키는 것이 필요하다(2003다41463판결). 그리고 청약은 승낙이라는 의사표시가 있으면 발생하는 계약상의 의무를 이행하겠다는 구속의사를 포함하고 있어야 한다. 즉, 청약은 법적 구속력이 인정되는 계약의 성립을 목적으로 하는 점에서 구속의사가 필요하다. 의무불이행에 대한 위험을 표의자가 부담하는 경우에는 구속의사가 있다고 할 것이다.

이와 같이 청약은 구속의사를 포함하고 확정적 의사표시라는 점에서 계약의 준비행위와 구별된다. 청약의 유인이라든가 계약의향서(Letter of Intent)의 전달은 계약의 준비행위로서 그 내용이 구체적이거나 확정적이지 못하다는 점에서 청약이 아니다.

우선 청약의 유인이란 상대방으로 하여금 청약을 유도케 하는 행위로서, 이는 승낙만 있으면 계약을 성립시키려는 의사를 표시하고 있는 것이 되지 못하기 때문에 청약과 구별된다. 가령, 구인광고라든가 물품판매광고 등이 이에 해당한다(2005다5812, 5829, 5836판결 등). 다만, 입찰에서 입찰에 부친다는 입찰공고(표시)가 청약인지 청약의 유인인지가 문제되는데, 표시의 내용에 따라 달리 볼 수 있겠지만 일반적으로 청약의 유인으로 해석할 것이다. 그리고 계약의향서의 전달은 장래에 계약을 체결할 의향이 있다는 사실의 통지로서 계약의 내용이 확정적이지 못하고 또한 구속의사를 결하고 있는 점에서 계약의 준비 단계의 행위로서 역시 청약의 유인에 해당한다. 물론 자동판매기의 설치나 셀프 서비스를 위하여 상품을 진열해 두는 경우에는 계약의 청약으로 해석된다.

**청약과 승낙에 의한 계약의 성립 유형**

i) 구속의사를 포함한 청약의 의사표시에 대한 승낙의 의사표시가 있는 경우에는 계약이 성립한다. 이 경우 청약의 의사표시는 이에 대한 승낙만 있으면 곧 계약이 성립될 수 있을 정도로 그 내용이 구체적이어야 하고 확정적이어야 한다(97누14132판결, 2003다41463판결 등). 그리고 승낙은 이와 같은 구체적인 청약에 대한 것이어야 하며, 이 경우에 그 승낙의 의사표시는 특별한 사정이 없는 한 그 방법에 아무런 제한이 없고 반드시 명시적임을 요하는 것은 아니다(92다29696판결 등).

∵ 청약의 의사표시 ↔ 승낙의 의사표시

ii) 청약의 유인으로 인하여 청약의 의사표시가 존재하고 이에 대한 승낙의 의사표시에 의하여 계약의 체결이 이루어지는 경우, 가령 청약의 유인으로서 아파트 분양광고에 대하여 수분양자가 아파트 분양에 대한 청약의 의사표시가 있고 그에 대한 분양자의 승낙의 의사표시가 있으면 아파트 분양계약이 성립하게 된다(2005다5812, 5829, 5836판결 등). 물론 이 경우 청약의 유인자라도 승낙의무를 부담하는 것은 아니다. 그리고 청약의 유인의 내용은 원칙적으로 계약의 내용으로 되는 것은 아니다(2012다 29601판결). 다만, 판례는 선분양·후시공 아파트 분양계약의 경우에 예외를 인정하고 있다(2005다5843판결 등).

| ∵ 청약의 유인 → | 청약의 의사표시 ↔ | 승낙의 의사표시 |
|---|---|---|
| (아파트 분양광고) | (분양신청) | (수분양자 결정) |

iii) 한편 청약의 유인에는 본 계약의 체결을 위하여 청약을 유인하는 것이 아니고, 본 계약의 체결 당사자를 선정하기 위한 청약의 유인도 있다. 이 경우 청약의 유인에 따라 청약자를 선정하더라도 청약의 유인자와 선정자 사이에 계약이 성립하는 것은 아니다(2001다53059판결). 다만, 판례는 공사도급계약의 도급인이 될 자가 수급인을 선정하기 위해 입찰절차를 거쳐 낙찰자를 결정한 경우라든가(2011다41659판결), 국가 또는 지방자치단체를 당사자로 하는 계약에 관한 법률에 따른 입찰절차를 거쳐 청약의 유인자가 낙찰자를 결정한 경우에, 낙찰자 결정으로 청약의 유인자와 낙찰자 사이에 편무예약이 성립한 것으로 본다(2005다41603판결). 이 경우 편무예약에 기하여 낙찰자가 본 계약의 체결청구권을 행사하면 청약의 유인자는 이에 승낙을 함으로써 본 계약이 성립하게 된다. 이 때 청약의 유인자는 승낙의무를 부담하고, 정당한 이유없이 본계약의 체결을 거절하면 예약상의 의무불이행을 이유로 한 손해배상을 청구할 수 있다(2011다41659판결). 그리고 청약의 유인자는 본 계약의 주요한 내용 내지 조건을 청약의 유인과 달리 변경하거나 새로운 조건을 추가하는 것은 이미 성립된 예약에 대한 승낙의무에 반하는 것으로서 특별한 사정이 없는 한 허용될 수 없다(2005다41603판결).

∵ 청약의 유인 → 청약의 의사표시 ↔ 승낙의 의사표시(예약의 성립)
(입찰, 모집 공고 등) (응찰, 응모 등) (낙찰자, 당선자 결정 등)

### 가계약(假契約)

거래계에서는 정식의 계약 체결에 이르기 전에 당사자들의 다양한 이해관계를 반영하는 합의들이 존재한다. 이를 보통 가계약이라 한다. 가계약의 내용은 구속력의 정도나 그 규정하는 내용에서 매우 다양한 모습을 나타내고 있어 그 법적 성질이나 효과를 파악하기는 쉽지 않다. 물론 가계약의 형식을 빌렸더라도 본계약으로 인정되는 경우도 있다(2005다39594판결).

그런데 가계약으로서 계약의 모든 내용을 확정한 다음 본계약은 후에 체결하기로 약정하는 경우가 있다. 이러한 약정 중에는 예약에 해당하는 것이 있는 바, 예약은 본계약의 체결을 급부의 내용으로 하는 독자적 계약에 속한다. 예약은 양 당사자가 모두 본계약을 체결할 의무를 부담하는 경우(**쌍무예약**)와 일방 당사자만이 본계약의 체결의무를 부담하는 경우(**편무예약**)가 있다(2005다41603판결). 한편 매매의 일방예약(제564조)과 같이 후에 당사자 일방의 의사표시로 본계약의 효력이 발생하도록 약정하는 예약도 있으나, 이는 일종의 정지조건부 계약으로 볼 것이다. 그리고 본계약의 체결을 지향하는 예약이 아니고 계약교섭과정 자체의 규율을 지향하고 있는 합의도 있다. 이른바 구속적 양해각서(2008다46906판결 등)를 들 수 있다(이에 관한 자세한 고찰은 이동진, 교섭계약의 규율 : 기업인수 교섭과정에서 교환된 「양해각서」를 중심으로, 법조 통권 665호(2012. 2), 95면 이하 참조).

아무튼 예약에 이르지 못한 가계약은 본계약의 내용이 확정되어 있지 않은 준비 단계의 합의로서, 가계약 당사자는 원칙적으로 본계약을 체결할 의무를 부담하는 것은 아니다. 다만, 가계약으로 본계약의 체결의무를 명시한 경우에는 가계약 당사자는 이에 구속되어 본계약의 체결을 청구할 권리와 의무가 생긴다고 새길 것이다. 또한 일정한 조건의 성취에 따라 본계약을 체결하기로 한 경우에는 조건의 성취시 양당사자는 본계약 체결 의무를 부담한다고 보아야 할 것이다. 물론 이 경우 본계약 체결의무를 게을리 한 때에는 가계약상의 권리자는 가계약을 해제하거나 손해배상을 청구할 수 있으며(2003다43858 판결), 가계약상의 지위는 승계될 수 있다 (93다37977 판결). 또한 본계약 체결의 승낙에 해당하는 의사표시의 의무를 구하는 소를 제기할 수 있다 (제389조 제2항).

이러한 청약은 의사표시이므로 상대방에게 도달한 때 그 효력이 발생한다. 청약을 한 후 청약자가 사망하거나 행위능력을 상실하더라도 청약의 효력에 영향이 없다 (제111조 제2항). 그러나 당사자의 인격에 중심을 두는 계약은 성립하지 않는다. 한편 청약은 구속력이 인정되어 그 효력이 발생한 때에는 청약자가 임의로 철회하지 못한다 (제527조). 다만, 철회의 자유를 유보하거나, 불특정인에 대한 청약, 승낙기간을 정하지 않은 대화자 사이의 청약은 그러하지 아니하다. 그리고 승낙기간을 정하여 청약을 한 경우에 청약자는 그 기간 내에 청약을 철회하지 못한다 (제528조 제1항). 승낙기간을 정하지 않고 행한 청약은 청약자가 상당한 기간 내에 승낙의 통지를 받지 못한 경우에 그 효력을 잃는다 (제529조. 92다23537판결). 상당한 기간이라 함은 승낙자의 고려 및 통신에 필요한 기간을 말한다. 그 기간이 상당한지 여부는 구체적인 각 경우의 청약과 승낙의 방법, 계약 내용의 중요도, 거래관행, 청약자가 알고 있는 상대방의 특별한 사정 등 여러 사정을 고려하여 결정하여야 한다 (98다48903판결).

② 승낙이란 청약의 상대방이 청약에 응하여 계약을 성립시킬 목적으로 청약자에 대하여 행하는 의사표시이다. 승낙은 특정의 청약에 대하여 행하여야 한다. 청약에 대하여 승낙할 의무는 없다. 다만, 상거래의 경우에는 낙부통지의무(諾否通知義務)가 있는 경우가 있다 (상법 제53조). 승낙은 청약에 대하여 동의를 준다는 내심의 결의에 그치지 않고, 청약자에게 표시되어야 한다. 즉, 승낙은 청약에 대응하는 독립한 의사표시이다. 이는 명시적이거나 묵시적이어도 좋다. 다만, 승낙자의 침묵이나 부작위

자체만으로는 승낙이 될 수 없다. 승낙은 청약의 내용과 일치하여야 한다. 객관적으로 합치하지 않는 승낙은 승낙이 될 수 없고, 청약을 거절하고 새로운 청약을 한 것으로 보게 된다(제534조. 2000다17834판결). 그리고 승낙은 청약의 존속기간 내에 하여야 계약이 성립한다. 이를 승낙적격이라 한다. 그 기간이 지난 후에 승낙이 도달하면 계약은 성립하지 않는 것이 원칙이지만(제528조 제1항), 청약자는 연착된 승낙을 새로운 청약으로 보아 그에 대하여 승낙함으로써 계약을 성립시킬 수 있다(제530조). 또한 청약자는 통상 도달할 수 있는 승낙인 경우에 연착통지 의무가 있다(제528조 제2항). 이를 해태한 경우에는 계약이 성립한 것으로 본다(동조 제3항).

### 격지자 간의 계약의 성립 시기

격지자 간의 계약은 승낙의 통지를 발송한 때에 성립한다고 규정하고 있다(제531조). 이 규정이 의사표시의 효력 발생 시기에 관한 도달주의의 원칙(제111조)에 대한 예외를 정한 것인지에 대해서는 논의가 분분하다. 도달주의에 대한 예외로서 발신주의를 취한 것으로 이해하게 되면, 제528조 제1항 및 제529조와 제531조와의 관계를 어떻게 설명할 것인지가 문제된다. 이에 대해서는 해제조건설(승낙은 그 불도달을 해제조건으로 하여 발송에 의하여 그 효력이 생긴다고 보는 설. 곽윤직, 채권각론, 박영사, 1993, 67면; 이은영, 채권각론, 박영사, 1999, 91면), 청약실효설(승낙이 도달하지 않으면 청약이 효력을 잃게 되므로 계약도 성립하지 않는다고 보는 설. 김기선, 한국채권법각론, 법문사, 1988, 51면)이 대립한다. 반면에 승낙의 의사표시도 도달주의의 원칙에 따라 청약자에게 도달한 때 그 효력이 발생하지만, 제531조에 의하여 계약의 성립은 승낙의 통지를 발송한 때에 발생한다고 보는 도달주의설(김욱곤, 승낙의 효력 발생과 계약의 성립 시기, 민사법학, 제19호, 한국사법행정학회, 2001, 313면 이하)과 제531조의 규정은 제528조 제1항 및 제529조와의 관계에서 승낙의 통지가 기간 내에 청약자에게 도달할 것을 정지조건으로 승낙의 통지가 발송된 때에 소급하여 유효한 계약이 성립한다는 정지조건설이 있다(김형배, 채권각론, 박영사, 1997, 107면). 문제는 승낙 불도달의 입증책임을 누가 부담하느냐에 있다. 그리고 승낙자는 승낙의 발송 후 도달 전에 이를 철회할 수 있느냐에 있다. 도달주의설에 따라 승낙자가 도달의 입증책임을 지며, 승낙자는 도달 전에 이를 철회할 수 있다고 보아야 할 것이다(김욱곤, 앞의 논문, 318면).

### 도달주의 원칙에 따른 제531조 개정안

i) 제안 이유: 격지자 간의 계약 성립 시기와 관련하여, 승낙의 통지를 발송한 때에 계약

이 성립한 것으로 규정한 현행법의 해석을 둘러싸고 논란이 있었던 바, 격지자 간의 계약 성립 시기도 의사표시의 효력 발생 시기에 관한 민법의 일반 원칙에 따라 승낙의 도달시로 규정한다.

ii) 개정 내용: 제531조 중 "通知를 發送한"을 "通知가 到達한"으로 한다.

### (3) 교차청약

당사자들이 동일한 내용을 가진 청약을 서로 상대방에게 행한 경우를 교차청약이라 한다. 본래 승낙은 특정한 청약에 대하여 행하여져야 하므로, 동일한 내용의 청약을 상대방에 대한 승낙으로 볼 수는 없다. 그러나 교차청약의 경우에 서로 교차하는 두 개의 의사표시는 객관적으로도 주관적으로도 합치하고 있다. 즉, 합의의 본질적 요소를 포함하고 있다. 따라서 합의가 있는 이상 계약의 성립을 인정할 수 있으며 당사자의 의사에도 합치한다. 교차청약에서는 양 청약이 상대방에게 도달한 때에 계약이 성립한다(제533조).

### (4) 의사실현에 의한 계약의 성립

청약자의 의사표시나 관습에 의하여 승낙의 통지가 필요하지 아니한 경우에는 계약은 승낙의 의사표시로 인정되는 사실이 있는 때에 성립한다(제532조). 가령, 어떤 사무의 처리를 위임하는 내용의 청약을 받은 상대방이 이에 좇아 위임된 사무를 실제로 처리한 경우에 그것만으로 위임계약은 제532조에 의하여 성립한다. 이를 의사실현에 의한 계약의 성립이라 한다(2000다45273판결). 의사실현으로 계약이 체결되었음을 주장하는 자는 그 사실이 승낙의 의사에 기초한 것이라는 점을 입증하여야 한다.

의사실현으로 계약이 성립하는 것은 의사실현의 사실이 있는 때이며, 청약자가 그 사실을 안 때가 아니다. 즉, 청약자가 이러한 사실을 알았느냐 알지 못했느냐 하는 것은 중요하지 않다(84도1139판결). 가령, 예금계약은 예금자가 예금의 의사를 표시하면서 금융기관에 돈을 제공하고 금융기관이 그 의사에 따라서 그 돈을 받아 확인을 하면, 그로써 성립하며 금융기관의 직원이 그 받은 돈을 금융기관에 입금하지 아니하고 이를 횡령하였다고 하더라도 예금계약의 성립에는 아무런 장애가 되지 않는다.

### (5) 사실적 계약관계론

① 의 의

앞에서 본 바와 같이 계약은 당사자의 청약과 승낙이라는 두 개의 의사표시의 합치로 성립되는 것이 원칙이다. 그런데 국민생활에 필수불가결한 전기·수도·가스·운송 등의 생존배려 급부 분야 등에서는 계약자유의 원칙이 변형되어 소비자에게는 급부 제공자가 일방적으로 정한 정형화된 계약 내용이 강제될 뿐만 아니라, 계약 체결에서도 당사자의 사실적인 이용행위가 당사자의 의사표시보다 오히려 중시되는 경향이 있다.

이 점에 착안하여 종래의 전통적인 계약이론에 수정을 가하려는 사실적 계약관계론이 1941년 하우프트(G. Haupt)를 시초로 독일에서 주장되었다. 이 이론에 의하면 생존배려 급부와 같은 집단적 거래관계에서는 계약 성립 요건으로 전통적 계약이론에서처럼 청약과 승낙이라는 의사표시가 요구되지 않고, 사실적인 행위에 의하여 계약이 성립될 수 있다는 것이다. 가령, 버스 운송계약은 제공된 급부인 운행 중인 버스에 승차한다는 급부 이용 사실에 의하여 성립하는 것이지 청약과 승낙이라는 의사표시의 합치에 의하여 성립하는 것은 아니라는 것이다. 그 결과 사실적 계약관계론은 의사표시를 전제로 하지 않으므로 착오 또는 행위능력 등 법률행위에 관한 규정의 적용이 제한 내지 배제된다고 한다.

② 사실적 계약관계론의 적용 여부에 관한 학설의 태도

우리나라에 사실적 계약관계론이 소개된 것은 1963년경이다 (최종길, 사실적 계약관계에 관한 약간의 고찰, 서울대 법학, 제5권 1·2호, 1963, 40면 이하). 이후 사실적 계약관계론은 우리 학계에서도 지지자가 나타났다 (곽윤직, 계약 없이 성립하는 계약관계-이른바 사실적 계약관계론-, 사법행정, 제10권 1호, 1969, 16면 이하). 그러나 그 후 강력한 반대론이 계속 제기되고 있는 상황이다 (이호정, 사회정형적 행위론의 연구(2), 서울상대 경제논집, 제13권 2호, 1974, 122면; 이영준, 사실적 계약이론의 비판, 민사재판의 제문제, 제4권, 1986, 60면 이하; 백태승, 사실적 계약관계론의 재조명, 서영배교수화갑기념논문집, 1995, 437면 이하; 최광준, 1963년 이후 사실적 계약관계론에 대한 회고, 한국민법이론의 발전(Ⅱ), 박영사, 1999, 797면).

특히 대법원이 "조합이 사업을 개시하고 제3자와의 간에 거래관계가 이루어지고 난 다음에는 조합계약 체결 당시의 그 의사표시의 하자를 이유로 취소하여 조합 성립 전으로 환원시킬 수 없다."(71다1833판결)고 판시한 것에 대하여, 지지자는 대법원이 사실적 계약관계론을 받아들인 것이라고 평가하는 반면에, 반대론자는 조합관계의 특수한 성질과 무효제도의 존재 이유(원래 무효는 당사자가 의욕한 법률효과가 발생하지 않는다는 뜻이고 발생된 법률관계를 무(無)로 만드는 취지가 아니다)에 의하여 소급효를 제한한 것이라고 해석한다(이영준, 145면).

그렇다고 사실적 계약관계론의 지지자가 없는 것은 아니다. 즉, "생존배려적 급부의 이용관계에서는 그 거래관계의 특수성에 비추어, 그리고 무효인 계속적 계약관계에서는 그 관계의 합리적 청산을 위하여 사실적 계약관계를 인정하는 것이 타당하다."(권오승, 민법특강, 홍문사, 1994, 500면)고 하거나, "대량거래·약관거래 등의 영역에서는 사적 자치를 긍정하기 어려우며, 사실적 계약관계라는 법기술 개념의 등장으로 고전적 형태의 사적 자치의 원칙도 그 타당 영역을 축소·수정하여야 한다."(최공웅, 사실적 계약관계이론, 저스티스, 제18권, 한국법학원, 1995, 102면)고 주장한다.

③ 사 견

요컨대 사실적 계약관계이론은 사회정형적 행위라는 특징을 가지는 생존배려의 이용관계의 규율 및 무효인 계속적 채권관계(조합·근로계약관계)의 소급효를 제한하기 위하여 전개된 이론이라고 할 수 있다. 그런데 후자의 문제는 계속적 계약관계라는 특수성과 무효제도의 존재 이유에 의한 소급효 제한의 법리에 의하여 해결할 수 있다는 점에서, 사실적 계약관계론의 적용 여부는 주로 생존배려적 급부의 이용관계를 둘러싸고 논의되고 있다. 즉, 생존배려의 급부관계에서, 급부의 사실상의 제공과 사실상의 이용이라는 당사자의 사실적 행위에 의하여 계약이 유효하게 성립한 것으로 보게 되면, 의사표시에 관한 규정은 그 적용이 배제되고 행위능력의 제한도 계약관계에 영향을 미치지 않게 된다.

그러나 생존배려적 급부관계라고 하더라도 사적 자치를 제한하려는 시도는 기업자측의 이익에 편승하는 결과가 되어 타당하지 못하다. 가령, 기업자는 급부이용자에 대하여 과실 및 위법성의 입증책임 없이 불법행위책임이 아닌 계약책임을 물을 수 있기 때문이다. 오히려 당사자의 의사를 추단할 수 있다면 묵시적 의사표시나 의사실현에 의한 계약 성립으로 이론 구성하여야 할 것이며, 이에 해당하지 않으면 계약의 성립을 부정하고 부당이득이나 불법행위에 의하여 당사자관계를 규율함이 타당할 것이다.

## 제 3 절 의사능력 · 행위능력

### 1 개 관

**1)** 인간에게 권리능력이 인정된다고 하여 모든 인간이 스스로의 의사에 따라 사회생활관계(특히 법률관계)를 형성할 수 있는 것은 아니다. 즉, 인간 중에는 의사능력(자기 행위의 결과를 판식할 수 있는 능력)을 가지지 못하거나, 의사능력이 완전하지 못한 사람이 있다 (예: 유아라든가 아동 등).

**판 례**

**의사능력**이란 자신의 행위의 의미나 결과를 정상적인 인식력과 예기력을 바탕으로 합리적으로 판단할 수 있는 정신적 능력 내지 지능을 말하는 것으로서, 의사능력의 유무는 구체적인 법률행위와 관련하여 개별적으로 판단되어야 한다 (2001다10113판결, 2006다29358판결). 따라서 어떤 법률행위가 그 일상적인 의미만을 이해하여서는 알기 어려운 특별한 법률적인 의미나 효과가 부여되어 있는 경우 의사능력이 인정되기 위하여는 그 행위의 일상적인 의미뿐만 아니라 법률적인 의미나 효과에 대하여도 이해할 수 있을 것을 요한다 (2008다58367판결. 이 판결의 비판적 평석으로 이준현, 의사무능력자의 법률행위, 인권과 정의 제404호(2010.4), 94면 이하 참조).

**2)** 이와 같이 의사능력이 부족한 사람이나 불완전한 사람들은 권리능력은 인정되지만, 혼자서 완전하게 스스로의 의사결정에 의하여 사적인 생활관계를 형성할 수 없거나, 형성할 수 있다고 하더라도 불완전할 수밖에 없다(자기결정권에 기초하여 자기사무를 처리할 능력의 부족 내지 결여). 따라서 이들은 자기사무(신상보호, 재산관리에 관한 사항)의 처리를 내용으로 하는 법률관계를 형성할 수 없거나 불완전한 법률관계를 형성함으로써 사회구성원으로서 불이익을 당하는 결과가 생길 염려가 생기게 된다.

**3)** 이리하여 민법은 의사무능력자 내지 제한적 의사능력자를 보호하기 위해서 제한능력자제도를 두고 있다. 한편으로 제한능력자가 행한 법률행위를 취소할 수 있도

록 하면서, 다른 한편으로 이들을 보호하기 위하여 법정대리인제도를 두고 있다. 즉, 법정대리인으로 하여금 법률행위를 대리하게 하거나, 이들의 동의를 얻어서 제한능력자 자신이 법률행위를 하도록 하고 있다.

4) 한편 법인은 의사능력이 있다고 할 수 없는 관념적 존재인 점에서, 법인은 항상 대표자로 하여금 법인의 법률행위를 하도록 하고 있다. 즉, 법인의 대표자인 이사·임시이사·특별대리인·청산인·직무대행자의 법인 목적 범위 내의 행위는 법인의 행위로 본다.

## 2 제한능력자제도

### 1) 제도의 취지와 내용

#### (1) 제도의 취지

사적 자치의 원칙상 의사능력이 없는 자의 법률행위는 효력을 발생할 수 없다(가령, 대만 민법은 7세 미만인 자는 의사능력이 없는 것으로 본다. 제3조). 이 경우 의사능력이 없다는 입증책임은 그 주장자에게 있으나, 그 입증은 매우 어렵다. 따라서 입증책임의 부담을 덜어 줄 필요가 있다. 또 의사능력이 불완전한 자를 의사능력이 완전한 사람과 마찬가지로 법적 취급을 한다면 이들에게 가혹하다. 따라서 이들을 보호할 필요가 있다. 여기에서 민법은 제한능력자제도를 두어 입증책임을 덜어 주고 있으며, 불완전한 거래행위로부터 이들을 보호하고 있다. 이러한 제한능력자제도는 인간의 존엄과 가치로부터 도출되는 소수자 보호 원칙에 터잡은 것이다(이영준, 737면).

#### (2) 제도의 주요내용

① 제한능력자(다만, 피임의후견인은 물론이고 피특정후견인은 원칙적으로 행위능력자이다. 피한정후견인도 일정한 범위에서만 행위능력이 제한된다)는 단독으로 유효하게 법률행위를 할 수 없고, 법정대리인의 동의를 얻어서 법률행위를 하거나(제5조, 제13조 제4항), 법정대리인의 대리행위를 통하여 법률행위를 할 수 있도록 한다(제920조 본문, 제949조제1항). 제한능력자가 법정대리인의 동의 없이 행한 법률행위는 원칙적으로 제한능력자 측에서 취소할 수 있는 것으로 하여 제한능력자를 보호하고 있다(제10조제1항).

물론 의사무능력자의 법률행위는 명문의 규정이 없더라도 의사표시를 불가결의 요소로 하는 법률행위의 본질상 무효이다(2004다51627판결). 따라서 의사무능력자는 의사무능력을 주장·입증하여 자기가 행한 법률행위를 무효로 할 수 있다(의사무능력자의 상대방이나 제3자도 무효를 주장할 수 있다. 이영준, 793면). 결국 의사무능력자는 제한능력자임을 이유로 법률행위의 취소를 주장하거나 의사무능력을 입증하여 법률행위의 무효를 주장할 수 있다(이른바 무효와 취소의 이중효. 이에 대해서는 고상룡, 592면 이하 참조).

② 제한능력자에는 미성년자, 피성년후견인, 피한정후견인, 피특정후견인이 있는데, 미성년자의 법률행위는 일정한 경우 이외에는 원칙적으로 취소할 수 있다(제5조). 반면에 피성년후견인은 성년후견인의 동의를 얻어 법률행위를 할 수는 없고, 성년후견인의 대리행위를 통해서만 법률행위를 할 수 있다(제10조제1항). 그러나 가정법원은 취소할 수 없는 피성년후견인의 법률행위의 범위를 정할 수 있으며(동조제2항, 후견등기에 관한 법률 제25조제1항제5호), 일용품의 구입 등 일상생활에 필요하고 그 대가가 과도하지 아니한 법률행위는 성년후견인이 취소할 수 없다(동조제4항). 그리고 가정법원은 피한정후견인이 한정후견인의 동의를 받아야 하는 행위의 범위를 정할 수 있으나(제13조제1항, 후견등기에 관한 법률 제25조제1항제6호), 일용품의 구입 등 일상생활에 필요하고 그 대가가 과도하지 아니한 법률행위에 대하여는 그러하지 아니하다(제13조제4항 단서).

이 경우 후견인이 피후견인을 대리하여 일정한 행위를 하거나 미성년자의 일정한 행위에 동의를 할 때는 후견감독인이 있으면 그의 동의를 받아야 한다(제950조).

**판 례**

표의자가 법률행위 당시 심신상실이나 심신미약 상태에 있어 금치산 또는 한정치산선고를 받을 만한 상태에 있었다고 하여도 그 당시 법원으로부터 금치산 또는 한정치산선고를 받은 사실이 없는 이상 그 후 금치산 또는 한정치산선고가 있어 그의 법정대리인이 된 자는 금치산 또는 한정치산자의 행위능력 규정을 들어 그 선고 이전의 법률행위를 취소할 수 없다(92다6433판결).

판 례

미성년자가 토지매매행위를 부인하고 있는 이상, 미성년자가 그 법정대리인의 동의를 얻었다는 점에 관한 입증책임은 미성년자에게 없고 이를 주장하는 상대방에게 있다 (69다1568 판결).

한편 가정법원은 질병, 장애, 노령, 그 밖의 사유로 인한 정신적 제약으로 일시적 후원 또는 특정한 사무에 관한 후원이 필요한 사람에 대하여 본인 등 일정한 자의 청구에 의하여 특정후견의 심판을 할 수 있다 (제14조의2 제1항). 물론 가정법원은 특정후견은 본인의 의사에 반하여 할 수 없고 (동조 제2항), 가정법원이 특정후견의 심판을 하는 경우에는 특정후견의 기간 또는 사무의 범위를 정하여야 한다 (동조 제3항, 후견등기에 관한 법률 제25조제1항제7호).

그리고 질병, 장애, 노령, 그 밖의 사유로 인한 정신적 제약으로 사무를 처리할 능력이 부족한 상황에 있거나 부족하게 될 상황에 대비하여 자신의 재산관리 및 신상보호에 관한 사무의 전부 또는 일부를 다른 자에게 위탁하고 그 위탁사무에 관하여 대리권을 수여하는 것을 내용으로 하는 후견계약을 공정증서로 체결할 수 있는데 (제959조의14 제1, 2항), 이러한 후견계약은 가정법원이 임의후견감독인을 선임한 때부터 효력이 발생한다 (동조 제3항, 후견등기에 관한 법률 제26조제1항제5호).

③ 제한능력자제도는 제한능력자 자신과 그의 가족을 보호하는 제도이다. 아울러 제한능력자에 대한 기준을 객관화하여 거래의 안전도 보호하고자 한다. 특히 성년후견제도는 치매, 정신지체, 정신장애 등으로 인해 판단능력이 충분하지 않은 사람들이 부동산이나 예금 등의 재산을 관리하거나 개호서비스나 시설입소·병원입원 등에 관한 계약을 맺거나 유산분할 협의를 할 필요가 있을 때 스스로가 수행하기에는 어려움이 있는 경우에 후견인이 이를 대리하거나 동의하도록 하여 판단능력이 불충분한 사람들을 보호하기 위한 제도이다. 이러한 점에서 제한능력자제도에 관한 규정은 강행규정이다.

**판 례**

행위무능력자 제도는 사적 자치의 원칙이라는 민법의 기본이념, 특히, 자기책임 원칙의 구현을 가능케 하는 도구로서 인정되는 것이고, 거래의 안전을 희생시키더라도 행위무능력자를 보호하고자 함에 근본적인 입법 취지가 있는바, 행위무능력자제도의 이러한 성격과 입법 취지 등에 비추어 볼 때, 신용카드 가맹점이 미성년자와 신용구매계약을 체결할 당시 향후 그 미성년자가 법정대리인의 동의가 없었음을 들어 스스로 위 계약을 취소하지는 않으리라고 신뢰하였다 하더라도 그 신뢰가 객관적으로 정당한 것이라고 할 수 있을지 의문일 뿐만 아니라, 그 미성년자가 가맹점의 이러한 신뢰에 반하여 취소권을 행사하는 것이 정의 관념에 비추어 용인될 수 없는 정도의 상태라고 보기도 어려우며, 미성년자의 법률행위에 법정대리인의 동의를 요하도록 하는 것은 강행규정인데, 위 규정에 반하여 이루어진 신용구매계약을 미성년자 스스로 취소하는 것을 신의칙 위반을 이유로 배척한다면, 이는 오히려 위 규정에 의해 배제하려는 결과를 실현시키는 셈이 되어 미성년자 제도의 입법 취지를 몰각시킬 우려가 있으므로, 법정대리인의 동의 없이 신용구매계약을 체결한 미성년자가 사후에 법정대리인의 동의 없음을 사유로 들어 이를 취소하는 것이 신의칙에 위배된 것이라고 할 수 없다 (2005다71659, 71666, 71673판결, 2008다78996판결).

### (3) 제한능력자제도의 입법례와 성년후견제도의 특징

성년후견제를 법제화한 입법례로는 독일의 1990년 성년자를 위한 후견 및 감호법의 개정에 관한 법률과 영국의 1985년 지속적 대리권수여법, 오스트리아의 1984년 성년후견인법을 들 수 있으며, 일본도 2000년부터 종래의 한정치산자 · 금치산자제도를 폐지하고 제한능력자를 성년피후견인 · 피보좌인 · 피보조인으로 구분하는 성년후견제도를 도입하였다.

종래의 행위무능력자제도가 본인 보호 및 거래안전을 이념으로 한 제도이지만, 본인의 잔존능력을 부정하여 본인의 자기결정권을 침해하고 있었다. 그렇지만 성년후견인제도는 '전부 아니면 전무'라는 절대적 능력개념을 상대화하여 잔존능력을 존중하고 있다. 그리하여 제한능력자라도 제한능력의 범위외에서는 자기결정의 원칙에 따라 자신의 사무를 처리할 수 있도록 하고 있다. 그리고 행위무능력자제도가 피후견인의 재산관리에 치중하였던 것에 비하여, 성년후견제도는 피후견인의 '신상보호'의 측면도 강조한 제도라고 할 수 있다. 즉, 피후견인의 복리에 대한 후견인의 폭넓은 조력이 가능하도록 하되, 피후견인의 신상에 관한 결정권은 본인에게 있다는 원칙과 후견인의 임무 수행에 있어서 피후견인의 의사 존중 의무를 명시하여 피후견인의 복리를 실질적으로 보장할 수 있도록 하고 있다. 이와 관련하여 특히 신체적 장애가 성년후견개시의 요건이 되는지가 문제되었으나, 신체적 장애로 인하여 후견이 필요한 경우에는 임의후견제도를 활용할 수도 있다는 점에서 신체적 장애는 성년후견개시의 요건으로 채택하지 않았다. 또한 후견인의 대리권의 발생 및 범위를 제한하였으며, 친족회제도를 폐지하고 후견감독인제도를 채택하고 후견인의 임무 해태, 권한 남용에 대한 실질적인 견제가 가능하도록 법원의 감독권을 강화하였다. 나아가 일정한 친족이어야 하는 후견인의 법정순위를 폐지하고, 복수·법인 후견인도 선임할 수 있도록 하였다.

### 2) 제한능력자

#### (1) 미성년자

① 성년에 이르지 않은 자가 미성년자이다. 미성년자를 제한능력자로 한 것은 그들이 아직 정신적으로나 육체적으로 성숙되지 않았기 때문이다. 특히 만 20세의 연령을 기준으로 한 성년기가 청소년의 성숙도에 비추어 현실에 부합하지 않음을 이유로 최근에 19세로 성년기를 낮추었다 (제4조).

② 한편 미성년자가 혼인하면 성년으로 의제된다 (제826조의2). 따라서 혼인한 미성년자는 친권에 복종하지 않을 뿐 아니라 성년자와 마찬가지로 행위능력이 인정된다. 여기에서의 혼인에는 사실혼은 포함되지 않는다 (곽윤직, 90면; 이영준, 803면. 반대, 고상룡, 122면; 이은영, 162면). 그리고 성년의제된 후 미성년인 상태에서 이혼하더라도 성년의제의 효과는 존속한다고 할 것이다 (통설).

#### (2) 피성년후견인

① 피성년후견인이란 질병, 장애, 노령, 그 밖의 사유로 인한 정신적 제약으로 사무를 처리할 능력이 지속적으로 결여된 사람으로서 가정법원이 성년후견개시의 심판을 한 자를 말한다 (제9조 제1항).

② 사무라 함은 신상보호, 재산관리에 관한 사항을 말하며, 사무를 처리할 능력이 지속적으로 결여됨은 이따금 사무처리 능력을 회복하는 수가 있다고 하더라도, 대체

로 사무처리능력의 상실이 보통의 상태라는 의미이다.

③ 피성년후견개시의 심판은 본인, 배우자, 4촌 이내의 친족, 미성년후견인, 미성년후견감독인, 한정후견인, 한정후견감독인, 특정후견인, 특정후견감독인, 검사 또는 지방자치단체의 장의 청구가 있어야 한다(제9조 제1항). 다만, 본인이 청구하는 경우에는 의사능력이 회복되고 있는 동안이어야 한다. 검사를 청구권자로 한 것은 본인의 이익과 거래의 안전을 위하여 공익의 대표자로서 청구하게 한 것이다(이하 같다). 미성년후견인을 피성년후견개시의 심판청구권자로 한 것은 미성년자에게 피성년후견 개시의 원인이 있는 경우에 보호의 공백을 피할 필요가 있기 때문이다. 그리고 후견감독인과 지방자치단체의 장을 청구권자로 정한 것은 후견을 내실화하고 성년후견을 필요로 하는 노인, 장애인 등에 대한 보호를 강화하려는 데 있다(이하 같다). 가정법원이 성년후견개시의 심판을 할 때는 본인의 의사를 고려하여야 한다(동조 제2항).

④ 가정법원이 피한정후견인 또는 피특정후견인에 대하여 성년후견개시의 심판을 할 때에는 종전의 한정후견 또는 특정후견의 종료 심판을 한다(제14조의3 제1항).

⑤ 성년후견개시의 원인이 소멸된 경우에는 가정법원은 본인, 배우자, 4촌 이내의 친족, 성년후견인, 성년후견감독인, 검사 또는 지방자치단체의 장의 청구에 의하여 성년후견종료의 심판을 한다(제11조, 후견등기에 관한 법률 제25조제1항 제9호).

### (3) 피한정후견인

① 피한정후견인이란 질병, 장애, 노령, 그 밖의 사유로 인한 정신적 제약으로 사무를 처리할 능력이 부족한 사람으로서 가정법원이 한정후견개시의 심판을 한 자를 말한다(제12조 제1항).

② 사무를 처리할 능력의 부족함이란 그 능력이 지속적으로 결여된 상태까지는 이르지 않고 판단력이 불완전한 것을 말한다. 품행장애는 사무처리능력의 부족함에 해당하지 않는다고 할 것이다(2006고합12판결). 그러나 깊은 생각 없이 재산을 함부로 소비하는 버릇이 있는 낭비자는 사무를 처리할 능력이 부족한 사람에 속한다고 보아야 할 것이다. 이 경우 낭비는 비도덕적인 목적에 소비하는 것은 물론이고 공익적 목적으로 소비하는 것도 낭비가 될 수 있을 것이다.

③ 피한정후견개시의 심판은 본인, 배우자, 4촌 이내의 친족, 미성년후견인, 미성년후견감독인, 성년후견인, 성년후견감독인, 특정후견인, 특정후견감독인, 검사 또는 지방자치단체의 장의 청구가 있어야 한다(제12조 제1항). 미성년후견인을 피한정후견개시의 심판청구권자로 한 것은 미성년자에게 피한정후견 개시의 원인이 있는 경우에 보호의 공백을 피하기 위해서이다. 가정법원이 피한정후견개시의 심판을 할 때는 본인의 의사를 고려하여야 한다(동조 제2항).

④ 가정법원이 피성년후견인 또는 피특정후견인에 대하여 한정후견개시의 심판을 할 때에는 종전의 성년후견 또는 특정후견의 종료 심판을 한다(제14조의3 제2항).

⑤ 한정후견개시의 원인이 소멸된 경우에는 가정법원은 본인, 배우자, 4촌 이내의 친족, 한정후견인, 한정후견감독인, 검사 또는 지방자치단체의 장의 청구에 의하여 한정후견종료의 심판을 한다(제14조, 후견등기에 관한 법률 제25조제1항제9호).

#### (4) 피특정후견인

① 가정법원은 질병, 장애, 노령, 그 밖의 사유로 인한 정신적 제약으로 일시적 후원 또는 특정한 사무에 관한 후원이 필요한 사람에 대하여 특정후견의 심판을 할 수 있다(제14조의2 제1항).

② 특정후견의 심판은 본인, 배우자, 4촌 이내의 친족, 미성년후견인, 미성년후견감독인, 검사 또는 지방자치단체의 장의 청구가 있어야 한다(동조항).

③ 특정후견은 본인의 의사에 반하여 할 수 없으며(동조 제2항), 특정후견의 심판을 하는 경우에는 특정후견의 기간 또는 사무의 범위를 정하여야 한다(동조 제3항, 후견등기에 관한 법률 제25조제1항제7호).

④ 특정후견은 후견종료의 심판 없이 후견기간의 종료 또는 후견사무를 처리한 경우에는 소멸한다고 할 것이다.

### 3) 제한능력자의 행위능력

#### (1) 미성년자의 행위능력

미성년자라도 일정한 경우에는 행위능력이 인정된다. 즉, 다음에 해당하면 성년자와 동일한 행위능력이 인정된다. 따라서 취소권이 배제된다.

① 권리만을 얻거나 의무만을 면하는 행위(제5조 제1항 단서). 가령, 부담이 없는 증여를 받는다거나 채무면제를 받는 경우에는 미성년자도 행위능력이 있다. 다만, 변제의 수령은 이익을 얻는 동시에 채권을 상실하므로 이에 해당하지 않는 것처럼 보이나(이영준, 804면; 김증한/김학동, 118면; 백태승, 152면), 변제의 수령과 같은 사실행위에는 본조의 적용 여부가 처음부터 문제되지 않는다고 할 것이다. 그러나 의사의 통지·관념의 통지·감정의 표시(표현행위)와 같은 준법률행위에는 원칙적으로 본조가 유추적용된다(곽윤직, 88면).

② 처분이 허락된 재산의 처분행위(제6조). 이 경우 처분의 목적은 고려할 필요가 없으며 허락된 재산의 범위에서는 자유로이 처분을 할 수 있다고 할 것이다(곽윤직, 89면; 고상룡, 124면; 이영준, 743면; 김증한/김학동, 119면; 백태승, 153면). 사용목적이라는 것은 주관적인 것이어서 미성년자와 거래하는 제3자는 이를 알 수 없는 것이 보통이므로, 외부에서 알 수 없는 허락된 목적으로 처분하지 않았다고 해서 그 처분행위를 취소할 수 있다면 거래 안전을 위협하게 되기 때문이다. 다만, 처분이 허락된 재산의 범위·그 처분으로 미성년자가 취득한 물건의 종류 등 제반 요인을 고려하여 그의 유효성을 판단하여야 한다고 하여, 미성년자가 생활필수품을 구입하는 것은 유효하다고 할 것이지만 등록금을 과다한 유흥비로 쓴 경우 그러한 재산의 처분행위는 취소할 수 있다고 하는 견해도 있다(김상용, 165면).

한편 처분이 허락된 재산의 범위내에서 새로 채무를 부담하는 경우에도 법정대리인의 동의가 필요없다. 따라서 그 범위를 넘는 채무를 부담하는 결과가 되는 할부거래는 이에 해당하지 않는다고 할 것이다(고상룡, 129면; 백태승, 154면). 특히 판례는 만 19세가 넘은 미성년자가 월 소득 범위 내에서 신용구매계약, 주로 할부계약을 체결한 경우에, 스스로 얻고 있던 소득에 대하여는 법정대리인의 묵시적 처분 허락이 있었음을 이유로 신용구매계약을 취소할 수 없다고 하나(2005다71659, 71666, 71673판결), 의문이다. 그리고 처분이 허락된 재산으로 취득한 물건을 다시 처분하는 행위를 단독으로 할 수 있는지에 대해서는 처음의 허락된 처분행위의 취지를 고려하여 판단할 것이다(김증한/김학동, 119면; 백태승, 153면).

**동의와 허락의 취소 또는 제한**

법정대리인은 미성년자가 아직 법률행위를 하기 전에는 그가 준 동의나 허락을 취소할 수 있다(제7조). 취소란 동의나 허락의 효과를 장래에 향하여 소멸시키는 점에서 철회(撤回)의 의미를 가진다. 미성년자에 대한 동의와 허락의 취소 또는 제한은 선의의 상대방 또는 선의의 제3자에게 대항하지 못한다고 하여야 할 것이다(제8조 제2항 유추적용).

③ 영업이 허락된 그 영업에 관한 행위(제8조). 영업이란 영리를 목적으로 하는 사업을 말하며, '영업에 관한 행위'란 그 영업을 하는 데 직접·간접적으로 필요하다고 인정되는 일체의 행위를 포함한다. 법정대리인이 영업을 허락하는 경우에는 영업의 종류를 특정하여야 한다. 영업의 허락은 특별한 방식이 없으나, 영업이 상업일 때에는 상업등기를 하여야 하며(상법 제6조), 다만 이 경우 미성년후견인이 허락함에는 후견감독인의 동의가 필요하다(제950조 제1항 제1호). 그 허락에 대한 입증책임은 법률행위의 유효를 주장하는 자에게 있다고 할 것이다(통설).

**영업 허락의 취소와 제한**

법정대리인은 미성년자에게 준 영업의 허락을 취소 또는 제한할 수 있다(제8조 제2항). 이는 법률행위에 대한 동의와 허락의 취소 또는 제한과 그 내용을 같이하지만, 특히 친권자가 허락한 영업을 후견인이 법정대리인으로서 취소 또는 제한할 때에는 후견감독인의 동의가 필요하다(제945조 제3호). 영업허락의 취소 또는 제한은 선의의 제3자에게 대항하지 못한다(제8조 제2항 단서).

④ 회사의 무한책임사원이 된 미성년자의 사원 자격에 기한 행위는 유효하다(상법 제7조).

### (2) 피성년후견인의 행위능력

① 피성년후견인의 법률행위는 법정대리인의 동의를 얻어서 한 경우에도 취소할 수 있다(제10조 제1항). 다만, 제143조에 따라 성년후견인이 이를 추인(취소권의 포기)한 때에는 취소하지 못한다.

② 이와 같이 피성년후견인은 원칙적으로 행위능력이 제한되나, 가정법원은 취소할 수 없는 법률행위의 범위를 정할 수 있으며(제10조 제2항, 후견등기에 관한 법률 제25조 제1항 제5호), 일용품의 구입 등 일상생활에 필요하고 그 대가가 과도하지 아니한 법률행위는 취소할 수 없도록 하였다 (제10조 제4항).

③ 가정법원은 본인, 배우자, 4촌 이내의 친족, 성년후견인, 성년후견감독인, 검사 또는 지방자치단체의 장의 청구에 의하여 제10조 제2항에 따른 범위를 변경할 수 있다 (동조 제3항, 후견등기에 관한 법률 제25조 제1항 제5호).

④ 가정법원은 성년후견인이 가지는 법정대리권의 범위를 정할 수 있으며 (제938조 제2항), 성년후견인이 피성년후견인의 신상에 관하여 결정할 수 있는 권한의 범위를 정할 수 있다 (제938조 제3항). 또한 성년후견인의 권한의 범위가 적절하지 아니하게 된 경우에 가정법원은 본인, 배우자, 4촌 이내의 친족, 성년후견인, 성년후견감독인, 검사 또는 지방자치단체의 장의 청구에 의하여 그 범위를 변경할 수 있다 (제938조 제4항, 후견등기에 관한 법률 제25조 제1항 제5호).

⑤ 한편 피성년후견인은 성년후견인의 동의를 받아 입양을 할 수 있고 양자가 될 수 있다 (제873조 제1항). 그리고 피성년후견인인 양부모는 성년후견인의 동의를 받아 파양을 협의할 수 있다 (제902조).

### (3) 피한정후견인의 행위능력

① 한정치산자의 행위능력은 미성년자의 행위능력과 동일하였다 (개정전 민법 제10조). 즉, 일정한 경우에만 행위능력이 인정되고 원칙적으로 행위능력이 인정되지 아니하였다. 그러나 피한정후견인은 원칙적으로 행위능력이 인정되고, 가정법원이 정한 일정한 범위의 행위에 대해서만 행위능력이 제한된다 (제13조 제1항).

② 가정법원은 피한정후견인이 한정후견인의 동의를 받아야 하는 행위의 범위를 정할 수 있다 (동조항, 후견등기에 관한 법률 제25조 제1항 제6호). 또한 가정법원은 본인, 배우자, 4촌 이내의 친족, 한정후견인, 한정후견감독인, 검사 또는 지방자치단체의 장의 청구에 의하여 한정후견인의 동의를 받아야만 할 수 있는 행위의 범위를 변경할 수 있다 (동조 제2항).

③ 물론 한정후견인의 동의가 필요한 법률행위를 피한정후견인이 동의없이 하였을 때에는 그 법률행위를 취소할 수 있다. 다만, 일용품의 구입 등 일상생활에 필요하고

그 대가가 과도하지 아니한 법률행위는 한정후견인의 동의가 필요 없다(동조 제4항).

④ 특히 한정후견인의 동의를 필요로 하는 행위에 대하여 한정후견인이 피한정후견인의 이익이 침해될 염려가 있음에도 그 동의를 하지 아니하는 때에는 가정법원은 피한정후견인의 청구에 의하여 한정후견인의 동의에 갈음하는 허가를 할 수 있다(동조 제3항).

#### (4) 피특정후견인의 행위능력

① 특정후견은 본인의 의사에 반하여 할 수 없을 뿐만 아니라(제14조의2 제2항), 특정후견의 기간 또는 사무의 범위를 정하여 특정후견의 심판을 하여야 한다(동조 제3항, 후견등기에 관한 법률 제25조 제1항 제7호).

② 특정한 법률행위를 위하여 특정후견인이 선임되고 법정대리권을 부여받은 경우에도, 당해 법률행위와 관련된 피특정후견인의 행위능력은 제한되지 않는다.

③ 따라서 피특정후견인은 특정된 법률행위를 직접 행할 수 있고, 그 결과 피특정후견인과 특정후견인이 각각의 법률행위를 성립시키는 경우도 발생할 수 있게 된다. 그러한 경우에는 민법의 일반 법리(채권관계의 상대성, 물권의 우선성, 의사능력 등)에 의하여 처리할 수 밖에 없을 것이다. 이와 같은 결과는 특정후견은 본인의 의사에 반하여 개시할 수 없다는 규정(제14조의2 제2항)에 비추어 그의 의사를 존중하기 위한 불가피한 것이라고 하겠다.

### 4) 후견계약

(1) 자기의 사무를 처리할 능력이 부족한 상황에 있거나 부족하게 될 상황에 대비하여 재산관리 및 신상보호에 관한 사무의 전부 또는 일부를 자신이 원하는 후견인에게 위탁하는 내용의 후견계약을 체결할 수 있다. 이와 같은 후견계약은 특히 '농자, 아자, 맹자' 등 신체적 장애로 인하여 후견이 필요한 경우에 활용될 수 있을 것이다.

(2) 물론 본인은 후견계약이 사기나 강박에 의한 경우이거나 그것이 선량한 풍속 기타 사회질서에 반하는 등 문제가 있는 경우에는 후견계약을 철회할 수 있다(제959조의18 제1항). 그리고 가정법원의 심판에 의하여 후견계약이 동의유보의 대상인 때에는 임의후견인의 동의를 받지 않으면 이를 취소할 수도 있을 것이다.

(3) 후견계약은 공정증서로 작성하여야하고(제959조의 14), 그 효력은 가정법원이

임의후견감독인을 선임하여야만 발생한다 (제959조의14 제3항, 후견등기에 관한 법률 제26조 제1항 제3호). 당사자가 계약으로 정한 후견계약의 효력발생시기에 대한 법적 불안을 제거할 필요가 있고, 본인에게 임의후견의 이름으로 여러 제약이 부가될 가능성이 있기 때문이다. 특히 가정법원은 임의후견인의 개인적 자질을 문제로 후견계약의 효력발생을 저지할 수 있다 (제959조의17 제1항). 가령, 임의후견인이 제937조 각호(후견인의 결격사유)에 해당하는 자 또는 그 밖에 현저한 비행이 있거나 후견계약에서 정한 임무에 적합하지 아니한 사유가 있는 자인 경우에는 가정법원은 임의후견감독인을 선임하지 아니할 수 있다.

(4) 본인 또는 임의후견인은 임의후견감독인의 선임 전에는 언제든지 공증인의 인증을 받은 서면으로 후견계약의 의사표시를 철회할 수 있다(제959조의18 제1항). 임의후견감독인의 선임 이후에는 본인 또는 임의후견인은 정당한 사유가 있는 때에만 가정법원의 허가를 받아 후견계약을 종료할 수 있다 (동조 제2항).

(5) 후견계약은 자신의 재산관리 및 신상보호에 관한 사무의 전부 또는 일부를 다른 자에게 위탁하고 그 위탁사무에 관하여 대리권을 수여하는 것을 내용으로 한다 (제959조의14 제1항, 후견등기에 관한 법률 제26조 제1항 제4호). 즉, 후견계약은 기본적으로 피임의후견인이 임의후견인에게 임의대리권을 수여하는 것을 내용으로 하는 위임계약의 성질을 가진다.

따라서 피임의후견인이 임의후견인과 후견계약을 체결하고 가정법원이 임의후견감독인을 선임하여 그 후견계약이 효력을 발생(동조 제3항)하더라도, 피임의후견인은 임의대리관계의 본인의 지위에 있다고 할 것이므로 행위능력이 제한되는 것은 아니다.

(6) 다만, 민법은 거래의 안전을 보호하고 피임의후견인과 거래하는 상대방인 제3자를 보호하기 위하여 후견계약 등을 등기하여 공시하도록 하였다 (제959조의15, 19, 20, 후견등기에 관한 법률 제26조 제1항).

(7) 한편 후견계약이 등기되어 있는 경우에는 가정법원은 본인의 이익을 위하여 특별히 필요할 때에만 임의후견인 또는 임의후견감독인의 청구에 의하여 성년후견, 한정후견 또는 특정후견의 심판을 할 수 있다. 이 경우 후견계약은 본인이 성년후견 또는 한정후견 개시의 심판을 받은 때 종료된다 (제959조의20 제1항).

그리고 본인이 피성년후견인, 피한정후견인 또는 피특정후견인인 경우에 가정법원은 임의후견감독인을 선임함에 있어서 종전의 성년후견, 한정후견 또는 특정후견의 종료 심판을 하여야 한다. 다만, 성년후견 또는 한정후견 조치의 계속이 본인의 이익을 위하여 특별히 필요하다고 인정하면 가정법원은 임의후견감독인을 선임하지 아니한다(동조 제2항).

### 5) 법정대리인과 감독

#### (1) 미성년 법정대리인과 감독

① 미성년 법정대리인에는 친권자인 부모와 후견인이 있다. 우선 친권을 행사하는 부 또는 모는 미성년자인 자의 법정대리인이 된다(제911조). 그리고 미성년자에게 친권자가 없거나 친권자가 법률행위의 대리권과 재산관리권을 행사할 수 없는 경우에는 미성년후견인을 두어야 한다(제928조, 가족관계의 등록 등에 관한 법률 제80조). 고아의 후견직무에 관한 법률에는 고아의 후견인에 관한 특별규정이 있다(동법 제2조, 제3조).

**판 례**

민법 제932조 소정의 직계혈족이라 함은 특히 부계 직계혈족으로 제한한 바 없고, 또 이를 부계 직계혈족에 한한다고 해석할 이유도 없으므로 직계혈족은 부계이거나 모계이거나 관계 없다. 따라서 외조모가 백부보다 선순위 법정후견인이 된다(81스25, 26, 27, 28, 29결정, 2000므612판결).

미성년후견인의 수(數)는 한 명으로 한다(제930조 제1항). 미성년자에게 친권을 행사하는 부모는 유언으로 미성년후견인을 지정할 수 있다. 다만, 법률행위의 대리권과 재산관리권이 없는 친권자는 그러하지 아니하다(제931조 제1항). 그리고 가정법원은 미성년후견인이 지정된 경우라도 미성년자의 복리를 위하여 필요하면 생존하는 부 또는 모, 미성년자의 청구에 의하여 후견을 종료하고 생존하는 부 또는 모를 친권자로 지정할 수 있다(동조 제2항).

한편 가정법원은 지정된 미성년후견인이 없는 경우에는 직권으로 또는 미성년자, 친족, 이해관계인, 검사, 지방자치단체의 장의 청구에 의하여 미성년후견인을 선임한다(제932조 제1항). 미성년후견인이 없게 된 경우에도 또한 같다. 그리고 가정법원은 친권상실의 선고나 대리권 및 재산관리권 상실의 선고에 따라 미성년후견인을 선임할 필요가 있는 경우에는 직권으로 미성년후견인을 선임한다(동조 제2항). 특히 친권자가 대리권 및 재산관리권을 사퇴한 경우에는 지체 없이 가정법원에 미성년후견인의 선임을 청구하여야 한다(동조 제3항). 미성년자 등 일정한 자는 미성년 등의 후견인이 될 수 없다(제937조. 이하 같다).

물론 후견인은 정당한 사유가 있는 경우에는 가정법원의 허가를 받아 사임할 수 있다. 이 경우 그 후견인은 사임청구와 동시에 가정법원에 새로운 후견인의 선임을 청구하여야 한다(제939조. 이하 같다).

② 친권자인 부모가 미성년자의 법률행위를 대리하거나 동의하는 경우에는 공동으로 하여야 한다. 부모의 의견이 일치하지 않는 경우에는 당사자의 청구에 의하여 가정법원이 이를 정한다(제909조 제2항). 그리고 부모의 일방이 공동명의로 자(子)의 법률행위를 대리하거나 동의한 때에는 다른 일방의 의사에 반하는 때에도 효력이 있다. 그러나 상대방이 악의인 때에는 그러하지 아니하다(제920조의2).

미성년후견인은 미성년자의 법정대리인이 된다(제938조 제1항). 그리고 미성년후견인은 보호교양, 거소지정, 징계에 관하여는 친권자와 동일한 권리와 의무가 있다. 다만, 친권자가 정한 교육방법, 양육방법 또는 거소를 변경하는 경우, 미성년자를 감화기관이나 교정기관에 위탁하는 경우, 친권자가 허락한 영업을 취소하거나 제한하는 경우에는 후견감독인이 있으면 그의 동의를 받아야 한다(제945조). 미성년자의 친권자가 법률행위의 대리권과 재산관리권에 한정하여 친권을 행사할 수 없는 경우에 미성년후견인의 임무는 미성년자의 재산에 관한 행위에 한정된다(제946조). 미성년후견인은 미성년자를 갈음하여 미성년자의 자녀에 대한 친권을 행사한다(제948조 제1항).

미성년후견인이 제950조 제1항 각호의 어느 하나에 해당하는 행위를 대리하거나 동의를 할 때는 후견감독인이 있으면 그의 동의를 받아야 한다.

**판 례**

미성년자의 법정대리인의 법률행위는 미성년자를 위하여 한 행위로 추정되므로 후견인의 피후견인 재산에 관한 처분행위는 피후견인인 미성년자를 대리하여 한 행위로서 미성년자에 대하여 그 효과가 발생한다(94다1302판결).

③ 미성년후견인을 지정할 수 있는 사람은 유언으로 미성년후견감독인을 지정할 수 있다(제940조의2). 그리고 가정법원은 지정된 미성년후견감독인이 없는 경우에 필요하다고 인정하면 직권으로 또는 미성년자, 친족, 미성년후견인, 검사, 지방자치단체의 장의 청구에 의하여 미성년후견감독인을 선임할 수 있다(제940조의3 제1항). 또한 가정법원은 미성년후견감독인이 사망, 결격, 그 밖의 사유로 없게 된 경우에는 직권으로 또는 미성년자, 친족, 미성년후견인, 검사, 지방자치단체의 장의 청구에 의하여 미성년후견감독인을 선임한다(동조 제2항). 후견인의 제779조에 따른 가족은 후견감독인이 될 수 없다(제940조의5. 이하 같다).

후견감독인은 후견인의 사무를 감독하며, 후견인이 없는 경우 지체 없이 가정법원에 후견인의 선임을 청구하여야 한다(제940조의6 제1항). 후견감독인은 피후견인의 신상이나 재산에 대하여 급박한 사정이 있는 경우 그의 보호를 위하여 필요한 행위 또는 처분을 할 수 있다(동조 제2항). 후견인과 피후견인 사이에 이해가 상반되는 행위에 관하여는 후견감독인이 피후견인을 대리한다(동조 제3항). 그리고 후견감독인은 언제든지 후견인에게 그의 임무 수행에 관한 보고와 재산목록의 제출을 요구할 수 있고 피후견인의 재산상황을 조사할 수 있다(제953조). 성년후견감독인, 한정후견감독인, 특정후견감독인의 임무도 미성년후견감독인의 임무와 같다(제940조의6 제1항 등).

### (2) 성년후견인과 감독

① 성년후견의 개시심판이 있는 경우에는 그 심판을 받은 사람의 성년후견인을 두어야 하는데(제929조), 가정법원은 이 경우 직권으로 성년후견인을 선임한다(제936조 제1항). 그리고 성년후견인이 사망, 결격, 그 밖의 사유로 없게 된 경우에도 가정법원은 직권으로 또는 피성년후견인, 친족, 이해관계인, 검사, 지방자치단체의 장의 청구에 의하여 성년후견인을 선임한다(동조 제2항, 후견등기에 관한 법률 제25조 제1항 제3호).

가정법원이 성년후견인을 선임할 때에는 피성년후견인의 의사를 존중하여야 하며, 그 밖에 피성년후견인의 건강, 생활관계, 재산상황, 성년후견인이 될 사람의 직업과 경험, 피성년후견인과의 이해관계의 유무(법인이 성년후견인이 될 때에는 사업의 종류와 내용, 법인이나 그 대표자와 피성년후견인 사이의 이해관계의 유무를 말한다) 등의 사정도 고려하여야 한다(동조 제4항). 이러한 사정은 가정법원이 한정후견인, 특정후견인을 선임함에 있어서도 고려되어야 한다(제959조의3 제2항 등).

② 성년후견인에 대해서는 피성년후견인의 신상과 재산에 관한 모든 사정을 고려하여 여러 명을 둘 수 있으며 (제930조 제2항), 법인도 성년후견인이 될 수 있다 (동조 제3항). 피성년후견인에게 다수의 성년후견인이 존재하는 경우, 가정법원은 직권으로 그들이 공동으로 혹은 사무를 분장하여 그 권한을 행사할 수 있도록 정할 수 있으며 (제949조의2 제1항), 이를 변경·해소할 수도 있다 (동조 제2항). 제949조의2는 한정후견감독인, 특정후견감독인이 다수인 경우에도 준용된다 (제959조의5 제2항 등).

③ 성년후견인은 포괄적인 재산관리권과 법정대리권을 가진다 (제938조 제1항). 즉, 성년후견인은 피성년후견인의 재산을 관리하고 그 재산에 관한 법률행위에 대하여 피성년후견인을 대리한다 (제949조 제1항). 물론 성년후견인은 동의권은 없고, 가정법원은 성년후견인의 법정대리권의 범위를 감축할 수 있으며 (제938조 제2항, 후견등기에 관한 법률 제25조 제1항 제5호 나목), 사정변화에 따라 변경할 수도 있다 (동조 제4항).

한편 민법은 거주·이전, 주거, 면접교섭, 의학적 치료 등 신상에 관하여는 피성년후견인이 그 상태가 허락하는 범위에서 단독으로 결정할 수 있도록 하고 있다 (제947조의2 제1항). 피성년후견인이 스스로 신상결정을 할 수 없는 상태에 있는 경우에는 성년후견인이 결정할 수 있도록 하되, 가정법원이 그 결정할 수 있는 권한의 범위를 정하거나 (제938조 제3항, 후견등기에 관한 법률 제25조 제1항 제5호 다목), 변경할 수 있도록 하고 있다 (제938조 제4항).

④ 개정전 민법은 후견인의 감독기관으로 친족회를 두고 있었으나 (개정전 민법 제960조 이하), 현실적으로 친족회가 후견인과의 밀접한 관계, 공동체문화의 해체 등으로 후견인의 감독이라는 중요한 기능을 수행하고 있지 못하다는 비판이 있어 왔다. 여기에서 개정 민법은 친족회를 폐지하고 성년후견인의 감독기관으로 성년후견감독인을 선임하도록 하였다 (제940조의4, 후견등기에 관한 법률 제25조 제1항 제4호). 물론 성년후견감독인이 선임되지 않은 경우에도 가정법원의 후견인에 대한 감독권한은 여전히 존속하므로 (제954조), 관계인은 가정법원에 직권에 의한 감독을 촉구함으로써 성년후견인을 견제할 수 있다고 할 것이다.

### (3) 한정후견인과 감독

① 가정법원의 한정후견개시의 심판이 있는 경우에는 그 심판을 받은 사람의 한정후견인을 두어야 한다 (제959조의2). 이 경우 한정후견인은 가정법원이 직권으로 선임

한다(제959조의3). 한정후견인도 성년후견인과 마찬가지로 피한정후견인의 신상과 재산에 관한 모든 사정을 고려하여 여러 명을 둘 수 있다(제930조 제2항). 역시 법인도 한정후견인이 될 수 있다(동조 제3항).

② 가정법원은 한정후견인이 사망, 결격, 그 밖의 사유로 없게 된 경우에도 직권으로 또는 피한정후견인, 친족, 이해관계인, 검사, 지방자치단체의 장의 청구에 의하여 한정후견인을 선임한다(제959조의3 제2항, 제936조 제2항). 가정법원은 한정후견인이 선임된 경우에도 필요하다고 인정하면 직권으로 또는 제2항의 청구권자나 한정후견인의 청구에 의하여 추가로 한정후견인을 선임할 수 있다(제936조 제3항).

③ 한정후견인도 성년후견인과 마찬가지로 피한정후견인의 재산관리 및 신상보호에 있어 제반사정을 고려하여 그의 복리에 부합하는 방법으로 사무를 처리해야 하고, 피한정후견인의 복리에 반하지 아니하는 한 피한정후견인의 의사를 존중하여야 한다(제959조의6, 제947조). 가정법원의 동의 유보의 심판이 있는 한도에서 한정후견인은 동의권을 가진다(제13조 제1항). 다만, 동의유보의 대상인 이해상반행위가 있을 경우에는 한정후견감독인이 한정후견인에 대신하여 동의권을 가진다(제959조의5 제2항 제2문). 또한 가정법원은 한정후견인에게 대리권을 부여하는 심판을 할 수 있다(제959조의4 제1항, 후견등기에 관한 법률 제25조 제1항 제6호 나목). 즉, 한정후견인의 대리권은 후견개시의 심판과는 별도로 가정법원의 심판으로 발생한다. 따라서 동의유보의 범위와 법정대리권의 범위가 일치하지 않을 수도 있다.

④ 피한정후견인의 신상에 관한 결정은 피한정후견인의 상태가 허락하는 범위에서 그가 단독으로 결정하지만(제959조의6, 제947조의2 제1항), 그가 결정할 수 없는 경우에 대비하여 가정법원은 한정후견인이 피한정후견의 신상에 관하여 결정할 수 있는 권한의 범위를 정할 수 있고, 변경할 수 있다(제959조의4 제2항, 제387조 제3항, 제4항, 후견등기에 관한 법률 제25조 제1항 제6호 다목). 중요한 신상결정에 대해서는 가정법원의 허가에 의한 감독이 요구된다(제959조의6, 제947조의2 제2항 내지 제6항). 그리고 한정후견인이 피한정후견인의 행위를 목적으로 하는 채무를 부담하는 법률행위를 대리하는 때에는 본인의 동의를 얻어야 한다(제959조의6, 제920조 단서).

⑤ 가정법원은 필요하다고 인정하면 직권으로 또는 피한정후견인, 친족, 한정후견인, 검사, 지방자치단체의 장의 청구에 의하여 한정후견감독인을 선임할 수 있다(제959조의5 제1항). 한정후견감독인은 피한정후견인의 신상과 재산에 관한 모든 사정을

고려하여 여러 명을 둘 수 있다. 법인도 한정후견감독인이 될 수 있다. 한정후견감독인의 직무도 미성년 내지 성년후견감독인의 직무와 같다(제959조의5 제2항).

### (4) 특정후견인과 감독

① 가정법원은 피특정후견인의 후원을 위하여 필요한 처분을 명할 수 있는데(제959조의8), 그 처분으로 피특정후견인을 후원하거나 대리하기 위한 특정후견인을 선임할 수 있다(제959조의9 제1항). 피특정후견인의 후원을 위하여 필요하다고 인정하면 가정법원은 기간이나 범위를 정하여 특정후견인에게 대리권을 수여하는 심판을 할 수 있다(제959조의11 제1항, 후견등기에 관한 법률 제25조 제1항 제7호). 즉, 특정후견인의 대리권은 후견개시의 심판이나 특정후견인의 선임과는 별도로 가정법원의 심판으로 발생할 수 있다. 이 경우 가정법원은 특정후견인의 대리권 행사에 가정법원이나 특정후견감독인의 동의를 받도록 명할 수 있다(동조 제2항).

② 특정후견인은 피특정후견인을 보좌하고 후원하는 임무를 수행하며, 그의 복리를 배려하고 의사를 존중할 의무가 있다(제959조의12, 제47조). 그리고 가정법원은 필요하다고 인정하면 직권으로 또는 피특정후견인, 친족, 특정후견인, 검사, 지방자치단체의 장의 청구에 의하여 특정후견감독인을 선임할 수 있다(제959조의10 제1항). 특정후견인이 피특정후견인의 행위를 목적으로 하는 채무를 부담하는 법률행위를 대리하는 때에는 본인의 동의를 얻어야 한다(제959조의12, 제920조 단서).

### (5) 임의후견인과 감독

① 임의후견은 후견계약에 의하여 발생하므로(제959조의14 제1항), 본인은 후견계약에 의하여 다수의 임의후견인을 선임하여 자신의 후견사무를 처리하게 할 수 있다. 특히 피한정후견인도 의사능력이 있는 한도에서는 후견계약을 체결할 수 있고, 그에 따라 한정후견에서 임의후견으로 이행할 수 있다(제959조의20 제2항).

② 대리권과 같은 임의후견의 내용은 당사자들의 계약에 정한 바에 따른다(후견등기에 관한 법률 제26조 제1항 제4호). 물론 임의후견인은 위임계약상의 선량한 관리자의 주의의무를 부담하며(제681조), 가정법원, 임의후견인, 임의후견감독인은 본인의 의사를 최대한 존중하여야 한다(제959조의14 제4항).

③ 가정법원은 후견계약이 등기되어 있고, 본인이 사무를 처리할 능력이 부족한

상황에 있다고 인정할 때에는 본인, 배우자, 4촌 이내의 친족, 임의후견인, 검사 또는 지방자치단체의 장의 청구에 의하여 임의후견감독인을 선임한다 (제959조의15 제1항).

이 경우 본인이 아닌 자의 청구에 의하여 가정법원이 임의후견감독인을 선임할 때에는 미리 본인의 동의를 받아야 한다. 다만, 본인이 의사를 표시할 수 없는 때에는 그러하지 아니하다 (동조 제2항). 가정법원은 임의후견감독인이 없게 된 경우에는 직권으로 또는 본인, 친족, 임의후견인, 검사 또는 지방자치단체의 장의 청구에 의하여 임의후견감독인을 선임한다 (동조 제3항). 가정법원은 임의후견감독인이 선임된 경우에도 필요하다고 인정하면 직권으로 또는 제3항의 청구권자의 청구에 의하여 임의후견감독인을 추가로 선임할 수 있다 (동조 제4항).

### 6) 법정대리권의 제한

친권자는 이해상반행위를 할 수 없다 (제921조). 이해상반행위라 함은 친권자에게는 이익이 되고 미성년자 등에게는 불이익이 되는 행위뿐만 아니라, 미성년자 일방을 위해서는 이익이 되고 다른 미성년자에게는 불이익이 되는 행위를 말한다 (92다54524판결). 다만, 이해상반행위 여부는 형식적으로 판단할 것이 아니라 실질적으로 판단하여야 한다 (81다649판결).

그리고 친권자가 대리권을 남용한 경우에 그 효과는 본인에게 미치지 않는다. 가령, 친권자인 모(母)가 미성년자인 자(子)의 법정대리인으로서 자의 유일한 재산을 아무런 대가도 받지 않고 증여하였고 상대방이 그 사실을 알고 있었던 경우, 그 증여행위는 친권의 남용에 의한 것이므로 그 효과는 자(子)에게 미치지 않는다 (96다43928판결).

법정대리인인 친권자와 그 자 사이에 이해상반되는 행위를 함에는 친권자는 법원에 그 자의 특별대리인의 선임을 청구하여야 한다 (제921조 제1항). 법정대리인인 친권자가 그 친권에 따르는 수인의 자 사이에 이해상반되는 행위를 함에는 법원에 그 자 일방의 특별대리인의 선임을 청구하여야 한다 (제921조 제2항).

후견인에 대하여도 제921조를 준용한다. 다만, 후견감독인이 있는 경우에는 그러하지 아니하다 (제949조의3). 피후견인과 후견인 사이에 이해가 상반되는 행위에 대하여는 후견감독인이 피후견인을 대리한다 (제940조의6 제3항).

**판 례**

제921조 제1항 소정의 이해상반되는 행위라 함은 친권자인 부와 미성년자인 자가 각각 당사자 일방이 되어서 하는 법률행위뿐만 아니라 친권자를 위해서는 이익이, 미성년자를 위해서는 불이익이 되는 행위도 포함된다고 해석함이 상당하다(71다1113판결). 또한 제921조 제2항에서 말하는 이해상반행위라 함은 친권자의 친권에 복종하는 미성년인 자 상호간에 있어서 그 미성년자가 각각 당사자의 일방이 되어서 하는 법률행위뿐 아니라 친권자가 미성년자 일방을 위하여 타인으로부터 금전을 차입함에 있어, 다른 미성년자인 자의 소유 부동산에 저당권을 설정하는 행위와 같이 미성년자 일방을 위하여서는 이익이 되고 다른 미성년자에 대하여는 불이익이 되는 경우도 포함한다고 해석함이 상당하다고 할 것이나, 그 어느 경우에 있어서도 이해상반행위의 당사자는 그 일방이 친권에 복종하는 미성년자이어야 할 뿐 아니라 상대방 역시 그 친권에 복종하는 다른 미성년자인 자로서 모두가 자기의 친권에 복종하는 미성년자인자일 경우이어야 하고, 이때에는 친권자가 미성년자 쌍방을 대리할 수는 없는 것이므로 그 어느 미성년자 일방을 위하여 (**불이익한 미성년자를 위하여**)특별대리인을 선임하여야 한다는 것이지, 가령 성년이 되어 친권자의 친권에 복종하지 아니하는 자와 친권에 복종하는 미성년자인 자 사이에 이해상반이 되는 경우가 있나 하어도 친권지는 미성년자인 자를 위한 법정대리인으로서 그 고유의 권리를 행사할 수 있을 것이므로 그러한 친권자의 법률행위는 민법 제921조 제2항 소정의 이해상반행위에 해당한다고 할 수 없다(75다2340판결).

### 7) 제한능력자제도의 적용 한계

(1) 원칙적으로 신분행위에는 그 적용이 없다. 즉, 17세에 달하면 유언할 수 있는 등 가족법에 특별한 규정을 두고 있다(제801조, 제807조, 제1063조). 그리고 피한정후견인은 신분행위에서는 행위능력자와 마찬가지로 법정대리인의 동의나 대리행위 없이 유효하게 행위할 수 있다. 물론 후견인은 될 수가 없다(제937조). 또한 피성년후견인도 신분행위는 법정대리인의 동의를 얻어 유효하게 행할 수 있다. 가령, 피성년후견인도 성년후견인의 동의를 얻어 인지할 수 있다(제856조), 특히 유언은 의사능력이 회복된 때에는 법정대리인의 동의 없이 단독으로 할 수 있다(제1063조).

(2) 미성년자의 행위를 요하는 법정대리인의 대리행위는 미성년자의 동의를 얻도

록 하고 있다(제920조 단서). 이는 한정후견인과 특정후견인에도 적용된다(제959조6, 제959조의12). 그리고 근로기준법은 법정대리인이 미성년자를 대리하여 근로계약을 체결할 수 없도록 하고(근로기준법 제65조), 임금도 미성년자가 독자적으로 청구할 수 있도록 정하고 있다(동법 제66조).

(3) 제한능력자는 소송법상 소송무능력자이다(민사소송법 제55조. 다만, 미성년자 또는 제한능력자가 독립하여 법률행위를 할 수 있는 경우에는 그러하지 아니하다). 따라서 법률행위에서와는 달리 법정대리인의 동의를 얻어도 소송행위를 할 수 없다. 역시 신분상의 행위에 대하여도 법정대리인의 동의를 얻어 소송행위를 할 수 없다. 다만, 피성년후견인의 경우에는 특별규정이 있다. 피성년후견인은 성년후견종료의 심판이 있은 날로부터 2년 이내에 친생부인의 소를 제기할 수 있다(제848조 제2항).

따라서 제한능력자의 법률행위와 같이 취소할 수 있는 것이 아니라 제한능력자의 소송행위는 무효이다. 다만, 능력을 취득한 본인이나 법정대리인이 후에 이를 추인하면 소급적으로 유효하게 된다(민사소송법 제60조. 2001다5937판결).

(4) 대리인은 제한능력자라도 상관 없다(제117조). 다만, 제127조에 비추어 피성년후견인은 대리인이 될 수 없다고 하여야 할 것이며, 법정대리인은 행위능력자이어야 한다.

(5) 한편 법정대리인이 없는 경우에 제한능력자는 법률행위를 할 수 없다는 결과로 되어, 제한능력자에게 가혹한 결과가 되는 경우가 있을 수 있다. 이에 개정민법은 일용품의 구입 등 일상생활에 필요하고 그 대가가 과도하지 아니한 법률행위는 성년후견인이나 한정후견인은 이를 취소할 수 없도록 하였다(제10조제4항, 제13조제4항). 그리하여 제한능력자의 취소권의 권한을 위하여 이른바 사실적 계약관계를 받아들일 필요가 없게 되었다.

### 8) 제한능력자의 상대방 보호제도

#### (1) 상대방 보호의 필요성

취소할 수 있는 법률행위는 방치하여 두면 잠정적으로 유효하지만, 취소권자의 취소가 있으면 소급하여 무효가 된다(제141조 본문). 그리고 제한능력자의 법률행위의 취소권은 제한능력자 측에서만 가지고 있다. 따라서 상대방 및 거래안전을 보호할 필요가 있다. 더구나 제한능력자 측에서 법률행위를 취소하면 취소의 소급효에 의하여 상대방은 자기가 받은 것 전부를 부당이득으로 반환하여야 하는 반면에 제한능력자 측에서는 이익이 현존하는 한도에서만 반환의무를 부담한다 (제141조 단서).

### (2) 내 용

① 취소권의 단기소멸제도

취소권은 추인할 수 있는 날(취소의 원인이 소멸한 때)로부터 3년 내에, 법률행위를 한 날로부터 10년 내에 행사하여야 한다 (제146조). 이 경우 기간은 시효기간이 아니고 제척기간이다.

② 법정추인제도

추인할 수 있는 날 이후에, 취소할 수 있는 법률행위에 관하여 전부나 일부의 이행, 이행의 청구, 경개(更改), 담보의 제공, 권리의 양도나 강제집행이 있으면 추인한 것으로 본다 (제145조. 법정추인에 관한 자세한 내용은 제3장 제5절 4. 3) (6) 참조).

③ 상대방의 최고권(촉구권) · 철회권 · 거절권

a) 최고권(촉구할 권리): 상대방은 1개월 이상의 유예기간을 정하여 제한능력자가 능력자가 된 후 또는 법정대리인에 대하여 추인 여부의 확답을 최고할 수 있다 (제15조 제1항 전문). 제한능력자가 능력자가 된 후 또는 법정대리인이 최고를 받고 유예기간 내에 확답을 발하지 않으면 추인한 것으로 본다 (제15조 제1항 후문). 다만, 후견인이 특별절차를 거쳐야 하는 경우(제950조 참조)에 확답이 없으면 취소한 것으로 본다 (제15조 제2항). 최고는 의사의 통지이며, 최고권은 형성권이다.

**표 3-2** 상대방의 최고권(촉구권) · 철회권 · 거절권

<table>
<tr><th>구 분</th><th>대 상</th><th>행사 요건</th><th colspan="2">무능력자 측</th><th colspan="2">효 과</th></tr>
<tr><td rowspan="2">최고권<br>(촉구권)</td><td rowspan="3">계 약</td><td rowspan="2">· 선의 · 악의<br>· 1개월 이상의 유예기간 후</td><td>제한능력자인 동안</td><td>법정대리인</td><td rowspan="2">확답 무</td><td>· 원칙: 추인<br>· 특별절차: 추인 거절</td></tr>
<tr><td>능력자로 된 후</td><td>본 인</td><td>추 인</td></tr>
<tr><td>철회권</td><td>· 선의<br>· 추인 있을 때까지</td><td colspan="2" rowspan="2">제한능력자 또는 법정대리인</td><td colspan="2">무 효</td></tr>
<tr><td>거절권</td><td>단독행위</td><td>· 선의 · 악의<br>· 추인 있을 때까지</td><td colspan="2">무 효</td></tr>
</table>

b) 철회권: 상대방은 제한능력자와 체결한 계약의 의사표시를 추인 있을 때까지 철회함으로써 계약의 성립을 방해할 수 있다 (제16조 제1항). 단, 상대방이 계약 당시에 제한능력자임을 안 경우에는 그러하지 아니하다 (제16조 제1항 단서). 상대방이 자기의 의사표시를 철회하면 제한능력자 측에서는 더 이상 추인할 수 없다.

c) 거절권: 제한능력자의 상대방 있는 단독행위에 대하여는 추인 있을 때까지 상대방은 거절할 수 있다 (제16조 제2항). 이 경우에는 상대방이 제한능력자임을 안 경우에도 거절할 수 있다 (통설). 상대방이 거절하면 제한능력자의 단독행위는 효력이 없다.

④ 취소권의 상실

a) 취지: 제한능력자가 속임수로써 자기를 능력자로 믿게 한 경우에는 그 행위를 취소할 수 없다 (제17조 제1항). 미성년자나 피한정후견인이 속임수로써 법정대리인의 동의가 있는 것으로 믿게 한 경우에도 같다 (동조 제2항). 물론 상대방은 사기를 이유로 제한능력자에 대한 의사표시를 취소하거나 (제110조), 불법행위를 이유로 손해배상을 청구할 수 있다 (제750조).

b) 요건: 첫째, 속임수를 썼어야 한다. 이 경우 속임수란 기망(欺罔) 수단을 말하며, 통설은 적극적인 경우뿐 아니라 소극적으로 침묵한 경우에도 속임수가 될 수 있다고 한다. 다만, 판례는 적극적인 기망행위만을 사술에 해당한다고 보고, 능력자라고 자칭하거나 침묵한 경우라면 사술(속임수)에 해당한다고 보지 않는다 (이은영, 184면은 취소권의 발생을 배척하기 위해서는 무능력자의 보호를 포기할 만한 사정이 있어야 할 것이라면서 적극설을 취한다).

생각건대 속임수의 의미의 판단은 제한능력자를 보호할 것인가, 아니면 거래의 상대방을 보호할 것인가의 이익형량의 문제에 속하기는 하나, 이를 넓게 새기게 되면 취소권이 상실되는 범위가 넓어지므로 제한능력자제도의 취지를 무의미하게 할 염려가 있다. 적극설에 찬동한다.

둘째, 이러한 속임수에 기하여 상대방이 능력자로 또는 법정대리인의 동의가 있는 것으로 믿고 법률행위를 하였어야 한다.

**판 례**

이른바 '무능력자가 사술로써 능력자로 믿게 한 때'에 있어서의 사술을 쓴 것이라 함은 적극적으로 사기 수단을 쓴 것을 말하는 것이고 단순히 자기가 능력자라 사언(詐言)함은 사술을 쓴 것이라고 할 수 없다(4287민상77판결). 미성년자와 계약을 체결한 상대방이 미성년자의 취소권을 배제하기 위하여 미성년자가 사술을 썼다고 주장하는 때에는 그 주장자인 상대방 측에 그에 대한 입증책임이 있다(71다2045판결).

c) 효과: 제한능력자나 법정대리인은 제한능력자의 법률행위임을 이유로 취소할 수 없다.

## 제 4 절 의사표시

### 1 개 념

의사표시란 당사자가 일정한 법률효과(가령, 채권법적 효과, 물권법적 효과, 신분법적 효과)의 발생을 의욕하고 그러한 뜻을 외부에 표시하는 행위를 말하는 것으로, 이는 법률행위의 중핵을 이루는 불가결의 구성 요소이다.

단독행위는 하나의 의사표시만으로 법률효과가 발생한다. 즉, 하나의 의사표시만으로 법률요건을 이룬다. 계약은 대립하는 의사표시의 합치에 의해서 성립한다. 즉, 계약은 청약의 의사표시와 승낙의 의사표시의 합치에 의해서 법률효과가 발생한다. 이 경우 의사표시는 계약이라고 하는 법률요건을 이루는 법률사실이 된다. 합동행위는 목적을 같이하는 의사표시의 합치에 의해서 성립한다. 이 경우 의사표시도 합동행위라고 하는 법률요건을 이루는 법률사실이 된다.

**전자적 의사표시**

오늘날 전자정보 통신의 발달로 인하여 인터넷을 이용한 거래행위가 많이 이루어지고 있는데, 정보처리 장치나 네트워크를 통해서 이루어지는 이른바 전자적 의사표시의 독자성을 인정할 것인지가 문제된다(정진명, 전자거래 규정의 민법 편입 제안, 민사법학 제48호 (2010. 3), 83면 이하). 전자적 의사표시란 사람의 의사가 컴퓨터와 같은 자동 정보처리 시스템에 의하여 전자적 방식으로 구체화되어 직접 표시되거나 네트워크 등을 통하여 다른 사람에게 전달되어 표시되는 의사표시를 말한다. 전자적 의사표시는 사람의 구체적인 의사를 단순히 전달하는 역할에서 점차 독립적으로 의사표시를 행하는 역할로 그 영역이 확대되고 있다고는 하나, 이러한 의사표시는 아직 그 수단이 독특하다는 점에서 규율의 특수성이 인정될 뿐 보통의 의사표시와 다른 것으로 이해할 것은 아니라고 할 것이다(지원림, 자동화된 의사표시, 저스티스, 제31권 3호, 43면). 전자거래는 전자문서 및 전자거래 기본법이 규율한다.

## 2 의사표시의 구성 요소

독일 민법학의 영향을 받아 의사표시의 주관적 요소를 행위의사(행위자의 의식 있는 거동으로서 일정한 행위를 하려고 하는 의사), 표시의사, 효과의사로 표시행위를 행위적 요소로 나누어 고찰하는 견해도 있지만(이영준, 99면 이하), 통설은 일반적으로 의사표시를 심리학적으로 분석하여 설명한다(고상룡, 383면). 가령, 오디오를 구입하는 매수인의 행위 과정을 예로 들어 의사표시의 구성 요소를 살펴보자. '고전음악'을 좋아하는 A라는 대학생은 고전음악을 들을 수 있는 오디오를 구입할 생각을 가진다(動機). 그래서 A는 신문광고 등을 참고하면서 품질이 좋고 값싼 오디오를 알아 보려고 시내를 돌아다니던 중 마침내 마음에 드는 것을 발견하고 이를 사려고 결심한다(效果意思). A는 곧 그 오디오가 있는 전자제품의 판매대리점으로 들어가 오디오를 살 생각으로 값을 물어 본다(表示意思). A는 대리점 주인에게 "이 오디오를 사고 싶다"는 뜻을 표명한다(表示行爲).

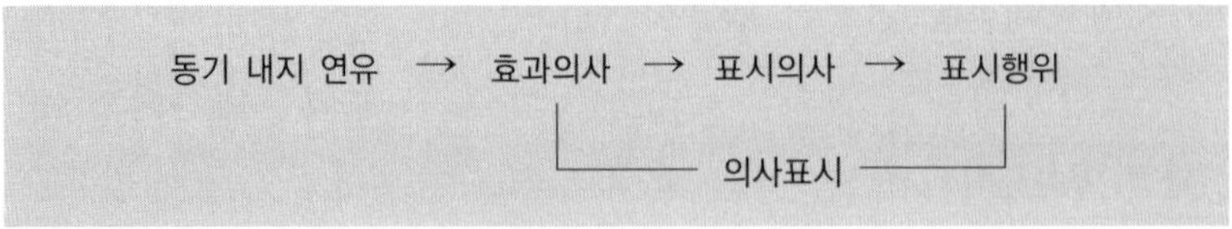

동기 내지 연유 → 효과의사 → 표시의사 → 표시행위

(효과의사 ~ 표시행위: 의사표시)

이러한 경우, 의사표시는 표시행위에 의하여 성립하지만, 표시행위만이 의사표시의 구성 요소는 아니다. 효과의사를 결정하고 표시의사의 매개를 거쳐 표시행위를 함으로써 의사표시는 완성된다. 효과의사의 내용은 법이 법률효과를 줄 값어치가 있다고 인정하는 일정한 효과의 발생을 원하는 것이다(곽윤직, 197면). 따라서 도의적·종교적·사교적·의례적인 것을 내용으로 하는 의사는 효과의사가 되지 못한다. 다만, 표시의사를 의사표시의 구성 요소로 볼 것이냐에 대해서는 논의가 있으나, 통설은 거래 안전을 해친다는 점을 들어 표시의사를 의사표시의 구성 요소로 보지 않는다(반대, 이영준, 110면).

**표시의사 없는 의사표시의 효과**

표시의사를 의사표시의 구성 요소로 보는 경우와 보지 않는 경우, 그 법적 효과의 차이를 예를 들어 보면 다음과 같다(이재현, 표시의사 없는 의사표시(上), 판례월보, 제330호, 63면 이하 참조).

i) 어느 호텔 레스토랑에서 포도주 경매가 있었다. 여기서는 손을 들어 손짓하면 10만 원을 더 비싸게 청약한다는 것을 뜻한다. 이 지역에 초청자인 A가 이런 상황을 전혀 모르고 이 레스토랑에 들어와서 우연히 친구 B를 발견하고 그에게 손짓을 하였다. 경매인은 이 손짓을 A가 청약한 것으로 보았고 그에게 낙찰시켰다.

ii) 위에서 A는 다만 레스토랑의 지배인에게 맥주 한 병 달라고 손을 흔들었으나 경매인은 이 손짓을 A의 청약으로 보았고 그에게 낙찰시켰다.

iii) 위의 예와 다르게 B는 이 지역의 경매에 한 번 참여한 적이 있어서 그 절차 등을 잘 알고 있었다. 그러나 그 전처럼 손을 흔들면 5만 원을 더 비싸게 준다는 뜻으로만 알고 포도주를 사기 위하여 손을 흔들었는데 경매인은 이 손짓을 당연히 10만 원의 청약으로 알고 낙찰시켰다.

iv) 어느 스포츠인 모임에서 회원들에게 세 가지 서류를 돌렸는데, 하나는 새로 창단한 축구팀에 보내는 축하 편지였고, 다른 하나는 스포츠 주간지 구독 주문서였으며, 마지막 것은 축구대회가 열리는 다른 도시로의 단체 여행계약서였다. 회원 A는 축하 편지에 서명하려 했었으나 주문서에 서명하였다.

v) 위에서 회원 B는 스포츠 주간지를 주문하려 했었는데 여행계약서에 서명하였다.

위의 예들 중에서 경매가 열린 레스토랑의 지배인에게 맥주를 달라고 손을 흔든 경우(ii), 손을 흔드는 것이 다만 5만 원을 더 비싸게 청약하는 뜻으로만 알고 손을 흔든 경우

(iii), 스포츠지 구독 주문서에 서명하려 하였으나 여행계약서에 서명한 경우(ⅴ)들에서는, 표시자에게 어떤 법적으로 의미 있는 행위를 하고 있다는 것을 인식하고 있었으므로 표시의사가 있다고 할 것이다. 그러나 포도주 경매장에서 친구에게 손을 흔든 경우(ⅰ)나 생일 축하 편지에 서명한다고 하였는데 실제로는 주문서에 서명하였던 경우(ⅳ)에서는 표시의사가 없는 경우이므로, 표시의사를 의사표시의 본질적 요소로 보는 한 의사표시가 아니라고 볼 것이다. 그런데 표시의사를 의사표시의 본질적 요소로 보지 않으면, 위의 (ⅰ)이나 (ⅳ)의 경우에도 의사표시는 존재하는 것으로 볼 것이다. 다만, 이 경우 표의자는 착오를 이유로 의사표시를 취소할 수는 있다. 가령, 신원보증서류에 서명날인하는 것으로 잘못 알고 이행보증보험약정서를 읽어보지 않은 채 서명날인한 것일 뿐 연대보증약정을 한 사실이 없다는 주장은 위 연대보증약정을 착오를 이유로 취소한다는 취지로 볼 수 있다(2004다43824판결).

## 3 의사표시의 본질

### 1) 의사표시의 본체는 의사인가 표시인가?

의사표시는 일정한 법률효과의 발생을 의욕하는 내심의 의사와 이를 외부에 표시하는 표시행위로 분해될 수 있다. 문제는 의사표시의 구성 요소인 내심의 의사와 표시행위 중 어느 것을 의사표시의 본체(법적 효력의 근거)로 파악할 것이냐이다. 즉, 의사표시의 본체를 의사적 요소로 볼 것이냐 표시행위로 볼 것이냐가 문제된다(의사표시의 본질에 관한 자세한 논의는 송덕수, 민법주해(Ⅱ), 120면 이하; 김학동, 독일에서의 의사표시이론, 사법연구, 제2집, 1994, 74면 이하; 지원림, 의사표시의 본질, 한국민법이론의 발전(Ⅰ), 박영사, 1999, 64면 이하 참조).

의사가 의사표시의 본체라고 보는 입장을 의사주의라 하고, 표시를 의사표시의 본체라고 보는 입장을 표시주의라고 한다. 그리고 의사와 표시의 이원적 구별을 배격하는 효력주의가 주장되고 있다.

**의사주의 · 표시주의 · 효력주의**

① 의사주의란 사비니의 의사설(Friedrich Carl von Savigny, *Das System des heutigen*

*Römischen Rechts*, Bd.Ⅲ, S. 258)에 기원을 두는 설로서, 표의자의 내심의 효과의사가 법률행위의 효과 발생의 근거가 된다는 사고이며 사적 자치의 원칙의 표현이다. 여기에서의 표의자의 내심의 효과의사란 표시행위로부터 객관적으로 추단되는 의사가 아니라 표의자의 실제의 의사를 가리킨다. 의사주의는 표시행위가 존재하더라도 이에 상응하는 내심적 효과의사가 존재하지 않는 때에는 의사표시는 존재하지 않는 것으로 이해한다. 결국 착오에 의한 의사표시는 표시행위에 대응하는 효과의사가 결여된 점에서 무효라고 파악한다.

② 표시주의란 배르(Otto von Bähr, *Jherings Jahrbücher für die Dogmatik des Bürgerlichen Rechts* 14, 393ff)의 신뢰이론에 그 기원을 두고 단츠(Erich Danz, *Die Auslegung der Rechtsgeschäfte*, 3. Aufl., 1911, S. 14)에 의하여 주장된 설로서 표시행위에 대응하는 내심적 효과의사가 존재하지 않는 경우에도, 표시행위로부터 추단되는 표시상의 효과의사를 의사표시의 본체라고 하여, 표시행위대로 법률효과가 발생한다고 보는 이론이다. 배르는 상대방의 신뢰를 보호하기 위하여 의사의 외양(外樣)을 효과의사로 의제하였고, 착오에 의한 의사표시도 의사가 있는 의사표시이므로 무효가 아니라고 이해한다.

③ 효력주의란 라렌츠(Karl Larenz, *Die Methode der Auslegung des Rechtsgeschäfts*, 1930, S. 69)와 플루메(Werner Flume, *Allgemeiner Teil des Bürgerlichen Rechts* Ⅱ, *Das Rechtsgeschäft*, 3Aufl., 1979, S. 59)에 의하여 체계화된 이론이며, 의사와 표시의 이원적 구별을 배격하고 의사와 표시가 일체로서 의사표시의 본체라고 이해하는 설로서, 법률효과를 객관적으로 표의자에게 귀속시킬 수 있게 하는 표의자의 모든 행위를 의사표시라고 한다. 즉, 의사는 표시에 의하여 비로소 규범적 의사로서 존재하게 되고 이러한 점에서 의사주의 이론에서처럼, 표시행위는 의사를 단순히 외부에 통지하는 것이 아니라 의사를 완성하는 요소로 파악한다. 또한 표시주의이론처럼 그 이론적 근거를 상대방의 신뢰 보호에서 구하는 것이 아니라 표의자가 표시에 대하여 표시 내용과 같이 법률효과를 발생하도록 효력을 부여하였다는 데(자기책임의 원칙)에서 찾는다. 효력주의에 의하면 착오에 의한 의사표시도 일단 유효하고 취소에 의하여 그 효력을 배제할 수 있다고 한다. 다만, 그 효과의 근거를 신뢰 보호에서 구하는 표시주의와 달리 표의자의 효력 부여에서 구한다.

## 2) 의사표시의 본질에 관한 민법의 태도

### (1) 개 관

의사표시의 본질과 관련하여 우리 민법이 어떠한 태도를 취하고 있느냐를 둘러싸고 견해가 대립한다. 순수 표시주의설이 없는 것은 아니지만(김증한/김학동, 267면), 학설은 대체로 표시주의적 절충설과 의사주의적 절충설로 갈려 있다.

판례는 의사표시 해석에서 당사자의 진정한 의사를 알 수 없다면, 의사표시의 요소가 되는 것은 표시행위로부터 추단되는 효과의사, 즉 표시상의 효과의사이고 표의자가 가지고 있던 내심적 효과의사가 아니므로, 당사자의 내심의 의사보다는 외부로 표시된 행위에 의하여 추단된 의사를 가지고 해석함이 상당하다(2000다48265판결 등)고 하여, 의사표시의 본체를 표시상의 효과의사로 보고 있다.

### (2) 표시주의적 절충설

표시주의적 절충설은 법률행위에 의하여 생기는 법률효과라는 것은, 실은 그 법률행위를 구성하는 의사표시에서 표의자가 발생시키기를 원하였던 법률효과의사에 지나지 않는다고 하면서도(곽윤직, 196, 229면), 표시행위를 의사표시의 본체라고 한다. 따라서 표시행위를 통하여 행위자가 가지고 있는 일정한 효과의사의 존재 및 내용을 판단하여야만 한다고 한다(곽윤직, 196면). 그리고 의사표시에 관한 절충주의란 내심의 의사와 표시의 어느 하나를 주로 하고 다른 하나를 적당히 덧붙이는 것인데, 모든 입법례는 정도의 차이는 있어도, 두 주의 사이의 절충주의를 취하고 있다고 하면서, 민법도 다른 입법례와 마찬가지로 절충주의를 취하고 있다고 한다(곽윤직, 230면; 동지, 고상룡, 388면).

### (3) 의사주의적 절충설

의사주의적 절충설은 신의사주의이론과 신뢰 보호에 의하여 제한된 의사주의론으로 나누어 볼 수 있다.

신의사주의이론에 의하면, 사적 자치는 법질서에 선재하면서도 법질서에 의하여 실현되는 것으로서 개인의 의사와 법질서 양자가 모두 불가분적으로 법률행위의 효력 근거라고 한다(이영준, 101면). 의사주의는 사물의 본성에 입각하여 의사와 표시의 자연적 관계를 직시한 것이며 누구도 포기할 수 없는 사적 자치의 원칙에 기초한 자기결정의 원칙에서 출발하는 것이므로 타당한 이론이라고 전제하고, 의사표시의 본체는 내심적 효과의사이지 표시상의 효과의사가 아니라고 한다(이영준, 115면).

우리 민법의 태도에 대하여는, 자기책임의 원칙·상대방의 관여도 참작·제3자의 이익 배려 등을 들어, 민법은 기본적으로 의사주의의 입장에서 제107조 이하를 규정하였다고 한다(이영준, 324-6면). 또한 의사표시가 표시상의 효과의사에 따라 효력을 발생하는 것처럼 보이는 수가 있으나, 이것은 법률행위의 규범적 해석의 결과라고 한다(이영준, 115면).

신뢰보호에 의하여 제한된 의사주의라는 견해에 의하면, 사적 자치를 가볍게 취급해서는 안 되고, 그에 따라 법률행위의 효력 근거는 제1차적으로는 당사자의 의사에서 찾아야 한다고 하면서도(송덕수, 민법주해(Ⅱ), 109면), 의사표시의 내용으로 되는 것은 행위자가 의욕한 바가 아니라, 행위자가 의욕한 것으로 표시된 바라고 한다(송덕수, 민법주해(Ⅱ), 88면).

그리고 민법은 의사와 표시를 본질적 단일체로 파악하는 새로운 의사주의를 바탕으로 의사표시의 효력 근거는 의사와 표시에 있다고 하면서, 의사 흠결의 경우에 자기책임에 의하여 의사표시를 표시된 대로 효력을 인정하는 것이 가능하지만, 어느 범위에서 자기책임을 자기결정에 우선시켜야 하는가, 즉 어느 범위에서 상대방이나 제3자의 신뢰를 보호하여야 하는가는 실정법이 결정할 문제라고 한다(송덕수, 민법주해(Ⅱ), 133면).

### (4) 사 견

의사표시는 법률행위의 불가결의 구성 요소로서 사적 자치를 실현시키는 기능을 한다는 점에서 '의사(意思)'는 포기할 수 없는 요소이고, 또 의사표시는 내심의 의사만으로는 완성될 수 없고 표시에 의하여 비로소 완성된다는 점에서 역시 '표시(表示)'도 포기할 수 없는 요소라고 해야 할 것이다. 이렇게 볼 때 의사와 표시 중 어느 한 가지만을 의사표시의 본체로 파악하고 의사표시의 본질을 이해하는 것은 타당하지 않다(김증한/김학동, 265면; 송덕수, 민법주해(Ⅱ), 132면).

생각건대 우리 민법이 사적 자치의 원리를 그 기초로 하고 있다는 점, 그리고 의사표시의 본질의 이해는 정상적인 의사표시를 그 대상으로 하여야 한다는 점에서, 의사주의를 바탕으로 의사표시의 본질을 이해함이 타당하다. 다만, 의사표시의 효력 근거는 의사와 표시에 있다고 할 것이므로, 의사표시가 비정상적인 경우에는 자기결정에 포함되어 있는 자기책임을 자기결정에 우선시킬 수도 있다고 할 것이다.

우리 민법은 바로 이러한 태도를 취하고 있는 것으로 파악할 수 있다. 즉, 비진의 의사표시를 원칙적으로 유효로 규정한 점(제107조 제1항 본문), 착오로 인한 의사표시를취소할 수 있는 것으로 규정하고 있는 점(제109조 제1항)에서, 민법은 비정상적 의사표시의 경우에 자기책임을 자기결정에 우선시키는 의사주의를 취하고 있다고 할 것이다.

**표 3-3** 비정상적 의사표시의 규율

| 구 분 | 원 칙 | 예 외 |
|---|---|---|
| 비진의 의사표시 | • 유효(제107조 제1항 본문)<br>• 무효(동조 동항 단서) | 선의의 제3자에 무효 주장 불가(동조 제2항) |
| 통정 허위표시 | 무효(제108조 제1항) | 선의의 제3자에 무효 주장 불가(동조 제2항) |
| 착오에 의한 의사표시 | 취소할 수 있음(제109조 제1항) | 선의의 제3자에 취소 주장 불가(동조 제2항) |
| 사기·강박에 의한 의사표시 | 취소할 수 있음(제110조 제1·2항) | 선의의 제3자에 취소 주장 불가(동조 제3항) |

## 4 비정상적 의사표시

### 1) 진의 아닌(비진의) 의사표시

**사례와 해결 방향**

i) 사례: 실력 있고 성실한 고등학교 선생님인 A는 수학여행의 인솔자로서 학생들을 이끌고 수학여행을 갔다가, 학생들이 패싸움을 벌이는 불상사가 일어나자 사태 수습을 위하여 학교 측에 사표를 제출하였다.

물론 A는 학교 측이 자신의 그동안의 성실성을 높이 평가하여 수리되지 않을 것으로 믿고 형식상 사표를 썼던 것이다. 그러나 의외로 학교에서는 "본인의 의사가 그렇다면 할 수 없다."고 하면서 사표를 수리하였다. 이 경우 사표를 제출한 A는 학교를 떠나야 하는가?

ii) 해결 방향

ⓐ 의사표시는 진의, 즉 본심에 의한 것일 때에만 그 효력이 있다고 보면, A의 사표 제출은 본심에 의한 것이 아니므로 무효인 것이다. 이 경우 A는 여전히 학교 측과의 고용관계의 지속을 주장할 수 있을 것이다.

ⓑ 그런데 표시주의에 의하면, 진의가 아닌 의사표시라도 상대방이 이를 본심에 의한 것으로 믿었다면 유효한 것이 된다. 따라서 만약 A의 사표 제출을 학교 측에서 사태 수습을 위하여 형식상 사표를 낸 것이 아니고, 본심에 의한 것이라고 믿었다면 사표 수리는 유효한 것으로 되어 A는 학교를 떠나야 된다.

ⓒ 하지만, 학교측에서 본심이 아니고 형식상 사표를 내는 것으로 알았거나 알 수 있었다면 사표제출은 무효로 된다.

**사례 해설**

사례에서 A는 사표가 수리되지 않을 것이라고 기대하고 사직서를 제출하였던 것이다. 독일 민법과는 달리 현행 민법하에서는 상대방이 진의 아님을 알고 있을 것으로 기대하고 한 의사표시를 희언표시(Scherzerklärung)로 보아 무효라 할 수는 없고, 비진의 의사표시로 보아 원칙적으로 표시된 대로 그 효력이 발생하는 것으로 해석된다. 따라서 학교 측에서 A의 사직서의 제출을 진의인 것으로 믿었다면 표시된 대로 효력이 발생하여 사표 수리는 유효하고 A는 학교를 떠나야 한다.

### (1) 진의 아닌 의사표시의 의의

① 개 념

진의 아닌 의사표시란 표의자가 스스로 한 표시행위가 내심의 진의와 다르다는 것을 알면서 한 의사표시를 말한다. 비진의 의사표시는 진의의 의식적 흠결이라는 점에서 허위표시와 공통점이 있으나, 상대방과의 통정이 없다는 점에서 통정 허위표시와는 다르다. 그리고 진의와 다른 의사표시를 표의자가 알고 있다는 점에서 착오와 구별된다. 또한 비진의 의사표시와 사기·강박에 의한 의사표시는 다르다. 즉, 강박에 의한 의사표시는 의사와 표시가 일치하는 진의에 의한 의사표시이며, 다만 의사결정 과정에 하자가 있는 의사표시라는 점에서 제107조의 비진의 의사표시와는 다르다. 그러나 실제 표의자가 원하지 않는 의사표시를 행한 경우에, 과연 이를 비진의 의사표시로 볼 것인지 아니면 강박에 의한 의사표시로서 진의의 의사표시로 볼 것인지를 판단하는 것은 쉽지 않다.

**판 례**

증여행위의 과정에 강박이라는 불법적인 방법이 사용된 경우에, 비록 재산을 강제로 뺏긴다는 것이 표의자의 본심으로 잠재되어 있었다 하여도 표의자가 강박에 의하여서나마 증여를 하기로 하고, 그에 따른 증여의 의사표시를 한 이상 증여의 내심의 효과의사가 결여된 것이라고 할 수는 없다(92다41528, 41535판결).

② 규정 취지

가령, 집세를 올릴 목적이 있을 뿐 임차인을 내보낼 의도는 없으면서 '집을 비워 달라'고 말하는 경우, 진의는 차임 인상이고 의사표시는 임대차의 해지이다. 또한 경매장에서 물건을 구입할 의도는 없으면서 단지 경매가를 높이기 위한 목적에서 호가(呼價)하는 경우, 진의는 경매가의 인상이고 의사표시는 매수의도이다. 이 경우 진의와는 다르지만 외부에 표현된 의사표시에 의하여 효과의사 있는 표시행위로서 효력이 인정될 수 있다.

이러한 경우에 의사주의에 따르면 진의 아닌 의사표시는 법적 구속 의사가 없다는 점에서 무효라고 보아야 할 것이지만, 일반적으로 상대방은 그러한 표의자의 내심의 진의를 알 수 없기 때문에 만약에 이를 무효로 한다면 표시행위를 신뢰한 상대방에게 불측의 손해를 끼칠 뿐만 아니라, 거래안전을 해치게 된다. 민법은 상대방을 보호하는 측면에서 비진의 의사표시를 무효로 하지 않고 유효로 하고 있다(통설. 다만, 이영준, 304면은 비진의 의사표시가 표시된 대로 효력을 발생하는 것은 표의자가 이를 의욕하였기 때문이라고 한다).

**판 례**

제107조 제1항의 뜻은 표의자의 내심의 의사와 표시된 의사가 일치하지 아니한 경우에는 표의자의 진의가 어떠한 것이든 표시된 대로의 효력을 생기게 하여 거짓의 표의자를 보호하지 아니하는 반면에, 만약 그 표의자의 상대방이 표의자의 진의 아님에 대하여 악의 또는 과실이 있는 경우라면 이때에는 그 상대방을 보호할 필요가 없이 표의자의 진의를 존중하여 그 진의 아닌 의사표시를 무효로 돌려 버리려는 데 있다(86다카1004판결).

③ 적용 범위

제107조는 계약상의 의사표시에 적용됨은 물론이고 상대방 있는 단독행위에도 적용된다. 다만, 상대방 없는 단독행위에 대해서 제107조 제1항 단서가 적용되는지에 대해서는 견해의 대립이 있다. 적용의 여지가 없다는 견해(곽윤직, 233면; 김증한/김학동, 331면)와 상대방이 구체적인 권리의무를 취득하는 경우에 유추 적용할 것이라는 견해가 있다 (고상룡, 397면; 백태승, 397면). 진의 아닌 유증에서 수증자로 된 자가 표의자의 진의를 알았거나 알 수 있는 경우에는 무효로 할 필요가 있다는 점에서, 유추 적용의 가능성을 배제하는 것은 타당하지 않다.

반면에, 본인의 의사가 절대적으로 존중되는 가족법상의 행위의 경우에는 본조가 적용되지 않고 언제나 무효로 된다 (제815조, 제883조 등). 그러나 거래의 안전이 중시되는 어음행위나 주식 인수의 청약에 대해서는 제107조 제1항 단서가 적용되지 않는다고 할 것이다. 따라서 언제나 유효하다. 또한 행위의 격식화를 특색으로 하는 공법행위에는 법률행위에 관한 규정이 적용되지 않으므로(76누276판결), 제107조의 비진의 의사표시의 법리도 사인의 공법행위에는 적용되지 않는다 (92누909판결, 93누10057판결).

**판 례**

공무원이 사직의 의사표시를 하여 의원면직처분을 하는 경우 그 사직의 의사표시는 그 법률관계의 특수성에 비추어 외부적·객관적으로 표시된 바를 존중하여야 할 것이므로, 비록 사직원 제출자의 내심의 의사가 사직할 뜻이 아니었다고 하더라도 진의 아닌 의사표시에 관한 민법 제107조는 그 성질상 사직의 의사표시와 같은 사인의 공법행위에는 준용되지 아니하므로, 그 의사가 외부에 표시된 이상 그 의사는 표시된 대로 효력을 발한다 (97누13962판결, 92누909판결).

### (2) 비진의 의사표시의 요건

① 의사표시가 존재하여야 한다.

객관적으로 일정한 효과의사를 추단할 만한 가치 있는 행위가 존재하여야 한다. 따라서 명백한 농담, 배우의 대사(臺詞), 교수가 강의실에서 학생에게 표본으로 어음·수표 등을 교부하는 행위는 의사표시라고 할 수 없으므로 비진의의 의사표시의 여부가 문제되지 않는다.

**판 례**

증거서류 중 부동산에 관하여 피고 명의로 경료된 소유권이전등기가 원고의 명의신탁에 의한 것이라는 취지의 피고의 진술 부분은 사실의 진술일 뿐 의사표시라고 볼 수는 없으므로, 이를 강박에 의한 진술이라 하여 취소하거나 진의 아닌 진술로서 무효라고 할 수는 없다(91다45578판결).

② 표시와 진의가 일치하지 않을 것

비진의 의사표시이기 위해서는 진의와 표시가 일치하지 않아야 한다. 통설은 의사표시의 본체를 내심적 효과의사로 보든(이영준, 106면) 표시상의 효과의사로 보든(곽윤직, 198면), 내심적 효과의사를 진의로 파악한다. 따라서 진의 아닌 의사표시인지의 여부는 표시행위로부터 추단되는 표시상의 효과의사에 대응하는 내심적 효과의사가 있는지 여부에 따라 결정할 것이라고 한다. 즉, 통설에 의하면 비진의 의사표시란 내심적 효과의사와 표시상의 효과의사가 일치하지 않는 의사표시라고 할 수 있다. 이에 대하여 소수설은 진의를 표의자가 의사표시를 통하여 실제로 추구하는 목적이라고 이해한다(이은영, 466면). 진의를 법적 효과의사가 아니라 경제적 효과의사로 이해하는 견해(장재현, 민법상 신뢰보호에 관한 법리연구, 성균관대 대학원 박사학위 청구논문, 1991, 71면)도 소수설에 해당한다. 소수설에 의하면 비진의 의사표시란 경제적 목적과 효과의사가 일치하지 않는 의사표시라고 할 수 있다.

결국 통설은 진의를 의사표시의 요소(要素)인 효과의사로 새기는 반면에 소수설은 진의를 효과의사가 아닌 의사표시를 통하여 추구하는 목적으로 이해한다. 그런데 소수설에 의하면, 의사표시의 동기 내지 연유와 진의의 구별이 모호해진다. 어디까지나 의사표시에 있어서 동기와 효과의사는 구별되어야 한다면, 진의란 통설처럼 내심적 효과의사로 파악하여야 하지 않을까? 그렇다면 비진의 의사표시를 내심적 효과의사와 표시상의 효과의사가 일치하지 않는 의사표시로 이해하는 통설의 태도가 타당하다. 특히 진의를 경제적 목적으로 이해하게 되면 추심을 위한 채권양도나 양도담보의 유효성을 설명하기 곤란하다. 진의를 경제적 목적으로 이해하면 위의 경우 허위표시

**판 례**

학교법인이 사립학교법상의 제한규정 때문에 그 학교의 교직원들인 소외인들의 명의를 빌려서 피고로부터 금원을 차용한 경우에 피고 역시 그러한 사정을 알고 있었다고 하더라도, 위 소외인들의 의사는 위 금전의 대차에 관하여 그들이 주채무자로서 채무를 부담하겠다는 뜻이라고 해석함이 상당하므로 이를 진의 아닌 의사표시라고 볼 수 없다(80다639판결).

**판 례**

노사 합의에 의하여 회사의 퇴직금 지급률 제도가 누진제에서 단순제로 변경됨으로써 누진율의 상승에 의한 퇴직금의 상승을 기대할 수 없게 되자 근로자들이 자유로운 의사에 기한 선택에 따라 중간퇴직을 하고 퇴직금을 수령한 경우, 그 근로자들과 회사 사이의 근로계약 관계는 그 중간퇴직에 의하여 일단 종료되었다고 봄이 상당하고, 그 근로자들의 퇴직의 의사표시를 통정 허위표시 또는 비진의표시로서 무효라고 볼 수는 없다(95다2562, 2579판결).

**판 례**

기업의 인적·물적 조직이 흡수 통합되거나 조직 변경을 거친다 하더라도 그 기업 자체가 폐지됨이 없이 동일성을 유지하면서 존속되고 있는 한, 이는 경영 주체의 변경에 불과하여 근로관계는 새로운 경영주에게 승계되고, 이와 같이 근로관계가 포괄승계됨에 있어 근로자가 자의에 의하여 사직서를 제출하고 퇴직금을 지급받았다면 계속근로의 단절에 동의한 것으로 볼 수 있지만, 그것이 근로자의 자의에 의한 것이 아니라 기업의 경영방침에 의한 일방적인 결정에 따라 퇴직과 재입사의 형식을 거친 것에 불과하다면, 이러한 형식을 거쳐서 퇴직금을 지급받았더라도 근로자에게 근로관계를 단절할 의사가 있었다거나 계속근로의 단절에 동의하였다고 볼 수 없고, 따라서 계속근로관계도 단절되지 아니한다(98다18353판결).

로서 무효로 보아야 할 것이기 때문이다.

특히 판례는 제107조 소정의 '진의'란 특정한 내용의 의사표시를 하고자 하는 표의자의 생각을 말하는 것이고, 표의자가 진정으로 마음 속에서 바라는 사항을 뜻하는 것은 아니라고 한다. 따라서 표의자가 진정으로 마음 속에서 바라지는 아니하였더라도 당시의 상황에서는 그것이 **최선**이라고 판단하고 사직서를 제출한 경우에는 진의에 기한 의사표시가 존재한다는 것이다(2000다11458판결). 그러나 사직의 의사 없이 주위의 사정상 **어쩔 수 없이** 또는 사직서를 제출하지 않으면 불이익을 받을까봐 **할 수**

**없이** 사직서를 제출한 경우에 그 사직의 의사표시는 진의 아닌 의사표시라고 한다 (99다34475판결, 95누7765판결).

**판 례**

진의 아닌 의사표시에 있어서의 '진의'란 특정한 내용의 의사표시를 하고자 하는 표의자의 생각을 말하는 것이지 표의자가 진정으로 마음 속에서 바라는 사항을 뜻하는 것은 아니므로, 표의자가 의사표시의 내용을 진정으로 마음 속에서 바라지는 아니하였다고 하더라도 당시의 상황에서는 그것이 최선이라고 판단하여 그 의사표시를 하였을 경우에는 이를 내심의 효과의사가 결여된 진의 아닌 의사표시라고 할 수 없다 (2002다11458판결, 2000다51919, 51926판결, 95누16059판결).

③ 표의자가 스스로 표시와 진의와의 불일치를 알고 있을 것

표의자가 진의와 표시의 불일치를 알고 있어야 한다는 점에서, 비진의 의사표시는 허위표시와 같고 착오와는 다르다. 이 경우 표의자가 비진의 의사표시를 하게 된 이유나 동기는 묻지 않는다 (통설). 따라서 표의자가 상대방을 속이려고 하였든, 상대방이 진의 아님을 모를 것이라고 생각하든, 희언표시처럼 알리라고 기대하든 모두 비진의 의사표시라고 한다. 이러한 태도는 독일 민법의 입장과 다르다. 즉, 독일 민법은 심리유보(Willensvorbehalt)와 희언(또는 해학)표시(Scherzerklärung)를 구별하여, 상대방이 알지 못할 것이라고 믿은 것을 심리유보라고 하여 원칙적으로 표시된 대로 효력이 발생하고 상대방이 진의 아님을 안 경우에만 무효로 한다 (동법 제116조). 반면에 상대방이 알 것이라고 기대하고 하는 의사표시는 희언표시라고 하여 상대방이 알았는지 여부를 묻지 않고 언제나 무효로 하고 있다 (동법 제118조). 여기에서 입법정책적으로는 표의자의 의사표시가 진의가 아니라는 것을 상대방이 알지 못하리라고 기대하는 경우와 상대방이 알 것이라고 기대하는 경우는 본질을 달리하는 것이므로 이를 구별하여 규율하는 것이 바람직하다는 견해가 있다 (이영준, 304면).

아무튼 통설과 마찬가지로 판례도 표의자가 상대방 또는 일반 제3자가 진의 아닌 것으로 이해하리라는 기대를 가지고 한 의사표시를 비진의 의사표시라고 한다.

판 례

진의 아닌 의사표시인지의 여부는 효과의사에 대응하는 내심의 의사가 있는지 여부에 따라 결정되는 것이므로, 근로자가 사용자의 지시에 좇아 일괄하여 사직서를 작성 제출할 당시 그 사직서에 기하여 의원면직 처리될지도 모른다는 점을인식하였다고 하더라도 이것만으로 그의 내심에 사직의 의사가 있는 것이라고 할 수 없다고 한다(90다11554판결). 이 경우에는 비진의 의사표시가 존재한다고 한다. 따라서 근로자들이 의원면직의 형식을 빌렸을 뿐 실제로는 사용자의 지시에 따라 진의 아닌 사직의 의사표시를 하였고 사용자가 이러한 사정을 알면서 위 사직의 의사표시를 수리하였다면 위 사직의 의사표시는 민법 제107조에 해당하여 무효라 할 것이고, 또 사용자가 사직의 의사 없는 근로자로 하여금 어쩔 수 없이 사직서를 작성・제출하게 한 후 이를 수리하는 이른바 의원면직의 형식을 취하여 근로계약관계를 종료시키는 경우에는 실질적으로 사용자의 일방적인 의사에 의하여 근로계약관계를 종료시키는 것이어서 해고에 해당한다는 것이다(92다3670판결).

### 사직서의 제출과 진의 아닌 의사표시

위에서 본 바와 같이 판례는, 비진의 의사표시에서의 진의란 특정한 내용의 의사표시를 하고자 하는 표의자의 생각을 말하는 것이지 표의자가 진정으로 마음 속에서 바라는 사항을 뜻하는 것은 아니라는 점, 그리고 표의자가 비진의 의사표시를 하게 된 이유나 동기는 묻지 않는다는 점을 들면서도, 가령 근로자가 사직서를 작성하여 사용자에게 제출한 경우에 특별한 사정이 없는 한 사용자의 근로자에 대한 의원면직 처분은 해고라고 할 수 없으나(95누7765판결), 근로자가 사용자의 지시로 일괄사직서를 제출하는 형태(90다11554판결, 92다3670판결, 93누16185판결. 다만, 유사한 사안임에도 86누43판결은 비진의 의사표시에 해당하지 않는다고 한다) 내지 중간퇴직(92다37673판결. 다만, 90다13222판결은 근로계약관계를 해지하려거나 근속연수를 제한하려는 내심의 의사에 기한 것이라고는 보기 어렵다고 한다)의 의사표시는 통정 허위표시 또는 진의 아닌 의사표시로서 무효라고 한다. 나아가 그러한 사직서의 수리는 실질적으로 사용자의 일방적 의사에 의하여 근로계약관계를 종료시키는 해고에 해당한다고 한다(90다11554판결, 91다38686판결, 91다41750판결, 92다3670판결, 93누16185판결 등).

그러나 제107조 제1항에서의 비진의라는 것은 "외부의 영향 없는 상태에서의 자의적인 비진의"라는 뜻이라고 새기면서(이재홍, 상급자의 지시에 의한 사직서 제출과 진의 아닌 의사표시, 민사판례연구ⅩⅤ, 박영사, 1993, 28면), 원래는 사표를 제출할 의도가 없었는데 상급자가 종용 내지는 회유를 하거나 주의의 분위기가 모두 그러하므로 그 입장을 고려하여 내키지 않으면서도 사표를 제출한 경우에는, 그 사람의 진의는 표시된 것과 일치하는 것이므로 비진의 의사표시라고 할 수 없다고 한다(**이재홍, 앞의 논문, 21면. 다만, 사무편의상의 요식행위로서 사직서를 제출하는 경우는 근로자가 퇴직을 할 의사 없이 퇴직 의사를 표시한 것으로서 비진의 의사표시에 해당한다고 한다. 87다카2578판결 참조**). 즉, 제107조의 진의란 특정한 내용의 의사표시를 하고자 하는 표의자의 생각을 말하는 것이지, 표의자가 진정으로 마음 속에서 바라는 사항을 뜻하는 것이 아니고, 만약 자기가 원하지 않았던 의사표시를 모두 비진의 의사표시라고 본다면 강박에 의한 의사표시는 항상 비진의 의사표시가 된다는 것이다.

나아가 위의 비판의 견해는 사표가 수리되지 않을 것이라고 믿고 행한 의사표시(79다2168판결)도 비진의 의사표시가 아니라고 한다(**이재홍, 앞의 논문, 33-4면**). 이 경우에는 자신이 사직의 의사표시를 하겠다는 생각은 있었으므로 이는 진의의 의사표시라는 것이다. 즉, 실제로 사직을 원하지 않았다는 이유만으로 비진의 의사표시라고 할 수는 없다는 것이다. 사표를 제출하지만 이것이 받아들여지지 않으리라고 생각하였거나 받아들여지지 않을 것을 기대한 것에 불과하고, 이것은 사표 제출 행위 자체가 아닌 그 결과에 대한 생각이나 희망에 지나지 않는다는 것이다(**동지, 이윤승, 사직할 의사 없이 사직서를 제출한 경우의 법률관계, 대법원판례해설, 제20호, 1994, 16면**). 오히려 이 경우에는 사기에 인한 의사표시나 동기의 착오가 문제될 수 있다고 한다.

또한 일부 견해는 비진의 의사표시에서 진의를 특정한 내용의 의사표시를 하고자 하는 표의자의 생각을 말하는 것이지 표의자가 진정으로 마음 속에서 바라는 사항을 뜻하는 것이 아니라고 새긴다면, 근로자의 동기가 무엇이건 그리고 그 기대 내지 희망이 무엇이건 간에 사직서를 내야 한다는 의사는 존재한다고 볼 여지가 매우 많다는 점에서, 표의자 스스로 진정으로 원하지는 않았지만 마지못해서 혹은 두려워서 한 의사표시라도 이를 전부 비진의 의사표시라고 할 수는 없을 것이라고 한다(**이기용, 진의 아닌 의사표시 -상급자의 지시에 의한 사직서의 제출-, 민법총칙기본판례100선, 현암사, 1998, 80면 이하**). 그리하여 위의 일련의 대법원 판결은 오히려 사직의 진의는 있되 그것이 강박에 의하여 형성된 것인지 여부가 문제되는 사안이라고 보아야 한다는 것이다. 다만, 강박에 의한 법률행위는 취소할 수 있는 것이고 그 취소권은 추인할 수 있는 날로부터 3년 내에, 법률행위를 한 날로부터 10년 내에 행사하여야 하므로, 이미 그 기간이 경과한 경우는 적용의 여지가 없게 된다. 여기에서 대법원은 제107조 제1항 단서를 적용하여 그 법률행위를 무효로 한 것이라고 생각된다는 것이다. 다만, 법의 이념 중의 하나인 구체적 타당성이라는 측면에서 고용관계의 계속적 유지를 원하는 근로자의 입장을 고려한 대법원의 논리 구성은 이해되기는 하나, 법이론의 일관성이라는 측면에서 보면 진의 아닌 의사표시를 이해함에 다소의 혼란이 유발될 수 있는 문제점이 있다고 한다. 통설의 논리를 관철하여야 한다면 타당한 지적이라고 생각된다.

### (3) 비진의 의사표시의 효과

① 원 칙

진의 아닌 의사표시를 한 표의자를 보호할 가치가 없음은 자명하다. 따라서 진의 아닌 의사표시는 원칙적으로 표시된 대로의 효과가 발생한다 (제107조 제1항 본문).

**판 례**

'총완결'이라는 문언이 부기된 영수증에 있어서 동 영수증 작성 경위가 그렇게 쓰지 아니하면 돈을 주지 않겠다고 하기에, 당시 궁박한 사정에 비추어 우선 돈을 받기 위하여 거짓 기재한 것이라는 이유만으로는 총완결이라는 의사표시가 당연무효라고 할 수 없다 (69다563판결, **다만, 비진의 의사표시를 이유로 의사표시의 무효를 주장할 수는 없지만, 사기에 의한 의사표시의 취소를 주장할 수는 있을 것이다).**

② 예 외

a) 비진의 의사표시는 상대방이 표의자의 진의 아님을 알았거나 이를 알 수 있었을 경우에는 무효로 한다 (제107조 제1항 단서). 즉, 상대방의 보호를 위하여 비진의 의사표시를 유효로 하지만 그 상대방이 표의자의 의사표시가 진의아님을 알고 있는 악의의 경우까지 또는 과실이 있는 경우까지 보호할 필요는 없기 때문이다.

**판 례**

물의를 일으킨 사립대학교 조교수가 사직원이 수리되지 않을 것이라고 믿고 사태 수습을 위하여 형식상 이사장 앞으로 사직원을 제출하였던 바, 의외로 이사회에서 "본인의 의사이니 하는 수 없다"고 하여 사직원을 수리한 경우, 위 조교수의 사직원이 설사 진의에 이르지 아니한 비진의 의사표시라 하더라도 학교법인이나 그 이사회에서 그러한 사실을 알았거나 알 수 있었을 경우가 아니면 그 의사표시에 따라 효력을 발생하는 것이다 (79다2168판결).

b) 진의 아닌 의사표시의 지(知)·부지(不知)나 과실의 유무를 판단하는 시기는 상대방이 그러한 표시를 요지(了知)한 때이다 (통설. 이영준, 335면은 도달한 때를 기준으로 한다). 대리행위에서 진의 아닌 의사표시인지 여부 및 상대방이 진의 아님을 알았거

나 알 수 있었는지 여부는 대리인을 표준으로 정한다 (제116조).

c) 비진의 의사표시임을 상대방이 알았거나 알 수 있었는지에 대한 입증책임은, 의사표시의 무효임을 주장하는 표의자가 부담한다 (통설 · 판례). 즉, 표의자는 상대방의 악의 또는 선의임에 과실이 있음을 입증하여야 한다(92다2295판결).

d) 한편 진의 아닌 의사표시가 무효로 되는 경우에 표의자는 상대방에 대하여 불법행위에 따른 손해배상책임을 지는가이다. 상대방이 악의인 때에는 문제가 되지 않지만, 선의이거나 선의인데 과실이 있는 경우에 표의자에게 신뢰이익의 배상을 인정하여야 하는가에 대하여 부정설(곽윤직, 232면; 김증한/김학동, 330면; 백태승, 395면)과 긍정설(이영준, 336면; 고상룡, 396면; 이은영, 480면)이 대립한다. 부정설은 상대방의 신뢰손해의 배상책임을 인정하는 규정이 없고(독일 민법 제122조 제1항은 이를 인정한다), 비진의 의사표시가 무효로 되는 경우는 상대방에게 귀책사유가 있는 때임을 이유로 들어 이를 부정한다. 긍정설은 표의자가 진의 아닌 의사표시를 하였는데도 상대방이 이를 진정한 의사표시로 신뢰하여 손해를 입었다면 표의자는 불법행위책임(제750조) 또는 계약체결상의 과실책임(제535조의 유추 적용)에 근거하여 그 손해를 배상하여야 한다는 것이다. 다만, 상대방에게 과실이 있는 경우이므로 과실상계가 가능하다고 한다 (이영준, 336면).

요컨대 상대방이 선의인 경우에는 비진의 의사표시는 유효하고, 선의임에 과실이 있는 경우에는 비진의 의사표시는 무효이다 (독일 민법은 상대방이 악의인 경우에만 무효로 한다. 제116조). 이와 같이 비진의 의사표시가 무효로 되는 경우는 상대방에게 유책 사유가 있는 때인데, 이러한 유책 사유 있는 상대방의 신뢰이익의 배상책임을 표의자에게 인정하는 것은 상대방을 지나치게 보호하는 결과가 된다 (독일 민법 제122조 제2항 참조). 따라서 부정설이 타당하다.

③ 비진의 의사표시의 무효와 선의의 제3자

비진의 의사표시가 무효로 되는 경우에, 그 무효는 선의의 제3자에게 대항하지 못한다 (제107조 제2항). 여기에서 선의라 함은 표의자의 진의 아님을 알지 못하는 것을 말하며 과실이 없을 것을 요하지 않는다. 그리고 제3자는 비진의 의사표시를 기초로 새로운 이해관계를 맺은 자를 말한다. 이 경우 제3자의 악의는 이를 주장하는 자가 입증하여야 한다. 또한 대항하지 못한다는 것은 비진의 의사표시의 무효를 주장할 수 없다는 것으로, 당사자 사이에서는 무효라도 선의의 제3자에 대한 관계에서는 표시된 대로 효력이 발생한다.

### 2) 통정한 허위의 의사표시(假裝行爲)

**사례와 해결 방향**

i) A는 자신의 사업이 잘 되지 않자 곧 부도가 날 것을 우려하여 자신의 집과 임야를 처남에게 매매 형식으로 하여 소유 명의를 처남 명의로 이전하여 두었다. 몇 년이 지난 후 처남은 욕심이 생기자 그 임야를 아무런 사정을 모르는 B와 매매계약을 체결하고 B 명의로 소유권이전등기를 넘겨 주었다. 이 경우 A는 임야를 되찾을 수 있을까?

ii) 해결 방향

ⓐ 사실 임야에 대한 처남 명의의 등기는 A가 처남과 짜고 해 둔 것이므로 무효이다. 등기의 공신력이 인정되지 않는 현행법하에서는 원인무효의 등기를 믿고 거래관계에 들어간 B라도 보호받을 수 없다. 따라서 A는 B를 상대로 소유권을 회복할 수 있다.

ⓑ 통정허위표시는 무효라도 허위표시의 외관을 신뢰하고 거래관계에 들어간 제3자에 대해서는 허위표시의 무효를 주장할 수 없다. 따라서 A는 가장행위임을 모르고 A의 처남으로부터 임야를 매수한 B를 상대로 소유권이전등기말소청구를 할 수는 없다.

**사례 해설**

사안 중 임야에 대한 처남 명의 등기는 임야의 소유자인 A가 처남과 짜고 해 둔 것이므로 가장행위를 원인으로 경료된 것이어서 원인무효의 등기이다. 따라서 등기의 공신력이 인정되지 않는 이상 B가 부실등기를 믿은 선의의 제3자라 하더라도 원칙적으로 B는 임야에 대한 소유권을 취득할 수 없다.

그런데 상대방과 짜고 한 법률행위(매매계약)는 통정허위표시로 무효이지만, 당사자 및 그의 포괄승계인 이외의 자로서 허위표시에 의하여 형성된 법률관계를 기초로 새로운 이해관계를 맺은 제3자는 보호된다. 즉, 사안 중 가장행위임을 모르고 A의 처남으로부터 임야를 매수한 B는 제3자에 해당한다고 할 것이므로, A는 B를 상대로 소유권이전등기 말소청구를 할 수 없다. 따라서 제3자 B는 등기의 공신력에 의한 보호는 받을 수 없지만 제108조 제2항에 의하여 보호된다.

### (1) 통정 허위표시의 의의

① 허위표시의 개념

a) 허위표시란 표의자가 상대방과 통정한 진의 아닌 의사표시를 말한다. 가령, 채무자 A가 채권자 B의 강제집행을 면하기 위하여 지인(知人) C와 통정하여 자기 소유의 부동산을 C에게 매도한 것같이 증서를 작성하고 등기를 이전하였지만, 당사자(A와 C)에게 매매의 의사가 없는 경우에 허위표시가 존재한다. 따라서 통정 허위표시에 관한 제108조는 상대방 있는 법률행위에 대해서만 그 적용이 있다. 즉, 상대방 없는 단독행위라든가 합동행위에는 그 적용이 없다. 역시 본인의 의사가 절대적으로 존중되는 가족법상의 행위에 대해서도 그 적용이 없다. 가장의 혼인신고나 입양신고는 제815조 제1호와 제883조 제1호에 의해서 무효로 된다. 다만, 가장이혼은 특별한 사정이 없는 한 유효한 것으로 해석된다(95도448판결).

**판 례**

사인(私人)에게 사채로 대여하면서 농협 예금취급소장과 통모하여 대주가 농협에 대여금을 예금하고 농협이 사인에게 대여한 외형을 가장한 위 대여금의 예금행위는 통정 허위표시로서 효력이 없다(72다2067판결). 또한 동일인에 대한 대출액 한도를 제한한 구 상호신용금고법(1995. 1. 5. 법률 제4867호로 개정되기 전의 것) 제12조의 적용을 회피하기 위하여 실질적인 주채무자가 실제 대출받고자 하는 채무액에 대하여 제3자를 형식상의 주채무자로 내세우고, 상호신용금고도 이를 양해하여 제3자에 대하여는 채무자로서의 책임을 지우지 않을 의도하에 제3자 명의로 대출관계 서류를 작성받은 경우에는, 제3자는 형식상의 명의만을 빌려 준 자에 불과하고 그 대출계약의 실질적인 당사자는 상호신용금고와 실질적 주채무자이므로, 제3자 명의로 되어 있는 대출 약정은 상호신용금고의 양해하에 그에 따른 채무부담 의사 없이 형식적으로 이루어진 것에 불과하여 통정 허위표시에 해당하는 무효의 법률행위이다(2000다65864판결).

b) 허위표시와 은닉행위 · 신탁행위 · 허수아비행위와의 구별

ㄱ) 은닉행위란 가장행위 속에 실제로 다른 행위를 할 의사가 감추어진 경우에 감추어진 행위를 말한다. 가령, 매매계약이라는 허위표시 속에 증여계약이 감추어진 경우에 증여를 은닉행위라 한다. 은닉행위의 효력(증여계약의 효력)은 그 행위 자체에

관한 규정(증여에 관한 규정)이 적용된다. 따라서 은닉행위를 수반하는 허위표시라 하더라도 은닉행위 자체는 유효하다(93다12930판결). 그리고 은닉행위에 관청의 허가나 동의를 요하는 경우에 허위표시에 이러한 요건이 구비되었더라도 은닉행위가 그 요건을 구비하지 못하면 무효이다.

ㄴ) 신탁행위에는 신탁법상의 신탁행위와 민법 해석상 신탁행위가 있다. 신탁법상 신탁행위는 신탁자가 법률행위에 의하여 수탁자에게 재산권을 이전하는 동시에 그 재산권을 일정한 목적에 따라 자기 또는 제3자를 위하여 관리·처분하게 하는 법률관계를 말한다(동법 제1조 제2항). 이러한 신탁을 설정하는 계약 또는 유언을 신탁행위라 한다(동법 제2조). 신탁행위에 따라 신탁재산은 수탁자에게 절대적으로 이전되고, 신탁자는 신탁계약에 따른 이익교부청구권을 가질 뿐이다. 민법 해석상 신탁행위는 당사자가 어떤 경제적 목적을 달성하기 위하여 신탁자가 수탁자에게 그 목적 달성에 필요한 정도를 넘는 권리를 이전하면서, 수탁자에게 그 이전받은 권리를 당사자가 달성하려고 하는 경제적 목적의 범위를 넘어서 행사하여서는 아니 될 의무를 부담케 하는 법률행위를 가리킨다(곽윤직, 206면). 일반적으로 동산 등의 양도담보, 추심을 위한 채권양도 등이 이 신탁행위에 해당한다고 한다. 신탁행위에서는 권리를 이전하려는 신탁자의 진의가 있고, 따라서 진의와 표시가 일치하므로 허위표시에 해당하지 않는다(통설). 다만, 후술하는 바와 같이 판례는 명의신탁의 경우까지 신탁행위이론을 적용하고 있다.

ㄷ) 허수아비행위(Strohmanngeschäft)란 계약 당사자가 전면에 나서는 것을 꺼려 다른 사람을 내세워 법률행위를 하게 하고 대내적으로 이에 따른 권리의무를 자기에게 귀속시키는 행위를 말한다. 가령, 토지를 매수하고자 하는 A가 허수아비 B를 내세워 C로부터 토지를 매수케 하는 행위로서, 매매에 따른 효과는 계약 당사자인 B에게 귀속한다. 다만, A는 B와의 대내적인 약정에 따라 재산권 이전을 청구할 수 있고 대금을 정산할 의무를 부담한다. 이는 일종의 간접대리로서 허수아비가 법률행위의 당사자로서 그의 의사에 따라 대외적으로 권리를 취득하고 의무를 부담하므로 허위표시가 아니다.

**명의신탁과 허위표시**

i ) 판례는 명의신탁을 '신탁행위의 법리'라는 것을 내세워 "대내적 관계에서는 신탁자가 소유권을 보유하고 이를 관리 · 수익하며 공부상의 소유 명의만을 수탁자로 해 두는 것"(65다312판결)이라고 한다. 따라서 신탁자는 언제든지 수탁자에게 유보한 실질적 소유권을 주장할 수 있고 수탁자는 신탁자에 대하여 소유권을 주장할 수 없다고 한다(82다카247판결). 그러나 대외적으로는 수탁자가 완전한 소유권자이므로 당연히 명의수탁자의 거래의 상대방은 선의 악의에 관계없이 보호된다고 한다(80다1819판결, 91다6221판결). 다만, 제3자가 수탁자의 배임행위에 적극 가담한 경우에는 소유권을 취득할 수 없다고 한다(91다6221판결, 91다29842판결). 또한 제3자가 신탁재산을 불법점유하거나 공부상의 소유 명의를 불법적인 방법에 의하여 넘겨간 경우에도 신탁자는 수탁자를 대위함이 없이 직접 제3자에 대하여 신탁재산에 대한 침해의 배제를 청구할 수 없다는 것이다(77다1079판결).

ii) 판례가 인정하고 있는 명의신탁에 관하여 학설은 이를 비판하는가 하면 지지하는 견해도 있다. 지지하는 견해에 의하면 명의신탁은 허위표시가 아니며 경제적 목적에서는 양도담보에 따른 소유권 이전이 채권담보의 목적으로 행해지고, 추심 목적을 위한 채권양도에서 그 채권양도가 채권추심의 목적으로 행하여지는 것과 같이, 명의신탁에도 이에 준하는 경제적 목적(예컨대, 종중의 경우에 종중재산을 용이하게 처분할 수 없도록 하는 것)이 있으므로 사적자치의 원칙에 비추어 보아 유효하다고 한다(이영준, 물권법, 144면 이하). 비판의 견해로는 명의신탁무효설, 표현소유권설, 소유권이전설 등을 들 수 있다. 명의신탁무효설은 명의신탁에서 당사자는 일정한 법률행위를 하게 되나 그 법률행위는 어떤 목적을 위한 외관을 가장적으로 만들기 위하여 이용되고 있을 뿐이고, 진정으로 소유권을 수탁자에게 이전하는 것을 의욕하고 있지는 않으며 또한 소유 명의를 잃게 된 신탁자로부터 소유권을 행사할 기회를 빼앗을 것을 의욕하고 있는 것은 아니므로, 명의신탁은 틀림없는 허위표시이며, 그것은 결코 유효할 수 없는 무효인 것이라고 한다(곽윤직, 물권법, 139면 이하; 이은영, 물권법, 270면 이하; 송덕수, 명의신탁, 고시연구, 1993.1, 123면; 윤철홍, 부동산명의신탁이론에 대한 소고, 숭실대법학논총, 제7집, 1994, 25면). 그리하여 예외적으로 명의신탁의 유효성을 인정하고 있는 부동산 실권리자 명의 등기에 관한 법률 제8조는 하루속히 삭제하는 것이 옳다고 하고 있다. 그러나 표현소유권설에 의하면, 명의신탁은 수탁자에게 재산권의 명의만이 이전되고 재산권을 적극적으로 행사할 권리를 이전하는 것이 아니므로 민법상의 신탁행위와 구별되며, 또 명의신탁이 성립하기 위해서는 당사자 사이에 일정한 목적을 위한 등기명의의 이전에 관한 합의가 존재하여야 하는 점에서, 이를 일률적으로 허위표시로 볼 수는 없다는 것이다. 오히려 명의신탁은 실질적인 권한을 수반하지 않는 형식적 자격을 수여하는 것과 같은 법률관계를 실질적 권리자와 명의자 간에 발생시키는 것이라고 한다. 그리하여 명의신탁이론은 권리 외관을 신뢰한 제3자를 어떻게 보호할 것이냐라고 하는 이론으로 전개되어야 하는데, 이러한 제3자 보호를 위하여는 프랑스 판례에 의해서 확립된 표현소유권이론을 도입할 필요가 있다는 것이다(고상룡, 명의신탁론의 재검토 소고, 민법학논총, 후암곽윤직교수화갑기념논문집, 박영사, 1985, 177면 이하). 이에 대하여 소유권이전설은 명의신탁에서 판례와 일부 학설이 인정하는 소유권의 상대적 귀속의 당부에 관하여, 물권의 성질 및 물권법정주의와의 관계에서 신랄하게 비판한 다음, 명의신탁에서 소유권은 수탁자에게 완전히 이전하고, 다만 수탁자는 신탁자에 대하여 신탁 목적에 따를 채무를 부담하는 것으로 이론 구성할 것이라고 한다(강봉수, 명의신탁에 있어서 내부적 소유권의 의미(2)-(3), 사법행정, 1988년 1월호, 76면 이하, 동년 2월호 36면 이하). 또한 명의신탁 약정에서 "신탁자가 대내적으로 소유권을 보유하기로 한다"는 것은, 신탁자가 수탁자와 사이에 체결한 명의신탁 약정에 기초하여 가지는 권한을 총체적·포괄적으로 지칭하는 것뿐이며, 결국 그것은 대체로 계약으로부터 발생하는 채권적 권리의 집합일 뿐이고, 명의신탁에 의하여 소유권은 수탁자에게 유효하게 이전하는 것으로 해석하여야 한다는 주장도 있다(양창수, 부동산실명법 제4조에 의한 명의신탁의 효력 -소위 등기명의신탁을 중심으로-, 민법연구, 세5권, 99면).

생각건대 사적 자치의 원칙상 명의신탁을 무조건 허위표시로서 무효라고 할 것은 아니다. 등기주의가 반드시 실권리자 명의로의 등기의무를 강제하는 것은 아니라고 할 것이기 때문이다. 물론 부동산 실권리자 명의 등기에 관한 법률 제4조 및 민법 제103조에 따라 탈법·탈세 또는 투기 등을 목적으로 하는 명의신탁은 무효라고 할 것이다. 그렇다고 명의신탁에 의하여 목적 부동산의 소유권이 수탁자에게 완전히 이전한다고 새길 것은 아니다. 우선 당사자 의사에 합치하지 않는다고 할 것이며, 명의신탁 약정 그 자체만으로 소유권 이전의 정당한 원인이 될 수 있다고 하는 데에는 의문이 있다(다만, 양창수, 앞의 논문, 85면 이하는 이를 긍정한다). 어디까지나 명의신탁의 약정은 소유권 이전의 형식적 의사에 지나지 않고 소유권 이전의 실질적 의사라고 파악할 수는 없기 때문이다(이은영, 물권법, 268면도 동지). 오히려 명의신탁에서 진정한 소유권은 신탁자가 가지며 수탁자는 실질적인 권한을 수반하지 않는 형식적 자격을 보유하는 이른바 표현소유권자에 지나지 않는 것으로 새기는 것이 타당할 것이다.

② 입법 취지

본조 제1항의 규정 취지는 비진의 의사표시를 한 자가 스스로 그 사정을 인식하면서 그 상대방과 비진의 의사표시를 하는 데 대한 양해하에 한 의사표시는 그 표시된 바와 같은 효력을 발생할 수 없다는 데 있다(72다1805판결, 72다1776판결, 72다1703판결).

그리고 동조 제2항의 취지는 적극적으로 진실의 권리관계와는 다른 외형을 작출한 권리자는 그 외형을 신뢰한 제3자가 출현한 경우에는 그 권리를 상실하여도 할 수 없다는 데 있다. 즉, 외관을 신뢰한 자의 보호를 목적으로 외형을 작출한 가장행위자 자신이 일반의 거래에서 제3자보다 불이익을 당하는 것은 당연한 것으로 되지 않으면 안 된다는 취지의 규정이라 하겠다. 따라서 스스로 가장행위를 한 자가 그 외형을 제거하지 않은 사이에 선의의 제3자가 그 외형을 신뢰하여 거래관계에 들어간 경우에는 그 거래로부터 발생한 권리 변동의 효과를 부정할 수는 없는 것이다.

**(2) 통정 허위표시의 요건**

① 의사표시가 있을 것

통정 허위표시가 성립하기 위해서는 의사표시가 존재하여야 한다. 즉, 객관적으로 효과의사를 추단할 만한 가치 있는 행위가 있어야 한다. 예컨대, 증서의 작성, 등기, 등록 등 의사표시에 의한 법률행위의 성립을 신뢰하도록 하는 외형을 수반하는 것이 일반적이나, 제3자가 보아서 사회 통념상 의사표시가 있다고 믿을 만한 외관 내지 외형이 갖추어져 있으면 충분하다.

② 진의와 표시가 일치하지 않을 것

통정 허위표시가 성립하기 위하여는 의사표시의 진의와 표시가 일치하지 않아야 한다(98다17909판결, 2002다38675판결). 즉, 표시상의 효과의사에 상응하는 내심적 효과의사가 존재하지 않아야 한다. 따라서 채권추심을 위한 채권 양도나 양도담보에서는 표시상의 효과의사에 상응하는 내심적 효과의사가 존재하므로 허위표시로서 무효가 아

**판 례**

임대차는 임차인으로 하여금 목적물을 사용·수익하게 하는 것이 계약의 기본 내용이므로, 채권자가 주택임대차보호법상의 대항력을 취득하는 방법으로 기존 채권을 우선변제받을 목적으로 주택임대차계약의 형식을 빌려 기존 채권을 임대차 보증금으로 하기로 하고, 주택의 인도와 주민등록을 마침으로써 주택임대차로서의 대항력을 취득한 것처럼 외관을 만들었을 뿐 실제 주택을 주거용으로 사용·수익할 목적을 갖지 아니 한 계약은 주택임대차계약으로서는 통정 허위표시에 해당되어 무효라고 할 것이므로, 이에 주택임대차보호법이 정하고 있는 대항력을 부여할 수는 없다(2000다24184, 24191판결).

니다. 이 경우에는 경제적 목적(채권추심이나 담보 목적)을 위하여 외관대로의 법률효과를 발생시키려는 내심적 효과의사(채권 양도나 소유권 이전)를 표의자가 가지고 있기 때문이다.

③ 진의와 표시가 불일치함에 대하여 상대방과의 통정이 있을 것

진의와 다른 표시를 하는데 대하여 상대방과 통정하여야 한다. 통정이라 함은 상대방과의 합의를 의미하고, 단순히 상대방이 불일치함을 인식하고 있는 것만으로는 부족하다 (통설). 이 경우 합의는 표의자가 진의와 다른 외형상의 의사표시에 의하여 진의를 감추는 것에 관한 상대방과의 합의를 의미한다. 따라서 허위표시는 표의자가

**판 례**

원고와 피고 조합 간의 예금행위가 허위의 의사표시로서 무효가 된다고 판단함에 있어서는, 원고가 지급한 금액을 피고 조합에서 예금받는 것이 아님에도 불구하고 이를 예금받는 것같이 예금증서를 원고에게 교부한 사실이 있음은 물론 원고에게도 피고 조합에게 교부된 위 금원이 예금으로 되지 아니하므로, 그 예금증서는 아무런 효력이 없는 것이라는 사정을 잘 알고 있으면서도 그와 같은 피고 조합의 진의 아닌 의사표시를 인용하는 취지에서 그 양해하에 무효인 예금증서를 받았다는 사실이 있음을 확정하여야 한다 (72다1805판결).

**판 례**

판례는 미성년자인 아들과 아내에게 동시에 대가 없이 매매 형식으로 부동산소유권 이전등기를 경유한 것은 특별한 사정이 없는 한 타인에 대한 채무를 면탈하기 위한 가장된 매매행위로 추정하고(63다493판결) 있으며, 특별한 사정 없이 동거하는 부부 간에 토지를 매도하고 소유권이전등기까지 경료함은 이례에 속하는 일로서 가장매매라고 추정하고(78다226판결), 또 장인과 사위 사이의 농지 매매를 허위표시로 보고 있다 (65다623판결). 역시 토지의 점유시효취득자에 대한 소유권이전등기의무를 면하기 위한 목적에서 이루어진 토지에 관한 매매계약을 통정 허위표시에 해당하는 것으로 보고 있다 (94다16090판결). 그러나, 목적물의 전 소유자인 소외인이 전세입주자 등을 상대로 가옥명도소송을 제기하였다가 전세금반환채무를 인수한 사실이 판명되어 무조건 승소가 어렵게 되자 타인 명의로 소송하면 무조건 승소할 수 있다는 말을 듣고 위의 명도소송을 취하하는 한편 원고 앞으로 소유권이전등기를 하였다고 하여, 그것만으로 곧바로 원고와 소외인과의 매매를 가장매매라고 단정할 수는 없다 (83다316, 83다카1판결)는 판결도 있다.

진의와 다른 의사표시를 의욕하고 있다는 점에서 착오와 다르고, 그에 대하여 상대방과의 합의가 있다는 점에서 비진의 의사표시와 다르다.

한편 허위표시를 하는 동기나 목적은 묻지 않는다. 일반적으로 제3자를 속이려는 목적으로 허위표시를 하는 경우가 많지만, 반드시 그러한 목적이나 동기를 필요로 하는 것은 아니다. 다만 허위표시인지 여부를 판단할 때는 의사표시를 하게 된 목적이나 동기를 고려할 수 있음은 별개의 문제이다 (89다카27116판결).

### (3) 통정 허위표시의 효과

① 당사자 사이의 효력

a) 허위표시는 당사자 사이에서는 무효이다 (제108조 제1항). 즉, 표시에 따른 효과가 발생하지 않는다. 허위표시는 무효이므로 이에 따른 채무를 이행하고 있지 않으면 이행할 필요가 없으며, 이행한 후라면 상대방에 대하여 부당이득의 반환을 청구할 수 있다 (제741조). 즉, 허위표시는 반사회질서의 법률행위는 아니므로, 허위표시에 의한 급부의 이행이 불법원인급여(제746조)로서 부당이득의 반환청구가 배제되지는 않는다.

b) 허위표시에 의하여 무효인 가장행위가 채권자취소권(제406조)의 요건을 갖춘 때에는 허위표시를 한 채무자의 채권자는 채권자취소권을 행사할 수 있다 (63다493판결). 예컨대, 채무자가 그의 채권자를 해(害)함을 알면서 그 소유의 부동산을 타인과 통정하여 허위로 그 타인에게 소유권이전등기를 하고 그러한 사실을 알고 있는 제3자가 다시 그 부동산의 소유권을 취득한 경우에, 채권자는 채권자취소권을 행사하여 허위표시를 취소함으로써 그 부동산을 채무자 앞으로 회복시킬 수 있다.

c) 허위표시의 당사자는 합의에 의하여 그 허위표시를 철회할 수 있는가? 긍정설은 허위표시의 철회를 인정하여도 무방하다고 한다. 다만, 제3자 보호를 위하여 철회를 가지고 선의의 제3자에게 대항하지 못한다고 한다 (곽윤직, 236면; 고상룡, 408면; 이영준, 346면). 부정설은 무효인 의사표시를 철회한다는 것은 불가능하고 의사표시의 외관 제거만이 가능하다고 한다 (이은영, 505면). 여기에서 철회는 허위표시 당사자가 합의에 의하여 외형상의 법률행위를 소멸하게 하는 것을 말한다. 따라서 외형상의 법률행위는 허위표시로서 무효인데 철회를 인정하여 소멸시킨다는 것은 무의미할 수도 있다. 그러나 무효인 법률행위도 취소할 수 있다는 무효·취소의 이중효법리와 마찬가지로, 철회를 인정하여 허위표시에 의한 외관 제거의 청구를 할 수 있다고 보아도

무방할 것이다. 물론 철회를 가지고 선의의 제3자에게 대항할 수는 없다고 새겨야 한다.

② 제3자에 대한 효력

a) 허위표시의 무효는 선의의 제3자에게 대항하지 못한다(제108조 제2항). 이는 허위표시를 제3자관계에서는 유효로 파악하여 허위표시의 외관을 신뢰한 제3자를 보호하기 위한 것이다. 이는 등기에 공신력을 인정할 수 없는 현행법 하의 부동산 거래에서 사실상 공신의 원칙에 갈음하는 기능을 하고 있다. 예컨대, 채무자 甲이 그의 채권자 乙의 강제집행을 면탈하기 위하여 상대방인 丙에게 자신의 소유 부동산의 등기를 이전하여 두었는데, 丙이 자기 명의의 등기를 기화로 이를 자기 소유 부동산이라고 속이고 그 정을 모르는 제3자 丁에게 매매하여 소유권이전등기를 경료하였다고 하자.

이 경우 丙 명의의 등기는 허위표시에 따른 등기로서 원인무효의 등기가 되며 이를 유효한 등기라고 믿은 자라 하더라도 원칙적으로 등기의 공신력이 인정되지 않으면 무권리자로부터 권리를 취득한 것이 되므로, 위의 丁은 등기된 대로의 권리를 취득할 수는 없다. 그러나 제108조 제2항에 의하여 丁이 선의라면 권리자인 甲은 허위표시의 무효를 그에게 주장할 수 없는 바, 丁은 유효하게 등기된 대로의 권리를 취득할 수가 있게 되어 등기에 공신력을 인정하는 것과 마찬가지의 결과가 된다.

문제는 이와 같이 권리자인 甲이 권리를 잃고 선의 제3자가 권리를 유효하게 취득할 수가 있게 되는 근거를 어디에서 찾을 것인가이다. 반면에, 왜 甲은 소유권을 상실해야만 하는가이다. 원칙적으로 자기 의사에 기초하지 않고는 권리를 상실당하지 않음이 민법의 원칙이기 때문이다. 이 경우 상대방의 신뢰 내지 거래 안전을 들 수 있는데, 이것만으로는 부족하다. 이에 더하여 권리자의 권리 상실을 정당화하는 요소가 첨가되어야 할 것이다. 이에는 외관형성에의 관여를 들 수 있을 것이다. 결국 제108조 제2항에서 무권리자의 처분임에도 불구하고 권리 이전의 효과를 발생케 하는 근거는 권리자의 외관형성에 대한 책임과 제3자의 신뢰 보호에 있다고 할 수 있다. 제250조에서 도품 유실물에 대한 선의 취득을 제한하고 있음은 권리자의 의사에 따르지 않고 점유가 이탈되었다는 점에서 외관형성에 대한 권리자의 관여가 없는 데 있다.

b) 제3자의 범위: 여기에서의 제3자란 허위표시의 당사자 및 그의 포괄승계인(상속인 또는 포괄수증자) 이외의 자로서 허위표시에 의하여 형성된 법률관계를 기초로 새

**판 례**

> 보증인이 주채무자의 기망행위에 의하여 주채무가 있는 것으로 믿고 주채무자와 보증계약을 체결한 다음 그에 따라 보증채무자로서 그 채무까지 이행한 경우, 그 보증인은 주채무자에 대한 구상권 취득에 관하여 법률상의 이해관계를 가지게 되었고 그 구상권 취득에는 보증의 부종성(附從性)으로 인하여 주채무가 유효하게 존재할 것을 필요로 한다는 이유로, 결국 그 보증인은 주채무자의 채권자에 대한채무부담행위라는 허위표시에 기초하여 구상권 취득에 관한 법률상 이해관계를 가지게 되었다고 보아 민법 제108조 제2항 소정의 '제3자'에 해당한다(99다51258판결. 94다1207판결도 동지. 이 판결에 대한 비판적 검토로는 제철웅, 불성립한 보증채무를 이행한 보증인의 보호와 제108조 제2항, 민사법학 제21호(2002. 3), 266면 이하가 있다).

로운 법률관계를 맺은 자를 말한다(80다1403판결에서는 '허위의 양수인과 이해관계를 맺은 자'라고 하였다가, 82다594판결에서는 단순히 '새로운 이해관계를 갖게 된 자'로 새겼다. 그러다가 94다12074판결에서 '실질적으로 새로운 이해관계를 맺은 자'로 하였다). 선의의 제3자로부터 다시 권리를 전득한 자도 제3자에 포함된다(통설). 문제는 선의의 제3자로부터 권리를 취득한 전득자가 악의인 경우에도 허위표시의 무효를 가지고 대항할 수 없는가이다. 통설은 이를 긍정한다. 만약 대항관계를 상대적으로 구성하여 악의의 전득자에게는 허위표시의 무효로서 대항할 수 있다고 보면, 악의의 전득자는 선의의 제3자에 대하여 담보책임(제570조)을 물을 수 있다는 점에서, 선의의 제3자를 해하는 결과가 되어 결국 선의의 제3자가 보호를 받지 못하게 된다는 것이다. 또한 문제는 악의의 제3자로부터 권리를 취득한 전득자가 선의인 경우에는 허위표시의 무효를 가지고 대항할 수 없는가이다. 학설은 이러한 전득자도 제3자에 해당한다고 한다(고상룡, 404면). 그런데 제3자가 허위표시 당사자와의 거래행위를 통해서 등기명의를 이전받은 것이 아니라, 예를 들어 부동산을 가장 양수한 甲으로부터 관련서류를 위조하여 아무런 원인없이 소유권 이전등기를 얻은 乙이 그 부동산을 매도하여 소유권 등기를 넘겨받은 丙은 외관기초성을 갖추지 못한 점에서 곧바로 위 규정의 제3자에 해당하는 것으로 새길 것은 아니다(2005다34667 판결. 다만, 양창수, 전득자는 부동산실명법 제4조 제3항의 「제3자」가 아닌가?, 저스티스 통권 제90호, 99면은 이 경우 丙을 제3자에 해당한다고 한다). 그렇지만 이 경우 제3자는 제108조 2항 유추적용에 의하여 보호될 수 있는 것으로 보아야 할 것이다.

**판 례**

판례는 채권자와 채무자가 통모하여 허위의 의사표시로서 저당권설정행위를 하고 채권자의 청구에 의하여 경매가 진행된 결과 선의의 제3자가 경락을 한 경우, 그 제3자에 대하여 저당권 설정의 허위임을 주장할 수 없다(4289민상580판결)고 한다. 그리고 파산관재인은 파산선고에 따라 파산자와 독립하여 그 재산에 관하여 이해관계를 가지게 된 제3자로서의 지위도 가지게 되며, 따라서 파산자가 상대방과 통정한 허위의 의사표시를 통하여 가장채권을 보유하고 있다가 파산이 선고된 경우, 그 가장채권도 일단 파산재단에 속하게 되고, 파산선고에 따라 파산자와는 독립한 지위에서 파산채권자 전체의 공동의 이익을 위하여 직무를 행하게 된 파산관재인은 그 허위표시에 따라 외형상 형성된 법률관계를 토대로 실질적으로 새로운 법률상 이해관계를 가지게 된 민법 제108조 제2항의 제3자에 해당한다(2002다48214판결. 이 판결의 평석으로 권영준, 통정허위표시로 인한 법률관계에 있어서 파산관재인의 제3자성, 법조 제56권 5호(2007), 62면 이하 참조)고 한다.

c) 제3자의 '선의(善意)': 이 경우 선의라 함은 그 의사표시가 허위표시임을 모르는 것을 뜻한다. 선의이면 족하고 무과실은 그 요건이 아니다(2003다70041판결). 다만, 학설 중에는 중과실이 있어서는 안 된다는 견해가 있다(고상룡, 405면). 제3자의 선의는 추정되므로 무효를 주장하는 자가 제3자의 악의를 주장·입증하여야 한다(통설). 선의의 판단 시기는 법률상의 이해관계를 맺은 때이다.

d) 대항하지 못한다는 의미: 이는 허위표시의 무효를 주장할 수 없다는 뜻이다. 따라서 선의의 제3자에 대해서는 무효를 주장하여 제3자의 권리 기초를 소멸시킬 수 없다. 문제는 선의의 제3자가 허위표시의 무효를 주장할 수 있는가이다.

부정설은 제3자라고 해서 그 법률행위의 결과가 자기에게 불리하면 허위표시의 무효를 주장하고, 유리하면 유효를 주장하는 것은 불공평하며, 또한 거래안전을 보호하려는 동 규정의 취지에 반한다고 한다(이영준, 345면). 긍정설은 선의의 제3자가 스스로 보호받을 뜻이 없을 때에는 무효를 주장할 수 있다고 한다(곽윤직, 235면). 제3자를 보호하는 규정 취지에 비추어 긍정설이 타당하다고 할 것이다.

### 3) 착오로 인한 의사표시

**사례와 해결 방향**

i ) A는 자신의 사업이 잘 되어 여유자금이 생기자 부동산 중개인 C를 만났다. 지방의 임야이지만 사 두면 산업도로가 그 옆을 통과하는 개발계획이 있기 때문에 금방 몇 배는 값이 오를 것이라는 C의 말을 믿고, 임야 소유자 B로부터 시가의 2배의 가격으로 매수하였다. 그 후 발표된 개발계획을 보니 그곳은 전혀 엉뚱한 곳이어서 A는 되팔려고 하니 제 값도 못 받게 되었다. 이러한 경우 A는 어떠한 방법으로 억울함을 달랠 수 있을까?

ii) 해결 방향

ⓐ 개발계획의 발표가 있을 것으로 예상하고 사고 판 것이었기 때문에, 만약 개발계획의 예정이 없었다면 매매가 이루어지지 않았을 것이므로, 매수인은 착오를 이유로 계약 자체를 취소할 수 있지 않을까?

ⓑ 그러나 계발계획은 매매계약의 동기에 지나지 않기 때문에 그 동기를 계약의 내용으로 삼거나 상대방이 그 동기를 알았거나 알 수 있었을 경우에 이를 이유로 취소할 수 있다고 할 것이다.

ⓒ 그리고 시가의 변동은 매수인이 부담하여야 할 사정이므로 계약 자체는 취소할 수 없고, 즉 가격 변동에 따른 위험은 매수인이 부담하여야 한다. 다만 매수인은 중개인에게 속았으므로 사기취소라든가 그에게 손해배상을 요구할 수는 있을 것이다.

**사례 해설**

사례에서 A가 B의 임야를 매수하게 된 동기는 개발계획이 발표되면 땅값이 상승할 것으로 기대하였다는 데에 있다. 그러나 그러한 동기는 매도인인 B의 기망행위에 의한 것이 아니라 부동산 중개업자의 기망행위에 의하여 형성된 것이고, A는 그에 대한 착오로 매매계약을 체결하였던 것이다. 따라서 B가 기망 사실을 알았거나 알 수 있었지 않은 한 사기를 이유로 취소할 수 없고, 또 판례에 따르면 그 동기가 매매계약의 내용으로 표시되지 않은 이상 표의자인 매수인은 매매계약의 의사표시를 착오를 이유로 취소할 수는 없다. 또한 가격 상승(**시가 변동 내지 시장성에 관한 착오는 법률행위의 중요부분에 관한 착오가 아니다**)에 따른 위험은 매수인이 부담하여야 한다는 측면에서도 매수인의 착오취소를 인정해서는 안 될 것이다. 다만, 부동산 중개업자의 기망행위를 매도인이 알고 있었다면 매수인이 사기를 이유로 매매계약을 취소할 수 있음은 별개의 문제이다. 또한 A는 기망행위를 들어 중개업자에게 불법행위로 인한 손해배상을 청구할 수 있다.

### (1) 착오의 개념과 유형

① 착오의 개념

a) 일반적으로 착오라 함은 잘못 생각하는 것 또는 실재(實在)와 표상(表象)이 일치하지 않는 것을 의미한다. 따라서 의사표시에서의 착오란 사실을 모르고 의사표시를 하는 것으로 이해할 수 있다. 바꾸어 말하면, 만약의 사태를 알았더라면 표의자가 하였을 의사표시와 일치하지 않는 의사표시를 착오에 의한 의사표시라고 할 수 있다.

**판 례**

의사표시에 착오가 있다고 하려면 법률행위를 할 당시에 실제로 없는 사실을 있는 사실 또는 실제로 있는 사실을 없는 것으로 잘못 생각하듯이 표의자의 인식과 대조 사실과가 어긋나는 경우라야 할 터이므로, 판결선고 전에 이미 그 선고 결과를 예상하고 법률행위를 하였으나 실제로 선고된 판결이 그 예상과 다르다 하더라도 이 표의자의 심리 상태에 인식과 대조 사실에 불일치가 있다고는 할 수 없어 착오로 다룰 수는 없다 (71다2193판결).

b) 통설은 의사와 표시가 불일치함을 표의자가 모르고 법률행위를 하는 것을 착오에 의한 의사표시라고 이해한다. 즉, 착오에 의한 의사표시를 표시로부터 추단되는 의사와 진의가 일치하지 않는 의사표시라고 한다. 이러한 착오개념은 이른바 동기(動機)의 착오를 의사표시의 착오 영역에서 배제하게 된다. 즉, 동기의 착오는 의사표시를 무효 내지 취소로 하지 않는다는 것이다. 다만, 통설·판례는 당사자 사이에 그 동기를 의사표시의 내용으로 삼았을 때에는 의사표시의 내용의 착오가 된다고 한다. 일부 학설은 착오를 통설과 같이 개념 정의하면서도 거래에서 중요한 동기의 착오에 관하여 민법 제109조를 적용한다 (이영준, 333면).

**판 례**

착오라는 것은 의사표시의 내용과 내심의 의사가 일치하지 않는 것을 표시자가 모르는 것이므로, 단순히 내심적 효과의사의 형성 과정에 저어가 발생한 이른바 연유의 착오 또는 동기의 착오는 내심적 효과의사와 참뜻 사이에 저어가 있음에 그치고, 이 내심적 효과의사와 표시와의 사이에는 그 불일치가 없다고 할 것인즉 민법 제109조가 정하는 의사표시의 착오에 관한 문제는 제기될 수 없다 (84다카890판결).

**판 례**

동기의 착오가 법률행위의 내용의 중요 부분의 착오에 해당함을 이유로 표의자가 법률행위를 취소하려면 그 동기를 당해 의사표시의 내용으로 삼을 것을 상대방에게 표시하고 의사표시의 해석상 법률행위의 내용으로 되어 있다고 인정되면 충분하고, 당사자들 사이에 별도로 그 동기를 의사표시의 내용으로 삼기로 하는 합의까지 이루어질 필요는 없지만, 그 법률행위의 내용의 착오는 보통 일반인이 표의자의 입장에 섰더라면 그와 같은 의사표시를 하지 아니하였으리라고 여겨질 정도로 그 착오가 중요한 부분에 관한 것이어야 한다(2000다12259판결).

그러나 착오를 의사표시에 이르는 과정 또는 의사표시 자체에, 사실과 일치하지 않은 인식 또는 판단을 하고 이에 의거하여 의사표시를 하는 경우라고 개념 정의하는 입장에 의하면(장경학, 483면), 동기는 표시되었느냐 여부를 묻지 않고서 언제나 법률행위 내용의 착오와 동일하게 제109조가 적용된다고 한다. 그리고 착오를 진의와 표시의 불일치라고 개념 정의하는 입장에 의하면(곽윤직, 237면), 착오를 통설처럼 표시상의 효과의사와 내심의 효과의사가 일치하지 않는 것으로 정의하게 되면 동기의 착오를 포함할 수 없으므로, 동기의 착오까지도 포함해서 착오를 설명해 주는 정의로서는 진의와 표시와의 불일치라고 하는 것이 가장 적당하다고 한다. 그러나 진의를 내심적 효과의사로 본다면 착오에 관한 통설의 정의와 동일하다는 점에서 어떻게 동기를 착오 개념에 포함시킬 수 있는지 의문이다(동지, 이영준, 332면; 백태승, 410면).

한편 유력설은 동기는 본래 그 성질상 표시한다는 것과는 양립될 수 없는 것이므로, 표시를 요구하여 거래안전을 도모한다는 것은 타당치 않다고 한 다음, 동기의 착오도 다른 유형의 착오와 마찬가지로 제109조의 중요부분의 착오인가, 표의자에게 중대한 과실이 있는가 어떤가에 의하여 조절한 후에 의사표시의 취소 여부를 결정하면 족하다고 한다(고상룡, 416면).

생각건대 착오의 개념을 정의할 때, 동기를 포함할 수 있도록 정의하든 착오의 개념에서 처음부터 동기의 착오를 배제하든, 학설은 동기의 착오도 제109조가 적용되는 착오가 될 수 있다고 하는 점에서는 차이가 없고, 다만 어떠한 요건하에 동기의 착오를 고려하느냐에 대해서만 차이가 난다고 할 것이다. 그렇다면 중요한 것은 착오의 개념 정의가 아니라 어떠한 요건에서 동기의 착오를 고려할 것인가에 있지 않을까?

**동기의 착오에 관한 규정 신설안**

i ) 제안 이유: 착오로 인한 의사표시에 있어 실제 가장 문제되는 것은 동기의 착오임에도 이에 대한 명문 규정을 두고 있지 않아 동기의 착오도 취소할 수 있음을 명확히 하고, 다만 동기의 착오가 거래상 본질적인 사정에 관한 것인 경우에만 취소할 수 있도록 함으로써 취소권이 남용되지 않도록 한다.

ii) 규정 내용: 當事者, 物件의 性質 그 밖의 法律行爲의 動機에 錯誤가 있는 경우에도 그 錯誤가 거래의 본질적인 事情에 관한 것인 때에는 第1項을 準用한다.

② 착오의 유형

a) 착오는 표시상의 착오(예: 誤記, 誤算, 표시기관의 착오), 내용상의 착오(예: 표시의 의미를 잘못 이해하는 경우, 즉 마르크를 달러로 이해하는 경우), 동기의 착오(예: 주변지역이 개발될 것이라고 믿고 땅을 구입하였는데 실제는 개발정보가 그릇된 것인 경우라든가 아파트를 건축할 수 있는 지역인 줄 알고 땅을 구입하였는데 실제는 개발이 제한되어 건축할 수 없는 땅이었던 경우)로 분류하여 설명되고 있다.

그런데 법률행위에 관계되는 사람 또는 물건의 성질에 관한 착오를 어떻게 다룰 것이냐가 문제되고 있으나, 일반적으로 동기의 착오로 다룬다(통설). 다만, 유력설은 의사표시의 구성요소로 볼 수 없는 동기와 달리 사람 또는 물건의 성질은 의사표시의 내용을 구성하는 것으로 보아야 하기 때문에, 성질의 착오는 의사표시의 내용에 관한 착오이므로 그 표시 여부 또는 상대방의 인식가능성 여부와 무관하게 제109조의 적용 대상이 된다고 한다(명순구, 412-6면). 또한 법률행위에 관계된 사람 또는 객체의 동일성에 관한 착오의 경우에 이를 성질의 착오로 볼 것인지(이영준, 375면), 아니면 내용의 착오로 볼 것인지(김증한/김학동, 352면)에 대해서도 문제가 되나, 동일성에 관한 착오는 내용의 착오로 볼 것이다. 판례도 후술하는 바와 같이 사람(95다37087판결) 또는 객체(97다32772, 32789판결)의 동일성에 관한 착오를 법률행위 내용의 중요 부분의 착오로 본다.

그리고 법률의 착오에 관하여도 이를 동기의 착오로 파악할 것인지 아니면 내용의 착오로 파악할 것인지가 문제된다. 대체로 학설은 법률의 착오와 법률효과의 착오를 개념 구별하여, 법률상태(법률 규정의 유무 또는 그 의미)에 관한 착오인 법률의 착오는 동기의 착오로 파악하고 법률효과의 착오는 의사표시의 법률효과에 관한 착오로서 내용의 착오로 파악한다 (송덕수, 민법강의(상), 172면; 백태승, 419면). 물론 이러한 개념 구별에 반대하는 입장도 있다 (이영준, 344면; 이은영, 519면). 어디까지나 법률은 법률행위의 기초 내지 전제가 된다는 점에서 법률의 착오는 동기의 착오로 파악할 것이다. 따라서 법률의 착오가 법률효과의 착오로서 고려되는 착오가 되려면 표의자가 착오한 법률이 의사표시의 법률효과를 형성하고 있어야 할 것이다. 판례도 후술하는 바와 같이 법률의 착오를 동기의 착오로 파악하고, 따라서 그와 같은 동기를 법률행위의 내용으로 삼았다면 착오취소를 인정하고(90다카7026판결), 그렇지 않다면 착오를 이유로 취소할 수 없다고 한다 (91다10732판결). 물론 판례 중에는 법률의 착오를 곧바로 내용의 착오로 파악하고 제109조를 적용한 경우도 있다. 즉, 법률에 관한 착오(양도소득세가 부과될 것인데도 부과되지 아니하는 것으로 오인)라도 그것이 법률행위의 내용의 중요 부분에 관한 것인 때에는 표의자는 그 의사표시를 취소할 수 있다는 것이다 (80다2475판결).

**판 례**

매매계약의 체결 경위 및 당시 시행되던 소득세법, 같은 법 시행령, 조세감면규제법, 주택건설촉진법 등 관계 규정에 의하면, 토지의 매수인이 개인인지 법인인지, 법인이라도 주택건설사업자인지 및 주택건설사업자라도 양도소득세 면제 신청을 할 것인지 여부 등은 매도인이 부담하게 될 양도소득세액 산출에 중대한 영향을 미치게 되어, 이 점에 관한 착오는 법률행위의 내용의 중요 부분에 관한 것이라고 할 수 있다 (94다44620판결).

**판 례**

매도인의 대리인이, 매도인이 납부하여야 할 양도소득세 등의 세액이 매수인이 부담하기로 한 금액뿐이므로, 매도인의 부담은 없을 것이라는 착오를 일으키지 않았더라면 매수인과 매매계약을 체결하지 않았거나 아니면 적어도 동일한 내용으로 계약을 체결하지는 않았을 것임이명백하고, 나아가 매도인이 그와 같이 착오를 일으키게 된 계기를 제공한 원인이 매수인 측에 있을 뿐만 아니라 매수인도 매도인이 납부하여야 할 세액에 관하여 매도인과 동일한 착오에 빠져 있었다면, 매도인의 위와 같은 착오는 매매계약의 내용의 중요부분에 관한 것에 해당한다 (93다24810판결).

b) 착오의 유형은 의사표시를 심리학적으로 분석하여 유형화한 것이다. 이를 도표로 보면 다음과 같다.

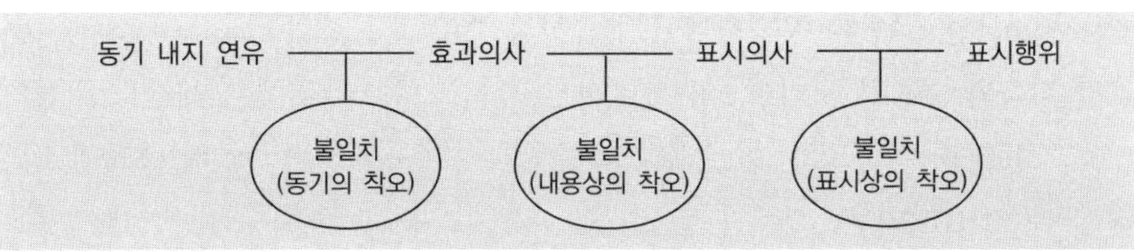


c) 위의 사례에서 개발계획이 발표될 것이며 그에 따라 땅값이 상승할 것으로 A가 생각한 것을 동기 내지 연유라 할 수 있으며, 이러한 동기로 B의 임야를 사두어야 하겠다고 마음먹는 것을 효과의사라 한다. 그리고 이러한 효과의사를 B에게 표시하는 것을 표시행위라 할 수 있다. 따라서 위의 사례에서는 동기의 착오가 문제된다.

### (2) 제109조의 적용 범위

① 제109조는 원칙적으로 사법상의 의사표시에 적용된다. 단독행위, 계약, 합동행위에 해당하든가, 수령을 요하는지 여부 및 명시적인지 여부와 관계 없다. 나아가 제109조는 준법률행위 중 의사의 통지, 관념의 통지, 감정의 표시에 대해서도 원칙적으로 적용된다. 그러나 사실행위에는 적용되지 않는다.

② 통설은 당사자의 의사가 절대적으로 존중되는 가족법상의 행위에 대해서는 제109조가 적용되지 않고, 가령 착오에 따른 혼인 또는 입양은 제816조 제2호, 제884조 제2호가 적용된다고 한다. 화해계약의 경우에도 특칙이 있다. 화해계약은 착오를 이유로 취소하지 못한다 (제733조 본문). 화해란 당사자가 서로 양보하여 그들 사이의 분쟁을 끝낼 것을 약정함으로써 성립하는 계약이다. 따라서 착오를 이유로 화해계약의 효력을 부정하게 되면 분쟁의 해결이라는 화해계약의 목적을 달성할 수 없기 때문이다. 다만, 화해 당사자의 자격이라든가 화해의 목적인 분쟁 이외의 사항에 착오가 있는 때에는 취소할 수 있다 (제733조 단서). 여기서 '화해의 목적인 분쟁 이외의 사항'이라 함은 분쟁의 대상이 아니라 분쟁의 전제 또는 기초가 된 사항으로서, 쌍방 당사자가 예정한 것이어서 상호 양보의 내용으로 되지 않고 다툼이 없는 사실로 양해된 사항을 말한다 (2002다18435판결). 그리고 거래의 안전이 중시되는 상법에서 회사 성립 후

에는 주식을 인수한 자가 착오를 이유로 그 주식 인수를 취소할 수 없다 (상법 제320조 제1항).

③ 공법상의 행위에 대해서도 원칙적으로 제109조가 적용되지 않는다 (79누43판결, 74누234판결). 다만, 사인의 공법행위라든가 행정 주체의 사경제적 활동에 대해서는 제109조가 적용되어야 할 것이다 (이은영, 512면). 그리고 소송행위에 대해서도 내심의 의사보다 그 표시를 기준으로 효력 유무를 판단하여야 하는 점에서 제109조가 적용되지 않는다 (95다11740판결).

④ 착오에 의한 의사표시도 일단 유효하고 제109조의 요건을 갖추는 경우에 취소할 수 있으므로, 불합의에 의하여 계약이 성립하지 않으면 착오의 문제는 발생하지 않는다 (제3장 제2절 2. 3) (1) 참조). 그리고 매매의 목적물에 하자가 있는 경우에, 그 하자가 법률행위의 내용의 중요 부분에 관한 것이면, 매수인은 제109조에 따라 착오를 주장할 수 있고, 제580조에 따라 매도인에게 하자담보책임을 물을 수도 있다. 다만, 학설은 하자담보책임만이 성립한다는 견해(이영준, 397면)와 양자를 경합적으로 인정하는 견해(이은영, 525면)가 대립한다. 하자담보책임의 존속기간을 짧게 둔 취지에 비추어, 양 요건을 충족하는 경우에는 제580조에 의하여 제109조가 배제되는 것으로 해석함이 타당하다고 할 것이다.

한편 판례는 법률행위가 유동적 무효인 경우에도 착오를 들어 취소할 수 있다고 하며(96다35309판결), 매매계약을 적법하게 해제한 후라도 착오를 이유로 취소권을 행사하여 매매계약을 무효로 돌릴 수 있다고 한다 (95다24982, 24999판결).

**판 례**

국토이용관리법상 거래 허가를 받지 아니하고 계약 당사자의 표시와 불일치한 의사(**비진의 표시, 허위표시 또는 착오**) 또는 사기, 강박과 같은 하자 있는 의사에 의하여 토지거래 등이 이루어진 경우에 있어서, 이들 사유에 기하여 그 거래의 무효 또는 취소를 주장할 수 있는 당사자는 그러한 거래 허가를 신청하기 전 단계에서 이러한 사유를 주장하여 거래허가 신청 협력에 거절 의사를 일방적으로 명백히 함으로써 그 계약을 확정적으로 무효화시키고 자신의 거래 허가 절차에 협력할 의무를 면함은 물론 기왕에 지급된 계약금 등의 반환도 구할 수 있다 (96다35309판결).

⑤ 그리고 가령, 담장이 대지의 경계선과 일치하지 않음에도 당사자 쌍방이 동일한 착오에 빠져 일치하는 것으로 잘 못 알고 그 담장을 기준으로 통로 폭을 정하여 담장 설치에 합의한 경우(88다카9364판결)와 같이, 이른바 공통의 착오의 경우에 제109조를 적용할 것인가 아니면 법률행위의 보충적 해석에 의하여 문제를 해결하여야 할 것인지가 문제된다. 학설 중에는 제109조는 당사자 일방만의 착오를 전제로 한 것이므로 당사자가 공통으로 착오에 빠진 경우에는 적절하지 않다고 하여 행위기초론(Die Lehre von der Geschäftsgrundlage)을 적용하여야 한다는 입장이 있다(송덕수, 민법주해 II, 524면 이하; 김증한 저/김학동 증보, 343-4면; 백태승, 420면). 반면에, 이러한 경우에는 법률행위의 보충적 해석에 의하여 해결하여야 한다는 주장도 있다(이영준, 378-9면; 지원림, 주석민법 총칙(2), 736-8면; 명순구, 민법총칙, 424-5면; 윤진수, 민법상 착오규정의 입법론적 고찰, 21세기 한국민사법학의 과제와 전망(심당 송상현교수화갑기념), 70면 이하). 판례는 공통의 착오가 있는 경우에도 일반적인 착오와 마찬가지로 보아 취소 여부를 결정하거나(88다카9364판결), 이와 같이 취소를 인정하는 외에 법률행위의 보충적 해석도 허용하고 있다(2005다13288판결).

생각건대 공통의 착오의 경우에 제109조가 전혀 적용될 수 없다고 볼 근거는 없다고 하겠다. 그렇다고 공통의 착오의 경우에 무조건 계약의 취소만을 인정하는 것은 실제에 있어서 불합리한 결과를 가져올 수도 있다. 그러한 경우에는 계약을 취소하기보다는 계약을 유지하면서 계약 내용을 변경하는 것이 타당할 것이다.

### (3) 착오의 요건

① 착오취소가 인정되기 위해서는 의사표시의 착오가 존재하여야 한다. 따라서 가령, 경락인이 전 소유자의 체납 전기요금을 완납하여야 전기 공급을 받을 수 있다는 사실을 알고 경락받았다면 이는 착오에 의한 의사표시로 볼 수 없다(90다8992판결). 착오가 존재하는지 여부에 대한 판단 시점은 의사표시 당시이다. 착오의 대상은 현재의 사실뿐 아니라 장래의 불확실한 사실도 포함된다. 대리의 경우에는 대리인을 표준으로 착오 유무를 판단하여야 한다.

② 착오취소가 인정되기 위해서는 법률행위의 내용에 착오가 존재하여야 한다. 법률행위의 내용이란 당사자가 그 법률행위를 통하여 발생시키려고 하는 법률효과를 말한다. 따라서 법률행위를 하게 된 사회적·경제적 목적, 즉 동기나 연유는 원칙적

으로 법률행위의 내용으로 될 수 없다. 그런데 앞에서 살펴본 바와 같이 학설과 판례는 일정한 요건하에 동기에 착오가 있는 경우에도 제109조에 기하여 법률행위의 취소를 인정한다.

③ 착오취소가 인정되기 위해서는 법률행위의 내용의 착오가 존재하는 것만으로는 부족하고, 그 법률행위의 내용의 중요 부분에 착오가 존재하여야 한다. 의사표시의 중요 부분에 착오가 있다고 함은 법률행위에 의하여 달성하고자 하는 법률효과의 중요 부분에 착오가 있는 것을 말한다.

a) 중요 부분의 의의

ㄱ) 법률행위의 중요 부분이란 법률행위의 핵심적 요소로서 계약의 종류, 계약의 상대방, 목적물의 동일성, 목적물의 성질 등을 말한다.

ㄴ) 중요 부분의 판단 기준으로는 대체로 표의자가 그러한 착오가 없었더라면 그 의사표시를 하지 않았으리라고 생각될 정도로 중요한 것이어야 하고(주관적 요건), 일반인(합리적 사고를 가지고 판단하는 제3자)도 표의자의 입장에 섰더라면 그러한 의사표시를 하지 않았으리라고 생각될 정도로 중요한 것(객관적 요건)이어야 한다는 것을 들고 있다(통설). 다만, 견해에 따라서는 이러한 주관적·객관적 요건 이외에 상대방의 예견가능성을 그 요건으로 들거나(김주수, 377면; 김용한, 300면), 그 요건 어느 하나만 충족하면 된다는 입장도 있다(김증한 저/김학동 증보, 348면). 특히 상대방의 예견가능성을 법률행위 내용의 중요 부분의 판단 기준으로 삼는 입장에서는 동기의 착오도 표시 여부를 불문하고 다른 유형의 착오와 마찬가지로 제109조가 적용되어 취소할 수 있다고 한다.

한편 스위스 채무법 제23조는 "계약 체결 당시에 중대한 착오에 빠졌던 자에게 그 계약은 구속력이 없다."고 정하고 있으며, 제24조는 첫째, 착오자가 의사표시를 한 것과 다른 계약을 체결하려고 하였던 경우, 둘째 착오자의 의사가 의사표시를 한 것과 다른 목적물에 대해서 또는 다른 사람을 고려하여 계약을 체결하려고 하였던 때, 셋째 착오자가 의도하였던 것보다 현저히 많은 양의 급부를 약속하였거나 현저히 적은 양을 약속하게 한 경우, 넷째 거래에서 신의칙에 비추어 착오자가 계약의 필요적 기초라고 생각하였던 사실관계에 착오가 있는 경우 등을 중대한 착오로 본다.

b) '중요 부분'의 착오에 관한 판례의 태도

ㄱ) 중요 부분의 판단 기준 : 판례도 학설과 마찬가지로 주관적 요건과 객관적

요건을 그 판단 기준으로 하고 있다고 할 수 있다(98다45546판결). 가령, 의사표시의 착오가 법률행위의 내용의 중요 부분에 착오가 있는 이른바 요소의 착오이냐의 여부는 그 각 행위에 관하여 주관적, 객관적 표준에 좇아 구체적 사정에 따라 가려져야 할 것이고 추상적·일률적으로 이를 가릴 수는 없다는 것이다(84다카890판결). 한편 판례는 표의자가 착오로 인하여 어떠한 경제적인 불이익을 입은 것이 아니라면 이를 법률행위 내용의 중요 부분의 착오라고 할 수 없다고 한다(98다47924판결).

**판 례**

법률행위의 중요 부분의 착오라 함은 표의자가 그러한 착오가 없었더라면 그 의사표시를 하지 않으리라고 생각될 정도로 중요한 것이어야 하고, 보통 일반인도 표의자의 처지에 섰더라면 그러한 의사표시를 하지 않았으리라고 생각될 정도로 중요한 것이어야 한다(98다45546판결).

**판 례**

착오가 법률행위 내용의 중요 부분에 있다고 하기 위하여는 표의자에 의하여 추구된 목적을 고려하여 합리적으로 판단하여 볼 때 표시와 의사의 불일치가 객관적으로 현저하여야 하고, 만일 그 착오로 인하여 표의자가 무슨 경제적인 불이익을 입은 것이 아니라고 한다면 이를 법률행위 내용의 중요 부분의 착오라고 할 수 없다(98다47924판결).

ㄴ) 사람의 동일성 및 성질에 관한 착오: 근저당권 설정계약에서 채무자가 누구인가에 관한 착오는 일반적으로 법률행위의 내용의 중요 부분에 관한 착오에 해당한다(95다37087판결). 그리고 가령, 재건축아파트 설계용역에서 건축사 자격이 가지는 중요성에 비추어 볼 때, 재건축조합이 건축사 자격이 없이 건축연구소를 개설한 건축학 교수에게 건축사 자격이 없다는 것을 알았더라면 재건축조합만이 아니라 객관적으로 볼 때, 일반인으로서도 이와 같은 설계용역계약을 체결하지 않았을 것으로 보이므로, 재건축조합 측의 착오는 중요 부분의 착오에 해당한다(2002다70884판결. 이 판결을 상대방의 설명의무 또는 정보제공의무 위반으로 인한 착오의 문제로 평석한 것으로는 박인환, 상대방의 고지의무 위반과 착오를 이유로 한 취소, 사법행정 제45권 6호(2004. 6), 12-24면이 있다). 그런데 보증계약에서 주채무자의 신용 상태를 보증행위의 중요 부분에 해당한다고 할 것인가에

대해서는 논의가 있다(보증인은 채권자에 대하여 자신의 보증행위에 의하여 주채무자의 무자력위험을 인수한 것이기 때문에 일반적으로 보증계약에서 주채무자의 신용 유무는 보증행위의 중요 부분이라 할 수 없다는 견해가 있다. 양창수, 민법연구 제2권, 박영사, 1991, 6-8면). 그러나 판례는 특히 신용보증계약에서 주채무자의 신용 상태에 관한 착오를 중요 부분의 착오라고 하여 보증의사표시의 취소를 인정한다(85다카2339판결, 94다25964판결).

ㄷ) 법률행위의 객체에 관한 착오: 매매목적물인 점포를 다른 점포인 창신상회로 오인한 것은 목적물의 동일성에 관한 착오로 중요 부분의 착오에 해당한다고 한다(97다32772, 32789판결). 다만, 온천여관의 매매에서 온천공의 단독사용권을 가졌는지 여부는 특단의 사정이 없는 한 매매계약의 중요 부분에 해당하지 않고(86다카1065판결), 임대차계약에서 임대차목적물이 반드시 임대인의 소유일 것을 특별히 계약의 내용으로 삼은 경우에만 임대목적물의 소유권 귀속에 관한 착오를 이유로 취소할 수 있다고 한다(74다2069판결).

그리고 목적물의 현황·경계에 관한 착오도 법률행위 내용의 중요 부분의 착오가 된다고 한다.

**판 례**

답(畓) 1,389평을 전부 경작할 수 있는 농지인 줄 알고 매수하여 그 소유권이전등기를 마쳤으나, 측량 결과 약 600평이 하천을 이루고 있어 사전에 이를 알았다면 매매의 목적을 달할 수 없음이 명백하여 매매계약을 체결하지 않았을 것이므로, 토지의 현황 경계에 관한 착오는 매매계약의 중요 부분에 대한 착오에 해당한다(67다2160판결, 88다카9364판결)고 한다. 그런데 본 사안의 경우에는 오히려 민법 제580조의 하자담보책임에 문의하는 것이 타당하지 않을까 여겨진다. 즉, 착오문제로 보게 되면 매수인은 매매계약을 취소할 수 있을 뿐이지만, 하자담보책임에 의하면 해제와 아울러 손해배상도 요구할 수 있기 때문이다. 그리고 토지의 경계에 관한 착오는 특단의 사정이 없는 한 법률행위의 중요부분에 관한 착오라고 한다(93다31634, 31641판결).

가령, 건물에 대한 매매계약 체결 직후 건물이 건축선을 침범하여 건축된 사실을 알았으나 매도인이 법률전문가의 자문에 의하면 준공검사가 난 건물이므로, 행정소송을 통하여 구청장의 철거 지시를 취소할 수 있다고 하여 매수인이 그 말을 믿고 매매계약을 해제하지 않고 대금지급의무를 이행한 경우라면 매수인이 건물이 철거되지 않으리라고 믿은 것은 매매계약과 관련하여 동기의 착오라고 할 것이지만, 나아가 매수인뿐만 아니라 일반인이면 누구라도 건물 중 건축선을 침범한 부분이 철거되는 것을 알았더라면 그 대지 및 건물을 매수하지 아니하였으리라는 사정이 엿보이므로, 결국 매수인이 매매계약을 체결함에 있어 그 내용의 중요부분에 착오가 있는 때에 해당하고, 한편 매도인의 적극적인 행위에 의하여 매수인이 착오에 빠지게 된 점, 매수인이 그 건물의 일부가 철거되지 아니할 것이라고 믿게 된 경위 등 제반사정에 비추어 보면착오가 매수인의 중대한 과실에 기인한 것이라고 할 수 없다(97다26210판결).

그러나 토지의 평수의 착오는 법률행위의 내용의 착오가 아니라 연유의 착오라고 한다(69다196판결, 83다카1328, 1329판결). 다만, 이 경우에는 추탈담보책임이 문제될 수 있다(제574조. 수량을 지정한 매매에서 목적물이 부족되는 경우와 매매의 목적물의 일부가 계약 당시에 이미 멸실된 경우에 매수인이 그 부족 또는 멸실을 알지 못한 때에는 대금의 감액 또는 잔존한 부분만이면 매수인이 이를 매수하지 아니하였을 때에는 선의의 매수인은 계약의 해제 및 손해배상을 청구할 수 있다). 여기에서 수량지정매매란 당사자가 매매의 목적인 특정물이 일정한 수량을 가지고 있다는 데 주안을 두고 대금도 그 수량을 기준으로 하여 정한 경우를 말하는 것이므로, 수량지정이 행하여졌다는 부가적 징표(예: 평당 얼마씩)가 있어야 하고, 단순히 매매목적물을 특정하기 위하여 평수를 표시한 것에 불과한 경우에는 수량지정매매가 있었다고 할 수 없다(92다56674판결).

그리고 부동산 매매에서 시가에 관한 착오는 그 부동산을 매매하려는 의사를 결정할 때 그 동기의 착오에 불과할 뿐 법률행위의 중요 부분의 착오가 아니라고 한다(92다29337판결). 다만, 가격 차이가 현저히 큰 경우에는 중요 부분의 착오에 해당한다고 한다(97다44737판결). 그러나 도급 금액에 관한 착오는 법률행위의 중요 부분의 착오에 해당한다고 한다. 가령, 전문건설공제조합이 도급 금액이 허위로 기재된 계약보증신청서를 기초로 조합원이 수급할 공사의 도급 금액이 조합원의 도급 금액 내인 것으로 잘못 알고 계약보증서를 발급한 경우에 도급 금액에 관한 착오는 중요 부분의 착오에 해당한다고 한다(97다13023판결).

판 례

매매거래에 있어서는 매수인은 염가로 취득할 것을 희망하고 매도인은 고가로 처분할 것을 희망하는 이해 상반의 지위에 있는 것으로서 각자가 지식 경험을 이용하여 최대한으로 자기의 이익을 도모하기 때문에, 특수한 사정이 없는 한 매수인이 목적물의 시가를 묵비하여 이를 매도인에게 고(告)하지 않고 허위로 시가보다 저렴한 액을 시가라고 하였더라도 매도인의 의사결정에 불법의 간섭을 한 것이 아니므로, 이를 사기행위로 인한 법률행위라 할 수 없고 매도인이 매매 당시 목적물의 시가를 알지 못한 결과 대금액과 시가 간에 저어(齟齬)가 있더라도 이는 의사결정의 연유에 착오가 있을 뿐이요 의사표시의 내용에 착오 있는 것이 아니므로, 법률행위의 요소에 착오가 있다고 할 수 없다 (4291민상139판결)는 것이다. 다만, 이 경우에는 불공정한 법률행위(폭리행위)가 문제될 수 있을 것이다.

판 례

공사도급계약과 관련하여 체결되는 이행(계약)보증보험계약이나 지급계약보증보험에 있어 그 보험사고에 해당하는 수급인의 채무불이행이 있는지 여부는 그 보험계약의 대상으로 약정된 도급공사의 공사 금액, 공사 내용 및 공사 기간과 지급된 선급금 등을 기준으로 판정하여야 하므로, 이러한 보증보험계약에 있어 공사계약 체결일이나 실제 착공일, 공사 기간도 공사대금 등과 함께 그 계약상 중요한 사항으로서 수급인 측에서 이를 허위로 고지함으로 말미암아, 보험자가 그 실제 공사의 진행 상황을 알지 못한 채 보증보험계약을 체결한 경우에는 이는 법률행위의 중요한 부분에 관한 착오로 인한 것으로서 민법의 일반 원칙에 따라 보험자가 그 보험계약을 취소할 수 있다 (2001다36450판결).

c) 동기의 착오와 중요 부분의 착오: 원칙적으로 판례는 의사표시의 동기에 착오가 있었음을 이유로 표의자가 이를 취소하기 위하여는 그 동기가 상대방에 표시되고 의사표시의 내용의 중요 부분의 착오로 인정된 경우이어야 한다고 한다 (90다카7026 판결, 2000다12259판결). 이 경우 동기의 착오가 의사표시 내용의 중요 부분의 착오이기 위해서는, 표의자가 그 동기를 당해 의사표시의 내용으로 삼을 것을 상대방에게 표시하고 의사표시의 해석상 법률행위의 내용으로 되어 있다고 인정되면 충분하고, 당사자들 사이에 별도로 그 동기를 의사표시의 내용으로 삼기로 하는 합의까지 이루어질 필요는 없다고 한다 (95다5516판결).

ㄱ) 법령상의 제한에 관한 착오: 원고는 이 사건 부동산의 지상에 국민주택 규

모의 고층아파트 건설이 가능한 것으로 알고, 이를 위하여 피고로부터 이 사건 부동산을 매수하기로 하는 매매계약을 체결하였으나, 이 사건 부동산은 보안상의 이유 등으로 인하여 매매계약 체결 당시부터 그 지상에 고층아파트의 건축을 할 수 없는 부동산이었는 바, 원고에게 위 매매계약을 체결하게 된 동기에 착오가 있었고 그 동기가 피고에게 표시되었다면 착오를 이유로 취소할 수 있다 (90다카7026판결). 그리고 반환소송을 당하게 되면 아무런 보상도 받지 못한 채 부동산을 반환하여야 할 것으로 착각하여 이를 매도하는 매매계약을 체결하였다고 하더라도 이는 동기의 착오에 불과하므로, 그와 같은 동기를 매매계약의 내용으로 삼았다는 특별한 사정이 없는 한 이를 이유로 매매계약을 취소할 수 없다 (91다10732판결).

ㄴ) 보증의 동기: 회사가 소속 차량운전자의 과실로 타인에게 상해를 입힌 것으로 오인하고 손해배상책임이 있는 것으로 착오를 일으켜, 부상자의 병원에 대한 치료비 지급채무를 연대보증한 경우에 그 착오는 동기의 착오에 불과한 것으로서, 그 동기를 계약 내용으로 하는 의사를 표시하지 아니한 이상 그 착오를 이유로 위 연대보증계약을 취소할 수 없다 (78다2493판결, 81다98판결)고 한다. 그러나 이 사안은 동기의 착오이기 때문에 취소할 수 없는 것이 아니라, 오히려 고려되는 법률행위의 중요 부분에 관한 착오이기는 하지만 표의자에게 중대한 과실이 있기 때문에 취소할 수 없는 것으로 이해함이 타당하다고 할 것이다.

ㄷ) 상대방이 유발한 동기: 판례 중에는 상대방의 주관적 사정만을 고려하여 동기의 착오를 인정한 판결이 있다. 즉, 동기의 착오가 상대방에 의하여 유발된 경우에는 그 표시 여부를 묻지 않고 제109조를 적용하여 법률행위를 취소할 수 있다는 것이다. 여기에서 몇 개의 판례를 들어본다.

**판 례**

i ) X는 Y(국가)에게 본건 농지를, Y소속 공무원의 말(**본건 농지는 귀속재산이므로 자진하여 증여하면 우선 불하권을 주겠다는**)에 넘어가 귀속(歸屬)이 해제된 농지를 귀속재산인 줄 알고 증여하였다. 그 후 X는 위 증여계약을 착오를 이유로 취소하고 소유권이전등기말소의 청구를 하였다. 이에 대하여 판례는 "이러한 착오는 일종의 동기의 착오라 할 것이나, 그 동기를 제공한 것이 피고 산하 관계 공무원이고, 만약 그러한 동기의 제공이 없었더라면 몇십 년 경작

해 온 상 당한 가치의 본건 토지를 선뜻 피고에게 증여하지 않았을 것인즉 그 동기는 본건 증여행위의 중요 부분을 이룬다 할 것이므로 그 취소는 적법하다(78다719판결, 69누83판결, 80다2475판결)는 것이다.

ii) 피해자와 가해자 간에 앞으로 손해배상청구 등 행위를 하지 않겠다는 내용의 합의서를 작성한 것이 피해자가 가해자 측의 주장에 넘어가 장래에 들 치료 기간, 치료비 등을 잘못 알고 한 것은 착오에 의한 의사표시로서 취소할 수 있다(71다399판결, 80다2452판결)고 한다. 그러나 강간 피해자에 대한 금원지급약정취소청구사건에서 피해자의 일부 기망에 의하여 과다하게 합의금의 지급을 약속한 경우라도 그와 같은 사유만으로는 법률행위 내용의 중요 부분에 착오가 있었다고 볼 수 없다는 판결도 있다 (77다1562판결).

한편 당사자 쌍방이 사망의 원인을 의료과오에 따른 약물중독이라고 믿고서 손해배상에 관하여 합의(화해계약)를 하였지만, 후에 숨진 자의 사인이 진료행위와는 무관하다는 것이 밝혀진 경우에, 이는 화해기초에 관한 착오이므로 취소할 수 있다고 한다 (90다카22674판결). 즉, 민법상 화해계약은 착오를 이유로 취소하지 못하지만(제733조 본문), 당사자의 자격, 목적인 분쟁 이외의 사항에 착오가 있는 때에는 취소할 수 있기 때문에(제733조 단서), 사인에 관한 착오는 분쟁의 대상, 즉 손해배상의 액수, 민형사사건의 처리문제 등 다툼의 대상 내지 상호 양보의 내용으로 된 것이 아닌 그 전제 내지 기초에 관한 착오이므로 취소할 수 있다는 것이다. 이 경우 판례는 적어도 화해기초에 관한 착오에 있어서만은 당연히 취소할 수 있다는 입장이나, 통설은 이 때에도 제109조의 요건을 갖춘 경우에만 취소를 허용한다. 즉, 통설은 민법 제733조 단서는 "분쟁 이외의 사항에 착오가 있는 경우에는 착오법에 따라 취소할 수 있다."는 의미로 새겨야 한다는 것이다 (양창수, 민법 제733조에 관한 단편, 고시계, 1988. 9, 91-2면). 그러나 당사자 쌍방에 화해기초에 관한 착오가 있는 위의 사안에 대하여는, 일방적인 착오에 관한 규정인 제109조는 적용될 수 없고, 주관적 행위기초론에 의하여 해제를 인정하였어야 한다는 주장이 있다 (송덕수, 화해기초에 관한 공통의 착오, 법률신문, 제2134호, (1992. 6. 29), 15면).

iii) 피고(신용보증기금)는 甲이 원고(금융기관)로부터 신용을 공여받음에 있어 갑의 채무를 보증하게 되었다. 그 후 갑이 어음거래 정지처분을 받게 되자 원고는 피고에 대하여 보증채무의 이행을 청구하였다. 이에 피고는 자신이 갑의 신용공여에 대하여 보증행위를 하게 된 연유는 원고가 동 금융거래상황확인서에 갑의 연체 보유 사실을 은폐하였기 때문에 갑의 신용에 관한 사항을 오인한 데에 있으므로, 이는 보증행위의 중요 부분에 착오가 있는 때에 해당한다고 하여 항변하였다. 이에 대하여는 착오를 인정한 판결(85다카2339판결, 87다카1271판결)과 그렇지 않은 판결(87다카192판결)이 있다.

④ 착오취소가 인정되기 위해서는 표의자에게 중대한 과실이 없어야 한다.

a) 중대한 과실이라 함은 표의자의 직업, 법률행위의 종류, 목적 등에 비추어 보통 요구되는 주의를 현저하게 결여한 것을 말한다 (92다25830, 25847판결, 2000다12259판결). 예를 들면, 부동산 매매에서 현장조사를 하지 않았다든가(2009다40356, 40363판결 참조), 주식 매매를 영업으로 하는 자가 주식의 양도 제한을 하고 있는 회사의 정관을 조사하지 아니한 것은 이에 해당한다고 할 것이다. 물론 착오자에게 중대한 과실이 있더라도 상대방이 이를 이용한 경우라든가, 과실을 유발한 경우에는 신의칙상 상대방을 보호할 필요가 없는 점에서 표의자는 착오를 이유로 의사표시를 취소할 수 있다고 할 것이다 (4288민상321판결).

b) 종전의 판례는 착오자의 중대한 과실을 고려하여 착오취소 여부를 판단하지는 않고, 법률행위의 내용의 중요 부분의 요건에 중대한 과실을 흡수하여 착오취소를 인정한 것으로 추측되었다 (78다2493판결). 그런데 최근에는 착오자의 중대한 과실의 존부에 따라 착오취소를 인정하거나 부정하는 태도를 취하고 있다 (96다26657판결은 이를 인정하고, 90다카3659판결, 92다25830, 25847판결은 이를 부정하고 있나). 기령, 고려청자로 알고 매수한 도자기가 진품이 아닌 것으로 밝혀진 경우, 매수인이 도자기를 매수하면서 자신의 골동품 식별 능력과 매매를 소개한 자를 과신한 나머지 고려청자 진품이라고 믿고 소장자를 만나 그 출처를 물어보지 아니하고, 전문적 감정인의 감정을 거치지 아니한 채 그 도자기를 고가로 매수하고 만일 고려청자가 아닐 경우를 대비하여 필요한 조치를 강구하지 아니한 잘못이 있다 하더라도, 그와 같은 사정만으로는 매수인이 매매계약 체결시 요구되는 통상의 주의 의무를 현저하게 결여하였다고 보기는 어렵다는 이유로 매매계약을 취소할 수 있다고 하였다 (96다26657판결).

이에 대하여 공장을 설립할 목적으로 토지를 매수하였으나, 그 토지에는 자신이 의도한 공장을 설립할 수 없다는 사실을 알게 된 매수인이 매도인을 상대로 착오에 따른 매매계약의 취소를 주장한 사안에서, "매수인으로서는 먼저 위 토지상에 매수인이 설립하고자 하는 공장을 건축할 수 있는지의 여부를 알아보아야 할 주의의무가 있고, 또 이와 같이 알아 보았다면 위 토지상에 매수인이 의도한 공장의 건축이 불가능함을 쉽게 알 수 있었다고 보이므로, 매수인이 이러한 주의 의무를 다하지 아니한 채, 이 사건 매매계약을 체결한 중대한 과실이 있다."(92다38881판결)고 판시하여 착오 주장을 배척하고 있다. 그러나 계약상의 정보제공 의무를 고려한다면 민법 제109조 제1항 단서의 중대한 과실에 대한 법리는 달리 해석되어야 할 것이라고 하면서, 즉 매도인의 정보제공 의무와 매수인의 조사 의무 간에 형평을 고려한 해석론이 요구된다고 한 다음, 매수인에게만 일정한 사실을 알아 볼 주의 의무를 요구하고, 목적물의 소유자인 매도인의 정보제공 의무를 전혀 도외시하고 있는 위의 후자의 판례에는 동의할 수 없다는 주장이 있다(이상욱, 매도인의 정보제공 의무와 매수인의 착오, 법률신문, 제2282호, 1994. 1. 24, 15면). 더욱이 계약공정의 법리를 강조하고 있는 현대 계약법의 추세를 감안한다면 계약을 체결할 당시의 당사자의 행위 태양도 고려의 대상이 되어야 하며, 계약의 도덕성도 배려되어야 한다는 것이다.

c) 한편 표의자의 상대방이 선의인 경우에는 착오취소를 인정하지 않을 것인가에 대한 논의가 있다. 즉, 표의자의 의사표시가 착오로 인한 것임을 상대방이 알았거나 알 수 있었음을 착오의 취소 요건에 부가되어야 할 것이냐이다. 이를 긍정하는 견해가 있으나(장경학, 492면; 김용한, 300면; 김주수, 280면), 이 경우 중요 부분의 요건을 완화하면 충분하고 이를 일반적인 취소 요건으로 보게 되면 실제로 취소권이 발생하는 경우는 거의 없게 될 것이라는 점에서, 이를 인정하지 않음이 타당하다(동지, 고상룡, 435면). 판례는 착오자에게 중대한 과실이 없어야 한다는 요건은 상대방의 이익을 보호하기 위한 것이므로, 상대방이 표의자의 착오를 알고 이를 이용한 경우에는 착오가 표의자의 중대한 과실로 인한 것이라고 하더라도 표의자는 의사표시를 취소할 수 있다고 한다(2013다49794 판결).

⑤ 착오취소의 부존재의 사유가 없어야 한다.

취소권 배제의 합의를 한 경우라든가 취소권을 포기한 경우에, 제109조는 임의규정이므로 착오에 의한 취소권을 배제할 것을 합의한 경우에는 제109조의 적용은 배제된다. 착오자는 착오를 인식한 후 추인함으로써 취소권을 포기할 수 있다. 경우에 따라서는 신의칙에 의하여 취소권이 배제될 수 있다(94다44620판결).

⑥ 입증책임

착오의 존재 및 그 착오가 법률행위의 내용의 중요부분에 관한 것이라는 점에 대한 입증책임은 표의자가 진다. 즉, 표의자는 법률행위의 내용에 착오가 있었다는 사실과 함께 그 착오가 의사표시에 결정적인 영향을 미쳤다는 점, 만약 그 착오가 없었더라면 의사표시를 하지 않았을 것이라는 점을 입증하여야 한다(2007다74148판결). 이에 대하여 중대한 과실이 있다는 점에 대한 입증책임은 그것이 착오취소의 불성립 요건이라는 점에서 착오를 이유로 의사표시를 취소하고자 하는 표의자의 상대방이 부담한다(2005다6228판결). 착오취소의 부존재의 사유도 같다.

### (4) 착오취소의 효과

① 의사표시는 법률행위의 내용의 중요 부분에 착오가 있는 때에는 원칙적으로 이를 취소할 수 있다. 물론 취소할 것인가 아닌가는 표의자의 자유이지만 일단 취소하면 법률행위는 소급하여 무효로 된다(제141조).

**판 례**

취소의 의사표시란 반드시 명시적이어야 하는 것은 아니고, 취소자가 그 착오를 이유로 자신의 법률행위의 효력을 처음부터 배제하려고 한다는 의사가 드러나면 족한 것이며, 취소원인의 진술 없이도 취소의 의사표시는 유효한 것이므로, 신원보증서류에 서명날인하는 것으로 잘못 알고 이행보증보험약정서를 읽어보지 않은 채 서명 날인한 것일 뿐 연대보증약정을 한 사실이 없다는 주장은 위 연대보증약정을 착오를 이유로 취소한다는 취지로 볼 수 있다(2004다43824판결).

② 그러나 의사표시의 착오취소는 선의의 제3자에 대항할 수 없다(제109조 제2항). 여기에서 선의(착오에 의하여 의사표시가 취소될(된) 줄을 모르는 것)의 제3자(당사자와 그 포괄승계인을 제외한 모든 자 중에서 착오에 의한 의사표시에 의하여 형성된 법률관계를 토대로 새로운 이해관계를 맺은 자)는 일반적으로 취소 전에 이해관계를 맺은 자를 가리킨다. 다만, 통설·판례는 취소 후에 이해관계를 맺었다 하더라도 그가 선의이면 대항할 수 없는 것으로 새긴다.

**판 례**

사기에 의한 법률행위의 의사표시를 취소하면 취소를 주장하는 자와 양립되지 아니하는 법률관계를 가졌던 것이 취소 이전에 있었던가 이후에 있었던가를 가릴 필요 없이 사기 및 그 취소 사실을 몰랐던 모든 제3자에게 대항하지 못한다(75다533판결).

③ 문제는 표의자에게 경과실만 인정되어 착오취소가 인정될 경우에 선의의 계약 상대방이 입은 신뢰이익의 손해를 배상하게 할 것이냐이다. 학설에는 독일 민법 제122조가 신뢰이익의 배상을 인정하는 취지에 따라 우리 민법하에서도 계약체결상의 과실책임의 한 내용으로서의 제535조를 유추 적용하여 이를 인정하자는 견해가 있다(곽윤직, 242면; 이영준, 399면). 그러나 민법 제535조의 입법론적 타당성에 의문이 제기되고 있는 마당에 이를 확대적용하는 것은 바람직스럽지 못하다는 견해도 있다(고상룡, 484면; 김증한/김학동, 351면; 김대정, 계약법, 146면). 생각건대 독일 민법은 우리 민법과는 달리 표의자에게 중대한 과실이 있는 경우 취소권이 배제된다는 규정이 없다. 또한 현행 민법이 중대한 과실이 있는 경우 취소권을 배제한 것은 경과실의 경우에는 다른 부담을 지우지 않으려는 취지로 보아야 할 것이며, 경과실의 경우 배상책임을 인정하면 착오제도 자체가 유명무실해질 염려가 있다. 더구나 제535조와 달리 제109조 제3항의 신설안은 입법과정에서 격론 끝에 부결되었다는 점을 고려할 때, 이를 부정함이 타당하다.

판례는 착오를 이유로 계약을 취소하는 것을 위법하다고 볼 수 없다고 하여, 착오취소자에게는 불법행위로 인한 손해배상책임도 발생하지 않는다고 한다(97다13023판결). 물론 제109조에 따라 경과실 착오자는 착오를 이유로 의사표시를 취소할 수 있는바 취소행위 자체를 위법하다고 할 수는 없을 것이다. 그렇다면 '경과실로 착오에 빠져 의사표시를 하는 행위'를 위법한 것으로 평가할 수 있는가이다. 이를 긍정하는 견해가 없지 않지만(엄동섭, 착오자의 과실과 손해배상책임, 민사판례연구(21), 31면 이하; 최홍섭, 착오로 인한 의사표시의 취소에 대한 위법성 검토 -대판 1997. 8. 22, 97다13023의 평석 및 민법개정시안 제109조의2에 대한 비판-, 민사법학 제23호[2003], 615면 이하), 현행법은 착오취소한 표의자에게 계약체결상의 과실책임을 인정하지 않고 있는 점에서 위법성을 인정하지 않은 것으로 새겨야 할 것이다. 따라서 불법행위로 인한 손해배상책임도 발생하지 않는다고 할 것이다. 만약 이러한 경우를 위법하다고 볼 경우에는 오히려 원활한 거래를 저해하고 법률이 경제활동의 걸림돌로 작용할 수도 있을 것이다.

**착오취소자의 신뢰이익배상책임에 관한 신설안**

i) 제안 이유: 의사표시를 한 자가 착오를 이유로 의사표시를 취소하는 경우에 상대방으로서는 예측치 못한 손해를 입을 수 있으므로, 상대방이 그 착오를 알았거나 알 수 있었던

경우가 아닌 한 의사표시자에게 신뢰이익에 대한 배상을 청구할 수 있도록 한다.

ii) 규정 내용: 第109條의2(**取消者의 損害賠償義務**) ① 第109條에 의하여 意思表示를 取消한 者는 그 錯誤를 알 수 있었던 경우에는 相對方이 그 意思表示의 有效함을 믿었음으로 인하여 받은 損害를 賠償하여야 한다. 그러나 그 賠償額은 意思表示가 有效함으로 인하여 생길 利益額을 넘지 못한다.

② 第1項의 規定은 相對方이 表意者의 錯誤를 알았거나 알 수 있었을 경우에는 適用하지 아니한다.

## 4) 사기 · 강박으로 인한 의사표시

**사례 및 해결 방향**

i) ⓐ A는 수출 호조로 인하여 크게 돈을 번 B의 노모가 중병에 걸려 누워 있다는 소식을 듣고 산돼지 쓸개를 곰 쓸개로 속여 비싸게 팔았다. 이 산돼지 쓸개를 곰 쓸개로 믿고 복용한 B의 노모는 기적적으로 건강을 회복하였으나, 후에 B는 자기가 산 것이 곰 쓸개가 아니라 산돼지 쓸개라는 것을 알고 몹시 불쾌하였다. 이 경우 B가 쓸개의 거래계약을 취소하고 돈을 되돌려 받을 수 있는 방법은 없을까?

ⓑ A는 B가 부동산 투기로 부자가 되었다는 사실을 알고, B에게 "갖고 있는 땅 중에서 100평을 주지 않으면 탈세 혐의로 경찰에 고발하겠다."고 협박하여 100평을 증여의 형식으로 받아낸 다음, 이를 모르는 C에게 팔았다. 이 경우 B는 이 땅을 C로부터 찾고 싶은데 가능할까?

ii) 해결 방향

ⓐ A가 B의 기망행위에 속아 비싼 값에 쓸개를 사게 된 것은 착오에 의한 거래이기도 하고, 사기에 의한 거래이기도 하다. 이 경우 B는 착오취소와 아울러 사기취소를 주장할 수 있을 것이다. 또한 계약의 내용은 곰 쓸개이나 B가 인도받은 것은 산돼지 쓸개인 바, B는 A에 대하여 매매목적물의 하자를 들어 하자담보책임을 물을 수 있을 것이다.

ⓑ 물론 탈법행위는 위법하고, 따라서 그러한 위법행위에 대한 고발 자체는 적법하다. 그런데 A는 B의 그러한 약점을 이용하여 부당한 이득을 취하고자 한 점에서 A의 행위는 위법하다고 할 것이다. 다만, A의 행위가 위법한 강박행위로서 취소의 대상이 된다고 하더라도 이미 A는 증여받은 땅을 그 정을 모르는 C에게 되팔았다는 점에서, B는 땅을 되찾을 수 없을 것이다.

**사례 해설**

i) 사례에서 B는 A에 대하여 산돼지 쓸개를 곰 쓸개라고 속였음을 들어 사기를 이유로 쓸개의 매매계약을 취소할 수 있을 것이다. 또한 B는 산돼지 쓸개를 곰 쓸개로 오인하고, 즉 착오를 일으켜 A와 매매계약을 체결한 것이므로 착오에 의한 의사표시로서 취소할 수 있다. 유의할 것은 착오취소와 달리 사기취소를 하기 위해서는 사기자에게 고의가 존재하여야 한다. 한편 B는 A에 대하여 값이 싼 산돼지 쓸개를 좀더 비싼 곰 쓸개의 값을 주고 산 것이므로 하자담보책임을 물을 수 있다. 이 경우 통설에 따르면 착오취소와 사기취소는 경합하므로, B는 사기취소를 주장하든지 착오취소를 주장할 수 있을 것이다. 또한 통설은 사기취소와 하자담보책임은 경합할 수 있다고 하므로, B는 하자담보책임의 주장과 사기취소권을 선택적으로 행사할 수 있을 것이다. 다만, 통설은 착오취소는 하자담보책임이 성립하는 범위에서는 배제된다고 하므로, 하자담보책임과 착오취소권을 경합적으로 행사할 수는 없다.

ii) 위법행위에 대한 고발은 정당한 행위이지만, 그것이 부당한 목적을 위한 수단인 경우에는 강박에 의한 의사표시로서 취소할 수 있으므로, 사례에서 B는 A와의 증여계약을 취소하고 토지를 되돌려 받을 수 있다. 그런데 그 취소권은 그 내용을 모르는 선의의 제3자에 대해서는 주장할 수 없으므로, C로부터 토지를 되찾을 수는 없다. 다만, B는 A를 상대로 부당이득반환청구권 또는 불법행위를 이유로 손해배상청구권을 행사하여 증여로 인한 손해를 전보받을 수 있다.

### (1) 사기·강박에 의한 의사표시의 의의

① 사기·강박에 의한 의사표시의 개념과 규정 취지

a) 사기나 강박은 남을 속이거나 위협하여 그로 하여금 의사표시를 하게 한 경우를 말한다. 자본주의 사회의 자유경쟁 체제하에서 거래행위를 할 때에는 어느 정도의 기망이나 위협은 허용되고 있다. 그러나 그 허용 한도를 넘어서 위법한 경우가 될 때에는 그러한 기망이나 위협에 의하여 행하여진 의사표시를 그대로 유효하다고 인정할 수는 없는 것이다. 왜냐하면 의사표시는 자유로이 결정된 의사에 의거하여 행하여질 때 비로소 완전히 유효하게 되는 것이므로, 표의자의 의사표시가 타인의 기망 또는 강박에 의하여 할 수 없이 행하여진 경우에는 완전히 자유로운 의사표시라고는 말할 수 없기 때문이다.

b) 이와 같은 의사표시는 표의자의 의사결정에 사기나 강박과 같은 타인의 부당한 간섭 개입이 있었고, 이렇게 하여 결정된 의사를 그대로 표시한 것이므로, 의사와

표시의 불일치는 없지만 그 의사의 형성 과정에 하자가 있기 때문에 이를 통상의 하자 있는 의사표시라고 한다. 따라서 사기・강박에 의한 의사표시는 진의 아닌 의사표시, 통정 허위표시, 착오에 의한 의사표시와 다르다. 그러나 외부로부터의 부당한 간섭에 기한다는 점을 제외한다면 이들 사이에 본질적인 차이는 없다고 할 것이다. 즉, 본래는 하지 아니하였을 의사표시를 하여 버린 자의 보호와 상대방 내지 제3자의 이익 보호와의 조화를 꾀한 제도라 하겠다. 그러므로 사기나 강박에 의한 의사표시의 취소를 인정하는 경우에는 구체적인 사안에 따라 표의자, 상대방이 각자 관련되는 비정상적인 사태의 발생에 대하여 어느 정도의 책임이 있는가 또한 의사표시를 취소하면 표의자 상대방 내지 제3자의 이익에 어떠한 영향을 미치는가를 비교 형량하면서 결론을 내려야 할 것이다.

**일본의 소비자계약법**

1980년대 이후 신자유주의적 경제질서의 물결은 국제적으로는 시장개방 내지 지역별 시장통합에 대한 압력을 증가시키는 한편, 국내적으로는 국가의 시장에 대한 개입을 필요최소한으로 제한하고 각종의 규제를 철폐・완화함으로써 자유롭고 개방적인 시장환경을 조성할 것을 요구하고 있다. 즉, 사전적 행정적 규제를 중심으로 하는 시장규제적 소비자보호제도를 대신하여 변화된 시장정책과 환경에 부응하는 새로운 소비자보호 방향이 모색되지 않으면 안 된다. 특히 정보 내지 교섭력의 격차로 인하여 소비자는 계약체결에 있어서 주체적인 판단을 하지 못하고, 필요한 정보의 수집 내지 교섭의 주도권을 사업자에게 의존함으로써 결과적으로 소비자가 부당・불리한 내용의 계약을 체결하게 됨으로써 분쟁이 발생하는 경우가 크게 증가하고 있다. 이는 고령소비자들에게 심하게 나타나고 있다. 이러한 상황에서 일본의 소비자계약법은 사전적・행정적 규제가 아니라 사법적 차원에서 절차보장을 중시하여 소비자계약의 유효성을 문제삼고 있다. 일본의 소비자계약법은 2000년 4월 28일 참의원 본회의에서 가결・성립되어 2001년 4월 1일부터 시행되었다. 동법은 소비자와 사업자 사이에 체결된 모든 계약 – 소비자계약이라고 함 – 을 적용대상으로 한다는 점에서 포괄적 민사 법규라고 할 수 있다. 즉, 일본의 소비자계약법은 사업자와 소비자 사이의 '정보의 질과 양 및 교섭력에 있어서 구조적 격차'가 존재한다는 것을 정면에서 인정하고, 사업자의 일정한 행위(**부실고지, 단정적 판단의 제공, 고의의 불고지**)로 인하여 소비자가 오인하거나 혹은 불퇴거, 감금 등으로 소비자를 곤혹스럽게 하여 계약체결의 의사표시를 하게 한 경우에, 소비자로 하여금 절차보장의 관점에서 계약의 청약 또는 승낙의 의사표시를 취소할 수 있도록 하고, 나아가 사업자의 손해배상책임을 면제하는 조항, 기타 소비자의 이익을 부당하게 해하는 조항의 전부 또는 일부를 무효로 함으로써 소비자의 이익을 옹호하는 법률이다(박인환, 일본소비자계약법의 법정책과 규율구조에 관한 비교법적 고찰, 중앙법학 제6집 제1호(2004. 4), 158면).

② 다른 제도와의 관계

a) 불법행위와의 관계: 사기나 강박에 의한 의사표시가 불법행위의 성립요건을 충족하면 제750조의 손해배상청구권과 경합한다. 사기나 강박을 이유로 의사표시를 취소한 후에라도 불법행위를 이유로 손해배상을 청구할 수 있다.

**판 례**

원고가 피고들의 강박행위에 의하여 피고들에게 금원을 교부하였다는 이유로 그 의사표시를 취소하고 피고들에 대하여 부당이득 반환 또는 불법행위로 인한 손해배상을 구하는 사건에 있어서, 원고가 같은 무렵 피고들의 강박에 의하여 다른 토지에 관한 가등기가 경료되었다는 이유로 가등기의 말소청구소송을 제기한 때에는 강박 상태에서 벗어나 있었다고 봄이 상당하므로, 그로부터 3년의 제소기간이 경과함으로써 원고의 취소권은 소멸하였다 할 것이고, 또한 그 무렵에는 피고들의 위와 같은 강박행위가 위법한 것임을 알고 이를 이유로 손해배상청구소송을 제기할 수 있었다 할 것이어서, 불법행위를 원인으로 한 손해배상청구권 역시 위 제소일로부터 3년의 소멸시효 기간이 경과함으로 인하여 소멸하였다 할 것이다(90다카17153 판결).

b) 착오취소와의 관계: 사기에 의한 의사표시는 타인의 기망에 의하여 표의자가 착오에 빠진 상태에서 한 의사표시이므로, 착오취소와의 경합이 발생한다. 따라서 표의자는 어느 쪽이든 그 요건을 입증하여 취소할 수 있다. 한편 사기에 의한 의사표시에서는 착오에 의한 의사표시의 경우와는 달리 제733조가 적용되지 않는다. 따라서 상대방 또는 제3자의 기망행위에 속아 화해계약을 체결한 표의자는 사기를 이유로 이를 취소할 수 있다.

판 례

기망행위로 인하여 법률행위의 중요부분에 관하여 착오를 일으킨 경우뿐만 아니라 법률행위의 내용으로 표시되지 아니한 의사결정의 동기에 관하여 착오를 일으킨 경우에도 표의자는 그 법률행위를 사기에 의한 의사표시로서 취소할 수 있다(85도167판결). 다만, 표시상의 착오의 경우에는 사기에 의한 의사표시에 관한 법리가 적용되지 않는다(2004다43824판결).

c) 하자담보책임과의 관계: 매매의 목적물에 흠이 있음에도 불구하고 이를 속이고 매도한 경우에 사기에 의한 의사표시와 매도인의 하자담보책임의 경합이 문제된다. 착오의 경우와 달리 사기·강박에서는 사기·강박으로부터 표의자의 의사결정의 자유를 보호하여야 한다는 점에서 경합하는 것으로 새겨야 한다(이영준, 390면). 따라서 매수인은 하자담보책임의 주장과 취소권을 선택적으로 행사할 수 있다(73다268판결). 다만, 의사표시를 사기를 이유로 취소하였다면 매매계약의 유효를 전제로 하는 하자담보책임을 주장할 수 없다.

d) 적용 범위: 가족법상의 행위에 대해서는 제110조가 적용되지 않고, 가족법상의 특칙이 적용된다(제816조 제3호, 제823조 등). 소송행위 및 행정행위에도 제110조는 적용되지 않는다.

판 례

민법상의 법률행위에 관한 규정은 민사소송법상의 소송행위에는 특별한 규정 기타 특별한 사정이 없는 한 적용이 없는 것이므로, 소송행위가 강박에 의하여 이루어진 것임을 이유로 취소할 수는 없다(96다35484판결).

판 례

하자 있는 행정처분은 취소할 수 있으므로 수익적 행정처분의 하자가 당사자의 사실 은폐나 기타 사위(詐僞)의 방법에 의한 신청행위에 기인한 것이라면 당사자는 처분에 의한 이익이 위법하게 취득되었음을 알아 취소 가능성도 예상하고 있었다 할 것이므로, 그 자신이 처분에 관한 신뢰이익을 원용할 수 없음은 물론 행정청이 이를 고려하지 아니하였다고 하여도 재량권의 남용이 되지 않는다(94누4882판결, 95누11320판결).

### (2) 사기 · 강박행위의 요건

① 사기에 의한 의사표시의 취소 요건

a) 의사표시가 존재하여야 한다. 즉, 표의자가 타인의 기망행위로 인하여 착오에 빠지고 그 결과로서 한 의사표시가 존재하여야 한다.

b) 사기자에게 고의가 있어야 한다. 사기가 성립하기 위하여는 표의자를 기망해서 착오에 빠지게 하려는 고의와 그 착오에 기하여 표의자로 하여금 의사표시를 하게 하려는 고의와의 2단계의 고의가 있어야 한다(통설). 이 경우 부정한 이득을 얻으려는 의사나 또는 표의자에게 재산상의 손해를 입히려고 하는 의사 등은 필요하지 않다.

c) 기망행위가 존재하여야 한다.

기망행위란 진실이 아닌 사실을 진실이라고 하여 표시하는 행위, 바꿔 말하면 상대방에게 그릇된 표상 내지 판단을 일으키게 하거나 이를 유지 또는 강화하는 일체의 행위를 말한다. 당사자는 거래관계를 맺는 과정에서 어떤 사실에 관하여 적극적으로 허위를 고지하는 경우와 소극적으로 진실을 은폐하는 경우가 있는데, 기망행위는 널리 재산상의 거래관계에서 서로 지켜야 할 신의와 성실의 의무를 저버리는 모든 적극적 또는 소극적 행위를 지칭하는 바, 작위뿐만 아니라 부작위도 기망행위가 될 수 있다. 다만, 부작위에 대한 기망은 법률상 고지의무 있는 자가 일정한 사실에 관하여 상대방이 착오에 빠져 있음을 알면서도 그 사실을 고지하지 아니함을 말하는데, 일반거래의 경험칙상 상대방이 그 사실을 알았더라면 당해 법률행위를 하지 않았을 것이 명백한 경우에는 신의칙에 비추어 그 사실을 고지할 법률상의 의무가 인정된다(2005도8645판결). 이러한 고지의무의 대상은 직접적인 법령의 규정뿐 아니라 널리 계약상, 관습상 또는 조리상의 일반 원칙에 의하여도 인정될 수 있을 것이다(2004다48515판결, 2005다5812, 5829, 5836판결). 따라서 신의성실의 원칙에 따라 어떤 사실을 고지할 의무가 있는 것으로 인정되지 않는 한, 어떤 사실을 고지하지 아니하였다는 것이 기망행위가 되는 것은 아니다(2000다54406, 54413판결). 예컨대, 환매권 양도 체결 당시 국가가 목적 부동산을 원소유자에게 환매하기로 결정하여 환매 수속 상신 중에 있다는 사실을 양수인이 알고 있었다고 하더라도, 양수인이 그 사실을 양도인인 환매권자에게 고지하여 주었어야만 할 의무는 없다 할 것이므로, 이를 고지하지 않았다 하여 기망행위가 있었다고 볼 수는 없다(81다239판결).

물론 일정한 경우에는 침묵도 기망행위가 될 수 있다. 즉, 표의자의 부지(不知)를 이용하여 침묵에 의하여 착오에 빠지게 한다든가 또는 표의자가 이미 착오에 빠져 있는 정도를 침묵에 의하여 더욱 심하게 하는 것은 기망행위가 될 수 있다.

**판 례**

일반적으로 교환계약을 체결하려는 당사자는 서로 자기가 소유하는 교환 목적물은 고가로 평가하고 상대방이 소유하는 목적물은 염가로 평가하여 보다 유리한 조건으로 교환계약을 체결하기를 희망하는 이해 상반의 지위에 있고, 각자가 자신의 지식과 경험을 이용하여 최대한으로 자신의 이익을 도모할 것이 예상되기 때문에, 당사자 일방이 알고 있는 정보를 상대방에게 사실대로 고지하여야 할 신의칙상의 주의의무가 인정된다고 볼 만한 특별한 사정이 없는 한, 어느 일방이 교환 목적물의 시가나 그 가액 결정의 기초가 되는 사항에 관하여 상대방에게 설명 내지 고지를 할 주의의무를 부담한다고 할 수 없고, 일방 당사자가 자기가 소유하는 목적물의 시가를 묵비하여 상대방에게 고지하지 아니하거나 혹은 허위로 시가보다 높은 가액을 시가라고 고시하였다 하더라도 이는 상대방의 의사결정에 불법적인 간섭을 한 것이라고 볼 수 없다(2000다54406, 54413판결).

d) 기망행위가 위법하여야 한다.

자유 시장 경제하에서는 어느 정도 상대방의 부지 또는 착오를 이용하여 이득을 얻는 것이 위법한 것은 아니다. 그러나 신의칙 내지 거래 관념에 비추어 용인될 수 있는 범위를 넘는 기망행위는 위법한 것으로 평가된다(92나3754판결). 기망행위의 위법성을 판단할 때는 먼저 거래의 종류에 따라 다르며, 같은 종류의 거래에서도 다음의 두 가지 요소를 고려하여 결정하여야 할 것이다.

하나는 상대방의 직업·지위로부터 어느 정도의 진실을 말할 것이 요구되고 있는가 또는 어느 정도의 진실을 숨기는 것이 허용되고 있는가를 고려하여야 한다. 예컨대, 백화점과 같은 신용 있는 점포이면 진실을 말할 것이 사회적으로 요구 내지 기대된다. 그러나 노점상 등에서는 어느 정도 진실을 숨겨도 어쩔 수 없다는 것이 사회통념이라고 할 것이다. 다른 하나의 요소는 착오자의 직업 지위로부터 그에게 요구되는 주의의 정도가 문제된다. 즉, 매수인이 그 상품에 대하여 전문적 직업인이면 착오에 빠진다는 것은 그 자신에게 어느 정도의 책임이 있다 하겠으나, 매수인이 그러한

판 례

상품의 선전광고에 다소의 과장 허위가 수반되는 것은 그것이 일반 상거래의 관행과 신의칙에 비추어 시인될 수 있는 한 기망성이 결여된다고 할 것이고, 또한 용도가 특정된 특수시설을 분양받을 경우 그 운영을 어떻게 하고, 그 수익은 얼마나 될 것인지와 같은 사항은 투자자들의 책임과 판단하에 결정될 성질의 것이므로, 상가를 분양하면서 그곳에 첨단 오락타운을 조성하고 전문경영인에 의한 위탁경영을 통하여 일정 수익을 보장한다는 취지의 광고를 하였다고 하여 이로써 상대방을 기망하여 분양계약을 체결하게 하였다거나 상대방이 계약의 중요부분에 관하여 착오를 일으켜 분양계약을 체결하게 된 것이라 볼 수 없다(99다55601, 55618판결). 그러나 거래에 있어서 중요한 사항에 관하여 구체적 사실을 신의성실의 의무에 비추어 비난받을 정도의 방법으로 허위로 고지한 경우에는 기망행위에 해당한다고 할 것이고, 따라서 변칙 세일은 물품구매 동기에 있어서 중요한 요소인 가격조건에 관하여 기망이 이루어진 것으로서 그 사술의 정도가 사회적으로 용인될 수 있는 상술의 정도를 넘은 것이어서 위법성이 있다는 원심의 판단을 정당하다고 하고 있다(92다52665판결). 또한 보험계약을 체결함에 있어 중요한 사항에 관하여 보험계약자의 고지의무 위반이 사기에 해당하는 경우에는 보험자는 상법의 규정에 의하여 계약을 해지할 수 있음은 물론 민법의 일반 원칙에 따라 그 보험계약을 취소할 수 책임과 판단하에 결정될 성질의 것이므로, 상가를 분양하면서 그곳에 첨단 오락타운을 조성하고 전문경영인에 의한 위탁경영을 통하여 일정 수익을 보장한다는 취지의 광고를 하였다고 하여 이로써 상대방을 기망하여 분양계약을 체결하게 하였다거나 상대방이 계약의 중요부분에 관하여 착오를 일으켜 분양계약을 체결하게 된 것이라 볼 수 없다(99다55601, 55618판결). 그리고 제569조가 타인의 권리의 매매를 유효로 규정한 것은 선의의 매수인의 신뢰이익을 보호하기 위하여 규정한 것이므로 매수인이 매도인의 기망에 의하여 타인의 물건을 매도인의 것으로 잘못 알고 매수한다는 의사표시를 한 것이고 만일 타인의 물건인줄 알았더라면 매수하지 아니하였을 사정이 있는 경우에는 매수인은 민법 110조에 의하여 매수의 의사표시를 취소할 수 있다(73다268판결).

상품에 대하여 전혀 전문적 지식이 없는 통상의 사람이라면 어느 정도는 착오에 빠져도 그 자신에게는 책임이 없다고 할 것이다. 이와 같은 두 가지 요소를 상관적으로 고려하면서 기망행위의 여부를 판단하여야 한다.

e) 표의자가 그러한 기망행위에 의하여 착오에 빠져야 한다.

착오는 사실과 일치하지 않은 그릇된 인식 내지 관념을 가진 상태를 말하는데, 이는 통상은 내심의 효과의사를 결정하는 동기에 있을 뿐 표시의 내용에는 나타나지 않는 경우가 많다. 그러나 표시의 내용에 관한 것도 있다. 예컨대, 매매의 목적물의 가치에 관한 착오는 대금액에 나타나는 경우가 있으며, 매수인의 지급 능력에 관한 착오는 동기에 관계되지만 지급 의사에 관한 착오는 매매계약의 요소인 대가성의 결여로서 내용에 관한 착오라고 할 수 있다. 특히 기망행위에 기한 착오의 경우에는 제109조의 착오와는 달리 요소에 관계되는 중요한 것임을 요하지 않는다 (68다1749판결).

f) 그러한 착오에 의하여 착오자가 의사표시를 하여야 한다.

사기자의 기망행위와 착오자의 의사표시와의 사이에 인과관계가 존재하여야 한다. 여기에서의 인과관계는 피기망자의 인식을 기준으로 원인·결과의 관계에 있으면 된다.

② 강박에 의한 의사표시의 취소 요건

a) 의사표시가 존재하여야 한다.

표의자가 타인의 강박행위로 인하여 공포심을 일으키고 그 해악을 피하기 위하여 한 의사표시가 존재하여야 한다 (2002다73708, 73715판결). 따라서 의사표시가 아닌 진술은 강박에 의하여 행해졌더라도 취소할 수 없다 (72다963판결).

b) 강박자에게 고의가 있어야 한다.

강박이 성립하기 위하여는 표의자를 강박하여 공포심을 일으키게 하는 고의와 그러한 공포심에 의하여 의사표시를 하게 하려는 고의와의 2단계의 고의가 있어야 한다 (통설).

**판 례**

상대방이 표의자로 하여금 외포심을 생기게 하고 그로 인하여 법률행위 의사를 결정하게 할 고의로써 불법으로 장래의 해악을 통고한 경우가 아니면 강박에 의한 의사표시라 할 수 없다 (73다1048판결, 92다25120판결).

c) 강박행위가 있어야 한다.

강박행위란 장차 해악이 초래될 것임을 고지하여 공포심을 일으키게 하는 행위를 말한다. 여기에서의 해악은 재산적 해악이나 비재산적 해악이라도 무방하며, 또한 육체적 해악이나 사회적 해악 등 특별한 제한은 없다. 그리고 해악은 강박자가 직접 발생시킬 수 있는 것이어야 하는 것은 아니다. 그가 제3자로 하여금 실현시키게 할 수 있는 것이라도 무방하다. 범죄자를 고소·고발하겠다고 하는 경우가 그 예이다.

그리고 제110조 소정의 강박이란 피강박자의 의사결정이 제한된 상태를 의미하고, 의사결정의 자유가 완전히 박탈된 상태에서 한 경우에는 의사 자체가 결여되었기 때문에 의사표시는 무효이다 (통설·판례).

**판 례**

강박에 의한 법률행위가 하자 있는 의사표시로서 취소되는 것에 그치지 않고 나아가 무효로 되기 위하여는, 강박의 정도가 단순한 불법적 해악의 고지로 상대방으로 하여금 공포를 느끼도록 하는 정도가 아니고, 의사표시자로 하여금 의사결정을 스스로 할 수 있는 여지를 완전히 박탈한 상태에서 의사표시가 이루어져 단지 법률행위의 외형만이 만들어진 것에 불과한 정도이어야 한다 (97다38152판결, 2002다56031판결, 2002다73708판결).

d) 그 강박행위가 위법하여야 한다.

정당한 권리행사는 설사 표의자에게 공포심을 생기게 하더라도 강박이 되지 않는다. 따라서 강박을 이유로 의사표시를 취소하기 위해서는 강박행위가 위법하여야 한다. 강박행위의 위법성은 수단이 위법한 경우, 목적이 위법한 경우, 수단과 목적의 결합이 부적당한 경우에 인정된다 (이영준, 383면; 곽윤직, 246면; 고상룡, 446면; 백태승, 436면).

**판 례**

어떤 해악을 고지하는 강박행위가 위법하다고 하기 위하여는, 강박행위 당시의 거래 관념과 제반 사정에 비추어 해악의 고지로써 추구하는 이익이 정당하지 아니하거나 강박의 수단으로 상대방에게 고지하는 해악의 내용이 법질서에 위배된 경우 또는 어떤 해악의 고지가 거래 관념상 그 해악의 고지로써 추구하는 이익의 달성을 위한 수단으로 부적당한 경우 등에 해당하여야 한다 (99다64049판결). 가령, 일반적으로 부정행위에 대한 고소, 고발은 그것이 부정한 이익을 목적으로 하는 것이 아닌 때에는 정당한 권리행사가 되어 위법하다고 할 수 없으나, 부정한 이익의 취득을 목적으로 하는 경우에는 위법한 강박행위가 되는 경우가 있고 목적이 정당하다 하더라도 행위나 수단 등이 부당한 때에는 위법성이 있는 경우가 있을 수 있다 (92다25120판결).

ㄱ) 강박 수단이 법질서에 위배되는 경우에는 위법성이 있다. 비록 권리행사로서 그 목적이 정당하다 하여도 그 수단으로서의 행위가 현저하게 부당한 때에는 위법성이 있다. 가령, 형사에게 부탁하여 표의자에게 부당하게 신문·강요·위협하여 사기의 사실을 인정케 하고 손해배상 의무에 대하여 준소비대차계약을 체결하게 하는 행위는 위법성이 있다. 그러나 강박 수단이 법질서에 의하여 예견되어 있는 경우에는 위법성이 없다 (72다1127판결). 가령, 채무를 이행하지 않으면 소를 제기하겠다라든가 범죄행위를 범한 자에게 피해 배상을 하지 않으면 고소 또는 고발하겠다고 위협하는 것은 특별한 사정이 없는 한 적법하다.

ㄴ) 강박행위에 의하여 추구된 효과(목적)가 위법한 경우에도 위법성이 인정된다. 즉, 수단이 적법하더라도 그것이 부당한 이득을 목적으로 하는 때에는 위법하다 (곽윤직, 246면; 이영준, 384면. 77다2430판결). 가령, 교통사고의 피해자가 가해 운전자에게 보험회사를 속이는 데 협력하지 않으면 고소하겠다고 하는 경우가 이에 해당한다. 교통사고를 신고하는 것은 적법하나 보험회사를 속이는 것은 위법하다. 역시 영화감독의 자기에 대한 불법행위를 매스컴에 공표하겠다고 고지하여 부당하게 고액인 손해배상을 약속하게 한 행위도 위법성이 있다.

ㄷ) 강박 수단과 목적이 모두 허용되는 것일지라도 양자의 결합이 부적당한 경우에는 위법성을 띠게 된다. 즉, 수단과 목적이 각각 정당하더라도 수단과 목적을 상관적으로 고찰하여 정당하지 않을 때에는 위법하다 (송덕수, 민법주해(Ⅱ), 576면; 이영준, 385면; 백태승, 436면). 가령, 범죄행위를 범한 자에게 피해 배상을 하지 않으면 고소 또는 고발하겠다고 위협하는 것은 위법하다고 할 수 없다. 즉, 목적인 피해 배상과 고소 또는 고발이라는 수단은 각각 적법하다. 하지만, 교통사고의 피해자가 가해 운전자에게 사고로 인한 손해배상을 하지 않으면 우연히 목격하였던 과거의 교통사고 사실(뺑소니)을 경찰에 신고하겠다고 하는 경우에는 위법성이 인정될 수 있다. 과거 뺑소니 사실의 신고(수단)와 손해배상청구(목적)는 각각 적법하다고 할 것이지만, 과거

빵소니 사실과 현재의 교통사고와는 전혀 내적인 관련이 없기 때문에 그 수단과 목적이 결합함으로써 위법하게 된다.

e) 강박행위와 의사표시 사이에 인과관계가 있어야 한다.

강박행위에 의하여 공포심을 일으켜야 한다. 어떠한 원인으로 일으킨 공포심이 강박자의 강박행위에 의하여 그 정도를 더욱 심하게 한 경우나 표의자가 공포심을 일으킨 데 과실이 있는 경우 또는 강박행위와 공포와의 사이에 착오가 있는 경우에도 인과관계가 있다고 할 것이다.

### (3) 사기 · 강박행위의 효과

① 상대방의 사기 · 강박의 경우

표의자가 상대방의 사기 · 강박으로 의사표시를 한 때에는 표의자는 그 의사표시를 취소할 수 있다 (제110조 제1항). 따라서 표의자가 그 의사표시를 취소하지 않는 한 법률행위는 그대로 유효하다.

**판 례**

강박을 이유로 증여의 의사표시를 취소함에 있어서는 그 상대방에 대하여 적어도 그 의사표시 자체에 하자가 있으므로, 이를 취소한다거나 또는 강박에 의한 증여이니 그 목적물을 반환하라는 취지가 어느 정도 명확하게 표명되어야 한다 (2002다11847판결).

다만, 여기에서의 취소권은 언제나 가능한 것은 아니고 추인할 수 있는 때로부터 3년 내에 하여야 하며, 법률행위가 있은 날로부터 10년 내에 하여야 한다 (제146조). 문제는 언제를 추인할 수 있는 날로 보느냐이다. 특히 강박을 면한 날을 언제로 정할 것이냐가 문제되고 있다.

**판 례**

"비상계엄하에 있던 1980. 9. 당시 시(市)에 대한 금원기부행위 및 근저당권 설정행위가 제3자인 국군보안사령부 예하 보안부대의 강박으로 인한 것이고 시(市)도 이를 알았거나 알 수 있었으므로, 위 금원기부행위와 근저당권설정행위는 취소할 수 있는 법률행위에 해당한다."

그러나 "위 금원기부행위나 근저당권설정행위가 국군보안사령부 예하 보안부대의 위법한 공권력의  행사에 의하여 강요된 것"이라 하더라도, 그 행위를 전후한 무렵에는 신군부를 중심으로 하여 출범한 제5공화국 시절에는 그 출범 과정과 그 이후의 권력 유지에 중추적인 역할을 담당하였다는 사정만으로는 "원고 등이 그 예하 보안부대의 강박에 의한 의사표시를 취소하는 것이 기대할 수 없다거나, 당초 위 보안부대의 강박으로 인하여 생긴 원고 등의 외포 상태가 제6공화국이 출범한 1988. 2. 25.경까지 그대로 지속되었다고 단정할 수는 없"(91다18989판결, 91다29811판결)다고 하여, 강박에 의한 취소권의 소멸시효의 기산점을 제6공화국이 출범한 1988. 2. 25.로 보지 않고 비상계엄 해제시로 새기고 있다. 또한 판례는 "합동수사관 등의 강박에 의하여 의사표시를 한 자에 대한 강박의 상태가 종료한 시점을 비상계엄 해제시로 볼 것이지 그가 합동수사단에서 석방된 날로 볼 것이 아니"(92다8521판결)라고 한다. 그리하여 "1980. 5. 실시된 비상계엄이 해제되어 헌정질서를 회복한 1981. 1. 21. 이후에는 비상계엄하에서 언론사의 주식을 양도한 양도인들이 강박으로 인한 외포 상태에서 벗어났다."(92다14632판결, 92다15673판결)는 것이다.

② 제3자가 사기·강박행위를 한 경우

a) 제3자의 사기·강박으로 의사표시를 한 자는 그 제3자의 사기·강박을 이유로 상대방에 대한 의사표시를 취소할 수 있지만, 상대방이 제3자의 사기·강박의 사실을 전혀 모르거나 알 수 없었을 경우에 표의자에게 취소권의 행사를 인정한다면 귀책 원인이 없는 상대방은 큰 불이익을 받게 되어 부당한 결과가 생긴다. 이에 민법은 제3자의 사기·강박에 의한 의사표시는 상대방이 그 사실을 알았거나 알 수 있었을 경우에 한하여 그 의사표시를 취소할 수 있다고 정하고 있다(제110조 제2항). 여기에서의 선의·악의 또는 과실의 유무는 의사표시의 당시를 표준으로 하여 취소를 주장하는 표의자가 주장·입증하여야 한다.

**판 례**

토지의 소유자가 매도인으로서 매매계약 체결에 참여하였고 소개인인 소외인이 매수인에게 위 토지에 관하여 개발제한구역이 당장 해제되며 주유소 허가도 쉽게 난다고 기망하는 말을 할 때에 그곳에 있었다면, 토지매도인은 위와 같은 소외인의 기망 사실을 알았거나 알 수 있었다고 인정하는 것이 경험 법칙에 합치된다(89다카24681판결, 96다15183판결).

b) 제110조 제2항 소정의 제3자는 표의자와 상대방 이외의 자를 말한다. 그러나 보호가치 있는 상대방만을 보호하여야 한다는 점을 고려할 때 대리인 등 상대방과 동일시할 수 있는 자는 제3자에 해당하지 않는다고 할 것이다(통설 · 판례). 가령, 간접대리에서의 본인, 제3자를 위한 계약에서의 수익자, 계약명의신탁에서의 신탁자, 대리상, 상대방만의 중개인 등을 들 수 있을 것이다(송덕수, 민법주해(Ⅱ), 589면 이하). 그리고 판례는 단순히 상대방의 피용자이거나 상대방이 사용자책임을 져야 할 관계에 있는 피용자에 지나지 않는 자는 상대방과 동일시할 수는 없어 이 경우 제3자에 해당한다고 한다(96다41496판결, 98다60828, 60835판결). 그러나 피용자라도 계약체결 보조자에 해당하는 자는 이 경우 제3자에 해당하지 않는다고 할 것이다(윤진수, 계약상대방의 피용자의 사기로 인한 의사표시의 취소, 민사판례연구 Ⅹ, 78면). 유의할 것은 제3자를 위한 계약에서 수익자가 낙약자를 기망 또는 강박한 것이 아니고, 수익자가 제3자의 사기 · 강박을 알았거나 알 수 있었던 때에는 상대방이 이를 알지 못하였고, 알지 못한 데 과실이 없다고 할지라도 표의자는 그 의사표시를 취소할 수 있다고 새겨야 할 것이다(이영준, 388면; 이은영, 550면; 백태승, 438면; 지원림, 민법강의(제6판), 248면. 명문의 규정이 없음을 이유로 반대하는 견해로는 송덕수, 민법주해(Ⅱ), 591면. 독일민법 제123조 제2항 후문).

③ 선의의 제3자

a) 사기 · 강박에 의한 의사표시의 취소는 선의의 제3자에게 대항하지 못한다. 여기에서 선의의 제3자란 원칙적으로 당사자 및 그 포괄승계인 이외의 자로서 사기 · 강박에 의한 의사표시를 기초로 하여 새로운 법률 원인으로서 이해관계를 맺은 자만을 의미한다(통설 · 판례). 다만, 선의의 제3자의 보호 기준에 대하여는 입장이 갈린다. 의사표시의 취소 후 말소등기시를 기준으로 그 이전에 이해관계를 맺은 자를 의미한다는 입장(곽윤직, 물권법, 152면), 양립되지 아니하는 법률관계를 가진 것이 취소 전 · 후였든, 말소등기가 행하여진 전 · 후였든 이를 구별할 필요 없이 모든 자에 대하여 제3자가 선의인 한 그 의사표시의 취소로 대항하지 못한다고 하여 선의를 판단 기준으로 하는 입장(이영준, 389면, 동 물권법, 93면)이 있다. 그러나 의사표시의 취소시를 기준으로 취소 이전에 하자 있는 의사표시를 기초로 새로운 이해관계를 맺은 자만을 의미한다고 새겨야 할 것이다(동지, 75다533판결의 원심). 취소 후 말소등기 전까지 이해관계를 맺은 자는 제108조 제2항 유추 적용에 의하여 보호할 것이다.

**판　례**

사기를 이유로 한 법률행위의 취소로써 대항할 수 없는 민법 제110조 제3항 소정의 제3자라 함은 사기에 의한 의사표시의 당사자 및 포괄승계인 이외의 자로서 사기에 의한 의사표시를 기초로 하여 새로운 법률 원인으로써 이해관계를 맺은 자를 의미한다 (96다44860판결).

**판　례**

사기에 의한 법률행위의 의사표시를 취소하면 취소를 주장하는 자와 양립되지 아니하는 법률관계를 가졌던 것이 취소 이전에 있었던가 이후에 있었던가를 가릴 필요 없이 사기 및 그 취소 사실을 몰랐던 모든 제3자에게 대항하지 못한다 (75다533판결).

b) 입증책임은 취소효를 주장하는 표의자가 제3자의 악의를 입증하여야 한다는 견해(이영준, 389면)와 취소의 효과를 부인하려는 자가 선의의 제3자임을 입증하여야 한다는 견해(고상룡, 449면)로 갈려 있다. 취소효를 주장하려는 표의자에게 주장 입증책임이 있다고 할 것이다 (70다2155판결).

### 법률행위의 실효와 물권의 복귀

ⅰ) 법률행위로 인한 부동산에 관한 물권 변동의 경우에 그 원인행위인 법률행위에 무효 취소 해제 사유가 있어서, 법률행위가 무효인 경우 또는 당사자가 취소 내지는 해제의 의사표시를 행한 경우에 의사표시만으로 물권은 복귀하는가 아니면 등기를 회복하여야만 물권은 복귀하는지가 문제된다. 이 문제는 물권행위론의 이해의 차이에 따라 그 내용을 달리한다. 물권행위를 물권 변동의 요건으로 인정하지 않으면 원인행위인 채권행위가 실효된 경우의 물권의 복귀의 문제로 이해한다. 이에 대하여 물권행위를 물권 변동의 요건으로 인정하는 입장에서는 다시 원인행위에 하자가 있는 경우와 원인행위에는 하자가 없으나 물권행위에 하자가 있는 경우로 나누어 물권의 복귀문제를 이해한다. 물론 물권행위에 하자가 있는 경우에는 당연히 물권 변동의 효력이 발생하지 않는다고 이해할 것이나, 원인행위에 하자가 있는 경우에는 논의가 있다. 물권행위의 무인성을 인정하게 되면 채권행위가 무효 취소 해제 등으로 실효되더라도 물권행위에는 영향을 미치지 않는 것으로 이해하는 결과 물권 변동의 효과에는 아무런 영향이 없고, 다만 물권 취득자는 부당이득 반환 의무를 부담하는 데 지나지 않는 것으로 이해한다. 따라서 이 경우에는 부당이득 반환을 위한 별도의 법률행위와 등기가 있어야 물권은 복귀하게 된다. 그러나 물권행위의 유인성을 취하게 되면 채권행위의 실효에

의하여 물권행위도 영향을 받아 실효되는 결과 물권행위로 인하여 발생하였던 물권 변동은 효력을 잃게 된다. 결국 원인행위가 실효된 경우에 물권의 복귀가 문제되는 경우는 물권행위의 유인성을 취하는 때라고 할 것이다.

ii) 그렇다면 원인행위가 실효된 경우에 말소등기 없이 곧바로 물권은 복귀하는 것으로 이해할 것인가(**당연복귀설**), 아니면 말소등기를 하여야 물권은 복귀하는 것으로 이해할 것인가(**물권변동설**)이다. 이러한 논의의 실익은 등기의 공신력을 인정할 수 없는 현행 민법의 해석상 거래 안전 보호에서 차이를 가져온다는 점에 있다. 예컨대, 甲이 乙에게 부동산 소유권을 이전하였는데 그 원인행위에 하자가 있어서 그것이 취소 내지 해제될 수 있는 것이어서 甲은 과연 취소 내지 해제의 의사표시를 하였지만, 아직 그에 기초한 말소등기를 하지 않은 채 방치하고 있었다. 그런데 乙이 아직 자기 명의의 등기를 기화로 丙에게 다시 양도함으로써 제2의 물권 변동이 있게 되었다. 이러한 경우에 말소등기 없이 취소 내지 해제의 의사표시만으로 물권이 당연히 복귀한다고 보게 되면 丙은 그가 선의인 경우에도 등기에 공신력이 인정되지 않으므로 보호받지 못하게 된다. 그러나 취소 내지 해제의 의사표시만으로는 물권이 당연히 복귀하지 않고 말소등기를 행함으로써 비로소 물권이 복귀한다고 보면 丙은 그가 악의인 경우에도 유효하게 소유권을 취득하게 된다.

판례는 앞서 본 바와 같이 법률행위를 취소하면 물권은 당연히 복귀하는 것으로 판시하고 있다(**75다533판결**). 또한 법률행위가 해제된 경우에도 물권 변동은 처음부터 발생하지 않는 것으로 이해함으로써 당연복귀설의 입장에서 사안을 해결하고 있다(**75다1394판결**).

학설은 "원인행위가 취소 또는 해제되면 처음부터 그러한 물권 변동은 없었던 것이 되므로, 등기를 말소하지 않더라도 물권은 당연히 복귀하게 된다. 이러한 결론은, 민법 제186조 제187조와는 관계없이, 유인주의를 인정하는 때에 당연히 이끌어지는 해석론임을 주의하여야 한다."(**곽윤직, 물권법, 118면**)고 하여, 원인행위가 하자로 인하여 취소 내지 해제된 경우 물권 변동이 처음부터 발생하지 않는 것으로 봄으로써, 민법 제186조와 제187조의 적용문제로 보고 있지 않다. 한편 "채권행위가 취소되거나 해제되면 물권행위도 소급하여 무효가 되므로, 그 원인행위에 기초한 등기가 말소되지 않았다 하더라도 물권은 당연히 원상태로 복귀하고 이에 의하여 상대방의 물권은 당연히 소멸하는 것이다. 따라서 원인행위가 무효 취소 해제되는 경우에 관하여는 민법 제186조가 적용될 여지는 없는 것이다."(**이영준, 물권법, 91면**)라고 하여, 당연복귀설의 입장에 있으면서도, 취소·해제·해지의 의사표시는 단독법률행위이므로 이에 의하여 물권이 원권리자에게 복귀하는 것도 법률행위에 의한 물권의 득실 변경에 해당하므로 이에 관하여도 민법 제186조를 적용하여야 할 것처럼 보이지만, 단독행위는 그 특성상 민법, 기타 법률의 규정이 있는 경우에 한하여 허용되고 형성력을 가지므로, 형성력을 갖는 단독행위에 의한 물권 변동은 필연적으로 법률의 규정에 의한 물권 변동과 동일한 것으로 된다고 하여, 말소등기 없이 물권은 복귀하는 것으로 이해하기도 한다.

생각건대 현행 민법의 해석상 물권행위를 물권 변동의 요건으로 인정하고 또 원인행위를 물권 변동의 요건에서 배제하지 않는다면, 원인행위는 물권 변동의 요건이 되므로 당연히 원인행위가 실효되면 처음부터 물권 변동의 효력이 발생하지 않는 것으로 이해할 것이므로 당연복귀설이 타당하다. 이러한 결론은 그 이론 구성에서 원인행위를 물권 변동의 요건으로 보고 있지는 않으면서도 이른바 물권행위의 유인성을 인정함으로써 같은 결론에 이르는 입장과 차이점이 있다. 결국 원인행위가 실효되면 그에 기초한 등기는 원인무효의 등기가 되므로 그러한 부실등기를 믿고 거래관계에 들어간 제3자는 무권리자로부터의 권리 취득이 되므로 원칙적으로 소유권을 취득할 수가 없다. 여기에서 선의의 제3자 및 거래안전이 문제된다.

iii) 민법은 제107조 제2항, 제108조 제2항, 제109조 제2항, 제110조 제3항, 제548조 제1항 단서에서 신뢰보호규정을 둠으로써, 법률행위가 실효되어 소유권이 원권리자에게 복귀된다고 하더라도 선의의 제3자에 대하여는 법률행위의 실효를 주장할 수 없도록 하여, 그의 소유권 취득에는 아무런 영향이 없게 된다. 문제는 위의 규정들에서 제3자는 취소 등의 의사표시가 있기 전에 이해관계를 맺은 자만을 의미하는가, 아니면 의사표시가 있은 후 말소등기가 있을 때까지 이해관계를 맺은 자도 포함하는가이다. 판례는 앞에서 본 바와 같이 의사표시의 취소 이전·이후를 묻지 않고 이해관계를 맺은 모든 제3자를 포함하고 있다(75다533판결). 이에 대하여 해제의 경우에는 해제 전에 이해관계를 맺은 자는 선의의 자에 한정하지 않고 해제 후에 이해관계를 맺은 경우에는 선의의 자만을 포함하는 것으로 해석한다(84다카130, 131판결). 학설은 말소등기시를 기준으로 그 이전에 이해관계를 맺은 자를 의미한다는 견해가 있으며(곽윤직, 물권법, 120면), 판례와 마찬가지로 "제3자가 취소를 주장하는 자와 양립되지 아니하는 법률관계를 가진 것이 취소 전·후였든, 말소등기가 행하여진 전·후였든 이를 구별할 필요 없이 모든 자에 대하여 제3자가 선의인 한 그 의사표시의 취소로 대항하지 못한다고 하는 것이 민법의 문언에 의한 바른 해석이다."(이영준, 389면; 동 물권법, 94면)라고 하여, 의사표시라든가 말소등기를 그 기준으로 하지 않고 제3자의 선의를 그 기준으로 하고 있다. 그러나 부동산 물권 변동의 경우에 과연 말소등기 후에 선의의 제3자가 나타날 수 있겠는지는 의문이다.

생각건대 이 문제는 취소자를 보호할 것인가 아니면 선의의 제3자를 보호할 것이냐의 문제로 귀착하게 된다고 할 것이다. 이러한 점에서 제3자 보호의 기준점을 말소등기시로 하는 학설의 태도는 일면 타당하다. 그러나 원인행위의 실효에 의하여 등기 없이 물권은 당연히 복귀한다는 것을 전제로 하면, 오히려 동 규정들에서 제3자는 의사표시의 기준 시점을 그 기준으로 하여, 그 취소 전에 이해관계를 맺은 선의의 제3자만을 의미한다고 할 것이다. 만약 말소등기시를 그 기준으로 하게 되면 당사자 관계에서는 제187조를 적용하게 되고, 제3자 관계에서는 제186조를 적용하게 되는 결과가 되기 때문이다. 그러면 의사표시 후 말소등기 전에 이해관계를 맺은 선의의 제3자는 보호될 수 없는가. 이러한 제3자는 신뢰보호규정의 유추 적용에 의한 신뢰법리 구성에 의하여 보호할 수 있을 것이다(고상룡, 제108조 2항 유추적용론, 민법학특강, 법문사, 1995, 310면 이하; 홍성재, 부실등기 신뢰자 보호의 법리 구성에 관한 연구, 비교사법, 창간호, 1995, 43면 이하 참조).

## 5 의사표시의 효력 발생

### 1) 의사표시의 효력 발생 시기

#### (1) 원 칙

상대방 있는 의사표시는 상대방에게 도달한 때로부터 효력이 있다(제111조). 여기에서 도달이라 함은 상대방의 지배 범위 내에 들어가 요지(了知)할 수 있는 상태가 되는 것을 말한다(통설, 2010다57판결). 특히 의사표시자가 그 통지를 발송한 후 사망하거나 제한능력자가 되어도 의사표시의 효력에 영향이 없다.

한편 전자문서에 의한 의사표시의 경우에 전자문서 및 전자거래기본법 제6조 제2항에 따라 '송·수신 시기'가 발신 및 도달의 시기로 된다.

**판 례**

내용증명우편이나 등기우편과는 달리, 보통 우편의 방법으로 발송되었다는 사실만으로는 그 우편물이 상당 기간 내에 도달되었다고 추정할 수 없고 송달의 효력을 주장하는 측에서 증거에 의하여 도달 사실을 입증하여야 한다(2000다25002판결).

**판 례**

채권양도통지서가 들어 있는 우편물을 채무자의 가정부가 수령한 직후 한집에 거주하고 있던 채권양도 통지인이 그 우편물을 바로 회수해 버렸다면 그 우편물의 내용이 무엇이었는지를 가정부가 알 수 있었다는 등의 특별한 사정이 없었던 상태였다 할 것이니, 위 채권양도의 통지는 사회 관념상 채무자가 그 통지의 내용을 알 수 있는 객관적 상태에 놓여졌던 것이라고는 볼 수 없다 할 것이고, 따라서 그 통지는 채무자에게 도달되었던 것이라고 볼 수 없다(83다카439판결).

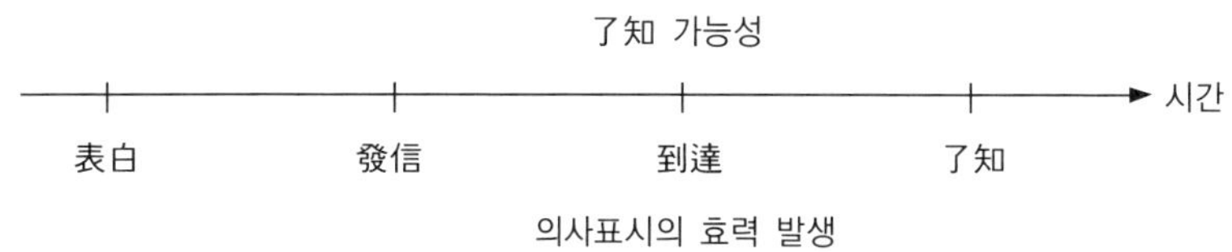


**그림 3-4** 의사표시의 효력 발생과 도달

**(2) 예 외**

① 의사표시가 상대방에게 발신될 때 그 효력이 생기는 경우로서, 민법은 무능력자의 상대방의 최고에 대한 제한능력자 측의 확답(제15조), 무권대리인의 상대방의 최고에 대한 본인의 확답(제131조), 채무인수의 승낙 여부의 최고에 대한 채권자의 확답(제455조), 격지자 간의 계약의 성립 시기(제531조)에서는 도달주의의 예외로서 발신주의를 취하고 있다.

다만, 격지자 간의 계약의 성립 시기와 관련하여서는 완전한 발신주의를 취한 것은 아니고, 제528조 제1항에 의해서 발신주의의 예외가 일면 후퇴되고 있다. 앞에서 본 바와 같이 해제조건설은 의사표시의 불도달을 해제조건으로 하여 승낙의 의사표시를 발한 때 계약이 성립하고 그 효력이 발생한다고 하고, 청약실효설은 승낙의 의사표시가 청약자에게 도달하지 않으면 청약이 실효하므로 결국 계약은 성립하지 않는 것으로 이해한다. 도달주의설은 격지자의 승낙의 의사표시도 원칙적으로 청약자에게 도달한 때 그 효력이 발생하고, 다만 계약은 승낙의 의사표시를 발한 때에 소급하여 성립한다고 해석한다(제3장 제2절 2. 3) 참조).

② 한편 의사표시자가 과실 없이 상대방을 알지 못하거나 상대방의 주소를 알지 못하는 경우에는, 민사소송법상의 공시송달에 의해서도 의사표시를 전달할 수 있다(민법 제113조). 공시송달은 법원사무관 등이 송달할 서류를 보관하고 그 사유를 법원 게시장에 게시하는 방법으로 한다(민사소송법 제195조). 공시송달에 의한 의사표시는 공시송달을 실시한 날로부터 2주일이 경과한 때에 상대방에게 도달한 것으로 본다(민사소송법 제196조).

### 2) 의사표시의 수령능력

의사표시의 수령능력이란 타인의 의사표시의 내용을 알 수 있는 능력을 말한다. 의사표시가 상대방에게 도달하였다고 하려면 상대방이 의사표시의 내용을 '요지(了知)할 수 있는 상태'에 놓일 것을 요구하는 바, 그에 상응하여 상대방에게 그 의사표시의 내용을 알 수 있는 능력이 있어야 한다.

민법은 제한능력자를 수령무능력자로 하고 있다(제112조 본문). 그러나 제한능력자가 예외적으로 행위능력을 가지는 경우에는 수령능력도 인정된다고 할 것이다. 표의자는 수령무능력자에 대한 의사표시의 도달을 주장할 수 없지만, 수령무능력자 측에서는 의사표시의 도달, 즉 의사표시의 효력 발생을 주장하는 것은 무방하다(제112조 본문의 반대 해석). 물론 법정대리인이 수령무능력자에의 도달을 안 후에는 표의자는 의사표시의 도달을 주장할 수 있다(제112조 단서).

## 제 5 절 대 리

## 1 대리제도의 의의

### 1) 대리제도의 개념

대리(代理)제도란 독립한 타인이 본인의 이름으로 법률행위를 하고 그 행위의 효과를 직접 본인에게 귀속시키는 제도를 말한다. 가령, 가옥을 매입하려는 A가 가옥 매수에 관한 권한을 B에게 주고 B가 가옥의 소유자인 C와 매매계약을 체결하게 되면, B와 C의 매매계약에 따른 법률효과를 직접 A와 C 사이에 발생하게 하는 것이다. 즉, 대리제도는 "법률행위의 효과는 법률행위의 당사자에게 귀속된다"는 사적 자치의 원칙에 대한 예외의 제도라고 할 수 있다.

## 2) 대리의 사회적 작용

### (1) 사적 자치의 확장

자기의 자유로운 의사에 기하여 법률관계를 형성할 수 있는 것이 사적 자치인데, 대리제도는 타인을 대리인으로 하여 자기 대신에 거래를 하게 함으로써 거래관계의 고도화·복잡화에 대처할 수 있도록 한다. 그리하여 본인은 대리인을 통해서 다방면에 걸쳐 활동을 할 수 있게 된다. 이를 사적 자치의 확장 기능이라 한다.

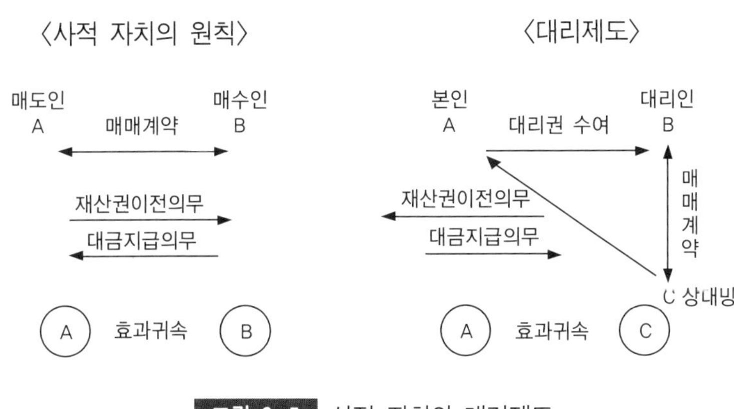


**그림 3-5** 사적 자치와 대리제도

### (2) 사적 자치의 보충

제한능력자는 스스로 유효하게 사적인 법률관계를 형성할 수 없다. 이 경우 제한능력자를 대신하여 법정대리인으로 하여금 법률행위를 하게 함으로써, 대리제도는 의사능력을 보충하는 기능을 하게 된다.

### (3) 대리가 인정되는 범위

대리는 원칙적으로 의사표시 또는 법률행위에 한하여 인정된다. 다만, 본인의 의사결정을 절대적으로 중시하는 가족법상의 법률행위에는 원칙적으로 대리가 허용되지 않는다 (예외: 제869조, 제899조). 그런데 의사의 통지(예: 최고)나 관념의 통지(예: 채권양도의 통지)의 경우에는 의사표시에 관한 규정이 유추 적용되므로 대리가 가능하다. 반면에, 사실행위에 관해서는 대리가 허용되지 않으며(곽윤직, 255면. 다만, 간이인도·목적물반환청구권의 양도·점유개정의 경우, 대리인에 의하여 이러한 의사표시를 하면 점유의 이전이 있다고 할 것이므로, 이러한 경우에는 대리에 의한 점유이전이 가능하다고 한다. 이영준, 411면; 이은영, 567면), 불법행위에도 대리가 허용될 수 없다. 다만, 등기신청은 사법상의 법률행위가 아니지만, 부동산등기법은 대리에 의한 등기신청을 인정하고 있다(동법 제24조). 등기신청은 채무의 이행에 해당하므로 쌍방대리가 허용된다(제124조 단서).

## 2 대리의 본질

대리의 특징은 '행위'로서의 법률행위(의사표시)는 대리인이 하고 그 효과 즉 '규율'로서의 법률행위는 본인에게 귀속한다는 데 있다(이영준, 420면). 이와 같이 대리인이 아닌 본인에게 법률행위의 효과가 귀속하는 근거를 어떻게 설명할 것인가의 문제가 생긴다. 이를 둘러싸고 본인행위설, 공동행위설, 대리인행위설, 통합요건설이 대립한다.

본인행위설(대리인의 행위를 본인의 행위로 의제하는 설로서 사비니(F. C. von Savigny)가 대표자이다)과 공동행위설(대리행위는 수권행위에 기하고 있으므로 대리행위는 본인과 대리인이 공동하여 행하는 것이라고 하는 설로 미타이스(H. Mitteis)가 대표자이다)은 대리제도의 발달 과정에서 "법률행위의 효과는 법률행위의 당사자에게만 미친다"는 사적 자치의 원칙과의 조화, 즉 그에 대한 예외를 설명하기 위하여 주장된 이론으로서, 우리나라에서는 그 주장이 없다.

우리나라의 종래의 통설은 대리인행위설이다(곽윤직, 254면; 고상룡, 471면). 대리인행위설에 의하면 의사결정을 하고 표시하는 것은 대리인 자신이고 대리인이 행한 법률행위의 효과가 직접 본인에게 귀속하는 것은 대리인이 본인에게 효과를 귀속시키려고 의욕하여 이를 표시하였기 때문이라고 한다. 이 의사를 대리의사라고 한다. 즉, 대리인이 행한 법률행위의 효력이 본인에게 발생하는 원인은 대리의사에 있다는 것이다. 본인에게로 효력이 향하여진 대리인의 행위를 대리행위라고 하고, 대리의사를 표시하는 것을 현명이라고 한다.

그러나 대리인행위설에 따르면, 무권대리행위의 경우에도 대리인에게 대리의사는 존재하기 때문에 그러한 무권대리행위도 본인에게 효력이 생겨야 한다는 논리적인 문제점이 있다. 그리하여 최근에, 대리는 '행위'와 '규율'이 분리된 제도로서, '행위'로서의 법률행위는 대리인이 행하지만 '규율'로서의 법률행위는 본인의 효과의사에 따른 것으로 이해하여야 한다거나(이영준, 419면), 대리가 적법하기 위해서는 본인의 수권행위와 대리인의 대리행위라는 별개의 법률행위가 각각 그 요건을 갖추어야 한다 (김상용, 538면; 이은영, 578면; 백태승, 454면)는 통합요건설이 주장된다. 통합요건설에 찬동한다. 이에 대하여 법정대리의 경우에는 법률의 규정에 기하여 그 효과가 본인에 귀속된다고 볼 것이다.

##  대리와 구별되어야 할 제도

### 1) 간접대리

간접대리는 대리와는 달리 '규율'로서의 법률행위도 직접 간접대리인에게 귀속하고 후에 그가 취득한 권리를 간접본인에게 이전하는 것을 말한다 (예: 위탁매매(상법 제101조), 운송 주선(상법 제114조)). 그러므로 법률행위의 성립뿐 아니라 그 효력도 모두 간접대리인을 기준으로 판단하여야 한다. 또한 간접대리인이 취득한 권리는 간접본인에게 이전될 때까지 간접대리인의 재산이다. 그러므로 간접대리에 의한 거래상의 위험은 간접본인이 부담하게 된다. 물론 간접대리인이 취득한 권리는 간접본인에게 이전되어야 하며(제684조), 간접대리인은 보수청구권을 가진다 (제686조).

### 2) 사 자

사자(使者)란 타인의 의사표시의 완성 또는 도달에 협력하는 자를 말한다. 의사표시의 효과의사의 결정은 본인이 하는 점에서 대리와 다르다. 그리고 대리인은 행위능력은 없더라도 의사능력은 있어야 하지만, 사자는 의사능력이 없더라도 무방하다. 또한 대리는 사실행위는 할 수 없지만, 사자는 사실행위에도 허용된다.

사자는 본인으로부터 의사표시를 전달할 수 있는 지위를 부여받는다. 이러한 지위를 사자권(使者權)이라 할 수 있는데, 사자권은 대리권과 그 성질을 달리하지만 본인을 위하여 어떤 행위를 할 수 있는 지위라고 하는 점에서는 유사하다. 따라서 사자에 관하여 대리에 관한 규정을 성질에 반하지 않는 한 유추 적용할 수 있다고 할 것이다.

사자에는 본인이 결정한 의사표시를 단순히 전달하는 전달기관으로서의 사자와 본인이 의욕한 의사를 표시하는 표시기관으로서의 사자가 있다. 전달기관으로서의 사자가 의사표시를 잘못 전달한 경우에는 의사표시의 불도달의 문제가 생긴다. 이에 대하여 표시기관으로서의 사자가 본인의 의사를 잘못 표시한 경우에는, 우선 사자가 선의라면 전달된 의사표시는 유효하지만 본인은 착오를 이유로 그 의사표시를 취소할 수 있을 것이다. 당사자 간의 이해관계가 착오의 경우와 유사하기 때문이다. 그리고 사자가 악의라면 그 의사표시는 본인에게 효력이 발생하지 않는다고 보아야 할 것이다. 사자 자신이 본인의 의사를 표시하는 것이 아니라 스스로 의사표시를 하는 것이기 때문에 그 의사표시는 본인에 대하여 효력이 없고, 다만 사자에 의하여 작출된 외관을 상대방이 신뢰한 경우에는 표현대리의 법리에 의하여 상대방은 보호될 수 있을 것이다. 이 경우 사자에 대해서는 무권대리에 관한 제130조 이하의 규정이 유추 적용될 수 있을 것이다 (이영준, 427면).

**판 례**

대리인이 아니고 사실행위를 위한 사자라 하더라도 외견상 그에게 어떠한 권한이 있는 것의 표시 내지 행동이 있어 상대방이 그를 믿었고, 또 그를 믿음에 있어 정당한 사유가 있다면 표현대리의 법리에 의하여 본인에게 책임이 있다 (4294민상192판결).

한편 대리의 경우 의사의 흠결이나 의사표시의 하자 또는 선의·악의는 대리인을 표준으로 하여 판단하지만(제116조 제1항), 사자의 경우에는 표의자를 표준으로 하여 결정한다.

**판 례**

사자에 의한 의사표시의 경우는 물론 본인이 결정한 의사를 대리인으로 하여금 표시한 경우에는 그 의사표시는 대리행위가 아니므로, 오로지 본인에 대하여서만 그 지(知), 부지(不知), 착오 등이 문제가 된다 할 것인 바, 본인이 기망당하였다 하더라도 대리인이 기망당한 일이 없으므로 본인이 의사표시로 취소할 수 없다고 판시하였음은 위와 같은 법리를 오해한 위법이 있다 (66다661판결).

### 3) 대 표

법인의 대표기관의 행위에 의하여 직접 법인이 권리·의무를 취득하는 것을 대표(代表)라고 한다. 법인의 대표자의 행위는 곧 법인의 행위로 간주되고, 대표는 사실행위나 불법행위에 관하여도 성립한다는 점에서 대리와 구별된다(곽윤직, 257면; 김증한/김학동, 388면; 백태승, 456면). 다만, 법인과 이사의 관계를 일종의 위임계약으로 보는 한(이설 없음), 이사 등 대표기관의 행위가 법인의 행위로 간주될 수는 없고 대리와 질적인 차이가 있는 것은 아니고, 또 대표도 대리와 마찬가지로 법률행위에 관하여만 가능하고 불법행위에 관하여는 불가능하다는 견해도 있다(이영준, 435-6면).

### 4) 권한 부여

무권리자의 채권행위는 언제나 유효하다. 다만, 무권리자는 권리를 취득하여 채권자에게 이전할 의무를 부담한다(제569조). 그러나 처분행위가 유효하기 위해서는 처분자에게 처분권이 있어야 하므로 무권리자의 처분행위는 원칙적으로 무효이다. 그런데 권리자로부터 사전에 처분 권한을 부여(동의)받은 때에는 무권리자의 처분행위라도 유효하다. 문제는 무권리자가 권리자의 사전동의 없이 행한 처분행위를 권리자가 사후에 처분권을 부여하는 방법(추인)으로 유효로 할 수 있는가이다. 사후 권한 부여에 관하여 독일 민법은 명문 규정을 두고 있으나(제185조), 우리 민법은 그러하지 않다.

판례는 종래 무권리자의 처분행위의 효력이 권리자에게 미치는 근거를 무권대리에서 본인의 추인 법리에서 찾다가(79다2151판결, 87다카2238판결, 92다15550판결), 최근에는 사적 자치의 원칙을 근거로 제시하면서, 추인의 방법은 무권대리의 추인 법리를 원용하고 있다.

**판 례**

무권리자가 타인의 권리를 자기의 이름으로 또는 자기의 권리로 처분한 경우에, 권리자는 후일 이를 추인함으로써 그 처분행위를 인정할 수 있고, 특별한 사정이 없는 한 이로써 권리자 본인에게 위 처분행위의 효력이 발생함은 사적 자치의 원칙에 비추어 당연하고, 이 경우 추인은 명시적으로뿐만 아니라 묵시적인 방법으로도 가능하며 그 의사표시는 무권대리인이나 그 상대방 어느 쪽에 하여도 무방하다(2001다44291판결).

학설에는 무효행위의 추인을 인정하는 민법의 처지에서는 이를 부정할 이유가 없고, 이때에는 그 추인에 의하여 소급하여 효력이 있다고 하여야 한다는 견해(곽윤직, 294면; 김증한/김학동, 477면), 그리고 권한 부여에서 수권한자는 자기 이름으로 법률행위를 한다는 점, 권한 부여는 권리와의 물적 관계라는 점에서 대리와 다르지만, 명문의 규정이 없으므로 제569조를 고려하면서 권한 부여에 관하여 대리의 규정을 유추 적용하는 것이 타당다는 견해(이영준, 158, 430면), 권한 부여에 의하여 무권리자의 처분행위의 효력이 권리자에게 미치는 것은 사적 자치의 원칙에 의하여 자연스럽게 인정될 수 있다고 하는 견해(양창수, 민법연구 제2권, 박영사, 1991, 49면 이하)가 있다.

생각건대 권한 부여에 의하여 무권리자의 처분행위의 소급적 효력을 인정할 수 있음은 처분행위의 법리(처분권자는 그 목적인 권리를 이전·변경·소멸하게 할 수 있다)라든가 사적 자치의 원칙에 비추어 당연하다고 할 것이다. 이 경우 즉, 처분행위의 법리는 사적 자치의 원칙의 한 내용을 이룬다는 점에서 그 실질적 근거가 다른 것은 아니라고 보아야 할 것이다. 하지만, 비소급효를 규정하는 무효행위의 추인 법리(제139조)에서 소급적 유효의 근거를 찾는 것은 무리가 있다. 오히려 판례처럼 추인에 의하여 소급적 유효를 인정하고 있는 무권대리인의 추인에 관한 규정을 유추 적용함이 타당하다고 할 것이다.

**무권리자의 처분에 관한 규정 신설안**

i) 제안 이유: 무권리자가 권리자의 동의를 얻어 목적물을 처분한 경우 그 처분은 유효한 것으로 하고, 권리자가 무권리자의 처분을 추인한 경우에도 그 처분은 소급하여 효력이 있는 것으로 한다.

ii) 규정 내용: 第139條의2(**無權利者의 處分**) ① 無權利者가 權利者의 同意를 얻어 한 處分은 效力이 있다. ② 權利者가 無權利者의 處分을 追認하면 그 處分은 遡及하여 效力이 있다. 그러나 第3者의 權利를 해하지 못한다.

### 5) 명의모용

명의모용(名義冒用)이란 타인의 명의를 사용하여 법률행위를 하는 것으로서, 그 행위자가 자신의 명의가 아닌 다른 이름을 사용하고 자신이 마치 그 명의인인 것처럼 행동하게 된다. 이 경우에는 먼저, 그와 같은 법률행위가 행위자 자신의 행위인지 아니면 명의인의 행위인지가 문제된다. 그리고 명의인의 행위라고 할 경우에는 거기에 대리에 관한 규정이 적용되는지 문제된다(송덕수, 타인의 명의를 사용하여 행한 법률행위, 사법연구, 제2집, 1994, 청림출판, 336면).

우선 명의모용의 경우에 행위자와 명의자 중 누가 당사자인가 하는 것은 법률행위의 해석을 통해서 확정하여야 할 것이다(제3장, 제6절 3. 3) 참조). 이에 대하여 판례는 "계약의 당사자가 타인의 이름을 사용하여 법률행위를 한 경우에는 행위자 또는 명의인 가운데 누구를 당사자로 할 것인지에 관하여 행위자와 상대방의 의사가 일치한 경우에는 그 일치하는 의사대로 행위자의 행위 또는 명의인의 행위로서 확정하여야 하지만, 그러한 일치하는 의사를 확정할 수 없을 경우에는 그 계약의 성질, 내용, 목적, 체결 경위 등 그 계약 체결 전후의 구체적인 제반 사정을 토대로 상대방이 합리적인 인간이라면 행위자와 명의자 중 누구를 계약 당사자로 이해할 것인가에 의하여 당사자를 결정한 다음, 그 당사자 사이의 계약 성립 여부와 효력을 판단하여야 한다."(94다4912판결, 2007다31990판결)고 한다.

이와 같이 법률행위의 해석을 통해서, 타인 명의의 법률행위가 행위자 자신의 행위로 인정되면 법률행위는 행위자에 대하여 성립하고 효력을 발생한다. 이 경우 명의자는 그 법률행위로부터 어떠한 권리도 취득하지 못하고, 추인에 의하여 그 법률행위의 효과를 자신에게 발생하게 할 수도 없다(송덕수, 앞의 논문, 351-2면). 가령, A가 C와 계약을 체결하면서 B의 명의를 빌리기로 하고 C도 이를 양해한 경우에는 계약의 당사자는 A와 C가 되고 이들 사이에 계약이 성립한다고 할 것이다. 다만, 판례는 예금계약의 경우에는 원칙적으로 명의자를 당사자로 보아야 한다고 한다(2008다45828전원합의체 판결). 그러나 법률행위의 해석에 의하여 타인명의의 법률행위가 명의인의 행위로 인정되는 때, 가령 A가 B 모르게 B명의로 그 사실을 모르는 C와 계약을 맺은 경우에는 계약의 당사자는 B와 C가 되지만, B에게는 계약을 체결할 의사가 없는 점에서 B와 C 사이의 계약은 성립하지 않는다(94다4912 판결 참조). 다만, A가 B 명의로 C와 계약을 체결하면서 대리의사를 가지고 있고 또 C도 이를 알고 있거나 알 수 있었을 때에는(이 경우에는 대리인의 대리권 존부 문제와는 무관하게 B와 C가 계약의 당사자이다. 2003다44059판결) 대리행위가 될 수 있지만(제115조 단서), 무권대리행위가 되어 본인에게 그 효과가 미치지 않는다. 물론 이 경우 본인인 B는 추인할 수 있으며, 추인이 없는 경우에 무권대리인은 제135조의 책임을 진다고 할 것이다.

판 례

종전의 판례는, 원칙적으로 실질적 예금주와 실제 금융기관과 예금계약을 체결한 자가 다른 경우에는 실명 확인을 거친 예금명의자만을 예금주로 보면서도(95다55986판결, 97다35658판결, 97다18455판결), 특별한 사정으로 예금의 출연자와 금융기관 사이에 예금명의인이 아닌 출연자에게 예금반환채권을 귀속시키기로 하는 명시적 묵시적 약정이 있는 경우에는 그 출연자를 예금주로 하는 금융거래계약이 성립된다고 하였다(97다53359판결 등). 또한 명의신탁의 약정이 있음을 인정한 경우도 있었다(2000다49091판결). 그러나 최근에 대법원은 금융실명법에 의하여 예금명의자에 대한 실명확인 절차를 거쳐 예금계약서 등을 작성함으로써 그의 명의로 예금계약이 이루어진 경우에, 실명확인 절차를 거쳐 작성된 예금계약서 등의 증명력을 번복하기에 충분할 정도의 명확한 증명력을 가진 구체적이고 객관적인 증거에 의하여, 금융기관과 출연자 등 사이에서 예금명의자와의 예금계약을 부정하여 예금명의자의 예금반환청구권을 배제하고 출연자 등과 예금계약을 체결하여 출연자 등에게 예금반환청구권을 귀속시키려는 명확한 의사의 합치가 있다고 인정되는 경우에만 출연자를 예금주로 할 수 있다고 하여, 단지 명시적 또는 묵시적 약정에 의하여 예금명의자가 아닌 출연자 등에게 예금반환청구권이 귀속될 수 있다는 취지의 종전의 판결(99다67031판결, 2005다17877판결)들을 변경하였다(2008다45828전원합의체 판결).

그리고 부동산의 경매절차에서 경매 목적 부동산을 경락받은 경락인이 실질적인 권리자가 아니라, 단순히 타인을 위하여 그 명의만을 빌려 준 것에 불과하다 하더라도 그 경매절차에서 경락인으로 취급되는 자는 어디까지나 명의차용자인 타인이 아니라 그 명의인일 뿐이므로(99다19698판결), 경매 목적 부동산의 소유권은 경락대금을 실질적으로 부담한 자가 누구인가와 상관없이 그 명의인이 적법하게 취득한다고 한다(99다15863판결). 이와는 달리 타인 명의를 차용하여 주식을 인수하고 대금을 납부한 경우에는 실제로 주식을 인수하여 그 대금을 납입한 명의 차용인만이 실질상의 주식인수인으로 되고, 단순한 명의대여자에 불과한 자는 주주로 볼 수 없다고 한다(84다카319판결, 97다50619판결).

## 4 대리의 종류

### 1) 임의대리 · 법정대리

대리는 대리권의 발생 원인에 따라 임의대리와 법정대리로 구별된다. 임의대리는 대리권이 본인의 수권행위에 의하여 부여되는 것이고, 법정대리는 대리권이 법률의 규정에 의해서 부여된다. 임의대리와 법정대리는 그 사회적 작용 · 대리권의 범위 · 대리권의 소멸 사유 · 복임권의 유무에서 차이가 있다.

### 2) 능동대리 · 수동대리

대리는 대리행위의 모습에 따라 능동대리와 수동대리로 구별된다. 능동대리는 대리인이 본인을 위하여 제3자에 대하여 의사표시를 하는 대리이고(제114조 제1항), 수동대리는 대리인이 본인을 위하여 의사표시를 받는 대리이다(동조 제2항). 특별한 사정이 없는 한 대리인은 이들 두 가지 대리를 할 수 있는 대리권을 가진다(93다39379판결).

### 3) 유권대리 · 무권대리

대리는 대리권의 유무에 따라 유권대리와 무권대리로 분류된다. 유권대리는 정당한 대리권을 가지는 대리이고, 무권대리는 대리인이라 칭하는 자가 대리권을 갖고 있지 않은 대리이다.

무권대리는 협의의 무권대리와 표현대리로 구별된다(통설). 다만, 표현대리를 유권대리의 아종(亞種)으로 이해하는 입장도 있다(이영준, 524면).

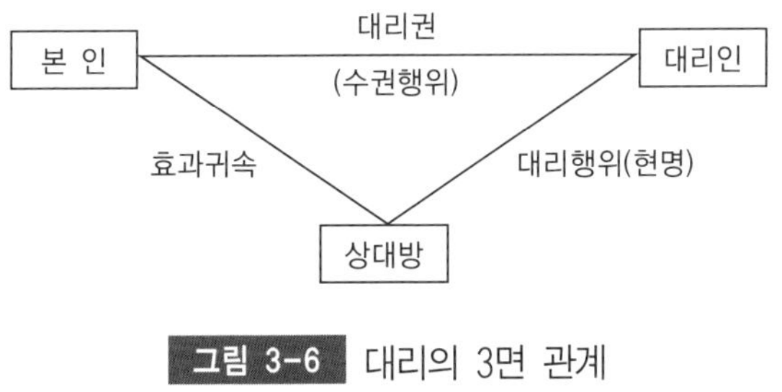


**그림 3-6** 대리의 3면 관계

## 5 대리관계

대리가 유효하게 성립하기 위해서는 대리인에게 본인을 대리하여 법률행위를 할 수 있는 권한이 있어야 하고, 대리행위가 그 권한 내에서 이루어진 것이어야 하며,

본인을 위한 것임을 표시하여 대리행위가 행하여져야 한다(제114조 제1항). 따라서 대리의 법률관계는 본인과 대리인 사이의 대리권의 수여관계와 대리인과 상대방 사이의 대리행위, 그 효과로서의 본인과 상대방 사이의 관계인 3면 관계로 구분하여 파악해 볼 수 있다.

### 1) 대리권

#### (1) 대리권의 의의

① 대리권이란 본인의 이름으로 의사표시를 교부하거나 수령(93다39379판결)하고, 그 법률효과를 본인의 것으로 되게 하는 법률상의 지위 또는 자격을 말한다.

② 대리권의 법적 성질

대리권의 성질에 대하여 학설은 권리가 아니고 행위능력과 같이 법률상 일정한 효과를 발생케 하는 능력 또는 자격이라고 하는가 하면(곽윤직, 259면; 백태승, 459면), 대리권은 '규율(規律)'로서의 법률행위를 본인의 것으로 정당화하는 무실체성의 것이라고 하기도 한다(이영준, 439면). 대리권은 권리가 아니고 지위 또는 자격이라는 의미에서 대리권한이라고 이해하면 충분할 것이다.

#### (2) 대리권의 발생 원인

① 법정대리권은 법률의 규정이나 지정권자의 지정 또는 법원의 선임행위에 의하여 발생한다. 법률의 규정에 의하여 대리인이 되는 경우로는 일상가사대리권, 친권자, 후견인 등이 있으며, 지정권자의 지정으로 대리인이 되는 경우로는 지정후견인(제931조), 지정유언집행자(제1093조) 등이 있다. 법원이 선임하는 대리인으로는 부재자재산관리인(제22조, 제23조)과 상속재산관리인(제1053조), 유언집행자(제1096조) 등이 있다.

② 임의대리권은 본인이 대리인에게 대리권을 수여하는 행위, 즉 수권행위에 의하여 발생한다(제128조).

a) 수권행위의 개념

수권행위란 임의대리에서 본인이 대리인에게 대리권을 수여하는 행위를 말한다.

b) 수권행위의 법적 성질에 대해서는 견해가 갈린다.

ㄱ) 융합계약설에 의하면 수권행위의 관념을 부인한다(김용한, 341면).

ㄴ) 무명계약설에 따르면 수권행위를 본인과 대리인과의 무명계약이라고 한다

(김기선, 302면).

ㄷ) 단독행위설은 상대방의 수령을 요하는 단독행위라고 한다(곽윤직, 260면).

ㄹ) 검토와 사견

단독행위설은 거래 안전을 위하여 수권행위를 단독행위로 보고 있다. 즉, 수권행위를 계약으로 보게 되면 대리인의 무능력 의사의 흠결 등이 있을 때 수권계약을 취소할 수 있기 때문이다. 이렇게 되면 대리인의 대리행위는 무권대리가 되어 거래 안전을 해친다는 것이다. 대리인은 행위능력자임을 요하지 않는다는 점(제117조) 및 수권행위의 철회가 인정된다는 점(제128조 후문)에서 수권행위는 대리인의 승낙을 필요로 하는 단독행위라고 봄이 타당하다. 이와 같이 볼 때 백지위임에 의한 대리권의 수여행위를 설명할 수가 있을 뿐 아니라, 수권행위를 단독행위로 새기더라도 그로 인하여 대리인에게 어떤 불이익이나 구속을 받지 않는다(고상룡, 482면). 물론 대리권은 계약에 의하여 수여될 수 있다. 가령, 후견계약에 의하여 재산관리 및 신상보호에 관한 사무의 대리권을 수여할 수 있다(개정 민법 959조의14 참조).

그렇다면 수권행위의 상대방은 누구인가? 이와 관련하여 수권행위를 내부적 수권행위와 외부적 수권행위로 구분하는 견해가 있다(이영준, 446면, 김증한/김학동, 395면, 백태승, 460면 이하도 같다). 내부적 수권행위란 본인이 직접 대리인에게 대리권 수여의 의사표시를 하는 경우를 말하고, 외부적 수권행위란 수권행위가 있음을 대리행위의 상대방에 대하여 표시하는 것을 의미한다고 한다. 그러나 독일 민법 제167조 제1항(대리권의 수여는 대리인으로 될 자 또는 대리행위의 상대방이 되는 제3자에 대한 의사표시로서 행하여진다)과 같은 규정을 두고 있지 않고, 오히려 민법은 "제3자에 대하여 타인에게 대리권을 수여함을 표시"하는 경우에 표현대리가 성립할 수 있음을 규정하고 있다. 따라서 수권행위의 상대방은 대리인이라고 새길 것이다. 외부적 수권이란 수권행위의 효과 내지 기능이 대리행위의 상대방에 대하여 발생하는 것이라고 이해하면 족하고 이와 같이 수권행위를 둘로 구분하여 파악할 것은 아니다.

c) 수권행위와 기초적 법률관계와의 관계(수권행위의 독자성)

수권행위(대리관계의 원인)는 요건 및 효과에서 기초적 법률관계의 원인인 위임계약 또는 고용계약과는 관념상 독립되어 있다. 이를 수권행위의 독자성이라고 한다(이영준, 447면). 대리권을 '기초적 법률관계'로부터 독립시킨 이유는 대리에 의한 거래 안전을 보호하려는 데 있다. 대리가 거래에서 활용되려면 대리권의 명료성을 확보하여야 하기 때문이다. 우리 민법도 법률행위에 의하여 수여된 대리권과 대리권 수여의 원인이 된 법률행위의 개념을 구별하여 사용한다 (제128조).

**판 례**

위임과 대리권 수여는 별개의 독립된 행위로서 위임은 위임자와 수임자 간의 내부적인 채권채무관계를 말하고 대리권은 대리인의 행위의 효과가 본인에게 미치는 대외적 자격을 말하는 것이므로, 위임계약에 대리권 수여가 수반되는 일은 있으나 위임계약만으로는 그 효력은 위임자와 수임자 이외에는 미치는 것이 아니므로, 구 민법 제655조의 취지는 위임 종료의 사유는 이를 상대방에 통지하거나 상대방이 이를 안 때가 아니면 위임자와 수임자 간에는 위임계약에 의한 권리의무관계가 존속한다는 취지에 불과하고 대리권관계와는 아무런 관계가 없는 것이다 (4294민상251, 252판결).

d) 수권행위의 유인성(有因性)과 무인성(無因性)

수권행위의 독자성을 인정하면 수권행위는 유인행위인가 아니면 무인행위인가가 문제된다. 즉, 본인과 대리인 사이의 기초적 법률관계인 위임·고용·조합 등이 무효이거나 취소 또는 해제되어 실효되면 수권행위도 그에 영향을 받아 효력을 잃는가에 대한 논의가 있다.

ㄱ) 유인설에 의하면, 제128조에 따라 내부적 기초법률관계의 원인이 무효·취소·해제되면 수권행위도 이에 영향을 받아 효력을 상실하게 된다고 한다 (곽윤직, 261면; 고상룡, 485면; 이은영, 602면. 이영준, 449면은 제128조는 내부적 수권행위의 유인성을 선언하는 것으로 이해한다). 가령, 위임계약의 취소로 인하여 원칙적으로 수권행위도 효력을 잃게 된다.

ㄴ) 무인설에 의하면, 수권행위의 독자성과 수권행위를 단독행위로 보는 것도 제3자의 보호 내지 거래 안전을 위한 것이므로 무인설이 타당하다는 것이다 (김증한/김학동, 393면; 백태승, 463면. 이영준, 449면은 외부적 수권 자체에 무효 사유가 존재하지 않으면 외부적 수권은 유효하게 존속하고, 다만 제129조에 의하여 상대방이 기초법률관계가 소멸한 것을 알았거나 알 수 있었을 때에는 외부적 수권이 소멸한다고 한다).

ㄷ) 사 견

민법은 "법률행위에 의하여 수여된 대리권은 …… 그 원인된 법률관계의 종료에 의하여 소멸한다."(제128조 전단)고 규정하고 있을 뿐 아니라, 수권행위의 독자성을 인정한다고 하여 그 무인성을 인정하여야 할 필연적인 이유는 없다고 할 것이다. 따라서 유인설이 타당하다. 이 경우 대리행위가 소급적으로 무권대리로 되어 그 상대방의 보호가 문제된다. 다만, 유인설을 취하면서도 대리행위가 이미 행하여진 경우에는 예외적으로 거래 안전의 보호를 위하여 소급효를 제한하는 견해가 있다(곽윤직, 261면). 그러나 유인설을 따른다면 소급효를 제한할 것은 아니고, 따라서 대리권은 처음부터 발생하지 않은 것으로 볼 것이다.

생각건대 대리관계의 특수성에 비추어 볼 때, 수권행위는 대리인에 대한 경우뿐만 아니라 대리행위의 상대방에 대하여도 그 영향을 미친다고 할 것이므로, 제3자 내지 거래 안전의 보호는 원칙적으로 제107조 제2항 이하의 선의의 제3자 보호 규정에 의할 것이지만, 표현대리 규정 특히 제129조 소정의 대리권소멸 후의 표현대리 규정의 유추 적용에 의해서도 보호된다고 할 것이다. 물론 대리인 측 사정으로 수권행위의 원인행위가 실효된 경우에는 본인의 추인을 기대할 수 없다는 점에서 상대방은 제135조에 기한 책임을 대리인에게 물을 수 있을 것이다.

한편 본인의 제한능력자을 이유로 수권행위의 원인행위가 취소된 경우에는 제한능력자 보호라는 입법적 결단으로 제129조가 적용될 여지가 없기 때문에 대리행위의 상대방이 보호될 수 없다고 하는 견해(지원림, 수권행위의 실효와 대리행위의 상대방 보호, 300면 이하)가 있으나, 의문이다. 오히려 이 경우에는 법정대리가 문제될 것이기 때문에 수권행위를 상정할 수 없는 것이 아닐까?

e) 수권행위와 대리행위와의 관계

ㄱ) 수권행위는 대리인의 대리권 발생이라는 법률효과를 직접적으로 지향하는 독립된 법률행위인 점에서, 대리인의 대리권에 기하는 상대방에 대한 법률행위인 대리행위와는 구별된다. 이와 같이 수권행위는 대리행위와 법률상 구별되는 관념이지만, 기능면에서는 대리인이 한 대리행위의 효과를 본인에게 귀속시킨다는 점에서 양자는 연계성(連繫性)을 가진다고 할 것이다.

ㄴ) 수권행위는 본인의 대리인에 대한 의사표시에 의하여 대리인과 관계가 있고, 대리인의 상대방에 대한 대리행위(특히 顯名)를 통하여 대리행위의 상대방에 대하여도 그 효력이 있다고 할 것이다.

f) 수권행위의 방식과 하자(瑕疵)

ㄱ) 수권행위는 불요식행위이다. 따라서 반드시 서면으로 할 필요가 없으며, 구두(口頭)로도 할 수 있다. 또 명시적으로뿐 아니라 묵시적으로도 할 수 있다. 나아가 수권행위가 추단되는 경우도 있을 수 있다.

**판 례**

본인에 의한 대리권 수여의 표시는 반드시 대리권 또는 대리인이라는 말을 사용하여야 하는 것이 아니라, 사회 통념상 대리권을 추단할 수 있는 직함이나 명칭등의 사용을 승낙 또는 묵인한 경우에도 대리권 수여의 표시가 있은 것으로 볼 수 있다 (97다53762판결).

ㄴ) 대리인은 대리행위의 행위자이므로 대리행위의 의사표시의 하자는 대리인을 기준으로 하여 이를 정한다 (제116조 제1항). 반면에, 수권행위의 의사 하자는 대리인을 그 기준으로 할 것이 아니라 본인의 의사 하자를 그 기준으로 제107조 이하의 일반 규정이 적용된다고 할 것이다. 따라서 수권행위가 비진의 의사표시 또는 허위표시로 행해지거나 착오 · 사기 · 강박에 의하여 행해진 경우에는 무효 또는 취소될 수 있다. 물론 본인이 재한능력자라면 법정대리가 문제될 것이라는 점에서 수권행위를 상정할 것은 아니라고 하겠다. 아무튼 수권행위가 무효 또는 취소되어 실효되면, 그 수권행위에 기초한 대리행위는 소급적으로 무권대리로 되고 상대방은 제107조 제2항 이하의 선의의 제3자 보호규정 또는 표현대리 규정(제129조)의 유추 적용에 의하여 보호된다고 할 것이다.

### (3) 대리권의 범위

① 법정대리권의 범위는 법률의 규정에 의하여 정하여진다. 즉, 친권자와 후견인은 제916조 · 제920조 · 제946조 이하에 의하여 제한능력자의 재산을 관리하고 재산상의 법률행위에 대하여 대리할 권한을 가진다. 그리고 부재자의 재산관리인과 상속재산관리인은 제25조 · 제1023조 제2항에 따라 원칙적으로 관리행위를 할 권한을 가지며, 유언집행자는 제1101조에 따라 유증의 목적인 재산의 관리, 기타 유언의 집행에 필요한 행위를 할 권한을 가진다.

② 임의대리권의 범위는 수권행위에 의하여 주어진다.

a) 구체적인 임의대리권의 범위는 수권행위의 해석에 의하여 정하여진다 (93다

39379판결). 즉, 의사표시의 일반적 해석 원칙에 의하여 임의대리인의 대리권의 범위를 확정하여야 한다. 특히 위임장의 기재 사항의 내용 종류라든가, 본인 대리인의 지위·상황 등이 중요한 자료가 된다.

**판 례**

통상 사채 알선업자가 전주(錢主)를 위하여 금전소비대차계약과 그 담보를 위한 담보권 설정계약을 체결할 대리권을 수여받은 것으로 인정되는 경우라 하더라도, 특별한 사정이 없는 한 일단 금전소비대차계약과 그 담보를 위한 담보권 설정계약이 체결된 후에 이를 해제할 권한까지 당연히 가지고 있다고 볼 수는 없다(97다23372판결). 또한 예금계약의 체결을 위임받은 자가 가지는 대리권에 당연히 그 예금을 담보로 하여 대출을 받거나 이를 처분할 수 있는 대리권이 포함되어 있는 것은 아니다(94다59042판결).

**판 례**

부동산 소유자로부터 매매계약을 체결할 대리권을 수여받은 대리인은 특별한 사정이 없는 한, 그 매매계약에서 약정한 바에 따라 중도금이나 잔금을 수령할 권한도 있다고 보아야 한다(93다39379판결).

b) 수권행위로 대리권의 범위가 정하여지지 않은 경우에는 민법 제118조에 의하여 관리행위만을 할 수 있고 처분행위는 할 수 없다. 즉, 보존행위·이용행위·개량행위만을 할 수 있다. 보존행위란 재산의 현상을 유지하는 것을 목적으로 하는 행위를 말한다(제118조 제1호). 가령, 가옥의 수선·소멸시효의 중단·보존등기청구 등은 보존행위로서 무제한으로 할 수 있다. 이용행위란 재산의 수익을 도모하는 행위를 말하고, 개량행위란 물건의 교환가치나 사용가치를 증가시키는 행위를 말한다. 가령, 물건을 대여하거나 금전을 이자부로 대여하는 것은 이용행위에 해당하고, 무이자의 금전대차를 이자부로 전환하는 것은 개량행위에 해당한다. 다만, 이용·개량행위의 경우에는 객체의 성질을 변하지 않은 범위 내에서 가능하다(제118조 제2호). 객체의 성질이 변하였는지 여부는 사회 통념에 의할 것이다.

판 례

부동산 소유권 이전등기 말소등기절차 이행청구나 인도청구는 보존행위에 불과한 것이므로, 법원에 의하여 선임된 부재자재산관리인은 법원의 허가 없이 이를 할 수 있다 할 것이고, 본법 제950조 소정의 후견인의 권한 범위와는 다르다 할 것이다 (64다108판결). 본조는 대리권은 있으나 그 범위가 분명하지 아니한 경우의 보충적 규정에 불과하고, 대리권의 범위가 분명한 경우나 표현대리가 성립하는 경우에는 적용되지 않는다 (64다968판결).

### (4) 대리권의 제한

① 공동대리

a) 대리인이 수인인 경우에 대리인은 원칙적으로 각자 본인을 대리한다 (제119조 본문). 그러나 수권행위 또는 법률(제909조 제2항, 친권공동행사의 원칙)로 수인의 대리인이 공동으로만 대리할 수 있는 경우에 단독으로 대리행위를 하면 적법한 대리행위가 되지 못한다. 다만, 친권의 공동행사의 경우에 부모의 일방이 공동 명의로 자(子)를 대리하거나 자의 법률행위에 동의한 때에는 다른 일방의 의사에 반하는 때에도 그 효력이 있다. 그러나 상대방이 악의인 때에는 그러하지 아니하다 (제920조의2).

b) 공동대리는 대리인들로 하여금 상호 견제하에 의사결정을 신중하게 함으로써 본인을 보호하고자 하는 데 있다. 따라서 공동대리에서 '공동'은 의사결정의 공동을 의미하며 실행의 공동을 의미하는 것은 아니다. 공동대리에 위반한 대리행위는 무권대리가 되나, 제126조의 표현대리가 성립할 수 있다.

c) 공동대리의 경우에 수동대리에서도 상대방의 의사표시를 공동으로 하여야 하는가이다. 민법은 공동대리를 능동대리에 한하여 인정하고 있지 않으므로 공동으로 하여야 한다는 견해(곽윤직, 265면), 본인의 의사에 의하여 상대방이 불이익을 받을 수 있다는 점, 수동대리의 특수성 및 거래의 불편 등을 이유로 공동으로 할 필요는 없다는 견해(고상룡, 495면; 이영준, 517면; 김증한/김학동, 403면)가 대립한다. 생각건대 공동대리인들로 하여금 상호 견제를 통하여 의사결정을 신중히 하여 본인을 보호한다는 공동대리의 취지를 고려할 때, 공동대리인들의 의사결정이 요구되지 않는 수동대리의 경우까지 공동대리를 인정할 것은 아니고, 각 대리인이 단독으로 의사표시를 수령할 수 있다고 할 것이다.

**그림 3-7** 자기계약과 쌍방대리

② 자기계약 · 쌍방대리의 금지

a) 대리인이 본인을 대리하면서 다른 한편으로 자기자신이 상대방이 되어 계약을 체결하는 것을 자기계약이라 한다. 그리고 동일인이 하나의 법률행위에서 당사자 쌍방의 대리인이 되어 대리행위를 하는 것을 쌍방대리라 한다. 자기계약과 쌍방대리는 원칙적으로 허용되지 않는다(제124조 본문). 즉, 대리인은 본인을 대리하여 자기와 대리행위를 할 수 없고, 본인을 대리하면서 동시에 상대방을 대리할 수 없다.

**판 례**

피고가 그 소유의 부동산을 원고에게 매도함에 있어서 소외인이 위 양 당사자 쌍방의 대리인으로서 매매계약을 체결하였다면 위 매매계약은 특별한 사정이 없는 한 무효라고 보지 아니할 수 없다(65다2602판결).

b) 자기계약 · 쌍방대리의 금지는 임의대리와 법정대리에 모두 적용된다. 다만, 본인의 허락이 있는 경우나 채무의 이행의 경우만은 본인 또는 당사자 일방이 부당하게 해를 받을 염려가 없기 때문에 자기계약 · 쌍방대리는 허용된다(제124조 단서). 제124조에 대한 특칙으로 제921조(친권자와 자 간 또는 수인의 자 간의 이해 상반행위), 제64조(법인과 이사 간의 이익상반행위), 상법 제398조(이사와 회사 간의 거래)가 있다.

**판 례**

제소 전 화해의 신청인이 피신청인의 소송대리인을 선임한 것이 피신청인의 위임에 의하여 이루어진 것이라면 그것은 유효한 것이고 쌍방대리의 원칙에 따라 무효한 행위였다고 할 수는 없다(90다카27853판결). 그리고 사채 알선업자는 채권자 측에 대하여는 채무자의 대리인이 되고 채무자 측에 대하여는 채권자 측의 대리인이 되는 것이므로, 사채 알선업자에 대한 채무변제는 채권자 대리인에 대한 변제로서 유효하다(80다1756판결).

### (5) 대리권의 남용

① 대리권 남용의 개념

대리인이 외형적·형식적으로는 대리권의 범위 내에서 한 행위이지만 오로지 자기 또는 제3자의 이익을 꾀할 목적으로 대리행위를 하는 등 본인과 대리인 사이의 내부적 의무에 위반하여 대리행위를 한 경우에도 그 법률효과가 본인에게 귀속하는가이다. 이러한 문제가 이른바 대리권 남용의 문제이다. 이 경우 상대방의 선의·악의 또는 과실 유무에 관계없이 본인에게 그 효과를 귀속시키는 것은 논리적으로는 가능하다고 할 것이나 본인에게 너무 가혹하다. 또한 단순히 무권대리로 해석하여 본인의 추인, 상대방의 무권대리인에 대한 책임 추급 등으로 다루는 방법은 상대방의 보호라는 측면에서 받아들이기 어렵다. 결국 실질적으로 누구의 이익을 보호할 것이냐이다. 또한 그의 법리 구성은 어떻게 해야 할 것이냐가 문제된다.

② 대리권 남용의 법리 구성

a) 대리인이 대리권의 범위 내에서 대리행위를 하면 대리인이 그 권한을 남용한다고 하더라도 그 효과는 본인에게 귀속하게 되며 결국 본인이 그 책임을 지게 된다. 그러나 대리인과 거래행위를 한 상대방이 그 대리인이 자기의 이익을 꾀하려고 금원을 차용하고 있음을 알고 있는 경우라든가 또는 상대방이 그 대리인과 통정하여 금원을 차용한 경우까지 본인이 책임을 지고 상대방을 보호하여야 할 것인지는 의문이다. 문제는 이러한 경우에 대리권의 남용행위의 효과가 본인에게 귀속하는 것을 저지하기 위한 법리 구성을 어떻게 할 것이냐에 있다.

b) 판 례

판례는 "진의 아닌 의사표시가 대리인에 의하여 이루어지고 그 대리인의 진의가 본인의 이익이나 의사에 반하여 자기 또는 제3자의 이익을 위한 배임적인 것임을 그 상대방이 알았거나 알 수 있었을 경우에는 제107조 제1항 단서의 유추 해석상 그 대리인의 행위는 본인의 대리행위로 성립할 수 없다 하겠으므로, 본인은 대리인의 행위에 대하여 아무런 책임이 없다고 할 것이며, 이때 그 상대방이 대리인의 표시의사가 진의 아님을 알았거나 알 수 있었는가의 여부는 표의자인 대리인과 상대방 사이에 있었던 의사표시의 형성 과정과 그 내용 및 그로 인하여 나타나는 효과 등을 객관적인 사정에 따라 합리적으로 판단하여야 한다."(86다카1004판결, 86다카371판결, 2000다20694판결)고 판시한다. 이와 같이 볼 때 판례는 대리권 남용행위의 경우 원칙적으로 본인에게 그 효과가 귀속하지만, 제107조 제1항 단서의 규정을 유추 적용하여 상대방이 대리권 남용행위의 사실을 알았거나 알 수 있었을 때에는 본인에게 그 효과를 주장할 수 없는 것으로 새기고 있다. 다만, 본인의 사용자책임을 인정하고 상대방의 과실 있음을 들어 과실상계를 하고 있다(98다39602판결). 그리고 판례는 상대방이 배임행위에 적극 가담한 경우에는 제103조에 따라 대리행위는 무효라고 한다(97다56099판결, 2006다47677 판결, 2010다91831 판결).

c) 학설의 검토와 사견

학설 중에는 판례의 입장을 지지하거나 무권대리설(무권대리설은 다시 정당한 이유기준설과 명백설로 나뉜다) 또는 신의칙에 기초한 권한남용설을 취하는 견해로 갈린다.

판례의 입장을 지지하는 견해에 의하면(곽윤직, 233면), 대리인이 자기나 제3자의 이익을 꾀할 목적으로 본인을 위하여 할 의사는 없으면서 오로지 대리권을 남용해서 배신적 행위를 한 경우에, 그러한 배임적 의사를 상대방이 알았거나 알 수 있었을 사정이 있는 경우에는 제107조 제1항 단서를 유추 적용하여 그 대리행위는 대리행위로서 성립하지 않는다고 새겨야 한다는 것이다. 그러나 대리의사는 대리행위의 효과를 본인에게 귀속시키고자 하는 의사인 것이지 본인의 이익을 위한다는 의사는 아니라고 보아야 할 것이다. 즉, 대리의사로서 필요한 것은 본인에 대한 효과를 발생케 하려는 의사로서 족하며, 본인의 이익을 꾀하려는 의사는 필요하지 않기 때문에, 대리인이 자기 또는 제3자의 이익을 꾀하려는 의도가 있다 하더라도 그것은 진의 아닌 의사표시가 되지 않는다고 하여야 할 것이다(고상룡, 501면). 또한 비진의 의사표시의 경우에는 표의자에게 법률행위를 하려고 하는 효과의사가 내심에 존재하지 아니하므로, 진의와 표시 사이에 저어(齟齬)가 있음에 반하여 대리인의 대리권 남용의 경우에는 대리인에게 법률행위를 하려고 하는 효과의사가 내심에 있고(가령, 어음보증행위를 하려고 하는 의사라든가, 금전소비대차계약을 체결하려고 하는 의사 또는 예금계약을 체결하고자 하는 의사 등), 따라서 진의와 표시 사이에 저어가 없으며, 다만 여기에 배임의 의사가 도사리고 있을 뿐이라고 보아야 할 것이다.

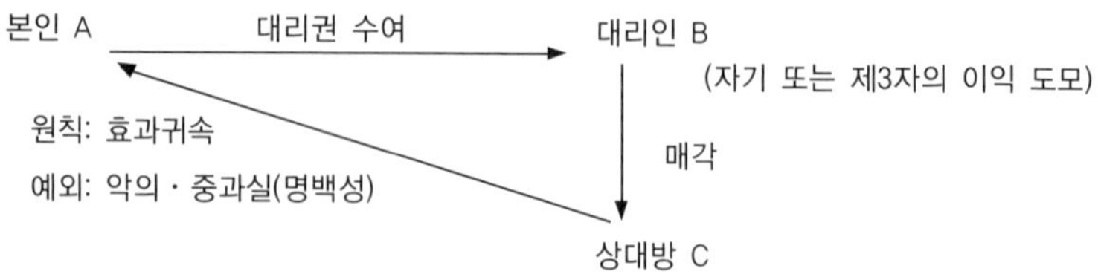


**그림 3-8** 대리권의 남용

그리고 무권대리설 중 정당한 이유기준설에 의하면, 대리권에는 이를 본인의 이익을 위하여 행사하여야 한다는 내재적 제한이 있으므로, 대리권 남용행위에 관하여는 대리권을 부정하여야 한다고 하거나(이은영, 621-2면), 상대방이 대리인의 배임행위를 알았거나 정당한 이유 없이 알지 못한 경우에는 대리권이 부정되므로 대리행위는 무권대리로 된다고 한다(이영준, 467-9면; 손지열, 민법주해(Ⅲ), 46-7면). 그러나 명백설은 대리권 남용의 문제는 본인의 보호를 목적으로 하고 표현대리는 상대방 보호를 목적으로 하는 제도로서 그 근본 취지를 달리하므로 제126조의 표현대리를 원용할 것이 아니라, 대리인의 배임행위에 대한 상대방의 공모 내지 악의 또는 배임행위의 명백성에 의하여 상대방의 보호 여부를 가려야 한다고 한다(하경효, 대리권 남용시의 대리효과 부인의 근거와 요건, 한국민법이론의 발전(Ⅰ), 박영사, 1999, 146면; 백태승, 475-6면). 이에 대하여 신의칙설은 대리권 남용의 실질적 문제는 본인과 상대방 간의 이익관계를 비교 형량하여 판단할 문제이며, 대리인의 권한 남용에 대한 위험은 원칙적으로 본인이 부담하여야 하고, 다만 상대방의 악의 · 중과실 등 주관적 태양에 따라 상대방의 권리행사가 신의칙에 반하는 경우에는 그러한 위험을 부담하도록 하는 것이 좋을 것이라고 한다(고상룡, 501면; 김증한/김학동, 408면; 송덕수, 민법주해(Ⅱ), 324면).

생각건대 대리권 남용이라는 문제는 실질적으로 상대방 보호 내지 거래안전이라는 측면과 본인 보호라는 측면을 어떻게 조화시킬 것인가, 즉 어느 쪽에 책임을 부담지울 것인가의 판단이라고 할 것이다. 이러한 점에서 보면 위험은 원칙적으로 본인이 부담하여야 한다. 대리인은 본인의 지배권 · 이익권에 속하기 때문이다. 문제는 어떠한 기준으로 상대방의 보호를 배제할 것인가에 있다.

정당한 이유기준설은 대리인의 배임행위를 상대방이 정당한 이유 없이 알지 못한 경우에는 대리권이 부정되고 무권대리로 된다고 하나, 대리권 존재의 문제는 본인과 대리인 사이의 문제라는 점에서 상대방의 주관적 사정에 따라 유권대리냐 무권대리냐를 판단하는 것은 문제가 있다. 또한 표현대리는 상대방을 보호하는 제도라는 점에서 대리권 남용의 경우에 상대방을 배제하는 법리로서 이를 원용하는 것은 문제가 있다. 그리고 명백설은 상대방이 대리인의 배임행위를 알았거나 배임행위가 명백한 경우에는 상대방을 보호할 필요가 없다고 하지만, 어떠한 배임행위가 명백한 경우에 해당하는지 그 기준이 모호하다. 이와 같이 볼 때 상대방의 악의·중과실 등 상대방의 권리행사가 신의칙에 반하는 경우에는 상대방이 그 위험을 부담하여야 할 것이라는 신의칙설이 좀더 명확한 기준을 제시한 것이라고 보여진다. 따라서 상대방에게 경과실만 있는 경우에는 대리의 효과가 인정된다. 특히 상대방에게 악의·중과실 등이 있어 대리의 효과를 주장할 수 없게 되면 상대방은 대리인에 대하여도 책임을 물을 수 없다 (제135조 제2항). 또한 명백설을 취하면 상대방에게 중과실이 없더라도 대리인의 배임행위가 명백하면 대리권이 부정되어 상대방에게 가혹하게 될 염려가 있다. 아무튼 학설이 상대방 보호 내지 배제 사유로서 제시하고 있는 정당한 이유·중과실·명백성 등은 같은 기준을 달리 표현하고 있는 것이 아닌가 생각된다.

### (6) 대리권의 소멸

① 공통 소멸 원인: 대리권은 본인의 사망, 대리인의 사망, 성년후견의 개시 또는 파산에 의하여 소멸한다 (제127조). 다만, 위임 종료의 경우에 급박한 사정이 있는 때에는 법정대리인은 본인의 사망 후에도 그 사무를 처리하여야 하며(제691조), 상행위의 위임에 의한 대리권은 본인의 사망에도 불구하고 소멸하지 않는다 (상법 제50조).

**판 례**

부재자의 재산관리인에 의하여 소송절차가 진행되던 중 부재자 본인에 대한 실종선고가 확정되면 그 재산관리인으로서의 지위는 종료되는 것이므로, 상속인 등에 의한 적법한 소송수계가 있을 때까지는 소송절차가 중단된다 (85다카1151판결).

② 특유한 소멸 원인

a) 법정대리권의 소멸 원인은 법률이 정하고 있는 경우가 있다 (제22·23조, 제924·925·927·937·939·957조). 그리고 본인이 행위능력을 가지게 되거나 유언 집행의 종

료 등과 같이 대리권 발생의 원인이 된 사실관계가 소멸한 경우에도 소멸한다.

b) 임의대리권은 기초적 법률관계의 종료에 의하거나 수권행위의 철회에 의하여 소멸한다 (제128조).

**판 례**

어떠한 계약의 체결에 관한 대리권을 수여받은 대리인이 수권된 법률행위를 하게 되면 그것으로 대리권의 원인된 법률관계는 원칙적으로 목적을 달성하여 종료하는 것이고, 법률행위에 의하여 수여된 대리권은 그 원인된 법률관계의 종료에 의하여 소멸하는 것이므로(제128조), 그 계약을 대리하여 체결하였던 대리인이 체결된 계약의 해제 등 일체의 처분권과 그에 관한 상대방의 의사를 수령할 권한까지 가지고 있다고 볼 수는 없다 (2008다11276판결).

다만, 본인의 파산의 경우에 임의대리권이 소멸하는가에 대해서는 다툼이 있다. 임의대리권은 기초적 내부관계의 종료에 의하여 소멸하는데, 본인의 파산은 기초적 내부관계로서 위임을 종료케 하는 점에서 제690조를 적용하여 임의대리권은 소멸한다는 견해(김용한, 362면), 파산은 임의대리권의 소멸 원인은 아니고 일반 원칙에 따라 해결된다고 하면서, 파산으로 원인된 법률관계가 종료된 후에도 대리권은 그대로 존속시킬 수도 있다는 견해가 있다 (곽윤직, 267면).

생각건대 위임 등 원인된 법률관계에 기초하지 않고서도 임의대리권은 성립할 수 있다는 점에서, 수권행위의 본질에 대하여 융합계약설을 취하지 않는 한 제690조를 직접 적용하여 본인의 파산으로 위임계약이 종료함으로써 임의대리권이 소멸하는 것으로 보는 것은 문제가 있다. 그리고 채무자 회생 및 파산에 관한 법률 제473조 제6호, 제342조는 본인의 파산에 의하여 대리권이 소멸하는 것을 전제로 하는 규정이라는 점에서, 파산으로 원인된 법률관계가 종료된 후에도 대리권은 그대로 존속시킬 수 있다고 새기는 것도 문제가 있다. 오히려 수권행위가 위임 등 원인된 법률관계에 기초하고 있으면, 제690조에 따라 본인의 파산으로 위임관계가 종료하고 따라서 제128조에 의하여 임의대리권은 소멸한다고 보아야 할 것이며, 수권행위가 원인된 법률관계를 기초로 하지 않더라도 수권행위는 위임과 마찬가지로 본인과 대리인 사이의 신임관계를 기초로 한다는 점에서, 제690조를 유추 적용하여 파산으로 원인된 법률관계가 소멸하면 임의대리권은 소멸하는 것으로 새겨야 할 것이다.

③ 대리권이 소멸한 후에 대리인이었던 자가 한 대리행위는 무권대리가 된다. 그러나 상대방이 선의·무과실이면 대리권 소멸 후의 표현대리가 성립할 수 있다(제129조).

## 2) 대리행위

### (1) 현명주의(顯名主義)

① 의 의

대리인은 대리행위를 함에 있어서 그 행위가 본인을 위한 것임을 표시하여야 한다(제114조 제1항). 즉, '본인의 이름으로' 법률행위를 하여야 한다. 이러한 현명에 의한 법률행위를 대리행위라고 한다.

**대리의 본질과 현명**

대리의 본질에 관하여 대리인행위설은, 대리행위의 효과가 본인에게 발생하는 근거를 대리인의 '대리적 효과의사'로 보고, 현명은 바로 이러한 "대리적 효과의사를 상대방에게 표시하는 의사표시"라고 한다. 이와 달리 이른바 통합요건설(**본인의 수권행위는 그 자체 법률행위임과 동시에 대리권수여와 대리인의 행위로 이루어지는 법률행위의 법률요건 사실을 구성한다고 전제하고, 대리를 '행위'로서의 법률행위는 대리인의 것이고 '규율'로서의 법률행위는 본인의 것으로 이해한다**)은 대리인이 행한 법률행위의 효과가 본인에게 발생하는 근거는 본인의 수권행위의 효과이며, 현명은 대리행위의 효과의 주체가 본인인 것을 알림으로써 법률관계를 명료하게 하고, 대리행위의 상대방이 본인과 대리인 사이의 내부 관계를 조사하지 않으면 아니 되는 부담을 덜어 주기 위한 법기술에 불과하고, 따라서 현명은 효과의사의 표시가 아니라 관념의 통지라고 이해한다(이영준, 487면). 이러한 결과 대리인행위설의 입장에서는 현명이 없으면 대리인의 의사표시는 대리인을 위한 것으로 보게 되며, 통합요건설에 의하면 현명이 없더라도 대리인에게 대리권만 있으면 대리인의 대리행위는 본인에게 효력이 발생하는 것이라고 보게 된다.

그런데 대리인행위설처럼 현명을 이해하게 되면 현명이 없을 경우에는 대리인의 법률행위의 효과는 당연히 본인에게 발생하지 않을 것이므로 제115조의 규정은 불필요한 규정이라고 통합요건설은 비판한다(이영준, 490면). 물론 대리인행위설과 같이 대리의 본질을 대리인의 대리적 효과의사에 둔다면 제115조는 당연한 주의규정에 지나지 않는지도 모른다. 그렇다고 이를 불필요한 규정이라고까지 할 것은 아니다. 다만, 대리인행위설에 의하면 현명은 있으나 대리권이 없는 경우, 즉 무권대리도 이론적으로 이를 대리관계로 파악하여야 한다는 난점은 있다.

한편 통합요건설은 수권행위를 내부적 · 외부적 수권행위로 구별하여, 내부적 수권행위가 있음을 대리행위의 상대방에 대하여 표시하는 것을 외부적 수권행위라고 하고 있기 때문에, 이러한 외부적 수권행위와 현명과의 관계가 불분명하다(고상룡, 481면). 그 결과 상대방 측에서 보면 차원이 다른 수권행위의 문제(대리권의 발생)와 현명의 문제가 동일 차원의 문제로 나타나게 되는 것이 아닌가 생각된다. 나아가 통합요건설은 표현대리를 외부적 수권행위의 효과로서 이해하고 있는 점에서 현명의 문제와 표현대리의 문제 간에 역시 불명료함이 나타난다. 즉, 통합요건설은 현명이 없더라도 대리권만 있으면 대리인의 대리행위는 본인에게 효력이 발생하게 된다고 보기 때문에, 현명의 문제는 대리권 존재의 문제 속에 가리어진다는 결과가 된다. 이는 오히려 통합요건설이 제115조를 무의미하게 하는 것이 아닌가 생각된다. 따라서 통합요건설은 외부적 수권행위 · 현명 · 표현대리 사이의 경계를 좀더 명확히 하지 않고서는 그 입론이 불분명해진다고 하겠다.

이와 같이 볼 때, 현명에 대한 양설의 입론은 모두 문제를 안고 있다고 할 것이다. 하지만, 대리관계에서 대리의 본질 문제와 현명의 문제는 학설이 이해하고 있는 바와 같이 논리필연적인 관련은 없다고 보여진다. 즉, 대리를 어떻게 이해하느냐에 따라 현명을 의사표시 또는 관념의 통지로서 파악하여야 하는 것은 아니다. 왜냐하면 대리인이 그 상대방과의 관계에서 자기의 행위가 본인을 위한 것임을 표시하는 현명의 문제는, 대리에서 본인에게 대리행위의 효과가 귀속되는 근거를 대리인의 효과의사에 둘 것인가, 아니면 본인의 의사표시, 즉 대리인에 대한 수권행위에 둘 것인가의 문제와는 그 존재하는 평면을 달리하기 때문이다. 따라서 대리의 본질과 관련하여 현명의 문제를 파악할 것이 아니라 제115조와 관련하여 이해하면 충분하다고 할 것이다.

② 현명의 방법

현명의 방법은 'A 대리인 B'라고 표시하는 것이 보통이지만, 본인의 성명이 명시되지 않았더라도 주위의 사정에서 추단하여 본인이 누구인가를 알 수 있으면 족하다(제115조 후문). 즉, 위 규정은 명시적인 현명이 없는 경우에도 "상대방이 대리인으로서 한 것임을 알았거나 알 수 있었을 때"에는 대리의 효과가 생긴다고 정한다.

**판 례**

일반적으로 매매계약에서 매도인으로 나온 사람이 소유권자로부터 매매계약에 관한 권한을 위임받은 내용의 위임장을 제시하고 매매계약을 체결하는 자는 특단의 사정이 없는 한 소유자를 대리하여 매매행위를 하는 것이라고 보아야 할 것이고, 매매계약서에 대리관계의 표시 없이 그 자신의 이름을 기재하였다고 해서 그것만으로 그 자신이 매도인으로서 타인물을 매매한 것이라고 볼 수는 없다(81다카1349, 81다카1209판결).

그리고 대리인이 자기 성명을 표시하지 않고 본인의 이름만을 표시한 경우에도 대리의사가 인정되는 한 유효한 대리행위가 된다(통설, 63다67판결). 다만, 이 경우에는 사자(使者)의 행위로 보아야 할 경우가 있을 것이다.

**판 례**

대리인은 대리인임을 표시하여 의사표시를 하여야 하는 것이 아니고 본인명의로도 할 수 있다(63다67판결). 따라서 대리인이 직접 본인의 기명날인을 하여 수표를 발행한 행위는 유효하고 본인에 대하여도 효력이 발생한다(65다1052판결). 역시 대리인을 본인 자신으로 잘못 믿은 것이 일반거래 관념에 비추어 당시의 구체적 상황에서는 무리도 아니었다고 할 수 있는 경우에 본인의 행위로 믿었던 선의의 상대방을 위해서 본인으로 자처한 대리인의 행위에 대하여 본인의 책임을 인정함이 상당하다고 할 것이고, 이는 거래에 있어서의 선의의 제3자를 보호하기 위하여 대리권한이 없는 행위에 대하여도 일정한 한도에서 본인에게 책임을 인정한 표현대리제도의 취지에 비추어 의당 시인되어야 할 것이다(선의의 제3자를 보호함에 있어서 양자 간에 차이를 인정할 수 없으므로, 표현대리에 관한 제도를 이에 유추 적용하는 것이 부당하다고 하여야 할 이유가 없다. 77다1669판결).

**판 례**

민법 제126조의 표현대리는 대리인이 본인을 위한다는 의사를 명시 혹은 묵시적으로 표시하거나 대리의사를 가지고 권한 외의 행위를 하는 경우에 성립하고, 사술(詐術)을 써서 위와 같은 대리행위의 표시를 하지 아니하고 단지 본인의 성명을 모용하여 자기가 마치 본인인 것처럼 기망하여 본인 명의로 직접 법률행위를 한 경우에는 특별한 사정이 없는 한 위 제126조 소정의 표현대리는 성립될 수 없다(74다78판결, 87다카273판결, 92다52436판결). 따라서 가령 甲

이 임대차계약을 체결함에 있어서 임차인 명의를 원고 명의로 하기는 하였으나 甲의 이름이 원고인 것같이 행세하여 계약을 체결함으로써 피고는 甲과 원고가 동일인인 것으로 알고 계약을 맺게 되었다면 설사 甲이 원고를 위하여 하는 의사로서 위 계약을 체결하였다 하더라도 위 계약의 효력은 원고에게 미치지 않는다(74다165판결).

③ 현명하지 않은 경우

대리인이 본인을 위한 것임을 표시하지 않은 경우에 그 의사표시는 대리인 자신을 위하여 한 것으로 본다(제115조 전문). 이 경우 대리인은 그의 내심의 의사와 표시가 일치하지 않음을 근거로 착오를 주장하지 못한다. 다만, 수동대리에는 제115조가 적용되지 않는다.

**판 례**

대리인이 본인을 대리하여 행위를 함에 있어서는 민법 제114조 제1항의 규정에 따라 본인과 대리인을 표시하여야 하는 것이므로, 대리관계의 현명(현명)을 하지 아니한 채 행위를 하더라도 본인에게 효력이 없는 것이지만, 대리에 있어 본인을 위한 것임을 표시하는 이른바 현명은 반드시 명시적으로만 할 필요는 없고 묵시적으로도 할 수 있는 것이고, 나아가 현명을 하지 아니한 경우라도 여러 사정에 비추어 대리인으로서 행위한 것임을 상대방이 알았거나 알 수 있었을 때에는 민법 제115조 단서의 규정에 의하여 본인에게 효력이 미치는 것이다(2003다43490판결, 2007다14759판결).

④ 현명주의의 예외

개성이 중시되지 않고 집단적·반복적·정형적으로 행해지는 상행위의 대리행위는 현명이 없어도 본인에게 그 효과가 귀속한다(상법 제48조 본문). 그러나 상대방이 본인을 위한 것임을 알지 못한 때에는 대리인에 대하여도 이행의 청구를 할 수 있다(상법 제48조 단서). 문제는 민법상의 법률행위에서도 현명주의의 예외가 인정될 수 있는가이다. 긍정설(이영준, 495면; 김증한/김학동, 416면; 백태승, 480면)은 대리인 개인을 중시하지 않는 거래, 예컨대 특정한 영업을 상대로 하는 거래나 일상용품의 구입과 같이 행위의 상대방이 누구이든지 상관 없는 거래에서는 현명주의의 예외가 인정될 수 있다고 한다. 부정설은 스위스 채무법 제32조 제3항과 같은 예외규정을 두고 있지 않은 우리 민법의 해석상 이러한 예외를 인정하는 것은 무리이며 또 실익도 없다고 한다 (곽윤직, 270면; 고상룡, 514면; 이은영, 587면).

생각건대 본래 현명한다는 것은 거래 상대방으로 하여금 거래의 당사자가 누구인가를 알 수 있도록 하는 데 있다는 점에서, 대리인 개인을 중시하지 않는 거래의 경우에는 대리관계를 인정하여 본인에게 법률 효과를 부여한다는 것 자체가 의미가 없는 점에서 현명주의를 인정하든 그 예외를 인정하든 실익은 없다고 할 것이다. 다만, 명문의 규정이 없는 이상 현명주의의 예외를 인정할 경우에 그 한계를 획정하기 어렵다는 점에서 부정설이 타당하다.

### (2) 대리행위의 하자

① 의사표시의 효력이 의사의 흠결·사기·강박 또는 어느 사정을 알았거나 과실로 이를 알지 못한 것으로 인하여 영향을 받은 경우에는 그 사실 또는 사정의 유무는 대리인을 표준으로 결정한다 (제116조 제1항). 그러나 대리행위의 하자에서 생기는 효과는 본인에게 귀속한다. 그리하여 대리인이 상대방의 사기·강박에 의하여 의사표시를 한 경우에는 본인은 제110조 제1항에 의하여 그 의사표시를 취소할 수 있다.

**판 례**

대리인이 본인을 대리하여 매매계약을 체결함에 있어서 매매 대상 토지에 관한 저간의 사정을 잘 알고 그 배임행위에 가담하였다면, 대리행위의 하자 유무는 대리인을 표준으로 판단하여야 하므로, 설사 본인이 미리 그러한 사정을 몰랐거나 반사회성을 야기한 것이 아니라고 할지라도 그로 인하여 매매계약이 가지는 사회질서에 반한다는 장애 사유가 부정되는 것은 아니다(97다45532판결).

**판 례**

매도인의 대리인이 매매한 경우에 있어서 그 매매가 본 조의 불공정한 법률행위인가를 판단함에는 매도인의 경솔, 무경험은 그 대리인을 기준으로 하여 판단하여야 하고 궁박 상태에 있었는지의 여부는 매도인 본인의 입장에서 판단되어야 한다 (71다2255판결).

② 대리인이 상대방에 대하여 사기·강박을 행한 경우에는 제116조 제1항 적용되지 않는다. 이 경우 대리인은 본인과 동일시 할 수 있는 자로서 제3자에 해당하지 않기 때문이다. 따라서 상대방은 제110조 제1항에 의하여 대리인의 사기·강박을 본인이 알았는지 여부와 관계없이 그 의사표시를 취소할 수 있다(98다60828, 60835판결). 반면, 제3자가 상대방에게 사기·강박을 행한 경우에 대리인이나 본인이 제3자의 사기·강박을 알았거나 알 수 있었을 때에 한하여 상대방은 그 의사표시를 취소할 수 있다(제110조 제2항). 그리고 본인이 상대방에게 사기·강박을 행한 경우에 신의칙상 본인의 사기·강박은 대리인의 그것으로 평가되어야 할 것이고, 따라서 대리인이 그것을 알았거나 알 수 있었는지 여부와 관계없이 상대방은 제110조 제1항에 의하여 의사표시를 취소할 수 있다고 할 것이다(고상룡, 517면).

또한 특정한 법률행위를 위임한 경우에 대리인이 본인의 지시(의사를 의미한다)에 좇아 그 행위를 한 때에는 본인은 자기가 안 사정 또는 과실로 인하여 알지 못한 사정에 관하여 대리인의 부지(不知)를 주장하지 못한다(제116조 제2항). 가령, 본인이 지정한 물건을 매수하는 때에, 본인이 그 물건에 하자가 있음을 알고 있었다면, 비록 대리인이 그 사실을 알지 못하더라도, 본인은 매도인에 대하여 하자담보책임(제580조)을 물을 수 없게 된다.

(3) 대리인의 능력

대리인은 행위능력자임을 요하지 않는다(제117조). 대리인은 법률행위에 의하여 권리를 취득하거나 의무를 부담하는 것은 아니므로, 제한능력자를 대리인으로 하더라도 제한능력자제도의 본질에 반하지 않는다. 이에 대하여 본인은 스스로 법률행위 내지 의사표시를 하지 않음으로써 의사능력 및 행위능력을 가질 필요는 없지만, 대리행위의 효과가 본인에 귀속하므로 본인은 권리능력을 가져야 한다. 그런데 본조가 임의대리의 경우에 적용된다는 데에는 문제가 없으나, 법정대리의 경우에도 적용되는가, 그리고 본조는 본인(또는 대리인)과 상대방 간의 관계를 규율하는 규정이라는 점에서, 본인과 대리인과의 관계에서 대리인의 무능력이 문제된다.

① 제한능력자도 법정대리인이 될 수 있는가?

일정한 경우 제한능력자는 법정대리인이 될 수 없으나(제910조, 제937조, 제948조, 제1098조), 그러한 규정이 없는 경우에 제한능력자가 법정대리인이 될 수 있는가에 대해서는 다툼이 있다. 즉, 피한정후견인 또는 피성년후견인도 친권자로 될 수 있는가 또는 부재자재산관리인은 제한능력자라도 상관 없는가이다. 학설은 본인 보호라는 법정대리제도의 취지에 비추어 제한능력자는 법정대리인이 될 수 없다는 견해(고상룡, 520면; 곽윤직, 271면; 백태승, 485면)와 제한능력자의 보호도 중요하지만 거래의 안전도 중요하므로, 민법은 제925조를 두어 대리권 상실의 선고로써 제한능력자의 보호와 거래 안전의 조화를 꾀하고 있다고 하면서, 특별규정이 없음에도 법정대리인은 능력자이어야 한다고 새기는 것은 근거가 없고 또한 그렇게 해석할 필요도 없다고 하여, 제한능력자라도 제117조에 따라 법정대리인이 될 수 있다는 견해(이영준, 501면; 이은영, 594면)가 대립한다.

생각건대 특별규정이 없다는 점에서 제117조에 따라 일단 피성년후견인도 친권자로서 법정대리인이 될 수 있다고 해석할 여지가 있다. 그러나 상대방의 보호를 위하여 본인으로 하여금 대리인의 제한능력을 이유로 대리행위를 취소할 수 없도록 하기 위한 제117조의 취지에 비추어 볼 때, 법정대리의 경우에 특별규정이 없는 한 제117조가 적용되어 피성년후견인도 법정대리인이 될 수 있다고 새기면, 본인의 의사에 기하지 않은 법정의 대리인으로서 피성년후견인이 행한 법률행위가 본인에게 심히 부당한 경우에도, 그 법률행위의 효과의 귀속을 본인에게 강요하는 결과가 된다는 점에서 본인을 보호하기 위한 법정대리제도의 취지를 무의미하게 할 염려가 있다. 따라서 특별규정이 없는 한 제117조를 적용하여 피성년후견인이 법정대리인이 될 수 있다고 해석할 것은 아니다. 의사무능력 내지 대리권남용이론에 의한 대리행위의 무효 내지 대리권의 부인에 의해서 본인을 보호할 수도 있겠지만 충분하지 않다. 그리고 친권남용을 이유로 친권을 상실시키는 친권상실선고제도도 사후적 본인의 보호제도라는 점에서 타당하지 못하다. 다만, 피한정후견인은 행위능력이 인정되므로 그 능력이 제한되지 않는 한 대리인이 될 수 있다.

② 본인과 대리인 간의 관계

제117조의 의미는 대리인의 제한능력을 이유로 본인은 대리행위를 취소할 수 없다는 점에서, 기초적 법률관계 또는 수권행위가 행위제한 때문에 영향을 받는지 여부와는 관계가 없다. 그러나 수권행위를 단독행위로 이해하면 대리인의 제한능력을 이유로 본인은 수권행위를 취소할 수 없다. 그렇지만 수권행위의 원인된 기초적 법률관계는 제한능력을 이유로 취소할 수 있다. 이에 의하여 대리권도 소멸된다(제128조).

문제는 대리권의 소멸에 의하여 이미 행하여진 대리행위는 무권대리가 되는가이다. 학설은 수권행위는 독자성·무인성을 지니므로 원인된 기초적 법률관계의 소급적 소멸과는 관계없이 대리권은 장래에 향하여 그 효력을 잃는다고 하거나(김증한/김학동, 423면), 수권행위를 내부적·외부적 수권행위로 나누어 외부적 수권행위는 상대방이 대리인의 무능력을 알았거나 알 수 있었을 경우에 한하여 소멸된다고 새김으로써 상대방을 보호할 것이라 한다(이영준, 502면 및 이은영, 594면은 제129조를 유추 적용한다). 그리고 유인설에 의하더라도 이미 행하여진 대리행위의 효과는 영향을 받지 않는다는 것이 제117조의 취지라고 새김으로써, 원인된 법률관계의 취소에 의하여 수권행위가 효력을 잃더라도 이미 행하여진 대리행위는 무권대리가 되지 않는다고 한다(고상룡, 532면. 곽윤직, 272면은 이는 부득이한 해석이라고 한다).

생각건대 수권행위를 내부적·외부적 수권행위로 구분하는 것은 문제가 없지 않고, 오히려 수권행위의 효과가 대리인에 대한 경우와 상대방에 대한 경우(수권행위는 대리행위를 통하여 상대방과 관련을 가진다)로 나누어 이해함으로써, 유인론에 의하더라도 대리인과의 관계에서는 기초적 법률관계의 취소는 수권행위에도 영향을 주어 대리권이 소멸하지만, 상대방과의 관계에서는 표현대리 규정에 의해서 상대방은 보호된다고 새김이 타당하다. 즉, 제129조에 의하여 상대방이 선의·무과실이면 기초적 법률관계의 소급적 소멸로 인하여 수권행위도 유인성에 의하여 영향을 받지만 위의 규정에 의하여 상대방은 보호된다고 할 것이다.

### 3) 대리의 효과

(1) 대리인에게 대리권이 있고 대리인의 법률행위가 그 권한 내에서 이루어진 것이며, 대리인의 의사표시가 본인을 위한 것임을 표시하여 행하여졌다면, 대리인의 대리행위는 직접 본인에 대하여 효력이 생긴다(제114조).

#### (2) 법률효과의 범위

대리행위에 따른 권리·의무, 즉 법률행위에서의 1차적 급부와 2차적 급부 및 이에 수반되는 부수청구권(예: 취소권, 해제권 등)은 본인에게 귀속한다. 이에 대하여 대리인은 대리행위에 따른 권리를 취득하지도 의무를 부담하지도 않는다.

#### (3) 불법행위와 사실행위

불법행위에는 원칙적으로 대리가 허용되지 않는다. 다만, 대리인이 동시에 본인의 피용자인 경우에는 본인은 사용자 책임을 진다(제756조). 한편 사실행위에 관하여는 본인과 대리인 간의 기초적 법률관계에 따라 본인에게 효과가 미치는 경우가 있게 된다(예: 도급, 고용).

(4) 이행보조자인 법정대리인의 고의(故意)·과실(過失)은 본인의 고의·과실로 본다(제391조).

## 6 복대리

### 1) 복대리·복대리인의 개념

대리인이 어떤 사정으로 대리행위를 할 수 없거나 기타 사정이 있는 경우에, 대리인은 언제든지 사임하여 본인으로 하여금 새로운 대리인을 선임하여 대리행위를 하게 할 수 있고, 대리인이 그대로 대리인의 지위에 있으면서 자기의 이름으로 본인을 위한 대리인을 선임할 수도 있다. 복대리(復代理)란 대리인이 자기의 이름으로 선임한 자에게 자기가 가지는 권한 내에서 대리행위를 시키는 관계이며, 복대리인이란 복대리를 위하여 대리인 자신의 이름으로 선임한 본인의 대리인을 말한다. 대리인이 본인의 이름으로 대리인을 선임한 경우에는 단순한 본인의 대리인이고 복대리인이 아니다. 복대리인을 선임한 후에도 대리인의 대리권은 소멸하지 않고 복대리인의 대리권과 병존한다.

### 2) 대리인의 복임권

#### (1) 임의대리인의 복임권과 책임

임의대리인은 본인의 승낙이 있거나 부득이한 사유가 있을 때에만 복임권을 가진다(제120조). 본인의 승낙은 명시적이거나 묵시적이어도 상관 없다. 부득이한 사유란 대리인 자신이 대리행위를 할 수 없는 사유만으로는 부족하고 복대리인 선임의 승낙을 얻을 수 없거나 또는 대리인을 사임할 수 없는 등의 사유이어야 한다. 다만, 수권행위를 단독행위로 이해하면 임의대리인은 행위능력이 있는 경우에만 복임권을 가진다고 할 것이다.

임의대리인이 복대리인을 선임한 경우에 그는 본인에 대하여 복대리인의 선임·감독에 관하여 책임을 진다(제121조 제1항). 즉, 부적임자를 선임하거나 그 감독을 게을리하여 본인에게 손해를 준 때에만 임의대리인은 책임을 진다. 본인의 지명에 의하여 복대리인을 선임한 경우에는 복대리인의 부적임 또는 불성실함을 알고 본인에게 통지나 그 해임을 태만히 한 때에 한하여 책임을 진다(제121조 제2항).

**판 례**

대리의 목적인 법률행위의 성질상 대리인 자신에 의한 처리가 필요하지 아니한 경우에는, 본인이 복대리 금지의 의사를 명시하지 아니하는 한 복대리인의 선임에 관하여 묵시적인 승낙이 있는 것으로 보는 것이 타당하다(94다30690판결).

**판 례**

아버지가 아들의 채무에 대한 담보 제공을 위하여 아들에게 인감도장과 인감증명서를 교부한 것은, 아들에게 복임권을 포함하여 채무담보를 위한 일체의 대리권을 부여한 것이라고 보아야 할 것이고, 따라서 그 아들로부터 다시 그 인감도장과 인감증명서를 교부받은 제3자가 이를 이용하여 타인에게 설정하여 준 근저당권설정등기는 유효하다(95다10549판결).

#### (2) 법정대리인의 복임권과 책임

법정대리인은 복임권이 있다(제122조 본문). 법정대리인은 그의 책임으로 언제든지 복대리인을 선임할 수 있는 점에서, 복대리인의 행위로 인하여 본인이 손해를 입은 경우에 복대리인의 선임·감독에 관하여 아무런 과실이 없는 경우에도 전적으로 책임을 진다. 다만, 부득이한 사유로 인하여 복대리인을 선임한 경우에는 복대리인의 선임·감독에 관하여만 본인에 대하여 책임을 진다(제122조 단서).

### 3) 복대리인의 지위

#### (1) 대리인에 대한 관계

복대리권의 범위는 대리권의 범위 내에 한정된다. 따라서 대리인의 대리권이 소멸하면 복대리권도 소멸한다. 대리권은 복대리인의 선임으로 소멸하지 않는다.

**(2) 상대방에 대한 관계**

복대리인은 상대방에 대하여는 본인의 이름으로 대리행위를 하여야 한다(제115조). 즉, 복대리인은 제3자에 대한 관계에서 대리인과 다를 바 없다(제123조 제2항).

**(3) 본인에 대한 관계**

복대리인도 본인에 대하여 대리인과 동일한 권리 의무가 있다(제123조 제2항). 따라서 대리인의 본인에 대한 내부관계가 복대리인에게도 미친다. 가령, 본인과 대리인 사이에 위임관계가 있을 때, 복대리인도 수임인으로서 권리의무를 가진다(제681조).

### 4) 복복임권과 복대리권의 소멸

복대리인의 복임권도 인정함이 통설이다. 한편 복대리권도 본인에 대한 대리권이므로 대리권 일반의 소멸 사유에 의하여(제127조), 대리인과 복대리인의 기초적 법률관계의 종료 또는 본인이나 대리인의 수권행위의 철회에 의하여, 내리인의 대리권의 소멸에 의하여 복대리권도 소멸한다.

## 7 무권대리

### 1) 무권대리의 의의

**(1) 무권대리의 개념과 제도 취지**

대리행위의 외관(현명)은 갖추었으나 대리권이 없거나 대리인이 대리행위의 범위를 넘어서 행위한 경우와 같이, 대리권 없이 대리행위가 행하여진 경우를 무권대리(無權代理)라 한다. 무권대리행위의 효과는 본인에 귀속하지 않는다. 뿐만 아니라 대리의사의 존재 때문에 대리인에게도 귀속될 수 없다. 이러한 결과는 상대방에게 가혹하다.

민법은 한편으로 무권대리행위를 확정적으로 무효로 하지 않고, 본인의 추인에 의하여 대리의 효과가 발생될 여지를 남겨두고 본인의 추인이 없으면 무권대리인에게 무거운 책임을 지우고 있다 (협의의 무권대리). 또 다른 한편으로는 무권대리행위이지만 대리권이 존재하는 듯한 외관이 존재하고, 그러한 외관에 대하여 본인이 어느 정도 책임을 져야 하는 경우에 상대방의 신뢰를 보호하기 위하여 대리의 효과를 인정한다 (표현대리).

### (2) 협의의 무권대리와 표현대리와의 관계

표현대리가 성립하는 경우에 상대방이 협의의 무권대리의 효과를 주장할 수 있는가가 문제된다. 보충적 책임설은 표현대리가 성립하는 경우에 표현대리의 규정을 우선 적용하여야 하고, 표현대리가 성립하지 않는 경우에 협의의 무권대리의 규정을 적용할 수 있다고 한다 (곽윤직, 280면; 김증한/김학동, 432면; 이은영, 648, 650면; 백태승, 491면. 이영준, 522면은 표현대리를 유권대리로 이해하는 점에서 당연히 표현대리가 성립하는 경우에는 무권대리에 관한 규정이 적용될 수 없다고 한다). 효과선택설은 협의의 무권대리가 무권대리의 일반적인 모습이고, 표현대리는 무권대리의 특수한 것이라고 한다. 그리하여 상대방은 표현대리에 의한 규율을 받을 수 있을 뿐 아니라 무권대리의 규정에 의한 구제도 받을 수 있으며, 결국 상대방은 어느 쪽이든 선택적으로 행사할 수 있다고 한다 (고상룡, 534면; 김용한, 386면).

생각건대 표현대리가 성립하여 본인에게 대리행위의 효과를 주장할 수 있다면 상대방 보호는 그것으로 충분하다. 따라서 표현대리가 성립하는 경우에는 무권대리에 관한 규정, 특히 제135조의 적용을 부정함이 타당하다. 물론 상대방은 처음부터 표현대리를 주장하지 않고 직접 제135조의 책임을 무권대리인에게 주장할 수는 있다고 할 것이다. 무권대리행위가 행하여진 경우에 상대방으로 하여금 먼저 표현대리를 주장하도록 하는 것은 근거가 없을 뿐 아니라 상대방에게 가혹하기 때문이다. 이 경우에 과연 무권대리인이 표현대리를 주장·입증하여 면책을 받을 수 있는지 문제될 수 있겠으나, 부정할 것이다. 무권대리인으로 하여금 표현대리를 주장할 수 있도록 하면, 본인에게 무권대리행위에 대한 책임을 전가하는 결과가 되어 자기행위책임의 원칙에 반하고, 또 본인의 방어권을 침해할 염려가 있다. 나아가 표현대리는 상대방의 보호를 위한 제도라는 점에서 무권대리인에게 표현대리를 주장할 수 있게 하는 것은 표현대리제도의 취지에 반하기 때문이다.

## 2) 협의의 무권대리

### (1) 민법 규정

민법은 협의의 무권대리의 효과에 대하여 계약(제130조 내지 제135조)과 단독행위의 경우(제136조)를 나누어 규정하고 있으나, 단독행위 당시에 상대방이 대리인이라 칭하는 자의 대리권 없는 행위에 동의하거나 그 대리권을 다투지 아니한 때에는 계약에 관한 규정이 준용된다(제136조 전문). 대리권 없는 자에 대하여 그 동의를 얻어 단독행위를 한 때에도 같다(제136조 후문).

### (2) 계약의 무권대리

① 본인과 상대방 사이의 효과

무권대리인의 대리행위(계약)는 본인에게 그 효과가 발생하지 않는다(제130조). 다만, 이 경우 무효는 본인의 추인에 의하여 유효로 될 수 있는 이른바 유동적 무효이다.

a) 본인의 추인권

ㄱ) 추인의 의의: 무권대리행위의 추인은 상대방이나 무권대리인의 동의나 승낙을 요하지 않는 단독행위이다. 추인권은 대리권의 수여는 아니며 형성권으로서 대리권의 흠결을 보충하는 데 지나지 않는다.

**판 례**

무권대리행위는 그 효력이 불확정 상태에 있다가 본인의 추인 유무에 따라 본인에 대한 효력 발생 여부가 결정되는 것인 바, 그 추인은 무권대리행위가 있음을 알고 그 행위의 효과를 자기에게 귀속시키도록 하는 단독행위이다(95다28090판결, 2009다37718판결).

ㄴ) 추인권자·추인 방법: 추인권자는 본인에 한하지 않고 대리인도 권한이 있으면 추인할 수 있다. 또한 본인이 사망하면 상속인도 추인할 수 있다. 추인의 의사표시는 상대방, 그 승계인(80다2314판결) 또는 무권대리인 어느 쪽에 하여도 무방하다(제132조). 다만, 무권대리인에 대하여 하는 추인은 상대방이 추인 있었음을 알지 못하였다면 그에 대하여 추인의 효과를 주장하지 못한다(제132조 단서). 따라서 그때까지는 상대방은 철회를 할 수 있다(제134조).

추인은 특별한 방식을 요하는 것은 아니고 묵시적으로 추인할 수 있으며(89다카2100판결, 2009다37718판결), 재판 외에서뿐 아니라 재판상에서도 할 수 있다. 그리고 추인은 원칙적으로 무권대리행위 전부에 대하여 하여야 한다(81다카549판결). 다만, 상대방의 동의가 있으면 무권대리행위의 일부의 추인도 가능하다.

ㄷ) 추인의 효과: 무권대리행위는 처음부터 유권대리행위이었던 것과 동일한 법률효과를 발생한다(제133조). 조건을 붙이거나 변경을 가하는 것 또는 일부에 대하여만 추인하는 것도 상대방의 동의가 있으면 그 효력이 있다고 할 것이다. 다만, 추인의 소급효에 대하여는 다음과 같은 예외가 인정되고 있다.

**판 례**

부재자의 모가 적법한 권한 없이 원고와 사이에 부재자 소유 부동산에 관한 매매계약을 체결하였으나, 그 후 소외 甲이 부재자의 재산관리인으로 선임된 후에 위 매매계약에 따른 소유권 이전등기를 위하여 자기의 인감증명서를 원고에게 교부하였다면 위 매매계약을 추인한 것으로 볼 것이다(80다1872, 1873판결). 그리고 무권대리인이 상호신용금고로부터 금원을 대출받은 사실을 그 직후에 알고도 그로부터 3년이 지나도록 상호신용금고에 아무런 이의를 제기하지 아니하였으며, 그 동안 4회에 걸쳐 어음을 개서하여 지급의 연기를 구하고 자신의 이익을 위하여 직접 채무의 일부를 변제하기까지 하였다면, 무권대리인에 대한 상호신용금고의 대출을 그 근저당권에 대한 피담보채무로 추인한 것으로 보아야 한다(90다카26812판결). 다만, 본인이 무권대리행위를 알지 못한 채 이행에 필요한 행위를 한 때라든가(95다28090판결), 무권대리행위에 대하여 이의 없이 방치하였다는 사실만으로는 추인한 것으로 볼 수 없다(97다31113판결).

하나는 '다른 의사표시'가 있는 때에는 추인의 소급효는 배제된다(제133조 본문). 여기에서 다른 의사표시는 본인과 상대방 사이의 합의를 의미한다고 할 것이다(통설).

둘은 추인의 소급효는 제3자의 권리를 해하지 못한다(제133조 단서). 제133조 단서가 적용되어 소급효가 제한되는 것은 상대방의 권리나 제3자의 권리는 모두 배타적 효력을 가지는 경우에 한한다(곽윤직, 284면. 91다25383판결). 가령, 채권의 이중양도에서 확정일자 있는 통지가 경합된 경우 또는 동산의 이중양도에서 인도(점유개정)의 경합이 있는 경우를 들 수 있다. 이 경우에는 제3자가 취득한 권리만 배타적 효력을 가지면 그 권리가 우선하고, 상대방의 권리나 제3자가 취득한 권리 모두 배타성이 없으면 그 권리의 배타적 효력을 먼저 갖는 권리가 우선한다고 할 것이다.

ㄹ) 본인의 추인거절권: 본래 무권대리행위는 본인이 이를 방치하더라도 본인에 대하여 아무런 효력도 발생하지 않지만, 본인의 추인 거절이 있으면 무권대리행위는 무효인 것으로 확정된다. 이 경우 본인은 다시 추인할 수 없게 되고 상대방도 철회할 필요가 없다.

추인거절권은 본인의 일방적 의사표시에 의해서 이루어진다. 즉, 추인 거절은 상대방 있는 단독행위로서 그 방법은 추인의 경우와 같다(제132조).

**본인의 지위와 무권대리인의 지위가 동일인에게 귀속한 경우**

i) 무권대리인이 무권대리행위의 목적인 권리를 취득한 경우

제135조에 따라 상대방이 무권대리인에게 이행을 선택한 경우에는 무권대리인과 상대방 사이에 계약이 성립한 것과 마찬가지의 효과가 생긴다.

ii) 무권대리인이 본인을 상속한 경우

무권대리인이 본인의 지위를 상속한 경우에, 무권대리인은 상대방에 대하여 무권대리인으로서 제135조에 의한 이행 또는 손해배상의 책임을 지는 지위와 본인의 상속인으로서 무권대리행위를 추인하거나 추인을 거절할 수 있는 지위를 동시에 가지게 되는데, 이 경우 추인 거절권이 인정되는지가 문제된다. 학설은 무권대리행위는 당연히 유효하게 되고 무권대리인은 본인의 지위에서 추인을 거절하지 못한다고 하거나(**당연유효설. 곽윤직, 285면; 김용한, 368면; 김증한/김학동, 460면**), 본인의 지위와 무권대리인의 지위가 병존하지만 본인의 지위에서 추인을 거절하는 것은 신의칙상 허용되지 않는다고 한다(**병존설. 이영준, 610면**). 또한 무권대리인이 단독으로 본인을 상속하는 경우에는 무권대리행위는 당연 유효하고, 무권대리인이 다른 상속인과 공동으로 본인을 상속하는 경우에는 다른 공동상속인의 추인거절권을 박탈하게 되므로, 구체적 사안에 따라 추인 및 추인 거절의 문제를 다루어야 한다는 견해도 있다(**절충설. 고상룡, 544면**).

생각건대 당연유효설을 취하면 상대방의 철회권을 박탈하는 결과가 되고, 반대로 상대방이 악의이거나 과실 있는 선의라면 제135조의 적용이 배제되는데 무권대리행위가 당연히 유효로 되면 상대방을 지나치게 보호하는 결과가 된다. 따라서 위의 양 지위는 병존하되 무권대리인은 신의칙상 본인의 자격으로 무권대리행위에 대한 추인을 거절할 수 없다고 새겨야 할 것이다(**94다20617판결**). 다만, 공동상속인이 있는 경우에는 전원의 추인이 없으면 무권대

리행위는 공동상속인에 대하여 유효로 되지 않는다고 할 것이다(제264조, 제278조, 제1006조 참조).

iii) 본인이 무권대리인을 상속한 경우

본인이 무권대리인을 상속한 경우에, 본인은 본인의 지위와 무권대리인의 지위를 동시에 갖게 되는데, 이 경우 본인의 지위에서 추인거절권을 행사할 수 있느냐가 역시 문제된다. 이때도 학설은 당연유효설(곽윤직, 285면; 김용한, 368면)과 병존설(이영준, 610면; 김증한/김학동, 460면)이 대립한다.

생각건대 무권대리인이 본인을 상속한 경우와 달리 아무런 잘못이 없는 본인이 무권대리인의 지위를 상속하였다고 하여 추인거절권을 박탈하는 것은 부당하므로 병존설이 타당하다. 따라서 본인이 무권대리인의 지위를 상속하더라도 본인은 자신의 지위에서 행사할 수 있었던 무권대리행위의 추인을 거절할 수 있다고 할 것이다. 그러나 본인은 무권대리인의 상속인으로서 추인을 거절하면 지게 될 이행 또는 손해배상의 의무를 승계한다는 점은 별개의 문제이다. 결국 본인이 공동상속인 중 한 사람인 경우에는 본인으로서 가지는 거절권과 무권대리인인 피상속인이 부담하는 의무를 다같이 진다고 할 것이다. 다만, 추인 거절의 취지를 존중하여 이행책임은 지지 않는다고 새겨야 할 것이다(고상룡, 548면). 이러한 법리는 무권대리인의 지위와 본인의 지위를 모두 상속한 경우에도 적용된다고 하겠다.

b) 상대방의 최고권과 철회권

ㄱ) 최고권: 최고란 상대방이 본인 또는 법정대리인에 대하여 무권대리행위를 추인할 것인지 여부의 확답을 촉구하는 의사의 통지를 말한다. 대리권 없는 자가 타인의 대리인으로 계약을 한 경우에 상대방은 상당한 기간을 정하여 추인 여부의 확답을 본인에게 최고할 수 있다(제131조). 문제는 상대방이 기간을 너무 짧게 정하여 최고한 경우에 그 최고는 효력이 있는가이다. 상대방이 짧은 기간을 정하였더라도 본인의 추인 내지 추인거절권을 보장하기 위해서는 최고 후 상당한 기간이 경과한 후에 최고의 효력이 발생하는 것으로 새겨야 할 것이다. 최고는 상대방이 무권대리인임을 안 경우에도 인정된다는 점에서 철회권(제134조 단서)과 다르다.

최고가 있더라도 본인은 추인 내지 추인 거절을 해야 할 의무는 없다. 다만, 본인이 최고 기간 내에 확답을 발하지 않으면 추인을 거절한 것으로 본다(제131조 단서).

ㄴ) 철회권: 본인의 추인 있을 때까지 상대방은 무권대리행위의 의사표시를 철회할 수 있다(제134조 본문). 철회는 무권대리행위의 상대방이 적극적으로 무권대리인과의 계약을 확정적으로 무효로 하는 행위로서, 철회할 수 있는 상대방의 지위는 형

성권이다.

철회는 본인의 추인이 있기 전에 하여야 한다. 다만, 무권대리인에 대한 추인이 있었으나 상대방이 그 사실을 알지 못한 때에는 본인이 추인의 효과를 주장하지 못하므로(제132조 단서), 추인을 알기 전에 한 철회는 유효하다. 철회의 의사표시는 본인이나 대리인에 대하여 하여야 한다(제134조 본문). 철회는 선의의 상대방에게만 인정된다(제134조 단서). 선의라 함은 대리인에게 대리권이 없음을 알지 못하는 것이며, 판단시기는 계약 당시이다(제134조 단서). 이에 대한 입증책임은 철회의 효과를 다투는 본인에게 있으므로, 본인이 상대방의 악의를 주장·입증하여 철회를 저지할 수 있다(통설). 철회가 있으면 무권대리행위가 확정적으로 무효로 되고, 더 이상 본인은 추인할 수 없고 상대방도 철회한 후에는 무권대리인에게 책임을 물을 수 없다. 계약의 내용이 가분적(可分的)이면 일부의 철회도 가능하다고 하겠다.

② 무권대리인의 상대방에 대한 책임

a) 민법 규정

민법은 타인의 대리인으로 계약을 한 자가 그 대리권을 증명하지 못하고 또 본인의 추인을 얻지 못한 때에는 상대방의 선택에 좇아 계약을 이행할 책임 또는 손해배상의 책임이 있다고 규정하고 있다(제135조 제1항). 다만, 상대방이 대리권 없음을 알았거나 알 수 있었을 때 또는 대리인으로 계약한 자가 제한행위능력자일 경우에는 제135조 제1항의 규정을 적용하지 아니한다고 정한다(제135조 제2항).

b) 책임의 성질

무권대리인이 상대방에 대하여 계약을 이행하거나 이행이익을 배상하도록 한 근거는 무엇인가가 문제된다. 학설은 신뢰책임설, 의사표시책임설, 위험귀속설로 갈려 있다. 신뢰책임설(곽윤직, 286면; 고상룡, 552면)은 상대방 보호와 거래 안전을 꾀하고, 나아가 대리제도의 신용을 유지하기 위하여 무권대리인에게 무과실의 무거운 책임을 부과하는 법정의 무과실책임이라고 한다. 표시책임설(이영준, 614면; 이은영, 657면)은 제135조의 책임을 대리권이 없음에도 불구하고 대리인이 대리권이 있다고 표시 내지 주장한 행위에 기초하는 법정의 표시책임이고, 즉 대리인이 대리권이 있다고 주장한 것에 대한 의사표시에 대한 책임이므로 사적 자치의 원칙으로부터 도출되는 책임이라고 한다. 따라서 대리권이 있었더라면 상대방이 얻을 이행이익의 부여가 책임의 내용으로 된다고 한다. 위험귀속설(양창수, 민법연구, 제1권, 박영사, 1991, 162면 이하)에 의하면, 신뢰책임이라는 것만으로는 제135조 책임의 충분한 근거가 될 수 없고, 무권대리행위에 대하여 상대방에게 신뢰가 있는 경우에 그 위험은 "정당하게 구획된 위험 영역의 원칙"에 따라 배분되어야 한다는 점을 든다. 즉, 대리권 흠결로 인한 손해 발생의 위험을 상대방보다 더 잘 방지할 수 있거나 적어도 그 가능성을 더 잘 고려할 수 있는 대리인이 부담하도록 한 것이라고 이해한다.

판례는 무과실책임설의 입장에 있다 (2013다213038판결).

생각건대 대리인의 행위는 본인을 위한 것인 점에서 대리인의 표시책임으로만 보는 것은 문제가 있다. 또한 단순한 상대방 보호 및 거래 안전을 위한 법정책임으로 보는 것도 책임의 내용과 맞지 않는다. 무권대리인의 책임의 근거로서는 무권대리인이 자기 위험의 부담하에서 무권대리행위를 행한 것이므로 위험귀속설이 타당하다.

c) 책임의 요건

ㄱ) 대리인으로 계약한 자가 대리권을 증명할 수 없을 것(제135조 제1항): 대리인에게 대리권이 없어야 한다. 본인이 없거나 장래 성립될 법인의 이름으로 법률행위를 하였으나 그 법인이 설립되지 아니한 경우에도 대리권이 없는 경우에 해당한다. 대리권이 있었으나 후발적으로 대리권이 소멸한 경우도 포함한다. 대리의 대상이 되는 법률행위는 의무부담행위와 처분행위를 포함한다 (이영준, 617면). 대리권 없음에 대한 주장책임은 상대방이 부담하고 그에 대한 입증책임은 대리인에게 있다 (곽윤직, 286면; 이영준, 618면).

ㄴ) 무권대리행위 당시 상대방이 선의·무과실일 것(제135조 제2항): 상대방의 선의·악의 및 과실 유무의 판단은 대리행위가 행하여진 때를 기준으로 한다. 만약 상대방이 사후에 대리권 없음을 알았거나 알 수 있었던 때에 어떤 조치를 취하지 아니함으로써 손해가 확대되었을 때에는 과실상계의 법리에 비추어 무권대리인은 확대된 손해에 대한 책임을 지지 않는다고 할 것이다 (이영준, 632면). 입증책임은 무권대리인에게 있다 (통설. 4290민상202판결).

ㄷ) 본인이 추인을 거절하였을 것(제135조 제1항): 무권대리인의 책임은 본인의 추인을 얻지 못한 때에 발생한다. '추인을 얻지 못한 때'를 언제로 볼 것인가에 대하여는 추인거절시설(이영준, 618면), 추인가능시설(백태승, 515면), 대리행위시설(이은영, 659면)이 대립한다. 묵시적 추인 거절도 가능하다는 점에서 추인가능시설이 타당하다. 다만, 제135조의 책임을 면하려는 무권대리인이 추인이 있었음을 주장·입증하여야

하느냐(고상룡, 550면), 아니면 제135조의 책임을 묻기 위하여 상대방이 추인이 거절되었음을 주장・입증하여야 하는지(이영준, 619면)에 대해서는 다툼이 있다. 제135조의 책임은 무권대리인이 본인의 추인을 얻지 못한 때에 발생한다는 점에서, 제135조의 책임을 면하려는 무권대리인이 추인이 있었음을 주장・입증하여야 할 것이다(판례).

**판 례**

제135조 제2항의 규정은 무권대리인의 무과실책임원칙에 관한 규정인 제1항의 예외적 규정이라고 할 것이므로, 상대방이 대리권이 없음을 알았다는 사실 또는 알 수 있었음에도 불구하고 알지 못하였다는 사실에 관한 입증책임은 무권대리인 자신에게 있다(4294민상1021판결).

ㄹ) 표현대리가 성립하지 않을 것: 이 요건은 무권대리와 표현대리와의 관계를 어떻게 보느냐에 따라 그 결론을 달리한다(김용한, 386면은 통설과 달리 표현대리가 성립하는 경우에도 제135조가 적용된다고 한다). 제135조의 책임은 표현대리가 성립하지 않을 때 발생한다고 새길 것이다. 물론 상대방은 표현대리를 주장하지 않고 제135조의 책임을 무권대리인에게 물을 수 있을 것이다. 상대방으로 하여금 먼저 표현대리를 주장하게 하고 그것이 인정되지 않았을 때 비로소 제135조의 책임을 물을 수 있다고 함은 상대방에게 가혹하기 때문이다. 다만, 무권대리인이 표현대리를 주장・입증하여 면책을 받을 수 있는지에 대해서는 논의가 있으나, 앞에서 본 바와 같이 이를 부정할 것이다(제3장 제5절 7. 1) (2) 참조).

ㅁ) 무권대리인이 제한능력자가 아닐 것(제135조 제2항): 제한능력자에게 무거운 책임을 지우는 것은 부적당하다는 점을 고려한 것으로서 제한능력자를 보호하기 위한 요건이다. 따라서 무권대리인 자신이 제한능력자임을 주장・입증하여야 한다(고상룡, 561면).

ㅂ) 기타 상대방은 철회권을 행사하지 않았어야 하고, 제135조의 책임은 무과실책임으로서 무권대리인의 과실 유무는 묻지 않는다(4294민상1021판결). 물론 대리행위에 다른 무효 사유가 없어야 한다(이영준, 620면). 무권대리행위가 법률행위의 유효 요건을 결한 경우(무효 사유)에는 무권대리인의 책임은 발생하지 않는다.

d) 책임의 내용

상대방의 선택에 좇아 계약의 이행 또는 손해배상의 책임을 진다(제135조 제1항).

이 경우 손해배상에 대하여, 이행이익인지 신뢰이익인지 문제될 수 있으나, 통설은 이행이익의 배상으로 이해한다. 상대방은 대리인에 대하여 선택의 의사표시를 하여야 하고, 선택권을 행사하면 그에 기속된다.

**판 례**

타인의 대리인으로 계약을 한 자가 그 대리권을 증명하지 못하고 또 본인의 추인을 얻지 못한 때에는 상대방의 선택에 좇아 계약의 이행 또는 손해배상의 책임이 있는 것인 바, 이 상대방이 가지는 계약 이행 또는 손해배상청구권의 소멸시효는 그 선택권을 행사할 수 있는 때로부터 진행한다 할 것이고, 또 선택권을 행사할 수 있는 때라고 함은 대리권의 증명 또는 본인의 추인을 얻지 못한 때라고 할 것이다 (64다1156판결, 63다323판결).

③ 본인과 무권대리인 사이의 효과

본인이 무권대리행위를 추인하지 않으면 본인에 대하여 효력이 생기지 않으므로 본인과 대리인 사이에 법률관계가 생기지 않지만, 본인이 무권대리행위를 추인하였을 경우에는 사무관리(제734조 이하)로 될 것이며, 이로 인하여 본인이 손해를 입으면 불법행위(제750조 이하)가 될 것이다. 그밖에 대리인에게 부당한 이득이 생긴 때에는 부당이득(제741조 이하)이 문제될 것이다.

(3) 단독행위의 무권대리

① 상대방 없는 단독행위의 무권대리

보호되어야 할 상대방이 없는 점에서 능동대리이건 수동대리이건 언제나 확정적·절대적으로 무효이다. 또 본인에게 추인권을 인정하면 본인의 자의에 의해서 무권대리행위의 효과가 좌우되어 불합리하기 때문이다.

② 상대방 있는 단독행위의 무권대리

상대방 있는 단독행위도 원칙적으로 무효이지만, 무권대리인에게 대리권이 있다고 믿은 상대방을 보호할 필요가 있다. 따라서 다음의 경우에 예외가 인정되고 있다 (제136조).

a) 능동대리

능동대리의 경우에 상대방이 무권대리행위 당시 대리권 없는 행위에 동의하거나 또는 그 대리권을 다투지 아니한 때에는 계약의 경우와 동일한 효과가 발생한다(제136조 전문). 다만, 이 경우 상대방이 동의한 경우에는 무권대리책임은 배제된다(제135조 제2항 전단). 그리고 대리권을 다투지 아니한 때란 이의를 제출하지 아니한 것을 말한다. 대리권을 다투었다는 주장·입증책임은 대리행위의 효력을 다투는 상대방이 진다(통설).

b) 수동대리

대리권 없는 자에 대하여 그 동의를 얻어 단독행위를 한 수동대리의 경우에도, 계약에서와 동일한 효과가 생긴다(제136조 후문). 무권대리인의 동의를 얻었다는 사실은 이를 주장하는 자가 입증하여야 한다(고상룡, 564면).

### 3) 표현대리

#### (1) 민법 규정

민법은 세 가지의 표현대리를 인정하고 있다. 하나는 제3자에 대하여 타인에게 대리권을 수여함을 표시한 자는 그 대리권의 범위 내에서 행한 그 타인과 그 제3자 사이의 법률행위에 대하여 책임이 있다는 대리권 수여의 표시에 의한 표현대리(제125조), 둘은 대리인이 그 권한 외의 법률행위를 한 경우에 제3자가 그 권한이 있다고 믿을 만한 정당한 이유가 있으면 본인이 그 행위에 대하여 책임이 있다는 권한을 넘은 표현대리(제126조), 셋은 대리권의 소멸은 선의·무과실의 제3자에게 대항하지 못한다는 대리권 소멸 후의 표현대리(제129조)가 그것이다.

**판 례**

표현대리의 법리는 거래의 안전을 위하여 어떠한 외관적 사실을 야기한 데 원인을 준 자는 그 외관적 사실을 믿음에 정당한 사유가 있다고 인정되는 자에 대하여는 책임이 있다는 일반적인 권리외관이론에 그 기초를 두고 있는 것이다(97다55317판결).

**판 례**

표현대리제도는 대리권이 있는 것 같은 외관이 생긴 데 대하여 본인이 민법 제125조, 제126조 및 제129조 소정의 원인을 주고 있는 경우에 그러한 외관을 신뢰한 선의 무과실의 제3

자를 보호하기 위하여 그 무권대리행위에 대하여 본인이 책임을 지게 하려는 것이고, 이와 같은 문제는 무권대리인과 본인과의 관계, 무권대리인의 행위 당시의 여러가지 사정 등에 따라 결정되어야 할 것이므로, 당사자가 표현대리를 주장함에는 무권대리인과 표현대리에 해당하는 무권대리행위를 특정하여 주장하여야 한다 할 것이고, 따라서 당사자의 표현대리의 항변은 특정된 무권대리인의 행위에만 미치고 그 밖의 무권대리인이나 무권대리행위에는 미치지 아니한다 (83다카1819판결).

### (2) 표현대리의 본질

표현대리의 본질에 대해서는 법정책임설과 유권대리설이 대립한다.

① 법정책임설

본래 무권대리인데 마치 유권대리와 같은 외관이 있고 그 외관형성에 대하여 본인이 어느 정도의 원인을 주고 있는 경우에 그 무권대리행위에 대하여 본인이 책임을 지게 함으로써, 그러한 외관을 신뢰한 제3자를 보호하고 거래 안전을 보호하며, 나아가서는 대리제도의 신용을 유지하려는 것이 표현대리제도라고 한다 (통설. 83다카1489판결). 즉, 표현대리제도는 거래의 정적(靜的) 안전과 동적(動的) 안전의 조화를 기하는 것을 그 취지로 한다는 것이다.

② 유권대리설

대리인이 한 법률행위의 규율이 본인의 것으로 되는 것은 대리인의 효과의사 때문이 아니라, 대리인을 통하여 법률행위를 하려는 본인의 자기결정에 기인하는 것이며, 표현대리책임은 무권대리행위에 대한 법정책임이 아니라, 본인의 수권행위 즉 의사표시책임으로 이해하여야 한다는 것이다. 그리고 본인의 자기결정은 내부적 수권행위 또는 외부적 수권행위에 의하여 표시되는데, 표현대리의 효과는 내부적 수권행위가 없는 경우에 외부적 수권행위의 효과로서, 유권대리의 아종(亞種)이지 외관의 효과가 아니라고 한다. 나아가 권리외관이론은 많고 적고 간에 사적 자치의 원칙의 기본인 개인의 의사를 퇴색케 하는 결과를 가져오므로, 이를 수권행위라고 하는 의사표시이론에 흡수하여 정립하여야 한다고 한다 (이영준, 569면). 유권대리설을 취하면 표현대리가 성립하는 경우에 제135조 등 무권대리에 관한 규정이 적용될 여지가 없다.

③ 검 토

표현대리를 본인의 수권행위, 즉 의사표시로 인한 책임으로 이해한다면 표현대리규정을 따로이 규정한 민법의 취지에 반한다. 또한 표현대리를 의사표시책임으로 이해하는 것은 의사 개념의 불명확화를 초래할 위험성을 내포하고 있다. 또 반드시 의사에 기해서만 이행책임을 지는 것은 아니고, 법률의 규정에 의해서도 이를 인정하지 못할 이유는 없는 것이다 (제135조 참조). 오히려 표현대리행위에까지 본인의 의사가 존재한다고 보는 것이 의제(擬制)가 아닌가 생각된다. 통설이 타당하다. 다만, 유의할 것은 표현대리가 성립하기 위해서는 대리행위 자체는 유효하여야 한다. 즉, 대리행위가 강행법규 등에 위반하여 무효인 경우에는 표현대리가 성립할 여지가 없다 (2006다23312판결 등).

**판 례**

대리권에 따른 대리의 경우나 표현대리의 경우나 모두 제3자가 행한 대리행위의 효과가 본인에게 귀속된다는 점에서는 차이가 없으나, 유권대리에서는 본인이 대리인에게 수여한 대리권의 효력에 의하여 위와 같은 법률효과가 발생하는 반면, 표현대리에 있어서는 대리권이 없음에도 불구하고 법률이 특히 거래 상대방 보호와 거래 안전 유지를 위하여 본래 무효인 무권대리행위의 효과를 본인에게 미치게 한 것으로서 표현대리가 성립된다고 하여 무권대리의 성질이 유권대리로 전환되는 것은 아니므로, 양자의 구성요건 해당 사실, 즉 주요 사실은 서로 다르다고 볼 수밖에 없다. 그러므로 유권대리에 관한 주장 가운데 무권대리에 속하는 표현대리의 주장이 포함되어 있다고 볼 수 없으며, 따로이 표현대리에 관한 주장이 없는 한 법원은 나아가 표현대리의 성립 여부를 심리 판단할 필요가 없다고 할 것이다 (83다카1489판결).

**판 례**

표현대리행위가 성립하는 경우에 그 본인은 표현대리행위에 의하여 전적인 책임을 져야 하고, 상대방에게 과실이 있다고 하더라도 과실상계의 법리를 유추 적용하여 본인의 책임을 경감할 수 없다 (95다49554판결).

### (3) 대리권 수여의 표시에 의한 표현대리(제125조)

① 대리권 수여의 표시에 의한 표현대리는 가령, A가 타인인 B에게 자기 소유의 토지를 매각하는 대리권을 수여했다는 뜻을 제3자인 C에 대하여 표시하였으나 실제

로는 대리권을 수여하지 않았는데, 그러한 사실을 모르는 C가 B를 A의 대리인으로 믿고 B와 당해 토지에 대한 매매계약을 체결한 경우에는 C는 A에 대하여 매매계약의 효과를 주장할 수 있다는 제도이다. 또는 A가 B를 대리인으로 선임한다는 취지의 광고를 내고 그것을 본 C가 B를 A의 대리인으로 믿고 거래를 하였지만, 실제로 A가 B에게 대리권을 수여하지 아니한 경우에도 A에게 그 거래의 효과를 귀속시키는 제도이다.

② 요 건

a) 본인이 제3자에 대하여 타인에게 "대리권을 수여함을 표시"하여야 한다. 본조의 '표시'는 수권행위 그 자체가 아니라 수권행위가 있었다는 뜻의 관념의 통지이다 (통설). 다만, 이 경우 표시는 의사표시로서 상대방에 대하여 하는 수권행위라는 견해도 있다 (이영준, 572면).

대리권 수여의 표시 방법에는 제한이 없다. 서면으로 하든 구술(口述)로 하든, 특정인에 대한 것이든 불특정인에 대한 것이든 불문한다. 그리고 본인이 하든 대리인이 될 자를 통하여 하든, 대리인이라 칭하는 자가 하든 묻지 않는다 (97다53762판결). 또한 대리권 수여의 표시가 타인의 기망에 의하여 이루어진 경우에도 제125조는 적용된다. 역시 대리권 수여의 표시가 대리인 또는 대리권이라는 말이나 문자를 사용한 경우에 한정하지 않고, 대리권 또는 대리인을 추단시키는 일정한 직함·명칭·상호 등의 사용의 승낙 또는 묵인도 대리권 수여의 표시에 해당한다.

**판 례**

민법 제125조가 규정하는 대리권 수여의 표시에 의한 표현대리는 본인과 대리행위를 한 자 사이의 기본적인 법률관계의 성질이나 그 효력의 유무와는 관계가 없이 어떤 자가 본인을 대리하여 제3자와 법률행위를 함에 있어 본인이 그 자에게 대리권을 수여하였다는 표시를 제3자에게 한 경우에 성립하는 것이다 (2007다23425판결).

**판 례**

타인 간의 거래에 있어 단지 세무회계상의 필요로 자기의 납세번호증을 이용하게 한 사실만으로써는 그 거래에 관한 대리권을 수여하였음을 표시하였거나 또는 자기의 명의(상호)를 대여하였다고 보기 어렵다 (78다864판결).

**판 례**

제조회사가 신문에 자사 제품의 전문취급점 및 A/S센터 전국총판으로 위 대리점을 기재한 광고를 한 번 실었다고 하더라도, 전문취급점이나 전국총판의 실질적인 법률관계는 대리상인 경우도 있고 특약점인 경우도 있으며 위탁매매업인 경우도 있기 때문에, 위 광고를 곧 제조회사가 제3자에 대하여 위 대리점에게 자사 제품의 판매에 관한 대리권을 수여함을 표시한 것이라고 보기 어렵다 (97다26593판결).

한편 본인은 대리권 수여의 표시를 철회하여 제125조의 책임을 면할 수 있다 (통설). 다만, 철회는 표현대리인이 대리행위를 하기 전에 이루어져야 한다.

b) 상대방은 선의·무과실이어야 한다 (96다51271판결). 선의라 함은 대리권이 있는 것으로 오신한 것을 말하고, 무과실은 선의인데 과실이 없는 것을 의미한다. 상대방의 과실 유무는 무권대리행위 당시의 제반 사정을 객관적으로 판단하여 결정하여야 한다. 입증책임은 제125조의 책임을 면하려는 본인이 상대방의 악의 또는 과실에 대한 입증책임을 진다 (통설).

**판 례**

표현대리에 있어서 상대방의 대리인이라고 칭하는 자가 대리권을 갖고 있다고 믿었음에 과실이 있는가의 여부는 표현대리가 거래안전을 위하여 인정된 제도임을 감안할 때 계약 성립 당시의 제반 사정을 객관적으로 판단하여 결정하여야 할 것이다 (73다1804판결).

**판 례**

갑이 주채무액을 알지 못한 상태에서 주채무자의 부탁으로 채권자와 보증계약 체결 여부를 교섭하는 과정에서 채권자에게 보증의사를 표시한 후 주채무가 거액인 사실을 알고서 보증계약 체결을 단념하였으나, 갑의 도장과 보증용 과세증명서를 소지하게 된 주채무자가 임의로 갑을 대리하여 채권자와 사이에 보증계약을 체결한 경우, 갑이 채권자에 대하여 주채무자에게 보증계약 체결의 대리권을 수여하는 표시를 한 것이라 단정할 수 없고, 대리권 수여의 표시를 한 것으로 본다 하더라도 채권자는 선의·무과실이어야 하는데 채권자에게 과실이 있다고 할 것이므로, 대리권 수여의 표시에 의한 표현대리를 주장할 수 없다고 할 것이다 (2000다2566판결, 84다카1024판결).

c) 제3자가 상대방으로서 대리권의 범위 내에서 무권대리인과 대리행위를 하여야 한다. 대리행위의 상대방은 대리권 수여의 표시를 받은 자이어야 한다. 우연히 대리권 수여의 표시를 알게 된 제3자와의 사이에 대리행위가 행하여졌더라도 제125조의 적용은 없다. 다만, 대리권 수여의 표시가 광고 등에 의하여 이루어진 경우에는 그 광고를 본 모든 제3자가 상대방이 될 수 있다.

d) 본조는 법정대리에도 적용되는가?

본조는 임의대리에만 적용되고 법정대리에는 그 적용이 없다는 견해(곽윤직, 279면; 고상룡, 562면; 김증한/김학동, 441면)와 법정대리에도 본조의 적용이 있다는 견해(이영준, 576면은 일상가사대리권에는 본조가 적용되나 무능력자의 법정대리에 관하여는 본조의 적용이 없다고 한다)가 대립한다.

생각건대 허위의 혼인신고 내지 허위의 인지신고를 본조의 표시로 보아 상대방을 보호할 필요가 있다는 점에서 법정대리에도 본조의 적용이 있다고 할 것이다. 특히 부부 간에 상호 대리권 수여행위가 행하여진 것을 법률적으로 표현한 것이 일상가사대리권이라 하여 그 성격을 임의대리로 새길 수도 있으나(고상룡, 582면), 어디까지나 일상가사대리권은 배우자뿐만 아니라 거래 상대방도 보호하기 위하여 대리권의 범위를 법률로 제한하고 있다는 점에서 일상가사대리권의 성격은 법정대리라고 새기는 것이 타당하다.

③ 효 과

위의 요건이 갖추어진 경우에는 본인에게 책임이 있다. 책임이 있다는 의미는 본인과 상대방 사이에 처음부터 대리권이 있은 경우와 같은 효과가 발생한다는 것이다.

### (4) 권한을 넘은 표현대리(제126조)

① 권한을 넘은 표현대리는 가령, A가 그 소유의 토지를 담보로 한 금전대출의 위임을 B에게 하였으나, B는 관계 서류를 이용하여 C에게 매도한 경우와 같이, 본인이 대리인에게 어떤 대리권을 수여하였으나 그 범위를 넘어서 대리행위를 한 경우에 상대방이 대리인에게 그러한 대리행위를 할 권한이 있다고 믿은 데 정당한 이유가 있는 때에는 그 대리행위의 효과를 A에게 귀속시키는 제도이다.

② 요 건

a) 대리인에게 일정한 대리권이 존재하여야 한다. 즉, 기본대리권이 존재하여야

한다 (통설. 79다234판결). 따라서 기본대리권이 없는 자의 행위에 대해서는 제126조의 표현대리는 성립하지 않는다.

**판 례**

민법 제126조의 표현대리가 성립하기 위하여는 무권대리인에게 법률행위에 관한 기본대리권이 있어야 하는 바, 증권회사로부터 위임받은 고객의 유치, 투자상담 및 권유, 위탁매매 약정 실적의 제고 등의 업무는 사실행위에 불과하므로, 이를 기본대리권으로 하여서는 권한초과의 표현대리가 성립할 수 없다 (91다32190판결). 또한 민법 제126조의 표현대리는 대리인이 본인을 위한다는 의사를 명시 혹은 묵시적으로 표시하거나 대리의사를 가지고 권한 외의 행위를 하는 경우에 성립하고, 사술을 써서 위와 같은 대리행위의 표시를 하지 아니하고 단지 본인의 성명을 모용하여 자기가 마치 본인인 것처럼 기망하여 본인 명의로 직접 법률행위를 한 경우에는 특별한 사정이 없는 한 위 법조 소정의 표현대리는 성립될 수 없다 (2001다49814판결).

**판 례**

대리인이 사자 내지 임의로 선임한 복대리인을 통하여 권한 외의 법률행위를 한 경우, 상대방이 그 행위자를 대리권을 가진 대리인으로 믿었고 또한 그렇게 믿는 데에 정당한 이유가 있는 때에는, 복대리인 선임권이 없는 대리인에 의하여 선임된 복대리인의 권한도 기본대리권이 될 수 있을 뿐만 아니라, 그 행위자가 사자라고 하더라도 대리행위의 주체가 되는 대리인이 별도로 있고 그들에게 본인으로부터 기본대리권이 수여된 이상, 민법 제126조를 적용함에 있어서 기본대리권의 흠결 문제는 생기지 않는다 (97다48982판결).

**판 례**

본인으로부터 아파트에 관한 임대 등 일체의 관리 권한을 위임받아 본인으로 가장하여 아파트를 임대한 바 있는 대리인이 다시 자신을 본인으로 가장하여 임차인에게 아파트를 매도하는 법률행위를 한 경우에는, 권한을 넘은 표현대리의 법리를 유추 적용하여 본인에 대하여 그 행위의 효력이 미친다고 볼 수 있다 (92다52436판결).

b) 대리인이 권한 밖의 행위를 하여야 한다. 그러나 그 행위는 기본대리권과 동종·동성질의 것임을 요하지 않는다 (69다548판결).

판 례

갑이 을의 대리인으로서 매매계약을 체결하였다면 표현대리 문제가 나올는지 몰라도 갑이 을로부터 매수한 임야를 자기 소유라 하여 매도한 이상 매매계약의 당사자는 갑이고 을은 당사자가 아니므로, 권한을 넘은 표현대리 이론을 여기에 적용할 수 없다(92다33329판결). 가령, 종중으로부터 임야의 매각과 관련한 권한을 부여받은 갑이 임야의 일부를 실질적으로 자기가 매수하여 그 처분 권한이 있다고 하면서 을로부터 금원을 차용하고 그 담보를 위하여 위 임야에 대하여 양도담보계약을 체결한 경우, 이는 종중을 위한 대리행위가 아니어서 그 효력이 종중에게 미치지 아니하고, 민법 제126조의 표현대리의 법리가 적용될 수 없다(99다67598판결).

c) 상대방이 대리인에게 권한이 있다고 믿을 만한 '정당한 이유'가 있어야 한다. 상대방은 대리행위의 직접 상대방만을 의미한다(98다27470판결, 2001다58433판결). 이 경우 '정당한 이유'가 있는 때를 일반적으로 선의·무과실의 경우로 이해하고 있다(곽윤직, 281면; 고상룡, 570면). 그러나 이는 부당하며, 정당한 이유가 있는 때란 상대방이 믿은 데 과실이 없는 때보다 좁은 개념이고, 과실은 주관적 의미를 갖는 반면에 정당한 이유는 객관적 의미라고 하여, 합리적 사고를 가진 자(平均人)를 기준으로 모든 사정을 고려하여 객관적으로 판단하여야 한다는 주장이 있다(이영준, 586면). 판례는 무권대리인에게 본인을 대리할 권한이 있다고 믿은 데 과실이 있는지 여부를 정당한 이유의 유무로 파악한 판결이 주류를 이루지만, 무권대리행위 당시 존재한 여러 사정을 객관적으로 관찰하여 보통인이면 유효한 행위가 있었던 것으로 믿는 것이 당연하다고 보여지면 정당한 이유를 긍정할 수 있다는 판결도 있다(99다47525판결).

판 례

일반적으로 부동산의 소유자가 아닌 제3자로부터 근저당권을 취득하려는자로서는 근저당권 설정계약을 함에 있어서 그 소유자에게 과연 담보 제공의 의사가 있는지 여부 및 그 제3자가 소유자로부터 담보 제공에 관한 위임을 받았는지 여부를 서류상 또는 기타의 방법으로 소유자에게 확인하여 보는 것이 보통이라 할 것이므로, 만약 그러한 조사를 하지 아니하였다면 그 제3자에게 소유자를 대리할 권한이 있다고 믿은 데에 과실이 있다고 할 것이다(94다34425판결).

한편 정당한 이유가 있느냐 없느냐의 판단 요소로서 본인의 과실이나 작위·부작위 등 본인 측의 귀책 요소 등도 고려하여 판단하여야 할 것인가가 문제되나, 표현대리의 인정 취지에 비추어 볼 때 이를 고려할 것이다(고상룡, 581면).

정당한 이유의 입증책임에 대해서는, 이를 상대방이 입증하여야 한다는 견해(고상룡, 578면; 이영준, 589면), 상대방의 악의 또는 과실을 본인이 입증하여야 한다는 견해(곽윤직, 281면), 선의는 상대방이 과실은 본인이 입증책임을 진다는 견해(김증한/김학동, 446면)로 갈려 있다. 정당한 이유를 선의·무과실로 이해하는 것에 대해서도 논의가 있을 뿐 아니라 제126조의 규정 형식으로 볼 때 정당한 이유의 입증책임은 상대방에게 있다고 할 것이다. 그리고 정당한 이유의 존재 시기에 대하여 사실심 변론 종결시로 새기는 견해가 있으나(이영준, 586면), 대리행위 당시를 기준으로 판단하여야 한다. 즉, 정당한 이유의 판정 시기는 거래 당시이고 거래 후의 사정을 고려하여서는 아니된다(고상룡, 577면).

**판 례**

권한을 넘은 표현대리에 있어서 정당한 이유의 유무는 대리행위 당시를 기준으로 하여 판정하여야 하고 매매계약 성립 이후의 사정은 고려할 것이 아니다(86다카2475판결, 97다3828판결).

**판 례**

인감증명서가 본인이 발급받은 것이고 그 용도란에 '보증보험연대보증용'이라는 문구가 기재되어 있는 등 보증보험약정서상의 연대보증인이 되겠다는 의사가 객관적으로 표명된 연대보증인의 인감증명서가 제출된 경우에는, 특별한 사정이없는 한 연대보증계약의 체결에 앞서 그 보증인에 대하여 직접 보증의사를 확인할 것을 요구하지 않는다(2002다2478판결).

d) 본조는 법정대리에도 적용되는가?

대리권의 범위를 법률의 규정으로 정하고 있는 법정대리에서, 그 대리권의 범위를 벗어난 행위를 상대방이 권한 내의 것이라고 믿은 경우에, 그 신뢰를 보호할 필요가 있다는 점에서 본조는 법정대리에도 적용이 있다는 견해(곽윤직, 282면)와 본조는 일상가사대리에는 적용되지만, 제한능력자의 법정대리인에 대하여도 본조의 표현대리를 인정하면 제한능력자를 보호하려는 제한능력자제도의 목적에 반한다고 하여, 법정대리인의 권한이 후견감독인의 동의를 요하는 경우(제950조)에는 본조를 적용할 수 없다고 하는 견해(이영준, 590면; 고상룡, 591면; 윤진수, 친족회의 동의를 얻지 않은 후견인의 법률행위에 대한 표현대리의 성립 여부, 민사법학, 제19호, 한국사법행정학회, 2001, 167면), 그리고 일상가사대리의 경우에 본조의 적용을 인정하더라도 실제로는 본조의 요건을 갖추지 못하고, 따라서 이 경우에 거래 보호를 위하여 본조의 법정대리에의 적용을 인정한다는 의도는 유명무실하게 된다는 견해가 있다(김증한/김학동, 451면). 제한능력자의 법정대리에는 제한능력자의 보호를 위하여 본조의 적용은 없다고 할 것이지만(판례는 긍정, 68다1051판결), 일상가사대리의 경우에는 배우자의 보호보다는 거래 상대방을 보호할 필요가 있다는 점에서 본조의 적용이 있다고 보아야 할 것이다.

**판 례**

민법 제126조 소정의 권한을 넘는 표현대리 규정은 거래의 안전을 도모하여 거래 상대방의 이익을 보호하려는 데에 그 취지가 있으므로 법정대리라고 하여 임의대리와는 달리 그 적용이 없다고 할 수 없고, 따라서 한정치산자의 후견인이 친족회의 동의를 얻지 않고 피후견인의 부동산을 처분하는 행위를 한 경우에도 상대방이 친족회의 동의가 있다고 믿은 데에 정당한 사유가 있는 때에는 본인인 한정치산자에게 그 효력이 미친다(97다3828판결).

### 일상가사대리권과 표현대리

판례는 일상가사대리권이 있다는 사실만으로 다른 사정이 없이 권한을 넘은 표현대리의 성립을 인정하지는 않는다(70다2738판결). 가령, 처가 특별한 수권 없이 남편을 대리하여 일정한 행위(보증행위)를 하였을 경우에 그것이 민법 제126조 소정의 표현대리가 되려면 처에게 일상가사대리권이 있었다는 것만이 아니라, 상대방이 처에게 남편이 그 행위에 관한 대리의 권한을 주었다고 믿었음을 정당화할 만한 객관적인 사정이 있어야 한다고 한다(98다18988판결). 역시 부부는 일상의 가사에 관한 한 서로 대리할 권한을 가진다고 할 것이나 처가 부(夫)의 승낙 없이 부의 부동산을 매도하거나 담보로 제공하는 경우에 제126조 소정의 표현대리가 되려면 상대방이 처가 부를 대리할 권한이 있다고 믿었음을 정당화할 만한 객관적인 사정이 있어야 한다는 것이다(74다92판결). 이와 같이 볼 때 일상가사에 관하여 남편인 피고를 대리할 권한이 있는 처가 남편 몰래 남편의 인감도장, 인감증명서 등을 소지하고 그 대리인인 양 행세하여 금원을 차용하고 그 담보로 남편 소유의 부동산에 가등기를 경료하여 준 경우에, 그 상대방이 그 처의 인척으로부터 그 처가 남편과의 사이가 원만할 뿐 아니라 남편이 집안일로 그 처를 통하여 돈을 빌리고자 한다는 말을 들은 바가 있고, 그 처가 소지한 인감증명서의 뒤쪽이 백지로 되어 있어 현행 인감증명 발급절차에 비추어 이를 남편 본인이 직접 발급받은 것이라고 믿는 등의 사정이 있다면, 그 상대방은 위 처에게 그 남편을 대리할 권한이 있다고 믿음에 정당한 사유가 있다고 인정된다는 것이다(80다609판결).

위와 같이 판례는 일상가사대리행위에 대한 제126조의 표현대리의 적용 요건으로, 상대방에게 그 행위가 일상가사의 범위 내에 속한 것으로 믿은 데에 정당한 이유가 있는가를 요구하지 않고, 대리행위자가 그 배우자로부터 대리행위에 대한 권한을 수여한 것으로 믿은 데에 정당한 이유가 있는가를 요구하고 있다. 다만, 판례는 정당한 사유의 유무에 대한 판단을 초기에는 쉽게 인정하였으나(62다243판결, 68다999판결 등), 점차 객관적 사정이 없는 경우라든가 진정한 소유자에 대한 확인을 하지 아니한 경우에는 정당한 이유가 없다고 하는 방향으로 나아가고 있다(94다29560판결, 94다34425판결 등). 가령, 타인의 채무에 대한 보증행위는 그 성질상 아무런 반대급부 없이 오직 일방적으로 불이익만을 입는 것인 점에 비추어 볼 때, 남편이 처에게 타인의 채무를 보증함에 필요한 대리권을 수여한다는 것은 사회 통념상 이례에 속하며(98다18988판결), 역시 일반적으로 처가 남편이 부담하는 사업상의 채무를 남편과 연대하여 부담하기 위하여 남편에게 채권자와의 채무부담 약정에 관한 대리권을 수여한다는 것은 극히 이례적인 일이라 할 것이고, 채무자가 남편으로서 처의 도장을 쉽사리 입수할 수 있었으며 채권자도 이러한 사정을 쉽게 알 수 있었다면 채권자가 남편에게 처를 대리하여 채무부담 약정을 할 대리권이 있다고 믿은 점을 정당화할 수 있는 객관적인 사정이 있다고 할 수 없다고 한다(96다54942판결). 또한 부부의 일방이 의식불명의 상태에 있어 사회 통념상 대리관계를 인정할 필요가 있다는 사정만으로 그 배우자가 당연히 채무의 부담행위를 포함한 모든 법률행위에 관하여 대리권을 갖는다고 볼 것은 아니라고 한다(99다37856판결).

③ 효 과

대리인이 대리권한을 넘는 대리행위를 하였더라도 제126조의 요건이 충족되면 그 대리행위의 전체에 대하여 본인이 책임을 진다. 물론 표현대리가 성립하지 않더라도 본인은 대리권의 범위 내에서는 책임을 진다(86다카754판결).

**판 례**

표현대리행위가 성립하는 경우에 그 본인은 표현대리행위에 의하여 전적인 책임을 져야 하고, 상대방에게 과실이 있다고 하더라도 과실상계의 법리를 유추 적용하여 본인의 책임을 경감할 수 없다(95다49554판결, 94다24985판결).

**판 례**

어음행위의 대리 또는 대행 권한을 수여받은 자가 그 수권의 범위를 넘어 어음행위를 한 경우에 본인은 그 수권의 범위 내에서는 대리 또는 대행자와 함께 어음상의 채무를 부담한다(2000다45303, 45310판결).

### (5) 대리권 소멸 후의 표현대리(제129조)

① 대리권 소멸 후의 표현대리는 가령, A로부터 대리권을 수여받은 B가 수권행위의 철회가 있어 대리권이 소멸하였음에도 불구하고 대리행위를 한 경우에 선의·무과실의 상대방에 대해서는 대리권 소멸을 이유로 대항할 수 없고, 마치 대리권이 있는 경우와 같은 효과를 인정하는 제도이다.

② 요 건

a) 종래에는 대리권이 있었으나 행위 당시에는 대리권이 소멸되었어야 한다. 따라서 처음부터 대리권이 존재하지 않았던 경우에는 제129조가 적용되지 않는다(통설).

**판 례**

기본적인 어떠한 대리권도 없는 자에 대하여 대리권한의 유월 또는 소멸 후의 표현대리 관계는 성립할 여지가 없는 것이다(84다카780판결). 가령, 소외 회사는 과거 피고가 이사로 있을 당시부터 이사들의 등록된 인장을 보관한 바는 있으나, 그것이 필요할 때는 그때마다 개별적으로 각 이사의 승낙을 얻어서 사용하였을 뿐 인장 보관과 동시에 포괄적인 대리권을 수여받은 바가 없다면, 그와 같은 포괄적인 대리권을 수여한 바 있었음을 전제로 한 본건 연대보증행위에 대하여 대리권 소멸 후의 표현대리를 인정할 수 없고 또 위와 같이 본건 대부 당시 소외 회사나 그 대표이사가 피고를 대리할 수 있는 대리권이 없었다고 부정되는 이상 그와 같은 대리권 있음을 전제로 한 권한 유월로 인한 표현대리 또한 성립될 여지가 없다(76다2934판결).

**판 례**

대리권 소멸 후 종전의 대리인이 아직도 그 대리인이라 칭하며 종전의 대리권의 범위에 속하지 아니하는 행위를 한 경우에는, 그 대리권의 소멸에 관하여 선의 무과실의 상대방이 그 행위에 관하여 대리인에게 그 권한이 있다고 믿을 만한 정당한 이유가 있는 때에는 본인은 그 행위에 관하여 상대방에 대하여 그 책임을 면할 수 없다(69다2141판결).

b) 이전의 대리권의 범위 내에서 대리행위를 하여야 한다. 다만, 이 경우에도 제126조의 요건을 갖춘 때에는 권한을 넘은 표현대리가 성립할 수 있을 것이다(69다2149판결).

c) 제3자는 선의·무과실이어야 한다. 제3자는 거래 상대방만을 지칭하고, 그 상대방과 거래한 제3자는 포함되지 않는다. 대리인이 이전에 대리권을 가지고 있었던 것에 의하여 상대방이 지금도 그 대리권이 존속하는 것으로 믿고 그와 같이 믿은 데 과실이 없어야 한다(곽윤직, 282면). 따라서 대리권의 존재와 상대방의 신뢰 사이에 인과관계가 필요하다. 대리권이 소멸하였다는 사실 및 대리인이 권한 내의 대리행위를 하였다는 점에 대해서는 상대방에게 입증책임이 있다. 그런데 선의·무과실의 입증책임에 대해서는 다툼이 있다. 본인이 상대방의 악의 또는 과실 있음을 입증하여야 한다는 견해(곽윤직, 282면; 백태승, 508면), 제129조의 규정 형식에 따라 선의의 입증책임은 상대방에게 있고, 과실의 입증책임은 본인에게 있다는 견해(이영준, 548면; 고상룡, 586면; 이은영, 645면)가 그것이다. 제127조·제128조에 의한 대리권의 소멸은 상대방의 선의·악의에 상관없이 당연히 발생한다는 점에서 후설이 타당하다.

**판 례**

정당한 권원에 의하여 작성된 매도증서, 위임장, 인감증명서 등 등기 신청에 필요한 모든 서류를 구비하여 소지하고 있다면 특별한 사유가 없는 한 대리권이 있다고 믿을 만한 정당한 사유가 있고 설사 대리권이 소멸되었다 하더라도 상대방이 선의의 제3자로서 과실이 없었다면 본인은 대리권의 소멸을 상대방에게 대항할 수 없다(62다535판결).

d) 본조는 법정대리에도 적용되는가?

통설·판례는 법정대리에도 본조의 적용이 있다고 한다. 다만, 제한능력자의 법정대리에 관하여 본조에 의한 표현대리를 인정하여 제한능력자를 보호하려는 취지에 반하는 결과로 되는 때에는 본조의 적용을 부정할 것이라는 견해도 있다(이영준, 549면).

생각건대 친권 상실(제924조) 또는 대리권 상실(제925조) 및 후견인의 사퇴(제939조)와 변경(제940조)과 같이 법정대리권의 소멸에 법원이 개입하는 경우에는 선의·무과실의 상대방이 존재할 가능성은 거의 없을 것이다. 그러나 미성년인 자의 법정대리인이 그 자가 성년이 되어 법정대리권이 소멸하였음에도 여전히 그 자의 대리인으로서 대리행위를 한 경우라든가(74다1199판결 참조), 법률상 이혼 후에도 사실상 부부로 행세하는 경우 또는 사실상 이혼의 경우에 외형적 관계를 신뢰한 제3자를 보호할 필요가 있을 수 있다는 점에서, 일상가사대리의 경우에는 본조를 적용하여 상대방을 보호할 필요가 있을 것이다.

③ 효 과

제125조, 제126조의 경우와 달리 제129조는 본인은 대리권 소멸 후의 대리행위의 상대방에 대하여 대리권 소멸로 대항할 수 없다. 다만, 그 의미는 동일하다고 할 것이다. 즉, 본인은 무권대리인의 행위에 대하여 책임을 진다.

**판 례**

표현대리의 법리는 거래의 안전을 위하여 어떠한 외관적 사실을 야기한 데 원인을 준 자는 그 외관적 사실을 믿음에 정당한 사유가 있다고 인정되는 자에 대하여는 책임이 있다는 일반적인 권리외관이론에 그 기초를 두고 있는 것인 점에 비추어 볼 때, 대리인이 대리권 소멸 후 직접 상대방과 사이에 대리행위를 하는 경우는 물론 대리인이 대리권 소멸 후 복대리인을 선임하여 복대리인으로 하여금 상대방과 사이에 대리행위를 하도록 한 경우에도, 상대방이 대리권 소멸 사실을 알지 못하여 복대리인에게 적법한 대리권이 있는 것으로 믿었고, 그와 같이 믿은 데 과실이 없다면 민법 제129조에 의한 표현대리가 성립할 수 있다(97다55317판결).

### (6) 표현대리의 경합

제125조, 제129조의 경우에 본래의 대리권의 범위를 넘은 대리행위를 한 경우에는 제126조의 표현대리가 된다고 할 것이다.

**판 례**

민법 제129조의 대리권 소멸 후의 표현대리로 인정되는 경우에, 그 표현대리의 권한을 넘는 대리행위가 있을 때에는 민법 제126조의 표현대리가 성립될 수 있다(79다234판결, 69다2149판결).

## 제 6 절 법률행위의 유효성

### 1 법률행위의 유효 요건

#### 1) 개 관

법률행위가 성립 요건을 갖추고 당사자가 의도한 대로의 효과를 발생하는 데 필요한 요건을 유효 요건이라 한다. 그런데 법률행위는 성립 요건을 갖추면 일단 유효한 것으로 추정된다. 그러므로 법률행위의 유효 요건은 당사자의 의사에 따른 효력이 발생하기 위한 적극적 요건이라기보다는, 법률행위의 유효성이 부인되는 요소에 해당하지 않아야 한다는 소극적 관점에서의 요건이라고 할 수 있다. 법률행위의 유효 요건도 성립 요건과 마찬가지로 일반적 유효 요건과 특별 유효 요건으로 구분할 수 있다.

#### 2) 일반적 유효 요건

법률행위의 일반적 유효 요건은 일반적 성립 요건에 대응하여 법률행위의 당사자의 측면, 법률행위의 내용의 측면, 의사표시의 측면에서 파악할 수 있다.

##### (1) 당사자에 관한 유효 요건

법률행위가 효력을 발생하기 위해서는 당사자에게 의사능력·행위능력이 존재하여야 한다. 권리능력이 없는 경우에 법률행위의 효력이 발생하지 않음은 물론이다. 일반적으로 이를 법률행위의 유효 요건으로 이해한다(가령, 곽윤직, 199면). 그러나 권리능력의 존재는 유효 요건이라기보다는 성립 요건으로 이해하는 것이 타당하다. 따라서 당사자에게 권리능력이 없는 경우는 법률행위 자체가 성립하지 않은 것으로 새겨야 할 것이다. 아무튼 사적 자치의 원칙상 권리능력이 있더라도 의사능력이 없으면 법률행위는 무효이고, 행위능력이 없는 자, 즉 제한능력자의 법률행위는 일단 유효하지만 이를 취소하면 소급하여 무효가 된다(제141조).

### (2) 법률행위의 내용에 관한 유효 요건

법률행위의 내용이란 법률행위의 당사자가 그 법률행위에 의하여 실현하고자 하는 목적이다. 사적 자치 내지 계약자유의 원칙에 따라 법률행위의 내용은 정하여진다. 하지만, 법률행위의 효력이 발생하기 위해서는 법률행위의 내용이 법질서에 반해서는 안 된다. 아무리 사적 자치가 인정된다고 하더라도 계약의 자유는 법질서에 의하여 승인될 수 있는 범위에서 허용된다고 할 것이기 때문이다. 일반적으로 법률행위의 목적의 확정성·실현 가능성·적법성·사회적 타당성을 법률행위의 내용의 유효 요건으로 들고 있다 (이에 대한 자세한 내용은 항을 나누어 설명한다).

### (3) 의사표시에 관한 유효 요건

의사표시가 존재하는 것만으로는 법률행위가 효력을 발생할 수 없고, 의사와 표시가 일치하고, 또한 의사표시가 타인의 부당한 간섭 없이 자유로운 상태에서 행하여졌어야 한다. 즉, 앞에서 이미 자세히 설명한 바와 같이(제3장 제4절 4. 비정상적 의사표시 참조), 의사와 표시가 불일치하면 법률행위는 원칙적으로 무효이다. 다만, 비진의 의사표시는 상대방이 표의자의 진의 아님을 알았거나 알 수 있었을 때에만 무효로 된다 (제107조 제1항 단서). 같은 취지에서 상대방을 보호할 필요가 없는 통정 허위표시는 당연히 무효이다 (제108조 제1항). 그러나 착오로 인한 의사표시는 무효가 아니고, 법률행위의 내용의 중요 부분에 착오가 있고 착오자에게 중대한 과실이 없는 때에만 취소할 수 있다 (제109조 제1항). 또한 의사와 표시가 일치하더라도 의사표시에 하자가 있으면 법률행위는 취소할 수가 있다 (제110조 제1항, 제2항).

## 3) 특별 유효 요건

법률행위의 특별 유효 요건은 개별 법률행위에서 일반적 유효 요건에 부가하여 특별히 요구되는 요건으로서, 법률행위의 효력을 제3자에게 귀속시키거나 의사에 따른 효력을 제한 내지 규제한다. 우선 법률행위의 효력이 제3자에게 귀속하기 위해서는 행위자에게 처분권·대리권이 있어야 한다. 물론 처분권 없는 자의 채권행위는 유효하다 (제569조 이하). 또한 일정한 법률행위에 당사자의 특약 또는 법률의 규정에 따라 특유한 효력요건을 요구할 수 있다. 가령, 미성년자·피한정후견인의 제한된 법률행위가 유효하기 위해서는 법정대리인의 동의가 필요하고(제5조, 제10조), 조건부·기한

부 법률행위에 있어서의 조건의 성취와 기한의 도래(제147조 내지 제154조), 유언에 있어서 유언자의 사망(제1073조) 등을 들 수 있다. 또한 특별법에 의한 유효 요건으로는 사립학교법상 관할청의 허가(제28조), 국토의 계획 및 이용에 관한 법률상 시장·군수·구청장의 토지거래허가(제118조) 등을 들 수 있다. 특히 농지개혁법상의 농지매매증명은 법률행위(물권적 매매)의 효력발생 요건이었으나, 농지법상 농지취득자격증명은 소유권이전등기의 신청에 필요한 첨부서류에 지나지 않게 되었다(동법 제8조). 이러한 특별 유효 요건을 결한 법률행위는 미확정 무효로서, 입법정책적 고려에서 다양한 효과가 부여될 수 있다.

**판 례**

농지개혁법 제19조 제2항의 '매매'는 물권적 매매를 의미하고 채권적 매매는 이에 포함되지 않는다(64다563전원합의체 판결). 따라서 소재지 관서의 농지매매증명이 없는 경우에는 매매에 의한 물권변동의 효과, 즉 소유권 이전의 효과가 발생할 수 없다는 취지에 지나지 않으며 농지 매매 당사자 사이의 채권계약인 농지매매계약 자체까지 효력이 발생하지 못한다는 취지가 아니며, 농지매매에 있어 소재지 관서의 농지매매증명이 없을지라도 농지매매 당사자 사이에 채권계약으로서의 매매계약이 유효하게 성립될 수 있는 것이라고 한다. 이와는 달리 농지법 제8조 제1항 소정의 농지취득자격증명은 농지를 취득하는 자가 그 소유권에 관한 등기를 신청할 때에 첨부하여야 할 서류로서(농지법 제8조 제4항), 농지를 취득하는 자에게 농지취득의 자격이 있다는 것을 증명하는 것일 뿐 농지취득의 원인이 되는 법률행위(매매 등)의 효력을 발생시키는 요건은 아니다(97다49251판결).

**판 례**

구 사립학교법(1997. 1. 13. 법률 제5274호로 개정되기 전의 것) 제28조 제1항에서 학교법인이 "의무의 부담이나 권리의 포기를 하고자 할 때에는 관할청의 허가를 받아야 한다."고 규정하고 있는 것은 학교법인 재산의 원활한 관리와 유지·보호를 기함으로써 사립학교의 건전한 발달을 도모하자는 데 그 목적이 있다 할 것이므로, 위 법조에서 말하는 의무 부담에 해당하는가 여부는 그 목적과 대조하여 구체적으로 결정되어야 하고, 학교법인의 행위에 의하여 발생하는 모든 의무가 일률적으로 이에 해당한다고 단정할 수는 없다. 그런데 학교법인이 타인으로부터 금전을 차용하는 행위는 학교 운영상의 통상적인 거래행위도 아닐 뿐만 아니라, 그로 인하여 학교법인은 일방적인 의무 부담의 대가로 소비에 용이한 금전을 취득하는 결과가 되어 이를 감독하지 아니하면 학교 재산의 원활한 유지 · 보호를 기할 수 없음이 분명하므로 그 차용 액수의 과다, 변제 기간의 장단, 예산편성의 범위 내인지의 여부에 관계없이 구 사립학교법(1997. 1. 13. 법률 제5274호로 개정되기 전의 것) 제28조 제1항에 의하여 감독청의 허가를 받아야 할 의무부담행위에 해당하는 것으로 해석하지 않을 수 없다. 따라서 학교법인이 구 사립학교법(1997. 1. 13. 법률 제5274호로 개정되기 전의 것) 제16조, 제28조의 규정에 의하여 이사회의 결의와 감독청의 허가 없이 타인으로부터 금원을 차용한 경우에 그 차용행위는 학교법인에 대하여 효력이 없다(98다44642판결).

판 례

국토이용관리법상의 규제구역 내의 '토지 등의 거래계약' 허가에 관한 관계규정의 내용과 그 입법 취지에 비추어 볼 때, 토지의 소유권 등 권리를 이전 또는 설정하는 내용의 거래계약은 관할 관청의 허가를 받아야만 그 효력이 발생하고, 허가를 받기 전에는 물권적 효력은 물론 채권적 효력도 발생하지 아니하여 무효라고 보아야 할 것인바, 다만 허가를 받기 전의 거래계약이 처음부터 허가를 배제하거나 잠탈하는 내용의 계약일 경우에는 확정적으로 무효로서 유효화될 여지가 없으나, 이와 달리 허가받을 것을 전제로 한 거래계약(허가를 배제하거나 잠탈하는 내용의 계약이 아닌 계약은 여기에 해당하는 것으로 본다)일 경우에는 허가를 받을 때까지는 법률상 미완성의 법률행위로서 소유권 등 권리의 이전 또는 설정에 관한 거래의 효력이 전혀 발생하지 않음은 위의 확정적 무효의 경우와 다를 바 없지만, 일단 허가를 받으면 그 계약은 소급하여 유효한 계약이 되고 이와 달리 불허가가 된 때에는 무효로 확정되므로 허가를 받기까지는 유동적 무효의 상태에 있다고 보는 것이 타당하므로, 허가받을 것을 전제로 한 거래계약은 허가받기 전의 상태에서는 거래계약의 채권적 효력도 전혀 발생하지 않으므로 권리의 이전 또는 설정에 관한 어떠한 내용의 이행 청구도 할 수 없으나, 일단 허가를 받으면 그 계약은 소급해서 유효화되므로 허가 후에 새로이 거래계약을 체결할 필요는 없다. 그리고 같은 법 제21조의3 제1항 소정의 허가가 규제지역 내의 모든 국민에게 전반적으로 토지 거래의 자유를 금지하고 일정한 요건을 갖춘 경우에만 금지를 해제하여 계약 체결의 자유를 회복시켜 주는 성질의 것이라고 보는 것은 위 법의 입법 취지를 넘어선 지나친 해석이라고 할 것이고, 규제지역 내에서도 토지 거래의 자유가 인정되나, 다만 위 허가를 허가 전의 유동적 무효 상태에 있는 법률행위의 효력을 완성시켜 주는 인가적 성질을 띤 것이라고 보는 것이 타당하다(90다12243판결).

## 2 법률행위의 내용에 관한 유효 요건

### 1) 법률행위의 내용의 확정성 · 실현 가능성

#### (1) 법률행위의 내용의 확정성

법률행위의 해석을 통하여 그 내용의 확정 여부를 판단하여야 할 것이지만, 법률행위의 내용이 명확하지 않으면 그러한 법률행위에 대하여 어떤 법적 구제를 줄 수가 없다. 즉, 법원으로서는 이행을 명하는 판결을 할 수 없고 또 법률행위의 내용을 강제적으로 실현할 수 없다. 법률행위의 내용은 법률행위의 성립시에 확정되어 있거나 또는 확정할 수 있어야 한다. 가령, 앞으로는 "바르게 살겠다"고 약속하거나, 막연히 "돌보아 주겠다"는 내용의 계약은 확정 가능성이 없기 때문에 그 효력이 발생할 수 없다.

**판 례**

"주택 1동을 매입하여 준다는 뜻의 약정을 하였으나 그 주택의 위치 · 종류 · 규모 · 가격 정도, 기타 그 주택을 특정함에 필요한 사항에 관한 기재가 없"는 경우에 조리나 사회 경험칙으로도 이를 특정시킬 방법이 없으므로 그 약정의 효력이 발생할 수 없다 (87다카1273판결).

**판 례**

주식 매매계약의 경우 매매 목적물과 대금은 반드시 그 계약 체결 당시에 구체적으로 확정하여야 하는 것은 아니고, 이를 사후에라도 구체적으로 확정할 수 있는 방법과 기준이 정하여져 있으면 족하다 (94다34432판결).

#### (2) 법률행위의 내용의 실현 가능성

법률행위의 내용이 확정 또는 확정 가능성이 있어도 그 실현이 가능하여야 한다. 실현이 불가능한 사항을 목적으로 하는 법률행위는 법적 효과를 인정하더라도 아무런 의미가 없기 때문에 무효이다. 예컨대, 사망한 자를 되살린다는 내용의 계약, 사망한 자가 살아 돌아오면 일정한 행위를 하겠다는 내용의 계약, 불에 타 소실된 건물의 양도계약은 그 실현(이행)이 불가능하기 때문에 무효이다. 실현 가능 여부는 사회 통념에 비추어 불능이라고 판단되어야 한다.

**판 례**

건축하도급계약 당시 그 건축공사에 대한 건설부장관의 사업계획 승인, 원도급인의 하도급에 대한 승인, 건축 부지의 확보 등이 갖추어져 있지 않았다 하더라도 그 계약의 목적이 된 토지상에 아파트 건축공사를 하는 것이 법률상 금지 내지 제한되어 있었다는 특단의 사정이 없는 이상 계약 후 이를 보완할 수 있는 것이므로, 그와 같은 사유만으로써는 위 하도급계약이 계약 당시 그 계약 목적이 실현 불가능한 것이어서 무효라고 할 수 없다 (89다카11777판결).

다만, 주관적 · 원시적 불능은 계약을 무효로 하지 않으며, 객관적 · 원시적 불능을 목적으로 하는 계약은 무효이나 그 불능을 알았거나 알 수 있었을 자는 상대방이 그 계약의 유효를 믿었음으로 인하여 받은 손해를 배상하여야 한다 (제535조). 또한 매매, 기타 유상계약에서 급부의 일부가 원시적으로 불능인 경우에는, 계약은 유효하고 매도인의 담보책임의 문제가 발생한다 (제574조). 그러나 후발적인 불능은 법률행위를 무효로 하지 않고 채무불이행 또는 쌍무계약에서 급부위험과 대가위험부담의 법률관계를 발생시킨다 (제537조, 제538조).

한편 판례는 경제적 불능개념을 상정하여 이를 소유권 상실의 원인인 포락 여부라든가 소유물 또는 급부목적물이 훼손된 경우에 통상손해의 범위에 대한 판단 기준으로 삼고 있다(95다18659판결, 97다15104판결 등). 다만, 이를 이유로 채무자가 이행의무로부터 벗어날 수 있는 것으로 보지는 않는다.

**불능의 법리**

◎ 원시적 ┌ 전부불능: 무효 ⇒ 계약 체결상의 과실책임(제535조)
<유효설> ⇒ 급부청구권이 아니고 손해배상청구권이 발생하는 것으로 파악함.
├ 주관적 전부불능: 유효 ⇒ 추탈담보책임(계약해제권, 손해배상)
└ 일부불능: 유효 ⇒ 하자담보책임(대금감액청구권, 계약해제권, 손해배상청구권,

완전물급부청구권)

<법정책임설> ⇒ 원시적 불능 도그마, 특정물 도그마

(제462조): 유상계약상 대가관계의 유지를 위하여 법정책적으로 인정된 책임 또는 담보책임은 민법의 일반 원칙에 대한 특칙이 되며, 다만 계약이 전부 성립함으로 인하여 생기는 실질적인 불평등을 제거하기 위하여 매도인에게 부과되는 책임이라고 설명함.

◎ 후발적 ┌─ 전부불능(유효): 채무자의 귀책사유 ⇒ 이행불능(해제권, 손해배상청구권)
<불가항력 ⇒ 위험부담: 채무자위험부담주의>
<채권자의 귀책사유, 채권자지체 ⇒ 채권자에게 위험이전>
└─ 일부불능(유효): 채무자의 귀책사유 ⇒ 불완전이행으로 인한 손해배상청구권
<불가항력 ⇒ 위험부담: 채무의 전부소멸 또는 일부소멸, 제314조 제1항, 제627조 제1항>

## 2) 법률행위의 내용의 적법성

### (1) 제105조와 강행규정의 판단 기준

법률행위가 유효하기 위해서는 그 내용이 적법하여야 한다. 즉, 강행규정에 위반하여서는 안 된다. 문제는 어떠한 규정이 강행규정이고 어떠한 규정이 임의규정인가이다. 민법은 "법령 중의 선량한 풍속 기타 사회질서에 관계 없는 규정"과 다른 내용의 의사를 표시하여 당사자의 권리의무를 정할 수 있음을 인정한다(제105조). 따라서 강행규정이라 함은 선량한 풍속, 기타 사회질서에 관계 있는 규정으로서, 당사자의 의사에 의하여 그 적용을 배제할 수 없는 규정을 말한다.

이에 대하여 임의규정이라 함은 선량한 풍속 기타 사회질서에 관계 없는 규정으로, 당사자의 의사에 의하여 그 규정의 적용을 배제할 수 있는 규정을 말한다(통설).

그러면 무엇이 선량한 풍속 기타 사회질서에 관계 있는 규정인가? 무엇보다도 사회질서의 기본을 이루는 법 영역에 속하는 규정이 이에 속한다. 예컨대, 신분관계에 관한 규정과 재산의 귀속에 관한 규정이 그것이다. 즉, 물권법과 가족법상의 규정은 대부분 강행규정이다. 그리고 사회적·경제적 약자를 보호하는 법 영역에 속하는 규정이 이에 속한다. 가령, 민법 제104조 및 제607조·제608조, 가등기담보 등에 관한 법률 제4조, 주택임대차보호법 제10조, 근로기준법 제22조 등이 그것이다. 이에 대하여 채권법상의 규정은 대부분 임의규정이다. 가령, 손해는 다른 의사표시가 없으면

금전으로 배상하여야 한다(제394조)는 규정은 임의규정이다.

**판 례**

신의성실의 원칙에 반하는 것은 강행규정에 위배되는 것으로서 당사자의 주장이 없더라도 법원이 직권으로 판단할 수 있으므로, 원심법원이 직권으로 신의칙에 의하여 신용보증책임을 감액한 데에 변론주의를 위배한 위법은 없다 (94다42129판결, 97다37821판결).

**판 례**

민법 제81조는 해산한 법인은 청산의 목적 범위 내에서만 권리가 있고 의무를 부담한다고 규정하고, 제87조는 청산사무를 현존 사무의 종결, 채권의 추심과 채무의 변제, 잔여재산의 인도 및 위 사무를 행하기 위하여 필요한 행위로 규정하며, 특히 제80조 제1항은 해산한 법인의 재산은 정관으로 지정한 자에게 귀속한다고 규정하고 있는 바, 이러한 청산절차에 관한 규정은 모두 제3자의 이해관계에 중대한 영향을 미치기 때문에 이른바 강행규정이다 (91누9848판결).

### (2) 효력규정과 단순한 단속법규

강행규정에는 위에서 본 사법 영역에 속하는 강행규정과 일정한 행정상의 목적을 달성하기 위하여 사실행위를 금지·제한하거나 거래행위를 금지·제한하는 규정을 포함한다. 이러한 행정적 금지 내지는 제한규정을 단속법규라 한다. 문제는 단속법규를 위반한 사법상 법률행위의 효력이다. 가령, 부동산등기특별조치법 제2조 제2항 및 제3항에 위반하여 중간생략등기가 행하여진 경우에 그 중간생략등기를 유효한 것으로 볼 것인가이다 (판례는 이를 유효로 본다. 92다39112판결).

통설은 공법과 사법의 준별을 근거로 단속법규에 위반한 법률행위는 원칙적으로 유효하고, 다만 그 위반행위가 중대한 법익을 해치는 경우에는 무효로 본다. 이와는 달리 법률에서 일정한 행위를 금지 내지 제한하면서 이에 위반한 계약을 유효라고 보는 것은 법질서의 자기모순이라고 하여, 사법상의 거래를 규제하는 법령에 위반한 법률행위는 원칙적으로 무효라고 보아야 한다는 견해도 있다 (김재형, 법률에 위반한 법률행위, 민법론Ⅰ, 42면 이하).

그러나 사법상의 법률행위를 금지 내지 제한하는 것은 사적 자치의 원칙에 대한 공법적 제한이라고 하는 점에서 단속법규에 위반하는 법률행위는 원칙적으로 유효하되, 다만 그 행위를 무효로 함으로써 보호되는 공익과 무효로 인하여 생길 사법질서의 교란이라는 불이익을 비교형량하여, 전자(前者)의 요청이 강한 경우에는 사법상의 법률행위를 무효라고 해석하는 것이 타당하다.

아무튼 사법상의 효력에 영향을 미치는 단속법규를 효력규정이라 하고, 사법상의 효력에 영향을 미치지 않는 단속법규를 단순한 단속법규라 한다. 문제는 어떠한 단속법규가 있을 경우에 무엇을 기준으로 비교형량하여 그 규정이 사법상의 효력에 영향을 미치게(무효로) 하는 효력규정인가, 아니면 영향을 미치지 않는 단순한 단속법규인가를 판단할 것이냐이다.

이 경우에는 우선 법령위반 행위를 무효로 하는 것이 금지 목적 달성을 위해서 필요한가? 그리고 법령위반 행위를 무효로 함으로써 당사자 상호간에 불공정이 발생하지 않는가? 등을 고려하여 판단하여야 할 것이다 (고상룡, 335면 이하). 판례는 사법상의 계약 기타 법률행위가 일정한 행위를 금지하는 구체적 법규정에 위반하여 행하여진 경우에 그 법률행위가 무효인가 또는 법원이 법률행위 내용의 실현에 대한 조력을 거부하거나 기타 다른 내용으로 그 효력이 제한되는가의 여부는 당해 법규정이

**판 례**

판례는 구 주택법 상 전매제한규정을 효력규정으로 보지 않고(2010다102991판결), 부동산등기특별조치법 상의 규정을 단속규정으로 보아 동법에 위반한 명의신탁이라든가 중간생략등기의 사법상의 효력을 인정한다 (91다16334, 16341판결, 92다39112판결). 그러나 상호신용금고법 제17조 제1항 및 제2항의 차입(借入) 등 채무부담의 제한규정을 효력규정으로 이해한다 (85다카122판결). 그리고 부동산중개업법 소정의 규정들은 부동산 중개의 수수료 약정 중 소정의 한도액을 초과하는 부분에 대한 사법상의 효력을 제한함으로써 국민생활의 편의를 증진하고자 함에 그 목적이 있는 것이므로 이른바, 강행법규에 속하는 것으로서 그 한도액을 초과하는 부분은 무효라고 보아야 한다는 것이다 (2005다32159판결. 자격이 없는 자가 한 중개수수료 약정도 무효다. 2010다86525 판결). 또한 의료인이나 의료법인 등 비영리법인이 아닌 자의 의료기관 개설을 원천적으로 금지하고 있는 의료법 제30조 제2항은 의료인이나 의료법인 등이 아닌 자가 의료기관을 개설하여 운영하는 경우에 초래될 국민 보건위생상의 중대한 위험을 방지하기 위하여 제정된 이른바 강행법규에 속하는 것으로서 이에 위반하여 이루어진 약정은 무효라고 한다 (2003다2390판결).

가지는 넓은 의미에서의 법률효과에 관한 문제의 일환으로서, 여기서도 다른 경우와 같이 그 법규정의 해석 여하에 의하여 정해지는 것이므로, 종국적으로는 그 금지규정의 목적과 의미에 비추어 그에 반하는 법률행위의 무효 기타 효력제한이 요구되는지를 검토하여야 한다고 하면서, 다음과 같이 그 판단기준을 제시하고 있다. 당해 금지규정의 배경이 되는 사회경제적·윤리적 상황과 그 추이, 금지규정으로 보호되는 당사자 또는 이익, 그리고 반대로 그 규정에 의하여 활동이 제약되는 당사자 또는 이익이 전형적으로 어떠한 성질을 가지는지 또 그 이익 등이 일반적으로 어떠한 법적 평가를 받는지, 금지되는 행위 또는 그에 기한 재화나 경제적 이익의 변동 등이 어느 만큼 반사회적인지, 금지행위에 기하여 또는 그와 관련하여 일어나는 재화 또는 경제적 이익의 변동 등이 당사자 또는 제3자에게 가지는 의미 또는 그들에게 미치는 영향, 당해 금지행위와 유사하거나 밀접한 관련이 있는 행위에 대한 법의 태도 기타 관계 법상황 등이 종합적으로 고려되어야 한다는 것이다(2008다75119판결).

한편 강행규정에는 일정한 법률행위를 금지하고 그에 위반한 경우에 사법상의 효력을 명시적으로 부정하는 규정도 있다. 가령, 국토의 계획 및 이용에 관한 법률 제118조 또는 부동산 실권리자 명의 등기에 관한 법률 제4조가 그에 해당한다. 또한 각종의 경제통제법은 비록 그것이 선량한 풍속 기타 사회질서에 관계 없더라도 행정목적 달성을 위해서는 효력규정으로 보아야 할 것이다. 가령, 물가 안정에 관한 법률 제7조, 독점규제 및 공정거래에 관한 법률 제8조의2·제10조의2, 증권거래법 제52조, 양곡관리법 제16조 등을 들 수 있다.

### (3) 탈법행위

탈법행위란 강행규정 내지 효력규정을 직접 위반하지 않고 그 법규가 금지하고 있는 것을 회피 수단에 의하여 실질적으로 실현하는 것을 말한다. 탈법행위도 강행규정이나 효력규정에 위반하는 것이므로 무효라고 할 것이다(곽윤직, 213면; 고상룡, 331면. 다만, 이영준, 184면은 탈법행위는 무효라고 하면서도, 탈법행위 이론을 법률·법률행위 해석의 이론 외에 별도로 인정하는 것은 민법 체계에 반하고 실제의 필요성도 없으므로 이를 인정하지 않는 것이 타당하다고 한다. 187면). 즉, 탈법행위는 정면으로 강행규정에 위반하는 것은 아니지만 법규의 정신에 반하고 법률이 허용하지 않는 결과의 발생을 목적으로 하는 것이기 때문에 무효라는 것이다. 다만, 일부만이 위배되는 경우에는 일부무효의 법리(제137조)에 의하여 해결할 것이라고 한다 (곽윤직, 213면). 가령, 연금수급권의 담보금지규정(공무원연금법 제32조, 군인연금법 제7조)에 위반하는 것을 회피하기 위하여, 채권자에게 연금증서를 교부하고 대리권을 주어서 연금의 추심을 위임하고, 추심한 연금을 변제에 충당하게 한 경우에, 원금과 이자를 모두 변제받을 때까지 추심위임을 해제하지 않겠다는 특약을 하게 되면, 그것은 연금수급권을 담보로 하는 것과 동일한 효과를 거둘 수 있게 된다. 이러한 방법은 직접 강행규정을 위반하지 않지만 간접적으로 강행규정을 위반하는 결과가 되어 탈법행위로서 무효인 것이다. 그러나 이 경우 무효는 일부무효로서 불해제 또는 해제권 포기의 특약만이 무효이고, 채무자는 언제든지 위임을 해제하여 연금증서의 반환을 청구할 수 있다고 보아야 한다는 것이다.

그렇다면 모든 탈법행위는 전부이든 일부이든 무효로 되는가? 이 문제가 탈법행위의 한계의 문제이다. 탈법행위가 발생하는 이유는 사회경제적인 필요성에 기인한다. 그런데 강행규정에는 그 위반의 법적 효과를 절대적으로 인정하지 않는 경우와 단순히 특정의 수단·형식에 의하여 어떤 결과나 효과를 생기지 않게 하려는 경우가 있다. 전자의 경우를 위반한 탈법행위는 무효이지만 후자의 경우를 위반한 탈법행위를 무효로 할 것은 아니다 (곽윤직, 213면; 고상룡, 338면). 가령, 동산양도담보는 형식적으로 보면 강행규정(제332조, 제339조)에 위반하여 무효라고 보아야 할 것이지만, 현재의 담보제도가 거래계의 요구(예: 기업주가 특정 동산의 소유권을 채권자에게 양도하고 이를 빌려서 계속 사용하는 방법의 담보 방법)를 만족시켜 줄 만큼 잘 갖추어져 있지 않다는 점을 고려하면 동산양도담보를 탈법행위로서 무효라고 볼 것은 아니라고 하여야 할 것이다 (통설. 87다카2555판결 참조). 또한 광업권자 아닌 자에게 채굴권을 대여하는 임대차계약으로서의 덕대계약(德大契約)은 광업법 제13조에 위반하여 무효이지만(4294민상168판결), 같은 목적을 달성할 수 있는 조광권의 설정은 당연히 유효하다 (동법 제52조).

### 3) 법률행위의 내용의 사회적 타당성

#### (1) 반사회적 법률행위의 개념

선량한 풍속 기타 사회질서의 의미는 시대나 사회에 따라 변천하는 것으로 일의적으로 그 개념을 정의할 수는 없다. 하지만, 일반적으로 '선량한 풍속'이란 사회의 일반적인 윤리 도덕 관념을 말하며 '사회질서'란 국가사회의 일반적 이익을 말하는 것으로 이해한다 (통설). 그러나 양자는 그 한계가 모호하며, 반드시 별개의 내용을 가지고 있는 것도 아니다. 학설은 '선량한 풍속'을 '사회질서'의 일종이라고 하여 사회질서를 상위 개념으로 보는 견해(곽윤직, 215면), 양자는 병존 개념 또는 대비 개념이라고 보는 견해(이영준, 215면) 등 그 대립을 보이고 있으나, 이러한 개념은 법의 근본 이념을 표현하는 형식이라는 점에서 양자를 상하관계 또는 대립관계로 볼 것은 아니다 (고상룡, 334면; 송덕수, 민법주해(Ⅱ), 218면).

### (2) 반사회적 법률행위를 무효로 하는 근거

근대법은 사적 자치의 원칙에 기하여 당사자가 자유로운 의사로 법률행위를 한 경우에는 법질서는 그러한 목적을 달성하려는 데에 가능한대로 조력하려고 한다. 그러나 그러한 자유는 무제한적인 자유를 인정하는 것은 아니고, 법률행위의 자유란 사회의 일반적 이익이나 국민의 윤리적 질서와 모순되지 않은 한도에서만 인정된다는 내재적 한계가 있는 것이다. 따라서 법률행위가 법의 조력을 받고 재판상의 보호를 받기 위해서는 법률행위의 목적이 당사자의 자유로운 의사에 의하여 결정되는 것을 전제로 하면서 사회적 타당성이 있어야 함을 요하게 되는 것이다. 물론 개개의 구체적인 법률행위의 내용에 대하여 미리 강행규정을 두어 적법성 여부를 판단할 수는 있다고 하더라도, 모든 법률행위의 내용에 대한 사회적 타당성 여부를 판단하는 것은 거의 불가능하다. 여기에서 개별적인 강행규정 이외에 '선량한 풍속' 또는 '사회질서'라는 일반조항을 설정하여 법률행위 내용의 사회적 타당성을 판단할 필요가 있게 된다 (고상룡, 333면).

### (3) 강행규정의 위반과 제103조 위반의 관계

법률행위가 강행규정 내지 효력규정에 위반하지 않더라도 선량한 풍속 기타 사회질서에 반하면 무효이다 (제103조). 즉, 법률행위의 내용은 사회적 타당성을 가져야 한다. 혹자는 법률행위의 목적의 적법성과 사회적 타당성은 별도의 가치판단의 기준으로 존재하는 것은 아니며, 양자는 모두 사적 자치의 한계를 규정하는 것으로서 동일한 것이라고 하는데(이영준, 210면), 의문이다. 강행규정에는 선량한 풍속 기타 사회질서에 관계 있는 것이 대부분이지만, 앞에서 언급한 각종의 경제통제법처럼 선량한 풍속 기타 사회질서와 관계없이 행정 목적을 달성하기 위한 강행규정도 있기 때문이다. 따라서 반드시 "법에 위배되어도 선량한 풍속 기타 사회질서에 반하지 않으면 민법상 적법한 것으로서 유효"(이영준, 211면)한 것은 아니라고 할 것이다. 즉, 법률행위의 목적이 강행규정에 위반하지 않아도 선량한 풍속 기타 사회질서에 반하면 무효로 될 수 있음은 물론이고, 법률행위의 목적이 강행규정에 위반하면 선량한 풍속 기타 사회질서에 반하지 않더라도 무효로 되는 경우가 있는 것이다. 그러므로 법률행위의 적법성은 사회적 타당성에 우선하여 검토되어야 할 것이다(백태승, 336면).

### (4) 반사회적 법률행위의 유형

그러면 어떠한 경우에 법률행위의 목적이 반사회적인 성질을 띠게 되는가? 이에 대하여는 일반적으로 형식적 측면과 실질적 측면으로 나누어 유형화하고 있다.

① 형식적 측면: 판례는 형식적인 측면에서, 법률행위의 내용 자체가 반사회성을 띠는 경우와 법률행위에 부가된 내용이 반사회성을 띠는 경우 및 표시되거나 상대방에게 알려진 동기가 반사회성을 띠는 경우로 반사회적 법률행위를 유형화하고 있다 (84다카1402판결, 99다38613판결).

a) 법률행위의 내용 자체가 반사회성을 띠는 경우, 즉 법률행위의 목적인 권리·의무의 내용이 선량한 풍속 기타 사회질서에 위반되는 경우이다. 이러한 경우에는 작위·부작위를 묻지 않는다. 가령 범죄행위라든가 부정행위 또는 매음행위 등을 하게 하는 경우의 계약 등 후술하는 실질적 측면에서 본 반사회적 법률행위는 대부분 이에 해당한다고 할 것이다.

b) 법률행위에 부가된 내용이 반사회성을 띠는 경우이다. 이 경우는 다시 세 가지로 나누어 볼 수 있다.

첫째, 법률행위의 내용 자체는 반사회질서적인 것이 아니라고 하여도 법률적으로 이를 강제함으로써 반사회성을 띠는 경우이다. 가령, 영업 자유의 지나친 제한을 내용으로 하는 계약, 지나친 또는 부당한 위약금을 지급한다는 계약, 어떠한 일이 있어도 혼인 내지 이혼하지 않겠다는 계약 등을 강제로 체결한 경우를 들 수 있다. 그리고 금주·금연의 계약, 예창기계약(藝娼妓契約), 모델계약, 적량의 수혈계약 등은 이와 같은 일을 할 것인가 하지 않을 것인가는 그 사람의 자유에 속하지만, 만약 이를 행하도록 강제하거나 또는 금지하는 것을 내용으로 하는 법률행위는 무효이다(2004다2788, 27495판결).

둘째, 법률행위의 내용 자체는 반사회성을 띠지 않지만, 법률행위에 금전적 이익 내지 대가가 결부됨으로써 반사회적 성질을 띠게 되는 경우이다. 가령, 당연히 하여야 할 직무행위를 하는 대가로 금전을 교부하는 수뢰계약, 범죄행위를 하지 않는 대가로 금품을 수수하는 계약, 증언을 대가로 금원을 수수할 것을 약정하는 경우(93다40522판결) 등은 무효이다.

셋째, 법률행위에 반사회적인 조건이 결부된 경우이다. 범죄를 범할 것을 조건으로 하는 증여계약과 같이 불법한 조건을 붙이기 때문에 법률행위 전체가 사회질서에 반하는 행위로 되는 경우라든가, 범죄행위를 중지할 것을 조건으로 금전을 지급하는 계약과 같이해서는 아니 되는 불법행위를 특히 하지 않을 것을 조건으로 하기 때문에, 사회질서에 반하는 행위로 되는 경우이다. 다만, 판례는 불륜관계를 단절할 것을 조건으로 하는 금전지급계약, 즉 첩관계를 그만두는 것을 조건으로 한 금전지급 약정은 유효하다고 한다(80다458판결).

c) 표시되거나 상대방에게 알려진 법률행위의 동기가 반사회성을 띠는 경우이다.

ㄱ) 동기란 의사표시를 하게 된 연유로 의사표시에 선행하는 심리 과정이다. 따라서 동기는 법률행위의 내용은 아니다. 즉, 동기는 주관적 목적이며 법률행위는 이를 실현하기 위한 수단이다. 가령, 금전을 차용하는 목적 내지 동기는 여러 가지가 있을 수 있다. 즉, 사업을 시작하기 위하여, 채무변제를 하기 위하여, 건물을 구입하기 위해서라든가 하는 여러 가지 동기가 있을 수 있다. 이와 같이 동기와 법률행위의 내용은 별개의 것이라고 하면 아무리 불법성을 띠는 동기라도 어디까지나 동기이기 때문에 법률행위를 불법으로 만들지 않는다고 할 수도 있을 것이다. 그러나 동기가 불법한 경우에 그와 같은 동기에 기초하여 행한 법률행위는 경우에 따라서는 법의 보호를 받을 수 없도록 하여야 할 것이다.

ㄴ) 판례는 종래 "법률행위가 선량한 풍속 기타 사회질서에 위반한 사항을 그 내용으로 한 것이 아니고 단지 법률행위의 연유, 동기 혹은 수단으로 한 것에 불과한 것은 이로써 법률행위를 무효로 할 수 없다."(72다1271, 1272판결)고 하여, 동기가 법률행위의 내용이 되어야 한다는 입장을 취하고 있었다. 그러나 그 후 판례는 "표시되거나 상대방에게 알려진 법률행위의 동기가 반사회질서적인 경우에는"(84다카1402판결, 93다40522판결) 그러한 법률행위는 무효라고 하여, 이른바 인식설을 취하고 있는 것으로 판단된다.

ㄷ) 학설은 동기의 불법성의 판단에 관하여 견해가 대립하고 있다. 표시설은 동

기가 표시된 때에 한하여 법률행위의 내용을 이루므로, 표시된 동기가 사회질서에 반하는 것이면 그 법률행위는 무효가 된다고 한다(곽윤직, 219면). 인식가능성설은 동기가 표시된 때에는 물론, 표시되지 않은 때에도 상대방이 알고 있는 경우, 또는 통상인이라면 그러한 동기를 알 수 있었을 경우에는 그 동기가 사회질서에 반하는 것이면 그 법률행위는 무효가 된다고 한다(장경학, 450면; 김용한, 267면). 그리고 상관관계설 내지 종합판단설은 동기의 위법성의 정도와 상대방의 관여 내지 인식의 정도와의 상관관계에서 결정하는 것이 구체적 타당성을 존중하는 제103조의 해석으로서 적당하다고 한다(김주수, 249면; 고상룡, 344면). 또한 동기는 계약의 내용이 아니므로 원칙적으로 계약의 효력에 아무런 영향을 미치지 않기 때문에 동기가 사회질서에 반하더라도 당연히 그 계약이 무효로 되는 것은 아니나, 동기가 표시되지 않았다 하더라도 통상의 주의를 하였더라면 상대방이 동기를 알 수 있었던 경우는 무효로 된다는 견해가 있다(動機準意思說. 이영준, 233면; 동지, 백태승, 356면). 즉, 양 당사자가 계약에 의하여 공동으로 추구하는 목적이나 동기가 사회질서에 반하는 경우에는 그것이 표시되지 않았다 하더라도 계약의 내용에 준하므로 그 계약은 무효로 된다는 것이다.

ㄹ) 요컨대 학설은 표시설을 제외하고는, 상대방을 어떠한 방법(인식가능성, 상관관계, 종합판단, 규범적 해석 등)으로 보호할 것이냐의 방법의 차이만 있을 뿐, 동기가 표시되지 않은 경우에도 고려될 수 있다는 점에서는 같다고 할 수 있다. 그렇다면 동기가 표시되지 않더라도 고려될 수 있는가? 동기를 의사표시의 내용으로 보지 않는 한 원칙적으로 동기에 불법성이 존재하더라도 이를 들어 법률행위를 무효로 할 수는 없다. 그렇다고 상대방에게 알려진 동기가 불법성을 띠는 경우까지 이를 고려하지 않는 것은 제103조의 취지를 살릴 수 없게 될 것이므로, 그러한 경우에는 동기의 불법성은 고려된다고 새겨야 할 것이다.

d) 한편 판례는 법률행위의 성립 과정에 강박이 사용된 데 그친 경우에는 제103조의 위반에 해당하지 않는다고 한다.

**판 례**

민법 제103조에 의하여 무효로 되는 반사회질서행위는 법률행위의 목적인 권리의무의 내용이 선량한 풍속 기타 사회질서에 위반되는 경우뿐 아니라, 그 내용 자체는 반사회질서적인 것이 아니라고 하여도 법률적으로 이를 강제하거나 법률행위에 반사회질서적인 조건 또는 금전적 대가가 결부됨으로써 반사회질서적 성질을 띠게 되는 경우 및 표시되거나 상대방에게 알려진 법률행위의 동기가 반사회질서적인 경우를 포함하는 바, 이상의 각 요건에 해당하지 아니하고 단지 법률행위의 성립과정에서 강박이라는 불법적 방법이 사용된 데 불과한 때에는 강박에 의한 의사표시의 하자나 의사의 흠결을 이유로 효력을 논의할 수는 있을지언정 반사회질서의 법률행위로서 무효라고 할 수는 없다(92다7719판결, 2002다21509판결).

또한 법률행위 후 그 목적물이 범죄행위로 취득된 것을 알게 된 경우에도 그 이행을 구하는 것 자체가 반사회성을 띠는 것은 아니라고 한다.

**판 례**

매매계약 체결 당시에 정당한 대가를 지급하고 목적물을 매수하는 계약을 체결하였다면, 비록 그 후 목적물이 범죄행위로 취득된 것을 알게 되었다고 하더라도, 계약의 이행을 구하는 것 자체가 선량한 풍속 기타 사회질서에 위반하는 것으로 볼 만한 특별한 사정이 없는 한, 그러한 사유만으로 당초의 매매계약에 기하여 목적물에 대한 소유권 이전등기를 구하는 것이 민법 제103조의 공서양속에 반하는 행위라고 단정할 수 없다(2001다44987판결).

② 실질적 측면

a) 인격의 존엄 또는 정신적·신체적 자유를 심하게 해(害)하는 행위

인간은 소유권의 주체이지 소유권의 객체가 될 수 없는 것이기 때문에 인간을 매매한다는 것은 법률상 허용되지 않는다. 또한 어떠한 일이 있더라도 이혼하지 않겠다는 각서를 배우자의 한쪽이 다른 쪽에 교부하였다 하더라도 그것은 신분행위의 의사결정의 자유를 구속하는 것으로서 무효이다(69므18판결).

그리고 개인의 자유를 제한하는 행위 가운데, 근로 기타 경제활동의 자유를 지나치게 제한하는 행위도 무효가 된다. 근로자에게 근로관계의 해지권을 박탈하는 약정은 경우에 따라서는 과도한 법적 의무를 부담시키는 행위로서 무효가 된다. 다만, 판례는 해외연수 근로자가 귀국 후 일정 기간 근무하지 않으면 그 소요경비를 배상한다는 사규(社規)나 약정은 유효하다고 한다(82다카90판결).

또한 과도한 위약벌의 약정은 사회질서에 반하여 무효가 될 수 있다. 즉, 그 의무의 강제에 의하여 얻어지는 채권자의 이익에 비하여 약정된 벌이 과도하게 무거울 때에는 그 일부 또는 전부가 공서양속에 반하여 무효로 된다(92다46905판결). 그리고 피용자가 퇴직 후 고용주와 경쟁관계에 있는 영업을 하지 않는다는 계약, 영업 양도자가 일정한 기간 같은 종류의 영업을 하지 않는다는 계약 등은 원칙적으로 유효하지만, 금지 지역·기간·영업의 종류 등으로 보아 개인의 생존권적인 영업의 자유를 구속한다고 볼 수 있을 정도로 현저하게 제한되는 것이면 무효가 된다고 할 것이다(97다2221판결).

b) 혼인 기타 가족질서에 반하는 행위

일부일처제나 친자 간의 윤리, 성도덕 질서에 반하는 것을 목적으로 하는 법률행위는 무효이다. 판례는 첩계약은 처의 동의 유무에 관계없이 사회질서에 반하는 법률행위라 하여 이를 무효로 하고 있다(4293민상302판결, 67다1134판결). 또한 법률상 처가 있는 남자가 다른 여자와 혼인식을 거행하고 장래 혼인신고하기로 하여 혼인예약을 맺는 것도 무효라고 하며(4288민상245판결), 혼인 예약 후 동거 거부시 금원을 지급히기로 한 계약도 무효라고 한다(63다587판결).

역시 인지청구권은 본인의 일신 전속적인 신분관계상의 권리로서 포기할 수 없고, 포기하였다 하더라도 그 효력이 발생할 수 없는 것이므로, 비록 인지청구권을 포기하기로 하는 화해가 재판상 이루어지고 그것이 화해 조항에 표시되었다 할지라도 그 화해는 그 효력이 없다고 한다(85므70판결). 그리고 친자 간의 윤리관계로 자(子)가 부모의 이혼 후 모와 동거하지 않겠다고 하는 부자 간의 계약은 무효이며, 자가 부모를 상대로 하여 불법행위에 의한 손해배상을 청구하는 행위도 인륜에 반하여 허용되지 않는다고 할 것이다. 나아가 독신계약(獨身契約), 예컨대 여행원을 채용하면서 근무기간 중 혼인하지 아니할 것을 요구하는 약관이라든가, 특정인과 결혼하기로 한 약관 등은 무효이다. 왜냐 하면 혼인생활 또는 성생활관계는 계약에 의하여 법적 구속력을 가질 수 있는 성질의 것이 아니라고 할 것이기 때문이다.

c) 정의의 관념에 반하는 행위

어떤 범죄행위를 목적·조건·동기로 하는 법률행위는 무효이다. 판례는 범죄, 기타 부정행위를 유발하거나 조장하는 행위는 무효라고 하고(72다2249판결), 밀수입의 자금으로 사용하기 위한 대차나 그를 목적으로 한 출자는 사회질서에 위반한 사항을 목적으로 한 법률행위로서 무효라 하며(4288민상96판결), 도박자금 용도로 돈을 빌려 준 소비대차계약은 선량한 풍속 기타 사회질서에 위반한 사항을 내용으로 하는 법률행위로 무효라 하며(93다55234판결), 도박으로 잃은 돈을 회복하기 위하여 협박하여 소유권 이전등기를 받는 행위도 선량한 풍속과 정의의 관념에 반한 것이라 하여 무효라고 한다(74다157판결). 또한 허위진술의 대가로 작성된 각서에 근거한 급부의 약정은 그 급부의 상당성 여부와 관계없이 사회질서에 반하여 무효라고 한다(2000다71999판결). 그리고 당사자 일방은 부당한 이득을 얻고 상대방에게는 과도한 부담을 과하는 법률행위도 반사회적 법률행위로서 무효에 해당한다(94다34432판결). 가령, 금전 소비대차계약과 함께 이자의 약정을 하는 경우, 양쪽 당사자 사이의 경제력의 차이로 인하여 그 이율이 당시의 경제적·사회적 여건에 비추어 사회통념상 허용되는 한도를 초과하여 현저하게 고율로 정하여졌다면, 그와 같이 허용할 수 있는 한도를 초과하는 부분의 이자 약정은 대주가 그의 우월한 지위를 이용하여 부당한 이득을 얻고 차주에게는 과도한 반대급부 또는 기타의 부당한 부담을 지우는 것이므로 선량한 풍속 기타 사회질서에 위반한 사항을 내용으로 하는 법률행위로서 무효이다(2004다50426판결). 나아가 판례는 이중매매를 무효로 본다(66다1565판결). 그러나 매수인이 매도인의 배임행위에 적극 가담한 것이 아니고, 제1매매행위로 매도인이 소유권양도의무를 지고 있음을 단순히 제2매매행위 당시에 알고 있었다는 것만으로 당연히 이중매매행위를 반사회적인 법률행위로서 무효라고 할 것은 아니다(2009다23283판결).

**이중매매(二重賣買)**

등기주의를 채용하고 있는 현행 민법하에서는 부동산에 대한 미등기 매수인은 목적물을 인도받아 점유 사용하고 있어도 목적물의 소유권자로 되지 못하고 여전히 매도인이 소유권을 행사할 수 있다. 즉, 매도인은 다시 목적물을 제3자에게 처분할 수가 있다. 이 경우 제3자가 매도인과의 소유권 양도계약을 체결하고 등기를 마치게 되면 제3자는 목적물에 대한 소유권을 취득한다. 그 결과 제1매수인은 제3자의 물권적 청구권에 대항할 수 없고, 단지 매도인에 대하여 채무불이행을 이유로 손해배상만을 청구할 수 있을 뿐이다. 그런데 판례는 부동산 이중매매의 경우 제2매수인이 매도인의 배신행위에 적극 가담한 경우에는 민법 제103조를 적용하여, 제2매매행위를 반사회적인 법률행위로서 무효라고 하고 있다(66다1565판결). 따라서 제1매수인은 채무자인 매도인을 대위하여 제2매수인에 대하여 소유권이전등기말소청구를 하여 매도인 명의로의 등기를 회복한 다음, 자기 명의로의 이전등기를 할 수 있다고 한다(80다565판결). 또한 제2매수인의 등기가 원인무효로 된 경우에는 제2매수인으로부터 목적물을 전득한 자는 그가 선의인 경우에도, 부동산 등기에 공신력이 인정되지 않는 한 보호받지 못한다고 한다(79다942판결, 82다카672판결, 85다카1580판결. 특히 96다29151판결은 부동산의 이중양도가 반사회적 법률행위에 해당하여 무효인 경우 금반언 내지 신의칙의 원칙상 통정허위표시의 경우와 같이 선의의 제3자에 대하여는 무효를 주장할 수 없다고 보아야 한다는 주장을 배척하고 있다). 판례는 제2거래행위가 매매 이외의 행위, 가령 저당권설정계약의 경우에도 제103조를 적용한다(81다1134판결, 2000다41820판결).

이러한 판례이론에 대하여는 여러 측면에서의 비판이 제기되고 있다. 우선 반사회적 법률행위로서의 이중매매행위에 따라 이루어진 제2매수인 명의의 등기가 원인무효로 된 경우, 제1매수인 명의로의 등기 실현의 방법으로 매수인이 매도인의 제2매수인에 대한 등기청구권을 대위하기 위해서는 무엇보다도 매도인의 제2매수인에 대한 등기말소청구권이 존재하여야 한다. 그러나 판례는 불법원인급여의 경우에 불법급여자의 부당이득반환청구권 및 소유권에 따른 목적물반환청구권을 부인하고 있는 결과(79다4283판결), 이중매매의 경우 매수인이 대위하여야 할 매도인의 제2매수인에 대한 등기말소청구권이 존재하지 않는 것으로 된다. 그리고 이중매매행위에 대하여 제103조를 적용하게 되면 제2매수인으로부터의 선의의 전득자도 보호할 수 없게 되는데, 아무리 제1매수인 보호도 중요하지만 거래 안전도 무시하여서는 안 된다는 점에서 보면 판례이론에 문제가 있다.

첫째 점에 대하여 학설은 이중매매를 무효로 하는 것은 제1매수인을 보호하는 데 그 목적이 있는 것이므로, 일반의 불법원인급여와는 달리 이중매매의 경우에는 불법원인급여규정의 적용을 배제하여야 한다는 견해(이용훈, 반사회적 이중양도와 불법원인급여, 민사법의 제문제, 온산방순원선생고희기념논문집, 33면 이하)가 있으며, 독일·프랑스의 판례이론인 불법행위에 따른 원상회복을 인정함으로써, 제2매수인에 대하여 직접 제1매수인의 소유권이전등기말소청구권을 인정하여야 한다고 주장하기도 한다(윤진수, 제3자의 채권침해와 부동산의 이중양도, 사법논집, 제16집, 법원행정처, 1985, 156면). 둘째 점에 대하여 학설은 이중매매의 경우만은 등기에 공신력을 부여하자는 견해가 있으며(김응렬, 부동산의 이중매매에 관한 고찰, 사법논집, 제15집, 법원행정처, 1984, 26면), 이를 불법행위로 구성함으로써 선의의 제3자를 보호할 수 있다고 하는 견해가 있다(윤진수, 앞의 논문, 같은 면).

그런데 제1매수인의 권리행사에 유리하다는 것을 이유로 하여 이중매매를 불법행위로 이론 구성하여 원상회복을 인정하는 것은 금전 배상의 원칙과의 관계에서 문제가 있고, 설사 이를 인정한다고 하더라도 과실상계와의 관계에서 제1매수인의 제2매수인에 대한 소유권이전등기말소청구를 할 수 없는 경우가 있게 된다. 그런데 불법원인급여제도에서 불법급여자

의 부당이득반환청구를 인정하지 않음은 "인격적 비난을 받아야만 할 악(惡)"을 행한 자에 대한 법의 조력을 거부하는 데에 그 취지가 있다는 견해(고상룡, 347면)가 있으며, 또한 이중매매에서 문제는 매도인으로의 등기 회복이 아니라, 제1매수인으로의 소유권 이전등기 실현에 있다는 점에서 보면, 불법급여자의 급여물의 반환을 금지 내지 제한하는 불법원인급여규정은 이중매매의 경우에는 그 적용이 배제되어야 할 것이다. 즉, 제1매수인을 보호할 필요가 없다면 제2매매행위를 무효로 할 이유가 없는 것이다. 그리고 이중매매의 경우에만 등기에 공신력을 부여한다는 것은 문제가 있고, 또 불법행위이론에서도 선의의 전득자는 보호되고 악의의 전득자(轉得者)는 왜 제외되는지 그 근거가 불명확하다. 악의가 곧 고의 또는 과실로 인한 위법행위를 의미하는 것은 아니기 때문이다. 오히려 이중매매행위가 무효인 경우에는 절대적 무효라기보다는 상대적 무효라고 보아야 할 것이다. 따라서 원칙적으로 전득자는 등기된 대로의 권리를 취득한다고 할 것이고, 다만 전득자가 배신적 악의자인 경우에는 제1매수인과의 관계에서 신의칙 위반이라고 할 것이므로 등기의 유효를 주장할 수 없다고 새겨야 할 것이다(川井健, 不動産の二重賣買における公序良俗と信義則, 判例Times, 127號, 21面). 한편 판례는 부동산의 제2매수인이 매도인의 배임행위에 적극 가담한 결과 제2매매계약이 반사회적 법률행위에 해당하여 무효인 경우에, 그 무효인 제2매매계약을 원인으로 하는 제2매수인 앞으로의 소유권 이전등기가 확정판결에 따라 마쳐졌다 하더라도, 그 확정판결의 기판력에 저촉되지 않는 범위에서는 제1매수인이 위 소유권 이전등기의 무효를 주장할 수 있다고 한다(2001다8097, 8103판결).

d) 생존의 기초가 되는 재산의 처분행위

자기가 장차 취득할 전재산을 양도함으로써 그 사람의 생존을 불가능하게 할 경우에도 그러한 계약은 무효이다. 이에 관하여 명문의 규정을 둔 입법례도 있으나(독일구민법 제310조), 우리 민법 제103조에 의하여도 동일한 결론은 인정할 수 있을 것이다. 판례가 사찰이 그 존립에 필요불가결한 재산인 임야를 증여하는 행위를 무효로 한 것도 동일한 사고에 기인한 것이다(69다2293판결, 90다19848판결).

e) 사행성이 현저한 행위

사행성이 현저한 행위로는 도박계약과 같은 행위를 들 수 있다. 도박은 형사상의 범죄가 되지만, 범죄가 되지 않을 정도의 것도 도박에 관한 모든 계약은 사회질서에 반하여 무효이다. 가령, 앞에서 본 바와 같이 도박자금을 대부하는 행위, 도박에 패한 노름빚을 토대로 하여 대물변제하기로 한 계약도 무효이다. 또한 당초부터 오로지 보험사고를 가장하여 보험금을 취득할 목적으로 생명보험계약을 체결한 경우에는 사람의 생명을 수단으로 이득을 취하고자 하는 불법적인 행위를 유발할 위험성이 크고, 이러한 목적으로 체결된 생명보험계약에 의하여 보험금을 지급하게 하는 것은 보험계약을 악용하여 부정한 이득을 얻고자 하는 사행심을 조장함으로써 사회적 상당성을 일탈하게 되므로, 이와 같은 생명보험계약은 사회질서에 위배되는 법률행위로서 무효이다 (99다49064판결).

f) 국가·공공단체의 공적 활동에 장해(障害)를 주는 행위

수뢰계약, 범죄 사실을 말하지 않겠다는 계약, 금전을 받고 증인신청을 취하하는 계약, 증언조건으로 대가를 받기로 하는 약정 등을 들 수 있는데, 그 행위는 사회질서에 반하여 무효이다 (89다카10514판결, 2009다56283판결).

### (5) 반사회질서의 법률행위의 효과

① 반사회적 법률행위는 무효이다. 즉, 당사자가 그 법률행위를 통해서 달성하고자 했던 법률효과가 발생하지 않는다. 법률행위의 일부가 무효인 경우에는 일부무효의 법리에 의할 것이다. 다만, 법률행위가 사회질서에 반하여 무효인 경우에는 추인의

**판 례**

구 부동산중개업법(2005. 7. 29. 법률 제7638호 '공인중개사의 업무 및 부동산 거래신고에 관한 법률'로 전문 개정되기 전의 것)은 부동산중개업을 건전하게 지도·육성하고 부동산중개 업무를 적절히 규율함으로써 부동산중개업자의 공신력을 높이고 공정한 부동산 거래질서를 확립하여 국민의 재산권 보호에 기여함을 입법 목적으로 하고 있으므로(제1조), 중개수수료의 한도를 정하는 한편 이를 초과하는 수수료를 받지 못하도록 한 같은 법 및 같은 법 시행규칙 등 관련 법령 또는 그 한도를 초과하여 받기로 한 중개수수료 약정의 효력은 이와 같은 입법 목적에 맞추어 해석되어야 한다. (중략) 그렇다면, 고액의 수수료를 수령한 부동산 중개업자에게 행정적 제재나 형사적 처벌을 가하는 것만으로는 부족하고 구 부동산중개업법 등 관련 법령에 정한 한도를 초과한 중개수수료 약정에 의한 경제적 이익이 귀속되는 것을 방지하여야 할 필요가 있으므로, 부동산 중개수수료에 관한 위와 같은 규정들은 중개수수료 약정 중 소정의 한도를 초과하는 부분에 대한 사법상의 효력을 제한하는 이른바 강행법규에 해당하고, 따라서 구 부동산중개업법 등 관련 법령에서 정한 한도를 초과하는 부동산 중개수수료 약정은 그 한도를 초과하는 범위 내에서 무효이다 (2005다32159전원합의체 판결).

**판 례**

당사자가 도박의 자금에 제공할 목적으로 금전의 대차를 한 때에는 그 대차계약은 민법 제103조 소정의 반사회질서의 법률행위로서 무효라 할 것이니, 당사자가 이를 추인하여도 추인의 효력이 생기지 아니할 것이며, 이와 같이 반사회질서의 법률행위로써 그 법률행위가 무효로 된 것인 경우에는, 당사자가 그 무효임을 알고 추인하여도 새로운 법률행위를 한 효과마저 생길 수 없는 것이라고 보아야 할 것이다 (72다2249판결).

법리가 적용될 수는 없다.

② 반사회질서의 법률행위와 불법원인급여

반사회질서의 법률행위는 무효이기 때문에, 그러한 법률행위에 근거하여 이행을 청구한다든가 채무가 존재하지 않기 때문에 채무불이행으로 인한 손해배상을 청구하는 것은 있을 수 없다. 또한 임의로 이행된 급여에 대해서는 그 원인이 무효인 경우에는 부당이득으로서 급여자가 그 반환을 청구할 수 있지만(제741조), 통설·판례는 제103조를 위반한 경우(강행법규 위반을 포함하지 않음)에 그러한 급여는 제746조가 규정하고 있는 불법원인급여에 해당하므로 그 반환청구가 금지된다고 한다 (4293민상359판결, 65다1837판결, 90다18524판결). 제746조는 불법을 저지르고 법의 보호를 받는 것은 허용되어서는 아니 된다는 이상을 표현하고 있다는 것이다. 나아가 판례는 불법급여자의 부당이득반환청구만을 금지하지 않고 급여자의 소유권에 근거한 물권적 청구도 금지하고 있다 (79다483판결). 한편 유력설은 제103조와 제746조가 표리일체(表裏一體)의 관계에 있다는 통설의 입장과는 달리, 제746조의 '불법'은 "인격적 비난을 받아야만 할 악(惡)"으로서 풀이한다 (고상룡, 347면). 그리하여 강행규정이나 사행행위, 타인의 이익을 해하는 행위 등은 제746조의 불법에 해당하지 않는다고 해석한다. 또한 이중양도행위는 제103조에 해당하는 반사회적 행위가 되지만, 제746조의 불법원인급여에는 해당하지 않는다고 한다. 한편 제746조 소정의 불법에는 강행규정(제103조의 특별규정)을 위반한 경우도 포함한다고 새김으로써 반환청구가 금지되는 범위를 통설보다 넓게 해석하기도 한다 (이은영, 382면, 361면).

**판 례**

선량한 풍속 기타 사회질서에 위반하여 무효인 부분의 이자 약정을 원인으로 차주가 대주에게 임의로 이자를 지급하는 것은 통상 불법의 원인으로 인한 재산 급여라고 볼 수 있을 것이나, 불법원인급여에 있어서도 그 불법원인이 수익자에게만 있는 경우이거나 수익자의 불법성이 급여자의 그것보다 현저히 커서 급여자의 반환청구를 허용하지 않는 것이 오히려 공평과 신의칙에 반하게 되는 경우에는 급여자의 반환청구가 허용되므로, 대주가 사회 통념상 허용되는 한도를 초과하는 이율의 이자를 약정하여 지급받은 것은 그의 우월한 지위를 이용하여 부당한 이득을 얻고 차주에게는 과도한 반대급부 또는 기타의 부당한 부담을 지우는 것으로서, 그 불법의 원인이 수익자인 대주에게만 있거나 또는 적어도 대주의 불법성이 차주의 불법성에 비하여 현저히 크다고 할 것이어서 차주는 그 이자의 반환을 청구할 수 있다(2004다50426전원합의체 판결).

생각건대 제746조 소정의 불법 개념을 넓게 해석하게 되면, 불법급여자의 반환청구를 배척함으로써 정의의 관념과 일치하는 측면은 있으나, 반사회적 법률행위의 무효를 규정한 제103조에 반하는 결과가 됨은 물론이고, 그에 따라 수익자로 하여금 반사적 이익을 얻게 함으로써 공평의 관념에 반하게 된다. 반대로 불법 개념을 좁게 해석하면 불법을 행한 자가 오히려 법의 보호를 받는 결과가 되어 정의의 관념과 일치하지 않는다. 이렇게 볼 때 제746조 소정의 불법 개념을 제103조와 관련시켜 해석하는 것이 부당한 것은 아니지만, 불법 개념과 반사회성을 동일선상에 있는 것으로 해석하기보다는 반사회적 법률행위 중에서 선량한 풍속에 위반하지 않는 순수 사회질서 위반(물론 이를 양속 위반과 구별한다는 것 자체가 어려운 일이기는 하지만)의 법률행위로서 무효인 경우에는 제746조 소정의 불법에 해당하지 않는 것으로 보아 반환청구를 배척할 것은 아니라고 새겨야 할 것이다(동지, 정상현, 불법원인급여제도에 관한 연구, 성균관대 박사학위 청구논문, 1998, 205면 이하). 물론 불법원인 급여 후 급부로 이행받은 자가 별도의 약정으로 급부 그 자체 또는 그에 갈음한 대가물을 특약하는 것은 그 약정 자체가 반사회성을 띠어 무효가 되지 않는 한 유효하다(2009다12580판결).

### (6) 불공정한 법률행위

① 개 념

불공정한 법률행위라 함은 상대방의 궁박·경솔·무경험 등에 편승하여 상대방으로부터 자기의 급부에 비하여 현저하게 균형을 잃은 반대급부를 얻는 행위를 말한다. 불공정한 법률행위는 무효이다(제104조). 이러한 폭리행위의 금지는 계약자유의 원칙의 수정, 경제적 약자 보호라는 법정책의 한 표현이라고 할 것이다. 특히 불공정한 법률행위를 무효로 하는 제104조는 유상행위에만 적용된다. 따라서 기부행위 등 증여계약의 경우에는 그 적용이 없다(99다56833판결).

**판 례**

> 민법 제104조가 규정하는 현저히 공정을 잃은 법률행위라 함은 자기의 급부에 비하여 현저하게 균형을 잃은 반대급부를 하게 하여 부당한 재산적 이익을 얻는 행위를 의미하는 것이므로, 기부행위와 같이 아무런 대가관계 없이 당사자 일방이 상대방에게 일방적인 급부를 하는 법률행위는 그 공정성 여부를 운위할 수 있는 성질의 법률행위가 아니다(92다52238판결, 93다6409판결).

② 반사회적 법률행위와의 관계

통설·판례는 제104조의 폭리행위를 제103조의 사회질서 위반의 법률행위의 예시로 보고 있다(곽윤직, 220면; 장경학, 454면. 이영준, 246면은 불공정한 법률행위는 양속질서에 반하는 법률행위의 한 특별한 형태라고 한다. 63다821판결; 65사28재심판결). 즉, 폭리행위는 그 성질상 반사회질서의 법률행위의 하나라는 것이다.

유력설은 본조는 제103조와는 달리 '급부의 균형' 법리에 기초한 제도로 이해한다(고상룡, 349면). 즉, 요건의 측면에서 제103조는 반사회성이라는 객관적 요건만 중시되고 있지만, 본조는 급부의 균형이라는 객관적 요건 이외에 주관적 요건도 요구된다는 것이다. 또한 효과의 측면에서도 제103조의 효과는 전부를 절대적으로 무효로 하지만, 본조는 상대적 일부무효의 기능이 기대된다고 풀이한다. 한편 불공정한 법률행위는 반사회적 행위의 한 예가 아니며, 본조와 제103조는 취지를 달리한다는 주장도 있다(김증한/김학동, 319면). 즉, 본조는 사적 자치의 원칙에 대한 한계를 긋는 취지에서가 아니라, 사회적 형평의 이념에 기초한 것이라고 이해한다.

그런데 어느 입장에 있든 제104조의 요건을 갖추지 못하는 경우라도 제103조에 의하여 법률행위를 무효로 할 수 있음을 인정하고 있다는 점에서 논의의 실익은 없지 않은가 생각된다.

③ 요 건

a) 급부와 반대급부 간에 현저한 불균형이 있어야 한다.

어느 정도의 차이가 있을 때 현저한 불균형이 존재하느냐에 대해서는 객관적·구체적으로 결정하여야 한다. 즉, 불균형의 유무를 판단하는 데는 급부·반대급부의 거래 가치라는 객관적 기준에 의하여야 하고 당사자의 주관적 가치를 기준으로 해서는 안 된다 (2009다50308판결). 일반적으로 자기의 급부에 비하여 현저하게 균형을 잃은 반대급부를 하게 하여 부당한 재산적 이익을 얻는 행위는 불공정한 법률행위라고 할 수 있다 (92다52238판결). 가령, 매매가격이 시가보다 단순히 저렴하다는 이유만으로는 폭리행위가 부정될 것이지만, 시가의 1/3에 미달하는 가격으로 이루어진 건물의 매매(73다231판결) 또는 매도담보에 제공한 목적물의 가격이 채권액의 3~4배에 달한 경우라든가(4291민상565판결), 3,400만 원 상당의 임야를 600만 원에 매매한 경우(4291민상263판결), 정상적으로 받을 수 있는 손해배상금의 1/8만 받고 합의서를 작성한 경우

**판 례**

매도인이 부동산 매도 당시 가친의 병이 위독하여 그 치료비 등 비용관계로 할 수 없이 처분하게 된 궁박한 사정을 매수인이 알고 있었고, 매도인이 팔기를 꺼려하는 부분까지 매수인의 요구에 의하여 함께 팔지 않을 수 없었으며 매매 목적물의 경계확정 측량도 매수인이 일방적으로 하고, 그 부동산 가격도 토지 16,964평을 겨우 10,000원이라는 지극히 저렴한 것이었다고 한다면 위 매매행위는 본조에 해당하는 불공정한 법률행위이다 (68다88판결). 또한 본건 부동산에 대한 매매계약 체결 당시에 본건 부동산에 대한 경매사건이 계속되고 있었던 사실, 원고가 전혀 무학 무식한 부녀자로서 남편을 여의고 아무런 생업 없이 어린 3남매를 부양할 길조차 없어 방황하다가 아이들을 고아원에 맡기고 원고 자신은 유리걸식하는 상태에 있었던 사실, 본건 부동산의 본건 매매 당시의 시가는 40만 원 내지 50만 원인 사실 등이 인정되는 사정하에서 본건 매매가 시가의 2분의 1밖에 아니 되는 헐값으로 이루어진 것은 원고의 궁박, 경솔, 무경험에 인한 현저하게 불공정한 행위에 해당되어 무효이다 (64다1188판결).

(78다2457판결), 700만 원 상당의 유일한 가옥을 267만 원에 매도한 경우(79다275판결) 등은 불공정한 법률행위에 해당한다고 할 것이다.

급부와 반대급부 간의 현저한 불균형을 판단하는 시점은 법률행위시라고 할 것이다. 계약 체결시 이후에 생기는 사정까지 고려하여 판단하면 행위 당시의 정상적인 법률행위가 그 후의 사정으로 폭리행위로 전환될 수 있다는 불합리한 결과를 가져오기 때문이다.

**판 례**

환매권양도계약에 의하여 환매권 양수인이 양도인 명의로 환매하여 대금을 납부하기로 한 경우에 있어서 동 양도계약이 현저히 불공정한 법률행위에 해당하는지의 여부는 1차적으로 소외인이 피고에게 지급한 환매권 매수대금과 국가에 대신 납부하기로 하여 납부한 환매 부동산의 대금을 합한 금액이 당시의 부동산 시가와 비교하여 현저히 저렴한 가격이었는가에 따라 판단하여야 할 것이다(81다239판결). 그러나 대물변제예약이 불공정한 법률행위가 되는 요건의 하나인 대차의 목적물 가격과 대물변제의 목적물 가격에 있어서의 불균형이 있느냐 여부를 결정할 시점은 대물변제의 효력이 발생할 변제기 당시를 표준으로 하여야 할 것임이 원칙이므로, 채권 액수도 역시 변제기까지의 원리액을 기준으로 하여야 할 것이라고 한다(65다610판결). 그런데 후자의 판결은 대물변제예약에 따른 양도담보의 경우에 피담보 채권의 범위를 확정하기 위하여 채권의 변제기를 원용한 것으로 새겨야 할 것이다(백태승, 362면).

b) 폭리자가 피해자의 궁박·경솔 또는 무경험을 이용하였을 것

피해자가 궁박 상태에 있거나 경솔 또는 무경험이어야 하고, 폭리자가 피해자의 궁박·경솔 또는 무경험을 이용하여야 한다. 궁박이란 '급박한 곤궁', 즉 벗어날 길이 없는 어려운 상태를 의미하는 것으로서 주로 경제적인 궁박 상태를 말하나 반드시 이에 한하는 것은 아니고, 정신적·심리적 궁박도 포함한다.

**판 례**

민법 제104조 소정의 '궁박'이라 함은 '급박한 곤궁'을 의미하는 것이고 이는 경제적 원인에 기인할 수도 있고, 정신적 또는 심리적 원인에 기인할 수도 있으며, 당사자가 궁박의 상태에

있었는지 여부는 그의 신분과 재산 상태 및 그가 처한 상황의 절박성의 정도 등 제반 상황을 종합하여 구체적으로 판단하여야 한다(91다23660판결, 96다3406판결, 98다58825판결). 한편 형사 사건으로 구속된 피고인에게 당해 부동산을 팔면 그 구속을 풀어 준다고 권유하고 피고인은 구속 상태에서 해금될 목적으로 당시 시가 평당 3,000원 상당을 그 1/3에 불과한 평당 금 900원으로 매도한 경우에, 원심은 이 매매계약은 피고의 궁박한 상태를 틈타서 현저하게 공정을 잃은 방법으로 체결된 것이라고 판시하였으나, 대법원은 매매의 과정에 있어서 사기행위 또는 강박행위가 작용했고 또 이러한 행위에 기인하여 피고인이 하자 있는 의사표시를 하게 된 것이라고 볼 여지는 있으나, 이를 급박한 곤궁, 즉 민법 제104조 소정의 궁박 상태에 있었던 것이라고 보기는 어렵다고 판시하였다(73다673판결).

경솔이란 의사를 결정할 때에 결과에 대하여 통상인이 하는 고려를 하지 않은 심리 상태를 말한다. 다만, 자기책임의 원칙상 경솔의 결과에 대하여는 우선 행위자가 이를 감수하도록 하는 것이 거래 관념에 부합한다고 할 것이다. 이러한 점에서 최근의 민법개정안은 '경솔'을 '판단력의 부족'으로 개정할 것을 제안하고 있다. 따라서 경솔이 있을 경우에 제104조를 곧바로 적용할 것이 아니라 먼저 착오법리에 의할 것이다. 그러므로 경솔은 선천적 판단력 부족 또는 계약 체결 당시의 주위 사정으로 피할 수 없었던 고려의 부족 상태를 의미하는 것으로 한정하여야 할 것이다(이영준, 250면; 고상룡, 354면).

**판 례**

본건 토지들은 원고 시(市)에서 시행하는 북악스카이웨이 도로부지에 편입되는 토지들로서 본건 매매계약의 가격을 정함에 있어서, 원고 소속 공무원들이 재산가격조서를 작성할 때에 원고 산하 시유재산심의회의 결의에 의하여 사정 확정된 본건 토지의 평당 단가 2,100원으로 기재하여야 할 것을 그 10배인 21,000원으로 오기한 것은 경솔로 인한 것이고, 매매계약 체결 당사자인 관리과 직원도 그 계약 체결을 함에 있어서, 사정가격 2,100원을 21,000원으로 10배의 가격을 오기한 것을 발견치 못하고 그냥 10배인 오기 내용대로 사정가격으로 하여 계약을 체결하였음은 일련의 경솔에 기인한 것이라고 봄이 상당하다고 한다(76다2953판결). 다만, 본건은오히려 표시상의 착오문제로 다루어야 하지 않았나 생각된다. 특히 판례는 매매가격이 시가의 약 8분의 1 정도로 현저한 차이가 있고 매도인이 평소 어리석은 사람인 것이 인정되며 또한 매수인은 이건 부동산을 매수한 후 약 3개월 후에 매수가격이 4~5배 정도로 전매한 경우 특별한 합리적인 근거를 찾아볼 수 없는 사정이라면 이는 매도인의 경솔, 무경험에 인한 것이며, 매수인이 그 사정을 알고 이를 이용함으로써 이루어졌다고 추인할 수 있다고 한다(76다2179판결).

무경험이란 생활 경험의 부족을 가리키지만 반드시 일반적인 생활 체험의 부족을 요하지 않고, 개개의 생활 영역에 관한 것도 포함된다. 그러나 특별한 경우에 필요한 전문지식의 결여는 무경험에 포함되지 않는다.

**판 례**

농촌에 거주하는 79세된 노인으로부터 한국감정원의 감정가격의 30%에도 미치지 못하는 가격으로 토지를 매수하고, 계약금으로 매매대금의 3분의 1 이상을 지급하였으며, 매매계약 다음날 중도금을 지급하여 계약금과 중도금을 합한 액수가 매매대금의 80%에 이르는 등 매매계약의 내용이 이례적인 점 등에 비추어 불공정한 법률행위로 볼 여지가 있다(91다40351판결, 동지 94다18539판결).

물론 폭리행위가 성립하기 위해서는 위의 세 가지 요건을 모두 충족하여야 하는 것은 아니고, 그 일부만 갖추어도 충분하다.

**판 례**

민법 제104조의 불공정한 법률행위가 성립하기 위하여는 법률행위의 당사자 일방이 궁박, 경솔 또는 무경험의 상태에 있고, 상대방이 이러한 사정을 알고서 이를 이용하려는 의사가 있어야 하며, 나아가 급부와 반대급부 사이에 현저한 불균형이 있어야 하는 바, 위 당사자 일방의 궁박, 경솔, 무경험은 모두 구비하여야 하는 요건이 아니고 그중 어느 하나만 갖추어져도 충분하다(93다19924판결, 96다34061판결). 따라서 교통사고로 스포츠용품 대리점과 실내골프연습장을 운영하던 피해자가 사망한 후 망인의 채권자들이 그 손해배상청구권에 대하여 법적 조치를 취할 움직임을 보이자 전업주부로 가사를 전담하던 망인의 처가 망인의 사망 후 5일 만에 친지와 보험회사 담당자의 권유에 따라 보험회사와 사이에 보험 약관상 인정되는 최소 금액의 손해배상금만을 받기로 하고 부제소(不提訴) 합의를 한 경우, 그 합의는 불공정한 법률행위에 해당한다(98다58825판결).

c) 한편 불공정한 법률행위로서 무효이기 위해서는 폭리자가 피해자의 궁박, 경솔 또는 무경험에 편승할 것을 요한다(반대, 김증한/김학동, 322면). 이 경우 편승의 의미에 대하여 종래의 통설은 폭리자가 피해자에게 위와 같은 사정이 있음을 알고서 이것을 이용하려는 의사, 즉 악의가 있어야 한다고 풀이하나(곽윤직, 221면; 장경학, 456면), 그러한 의도나 악의까지는 필요 없고 피해자의 이와 같은 사정에 편승하거나 이용한다는 인식으로 족하다는 견해가 있다(이영준, 251면; 고상룡, 355면). 이에 대하여 판례는 알고 있을 것(70다2065판결), 편승할 것(89다카30219판결), 이용할 것(76다2179판결) 등으로 해석한 경우도 있으나, 대체로 악의가 있음을 요하고 있다.

**판 례**

피해 당사자가 궁박, 경솔 또는 무경험의 상태에 있었다고 하더라도 그 상대방 당사자에게 위와 같은 피해 당사자 측의 사정을 알면서 이를 이용하려는 의사, 즉 폭리행위의 악의가 없었다면 불공정한 법률행위는 성립하지 않는다(86다카563판결, 91다5907판결, 2002다38927판결).

d) 입증책임

급부와 반대급부 간의 현저한 불균형이 있다는 점, 피해자가 궁박, 경솔 또는 무경험의 상태에 있었다는 점 및 이와 같은 피해자의 사정을 알고 이를 이용한 점에 대한 주장·입증책임은 법률행위의시를 기준으로 불공정한 법률행위로서 무효라고 주장하는 자가 부담한다(통설. 2011다53683, 53690판결). 한편 대리인에 의하여 법률행위가 행하여진 경우에는 궁박 상태에 있었는지는 본인의 입장에서, 경솔 또는 무경험은 대리인을 기준으로 판단하여야 한다.

**판 례**

법률행위가 현저하게 공정을 잃었다고 하여 곧 그것이 궁박, 경솔하게 이루어진 것으로 추정되지 아니하므로, 본조의 불공정한 법률행위의 법리가 적용되려면 그 주장하는 측에서 궁박, 경솔 또는 무경험으로 인하였음을 증명하여야 한다(69다1873판결, 69다594판결). 다만, 대물변제 예약의 기본이 되는 채무와 목적물의 가격이 현저하게 공정을 잃은 때에는 채무자의 궁박 경솔 또는 무경험으로 인한 법률행위라는 추정을 받는다 할 것이나 적어도 그 법률행위의 무효를 주장하는 피고가 그 법률행위가 궁박, 경솔 또는 무경험으로 인한 것이라는 주장을 하여야 한다는 판결도 있다(62다599판결).

**판 례**

매도인의 대리인이 매매한 경우에 있어서 그 매매가 본조의 불공정한 법률행위인가를 판단함에는 매도인의 경솔, 무경험은 그 대리인을 기준으로 하여 판단하여야 하고 궁박 상태에 있었는지의 여부는 매도인 본인의 입장에서 판단되어야 한다(71다2255판결, 2002다38927판결).

④ 효 과

불공정한 법률행위는 무효이다. 판례는 불공정한 법률행위로서 무효인 경우에는 추인에 의하여 유효로 될 수 없지만(94다10900판결), 무효행위의 전환은 인정된다고 한다(94다10900판결). 즉, 제104조에서 정하는 '불공정한 법률행위'에 해당하여 무효인 경우에도 무효행위의 전환에 관한 제138조가 적용될 수 있다는 것이다(2009다50308판결). 폭리행위의 무효는 채권행위, 물권행위 모두에 미친다. 문제는 이 경우 법률행위가 전부 무효로 되는가이다. 법률행위의 일부가 무효인 경우에는 일부무효의 법리를 적용하여야 할 것이다.

문제는 불공정한 법률행위에 기초하여 이행이 있지 않으면 이행할 필요가 없으나, 이행이 된 경우에 불법원인급여로서 반환청구할 수 없는가에 있다. 폭리행위의 경우에는 불법원인은 폭리자 측에 있다고 할 것이므로 피해자는 제746조 단서에 의하여 급부한 것의 반환을 청구할 수 있다고 할 것이나, 폭리자는 반환청구권이 인정되지 않는다고 할 것이다. 따라서 피해자는 상대적으로 이득을 보게 된다(통설). 다만, 폭리자에게 한 급부행위는 무효이지만 폭리행위의 상대방에게 한 급부행위는 유효라고 하여, 급부행위의 효력을 분리해서 파악하고 있는 견해(이영준, 254면)가 있으나, 하나의 법률행위에 기초해서 행하여진 급부행위의 효력을 과연 분리해서 파악할 수 있는지 의문이다.

**판 례**

의료기관 또는 의사가 의료보험 환자 아닌 일반 환자를 치료하고 그 치료비를 청구함에 있어서 그 치료를 마친 의사 또는 의료기관은 그 치료비에 관하여 의료보험수가가 아닌 일반의료수가를 기준으로 계산한 치료비 전액의 지급을 청구할 수 있다 할 것이지만, 치료계약에 이르게 된 경위, 수술·처치 등 치료의 경과와 난이도 기타 변론에 나타난 제반 사정에 비추어 그 일반의료수가가 부당하게 과다하여 신의성실의 원칙이나 형평의 원칙에 반하는 특별한 사정이 있는 경우에는 예외적으로 그와 같은 제반 사정을 고려하여 상당하다고 인정되는 범위를 초과하는 금액에 대하여는 그 지급을 청구할 수 없다(95다3282판결). 그리고 채무금의 지급담보의 의미로 부동산의 소유권 이전등기에 필요한 서류를 교부한 경우에 채무금을 약정기일까지 지급하지 못할 때에는 부동산을 완전히 채권자의 소유로 한다는 약정은 본조의 규정에 의하여 무효라고 할지라도 채무담보를 위하여 소유권 이전등기를 하기로 한 채무담보 약정은 유효한 것이라 할 것이고, 1개의 법률행위에 관하여 유효 부분과 무효 부분을 가려 판단할 수 있는 것이다(67다1460판결).

## 3 법률행위의 해석

### 1) 개 관

#### (1) 법률행위의 해석의 의의

사적 자치에 의한 사법관계의 형성의 경우에, 법률행위(계약)의 해석은 법률의 해석 못지않게 중요하다. 가령, 계약에 기초한 당사자 간의 권리·의무관계를 정하는 것은 궁극적으로 계약의 해석에 관한 문제이기 때문이다. 계약의 해석은 계약의 성립·존속·소멸의 모든 과정에서 문제로 된다. 과연 합의가 존재하고 따라서 계약은 성립하는가(계약의 성부의 판단), 채무자는 어떠한 의무를 이행하여야 하는가(채무 내용의 확정), 나아가 당해 계약은 임대차인가 사용대차인가 등(법적용의 전제로서 계약의 법적 성질의 결정) 모두가 계약의 해석 문제라고 할 수 있다.

법률행위의 해석과 의사표시의 해석을 구분하는 견해가 없지 않지만(이은영, 420면), 법률행위는 의사표시를 요소로 하는 것이므로, 의사표시의 내용은 법률행위의 내용을 이루고, 결국은 법률행위의 해석은 의사표시의 해석임을 알 수 있다. 따라서 법률행위의 해석과 의사표시의 해석을 구분하여 파악할 필요는 없다(고상룡, 360면; 송덕수, 민법주해(2), 171면; 이영준, 256면; 김증한/김학동, 282면).

### (2) 법률행위의 해석 필요성

법은 당사자가 원하는 법률효과를 법률행위라는 개념을 매개로 하여, 그 요건이 충족되면 원칙적으로 그가 원하는 대로의 법률효과를 부여하여 이를 당사자 간의 법률관계로 인정한다. 그런데 당사자가 일정한 법률효과를 발생시키려고 법률행위를 하여도 현실적으로 그 내용이 불명확한 경우가 적지 않다. 다시 말하면, 당사자는 항상 장래의 분쟁을 예상하여 법률행위를 한다고는 말할 수 없으며, 법률행위에 사용된 용어가 부적절하다든가 중요한 사항이 빠진 경우가 있게 된다. 가령, 양만장(뱀장어 가두리양식장)에서 양식하는 뱀장어 약 100만 마리를 양도담보의 목적으로 제공하는 양도담보계약을 체결하였다고 하자. 이 경우에는 양도담보권의 효력이 미치는 목적물의 범위가 문제될 수 있다(88다카20224판결 참조). 왜냐하면 문언만으로는 양만장 내의 뱀장어 중 100만 마리로 제한되어 양도담보권의 효력이 미치는지, 아니면 양만장 내의 뱀장어 전체에 그 효력이 미치는지 명확하지 않기 때문이다. 따라서 그것을 명확히 한다든가 보충하여 법률행위의 내용을 확정할 필요가 있다. 그래야만 그에 대하여 법적인 효과를 부여할 수 있기 때문이다. 물론 법률행위의 해석은 궁극적으로 재판과정에서 법관에 의하여 행하여진다(74다1057판결).

## 2) 법률행위의 해석 기능

법률행위의 해석은 첫째, 표의자의 표지(標識)를 과연 의사표시로 볼 수 있는가 또는 아닌가 하는 의사표시의 존부를 확정한다. 예컨대, 甲이 농담으로 乙에게 일정한 물건을 주겠다고 말한 경우에 乙이 이를 진의로 이해한 경우라든가 혹은 경매장에서 甲이 친구에게 자기를 알리려고 손을 들었는데 그것이 경매의 청약으로 이해된 경우이다.

둘째, 계약서상의 조항이 불분명하거나 혹은 그 의미는 분명하나 표의자가 오기(誤記)하여 그에 대한 의미에 관하여 표의자의 의사가 상대방의 이에 대한 이해와 어긋나는 경우에 법률행위의 해석은 그 의사표시의 내용을 확정한다. 문제는 이 경우 표의자의 의사와 상대방의 이해 중 누구의 표상을 기준으로 의사표시의 내용을 확정할 것이냐에 있다. 일반적으로 법률행위의 해석은 주로 이 문제와 관련하여 논의되고 있다.

셋째, 법률행위의 해석은 의사표시가 비진의 의사표시인지, 통정한 허위표시인지,

착오에 의한 의사표시인지 또는 가능한지 혹은 강행법규에 반하는지 등의 판단을 가능하게 한다. 그리하여 법률행위의 해석은 법률행위가 유효하게 성립하고 있는지 여부를 결정한다. 예컨대, 甲이 물건을 300만 원에 팔겠다고 하는 의사로 乙에게 청약서를 보냈는데 그 청약서에 200만 원이라고 오기하였고, 그래서 乙은 200만 원을 물건의 매매대금이라고 생각하고 이를 승낙한 경우에, 甲의 내심의 의사와는 달리 표시에 따라 200만 원이 매매대금으로 확정되면 甲은 착오에 빠진 것으로 되고, 반대로 매매대금이 甲의 내심의 의사에 따라 300만 원으로 확정되면 乙이 착오에 빠진 것으로 된다. 이 경우 甲 또는 乙은 각각 착오의 요건을 들어 이를 이유로 자신의 의사표시를 취소하고 그 계약의 효력을 무효로 할 수 있다(제109조 제1항).

그러나 때로는 어느 누구의 표상을 기준으로 하여 의사표시의 내용을 확정하기 어려운 경우가 있다. 가령, 음식점의 메뉴사건(한 대학생이 식당에서 메뉴책을 가져갔다가 10년이 지나 이를 다시 그 식당에 갖다 놓았는데, 손님이 그 사실을 모르고 이 메뉴책에 따라 음식을 주문한 경우)에서처럼, 음식점 주인이나 손님 중 누구에게도 귀책가능성이 없는 경우라면, 어느 누구의 표상에 따라서도 법률행위가 성립한 것으로 확정할 수 없는 경우가 있다(이 경우 엄동섭, 법률행위의 해석, 사법연구, 제2집, 청림출판, 1994, 275면; 윤형렬, 청약과 승낙, 부당이득반환 및 의사표시의 해석, 고시계(2008. 9), 91면 이하는 법률행위의 성립을 부정한다).

넷째, 법률행위의 해석은 당사자가 규율하였어야 할 법률행위 내용을 보충하여 확정한다. 즉, 법률행위가 어떠한 내용을 가지는가를 명확히 하기 위해서는 법률행위 자체의 내용을 밝히는 것 외에, 법률행위에 규율의 틈(間隙) 내지 공백(空白)이 있는 경우에는 해석에 의하여 그것을 보충하여야 한다. 예컨대, 건축업자와 주택 건축계약을 체결하여 건물의 구조, 대금, 완성 건축물의 인도 기일은 정하였지만, 기타 사항은 정하지 않은 경우, 그 후에 건축업자가 인플레이션으로 건축 자재가 폭등하였다는 이유로 대금의 증액이나 추가공사비를 청구한다든가 또는 건축주가 조악한 공사라고 하여 보수나 대금 감액을 요구하는 경우 등의 분쟁이 적지 않다. 이와 같이 당사자 사이에 항상 장래의 분쟁을 예상하여 법률행위를 한다고는 말할 수 없고, 또 이러한 모든 경우를 예상하여 임의법규가 존재하는 것도 아니기 때문이다. 물론 이 경우 임의법규가 존재하는 경우에는 그것이 적용되고 법률행위의 보충적 해석의 여지는 없다.

### 3) 법률행위의 해석 목표

#### (1) 문제의 소재

법률행위의 해석은 법률행위의 내용을 확정하는 작업인데, 문제는 무엇을 기준으로 그 내용을 확정할 것인가에 있다. 즉, 법률행위의 해석의 목표를 어디에 둘 것이며, 또 무엇을 기준으로 그 목표를 달성할 것인지가 문제된다. 그런데 법률행위의 해석은 표의자의 의사표시가 명확하거나 진의와 표시가 일치할 때에는 크게 중요하지 않다(당사자들의 내심의 의사가 일치하는 경우라든가 혹은 상대방 없는 단독행위의 경우에는 표의자의 진의를 탐구하는 것이 법률행위 해석의 목표라고 하는 데에는 이론(異論)이 없다). 물론 의사표시의 의미가 일의적인 경우에도 법률행위의 해석은 필요하다(가령, 甲이 乙에 대하여 밀가루 100kg을 주문하였고 乙이 이에 대하여 승낙한 경우에, 만약 甲과 乙 사이에 밀가루라는 용어는 설탕을 지칭하는 것으로 합의하였다면, 그 매매계약의 목적물이 무엇인지는 해석에 의하여 확정하여야 한다). 그러나 법률행위의 해석은 실제로는 표의자의 의사와 상대방의 이에 대한 의사 내지 이해가 일치하지 않아 다툼이 생기는 경우에 주로 문제된다. 이 경우 표의자와 상대방 중 누구의 의사에 따라 법률행위의 내용을 확정할 것인지가 문제되는 것이다.

#### (2) 학 설

종래의 통설은 의사표시의 본질에 관하여 이른바 표시주의를 받아들여 법률행위 해석의 목표는 "표시행위가 가지는 객관적 의미를 탐구"하는 데 있다고 한다(곽윤직, 223면; 김증한/김학동, 284면).

그러나 최근에는 일정한 기준에 따라 법률행위의 해석을 구분하여 그 각각에 대한 해석의 목표를 달리 파악하고 있다. 가령, 법률행위의 해석을 계약의 해석 · 유언의 해석 · 유언 이외의 단독행위의 해석 · 합동행위의 해석으로 나누어 그 각각에 대한 해석의 목표를 달리 보면서, 특히 계약의 해석은 제1단계로 당사자의 진의를 탐구하고, 제2단계로 표시가 가지는 객관적 의미를 탐구하여야 한다는 견해가 있다(고상룡, 364면 이하).

또한 우리 민법이 취하고 있는 의사표시의 본질에 대한 새로운 시각에서 법률행위 해석의 목표를 각각 달리 파악하는 입장도 있다. 우선 우리 민법이 '신의사주의(新意思主義)'를 취하고 있다고 하면서, 법률행위의 대상은 원칙적으로 표의자의 내심적 효과의사를 탐구하는 데 있다고 이해하는 견해(이영준, 259면 이하)가 있다. 그리고 우리 민법이 '신뢰 보호(信賴保護)에 의하여 제한된 의사주의(意思主義)'를 취하고 있다고 보는 입장에서, 법률행위의 해석을 밝히는 해석과 보충적 해석으로 나눈 다음, 유언과 같은 상대방 없는 의사표시에서는 표의자의 진정한 의사를, 상대방 있는 의사표시에서는 표시 수령자가 알 수 있는 한에서 표시행위의 의미를 밝혀야 하고, 보충적 해석에서는 신의성실의 원칙에 따라 가장 적당하다고 인정되는 것이 탐구되어야 한다는 견해가 있다 (송덕수, 민법주해(2), 181면 이하). 나아가 법률행위의 해석 역시 사적 자치의 원칙이 요청하는 바를 충족시켜야 하는 것이라면, 법률행위 해석의 목표는 어디까지나 그 행위에 참여한 당사자들의 실재적 의사를 탐구하여야 하고 표시 수령자의 이해 가능성을 문제삼아서는 안 된다는 견해가 유력하다 (엄동섭, 법률행위의 해석, 271면).

### (3) 학설의 정리 · 검토와 사견

① 학설의 정리

법률행위의 해석의 목표를 정하는 경우 학설은 대체로 주관주의의 입장과 객관주의의 입장으로 나누어 볼 수 있다. 주관주의 입장에서는 법률행위의 해석의 목표를 사적 자치의 원칙을 근거로 하여 당사자의 진의 내지 당사자가 부여한 의미의 탐구에 있다고 하거나 혹은 내심적 효과의사의 탐구 혹은 당사자의 실제적 의사 내지 이해의 탐구에 있다고 한다. 반면에, 객관주의적 입장에서는 의사표시의 본질에 관한 우리 민법의 태도가 '표시주의' 또는 '표시주의에 강한 제한을 받는 의사주의' 또는 '신뢰 보호에 의하여 제한된 의사주의'에 있다고 전제하고, 법률행위의 해석의 목표를 표시의 객관적 의미의 탐구에 있다고 하거나 신뢰 보호의 필요성의 정도에 따라 다르게 정하여야 하지만, 원칙적으로 표시 수령자가 알 수 있는 한에서의 표시행위의 의미를 탐구하는 데 있다고 한다. 다만, 주관주의의 입장에서도 제2차적이라고 하든 제2단계라고 하든 표시의 객관적 의미 혹은 표시상의 효과의사를 탐구하여야 한다고 하며, 객관주의의 입장에서도 상대방 없는 단독행위(유언) 또는 그 이외의 법률행위(계약이나 상대방 있는 단독행위)에서 예외적이든 부차적이든 표의자의 진정한 의사 혹은 당사자가 일치하는 의사의 탐구를 인정한다.

결국 학설은 어느 입장에 서든 법률행위의 해석의 목표를 일의적으로 파악하지 않는다. 그리고 상대방 없는 단독행위와 그 이외의 법률행위에서도 표의자의 의사와 상대방의 이에 대한 의사 내지 이해가 일치하는 경우에는 다툼이 없고, 표의자의 의사와 상대방의 이에 대한 의사 내지 이해가 일치하지 않은 경우에는 다툼이 있다. 이 경우 일반적인 이해와는 달리, 즉 표시의 객관적 의미를 탐구하는 것이 아니고, 어느 당사자의 실제적 의사가 '정당한' 것인지를 규범적으로 판단하여야 한다는 주장이 있기는 하지만, 대체로 주관주의의 입장에 있든 객관주의의 입장에 있든 —그것을 법률행위 해석의 원칙 내지 주된 모습으로 이해하거나 제2차적 내지 제2단계의 문제로 이해하는 차이는 있다고 하더라도— 상대방 내지 표시 수령자의 이해 가능성을 기준(종래의 일반적인 견해는 관습, 임의법규, 신의칙을 기준으로 표시의 객관적 의미를 탐구하여야 한다고 한다)으로 파악한 표시의 객관적 의미를 법률행위의 내용으로 삼아야 한다고 주장한다.

② 학설의 검토

학설은 우선, 일반적으로 법률행위의 해석의 목표를 파악하는 경우에 이를 의사표시의 본질론과 연계시키고 있다. 그러나 의사표시의 본질론의 이해에 법률행위의 해석의 목표를 연계시켜 파악하는 것은 적절하지 않다. 의사표시의 본질론은 주로 법률행위의 해석의 결과 의사와 표시가 일치하지 않은 것으로 판명되고 난 다음, 문제되는 의사와 표시의 불일치 그 자체의 법적 효과에 관한 이론적 근거로서 주로 논의되고 또 실익이 있다고 할 것이기 때문이다. 그러므로 의사표시의 본질론의 이해에 따라 법률행위의 해석의 목표를 일의적으로 파악할 것은 아니다. 의사표시는 법률행위의 불가결의 구성 요소로서 사적 자치를 실현시키는 기능을 한다는 점에서 '의사(意思)'는 포기할 수 없는 요소이고, 또 의사표시는 내심의 의사만으로는 완성될 수 없고 표시에 의하여 비로소 완성된다는 점에서 역시 '표시(表示)'도 포기할 수 없는 요소라고 해야 할 것이다. 이렇게 볼 때 의사와 표시 중 어느 한 가지만을 의사표시의 본체로 파악하고 의사표시의 본질을 이해하는 것은 타당하지 않고(이영준, 130면; 김증한/김학동, 265면), 역시 법률행위의 해석의 목표를 의사와 표시 중 그 어느 한 가지의 의미의 파악에 있다고 이해하는 것도 타당하지 않다(김학동, 법률행위의 해석, 고시계, 1994. 2, 162면). 법률행위의 해석을 표시주의와 의사주의의 대립 문제로 이해할 것은 아니다(고상룡, 362면; 백태승, 369면).

그리고 학설은 법률행위의 해석의 목표를 정할 때 법률행위의 유형 내지 특성에 따라 다르게 파악하고 있다. 즉, 상대방 없는 단독행위, 계약 및 상대방 있는 단독행위로 구분하여 그 각각에 대한 법률행위의 목표를 달리 파악하고 있다. 이러한 태도는 타당하다고 할 것이다. 법률행위는 그 법률행위에 참여한 당사자에게 그 효력이 미친다는 점에서, 법률행위를 해석할 경우에는 그에 참여한 당사자의 이해관계를 고려하지 않으면 안 되고, 따라서 상대방이 있는 경우(김증한/김학동, 민법총칙, 284면은 상대방이 특정되어 있는 경우에는 그 상대방의 이해 가능성, 상대방이 불특정 다수인인 경우에는 평균적인 거래 참여자의 이해 가능성이 해석의 표준이 된다고 한다)와 없는 경우는 고려하여야 할 당사자의 모습이 다르기 때문이다. 또한 당사자 의사가 일치하는 경우와 그것이 일치하지 않는 경우를 나누어 법률행위의 해석의 목표를 파악함도 타당하다. 당사자 의사가 일치하는 경우에는 사실의 확정이 문제되는 점에서 규범적 판단이 개입할 여지가 없는 반면에, 당사자 의사가 일치하지 않은 경우에는 당사자 의사를 확정할 때(상대방의 이해 가능성을 기준으로 판단하든, 어느 쪽 당사자의 의사가 정당한 것인지를 판단하든) 규범적 판단을 필요로 하기 때문이다.

③ 사 견

그렇다면 법률행위의 해석의 목표를 어디에 두어야 할 것인가? 요컨대 법률행위를 통하여 사적 자치를 실현하는 것을 충족시켜야 한다면 어디까지나 당사자의 진정한 의사를 탐구하여야 한다. 따라서 상대방 없는 단독행위의 경우에는 표의자의 진정한 의사를, 계약 및 상대방 있는 단독행위의 경우에는 당사자의 일치하는 진정한 의사를 탐구하여야 할 것이다. 이른바 자연적 해석을 하여야 한다. 그러나 당사자의 의사 내지 이해가 일치하지 않은 경우에 무엇을 당사자의 진정한 의사로 파악할 것인가에 대하여는 문제가 있다. 즉, 표의자의 의사와 상대방의 이에 대한 의사 내지 이해 중 어느 것을 법률행위의 내용으로 파악할 것이냐이다. 이른바 규범적 해석이 문제되는 영역이다.

생각건대 표의자의 의사와 상대방의 이에 대한 의사 내지 이해가 일치하지 않는 경우에 아무리 상대방 내지 거래 안전의 보호가 중요하다고 하더라도, 상대방의 이해 가능성만을 기준으로 파악한 '표시의 객관적 의미' 내지 '표시상의 효과의사'를 법률행위의 내용으로 파악하는 것은 문제가 있다. 당사자 간의 권리·의무관계를 정하는 법률행위의 해석에서는 법률행위에 참여한 당사자의 이해관계를 고려하여야 하기 때문이다. 즉, 상대방 내지 거래 안전을 보호하여야 할 뿐 아니라 표의자를 보호함도 중요하다.

물론 상대방의 이해 가능성의 기준에 따라 탐구한 '표시행위의 객관적 의미' 내지 '표시상의 효과의사'를 법률행위의 내용으로 확정하여야 한다는 입장에서도 표의자의 귀책 가능성을 고려하여야 할 뿐 아니라 상대방도 표시를 잘못 이해할 수가 있으므로 상대방의 이해가 언제나 법률행위의 내용으로 해석되지는 않고, 상대방의 신뢰는 정당한 경우에 한하여 보호된다고 하거나(김학동, 법률행위의 해석, 163-4면), 표의자의 시각과 상대방의 시각의 교량(較量)이 필요하다고 하여(이영준, 271면), 정도의 차이는 있지만 표의자의 보호를 고려하는 태도를 보이고 있기는 하다.

어쨌든 통설이 표의자의 귀책 가능성과 상대방의 이해에 대한 정당성을 요구하고 있다는 점에서 결과적으로는 유력설과 대립적인 관계에 있는 것은 아니다. 그러나 통설은 유력설과 달리 표의자의 의사와 상대방의 이에 대한 이해 모두가 정당하고, 따라서 표의자나 상대방 중 어느 누구에게도 그 법률행위의 과정에 귀책 가능성이 없는 경우에는 상대방의 이해 가능성을 우선해서 법률행위의 내용으로 삼아야 한다는 것이다. 하지만, 표의자에게 의사표시의 과정에 귀책 가능성이 없음에도 불구하고 상대방의 이해 가능성의 기준에 따라서 표시행위의 객관적 의미를 법률행위의 내용으로 확정하는 것은 표의자에게 너무 가혹하다. 이 경우 혹자는 표의자는 착오를 이유로 자기의 의사표시를 취소함으로써 법률행위의 구속으로부터 해방될 수 있다고 새기나(송덕수, 민법주해(2), 184면), 언제나 착오를 이유로 취소할 수 있는 것은 아니라고 하여야 할 것이다.

결국 표의자의 의사와 상대방의 이에 대한 의사 내지 이해가 일치하지 않는 경우에는 상대방의 시각 내지 이해 가능성을 기준으로 탐구한 '표시행위가 가지는 객관적 의미'를 우선하여 법률행위의 내용으로 확정할 것이 아니라, 표의자의 의사와 상대방의 이에 대한 의사 내지 이해 중 어느 당사자의 의사 내지 이해가 정당한 것인지를 일정한 기준에 따라 판단하여야 하고, 그중에서 정당한 것으로 판단되는 의사 내지 이해가 법률행위의 내용이 된다고 파악함이 타당할 것이다(엄동섭, 법률행위의 해석, 274면).

### 보충적 해석과 목표

위와 같은 자연적 해석과 규범적 해석을 통하여 법률행위의 성립이 인정되더라도 당사자가 규율하였어야 할 법률행위의 내용에 틈 내지 공백이 있을 수 있다. 이러한 경우에 행하여지는 해석이 이른바 보충적 해석이다. 사적 자치의 원칙을 강조하고 당사자가 부여한 진정한 의미의 탐구를 법률행위의 해석의 목표로 삼는 한, 이른바 보충적 해석은 엄밀한 의미에서 법률행위의 해석에 포함된다고 볼 수는 없을 것이다. 그러나 임의규정이 존재하지 않는 경우도 있을 뿐 아니라 보충적 해석은 이미 당사자들이 법률행위 내용으로 삼은 바를 출발점으로 하여, 제반 사정과 신의성실의 원칙에 따라 그것의 의미를 계속하여 형성 · 발전시켜 법률행위의 틈 내지 공백을 메운다는 점에서 보면, 보충적 해석을 법률행위의 해석에서 배제하여 순수 법적용의 문제로만 이해할 것은 아니다. 보충적 해석을 순수 법적용의 문제로 보게 되면 당사자들의 착오 주장을 배제할 수 있다는 것이 법적용설의 논거이나, 법률의 착오도 취소의 대상이 된다고 할 것이므로 착오 주장을 배제하기 위하여 법적용설을 취할 것은 아니다(이영준, 282면).

그러면 이러한 보충적 해석의 목표를 어디에 둘 것인가이다. 학설은 대체로 법률행위의 보충적 해석의 목표를 당사자가 정한 법률행위의 내용에 기초하여 틈 내지 공백에 관하여 "당사자들이 규정의 필요를 알았더라면 규정하였을 것"을 탐구하는 데 있다고 하거나, "당사자들이 문제된 사항에 관하여 합의하였다면 그 법률행위(계약)에 포함되었을 내용", 즉 이른바 당사자들의 '가정적(또는 가상적) 의사'의 탐구에 있다고 한다(이영준, 283면; 김증한/김학동, 292면; 양창수, 민법주해(Ⅰ), 169면). 특히 가정적(가상적) 의사는 내심적 효과의사의 연장이라는 점에서 보충적 해석은 사적 자치와 조화되는 것이고, 이는 이미 무효행위의 전환에 관한 민법 제138조에서 실정법적 의미를 획득하고 있다고 한다. 그러나 보충적 해석에서는 여러 사정의 고려하에 신의성실의 원칙에 의하여 판단할 때 가장 적당하다고 인정되는 것이 탐구되어야 한다고 하면서, 위의 당사자의 가정적 의사의 탐구에 있다는 태도를 비판하는 견해도 있다(송덕수, 민법주해(Ⅱ), 208-9면). 하지만, 제반 사정과 신의칙의 고려하에 막연히 "가장 적당하다고 인정되는 것"을 보충적 해석의 목표라고 파악하게 되면 자칫하다가는 해석이라는 명분하에 법률행위의 내용을 당사자의 의사와는 달리 일탈 내지 확장하거나 수정하는 것까지 허용할 염려가 있다. 보충적 해석이 당사자의 의사를 보충하는 것이라면 그 목표는 어디까지나 당사자가 정한 법률행위의 내용을 출발점으로 하여 제반 사정과 신의칙에 따라 양 당사자의 '가정적(가상적) 의사'를 탐구하는 데에 있다고 이해함이 타당할 것이다.

**판례의 태도**

판례는 학설의 논의와는 달리 법률행위의 해석에 관한 일정한 원칙 내지 기준을 제시하지 아니하고, 당사자의 진의를 탐구하여야 한다고 하거나 표시행위에 부여한 객관적 의미를 탐구하여야 한다고 한다.

ⅰ) 잘못된 표시는 해(害)가 되지 않는다는 법리(falsa demonstratio non nocet)를 적용한 판결

부동산의 매매계약에서 쌍방 당사자가 모두 특정의 甲 토지를 계약의 목적물로 삼았으나

그 목적물의 지번 등에 관하여 착오를 일으켜 계약을 체결함에 있어서는 계약서상 그 목적물을 甲 토지와는 별개인 乙 토지로 표시하였다 하여도, 甲 토지에 관하여 이를 매매의 목적물로 한다는 쌍방 당사자의 의사 합치가 있은 이상 위 매매계약은 甲 토지에 관하여 성립한 것으로 보아야 하고 乙 토지에 관하여 매매계약이 체결된 것으로 보아서는 안 된다고 판시한다(93다2629, 2636판결, 92다31514판결).

ii) 당사자의 진의(眞意)를 탐구하여야 한다는 판결

계약의 해석은 그 계약서의 문구에만 구애될 것이 아니라 그 문언의 취지에 따름과 동시에 논리 법칙과 경험률에 따라 당사자의 진의를 탐구하여 해석하여야 한다고 하거나(4292민상819판결, 75다1034판결), 계약 당사자 간에 어떠한 계약 내용을 서면으로 작성하였을 경우에는 당사자의 내심적 의사의 여하를 불구하고, 그 서면의 기재 내용에 의하여 당사자의 참된 의사를 탐구하도록 합리적으로 해석하여야 할 것이라고 한다(4294민상1236판결). 또한 계약의 해석은 그 계약서 문언의 취지에 따름과 동시에 계약 당사자가 기도하는 목적과 계약 당시의 제반 사정을 참작하여 당사자의 진의에 맞도록 합리적으로 해석하여야 할 것이라고 한다(89다카17809판결).

iii) 표시행위에 부여한 객관적 의미를 탐구하여야 한다는 판결

법률행위의 해석은 당사자가 그 **표시행위에 부여한 객관적 의미**를 명백하게 확정하는 것이라든가(86다카2375, 2376판결, 2000다40858판결), 의사표시의 해석은 서면에 사용된 문구에 구애받을 것은 아니지만 어디까지나 당사자의 내심적 의사의 여하에 관계없이 그 서면의 기재 내용에 의하여 당사자가 그 **표시행위에 부여한 객관적 의미**를 논리칙과 경험칙에 따라 합리적으로 해석하여야 할 것이라고 한다(88다카15949판결, 2000다33607판결).

또한 진정 성립이 인정되는 처분문서를 해석함에 있어서는 먼저 특별한 사정이 없는 한 그 처분문서에 기재되어 있는 문언에 따라 당사자의 의사표시가 있었던 것으로 객관적으로 해석하여야 하고, 다만 그 처분문서의 기재 내용과 다른 특별한 명시적·묵시적 약정이 있는 사실이 인정될 경우에 그 기재 내용의 일부를 달리 인정하거나 작성자의 법률행위를 해석함에 있어서 경험칙과 논리 법칙에 어긋나지 아니하는 범위 내에서 자유로운 심증으로 판단할 수 있을 뿐이라고 한다(98다45744판결, 2007다11316판결).

이 경우, 당사자가 표시한 문언에 의하여 그 객관적인 의미가 명확하게 드러나지 않는 경우에는 문언의 내용과 법률행위가 이루어진 동기 및 경위, 당사자가 법률행위에 의하여 달성하려고 하는 목적과 진정한 의사, 거래의 관행 등을 종합적으로 고찰하여 사회 정의와 형평의 이념에 맞도록 논리와 경험의 법칙, 그리고 사회 일반의 상식과 거래의 통념에 따라 합리적으로 해석하여야 한다는 것이다(91다35571판결, 97다5060판결). 다만, 의사표시 해석에 있어서 당사자의 진정한 의사를 알 수 없다면, 의사표시의 요소가 되는 것은 표시행위로부터 추

단되는 효과의사, 즉 표시상의 효과의사이고 표의자가 가지고 있던 내심적 효과의사가 아니므로, 당사자의 내심의 의사보다는 외부로 표시된 행위에 의하여 추단된 의사를 가지고 해석함이 상당하다(2000다48265판결, 2002다23482판결)고 한다.

ⅳ) 타인 명의의 법률행위에서 당사자 확정에 관한 판결

판례는 "계약의 당사자가 타인의 이름을 사용하여 법률행위를 한 경우에는 행위자 또는 명의인 가운데 누구를 당사자로 할 것인지에 관하여 행위자와 상대방의 의사가 일치한 경우에는 그 일치하는 의사대로 행위자의 행위 또는 명의인의 행위로서 확정하여야 하지만, 그러한 일치하는 의사를 확정할 수 없을 경우에는 그 계약의 성질, 내용, 목적, 체결 경위 등 그 계약 체결 전후의 구체적인 제반 사정을 토대로 상대방이 합리적인 인간이라면 행위자와 명의자 중 누구를 계약 당사자로 이해할 것인가에 의하여 당사자를 결정한 다음, 그 당사자 사이의 계약 성립 여부와 효력을 판단하여야 한다."(94다4912판결, 97다22089판결)고 판시하여, 법률행위 해석에서 이른바 '상대방의 이해 가능성'을 문제삼고 있다.

ⅴ) 유언의 해석에 관한 판결

판례는 "토지 매수인이 그 토지에 사후(死後) 자신의 분묘를 설치하게 한 경우에는, 후손 중 1인이 개인의 자금으로 분묘시를 단독 매수하여 조상의 분묘를 설치한 경우와는 달리 장손에게 단독상속시켜 후에 용이하게 처분할 수 있게 하기보다는 자신을 공동선조로 하는 종중의 총유재산으로 하여 자손들로 하여금 영구 보존하게 할 의사였다고 봄이 우리의 전통적 사고에 부합한다."(89다카5680판결)고 하여, 전통적 사고를 통하여 유언자의 진의를 파악하고 있다. 또한 구수증서에 의한 유언은 민법상 유언의 보통 방식의 하나로 규정되어 있으나 그 실질에서는 다른 방식의 유언과는 다르므로 유언 요건을 완화하여 해석하여야 한다고 한다(76므15판결).

ⅵ) 보통거래약관의 해석

보통거래약관의 내용은 개개 계약 체결자의 의사나 구체적인 사정을 고려함이 없이 평균적 고객의 이해 가능성을 기준으로 하여 객관적·획일적으로 해석하여야 하고, 고객 보호의 측면에서 약관 내용이 명백하지 못하거나 의심스러운 때에는 고객에게 유리하게, 약관 작성자에게 불리하게 제한해석하여야 한다고 한다(98다20752판결, 2006다55005판결). 약관의 규제에 관한 법률 제6조 제1항, 제2항, 제7조 제2, 3호가 규정하는 바와 같은 약관의 내용통제 원리로 작용하는 신의성실의 원칙은, 보험약관이 보험사업자에 의하여 일방적으로 작성되고 보험계약자로서는 그 구체적 조항 내용을 검토하거나 확인할 충분한 기회가 없이 보험계약을 체결하게 되는 계약 성립의 과정에 비추어, 약관 작성자는 계약 상대방의 정당한 이익과 합리적인 기대, 즉 보험의 손해전보에 대한 합리적인 신뢰에 반하지 않고 형평에 맞게끔 약관 조항을 작성하여야 한다는 행위 원칙을 가리키는 것이며, 보통 거래약관의 작성이 아무리

사적 자치의 영역에 속하는 것이라고 하여도 위와 같은 행위 원칙에 반하는 약관 조항은 사적 자치의 한계를 벗어나는 것으로서 법원에 의한 내용통제, 즉 수정 해석의 대상이 되는 것은 당연하며, 이러한 수정 해석은 조항 전체가 무효 사유에 해당하는 경우뿐만 아니라 조항 일부가 무효 사유에 해당하고 그 무효 부분을 추출 배제하여 잔존 부분만으로 유효하게 존속시킬 수 있는 경우에도 가능하다는 것이다(90다카23899판결).

vii) 소송행위의 해석

당사자 쌍방이 소송 계속 중 작성한 서면에 위와 같은 불상소 합의가 포함되어 있는가 여부의 해석을 둘러싸고 이견이 있어 그 서면에 나타난 당사자의 의사해석이 문제되는 경우, 이러한 불상소 합의와 같은 소송행위의 해석은 일반 실체법상의 법률행위와는 달리 내심의 의사가 아닌 철저한 표시주의와 외관주의에 따라 그 표시를 기준으로 하여야 하고, 표시된 내용과 저촉되거나 모순되어서는 아니 된다. 다만, 당해 소송제도의 목적과 당사자의 권리구제의 필요성 등을 고려할 때 그 소송행위에 관한 당사자의 주장 전체를 고찰하고 그 소송행위를 하는 당사자의 의사를 참작하여 객관적이고 합리적으로 소송행위를 해석할 필요는 있다. 따라서 불상소의 합의처럼 그 합의의 존부 판단에 따라 당사자들 사이에 이해관계가 극명하게 갈리게 되는 소송행위에 관한 당사자의 의사해석에 있어서는, 표시된 문언의 내용이 불분명하여 당사자의 의사해석에 관한 주장이 대립할 소지가 있고 나아가 당사자의 의사를 참작한 객관적·합리적 의사해석과 외부로 표시된 행위에 의하여 추단되는 당사자의 의사조차도 불분명하다면, 가급적 소극적 입장에서 그러한 합의의 존재를 부정할 수밖에 없다(2007다52317, 52324판결).

### 4) 법률행위의 해석 방법과 기준

법률행위의 해석의 목표는 그 법률행위에 참여한 당사자의 진정한 의사를 탐구하는 데에 있다고 할 것이므로, 먼저 자연적 해석에 의하여 당사자의 진의를 파악하고, 당사자 간에 의사 내지 이해가 일치하지 않을 때에는 규범적 해석에 의하여 어느 당사자의 의사 내지 이해가 정당한지를 파악하고 그중 정당한 것을 법률행위의 내용으로 확정하여야 한다. 그리고 자연적 해석과 규범적 해석에 의하여 법률행위가 성립되고 난 다음에도 그 법률행위에 규율의 틈 내지 공백이 있는 경우에는 보충적 해석에 의하여 이를 보충하여 법률행위의 내용을 확정하여야 한다.

#### (1) 자연적 해석

자연적 해석이란 상대방 없는 단독행위에서는 표의자의 진정한 의사를 탐구하고,

계약과 상대방 있는 단독행위의 경우에는 당사자의 일치하는 진정한 의사를 탐구하여 법률행위의 내용을 확정하는 해석을 말한다. 이 경우 진정한 의사는 순수한 내심의 의사를 말하는 것은 아니다. 그러면 어떠한 방법으로 표의자의 진정한 의사 내지 양 당사자의 일치하는 진정한 의사를 탐구할 것인가, 우선 유언의 해석에서는 유언에 대하여 이해관계를 가지는 자(예: 상속인 또는 수증자)가 이를 어떻게 이해하였는가 혹은 그것이 객관적으로 어떠한 의미를 가지는가 하는 점은 고려할 것이 아니고, 유언자의 진의를 탐구하여야 한다. 그리고 양 당사자의 일치하는 진정한 의사는 당사자들이 제시한 각종 증거자료를 토대로 하여 탐구할 것이고, 만약 의사와 표시에 불일치가 있더라도 상대방이 표의자의 잘못된 표시에도 불구하고 표의자의 진의를 파악하였을 때에는 표의자의 의사를 당사자의 일치하는 진정한 의사로서 인정하고 이를 법률행위의 내용으로 삼아야 할 것이다. 즉, 잘못된 표시는 해가 되지 않는다.

그렇지만 이와 같이 상대방이 표의자의 진정한 의사를 알 수 있었거나 알았어야 하였으나 부주의로 이를 알지 못한 경우에도 표의자의 의사를 양 당사자의 일치하는 진정한 의사로 인정할 것이냐는 문제이다. 이를 인정하여야 한다는 견해가 있으나(이영준, 273면), 이는 양 당사자의 의사 모두 정당하지 않은 경우로서 법률행위는 성립하지 않은 것으로 보아야 할 것이다.

### (2) 규범적 해석

규범적 해석이란 계약 및 상대방 있는 단독행위에서 당사자의 의사 내지 이해가 일치하지 않는 경우에, 그 가운데에서 어느 당사자의 의사 내지 이해가 정당한 것인지를 규범적으로 판단하여, 정당한 것으로 판단된 당사자의 의사를 법률행위의 내용으로 확정하는 해석을 말한다. 규범적 해석을 할 경우에는 우선 당사자들이 제시하는 각종 증거자료를 통하여 각 당사자의 의사(또는 이해)를 확인한 다음, 그와 같이 확인된 각 당사자의 의사가 과연 정당한 것인지의 여부를 규범적으로 판단하여야 한다. 이 경우 정당성의 판단 기준으로는 거래 관행 기타 제반 사정과 신의성실의 원칙을 들 수 있다. 즉, 문언의 내용과 그 법률행위가 이루어진 동기 및 경위, 당사자가 그 법률행위에 의하여 달성하려고 하는 목적 기타 거래 관행을 고려하여 신의성실의 원칙에 따라 규범적으로 판단하여야 한다. 그 결과 어느 한 당사자의 의사(또는 이해)가 정당하다고 판단되는 경우에는, 그것을 바로 그 법률행위의 내용으로 해석하여야 할 것이다. 이 경우 만약 양 당사자의 의사(또는 이해)가 모두 정당한 것으로 판단되는 경우에는 이른바 '무의식적 불합의'가 성립하고, 모두 정당하지 않은 것으로 판단되는 경우 역시 그 계약은 성립하지 않은 것이 된다고 할 것이다. 물론 합리적 상대방의 시각 내지 이해가능성을 기준으로 탐구한 '표시행위가 가지는 객관적 의미'를 우선하여 의사표시의 내용을 확정하더라도 계약의 경우에는 무의식적 불합의로 되어 계약은 성립하지 않는 것으로 해석된다는 점에서 통설과 유력설은 결론에서는 차이가 있는 것은 아니라고 하겠다.

**판 례**

실제 매매계약을 체결한 행위자가 자신의 이름은 특정하여 기재하되 불특정인을 추가하는 방식으로 매매계약서상의 매수인을 표시한 경우(즉, 실제 계약체결자의 이름에 '외 ○인'을 부가하는 형태)에 있어서는, 비록 실제 계약을 체결한 행위자가 당시 계약금 마련 과정에서 일부 자금을 출연한 사람이나 장래 중도금 및 자금의 지급과정에서 예상되는 제3자의 투자자 등을 "외○인"에 해당하는 공동매수인으로 추가시키려는 내심의 의사를 가지고 있었다고 하더라도, 계약 체결시나 그 이후 합의해제 시점까지 매도인에게 "외 ○인"에 해당하는 매수인 명의를 특정하여 고지한 바가 없고 매도인의 입장에서 이를 특정 내지 확정할 수 있는 다른 객관적 사정도 존재하지 않는다면, 그러한 계약의 매수인 지위는 매도인과 명확하게 의사 합치가 이루어진 부분으로서 실제 계약을 체결한 행위자에게만 인정된다고 보아야 할 것이다(2007다76603판결).

### 거래 관행 기타 제반 사정

일반적으로 제반 사정에는 당사자가 법률행위를 통해서 기도한 목적 기타 법률행위 당시에 각자에게 속하거나 각자가 인식했던, 그리고 인식 가능한 모든 사정이 이에 포함된다. 그 중 거래 관행은 민법 제106조에서 '사실인 관습'의 형태로 법률행위 해석의 기준으로 제시되어 있다. 문제는 이 경우 당사자들이 상이한 관습이 지배하는 거래권에 속하는 경우에 어느 관습을 기준으로 삼아야 하느냐이다. 학설은 상대방이 표의자의 권역에서의 관습을 알았던 경우에는 표의자의 권역에서의 관습에 의하며, 상대방이 이를 쉽게 알 수 없었던 경우에는 어느 쪽의 관습에도 의할 수 없으며, 계약에서 일정한 장소가 중요성을 가지는 경우에는 그 장소에서의 관습에 의할 것이라는 견해(김증한/김학동, 288면), 관습은 법률행위의 모든 당사자의 영역에서 존재하는 것이어야 법률행위 해석의 표준이 된다고 하여 어느 쪽의 관습도 적용될 수 없다는 견해(곽윤직, 226면; 송덕수, 민법주해Ⅱ, 283면; 이은영, 433면), 표의자가 속하는 권역에서의 관습이 원칙적으로 기준이 된다는 견해(이영준, 299면), 상대방이 속하는 권역에서의 관습이 기준으로 된다는 견해(고상룡, 368면)로 갈려 있다. 규범적 해석을 일치하지 않는 당사자의 의사 내지 이해 중에서 과연 어느 당사자의 의사 내지 이해가 정당한 것인지를 판단하는 것을 의미하는 것으로 파악하는 한, 각 당사자의 의사 내지 이해의 정당성은 당연히 각 당사자가 속하고 있는 거래권의 관습에 따라 판단하고, 그 결과 양 당사자의 의사 내지 이해가 모두 정당한 것으로 판단되는 경우에는 무의식적 불합의가 성립한 것으로 보아야 할 것이다(엄동섭, 법률행위의 해석에 관한 연구, 서울대 박사학위 논문, 1992, 256면).

### (3) 보충적 해석

보충적 해석이란 자연적 해석과 규범적 해석을 통하여 법률행위의 성립이 인정되었으나, 당사자가 규율하였어야 할 법률행위의 내용에 규율의 틈 내지 공백이 있는 경우에 양 당사자의 가정적 의사를 탐구하여 법률행위의 내용을 보충하는 해석을 말한다. 법률행위의 틈(간극) 내지 공백은 의식적이든 무의식적이든 관계없이 발생할 수 있다. 즉, 계약 체결 당시에는 그러한 사항이 문제되지 않아 규율하지 않았거나 예상하지 못하여 규율하지 못하였는데 사후에 일정한 공백이 있는 것으로 나타날 수 있는 것이다. 따라서 보충적 해석에서는 법률행위 당시 또는 보충적 해석을 할 당시의 제반 사정을 고려하여 신의성실의 원칙에 따라, 당사자가 규율의 공백을 알았더라면 어떻게 규율하였을 것인가를 양 당사자의 이익 상태를 비교형량하여 공평에 맞도록 탐구하여야 할 것이다(92다39334, 39341판결).

**추정적 의사와 가정적 의사의 구별**

추정적 의사는 가정적 의사 또는 의제된 의사와는 구별할 것이다. 추정적 의사란 일반적으로 어떠한 표현행위를 하는 사람이 사실적으로 가진 의사를 제반 정황으로부터 추단하여 그의 의사표시로 인정하는 것을 의미하고, 이렇게 행하여진 의사표시는 '묵시적 의사표시'라고도 불린다. 예를 들어, 어떤 사람이 정류장에서 버스를 기다리다가 아무 말 없이 자신이 원하는 버스에 올라타는 경우에, 그가 버스회사와의 사이에 운송계약을 체결하려는 의사표시는 '묵시적 의사표시'인 것이다.

그러나 만일 제반 사정 아래서 문제되는 사항에 관하여 자신의 법적 의사를 표시하였다고 가정하는 경우에 이러저러한 의사표시를 하였으리라고 인정되는 경우에는 그러한 의사는 이른바 '가정적 의사'이다. 통상 '보충적 해석'이라고도 불리는 가정적 의사의 탐색은 애초부터 방법적으로 표의자가 현실적으로 가지지 않는 의사를 법률행위의 내용으로 상감(象嵌)하는 것으로서, 일반적으로 그 성질은 엄밀하게 말하면 의사표시의 해석에 속하는 작업이라기보다는, 법관 등의 제3자가 당사자의 계약 등 법률관계의 처리를 위하여 그 법률관계의 내용을 보충적으로 형성하여 가는 일로서의 측면이 뚜렷하다. 그러므로 거기에서 일반적으로 표의자의 '자기결정'을 찾기는 쉽지 않다 (이른바 존엄사를 인정한 2009다17417전원합의체 판결의 반대의견 참조. 물론 묵시적 의사를 현실의사로 보고, 추정적 의사를 가정적 의사로 파악하는 입장이 있다. 김천수, 연명치료에 관한 계약법적 고찰, 성균관법학 제21권 3호(2009. 12), 89면 이하).

**판 례**

계약당사자 쌍방이 계약의 전제나 기초가 되는 사항에 관하여 같은 내용으로 착오가 있고 이로 인하여 그에 관한 구체적 약정을 하지 아니하였다면, 당사자가 그러한 착오가 없을 때에 약정하였을 것으로 보이는 내용으로 당사자의 의사를 보충하여 계약을 해석할 수 있는 바, 여기서 보충되는 당사자의 의사는 당사자의 실제 의사 또는 주관적 의사가 아니라 계약의 목적, 거래관행, 적용 법규, 신의칙 등에 비추어 객관적으로 추인되는 정당한 이익조정 의사를 말한다(2005다13288판결).

물론 보충적 해석은 법률행위에 틈 내지 공백이 있는 경우에 이에 대한 임의법규가 존재하지 않는 경우에 한하여 행하여야 한다. 또 해석이라고 하는 명분하에 당사자의 의사를 무시하여서는 안 된다. 문제는 보충적 해석을 통하여 계약의 내용을 공평에 맞도록 수정할 수 있느냐에 있다. 이른바 수정적 해석이 가능한가이다. 학설은 이를 긍정하는 입장(고상룡, 378면)과 부정하는 입장(이영준, 316면; 김증한/김학동, 293면)으로 갈려 있다. 판례는 약관을 해석할 때 이른바 '예문(例文)' 해석이라는 이름으로 법률행위의 내용을 수정하고 있다 (66다1479판결, 88다카15949판결). 그러나 신의성실의 원칙에 기초한 보충적 해석의 이름으로 법률행위의 내용을 변경하는 것은 사적 자치를 무색하게 할 염려가 있다는 점에서 이를 허용해서는 안 될 것이다. 어디까지나 보충적 해석도 법률행위의 해석인 만큼 그것은 당해 법률행위의 내용으로부터 일정한 점에 대하여 어떤 규율이 끌어내어질 수 있는 한에서 가능하다고 할 것이기 때문이다.

### 5) 법률행위 해석의 성질

법률행위의 해석이 사실의 확정 문제인지 아니면 법률적 가치판단의 문제인지가 다투어지고 있다 (통설은 법률문제로 보나 사실문제로 보는 견해도 있다. 이영준, 319면). 이는 소송상 입증책임의 소재와 상고 가능성 여부와 관련되어 있다. 요컨대 자연적 해석에서는 표의자의 의사 또는 양 당사자의 일치하는 의사를 각종 증거자료를 토대로 탐구하여 이를 법률행위의 내용으로 확정하여야 한다는 점에서 사실의 확정이 문제되므로 사실문제라 할 것이고, 규범적 해석에서는 자연적 해석에 의하여 확정된 사실을 기초로 하여 어느 당사자의 의사가 정당한지를 규범적으로 판단하는 작업이라는 점에서 법률문제로 볼 것이다. 역시 보충적 해석에서도 양 당사자의 가정적 의사를 규범적으로 탐구하는 작업이라는 점에서 법률문제로 보아야 할 것이다.

**판 례**

당사자에 의하여 무엇이 표시되었는가 하는 점과 그것으로써 의도하려는 목적을 확정하는 것은 사실인정의 문제이고, 인정된 사실을 토대로 그것이 가지는 법률적 의미를 탐구 확정하는 것은 의사표시의 해석으로서, 이는 사실인정과는 구별되는 법률적 판단의 영역에 속하는 것이다. 그리고 어떤 목적을 위하여 한 당사자의 일련의 행위가 법률적으로 다듬어지지 아니한 탓으로 그것이 가지는 법률적 의미가 명확하지 아니한 경우에는 그것을 법률적인 관점에서 음미, 평가하여 그 법률적 의미가 무엇인가를 밝히는 것 역시 의사표시의 해석에 속한다 (2010다69940 판결).

**법률행위의 해석에 관한 규정 신설안**

ⅰ) 제안 이유: 법률행위의 내용을 확정하는 법률행위의 해석은 실제 분쟁에서 가장 중요한 문제임에도 현행법상 이에 관한 직접적 규정이 없어, 법률행위의 해석에 있어 당사자의 진정한 의사, 기도한 목적, 거래 관행 등을 고려하여 신의성실에 좇아 해석하여야 한다는 규정을 신설한다.

ⅱ) 규정 내용: 제106조(法律行爲의 解釋) ① 法律行爲의 解釋에 있어서는 表現된 文言에 구애받지 아니하고 當事者의 진정한 意思를 밝혀야 한다.

② 法律行爲는 當事者가 의도한 目的, 去來慣行 그 밖의 事情을 고려하여 信義誠實의 原

則에 따라 解釋하여야 한다.

##  법률행위의 무효와 취소

### 1) 개 관

#### (1) 무효와 취소의 의의

일정한 법률행위가 유효하게 성립하면 당사자가 의욕한 대로의 효과가 발생한다. 그런데 어떤 법률행위가 성립하여도 일정한 유효 요건을 갖추지 못하여 법이 효력 부여를 거부하면 법률행위는 당사자가 원한 대로의 결과를 발생시킬 수 없다. 법률행위가 효력을 발생하지 않는 경우는 처음부터 무효인 경우와 법률행위를 무효로 할 권리 있는 사람이 그 권리를 행사함으로써 비로소 무효로 되는 경우로 나뉜다. 전자를 무효라 하고 후자를 취소라 한다. 즉, 무효인 법률행위는 특정인의 주장을 기다리지 않고 당연히 그 효력이 발생하지 않는데 반하여, 취소할 수 있는 법률행위는 취소권자가 취소권을 행사하기까지는 여전히 유효하고 취소함으로써 소급하여 무효로 된다(제141조 본문). 또한 무효인 법률행위는 시간의 경과에 의하여 그 효력에 변동이 생기지 않는 반면에, 취소할 수 있는 법률행위는 취소권의 존속기간이 경과하면 더 이상 취소할 수 없게 된다(제146조 참조).

**판 례**

취소한 법률행위는 처음부터 무효인 것으로 간주되므로 취소할 수 있는 법률행위가 일단 취소된 이상 그 후에는 취소할 수 있는 법률행위의 추인에 의하여 이미 취소되어 무효인 것으로 간주된 당초의 의사표시를 다시 확정적으로 유효하게 할 수는 없고, 다만 무효인 법률행위의 추인의 요건과 효력으로서 추인할 수는 있으나, 무효행위의 추인은 그 무효 원인이 소멸한 후에 하여야 그 효력이 있고, 따라서 강박에 의한 의사표시임을 이유로 일단 유효하게 취소되어 당초의 의사표시가 무효로 된 후에 추인한 경우 그 추인이 효력을 가지기 위하여는 그 무효 원인이 소멸한 후일 것을 요한다고 할 것인데, 그 무효 원인이란 의사표시의 취소사유라 할 것이므로 무효 원인이 소멸한 후란 것은 당초의 의사표시의 성립 과정에 존재하였던 취소의 원인이 종료된 후, 즉 강박 상태에서 벗어난 후라고 보아야 한다(95다38240판결).

### (2) 무효와 취소의 이중효

어느 법률행위가 무효사유와 취소사유를 모두 포함하고 있는 경우에 양 사유는 경합한다. 이 경우 무효인 법률행위를 취소할 수 있는가가 문제된다. 이를 무효·취소의 이중효(二重效)라 한다 (고상룡, 592-3면). 통설은 무효란 법률행위의 효력이 저지된 상태를 의미하므로, 무효인 법률행위라 하여 아무것도 없는 무(無)의 상태인 것은 아니기 때문에 당사자는 무효인 법률행위를 취소할 수 있다고 한다. 가령, 의사능력 없는 미성년자의 법률행위라든가, 강박행위로 인하여 의사결정의 자유가 완전히 박탈된 상태에서 행한 법률행위의 경우에 표의자는 당해 법률행위의 무효를 주장할 수도 있고 취소권을 행사하여 법률행위를 무효로 할 수도 있다.

**표 3-4** 무효와 취소의 비교

| 구 분 | | 무 효 | 취 소 |
|---|---|---|---|
| 사유 | 당사자 | 의사무능력자의 법률행위 | 행위무능력자의 법률행위 |
| | 목 적 | 제103조, 제104조, 원시적 불능, 불확정, 불법 동기·조건, 강행규정(효력법규) 위반 | |
| | 의사표시 | 비진의 의사표시(제107조 제1항 단서), 통정 허위표시(제108조 제1항) | 착오로 인한 의사표시(제109조 제1항), 하자 있는 의사표시(제110조 제1·2항) |
| 주장자 | | 누구든지 | 취소권자(제140조) |
| 기 간 | | 제한 없음. | 추인할 수 있는 날로부터 3년, 법률행위 있은 날로부터 10년(제146조) |
| 효 력 | | 처음부터 효력이 발생하지 않음. | 일단 효력이 발생하나 취소하면 소급하여 무효(제141조) |
| 미이행·기이행 | | 이행청구 부인·반환청구 가(可) | 이행청구 부인·반환청구 가(可) |
| 추 인 | | 추인할 수 없으나, 무효임을 알고 추인한 경우 새로운 법률행위로 봄(제139조). | 취소권자는 취소의 원인이 소멸한 후 추인할 수 있음(제143조, 제144조). |
| 방 치 | | 유효로 되지 않음. | 취소기간 경과 유효로 확정 |

**판 례**

> 강박에 의한 법률행위가 하자 있는 의사표시로서 취소되는 것에 그치지 않고 나아가 무효로 되기 위하여는, 강박의 정도가 단순한 불법적 해악의 고지로 상대방으로 하여금 공포를 느끼도록 하는 정도가 아니고, 의사표시자로 하여금 의사결정을 스스로 할 수 있는 여지를 완전히 박탈한 상태에서 의사표시가 이루어져 단지 법률행위의 외형만이 만들어진 것에 불과한 정도이어야 한다(97다38152판결). 그리고 의사표시가 강박에 의한 것이어서 당연무효라는 주장 속에 강박에 의한 의사표시이므로 취소한다는 주장이 당연히 포함되어 있다고는 볼 수 없다(95다40038판결).

## 2) 법률행위의 무효

### (1) 무효의 의의

① 무효란 법률행위가 성립한 때부터 법률상 당연히 효력을 발생하지 않는 것을 말한다. 법률행위의 무효는 법률행위가 성립된 것을 전제로 하며 법률행위 자체가 성립되지 않은 경우에는 무효가 문제될 여지가 없다. 즉, 법률행위가 부존재인 경우에는 법률행위의 일부무효(제137조), 무효행위의 전환(제138조), 무효행위의 추인(제139조) 등의 규정은 적용되지 않는다.

② 법률행위가 무효로 되는 경우는 a) 강행규정에 위반하는 법률행위(제105조 참조), b) 의사무능력자의 법률행위, c) 허위표시(제108조 제1항), d) 비진의 의사표시의 예외의 경우(제107조 제1항 단서), e) 사회질서에 반하는 법률행위(제103조), f) 불공정한 법률행위(제104조), g) 무권대리행위(제130조) 내지 무권리자의 처분행위 등이다. 또한 특별법에 의하여 법률행위가 무효로 되는 경우가 있다(사립학교법 제28조 제2항, 국토의 계획 및 이용에 관한 법률 제118조 제6항, 상호신용금고법 제17조 제1·2항 등).

### (2) 무효인 법률행위의 효과

법률행위가 무효이면 당사자가 의욕한 법률효과가 발생하지 않게 되지만, 소송상 무효를 주장하는 자가 이를 주장·입증하여야 한다(통설). 무효인 법률행위에 따라 급부가 이행된 경우에는 원칙적으로 부당이득에 관한 규정에 의하여 반환되어야 하고(제741조 이하), 아직 이행되지 않은 경우에는 이행할 필요가 없다. 물론 제535조에 따르는 계약 체결상의 과실책임이 발생할 수 있으며 불법행위의 요건을 충족하는 경우에는 손해배상청구권도 발생할 수 있다(김천수, 법률행위의 무효, 한국민법이론의 발전(Ⅰ), 박영사, 1999, 165면 이하).

**판 례**

무효인 법률행위는 그 법률행위가 성립한 당초부터 당연히 효력을 발생하지 않는 것이므로, 무효인 법률행위에 따른 법률효과를 침해하는 것처럼 보이는 위법행위나 채무불이행이 있다고 하여도 법률효과의 침해에 따른 손해는 없는 것이므로 그 손해배상을 청구할 수는 없다(2002다72125판결).

### (3) 무효의 종류

① 절대적 무효·상대적 무효

절대적 무효는 강행법규에 위반하는 법률행위·의사무능력자의 법률행위 등과 같이 법률상 당연하게 아무런 효력도 발생하지 않는 것이다. 법률행위가 절대적으로 무효인 경우에는 그 무효를 누구에게 대해서도 주장할 수 있다.

상대적 무효는 그 무효를 일정한 사람에게 대항할 수 없다는 형태로 나타난다. 가령, 상대방이 진의 아님을 알고 있거나 알 수 있었을 비진의 의사표시 또는 허위표시에 따른 법률행위는 당사자 간에는 무효이지만, 거래의 안전을 보호하기 위하여 선의의 제3자에 대해서는 그 무효 주장이 허용되지 않고 유효로 취급된다(제107조 제2항, 제108조 제2항).

② 당연무효·재판상 무효

당연무효는 무효로 하기 위하여 어떠한 행위나 절차를 필요로 하지 않는 무효이다. 일반적으로 민법상 무효는 당연무효이다. 이에 대하여 상법상 회사 설립의 무효(상법 제184조), 회사 합병의 무효(상법 제236조)와 같이 소송에 의해서만 그 무효를 주장할 수 있는 무효를 재판상 무효라고 한다.

③ 전부무효·일부무효

a) 전부무효란 법률행위에 무효 원인이 있을 때에 법률행위의 전부가 무효가 되는 것을 말한다. 이와 달리 법률행위의 일부에만 무효 원인이 있는 경우가 일부무효

이다 (91다8739판결, 2004다50426판결). 법률행위의 일부분이 무효인 때에는 원칙적으로 전부를 무효로 한다 (제137조 본문). 이 규정은 일부취소의 경우에도 유추 적용된다.

**판 례**

하나의 법률행위의 일부분에만 취소사유가 있는 경우에 그 법률행위가 가분적이거나 그 목적물의 일부가 특정될 수 있다면, 그 나머지 부분이라도 이를 유지하려는 당사자의 가정적 의사가 인정되는 경우 그 일부만의 취소도 가능하고, 또 그 일부의 취소는 법률행위의 일부에 관하여 효력이 생긴다고 할 것이나, 이는 어디까지나 어떤 목적 혹은 목적물에 대한 법률행위가 존재함을 전제로 한다 (98다56607판결, 97다44737판결, 91다36062판결).

b) 일부무효의 경우에 그 부분이 무효로 되는 것은 당연하지만, 그것이 법률행위 전체에 어떠한 영향을 미치는가가 문제된다. 민법은 무효부분이 없더라도 법률행위를 하였을 것이라고 인정될 때에는 나머지 부분에 대한 법률행위는 무효가 되지 아니한다 (제137조 단서)고 규정하고 있다. 이를 '일부무효의 법리'라 한다. 가령, 중국음식점 주인 A가 B로부터 짜장면 20그릇을 주문받아 요리하던 중 10그릇을 완성한 때에 정전이 되었으므로 더 이상 요리를 할 수 없게 되어 그 사실을 B에게 연락한 경우, 원칙적으로 전부가 무효이나 B가 10그릇이라도 주문하였으리라고 인정되는 때에는 10그릇에 관해서는 유효하다. 이러한 일부무효의 법리는 일부취소의 경우에도 유추 적용된다 (98다56607판결, 97다44737판결, 91다36062판결).

다만, 판례는 대금 또는 보수나 이율이 과도하게 많은 경우에 계약 전체를 무효로 하는 것이 아니라 그 대금 또는 보수나 이율 중에서 일정 한도를 초과하는 부분에 한해서만 무효를 인정하는 이른바 '양적 일부 무효'를 인정하고 있다 (91다8722, 8739판결, 2004다50426판결, 2008다32501판결).

**판 례**

여러 개의 계약이 체결된 경우에 그 계약 전부가 하나의 계약인 것과 같은 불가분의 관계에 있는 것인지는 계약체결의 경위와 목적 및 당사자의 의사 등을 종합적으로 고려하여 판단하여야 하고, 각 계약이 전체적으로 경제적, 사실적으로 일체로서 행하여진 것으로 그 하나가 다른 하나의 조건이 되어 어느 하나의 존재 없이는 당사자가 다른 하나를 의욕하지 않았을 것으로 보이는 경우 등에는, 하나의 계약에 대한 기망 취소의 의사표시는 법률행위의 일부무효이론과 궤를 같이하는 법률행위 일부취소의 법리에 따라 전체 계약에 대한 취소의 효력이 있다 (2012다115120 판결).

c) 일부무효의 법리가 적용되기 위해서는 법률행위가 일체성이 있어야 하되 양적으로 분할 가능성이 있어야 하고, 나머지 부분만이라도 법률행위를 하였을 것이라고 하는 당사자의 의사를 인정할 수 있어야 한다. 이 경우 의사는 실재하는 의사가 아니라 법률행위의 일부분이 무효임을 알았다면 당사자 쌍방이 이에 대비하여 의욕하였을 가정적 의사를 말한다 (2011다9068판결).

**판 례**

복수의 당사자 사이에 중간생략등기의 합의를 한 경우 그 합의는 전체로서 일체성을 가지는 것이므로, 그중 한 당사자의 의사표시가 무효인 것으로 판명된 경우 나머지 당사자 사이의 합의가 유효한지의 여부는 민법 제137조에 정한 바에 따라 당사자가 그 무효 부분이 없더라도 법률행위를 하였을 것이라고 인정되는지의 여부에 의하여 판정되어야 할 것이고, 그 당사자의 의사는 실재하는 의사가 아니라 법률행위의 일부분이 무효임을 법률행위 당시에 알았다면 당사자 쌍방이 이에 대비하여 의욕하였을 가정적 의사를 말한다 (95다38875판결).

**판 례**

국토이용관리법상의 규제구역 내의 토지와 건물을 일괄하여 매매한 경우 일반적으로 토지와 그 지상의 건물은 법률적인 운명을 같이하는 것이 거래의 관행이고, 당사자의 의사나 경제의 관념에도 합치되는 것이므로, 토지에 관한 당국의 거래 허가가 없으면 건물만이라도 매매하였을 것이라고 볼 수 있는 특별한 사정이 인정되는 경우에 한하여 토지에 대한 매매거래 허가가 있기 전에 건물만의 소유권 이전등기를 명할 수 있다고 보아야 할 것이고, 그렇지 않은 경우에는 토지에 대한 거래 허가가 있어 그 매매계약의 전부가 유효한 것으로 확정된 후에 토지와 함께 이전등기를 명하는 것이 옳을 것이다 (92다16836판결).

d) 제137조는 임의규정이다. 따라서 일부무효에 관한 당사자의 약정이 있으면

그에 따라야 하고, 또한 법률이 일부무효의 효과를 개별적으로 정하고 있는 경우(제385조, 제591조 제1항, 제651조 제1항, 약관규제에 관한 법률 제16조)에는 그에 따른 효과가 주어지고 제137조는 적용되지 않는다 (2003다1601판결). 다만, 나머지 부분을 무효로 한다면 그 법의 취지에 명백히 반하는 결과가 초래되는 경우에는 나머지 부분까지 무효가 된다고 할 수는 없다 (2006다38161, 38178판결).

**일부무효의 법리에 관한 개정안**

i) 개정 이유: 계약 충실의 원칙에 비추어 법률행위의 일부가 무효라고 하여 전부를 무효로 하는 것은 타당하지 않으므로, 법률행위의 일부가 무효인 때에도 원칙적으로 나머지 부분은 유효한 것으로 하여 현행법상 전부무효의 원칙을 일부무효의 원칙으로 변경한다.

ii) 개정 내용: 제137조 중 "때에는 그 全部를 無效로 한다. 그러나 그 無效部分이 없더라도 法律行爲를 하였을 것이라고 認定될 때에는 나머지 部分은 無效가 되지 아니한다."를 "때에도 나머지 部分은 效力이 있다. 그러나 效力 있는 部分만으로는 法律行爲를 하지 아니하였을 것이라고 인정되는 때에는 그 全部를 無效로 한다."로 한다.

④ 확정적 무효 · 미확정 무효

법률행위의 무효는 확정적 무효인 것이 원칙이며, 추인을 하더라도 효력이 생기지 않는다 (제139조). 그런데 무효인 법률행위 중에는 후에 추인에 의하여 소급하여 유효로 되는 경우가 있다. 이를 미확정 무효라 한다. 가령, 무권대리행위나 처분권 없는 자의 처분행위는 본래 확정적 무효이나, 후에 본인 또는 처분 권한 있는 자가 추인하면 소급하여 효력이 있게 된다 (제130조 · 제133조, 79다2151판결 등). 또한 판례는 허가 없이 체결한 허가구역 내의 토지거래 계약이라든가 관할청의 허가 없이 체결한 양도계약 등은 강행법규에 위반한 것으로 확정적 무효와 다름이 없지만, 후에 관할청의 허가가 있는 경우에는 그 법률행위는 소급하여 확정적으로 유효하게 된다고 한다. 판례는 이 경우 허가를 받기까지의 법률행위의 효력을 유동적 무효로 새긴다 (90다12243판결 등). 이러한 유동적 무효도 미확정 무효에 해당한다. 다만, 일부 학설은 무권대리행위라든가 정지조건부 법률행위를 불확정 무효(schwebende Unwirksamkeit)로, 그리고 허가 없이 체결한 토지거래 계약을 미완성의 법률행위(nicht volendetes Rechtsgeschäft)로 개념 구별하여, 법률행위의 무효와는 다른 제도로 파악한다 (이영준, 587면).

판 례

무권대리행위는 그 효력이 불확정 상태에 있다가 본인의 추인 유무에 따 라 본인에 대한 효력 발생 여부가 결정되는 것인 바, 그 추인은 무권대리행위가 있음을 알고 그 행위의 효과를 자기에게 귀속시키도록 하는 단독행위이다(95다28090판결).

판 례

국토이용관리법상의 규제구역 내의 '토지 등의 거래계약' 허가에 관한 관계 규정의 내용과 그 입법 취지에 비추어 볼 때 토지의 소유권 등 권리를 이전 또는 설정하는 내용의 거래계약은 관할 관청의 허가를 받아야만 그 효력이 발생하고 허가를 받기 전에는 물권적 효력은 물론 채권적 효력도 발생하지 아니하여 무효라고 보아야 할 것인 바, 다만 허가를 받기 전의 거래계약이 처음부터 허가를 배제하거나 잠탈하는 내용의 계약일 경우에는 확정적으로 무효로서 유효화될 여지가 없으나, 이와 달리 허가받을 것을 전제로 한 거래계약(**허가를 배제하거나 잠탈하는 내용의 계약이 아닌 계약은 여기에 해당하는 것으로 본다**)일 경우에는 허가를 받을 때까지는 법률상 미완성의 법률행위로서 소유권 등 권리의 이전 또는 설정에 관한 거래의 효력이 전혀 발생하지 않음은 위의 확정적 무효의 경우와 다를 바 없지만, 일단 허가를 받으면 그 계약은 소급하여 유효한 계약이 되고 이와 달리 불허가가 된 때에는 무효로 확정되므로, 허가를 받기까지는 유동적 무효의 상태에 있다고 보는 것이 타당하므로, 허가받을 것을 전제로 한 거래계약은 허가받기 전의 상태에서는 거래계약의 채권적 효력도 전혀 발생하지 않으므로, 권리의 이전 또는 설정에 관한 어떠한 내용의 이행청구도 할 수 없으나 일단 허가를 받으면 그 계약은 소급해서 유효화되므로 허가 후에 새로이 거래계약을 체결할 필요는 없다(90다12243판결).

판 례

사찰 소유의 일정한 재산을 대여, 양도 또는 담보에 제공하는 때에는 관할청의 허가를 받아야 한다는 구 불교재산관리법(**1962. 5. 31. 법률 제1087호, 전통사찰보존법 부칙 제2조에 의하여 폐지**) 제11조 제1항 제2호 및 전통사찰보존법 제6조의 규정은 강행법규로서 이에 위반한 양도계약은 무효이고, 사찰 재산의 양도에 필요한 위와 같은 허가는 반드시 그 양도 전에 미리 받아야 하는 것은 아니고 양도 후에라도 허가를 받으면 그 양도계약은 소급하여 유효한 것으로 된다고 할 것이지만, 양도계약이 처음부터 허가를 배제·잠탈하는 내용의 것이거나 또는 양도계약 후 당사자 쌍방이 허가받지 않기로 하는 의사표시를 명백히 한 때에는 그 양도계약은 그로써 확정적으로 무효로 되어 더 이상 관할청의 허가를 받아 유효한 것으로 될 여지가 없다(99다26979판결).

### (4) 무효행위의 전환

① 의 의

무효행위의 전환이란 어떤 법률행위가 무효이어서 당사자가 당초 의도한 법률효과가 생기지 않는 경우에도, 그 행위가 다른 법률행위로서의 요건을 갖추고 또 당사자가 그 무효를 알았더라면 다른 법률행위를 하는 것을 의욕하였으리라고 인정될 때에는 다른 법률행위로서의 효력을 인정하는 것을 말한다(제138조).

일부무효에 관한 제137조는 '양적인 일부무효'를 규정한 것이고, 무효행위의 전환에 관한 제138조는 '질적인 일부무효'를 규정한 것이므로 양자 사이에는 본질적인 차이가 없는 것으로 이해되고 있다(고상룡, 609면; 이영준, 667면).

② 요 건

a) 원래의 법률행위가 무효일 것: 무효행위의 전환은 일단 성립한 법률행위가 무효인 경우에 비로소 문제된다. 단독행위에도 무효행위의 전환이 인정되는가에 대해서는 논의가 있다. 단독행위의 성질상 이를 부정하는 견해가 있으나(곽윤직, 295면), 제1071조가 단독행위인 유언에 대한 무효행위의 전환을 인정하고 있으며, 상대방 있는 단독행위의 경우에 상대방을 불이익하게 하지 않는 한 부정할 이유가 없다고 할 것이다(이영준, 616면).

b) 다른 법률행위의 요건을 갖추고 있을 것: 문제로 되는 것은 요식행위인 경우이다. 다른 법률행위가 불요식행위인 경우에는 문제가 없다고 할 것이나(지상권 설정계약으로서 무효인 것을 임대차계약으로 유효한 것으로 인정하는 것이 그 예이다), 요식행위인 경우에는 문제된다. 그 형식을 완화하면 요식행위로 한 입법 취지에 반할 염려가 있기 때문이다. 아무튼 민법은 비밀증서에 의한 유언이 그 방식에 흠결이 있는 경우에 그 증서가 자필증서의 방식에 적합한 때에는 자필증서에 의한 유언으로 본다(제1071조). 다만, 일부 학설(곽윤직, 295면; 이영준, 672면)이 예로 들고 있는, 연착된 승낙은 청약자가 이를 새 청약으로 볼 수 있다(제530조)라든가, 승낙자가 청약에 대하여 조건을 붙이거나 변경을 가하여 승낙한 때에는 그 청약의 거절과 동시에 새로운 청약을 한 것으로 본다(제534조)는 규정은, 법률행위를 구성하는 법률사실의 전환을 인정하고 있는 점에서, 무효인 법률행위의 전환을 인정한 것으로 볼 것이 아니다. 청약과 승낙의 의사표시를 법률행위인 단독행위로 새길 수는 없기 때문이다.

**판 례**

혼인 외의 자를 혼인 중의 자로 출생신고를 한 경우에 그 신고가 친생자 출생신고로는 무효이나 인지신고로는 유효하다고 하며(71다1983판결, 76다2189판결), 타인의 자를 자기의 자로서 출생신고를 한 경우에 그 신고는 출생신고로서는 무효이나, 당사자 사이에 입양 의사의 합치가 있고 입양의 다른 실질적 요건도 갖추어진 경우에는 입양신고로서는 유효하다고 한다(77다492판결, 2000므1493판결).

c) 다른 법률행위를 하는 것을 의욕하였으리라고 인정될 것: 당사자가 그 무효를 알았더라면 다른 법률행위를 하는 것을 의욕하였으리라고 인정되어야 한다. 이러한 전환 의사는 현실의 의사일 필요는 없고 가정적 의사로 족하다. 가정적 의사는 법률행위의 보충적 해석을 통해서 인정된다.

**판 례**

매매계약이 약정된 매매대금의 과다로 말미암아 민법 제104조에서 정하는 '불공정한 법률행위'에 해당하여 무효인 경우에도 무효행위의 전환에 관한 민법 제138조가 적용될 수 있다. 따라서 당사자 쌍방이 위와 같은 무효를 알았더라면 대금을 다른 액으로 정하여 매매계약에 합의하였을 것이라고 예외적으로 인정되는 경우에는, 그 대금액을 내용으로 하는 매매계약이 유효하게 성립한다고 할 것이다. 이때 당사자의 의사는 매매계약이 무효임을 계약 당시에 알았다면 의욕하였을 가정적(假定的) 효과의사로서, 당사자 본인이 계약 체결시와 같은 구체적 사정 아래 있다고 상정하는 경우에 거래관행을 고려하여 신의성실의 원칙에 비추어 결단하였을 바를 의미한다(2009다50308 판결).

### (5) 무효행위의 추인

① 의 의

무효행위는 절대적 무효를 원칙으로 하므로, 본래 행위 당시부터 모든 사람에게 효력이 없는 것으로 취급된다. 따라서 무효인 법률행위는 추인(追認)하여도 그 효력이 생기지 아니한다(제139조 본문). 다만, 무효인 법률행위라도 당사자가 무효임을 알고 추인한 경우에는 그 시점에서 새로운 법률행위를 한 것으로 본다(제139조 단서). 가령, A가 약물을 복용하여 의사능력이 없는 상태에서 B에게 자기 소유의 건물을 주겠다고 말한 경우에, 이러한 증여행위는 의사능력이 없는 상태에서의 의사표시로서 무효가 되나, 약물에서 깨어난 후 A가 건물의 증여를 추인하였다면 그때 B에 대한 새로운 증여가 있는 것으로 본다.

**판 례**

무효행위의 추인이라 함은 법률행위로서의 효과가 확정적으로 발생하지 않는 무효행위를 뒤에 유효케 하는 의사표시를 말하는 것으로 무효인 행위를 사후에 유효로 하는 것이 아니라, 새로운 의사표시에 의하여 새로운 행위가 있는 것으로 그 때부터 유효케 되는 것이므로 원칙적으로 소급효가 인정되지 않는 것이다(83므22판결).

② 요 건

a) 무효인 법률행위가 존재하여야 한다. 무효의 원인은 묻지 않는다. 다만, 제139조 소정의 무효인 법률행위란 확정적 무효인 경우를 의미하므로, 무권대리행위나 처분 권한 없는 자의 처분행위와 같이 미확정적 무효인 경우를 포함하지 않는다. 이 경우에는 본인이나 권리자의 추인에 의하여 소급하여 유효인 법률행위로 된다.

**판 례**

임야가 소외인에 의하여 처분되고, 필지에 따라서는 수차례 전전매매된 상태에서, 소유자들 측에서 이에 대한 특별한 이의를 제기하지도 아니한 채 선대 분묘를 타처에 이장하기까지 하였다면, 소유자들의 그와 같은 일련의 행위는 그들의 형인 소외인의 권한 없는 처분행위를 추인하였다고 평가될 소지가 충분하다(93다19146판결). 반면에, 무권대리행위에 대하여 본인이 그 직후에 그것이 자기에게 효력이 없다고 이의를 제기하지 아니하고 이를 장시간에 걸쳐 방치하였다고 하여 무권대리행위를 추인하였다고 볼 수 없다(88다181판결).

b) 법률행위가 무효임을 알고 추인하여야 한다. 추인의 의사표시는 묵시적으로 행하여질 수 있다(2009다37831판결, 2009다37718판결). 그리고 무효인 계약을 추인하는 경우에는 추인 사실에 대하여 당사자 의사의 합치가 있어야 한다.

**판 례**

무효인 법률행위를 추인에 의하여 새로운 법률행위로 보기 위하여는 당사자가 이전의 법률행위가 무효임을 알고 그 행위에 대하여 추인하여야 한다(97다15715판결).

**판 례**

청구 외 망(亡) 갑이, 태어난지 약 3개월된 상태에서 부모를 알 수 없는 기아로 발견되어 경찰서에서 보호하고 있던 피청구인을 입양의 의사로 경찰서장으로부터 인도받아 자신의 친생자로 출생신고하고 양육하여 왔는데, 피청구인이 15세가 된 후 위 망인과 자신 사이에 친생자관계가 없는 등의 사유로 입양이 무효임을 알면서도 위 망인이 사망할 때까지 아무런 이의도 하지 않았다면 적어도 묵시적으로라도 입양을 추인한 것으로 보는 것이 상당하다(89므389판결).

c) 무효행위의 추인은 무효 사유가 종료한 후에 하여야 한다. 즉, 무효 원인이 존재하는 한 추인의 여지는 없다.

**판 례**

취소한 법률행위는 처음부터 무효인 것으로 간주되므로 취소할 수 있는 법률행위가 일단 취소된 이상 그 후에는 취소할 수 있는 법률행위의 추인에 의하여 이미 취소되어 무효인 것으로 간주된 당초의 의사표시를 다시 확정적으로 유효하게 할 수는 없고, 다만 무효인 법률행위의 추인의 요건과 효력으로서 추인할 수는 있으나, 무효행위의 추인은 그 무효 원인이 소멸한 후에 하여야 그 효력이 있고, 따라서 강박에 의한 의사표시임을 이유로 일단 유효하게 취소되어 당초의 의사표시가 무효로 된 후에 추인한 경우 그 추인이 효력을 가지기 위하여는 그 무효 원인이 소멸한 후일 것을 요한다고 할 것인데, 그 무효 원인이란 바로 위 의사표시의 취소 사유라 할 것이므로, 결국 무효 원인이 소멸한 후란 것은 당초의 의사표시의 성립 과정에 존재하였던 취소의 원인이 종료된 후, 즉 강박 상태에서 벗어난 후라고 보아야 한다(95다38240판결).

d) 새로운 법률행위는 당연히 유효하여야 하므로, 사회질서에 반하거나 불공정한 법률행위는 추인하여도 유효로 되지 않는다.

**판 례**

불공정한 법률행위로서 무효인 경우에는 추인에 의하여 무효인 법률행위가 유효로 될 수 없다 (94다10900판결).

③ 효 과

무효행위를 추인한 경우에는 원칙적으로 소급효가 인정되지 않는데, 신분행위와 당사자 간의 법률관계에 한해서는 소급효를 인정할 수 있다 (통설).

**판 례**

무효인 법률행위는 당사자가 무효임을 알고 추인할 경우 새로운 법률행위를 한 것으로 간주할 뿐이고 소급효가 없는 것이므로, 무효인 가등기를 유효한 등기로 전용키로 한 약정은 그 때부터 유효하고 이로써 위 가등기가 소급하여 유효한 등기로 전환될 수 없다 (91다26546판결).

**판 례**

친생자 출생신고 당시 입양의 실질적 요건을 갖추지 못하여 입양신고로서의 효력이 생기지 아니하였더라도, 그 후에 입양의 실질적 요건을 갖추게 된 경우에는 무효인 친생자 출생신고는 소급적으로 입양신고로서의 효력을 갖게 된다고 할 것이나, 민법 제139조 본문이 무효인 법률행위는 추인하여도 그 효력이 생기지 않는다고 규정하고 있음에도 불구하고 입양 등의 신분행위에 관하여 이 규정을 적용하지 아니하고, 추인에 의하여 소급적 효력을 인정하는 것은 무효인 신분행위 후 그 내용에 맞는 신분관계가 실질적으로 형성되어 쌍방 당사자가 이의 없이 그 신분관계를 계속하여 왔다면, 그 신고가 부적법하다는 이유로 이미 형성되어 있는 신분관계의 효력을 부인하는 것은 당사자의 의사에 반하고 그 이익을 해칠 뿐만 아니라, 그 실질적 신분관계의 외형과 호적의 기재를 믿은 제3자의 이익도 침해할 우려가 있기 때문에 추인에 의하여 소급적으로 신분행위의 효력을 인정함으로써 신분관계의 형성이라는 신분관계의 본질적 요소를 보호하는 것이 타당하다는 데에 그 근거가 있다고 할 것이므로, 당사자 간에 무효인 신고행위에 상응하는 신분관계가 실질적으로 형성되어 있지 아니한 경우에는 무효인 신분행위에 대한 추인의 의사표시만으로 그 무효행위의 효력을 인정할 수 없다 (99므1633, 1640판결, 91므30판결).

### 3) 법률행위의 취소

#### (1) 의 의

① 취소는 일단 유효하게 성립한 법률행위에 흠결이 있는 경우에 그 효력을 소급적으로 소멸시키기 위한 특정인의 의사표시이다 (제140조 이하). 따라서 취소에 관하여 의사표시에 관한 규정(제107조 이하)이 적용된다. 취소의 의사표시를 할 수 있는 법적 지위를 취소권이라고 한다. 취소권은 취소권자의 일방적 의사표시에 의하여 행사되므로 형성권의 일종이다 (통설).

② 법률행위의 취소에 관한 제140조 이하의 규정은 제한능력 또는 의사표시의 결함을 이유로 하는 취소에 한하여 적용된다.

**특별한 취소**

i) 재판 또는 행정처분의 취소: 한정치산 및 금치산 선고의 취소(제11조, 제14조), 실종선고의 취소(제29조), 부재자 재산관리에 관한 명령의 취소(제22조), 법인 설립 허가의 취소 등.

ii) 확정・유효한 법률행위의 취소: 영업 허락의 취소(제8조 제2항), 사해행위의 취소(제406조), 부부 간의 계약 취소(제828조) 등.

iii) 신분행위의 취소: 혼인의 취소(제816조 이하), 이혼의 취소(제838조), 친생자승인의 취소(제854조), 입양의 취소(제884조), 인지의 취소(제861조), 부양관계의 취소(제978조), 부담부 유언의 취소(제1111조) 등.

③ 취소는 이미 발생하고 있는 법률행위의 효력을 소급적으로 소멸시킨다는 점에서 법률행위의 효력이 발생하기 전에 그 발생을 저지하는 철회와 구별된다. 그리고 일단 유효하게 성립된 계약의 효력을 약정 또는 법률의 규정(제544조 이하)에 의하여 소급적으로 소멸시키는 해제와도 다르다 (다만, 해제의 효과에 대한 청산관계설은 해제의 효과는 소급하지 않는다고 한다).

#### (2) 취소의 당사자

① 취소권자

취소권은 취소 원인이 있는 의사표시를 한 자를 보호하기 위한 것이다. 그러므로 취소권자는 제한능력자, 하자 있는 의사표시를 한 자, 그 대리인 또는 승계인에 한한다 (제140조).

a) 제한능력자: 제한능력자도 의사능력이 있으면 법정대리인의 동의 없이도 단독으로 취소할 수 있다. 제한능력자가 단독으로 취소하여도 완전한 효력이 생기고, 취소할 수 있는 취소가 되는 것이 아니다 (통설). 이 경우 취소를 인정하면 법률관계가 복잡하게 되고 상대방을 불안정한 지위에 빠뜨릴 수 있다.

b) 하자 있는 의사표시를 한 자: 사기 또는 강박에 의하여 의사표시를 한 자 및 착오로 인하여 의사표시를 한 자는 그 의사표시를 취소할 수 있다. 제140조에는 취소권자로서 착오자를 명시하지 않고 있으나, 하자 있는 의사표시를 한 자에 착오자를 배제할 이유가 없기 때문이다 (통설).

c) 대리인: 대리인은 제한능력자 및 하자 있는 의사표시를 한 자의 대리인을 말하며, 임의대리인과 법정대리인을 가리지 않는다. 임의대리인은 본인이 가지는 취소권을 대리행사하는 것이고, 법정대리인은 제한능력자의 능력을 보충하기 위하여 고유한 취소권을 가진다. 다만, 임의대리인이 취소권을 행사할 때는 본인의 수권이 있어야 한다.

d) 승계인: 승계인은 포괄승계인이냐 특정승계인이냐를 묻지 않는다. 다만, 취소권만의 승계는 인정되지 않고 취소할 수 있는 법률행위에 의하여 취득한 권리를 특정승계한 경우에 한하여 취소권의 승계가 인정된다. 그러나 특정승계인의 경우 민법 제145조 제5호의 법정추인에 해당하여 취소권을 행사할 수 없는 경우가 많으므로, 취소권을 취득할 수 있는 특정승계인이 있는 경우는 많지 않을 것이다. 그리고 보증인은 주채무자의 승계인은 아니므로 주채무자의 취소권을 행사할 수 없다 (통설).

② 취소의 상대방

취소할 수 있는 법률행위의 상대방이 있는 경우에 그 취소는 그 상대방에 대한 의사표시로 하여야 한다 (제142조). 즉, 계약이나 상대방 있는 단독 행위의 경우에 계약의 상대방 또는 의사표시를 수령한 자에 대하여 취소의 의사표시를 하여야 한다. 따라서 상대방이 그 권리를 제3자에게 양도한 경우에도, 취소의 의사표시는 계약시의 상대방에게 하여야 한다. 하지만, 제3자에 대하여는 취소의 효과를 주장할 수 있다. 가령, 미성년자 A가 자신의 노트북 컴퓨터를 B에게 매도하고 그 후 B가 C에게 노트북 컴퓨터를 전매한 경우, A가 자신의 매매계약을 행위무능력을 이유로 취소하려면 B를 상대로 매매계약을 취소하여야 하고 그 효과는 C에게 주장할 수 있으므로, C에 대하여 노트북 컴퓨터의 반환을 청구할 수 있다. 다만, C가 선의취득의 요건을 갖추면 그러하지 아니하다 (제249조).

한편 상대방 없는 단독행위의 경우에는 상대방이 없으므로 취소의 의사를 적당한 방법으로 외부에 알리면 된다 (고상룡, 620면; 곽윤직, 299면). 다만, 수증자와 같이 상대방 없는 단독행위에 의하여 직접 이익을 취득한 자가 있으면 그 자에 대하여 취소가 행하여져야 한다 (이영준, 622면).

### (3) 취소의 방법

① 취소의 의사표시는 명시적인가 묵시적인가를 불문한다. 또 전달 방식도 문서에 의하든 구두에 의하든 상관 없다. 다만, 후일에 분쟁을 방지하기 위해서는 내용증명우편을 이용할 수 있을 것이다. 또 취소의 의사표시는 소송이나 기타의 특별한 형식을 필요로 하지 않는다. 따라서 사기에 의하여 이루어진 소유권 이전등기의 말소청구, 사기로 인하여 입은 손해배상의 청구 등 취소의 효과로서 일정한 청구를 했거나 이행을 거설한 경우에도 취소의 의사표시가 있었다고 해석된다. 그리고 취소의 의사표시를 하는 경우에 취소 사유를 반드시 명시할 필요는 없지만, 그 취지가 어느 정도 명확하게 표명되어야 한다.

**판 례**

법률행위의 취소는 상대방에 대한 의사표시로 하여야 하나 그 취소의 의사표시는 특별히 재판상 행하여짐이 요구되는 경우 이외에는 특정한 방식이 요구되는 것이 아니고, 취소의 의사가 상대방에 의하여 인식될 수 있다면 어떠한 방법에 의하더라도 무방하다고 할 것이고, 법률행위의 취소를 당연한 전제로 한 소송상의 이행청구나 이를 전제로 한 이행거절 가운데는 취소의 의사표시가 포함되어 있다고 볼 수 있다 (93다13162판결).

**판 례**

강박을 이유로 증여의 의사표시를 취소함에 있어서는 그 상대방에 대하여 적어도 그 의사표시 자체에 하자가 있으므로, 이를 취소한다거나 또는 강박에 의한 증여이니 그 목적물을 반환하라는 취지가 어느 정도 명확하게 표명되어야 한다 (2002다11847판결).

② 매매계약이 해제된 경우에도 해제와 취소는 그 요건과 효과가 다르므로 취소가 가능하다.

**판 례**

매도인이 매수인의 중도금 지급채무 불이행을 이유로 매매계약을 적법하게 해제한 후라도 매수인으로서는 상대방이 한 계약 해제의 효과로서 발생하는 손해배상책임을 지거나 매매계약에 따른 계약금의 반환을 받을 수 없는 불이익을 면하기 위하여 착오를 이유로 한 취소권을 행사하여 매매계약 전체를 무효로 돌리게 할 수 있다(95다24982판결).

**판 례**

민법 제47조 제1항에 의하여 생전처분으로 재단법인을 설립하는 때에 준용되는 민법 제555조는 "증여의 의사가 서면으로 표시되지 아니한 경우에는 각 당사자는 이를 해제할 수 있다."고 함으로써 서면에 의한 증여(출연)의 해제를 제한하고 있으나, 그 해제는 민법총칙상의 취소와는 요건과 효과가 다르므로 서면에 의한 출연이더라도 민법총칙 규정에 따라 출연자가 착오에 따른 의사표시라는 이유로 출연의 의사표시를 취소할 수 있고, 상대방 없는 단독행위인 재단법인에 대한 출연행위라고 하여 달리 볼 것은 아니다(98다9045판결).

③ 일부취소

법률행위의 일부에 대한 취소도 인정된다. 즉, 하나의 법률행위의 일부분에만 취소사유가 있는 경우에 그 법률행위가 가분적이거나 그 목적물의 일부가 특정될 수 있다면, 그 일부만의 취소도 가능하다(고상룡, 617면).

**판 례**

하나의 법률행위의 일부분에만 취소 사유가 있는 경우에 그 법률행위가 가분적이거나 그 목적물의 일부가 특정될 수 있다면, 그 나머지 부분이라도 이를 유지하려는 당사자의 가정적 의사가 인정되는 경우 그 일부만의 취소도 가능하고, 또 그 일부의 취소는 법률행위의 일부에 관하여 효력이 생긴다고 할 것이나, 이는 어디까지나 어떤 목적 혹은 목적물에 대한 법률행위가 존재함을 전제로 한다(98다56607판결, 2002다21509판결).

법률행위의 일부에 취소 사유가 있어 취소되면 그 부분은 소급적으로 무효로 될 것이지만, 나머지 부분은 일부무효의 법리에 의하여 당사자의 가정적 의사에 따라 취소의 효력이 미쳐 무효로 되는 경우가 있을 수 있다 (이영준, 626면). 다만, 일부취소를 법률행위의 취소 사유가 있는 일부분만을 소급적으로 상실시키고, 잔여 부분에 대해서는 일부무효의 법리가 적용될 수 없고 그 효력이 그대로 존속된다고 하는 견해도 있다 (김천수, 일부취소, 저스티스 제31권 제4호, 1998, 34면).

**판 례**

갑이 지능이 박약한 을을 꾀어 돈을 빌려 주어 유흥비로 쓰게 하고자 실제 준 돈의 두 배 가량을 채권 최고액으로 하여 자기 처인 병 앞으로 근저당권을 설정한 사안에서, 근저당권 설정계약은 독자적으로 존재하는 것이 아니라 금전소비대차계약과 결합하여 그 전체가 경제적·사실적으로 일체로서 행하여진 것인 바, 그 하나가 다른 하나의 조건이 되어 어느 하나의 존재 없이는 당사자가 다른 하나를 의욕하지 않았을 것으로 보이고, 더욱이 근저당권 설정계약의 체결 원인이 되었던 갑의 기망행위는 금전소비대차계약에도 미쳤으므로, 갑의 기망을 이유로 한 을의 근저당권 설정계약 취소의 의사표시는 법률행위의 일부무효이론과 궤를 같이 하는 법률행위의 일부취소의 법리에 따라 소비대차계약을 포함한 전체에 대하여 취소의 효력이 있다 (93다31191판결).

(4) 취소의 효과

① 소급적 무효

a) 법률행위가 취소되면 그 행위는 처음부터 무효인 것으로 본다 (제141조 본문). 즉, 일단 발생한 법적 효과는 법률행위가 행해진 때에 소급하여 없었던 것으로 된다. 그러나 취소한 후에도 무효행위의 추인 요건을 갖추어 다시 추인하는 것은 가능하다.

**판 례**

취소한 법률행위는 처음부터 무효인 것으로 간주되므로 취소할 수 있는 법률행위가 일단 취소된 이상 그 후에는 취소할 수 있는 법률행위의 추인에 의하여 이미 취소되어 무효인 것으로 간주된 당초의 의사표시를 다시 확정적으로 유효하게 할 수는 없고, 다만 무효인 법률행위의 추인의 요건과 효력으로서 추인할 수는 있으나, 무효행위의 추인은 그 무효 원인이 소멸한 후에 하여야 그 효력이 있다 (95다38240판결).

b) 고용이나 조합 등 계속적 법률관계와 소급효 제한

취소의 소급효는 매매계약처럼 어느 정도 예상할 수 있는 수(數)의 법률효과를 발생시키는 경우에 적합한 제도라고 할 수 있다. 그러나 고용(雇傭)이나 조합과 같이 법률관계가 계속적으로 형성되고 그 결과 잦은 재산 변동을 초래하고, 또 사실관계가 복잡하게 얽히게 되는 경우에는 사정이 다르다. 이러한 경우에 당사자의 제한능력이나 의사표시의 하자를 이유로 무효 또는 취소를 주장하여 계속적으로 형성된 법률관계 또는 사실관계를 소급적으로 소멸시키는 것은 사실상 어렵고 실질에 부합하지도 않는다. 또 당해 법률관계가 유효하게 성립한 것으로 믿고 이를 토대로 새로운 이해관계를 맺은 제3자에 대한 영향이 크다. 즉, 소급적 효력을 인정하면 청산의 현저한 곤란을 야기할 뿐 아니라 때로는 중대한 불공평도 초래하게 된다. 그리하여 계약의 소급적 소멸에 대응하여 장래효만을 인정하는 해지의 법리(제550조)를 유추하여 계속적 법률관계에서는 취소의 소급효를 제한하는 것이 타당하다는 견해가 있다(이영준, 135면; 송덕수, 민법주해(Ⅱ), 505면). 하자 있는 조합이나 고용의 경우에 무효 또는 취소의 효과는 해지와 같은 효과를 가질 뿐이라고 한다. 다시 말하면, 하자로 인한 무효 또는 취소의 효과는 부득이한 사유로 인한 해산(제720조) 또는 부득이한 사유로 인한 해지(제661조)로서만 인정되어야 한다는 것이다. 물론 조합이 사업을 개시하기 전이라면 당사자 일부가 제한능력자이거나 그의 의사표시의 하자를 이유로 취소할 수 있고, 이 경우에는 원칙적으로 일부무효의 법리가 적용된다고 한다. 즉, 나머지 조합원만으로도 조합을 존속시킬 의사가 인정되면 조합계약은 그 조합원들 사이에서는 유효하다는 것이다.

다만, 일부 학설은 사실적 계약관계론을 받아들여 같은 결과를 인정하고 있다. 가령, 조합계약에 관하여는 당사자의 제한능력 등으로 조합이 소급적으로 성립하지 않은 것으로 할 것이 아니라, 사실상 조합으로서 활동한 동안은, 마치 유효하게 조합이 성립하였던 것과 같이 다루어서 처리하는 것이 타당할 것이라고 한다(곽윤직, 채권각론, 박영사, 1995, 532면). 그러나 이 경우에 사실적 계약관계론을 받아들여 같은 결과를 도출하는 것은 타당하지 않다는 비판이 있다. 즉, 하자 있는 조합은 당초에 조합계약이 존재하고 있음을 전제로 한다는 점에서 완전히 법률행위에 기초하고 있는 것이고, 이와 유리(遊離)하여 존재하는 사실에 기초하고 있는 것은 아니라고 한다(이영준, 135면). 오히려 위의 불합당(不合當)은 조합관계 또는 근로관계의 특수성과 무효제도의 존재 목적에 의하여 소급효를 제한함으로써 해결하면 족하다는 것이다. 판례는 사기를 이유로 취소를 주장하여 조합계약을 소급적으로 소멸시킬 수 없다고 한다.

**판 례**

본건 광산의 공동광업권자로 된 이상 원피고들은 조합계약을 한 것으로 간주되는 것인데, 그 조합체는 원고의 사기를 이유로 한 본건 계약의 취소 의사표시 전에 이미 본건 계약의 실행에 착수하여 많은 노무자를 고용하고 기구 등을 장만하여 배수작업 내지 채굴작업을 해왔음은 기록상 분명하므로 조합이 사업을 개시하고, 제3자와의 간에 거래관계가 이루어지고 난 다음에는 조합계약 체결 당시의 그 의사표시의 하자를 이유로 취소하여 조합 성립 전으로 환원시킬 수 없다(71다1833판결).

② 소급효의 내용

a) 채무가 이행된 경우

법률행위가 취소되면 소급하여 무효로 되는 바, 그 법률행위에 기하여 급부가 이미 이행된 경우에는 수익자는 이것을 보유할 법률상의 원인이 없으므로 부당이득의 반환의무를 부담한다(제741조). 즉, 선의의 수익자는 그가 받은 이익이 현존하는 한도에서 반환의무를 부담하며, 악의의 수익자는 그가 받은 이익과 이자를 반환하고 손해가 있으면 이를 반환하여야 한다(제748조). 취소의 결과 양 당사자가 서로 반환의무를 부담하는 경우에 양자의 의무는 동시이행의 관계에 있다고 해석된다. 반면에, 아직 이행되지 않은 급부의무는 소멸한다.

**판 례**

동시이행의 항변권을 규정한 민법 제536조의 취지는 공평의 관념과 신의칙에 합당하기 때문이며, 동조가 민법 제549조에 의하여 계약 해제의 경우 각 당사자의 원상회복의무에 준용되고 있는 점을 생각할 때, 쌍무계약이 무효로 되어 각 당사자가 서로 취득한 것을 반환하여야 하는 경우에도 동시이행관계가 있다고 보아 민법 제536조를 준용함이 옳다(93다5871판결, 2001다3764판결).

**판 례**

법률행위가 사기에 의한 것으로서 취소되는 경우에 그 법률행위가 동시에 불법행위를 구성하는 때에는 취소의 효과로 생기는 부당이득반환청구권과 불법행위로 인한 손해배상청구권은 경합하여 병존하는 것이므로, 채권자는 어느 것이라도 선택하여 행사할 수 있지만 중첩적으로 행사할 수는 없다 (92다56087판결).

b) 제한능력자의 반환 범위에 관한 특칙

제한능력자의 반환의무의 범위에 관하여는 특칙이 있다. 제한능력자는 현존하는 이익의 한도 내에서 상환할 책임이 있다 (제141조 단서). 현존이익의 상환책임이란 취소할 수 있는 법률행위에 의하여 사실상 얻은 이익이 그대로 남아 있거나 혹은 다른 형태로 바뀌어 남아 있는 것이면 그것만을 반환하면 족하다는 것이다. 가령, 18세인 A가 부모의 동의 없이 그 소유 임야를 B에게 5천만 원에 팔기로 하는 매매계약을 체결하고 계약금으로 5백만 원을 수령한 후 이중 2백만 원은 유흥비로, 3백만 원은 채무변제에 사용하여 수중에 한푼도 없는 경우, A는 B에게 채무변제에 사용한 3백만 원만을 반환하면 된다. 즉, 만약 제한능력자가 받은 것을 모두 낭비해 버린 경우에는 이익은 현존하지 않으므로 반환할 필요가 없다. 이익의 현존 여부 및 범위를 정하는 기준 시기는 반환시가 아니라 취소 시점이다 (고상룡, 616면; 이은영, 708면). 따라서 취소된 시점 이후의 낭비 등은 제141조 단서에 의하여 보호되지 않는다. 현존 이익에 대한 입증책임은 제한능력자가 부담한다고 보아야 할 것이다 (곽윤직, 300면; 고상룡, 616면; 이은영, 709면; 백태승, 536면. 반대, 김용한, 402면; 이영준, 624면). 그 취득한 것이 금전상의 이득인 경우에는 그 금전을 취득한 자가 소비하였는가의 여부를 불문하고 현존하는 것으로 추정되므로(96다32881판결. 금전과 유사한 대체물도 같다. 2007다20440판결), 위 이익이 현존하지 아니함은 의사무능력자 측에 입증책임이 있다 (2008다58367판결).

제141조 단서는 제한능력자가 악의인 경우에도 적용된다는 점에서 제748조 제2항에 대한 특칙을 이룬다. 이러한 특칙은 제한능력을 이유로 하는 취소의 경우에 한하여 적용된다는 견해(장경학, 647면; 김용한, 410면)가 있다. 이와 관련하여, 가령 제한능력자가 상대방을 강박하여 법률행위를 한 경우와 같이 당사자 쌍방에게 취소권이 발생하는 경우에, 일방의 취소권 행사로 인하여 법률행위가 소급적으로 무효로 되고, 따

라서 타방의 취소권이 배제되는지가 문제된다. 만약 이를 긍정하면 상대방이 강박을 이유로 취소하게 되면 제한능력자는 제한능력을 이유로 법률행위를 취소함으로써 얻을 수 있는 제141조 단서의 이익을 박탈당하는 결과가 된다. 따라서 제141조 단서를 제한능력을 이유로 취소하는 경우에만 적용된다고 새긴다면, 상대방이 강박을 이유로 취소하여 법률행위가 소급하여 소멸한 경우에도 제한능력자는 제한능력을 이유로 취소할 수 있다고 새겨야 할 것이다. 또한 제141조 단서는 의사능력의 흠결을 이유로 법률행위가 무효가 되는 경우에도 유추 적용되어야 할 것이다 (2008다58367판결).

**판 례**

미성년자가 신용카드 발행인과 사이에 신용카드 이용계약을 체결하여 신용카드 거래를 하다가 신용카드 이용계약을 취소하는 경우 미성년자는 그 행위로 인하여 받은 이익이 현존하는 한도에서 상환할 책임이 있는 바, 신용카드 이용계약이 취소됨에도 불구하고 신용카드 회원과 해당 가맹점 사이에 체결된 개별적인 매매계약은 특별한 사정이 없는 한 신용카드 이용계약 취소와 무관하게 유효하게 존속한다 할 것이고, 신용카드 발행인이 가맹점들에 대하여 그 신용카드 사용대금을 지급한 것은 신용카드 이용계약과는 별개로 신용카드 발행인과 가맹점 사이에 체결된 가맹점 계약에 따른 것으로서 유효하므로, 신용카드 발행인의 가맹점에 대한 신용카드 이용대금의 지급으로써 신용카드회원은 자신의 가맹점에 대한 매매대금 지급채무를 법률상 원인 없이 면제받는 이익을 얻었으며, 이러한 이익은 금전상의 이득으로서 특별한 사정이 없는 한 현존하는 것으로 추정된다 (2003다60297, 60303, 60310, 60327판결).

c) 제3자와의 관계

취소의 효과는 원칙적으로 제3자에 대해서도 주장할 수 있다. 다만, 착오에 의한 취소와 사기나 강박에 의한 취소는 선의의 제3자에 대해서는 주장할 수 없다 (제109조 제2항 · 제110조 제3항).

### (5) 취소할 수 있는 법률행위의 추인

① 추인의 의의

취소할 수 있는 법률행위의 추인이란 취소권자가 취소권을 포기하고, 취소할 수 있는 법률행위를 확정적으로 유효하게 하는 의사표시를 말한다.

② 추인의 요건

a) 추인권자의 추인이 있을 것: 추인권자는 취소권자와 같다(제143조 제1항). 즉, 제한능력자, 하자 있는 의사표시를 한 자, 그 대리인 또는 승계인이다. 그리고 추인의 상대방은 취소의 상대방과 같다(제143조 제2항).

b) 취소 원인이 종료한 후에 추인할 것: 추인할 수 있는 시기는 취소의 원인이 종료한 후이어야 한다(제144조 제1항). 즉, 미성년자인 경우에는 성년에 달한 후, 제한능력자의 경우는 후견종료의 심판이 있은 후, 착오나 사기·강박에 의한 표의자는 착오 또는 사기·강박의 상태를 벗어난 후가 아니면 추인할 수 없다. 그런데 법정대리인이 추인을 하는 경우에는 이러한 요건을 필요로 하지 않는다(제144조 제2항).

**판 례**

민법 제146조 전단은 "취소권은 추인할 수 있는 날로부터 3년 내에 행사하여야 한다."고 규정하는 한편, 민법 제144조 제1항에서는 "추인은 취소의 원인이 종료한 후에 하지 아니하면 효력이 없다."고 규정하고 있는 바, 위 각 규정의 취지와 추인은 취소권의 포기를 내용으로 하는 의사표시인 점에 비추어 보면, 민법 제146조 전단에서 취소권의 제척기간의 기산점으로 삼고 있는 '추인할 수 있는 날'이란 취소의 원인이 종료되어 취소권 행사에 관한 장애가 없어져서 취소권자가 취소의 대상인 법률행위를 추인할 수도 있고 취소할 수도 있는 상태가 된 때를 가리킨다고 보아야 한다(98다7421판결).

미성년자나 제한능력자가 법정대리인의 동의를 얻어 유효한 추인을 할 수가 있다(제5조 제1항·제10조 참조). 그러나 피성년후견인은 원칙적으로 법정대리인의 동의가 있어도 스스로 유효한 법률행위를 할 수 없으므로 추인도 할 수가 없다고 보아야 한다(통설).

**판 례**

추인은 취소권을 가지는 자가 취소 원인이 종료한 후에 취소할 수 있는 행위임을 알고서 추인의 의사표시를 하거나 법정추인 사유에 해당하는 행위를 행할 때에만 법률행위의 효력을 유효로 확정시키는 효력이 발생한다(97다2986판결).

c) 취소할 수 있는 법률행위임을 알고 추인할 것: 추인은 취소권의 포기이므로 추인권자는 취소할 수 있는 행위임을 인식하고서 추인하여야 한다(통설).

③ 추인의 효과

추인이 있으면 그 후에는 취소할 수 없어서 그 법률행위는 유효한 것으로 확정된다(제143조 제1항). 따라서 추인이 있으면 그 법률행위는 취소할 수 없다.

**판 례**

취소한 법률행위는 처음부터 무효인 것으로 간주되므로 취소할 수 있는 법률행위가 일단 취소된 이상 그 후에는 취소할 수 있는 법률행위의 추인에 의하여 이미 취소되어 무효인 것으로 간주된 당초의 의사표시를 다시 확정적으로 유효하게 할 수는 없고, 다만 무효인 법률행위의 추인의 요건과 효력으로서 추인할 수는 있으나, 무효행위의 추인은 그 무효 원인이 소멸한 후에 하여야 그 효력이 있다(95다38240판결).

### (6) 법정추인

① 의 의

법정추인(法定追認)이란 취소할 수 있는 법률행위에 대해 객관적으로 추인이라고 인정되는 일정한 사실이 있는 경우에는, 취소권자의 추인 의사의 여부와 관계없이 법률상 당연히 추인한 것으로 보는 것을 말한다(제145조). 즉, 법정추인 사유가 존재하면 취소권자의 추인이 없더라도 법률의 규정에 의하여 당연히 취소권이 배제된다.

② 법정추인의 사유

a) 전부 또는 일부의 이행: 취소할 수 있는 행위로부터 생긴 채무에 대하여, 취소권자가 채무자로서 이행하는 경우와 채권자로서 상대방의 이행을 수령하는 경우를 포함한다.

**판 례**

취소할 수 있는 법률행위로부터 생긴 채무란 취소권자가 취소권을 행사한 채무 그 자체를 말하는 것이라고 보아야 하고, 또한 일시에 여러 장의 당좌수표를 발행하는 경우 매 수표의 발행행위는 각각 독립된 별개의 법률행위이고 그 수표금 채무도 수표마다 별개의 채무가 되는 것이므로, 취소할 수 있는 법률행위로부터 생긴 채무의 이행을 위하여 발행·교부한 당좌수표 중 일부가 거래 은행에서 지급되게 하였다고 하여 나머지 당좌수표의 수표금 채무의 일부를 이행한 것이라고 할 수 없다. 즉, 나머지 당좌수표의 발행행위를 추인하였다거나 법정추인 사유에 해당한다고 할 수 없다(94다58438판결).

b) 이행의 청구: 취소권자가 이행을 청구하는 경우에 한하고, 상대방이 이행을 청구하는 경우는 포함되지 않는다.

c) 경개(更改): 취소권자가 취소할 수 있는 법률행위에 의하여 성립한 채권 또는 채무를 소멸시키고, 대신에 다른 채권 또는 채무를 성립시키는 경개계약(제500조 이하)을 체결한 경우이다. 취소권자가 채권자인지 채무자인지를 묻지 않는다.

d) 담보의 제공: 취소권자가 채무자로서 물적 또는 인적 담보를 제공하는 경우뿐만 아니라, 취소권자가 채권자로서 담보의 제공을 받는 경우도 포함한다.

e) 취소할 수 있는 행위로 취득한 권리의 전부나 일부의 양도: 취소권자가 양도한 경우에 한한다.

f) 강제집행: 취소권자가 채권자로서 집행을 한 경우는 물론, 채무자로서 집행을 받는 경우에도 소송상의 이의 주장을 포기한 것으로 보아 법정추인이 된다.

③ 취소 원인이 종료한 후에 위의 법정추인 사유가 발생하여야 한다.

제한능력자가 능력자가 된 후에, 하자 있는 의사표시를 한 자가 사기나 강박의 상태를 벗어난 후에 법정추인 사유의 각 사실이 발생하여야 한다(제145조 본문). 다만, 제한능력자가 법정대리인의 동의를 얻어 위와 같은 사유의 행위를 하거나 법정대리인이 스스로 그러한 행위를 한 경우에는 그것이 취소의 원인이 종료하기 전에 행하여졌다 하더라도 법정추인으로 된다.

④ 취소권자가 위의 행위를 하면서 이의를 보류하지 않아야 한다.

법정추인 사유에 해당하는 행위를 할 때에 이의를 보류한 경우에는 법정추인의 효과는 발생하지 않는다(제145조 단서).

⑤ 위의 ②의 추인 사유가 ③과 ④의 요건을 충족하면 취소권은 소멸한다. 이 경우 추인에 대한 의사 유무 또는 취소권의 존재에 대한 인식 여부는 묻지 않는다.

### (7) 취소권의 단기소멸

① 입법 취지

취소할 수 있는 법률행위는 일단 유효하지만, 취소권자의 취소에 의하여 소급적으로 소멸하므로 유동적 상태에 있게 된다. 이러한 유동적 상태를 종식시킬 수 있는 자는 취소권자에 한한다. 이에 민법은 취소할 수 있는 법률행위에 관한 법률관계를 조기에 확정함으로써 상대방이나 이해관계 있는 제3자가 불안정한 지위에서 벗어날 수 있도록 하기 위하여 취소권의 단기소멸제도를 두고 있다.

② 내 용

취소권은 취소권자가 추인할 수 있는 날로부터 3년 또는 법률행위를 한 날로부터 10년 내에 행사하지 않으면 소멸한다고 규정하고 있다(제146조). 여기에서 '추인할 수 있는 날'이라 함은 취소의 원인이 종료한 후를 의미한다. 문제는 제한능력자의 취소권과 법정대리인의 취소권의 기산점이 다를 수가 있는데, 가령 제한능력자가 능력을 회복하기 이전에 법정대리인의 취소권의 행사 기간이 경과된 때에는 제한능력자의 취소권도 소멸하는가이다. 통설은 이를 긍정한다. 제한능력자 본인의 취소권의 발생원인과 법정대리인의 취소권의 그것은 같고, 또 법률관계를 조속히 안정시키려는 것이 제146조의 취지이기 때문이다.

**판 례**

한정치산자의 후견인이 친족회의 동의 없이 피후견인인 한정치산자의 부동산을 처분한 경우에 발생하는 취소권은 민법 제146조에 의하여 추인할 수 있는 날로부터 3년 내에, 법률행위를 한 날로부터 10년 내에 행사하여야 하지만, 여기에서 '추인할 수 있는 날'이라 함은 취소의 원인이 종료한 후를 의미하므로, 피후견인이 스스로 법률행위를 취소함에 있어서는 한정치산 선고가 취소되어 피후견인이 능력자로 복귀한 날로부터 3년 내에 그 취소권을 행사하여야 한다(97다3828판결, 98다7421판결).

③ 기간의 법적 성질

a) 취소권은 형성권이므로 권리 불행사의 사실 상태라든가 중단이 있을 수 없다. 따라서 위의 3년과 10년은 시효기간이 아니고 제척기간이다(통설). 제척 기간의 도과

여부는 당사자의 주장에 관계없이 법원이 고려하여야 할 직권조사 사항이다. 그리고 취소권의 행사는 제척기간 내에 소를 제기하는 방법으로 하여야만 하는 것은 아니고 재판 외에서 상대방에 대한 의사표시를 하는 방법으로 행사할 수 있다 (제소기간설은 제척기간 내에 소를 제기하는 방법으로 행사하여야 한다고 한다. 제4장 제5절 2. 1) (3) ① b) 참조).

**판 례**

민법 제146조는 취소권은 추인할 수 있는 날로부터 3년 내에 행사하여야 한다고 규정하고 있는 바, 이때의 3년이라는 기간은 일반 소멸시효 기간이 아니라 제척기간으로서 제척기간이 도과하였는지 여부는 당사자의 주장에 관계없이 법원이 당연히 조사하여 고려하여야 할 사항이다 (96다25371판결).

**판 례**

미성년자 또는 친족회가 민법 제950조 제2항에 따라 제1항의 규정에 위반한 법률행위를 취소할 수 있는 권리는 형성권으로서 민법 제146조에 규정된 취소권의 존속기간은 제척기간이라고 보아야 할 것이지만, 그 제척기간 내에 소를 제기하는 방법으로 권리를 재판상 행사하여야만 되는 것은 아니고, 재판 외에서 의사표시를 하는 방법으로도 권리를 행사할 수 있다고 보아야 한다 (92다52795판결).

b) 취소권의 행사 결과 발생하는 권리의 존속기간

문제는 취소권의 행사뿐 아니라 이에 의하여 발생하는 원상회복청구권이나 현존이익의 반환청구권의 행사도 제척기간 내에 행사하여야 하는가이다.

긍정설은 제척기간을 정한 취지가 법률관계를 조속히 확정시키려는 데 있다고 하여, 그 형성권의 존속기간까지 행사하여야 한다고 새긴다 (곽윤직, 325-6면; 김상용, 693면; 김증한/김학동, 516면).

유력설은 제척기간 내에 형성권이 행사되면 그로써 권리관계는 확정되고, 따라서 그 행사의 결과 발생하는 채권까지 제척기간 내에 행사하여야 할 필요는 없다고 한다 (윤진수, 민법주해(Ⅲ), 428면; 이은영, 784면).

생각건대 형성권의 제척기간은 형성권 자체의 행사 여부의 불확정으로부터 오는 법률관계를 조속히 확정짓고자 하는 것이지, 그 행사의 결과 발생하는 채권까지 그 제척기간 내에 행사하여야 한다는 취지는 아니라는 점, 형성권의 행사의 결과 발생하는 권리는 채권(예: 부당이득반환청구권)인 경우도 있지만, 물권에 기초한 권리(예: 소유권에 따른 소유물반환청구권)도 있다는 점에서 유력설에 따른다(제4장 제5절 2. 1) (3) ① d) 참조).

## 제 7 절 법률행위의 부관

### 1 개 관

일반적으로 법률행위가 유효하게 성립하면 곧바로 법률행위의 효력이 발생한다. 그러나 당사자들이 법률행위의 효력의 발생 또는 소멸을 장래의 일정한 사실에 의존하게 하는 것도 사적 자치의 원칙에 의하여 허용된다. 이와 같이 법률행위의 효력의 발생 또는 소멸을 제한하기 위하여 법률행위에 부가되는 약관을 법률행위의 부관(附款)이라 한다.

법률행위의 부관에는 조건, 기한 및 부담의 세 가지가 있다. 조건과 기한에 관하여는 민법총칙에 일반적 규정을 두고, 부담에 관해서는 부담부 증여(제561조)와 부담부 유증(제1088조)에 관한 특별규정을 두고 있다.

### 2 조 건

#### 1) 의 의

조건이란 법률행위의 효력의 발생 또는 소멸을 장래의 불확실한 사실의 성부에 의존하는 법률행위의 부관을 말한다. 가령, 사법시험에 합격하면 자동차를 사주겠다고 약정하는 경우에, 증여계약은 즉시 성립하지만 그 계약에 기초하여 자동차의 인도를 청구하려면 사법시험에 합격하여야 한다. 또한 취직하면 더 이상 생활비를 주지 않겠다고 약정하는 경우에, 증여계약은 유효하게 성립하고 그 효력이 발생하지만 그 증여

계약은 취직하면 소멸한다. 이처럼 조건은 법률행위의 효력의 발생 또는 소멸에 관한 것이지 법률행위의 성립에 관한 것이 아니다.

한편 조건은 성부(成否)가 미정의 장래 사실에 관한 것이어야 한다. 따라서 서울에 사는 A와 B가 "어제 부산에 비가 내린 경우에는 A가 B에게 10만 원을 주기로 하는 것"처럼 과거 사실은 당사자가 행위시에 알 수 없는 경우에도 객관적으로 기성(旣成)의 사실이므로, 소위 기성조건이고 본래의 조건은 아니다. 또한 조건으로 할 수 있는 사실은 발생 여부가 불확실한 것이어야 한다. 이 점이 발생이 확실한 사실에 관한 기한과의 본질적인 차이이다. 그리고 조건은 당사자가 임의로 부가한 것이어야 한다. 따라서 법인 설립에서 주무관청의 허가(제32조) 또는 유언의 효력이 발생하기 위한 유언자의 사망(제1073조 제1항)과 같은 법정 조건은 여기에서 말하는 조건이 아니다.

**판 례**

조건은 법률행위의 효력의 발생 또는 소멸을 장래의 불확실한 사실의 성부에 의존케 하는 법률행위의 부관으로서 법률행위에 있어서의 효과의사와 일체적인 내용을 이루는 의사표시 그 자체이고, 따라서 조건의사가 법률행위의 내용으로 외부에 표시되어야 한다(2000다30349판결). 따라서 조건의사가 있더라도 그것이 외부에 표시되지 않으면 법률행위의 동기에 불과할 뿐이고, 그것만으로는 법률행위의 부관으로서의 조건이 되는 것은 아니다(2003다10797판결).

## 2) 조건의 종류

### (1) 정지조건 · 해제조건

조건의 성취로 인하여 법률행위의 효력이 발생하는가 또는 소멸하는가에 의한 구별이다. 조건으로 부가된 사실이 성취할 때까지 법률행위 효력의 발생을 정지하는 것이 정지조건(停止條件)이고, 그 사실이 성취함으로써 법률행위의 효력을 소멸시키는 것이 해제조건(解除條件)이다. "대학에 입학하면 시계를 사주겠다"고 하는 것은 정지조건의 예이고, "낙제하면 장학금 지급을 정지하겠다"고 하는 것은 해제조건의 예이다.

판 례

어떠한 법률행위가 조건의 성취시 법률행위의 효력이 발생하는 소위 정지조건부 법률행위에 해당한다는 사실은 그 법률행위로 인한 법률효과의 발생을 저지하는 사유로서 그 법률효과의 발생을 다투려는 자에게 주장·입증책임이 있다 (93다20832판결, 2008다93117판결).

### (2) 수의조건 · 비수의조건

조건의 성취 여부가 당사자의 일방적 의사에 의존하는 것이 수의조건(隨意條件)이고, 그렇지 않은 것이 비수의조건(非隨意條件)이다. 수의조건은 다시 전적으로 당사자 일방의 의사에만 의존하는 순수수의조건(예: 내 마음이 내키면 선물을 주겠다)과, 당사자 일방의 의사와 함께 일정한 다른 사실 상태에 의하여 조건 성취가 결정되는 단순수의조건(예: 내가 독일에 여행 가면 책을 준다)으로 분류할 수 있다. 단순수의조건은 유효한 조건이 되나, 순수수의조건은 당사자에게 법률행위의 효력을 발생시킬 의사가 없다고 보아야 할 것이므로 언제나 무효라는 견해가 있다 (곽윤직, 306면; 김증한/김학동, 491면; 백태승, 542면). 다만, 채권자의 순수수의정지조건부 법률행위와 순수수의해제조건부 법률행위는 유효하다는 견해(고상룡, 631면), 순수수의조건은 민법의 전체 질서에 합치하는 제도이고 또 독특한 사회적 기능을 담당하고 있는 것이므로 이를 무효로 할 필요가 없다는 견해(이영준, 647면; 이은영, 724면)가 있다. 사적 자치의 원칙과 불확실성 및 시간성이라는 조건의 본질에 비추어 순수수의조건부 법률행위를 언제나 무효로 할 것은 아니고, 법률행위의 해석을 통하여 유·무효 여부를 확정하는 것이 타당하다고 할 것이다.

비수의조건에는 당사자의 의사와 관계없이 조건의 성부가 결정되는 우성조건(偶成條件, 예: 내일 비가 오면 또는 크리스마스에 눈이 내리면)과, 조건의 성부가 당사자 일방의 의사와 함께 제3자에 의하여 결정되는 혼성조건(混成條件, 예: 내가 그녀와 결혼하면)이 있다. 둘 다 유효한 조건이 된다.

### (3) 가장조건

형식적으로는 조건의 외관을 가졌지만, 실질적으로는 조건으로서의 효력을 인정받지 못하는 것을 가장조건(假裝條件)이라 한다. 이에는 다음과 같은 것이 있다.

① 법정조건: 법률이 법률행위의 효력 발생을 위하여 명문으로 요구하는 조건이다.

법인 설립에 있어서 주무관청의 허가(제32조) 또는 유언에 있어서의 유언자의 사망(제1073조)이 그 대표적인 예이다. 이러한 사실을 조건으로 한 경우에 조건으로서는 법률상 무의미하다.

② 불법조건: 불법한 내용의 조건, 즉 선량한 풍속 기타 사회질서에 위반하는 조건을 부가한 경우에는 법률행위 자체가 무효가 된다(제151조 제1항). 가령, 부첩관계의 종료를 해제조건으로 하는 증여계약은 그 조건만이 무효인 것이 아니라 증여계약 자체가 무효이다(66다530판결). 또 "A를 살해하면 부동산을 매수하겠다."고 한 경우도 무효이다. 마찬가지로 불법행위를 하지 않을 것을 조건으로 한 법률행위도 무효이다.

**표 3-5** 기성조건 · 불법조건 · 불능조건의 효력

| 구 별 | 기성조건 | 불법조건 | 불능조건 |
|---|---|---|---|
| 정지조건 | 무조건 | 무 효 | 무 효 |
| 해제조건 | 무 효 | 무 효 | 무조건 |

③ 기성조건: 법률행위 당시에 이미 객관적으로 확정되어 있는 사실을 조건으로 한 경우를 기성조건이라 한다. 당사자가 그 사실을 모르고 있어도 조건은 아니다. 조건이 이미 성취하고 있는 경우에 그 조건이 정지조건이면 조건 없는 법률행위로 하고, 해제조건이면 무효이다(제151조 제2항). 가령, "사법시험에 합격하면 자동차를 사 주겠다."고 약속한 경우에 약속 당시 이미 사법시험에 합격하였다면 조건 없는 법률행위가 된다. 그러나 "사법시험에 합격할 때까지 매월 100만 원을 지급하겠다."고 약속한 경우, 약속 당시 이미 사법시험에 합격하였다면 무효인 법률행위가 된다.

④ 불능조건: 법률행위 당시에 이미 성취할 수 없는 사실을 조건으로 한 경우를 불능조건이라 한다. 불능조건이 해제조건이면 조건 없는 법률행위가 되고, 정지조건이면 그 법률행위는 무효이다(제151조 제3항). 가령, "내일 해가 서쪽에서 뜬다면 해약하지 않겠다."고 약속한 경우는 조건 없는 법률행위가 된다. 만약 "내일 해가 서쪽에서 뜨면 매수하겠다."고 약속하였다면 무효가 된다.

### 3) 조건을 붙일 수 없는 법률행위

조건부 법률행위는 그 효과의 발생과 소멸이 장래에 대하여 불확정적이므로 법률

관계가 확정적이어야 하는 법률행위에는 조건을 붙일 수 없다. 이러한 법률행위를 **조건에 친하지 않은 행위**라고 한다. 조건을 붙일 수 없는 법률행위에 조건을 붙인 경우에 법률에 규정이 있다면 그에 따르고, 그러한 규정이 없다면 법률행위 전부가 무효로 된다고 할 것이다 (고상룡, 633면; 이영준, 655면).

#### (1) 단독행위

① 원칙: 단독행위에 조건을 붙이는 것은 상대방의 지위를 불안정하게 할 우려가 있으므로 원칙적으로 허용되지 않는다. 상계에 관하여는 명문의 규정이 있으며(제493조 제1항), 그밖에 해제(제543조) · 환매(제590조) · 선택채권의 선택(제382조) · 취소 · 추인 등이 이에 속한다.

② 예외: 상대방의 지위 및 이익을 해하지 않는 경우에는 예외가 허용된다. 가령, 상대방의 동의가 있는 경우라든가, 상대방이 결정할 수 있는 사실을 조건으로 하는 경우 또는 상대방에게 이익만을 주는 경우(예: 채무면제, 유증)에는 조건을 붙일 수 있다.

#### (2) 가족법상의 행위

혼인 · 입양 · 인지 · 상속의 승인 또는 포기와 같은 가족법상의 행위에는 원칙적으로 조건을 붙일 수 없다. 다만, 상대방에게 불이익을 초래하지 않거나 공서양속에 반하지 않는 경우에는 허용된다 (통설). 또 유언에는 조건을 붙일 수 있다 (제1073조 제2항).

#### (3) 어음 · 수표행위

법률행위의 효과가 확정적으로 발생될 것이 요구되는 어음 및 수표행위에는 조건을 붙일 수 없다 (통설). 다만, 어음보증의 경우에는 어음 거래의 안정성을 해치지 않으므로 조건을 붙이는 것이 허용된다 (84다카2310판결, 85다카1600판결).

### 4) 조건부 법률행위의 효력

조건이 성취되었는지 여부에 대하여 당사자들은 중대한 이해관계를 가진다. 따라서 조건의 성취 또는 불성취로 인하여 불이익을 받게 될 자가 부정 · 부당하게 조건의 성취 또는 불성취를 방해하는 것을 허용해서는 안 된다. 여기에서 민법은 이러한 경우에 조건이 성취되었는지 여부와 관계없이 조건의 성취 또는 불성취를 주장할 수 있도록 하여 당사자들의 이해관계를 조절하고 있다.

### (1) 조건 성취 전의 효력

① 조건부 권리: 조건부 법률행위의 경우에는 조건의 성취 또는 불성취에 의하여 이익을 받을 당사자는 조건의 성부가 미정인 사이에도 그 이익에 대한 기대를 가지고 있다. 이러한 당사자의 법적 지위를 기대권 또는 조건부 권리라고 한다.

② 조건부 권리의 침해 금지

조건 있는 법률행위의 당사자는 조건의 성부(成否)가 미정인 동안에 조건의 성취로 인하여 생길 상대방의 이익을 해하지 못한다(제148조). 가령, 매도인이 정지조건부 매매계약의 목적물을 고의 또는 과실로 훼손 또는 제3자에게 매각한 경우에는, 매수인의 조건부 권리의 침해가 된다. 매도인은 불법행위(곽윤직, 310면) 또는 채무불이행(이영준, 663면; 고상룡, 638면)을 이유로 손해배상책임을 부담한다. 그리고 의무자가 조건부 권리를 침해하는 처분행위를 한 때에 그 처분행위는 무효가 된다(통설. 반대, 고상룡, 638면). 이 경우 제3자는 선의취득에 의한 보호를 받을 수 있을 것이다(제249조의 유추적용). 또한 조건부 법률행위의 당사자의 지위는 단순히 당사자 사이에서뿐만 아니라, 제3자에 의한 침해에 대해서도 보호된다. 즉, 조건부 권리자의 법적 지위를 침해한 경우에는 불법행위가 된다(고상룡, 639면).

③ 조건부 권리의 처분

조건의 성취가 미정한 권리 의무는 일반규정에 의하여 처분·상속·보존 또는 담보로 할 수 있다(제149조). 일반규정에 의한다는 것은 조건 없는 권리를 취득하는 방법에 준한다고 하는 의미이다. 처분이란 조건부 권리를 이전·포기하거나 제한물권의 설정 등 조건부 권리의 귀속을 변경하는 것을 목적으로 하는 법률행위를 말한다. 그리고 조건부 권리는 상속 일반의 규정에 의하여 상속된다. 보존이란 조건 성취에서 이익을 보전하는 것을 목적으로 하는 행위를 말한다. 조건부 권리를 담보로 제공하는 것은 처분에 해당하고, 담보로 할 수 있다는 것은 조건부 권리를 위하여 보증인을 세운다든가 담보물권을 설정한다는 뜻이다.

### (2) 조건 성취 후의 효력

① 조건의 성취와 불성취의 의제: 조건의 성취로 인하여 불이익을 받을 당사자가 신의성실에 반하여 조건의 성취를 방해한 때에는 상대방은 그 조건이 성취한 것으로 주장할 수 있다(제150조 제1항). 가령, 이혼녀가 재혼하면 부양료를 청구하지 않기로

화해한 후 재혼을 하지 않으면서도 타인과 동거생활을 하는 경우에 상대방은 재혼한 것으로 주장할 수 있다.

**판 례**

조건의 불성취로 의무를 면하게 될 자가 신의성실에 반하여 조건의 성취를 위하여 자기가 이행하여야 할 의무를 불이행한 경우에 상대방은 조건의 성취를 주장할 수 있다(88다카29290판결).

**판 례**

조건의 성취로 인하여 불이익을 받을 당사자가 신의성실에 반하여 조건의 성취를 방해한 경우, 조건이 성취된 것으로 의제되는 시점은 이러한 신의성실에 반하는 행위가 없었더라면 조건이 성취되었으리라고 추산되는 시점이다(98다42356판결).

반면에, 조건의 성취로 인하여 이익을 받을 당사자가 신의성실에 반하여 조건을 성취시킨 때에는 상대방은 그 조건이 성취하지 아니한 것으로 주상할 수 있다(제150조 제2항). 가령, "시험에 합격하면 카메라를 사주겠다."고 한 경우, 커닝 등 부정한 수단을 사용하여 합격하였을 때, 상대방은 조건이 성취하지 않은 것으로 주장할 수 있다.

② 조건의 성취와 불성취의 효과: 정지조건부 법률행위는 조건이 성취되면 그 효력이 발생하고, 불성취로 확정되면 무효가 된다. 해제조건부 법률행위는 조건이 성취되면 그 효력이 소멸하고, 불성취로 확정되면 유효하게 확정된다. 그리고 조건 성취의 효력은 원칙적으로 소급하지 않는다(제147조 제1항·제2항. 92다5584판결). 다만, 당사자가 소급효에 관하여 합의한 때는 이에 따른다(제147조 제3항). 조건 성취에 관한 입증책임은 조건의 성취로 법률행위의 효력이 확정되었음을 주장하는 자가 부담한다.

**판 례**

정지조건부 법률행위에 있어서 조건이 성취되었다는 사실은 이에 의하여 권리를 취득하고자 하는 측에서 그 입증책임이 있다 할 것이므로, 정지조건부 채권양도에 있어서 정지조건이 성취되었다는 사실은 채권양도의 효력을 주장하는 자에게 그 입증책임이 있다(81다카692판결). 또한 원고가 피고 교회의 담임 목사직을 자진 은퇴하겠다는 의사를 표명한데 대하여 피고 교회에서 은퇴 위로금으로 이 건 부동산을 증여하기로 한 것이라면 이 증여는 원고의 자진 사임을 조건으로 한 증여라고 보아야 할 것이므로, 원고가 위 증여계약을 원인으로 피고에게 소유권 이전등기를 구하려면 적어도 그 후 자진 사임함으로써 그 조건이 성취되었음을 입증할 책임이 있다(84다카967판결).

**판 례**

해제조건부증여로 인한 부동산소유권 이전등기를 마쳤다 하더라도 그 해제조건이 성취되면 그 소유권은 증여자에게 복귀한다고 할 것이고, 이 경우 당사자 간에 별단의 의사표시가 없는 한 그 조건 성취의 효과는 소급하지 아니하나, 조건 성취 전에 수증자가 한 처분행위는 조건 성취의 효과를 제한하는 한도 내에서는 무효라고 할 것이고, 다만 그 조건이 등기되어 있지 않는 한 그 처분행위로 인하여 권리를 취득한 제3자에게 위 무효를 대항할 수 없다(92다5584판결).

## 3 기 한

### 1) 의 의

기한이란 법률행위의 효력발생·소멸 또는 채무이행을 장래 도래하는 확실한 사실의 발생에 의존하는 법률행위의 부관이다. 기한은 법률행위의 내용으로 당사자가 임의로 정하는 것이므로, 법정기한은 여기서 말하는 기한이 아니다. 기한은 법률행위의 효력을 장래의 확실한 사실에 의존하게 한다는 점에서, 법률행위의 효력을 장래의 불확실한 사실에 의존하게 하는 조건과 구별된다.

**판 례**

부관이 붙은 법률행위에 있어서 부관에 표시된 사실이 발생하지 아니하면 채무를 이행하지 아니하여도 된다고 보는 것이 상당한 경우에는 조건으로 보아야 하고, 표시된 사실이 발생한 때에는 물론이고 반대로 발생하지 아니하는 것이 확정된 때에도 그 채무를 이행하여야 한다고 보는 것이 상당한 경우에는 표시된 사실의 발생 여부가 확정되는 것을 불확정기한으로 정한 것으로 보아야 한다. 따라서 이미 부담하고 있는 채무의 변제에 관하여 일정한 사실이 부관으로 붙여진 경우에는 특별한 사정이 없는 한 그것은 변제기를 유예한 것으로서 그 사실이 발생한 때 또는 발생하지 아니하는 것으로 확정된 때에 기한이 도래한다(2003다24215판결).

### 2) 기한의 종류

#### (1) 시기 · 종기

시기(始期)란 법률행위의 효력발생을 장래 도래할 사실에 의존케 하는 기한을 말하고(제152조 제1항), 종기(終期)는 법률행위의 효력의 소멸을 장래 도래할 사실에 의존시키는 것을 말한다(제152조 제2항). 가령, '6월 1일부터 수영장을 개장한다'는 것은 전자의 예이고, '9월 30일까지 수영장을 개장한다'는 것은 후자의 예이다. 여기서 유의할 것은 부관으로서의 시기와 변제기(채무이행기)는 구별하여야 한다는 점이다. 채무이행이 시점에 대하여 기한이 있다고 하더라도 그 법률행위는 이미 효력을 발생하고 있는 것이다. 따라서 채무자는 변제기 전이라도 이행할 수 있으며(제468조 본문), 그 결과 변제기 전에 채무를 이행하였다는 이유로 부당이득이 되는 것은 아니다. 그러나 시기부 법률행위의 경우에는 기한 전에 변제가 이루어진 경우에 비채변제에 해당하지 않는 한 부당이득으로서 반환하여야 한다(제742조). 이와 같이 볼 때 제153조 소정의 기한의 이익에 대한 규정은 채무이행기를 의미하는 기한에 관한 규정이라고 보아야 할 것이다.

#### (2) 확정기한 · 불확정기한

도래하는 기한이 확정된 것을 확정기한(確定期限)이라 한다(예: 내년 9월 1일). 도래하는 것은 확실하지만 그 시기가 불확정한 것은 불확정기한(不確定期限)이라고 한다(예: 내가 사망할 때). 당사자가 불확정한 사실이 발생한 때를 이행기한으로 정한 경우에 있어서 그 사실이 발생한 때는 물론 그 사실의 발생이 불가능하게 된 때에도 이행기한은 도래한 것으로 보아야 한다(88다카10579판결, 2005다67353판결).

**판 례**

일반적으로 건축 중인 상가건물의 특정 점포를 임차하면서 계약서에 그 점포의 인도 시기(입점 시기)를 기재하지 아니하고 건물의 준공 예정일에 관한 설명만을 듣고서 그 점포에 관한 임대차계약을 체결한 경우, 그 점포의 인도 시기에 관하여 당사자의 합리적인 의사는 확정기한을 이행기로 정한 것이라고 보기는 어렵고 불확정기한을 이행기로 정하는 합의가 이루어진 것으로 보아야 할 것이고, 그 불확정기한의 내용은 그 건설공사의 진척 상황 및 사회경제적 상황에 비추어 예상할 수 있는 합리적인 공사 지연 기간이 경과한 때라고 하는, 매우 폭넓고 탄력적인 것으로 보아야 한다 (2000다7936판결).

### 3) 기한을 붙일 수 없는 법률행위

법률행위에 기한을 붙이는 것은 일반적으로 사적 자치의 원칙상 유효하지만, 법률행위의 성질로 인하여 그것이 허용되지 않는 경우가 있다. 이것을 **기한에 친하지 않은 행위**라고 한다. 행위의 성질상 그 효과가 즉시 발생하여야 하는 것은 기한에 친하지 않다. 즉, 혼인 · 입양 · 인지 등의 가족행위나 소급효를 가지는 취소나 상계의 경우(제493조 제1항)에는 시기를 붙이지 못한다. 다만, 어음행위에는 조건을 붙이지 못하지만 시기(지급일)를 붙이는 것은 허용된다.

종기를 붙일 수 없는 법률행위는 대체로 해제 조건에서와 같다 (예: 가족법상의 법률행위).

### 4) 기한부 법률행위의 효력

#### (1) 기한 도래 전의 효력(기한부 권리)

기한은 도래하는 것이 확정적이므로 기한의 도래까지 기한부 권리를 보호할 필요가 생긴다. 따라서 민법은 제148조(조건부 권리의 침해 금지)와 제149조(조건부 권리의 처분 등)를 기한부 권리에 준용하고 있다 (제154조). 다만, 채무의 이행에 기한이 붙은 경우에는 변제기 전의 채권의 문제일 뿐이다.

#### (2) 기한 도래의 효력

기한은 그 내용인 사실이 발생한 때에 도래하며, 시기부 법률행위는 기한이 도래한 때부터 그 효력이 생긴다(제152조 제1항). 반면에, 종기부 법률행위는 기한이 도래한 때부터 그 효력을 잃는다(제152조 제2항). 기한 도래의 효과에는 소급효가 없다. 그러므로 당사자가 소급효를 인정하는 특약을 체결하였어도 이는 무효가 된다.

### 5) 기한의 이익

#### (1) 의 의

기한의 이익이란 기한이 아직 도래하지 않음으로써 당사자가 받은 이익을 말한다. 기한의 이익은 법률행위의 성질에 따라 다르다. 가령, 채권자만이 가지는 경우(예: 무상임치), 채무자만이 가지는 경우(예: 무이자 소비대차), 채권자와 채무자 쌍방이 가지는 경우(예: 정기예금)가 있다. 그런데 기한은 채무자의 이익을 위하여 정하는 것이 보통이므로, 민법은 특약이나 법률행위의 성질에 반하지 않는 한 채무자의 이익을 위한 것으로 추정한다(제153조 제1항).

#### (2) 기한의 이익 포기

기한의 이익을 가지는 자가 그 이익을 포기하는 것은 자유이다. 다만, 기한의 이익의 포기에 의하여 제3자의 이익을 해칠 수 없다(제153조 제2항). 따라서 무이자의 차주는 언제라도 반환할 수 있고, 또 무상임치에서 임치인은 언제라도 그 반환을 청구할 수 있다. 다만, 그로 인하여 상대방에게 손해를 준 경우에는 이를 배상하여야 한다(제153조 제2항 단서, 제468조). 포기는 상대방 있는 단독행위로서 상대방에 대한 의사표시로 행하여진다.

#### (3) 기한의 이익 상실

① 계약 또는 법률에 의하여 채무자가 기한의 이익을 가지는 것은 채무자를 신용하여 그 이행을 유예하여 주기 때문이다. 그러므로 채무자가 신용을 상실한 사정이 생긴 경우에는 채권자에게 기한이 도래하기까지 청구를 유예하도록 하는 것은 채권자에게 가혹하다. 여기서 민법은 일정한 사유가 발생한 경우에는 기한의 이익을 상실하는 것으로 하고 있다(제388조).

② 기한이익의 상실은 당사자 사이의 합의에 의한 기한이익 상실의 특약 외에 채무자가 담보를 손상·감소 또는 멸실하게 한 때(제388조 제1호), 채무자가 담보 제공의

의무를 이행하지 아니한 때(제388조 제2호), 채무자가 파산한 때(채무자 회생 및 파산에 관한 법률 제425조)에 발생한다. 이 경우 채권자는 기한의 도래를 주장하여 즉시 이행을 청구할 수도 있고, 채무자는 채무 이행을 거절하지 못한다.

③ 기한이익의 상실특약은 정지조건부 기한이익 상실의 특약과 형성권적 기한이익의 상실특약으로 나뉜다. 전자의 경우에는 원칙적으로 상실 사유가 발생함과 동시에 채무자는 기한이익이 상실되어 이행 지체에 빠지고, 후자의 경우에는 상실 사유가 발생하더라도 곧바로 기한이익이 상실되지 않고 채권자의 통지나 청구 등 행위를 기다려 비로소 이행기가 도래한다.

**판 례**

기한이익 상실의 특약은 그 내용에 의하여 일정한 사유가 발생하면 채권자의 청구 등을 요함이 없이 당연히 기한의 이익이 상실되어 이행기가 도래하는 것으로 하는 것과 일정한 사유가 발생한 후 채권자의 통지나 청구 등 채권자의 의사행위를 기다려 비로소 이행기가 도래하는 것으로 하는 것의 두 가지로 대별할 수 있고, 기한이익 상실의 특약이 위의 양자 중 어느 것에 해당하느냐는 당사자의 의사해석의 문제이지만 일반적으로 기한이익의 상실의 특약이 채권자를 위하여 둔 것인 점에 비추어 명백히 정지조건부 기한이익 상실의 특약이라고 볼 만한 특별한 사정이 없는 이상 형성권적 기한이익 상실의 특약으로 추정하는 것이 타당하다고 한다(2002다28340판결). 아무튼 정지조건부 기한이익 상실의 특약을 한 경우에는 그 특약에 정한 기한이익의 상실 사유가 발생함과 동시에 기한의 이익을 상실케 하는 채권자의 의사표시가 없더라도 이행기 도래의 효과가 발생하고, 채무자는 특별한 사정이 없는 한 그때부터 이행지체의 상태에 놓이게 된다(88다카14663판결). 그리고 형성권적 기한이익 상실의 특약이 있는 경우에는 그 특약은 채권자의 이익을 위한 것으로서 기한이익의 상실 사유가 발생하였다고 하더라도 채권자가 나머지 전액을 일시에 청구할 것인가 또는 종래대로 할부변제를 청구할 것인가를 자유로이 선택할 수 있다. 따라서 형성권적 기한이익 상실의 특약이 있는 할부채무에 있어서는 1회의 불이행이 있더라도 각 할부금에 대하여 그 각 변제기의 도래시마다 그때부터 순차로 소멸시효가 진행하고 채권자가 특히 잔존 채무 전액의 변제를 구하는 취지의 의사를 표시한 경우에 한하여 전액에 대하여 그때부터 소멸시효가 진행한다(97다12990판결).

# 제 4 장 사법관계의 내용

## 제 1 절 권리와 의무

### 1 권 리

#### 1) 권리의 개념과 본질

권리는 법률관계의 구성 요소로서 사법의 중심 개념으로 파악되어 왔다. 법은 법률관계를 그 규율 대상으로 하는 점에서 법과 권리는 밀접한 관계에 있다. 다만, 법은 객관적 · 추상적인 반면에 권리는 주관적 · 구체적이다. 그런데 권리의 본질이 무엇이냐에 대해서는 논의의 대상이 되고 있다. 일반적으로 권리란 "법에 의하여 보장되는 일정한 이익을 향유하는 것을 내용으로 하는 힘"이라고 정의되고 있다. 즉, 권리란 법에 의해서 주어진 힘이라는 것이다(통설). 이는 권리법력설에 의한 설명이다.

권리법력설 이외에 의사설과 이익설이 있다. 의사설은 권리를 법에 의하여 주어진 의사의 힘 또는 의사의 지배라고 하는 설이다. 의사설은 주로 역사법학파에 속하는 학자들(F. C. von Savigny, G. F. Puchta, B. Windscheid)이 주장한 학설이다. 이익설은 권리를 법에 의하여 보호되는 이익이라고 설명한다. 이 설은 예링(R. von Jhering)에 의하여 주장된 학설이다. 그러나 의사설에 대해서는 의사능력이 없는 자(예: 유아라든가 심신상실자)도 권리를 가지는 이유를 설명할 수 없고, 이익설은 이익이 없는 권리(예: 친권)가 있다는 사실을 설명할 수 없다는 비판이 있다(가령, 곽윤직, 48면).

### 2) 권리와 구별되는 개념

권리와 구별되는 개념으로는 권원·권한·권능·반사적 이익 등이 있다.

#### (1) 권 원

권원(權原)이란 일정한 법률상 또는 사실상의 행위를 하는 것을 정당화하는 법률상의 원인을 말한다. 가령, 타인의 권원에 의하여 부동산에 부속된 물건에 대하여는 부합이 인정되지 않고 그 물건의 소유권은 권원 있는 자에 귀속하게 된다(제256조 단서). 또한 소유권에 기한 목적물반환청구에 대하여 점유자가 물건을 점유할 권리가 있는 경우에는 그 반환을 거부할 수 있다(제213조 단서).

**판 례**

타인의 토지상에 권원 없이 식재한 수목의 소유권은 토지 소유자에게 귀속하고 권원에 의하여 식재한 경우에는 그 소유권이 식재한 자에게 있으므로, 권원 없이 식재한 감나무에서 감을 수확한 것은 절도죄에 해당한다(97도3425판결).

**판 례**

부동산에 부합된 물건이 사실상 분리 복구가 불가능하여 거래상 독립한 권리의 객체성을 상실하고 그 부동산과 일체를 이루는 부동산의 구성 부분이 된 경우에는 타인이 권원에 의하여 이를 부합시킨 경우에도 그 물건의 소유권은 부동산의 소유자에게 귀속된다(84다카2428판결).

#### (2) 권 한

권한(權限)이란 타인을 위하여 그 자에 대하여 일정한 법률효과를 발생하게 하는 행위를 할 수 있는 법률상의 자격을 말한다. 가령, 목적물을 처분 내지 임대할 권한, 법인의 이사의 대표권 등이 그것이다.

판 례

일반적으로 부동산을 채권담보의 목적으로 양도한 경우 특별한 사정이 없는 한 목적 부동산에 대한 사용수익권은 채무자인 양도담보 설정자에게 있는 것이므로, 설정자와 양도담보권자 사이에 양도담보권자가 목적물을 사용·수익하기로 하는 약정이 없는 이상 목적 부동산을 임대할 권한은 양도담보설정자에게 있다(2001다40213판결).

판 례

분묘의 부속시설인 비석 등 제구를 설치·관리할 권한은 분묘의 수호·관리권에 포함되어 원칙적으로 제사를 주재하는 자에게 있고, 따라서 만약 제사 주재자 아닌 다른 후손들이 비석 등 시설물을 설치하였고 그것이 제사 주재자의 의사에 반하는 것이라 하더라도, 제사 주재자가 분묘의 수호·관리권에 기하여 철거를 구하는 것은 별론으로 하고, 그 시설물의 규모나 범위가 분묘기지권의 허용 범위를 넘지 아니하는 한, 분묘가 위치한 토지의 소유권자가 토지 소유권에 기하여 방해배제청구로서 그 철거를 구할 수는 없다(99다14006판결).

### (3) 권 능

권능(權能)이란 권한과 같은 뜻으로 사용되기도 하나, 일반적으로는 권리의 내용을 이루는 개개의 법률상의 작용을 말한다. 가령, 제211조는 "소유자는 법률의 범위 내에서 그 소유물을 사용·수익·처분할 권리가 있다."고 규정하고 있는데, 소유권은 사용·수익·처분의 권능이 있음을 정하고 있는 것이다.

판 례

등기된 임차권에는 용익권적 권능 외에 임차보증금반환채권에 대한 담보권적 권능이 있고, 임대차 기간이 종료되면 용익권적 권능은 임차권등기의 말소등기 없이도 곧바로 소멸하나 담보권적 권능은 곧바로 소멸하지 않는다고 할 것이어서, 임차권자는 임대차 기간이 종료한 후에도 임차보증금을 반환받기까지는 임대인이나 그 승계인에 대하여 임차권등기의 말소를 거부할 수 있다고 할 것이고, 따라서 임차권등기가 원인 없이 말소된 때에는 그 방해를 배제하기 위한 청구를 할 수 있다(99다67079판결).

### (4) 반사적 이익

반사적 이익이란 법률이 특정인 또는 일반인에게 어떤 행위를 명함으로써 다른 특정인 또는 일반인이 그 반사적 효과로서 받는 이익을 말한다. 가령, 불법원인급여에 의하여 급여자에게 급여물의 반환이 금지되는 결과 수익자가 반사적으로 급여물의 소유권을 취득하게 되는 경우(79다483판결) 또는 소멸시효 기간의 완성(제162조 이하)에 의하여 권리자의 권리가 소멸함으로써 반사적으로 의무자가 의무를 면하는 경우 및 취득시효(제245조 이하)에 의하여 점유자가 소유권을 취득하는 결과 소유자가 반사적으로 소유권을 잃게 되는 경우가 이에 해당한다.

**판 례**

소비자들이 그 동안 백화점 등의 셔틀버스를 이용할 수 있었던 것은 백화점 등의 경영자가 셔틀버스를 운행함으로써 누린 반사적인 이익에 불과한 것이다(2001헌마132결정).

**판 례**

건축법에 건축과 관련하여 도로에 관한 폭 등의 제한규정이 있다 하더라도 이는 건물 신축이나 증·개축 허가시 그와 같은 범위의 도로가 필요하다는 행정법규에 불과할 뿐 위 규정만으로 당연히 포위된 토지 소유자에게 그 반사적 이익으로서 건축법에서 정하는 도로의 폭이나 면적 등과 일치하는 주위토지 통행권이 바로 생긴다고 할 수 없다(93누20498판결).

**판 례**

대통령이 담화를 발표하고 이에 따라 국방부장관이 삼청교육 관련 피해자들에게 그 피해를 보상하겠다고 공고하고 피해신고까지 받은 것은, 대통령이 정부의 수반인 지위에서 피해자들인 국민에 대하여 향후 입법조치 등을 통하여 그 피해를 보상해 주겠다고 구체적 사안에 관하여 종국적으로 약속한 것으로서, 거기에 채무의 승인이나 시효이익의 포기와 같은 사법상의 효과는 없더라도, 그 상대방은 약속이 이행될 것에 대한 강한 신뢰를 가지게 되고, 이러한 신뢰는 단순한 사실상의 기대를 넘어 법적으로 보호받아야 할 이익이라고 보아야 하므로, 국가로서는 정당한 이유 없이 이 신뢰를 깨뜨려서는 아니 되는 바, 국가가 그 약속을 어기고 후속 조치를 취하지 아니함으로써 위 담화 및 피해 신고 공고에 따라 피해 신고를 마친 피해자의 신뢰를 깨뜨린 경우, 그 신뢰의 상실에 따르는 손해를 배상할 의무가 있고, 이러한 손해에는 정신적 손해도 포함된다(98다38364판결).

### 3) 권리의 종류

사법상의 권리는 그 내용에 따라 인격권·신분권·재산권·사원권으로 구분되며, 재산권에는 물권·채권·지적재산권이 있다. 그리고 권리는 그 작용에 따라 지배권·청구권·형성권·항변권으로 구분한다. 지배권은 물권의 작용의 모습으로 나타나는 권리이고, 청구권은 그 기초가 되는 권리에 따라 물권적 청구권(제213조, 제214조)·채권적 청구권(제389조)·이혼청구권(제840조)·부양청구권(제974조)·상속회복청구권(제999조) 등이 있다. 형성권은 권리자의 일방적 의사표시에 의하여 법률관계를 변동시키는 권리를 말하며, 항변권은 청구권의 행사를 저지하는 권리로서 동시이행의 항변권(제536조)과 보증인의 최고·검색의 항변권(제437조)이 인정되고 있다. 또한 권리는 의무자를 표준으로 하여 절대권·상대권으로 구분되며, 권리와 권리 주체와의 밀접도에 따라 일신전속권·비전속권 등으로 구분된다. 일신전속권은 권리자의 의사에 그 행사의 자유가 맡겨져 있는 행사상의 일신전속권(예: 후견인의 취소권, 94다35985판결)과 양도나 상속의 대상이 될 수 없는 귀속상의 일신전속권(예: 인격권, 2007다27670판결)으로 구분된다. 기타 권리는 주종관계를 표준으로 하여 주된 권리와 종된 권리 및 권리의 성립 요건의 실현도에 따라 완성권과 기대권으로 구분된다.

**인격권 보호에 관한 규정 신설안**

i) 제안 이유: 헌법의 이념을 구체화하고 자유로운 경제활동을 보장하기 위하여 사적 자치의 원칙이 민법의 최고 원리임을 선언하고 사람의 인격권이 일반적으로 보호됨을 규정한다.

ii) 제안 내용: 第1條의2(**人間의 尊嚴과 自律**) ① 사람은 人間으로서의 尊嚴과 價値를 바탕으로 자신의 자유로운 意思에 좇아 法律關係를 形成한다.

② 사람의 人格權은 保護된다.

**판 례**

인격권은 그 성질상 일단 침해된 후의 구제 수단(**금전 배상이나 명예회복 처분 등**)만으로는 그 피해의 완전한 회복이 어렵고 손해전보의 실효성을 기대하기 어려우므로, 인격권 침해에 대하여는 사전(**예방적**) 구제 수단으로 침해행위 정지·방지 등의 금지청구권도 인정된다(93다40614, 40621판결).

판 례

법인의 명예신용이 침해되어 그 법인의 목적인 사업 수행에 영향을 미치게될 경우와 같이 법인의 사회적 평가가 침해되는 경우에는 불법행위를 이유로 침해를 한 자에게 손해의 배상을 청구할 수 있다(65다1707판결).

판 례

재판상 이혼청구권은 부부의 일신전속적 권리이므로 이혼소송 계속중 배우자 일방이 사망한 때에는 상속인이 수계할 수 없음은 물론 검사가 수계할 수 있는 특별한 규정도 없으므로 이혼소송은 종료된다(92므143판결).

## 2 의 무

### 1) 의무의 개념

의무란 일정한 행위를 하여야 할 또는 하지 아니하여야 할 법률상의 구속을 말한다. 의무는 그 내용에 따라 작위의무와 부작위의무로 나뉜다. 부작위의무는 다시 단순부작위의무(예: 영업을 하지 않을 의무(상법 제41조))와 인용의무(예: 임대인의 목적물의 수선행위에 대한 임차인의 인용의무라든가(제624조), 경미한 생활방해행위에 대한 인용의무(제217조 제2항))로 구분된다. 이러한 의무를 위반한 경우에 권리자는 그 이행을 소(訴)로써 강제하거나 손해배상을 청구할 수 있다.

판 례

일반적으로 채권자가 자신의 채무자에 대하여 상계권을 행사하고 아니하고는 채권자의 권리일 뿐 특별한 사정이 없는 한 제3자의 이익을 위하여 상계를 하여야 할 작위의무를 부담한다고 할 수는 없으므로, 채권자가 상계권을 행사하지 아니한 것이 제3자에 대하여 불법행위를 구성한다고 할 수 없다(2001다74353판결).

판 례

영업양도계약의 약정 또는 상법 제41조에 따라 영업 양도인이 부담하는 경업금지의무는 스스로 동종 영업을 하거나 제3자를 내세워 동종 영업을 하는 것을 금하는 것을 내용으로 하는 의무이므로, 영업 양도인이 그 부작위의무에 위반하여 영업을 창출한 경우 그 의무위반 상태를 해소하기 위하여는 영업을 폐지할 것이 요구되고 그 영업을 타에 임대한다거나 양도한다고 하더라도 그 영업의 실체가 남아 있는 이상 의무위반 상태가 해소되는 것은 아니므로, 그 이행강제의 방법으로 영업 양도인 본인의 영업 금지 외에 제3자에 대한 영업의 임대, 양도 기타 처분을 금지하는 것도 가능하다(96다37985판결).

### 2) 권리와 의무의 관계

의무는 보통 권리와 표리관계에 있는 것으로 설명한다(가령, 이영준, 30면). 이러한 설명은 채권관계에서는 타당하다. 가령, 토지에 대한 매매계약을 체결하면 매수인의 소유권이전등기청구권 내지 토지인도청구권이라는 권리에 대응하여 매도인은 소유권이전등기의무 내지 토지인도의무가 있다.

그러나 물권에서의 의무는 단지 모든 사람은 물권을 침해 내지 방해해서는 안 된다는 의미이지, 엄밀한 의미에서 권리에 대응하는 의무가 아니다. 즉, 물권에서의 의무는 물권의 침해 내지 방해 상태로 말미암아 물권자가 손해의 배상을 청구한다든가(제750조), 물권적 청구권(제213조, 제214조)을 행사하는 경우에 비로소 그러한 권리에 대응하는 의무로 나타난다. 그리고 권리만 있고 의무가 없는 경우가 있는가 하면 의무만 있고 권리를 수반하지 않는 경우도 있다. 취소권(제5조 제2항 등)・추인권(제130조 등)・해제권(제544조, 제546조)과 같은 형성권은 전자의 예에 속하고, 청산인의 신고 의무(제86조 등)・등기 의무(제85조)는 후자의 예에 속한다. 또한 친권(제909조)과 같이 의무의 속성을 함께 가지고 있는 권리도 있다.

### 3) 의무와 구별되어야 할 개념

의무와 구별하여야 하는 것으로 책무 내지 간접 의무와 채무가 있다.

### (1) 책무 내지 간접 의무

책무(Obliegenheit)란 그것을 준수하지 않으면 그 부담자에게 법에 의한 일정한 불이익이 발생하지만, 그 상대방이 그것을 소(訴)로써 강제하거나 그 위반에 대하여 손해배상을 청구할 수는 없다. 가령, 증여자의 하자고지 의무(제559조), 청약자의 승낙연착의 통지 의무(제528조 제2항), 과실상계에서 채권자 또는 피해자의 주의 의무(제396조) 및 채권자의 수령 의무(제400조) 등을 들 수 있다. 다만, 과실상계에서의 주의 의무라든가 채권자의 수령의무가 의무인지 책무인지에 대해서는 논의가 있으나, 통설은 책무로 보고 있다.

**판 례**

민법상의 과실상계 제도는 채권자가 신의칙상 요구되는 주의를 다하지 아니한 경우, 공평의 원칙에 따라 손해의 발생에 관한 채권자의 그와 같은 부주의를 참작하게 하려는 것이므로 단순한 부주의라도 그로 말미암아 손해가 발생하거나 확대된 원인을 이루었다면 피해자에게 과실이 있는 것으로 보아 과실상계를 할 수 있고(92다20163판결), 불법행위에 있어서 과실상계는 공평 내지 신의칙의 견지에서 손해배상액을 정함에 있어 피해자의 과실을 참작하는 것으로서 그 적용에 있어서는 가해자와 피해자의 고의 과실의 정도, 위법행위의 발생 및 손해의 확대에 관하여 어느 정도의 원인이 되어 있는가 등의 제반 사정을 고려하여 배상액의 범위를 정하는 것이며, 불법행위에 있어서의 가해자의 과실이 의무 위반의 강력한 과실임에 반하여 과실상계에 있어서 과실이란 사회 통념상, 신의성실의 원칙상, 공동생활상 요구되는 약한 부주의까지도 가리키는 것이다 (94다61120판결).

**판 례**

수치인이 적법하게 임치계약을 해지하고 임치인에게 임치물의 회수를 최고하였음에도 불구하고 임치인의 수령 지체로 반환하지 못하고 있는 사이에 임치물이 멸실 또는 훼손된 경우에는 수치인에게 고의 또는 중대한 과실이 없는 한 채무 불이행으로 인한 손해배상책임이 없다 (83다카1476판결).

이와 같이 책무는 의무와 다르지만, 책무와 의무의 구분이 명확한 것은 아니다. 특히 계약 당사자 사이의 이해관계를 조절하는 기능을 하는 부수의무와 책무의 구별은 쉽지 않다. 부수의무는 계약의 목적을 달성하기 위하여 급부의무의 실현에 이바지하는 의무를 말한다. 부수의무의 위반이 있는 경우에 채권자는 소(訴)로써 이를 강제하거나 계약을 해제할 수는 없지만 그로 인한 손해의 배상은 청구할 수 있다. 물론 독립적 부수의무(예: 수임인의 보고의무(제683조), 사무관리자의 보고의무(제738조) 등)에 대하여 채권자는 그 이행을 청구할 수 있다.

**판 례**

채무불이행을 이유로 매매계약을 해제하려면, 당해 채무가 매매계약의 목적 달성에 있어 필요불가결하고 이를 이행하지 아니하면 매매계약의 목적이 달성되지 아니하여 매도인이 매매계약을 체결하지 아니하였을 것이라고 여겨질 정도의 주된 채무이어야 하고, 그렇지 아니한 부수적 채무를 불이행한 데에 지나지 아니한 경우에는 매매계약 전부를 해제할 수 없다. 그리고 계약상의 의무 가운데 주된 채무와 부수적 채무를 구별함에 있어서는 급부의 독립된 가치와는 관계없이 계약을 체결할 때 표명되었거나 그 당시 상황으로 보아 분명하게 객관적으로 나타난 당사자의 합리적 의사에 의하여 결정하되, 계약의 내용·목적·불이행의 결과 등의 여러 사정을 고려하여야 한다(97마575결정).

**판 례**

사용자는 근로계약에 수반되는 신의칙상의 부수적 의무로서 피용자가 노무를 제공하는 과정에서 생명, 신체, 건강을 해치는 일이 없도록 물적 환경을 정비하는 등 필요한 조치를 강구하여야 할 보호 의무를 부담하고, 이러한 보호의무를 위반함으로써 피용자가 손해를 입은 경우 이를 배상할 책임이 있다(97다12082판결).

### (2) 채무와 의무

우리 민법은 채무 또는 채무불이행(제390조 참조)이라는 개념을 사용하고 있을 뿐 계약상의 의무 또는 계약상의 의무 위반이라는 개념은 사용하고 있지 않다. 그런데 일반적으로 채권관계의 중요한 모습은 계약관계이기 때문에 채권관계에서 발생하는 채권·채무도 계약상의 채권·채무라고 할 수 있다. 그렇다면 계약상의 의무와 계약상의 채무는 어떠한 관계에 있는가?

본래 채무는 채권의 상대 개념이며 채권과 채무는 동전의 양면과 같다. 권리가 존재하지 않는 의무는 있을 수 있지만, 채권 없는 채무는 존재하지 않는다. 채권의 중요한 속성은 급부(예: 목적물의 인도라든가 노무의 제공 등)의 청구력에 있다. 이러한 채권자의 급부청구력에 대응하여 채무자가 부담하는 의무를 채무라고 한다. 따라서 부수의무와 같이 소로써 강제할 수 없는 의무는 채무에 해당하지 않고 급부의무만이 채무에 해당한다고 할 것이다.

**판 례**

공중접객업인 숙박업을 경영하는 자가 투숙객과 체결하는 숙박계약은 숙박업자가 고객에게 숙박을 할 수 있는 객실을 제공하여 고객으로 하여금 이를 사용할 수 있도록 하고, 고객으로부터 그 대가를 받는 일종의 일시 사용을 위한 임대차계약으로서 객실 및 관련 시설은 오로지 숙박업자의 지배 아래 놓여 있는 것이므로, 숙박업자는 통상의 임대차와 같이 단순히 여관 등의 객실 및 관련 시설을 제공하여 고객으로 하여금 이를 사용·수익하게 할 의무를 부담하는 것에서 한 걸음 더 나아가 고객에게 위험이 없는 안전하고 편안한 객실 및 관련 시설을 제공함으로써 고객의 안전을 배려하여야 할 보호의무를 부담하며, 이러한 의무는 숙박계약의 특수성을 고려하여 신의칙상 인정되는 부수적인 의무로서 숙박업자가 이를 위반하여 고객의 생명·신체를 침해하여 투숙객에게 손해를 입힌 경우 불완전이행으로 인한 채무불이행책임을 부담하고, 이 경우 피해자로서는 구체적 보호의무의 존재와 그 위반 사실을 주장·입증하여야 하며 숙박업자로서는 통상의 채무불이행에 있어서와 마찬가지로 그 채무불이행에 관하여 자기에게 과실이 없음을 주장·입증하지 못하는 한 그 책임을 면할 수는 없다(2000다38718, 38725판결, 96다47302판결. 동지 2002다63275판결). 그러나 통상의 임대차관계에 있어서 임대인의 임차인에 대한 의무는 특별한 사정이 없는 한 단순히 임차인에게 임대 목적물을 제공하여 임차인으로 하여금 이를 사용·수익하게 함에 그치는 것이고, 더 나아가 임차인의 안전을 배려하여 주거나 도난을 방지하는 등의 보호의무까지 부담한다고 볼 수 없을 뿐만 아니라 임대인이 임차인에게 임대 목적물을 제공하여 그 의무를 이행한 경우 임대 목적물은 임차인의 지배 아래 놓이게 되어 그 이후에는 임차인의 관리하에 임대 목적물의 사용·수익이 이루어지는 것이다(99다10004판결).

## 제 2 절 권리의 경합과 충돌

### 1 권리의 경합

#### 1) 의 의

권리의 경합이란 하나의 생활 사실이 수개의 법규가 정하는 요건을 충족하여 동일한 목적을 가지는 수개의 권리가 발생하는 경우를 말한다. 가령, 물건을 침탈당한 경우 소유자와 침탈자 사이에는 점유회수청구권, 목적물반환청구권, 부당이득반환청구권, 불법행위로 인한 손해배상청구권이 경합한다. 또한 임대차계약이 종료한 경우 임대인과 임차인 사이에 소유권에 근거한 목적물반환청구권과 임대차계약에 근거한 목적물반환청구권이 경합한다. 이들 권리는 동일한 목적을 위하여 존재하므로 그중 어느 하나를 행사함으로써 목적을 달성하면 나머지 권리는 소멸한다. 그러나 각각의 권리는 독립적이기 때문에 서로 독립하여 행사할 수 있으며, 각 권리는 각각 단독으로 시효 기타의 원인으로 소멸할 수 있다.

**판 례**

채무불이행으로 인한 손해배상청구권에 대한 소멸시효 항변이 불법행위로 인한 손해배상청구권에 대한 소멸시효 항변을 포함한 것으로 볼 수는 없다(96다51110판결).

#### 2) 권리경합의 모습

경합하는 수개의 권리 사이의 관계에 대해서는 법조경합설과 청구권경합설이 있다. 가령, 불법행위책임과 계약책임이 경합하는 경우에, 법조경합설에 의하면 불법행위책임과 계약책임은 마치 일반법과 특별법의 관계에 있다고 할 것이므로, 일반적 불법행위책임은 배제되고 특수한 관계에 있는 계약책임을 먼저 적용하여야 한다는 것이다. 청구권경합설은 채권자는 그의 선택에 따라 채무자에게 계약책임을 묻거나 불법행위책임을 물을 수 있다고 한다(통설·판례). 청구권규범경합설도 주장되고 있다(김형배, 채권총론, 225면 이하).

**판 례**

해상운송인이 운송 도중 운송인이나 그 사용인 등의 고의 또는 과실로 인하여 운송물을 감실 훼손시킨 경우, 선하증권 소지인은 운송인에 대하여 운송계약상의 채무불이행으로 인한 손해배상청구권과 아울러 소유권 침해의 불법행위로 인한 손해배상청구권을 취득하며 그중 어느 쪽의 손해배상청구권이라도 선택적으로 행사할 수 있다(82다카1533판결). 이와 같이 운송계약상의 채무불이행책임이나 불법행위로 인한 손해배상책임은 병존하고, 운송계약상의 면책특약은 일반적으로 이를 불법행위책임에도 적용하기로 하는 명시적 또는 묵시적 합의가 없는 한 당연히 불법행위책임에 적용되지 않는다(99다8711판결, 88다카11428판결).

### 3) 법규의 경합

법규경합(법조경합이라고도 한다)이란 하나의 생활 사실이 수개의 법규의 요건을 충족하지만, 그 수개의 법규가 특별법과 일반법의 관계에 있는 경우(예: 자동차손해배상보장법 제3조와 제750조) 또는 하나의 법규가 다른 법규와 경합하여 그 효과를 제한하는 경우(예: 수치인의 보관 의무(제695조)와 특정물 인도채무자의 목적보존 의무(제374조))에, 전자의 법규만이 적용되는 것을 말한다.

## 2 권리의 충돌과 순위

### 1) 권리의 충돌

동일한 객체에 대하여 수개의 권리가 존재하여 모든 권리를 만족시킬 수 없는 상태를 권리의 충돌이라 한다. 권리의 충돌에는 물권 상호간의 충돌, 채권 상호간의 충돌, 물권과 채권의 충돌 등이 있다.

### 2) 물권 상호간의 충돌

물권이 충돌하는 경우에는 먼저 성립한 권리가 후에 성립한 권리에 우선한다. 물권에는 배타성이 있기 때문이다. 다만, 소유권과 제한물권이 충돌하는 경우에는 제한물권이 우선한다. 그리고 우선특권의 경우에는 법률에 의하여 우선순위가 정해진다.

**판 례**

주택임대차보호법 제3조 제1항이 인도와 주민등록을 갖춘 다음 날부터 대항력이 발생한다고 규정한 것은 인도나 주민등록이 등기와 달리 간이한 공시 방법이어서, 인도 및 주민등록과 제3자 명의의 등기가 같은 날 이루어진 경우에 그 선후관계를 밝혀 선순위 권리자를 정하는 것이 사실상 곤란한 데다가, 제3자가 인도와 주민등록을 마친 임차인이 없음을 확인하고 등기까지 경료하였음에도 그 후 같은 날 임차인이 인도와 주민등록을 마침으로 인하여 입을 수 있는 불측의 피해를 방지하기 위하여 임차인보다 등기를 경료한 권리자를 우선시키고자 하는 취지이고, 같은 법 제3조의2 제1항에 규정된 우선변제적 효력은 대항력과 마찬가지로 주택임차권의 제3자에 대한 물권적 효력으로서 임차인과 제3자 사이의 우선순위를 대항력과 달리 규율하여야 할 합리적인 근거도 없으므로, 법 제3조의2 제1항에 규정된 확정일자를 입주 및 주민등록일과 같은 날 또는 그 이전에 갖춘 경우에는 우선변제적 효력은 대항력과 마찬가지로 인도와 주민등록을 마친 다음 날을 기준으로 발생한다(97다22393판결).

### 3) 채권 상호간의 충돌

동일한 채무자에 대하여 수개의 채권이 충돌하는 때에는 채권자 평등의 원칙에 의한다. 다만, 이러한 원칙이 나타나는 것은 파산의 경우인데, 채무자가 파산한 경우 담보물권을 가진 채권자는 별제권(別除權)을 행사하여 우선하여 변제를 받을 수 있다(채무자 회생 및 파산에 관한 법률 제411조). 그러나 파산 밖에 있어서는 채권자는 임의로 자신의 채권을 실행할 수 있고, 따라서 먼저 채권을 행사한 자가 채무자로부터 만족을 얻게 되는 결과가 된다. 즉, 선행주의가 적용된다.

**판 례**

채권자평등주의를 채택한 민사소송법(민사집행법)하에서는 채권의 압류가 경합되었을 경우에 압류된 채권을 다른 사람에게 전부하였다면 그러한 전부명령은 무효이다(78다2263판결).

### 4) 물권과 채권의 충돌

물권과 채권이 충돌할 경우에는 물권이 우선한다. 물권은 절대성이 있기 때문이다. 다만, 부동산임차권을 등기하거나 주택임대차보호법 및 상가건물임대차보호법에 의한 대항력을 갖춘 임차인은 제3자에게 대항할 수 있다.

**판 례**

경매목적 부동산이 경락된 경우에는 소멸된 선순위 저당권보다 뒤에 등기되었거나 대항력을 갖춘 임차권은 함께 소멸하는 것이고, 따라서 그 경락인은 주택임대차보호법 제3조에서 말하는 임차주택의 양수인 중에 포함된다고 할 수 없을 것이므로, 경락인에 대하여 그 임차권의 효력을 주장할 수 없다(99다59306판결).

## 제 3 절 권리의 객체

### 1 개 관

권리의 객체란 권리의 대상을 말한다. 즉, 권리의 내용 또는 목적이 성립하기 위한 일정한 대상을 말한다. 권리의 객체는 권리의 종류에 따라 다양하다. 가령, 물권의 객체는 물건 또는 권리이고, 채권의 객체는 채무자의 일정한 행위(급부라고 한다)이며, 형성권은 법률관계가 그 객체이다. 그리고 지적재산권의 객체는 저작・발명 등 지적 창작물이고, 인격권의 객체는 생명・신체・명예・자유 등 인격 그 자체이다(김민중, 320면).

따라서 권리의 객체 전반에 관한 일반 규정을 두는 것은 곤란하고, 다만 물건은 물권의 객체일 뿐만 아니라 급부의 목적물로서 채권의 내용을 이루고 간접적으로 기타의 권리와도 관련되기 때문에, 민법은 권리의 객체 중에서 '물건'에 관해서는 민법총칙에 일반규정을 두고 있다.

**재 산**

민법은 권리의 객체로서 물건 이외에 재산이라는 개념을 사용한다. 가령, 처분을 허락한 재산(제6조)·재단법인 출연재산(제48조)·증여의 목적인 재산(제554조)·조합재산(제704조)·제3자가 미성년자에게 무상으로 준 재산(제918조)·자녀가 자기 명의로 취득한 재산(제916조)·혼인 중 자기 명의로 취득한 재산 등 부부재산(제829조 이하)·상속재산(제998조의2 이하) 등이 그 예이다. 재산이라는 개념은 어떤 권리 주체를 중심으로 또는 일정한 목적 아래에 결합한 금전적 가치 있는 물건과 권리·의무의 전체를 말할 때 사용한다.

이 경우 어떤 권리 주체를 중심으로 결합한 재산은 적극적 재산만을 의미하는 경우(예: 한정승인에 있어서 상속인이 취득한 재산(제1028조))와 소극적 재산을 포함하는 경우(예: 상속재산(제1005조), 부재자의 재산(제22조), 채무자의 일반재산)가 있다. 이러한 재산은 그 재산 전체에 독립성이나 일체성은 인정되지 않는다. 즉, 그 재산 전체가 하나의 독립한 권리나 거래의 목적물이 되는 것은 아니다.

그리고 물건·권리·의무의 총체로서 일정한 목적 아래 결합한 재산(예: 조합재산(제704조), 재단법인 출연재산(제48조), 신탁재산(신탁법 제19조), 파산재단(채무자 회생 및 파산에 관한 법률 제38조), 재단저당에 있어서 재단(공장 및 광업재단저당법 제10조)도 권리 주체를 중심으로 결합한 재산의 경우보다는 일체성과 독립성이 강하지만, 재단법인의 출연재산과 같이 법인격이 인정되거나 공장재단의 경우와 같이 특별한 규정이 있는 경우를 제외하고는, 재산에 속하는 개개의 물건이나 권리·의무가 법률상 특별히 다루어지고 있을 뿐이고 원칙적으로 그 재산 전체가 일체로 독립하여 권리의 객체 또는 거래의 목적이 되는 것은 아니다(곽윤직, 172면).

## 2 물 건

### 1) 물건의 의의

제98조는 "유체물 및 전기 기타 관리할 수 있는 자연력"을 물건이라고 규정하고 있다. 물건이기 위해서는 첫째, 관리가 가능하여야 하고, 둘째, 독립성이 있어야 하며,

셋째, 사람이 아니어야 한다. 이를 분설하면 다음과 같다.

### (1) 관리 가능한 유체물 및 자연력

물건에는 유체물과 무체물이 있다. 유체물이란 형체를 가지고 공간의 일부를 차지하고 감각에 의하여 지각할 수 있는 물질을 말한다. 무체물이란 전기·열·빛·음향·향기·에너지 등 형체가 없는 것을 말한다. 관리 가능한 유체물은 그 자체로서 물건임에 문제가 없으나, 민법은 무체물이라도 관리가 가능하면 물건으로 본다. 관리가 가능하다는 것은 배타적 지배가 가능하다는 것을 의미한다. 문제는 생명체로서 동물이 물건인가인데, 민법은 동물을 물건으로 보고 있다 (독일은 동물을 물건으로 보지 않고 특별법으로 보호한다. 제90조a). 즉, 야생하는 동물은 무주물이며(제252조 제3항), 동물의 점유자 또는 소유자로 하여금 동물이 타인에게 가한 손해를 배상하도록 하고 있다 (제759조). 체외수정란도 물건으로 볼 것이다 (제2장 제2절 1. 2) (2) 참조). 그리고 온라인상의 게임 등을 이용할 수 있는 게임머니도 재화에 해당한다 (서울행정법원 2009구합4418판결).

### (2) 비인격성

인간은 존엄과 가치적 존재로서 권리의 주체이지 권리의 객체인 물건일 수 없다. 따라서 인체는 물건이 아니므로 소유권의 객체가 될 수 없고, 인체에 부착되어 있는 의치·의수·의족·가발 등도 물건이 아니다. 그러나 인체로부터 분리된 신체의 일부(예: 모발·혈액·장기 등)는 물건으로 다루어진다. 문제는 시체와 유골이 물건인지에 대해서는 논의가 있다. 물건성은 인정하지만 일반 물건과는 달리 사용·수익·처분의 대상이 아니고, 매장·제사·봉양 등의 대상이 되는 특수한 소유권의 객체라는 견해(곽윤직, 169면; 김증한/김학동, 233면; 이은영, 301면)와 시체가 미이라나 학술용 골격으로 되어 인간의 존엄과 가치에 대한 인식을 자극하지 않게 된 특수한 경우를 제외하고는 물건성을 부정하면서 시체나 유골의 처분행위는 무효라는 견해(이영준, 839면; 김민중, 325면)가 있다. 다만, 생전에 자기 유해를 처분하는 것은 선량한 풍속 기타 사회질서에 반하지 않는 한 유효하다고 한다.

요컨대 특수한 소유권의 객체라고 하든 물건성(物件性)을 원칙적으로 부정하든 시체·유골의 사용·수익·처분성을 부인하고 있는 점에서는 학설상 차이는 없다고 할 것이다. 법(형법 제159조 내지 제161조, 장사 등에 관한 법률 제23조 등, 시체의 해부 및 보존에 관한 법률 제2조 이하, 경범죄처벌법 제3조 제5호)은 시체·유골에 관하여 특별한 규율을 하고 있다. 이는 시체·유골의 특수성에 기인한 것으로 여겨진다. 시체·유골의 관리권은 제사주재자에게 있다(2007다27670판결). 이와 같이 볼 때 시체·유골에 대하여 생전에 처분을 한 경우라든가 학술적 가치가 있는 유골 등을 제외하곤 원칙적으로 물건성을 부인함이 타당하다.

### (3) 독립성

관리가 가능하다는 것은 다른 물건과 독립해서 관리 가능성이 있어야 한다는 의미이다. 즉, 물건이기 위해서는 물건의 일부 또는 구성 부분이어서는 아니 되고, 원칙적으로 집합물은 물건이 아니다. 물건의 독립성 여부는 물리적 형태에 의해서 판단할 것이 아니고 거래 관념에 따라서 결정되어야 한다. 즉, 물건인지 여부는 물리적 구조로만 파악할 것이 아니고, 그것이 독립하여 거래의 객체(양도 내지 처분의 객체)가 될 수 있느냐에 따라 판단하여야 할 것이다. 따라서 집합물도 그 종류·장소 또는 수량 지정 등의 방법에 의하여 특정할 수 있으면 하나의 권리의 객체가 될 수 있다. 판례는 정화조를 건물의 구성 부분으로 보고(93다42399판결), 땅 속에 부설된 유류 저장탱크를 토지에 부합한 것으로 본다(94다2138판결, 94다6345판결), 그러나 주유소의 주유기는 주유소 건물의 상용에 공하기 위하여 부속시킨 종물로 본다.

**판 례**

일반적으로 일단의 증감 변동하는 동산을 하나의 물건으로 보아 이를 채권담보의 목적으로 삼으려는 이른바, 집합물에 대한 양도담보 설정계약 체결도 가능하며 이 경우 그 목적 동산이 담보설정자의 다른 물건과 구별될 수 있도록 그 종류, 장소 또는 수량 지정 등의 방법에 의하여 특정되어 있으면 그 전부를 하나의 재산권으로 보아 이에 유효한 담보권의 설정이 된 것으로 볼 수 있다. 집합물에 대한 양도담보권 설정계약이 이루어지면 그 집합물을 구성하는 개개의 물건이 변동되거나 변형되더라도 한 개의 물건으로서 동일성을 잃지 아니하므로 양도담보권의 효력은 항상 현재의 집합물 위에 미치는 것이고, 따라서 양도담보권자가 담보권 설정계약 당시 존재하는 집합물을 점유개정의 방법으로 그 점유를 취득하면 그 후 양도담보 설정자가 그 집합물을 이루는 개개의 물건을 반입하였다 하더라도 그때마다 별도의 양도담보권 설정계약을 맺거나 점유 개정의 표시를 하여야 하는 것은 아니다(88다카20224판결).

## 2) 물건의 종류

물건의 종류에는 부동산과 동산이 있으며, 이 밖에 민법은 주물과 종물 및 원물과 과실로 구별하여 물건을 규율하고 있다(제99조 내지 제102조). 물권의 객체로서 중요한 것은 부동산이다. 민법은 토지 및 그 정착물을 부동산으로 규정하고 있다(제99조 제1항). 부동산 이외의 물건은 동산이다(동조 제2항).

## 3) 부동산

토지 및 그 정착물을 부동산이라 한다(제99조 제1항).

### (1) 토 지

토지란 일정의 지면과 그 상하(上下)를 말한다(제212조 참조). 바다는 국유로 사적소유권의 객체가 되지 못하고, 다만 어업권(수산업법 제2조 제6호, 제8조)점용 및 사용권(공유수면관리 및 매립에 관한 법률 제8조)·공유수면매립권(같은 법 제28조) 등에 의하여 바다 등을 점용 내지 이용하여 수익할 수 있는 권리가 성립할 수 있다. 그리고 하천도 국유에 속하며(하천법 제3조), 사인(私人)은 관리청의 허가를 얻어 하천구역점령권에 의하여 하천을 점유·사용할 수 있다(하천법 제25조).

**표 4-1** 부동산과 동산의 법적 규율의 비교

| 구 분 | 부동산 | 동 산 |
|---|---|---|
| 내용(제99조) | 토지 및 그 정착물(제1항) | 부동산 이외의 물건(제2항) |
| 무주물(제252조) | 무주의 부동산은 국유(제2항) | 무주의 동산은 선점자의 소유(제1항) |
| 물권의 성립 | 소유권, 점유권, 용익물권, 유치권, 저당권 | 소유권, 점유권, 유치권, 질권 |
| 물권공시 방법 | 등기(제186조)와 명인 방법 | 점유와 인도(점유의 이전, 제188조) |
| 선의취득 | 인정 안 됨(등기의 공신력 부인) | 인정됨(제249조) |
| 취득시효기간<br>(제245조, 제246조) | 점유취득시효기간: 20년<br>등기부 취득시효기간: 10년 | 일반취득시효기간: 10년<br>선의·무과실 취득시효기간: 5년 |
| 부합의 효과 | 부동산 소유자가 동산의 소유권 취득, 단 권원에 의한 부속 제외(제256조) | 주종 구별 가능: 주된 동산 소유자의 소유<br>주종 구별 불가: 합성물 공유(제257조) |
| 가공의 효과 | 인정 안 됨(제259조 참조). | 가공물은 원재료의 소유자에게 귀속 |

미채굴의 광물은 물론 토지 소유자의 소유이나 국가의 배타적인 채굴·취득허가권의 객체가 되는 점에서 그 행사가 제한된다 (광업법 제2조, 제5조). 또한 동력장치를 사용하여 지하수를 개발 이용하기 위해서는 관할 시·도지사에게 허가를 받아야 하며 (지하수법 제7조), 골재를 채취하고자 하는 자는 시장·군수·구청장의 허가를 받아야 한다 (골재채취법 제22조).

### (2) 토지의 정착물

① 일반적으로 "지상물은 토지에 따른다."는 원칙에 입각한 서구의 법제와 달리, 토지의 정착물도 부동산으로 보고 있다 (통설). 토지의 정착물에는 교량·돌담·구거(도랑)와 같이 그 정착하는 토지와 항상 일체가 되어, 토지와는 별개독립의 부동산으로 될 수 없는 종속정착물, 건물이나 입목에 관한 법률에 의하여 등기된 수목의 집단과 같이 토지와는 별개 독립의 부동산으로 다루어지는 독립정착물, 위 두 가지 유형의 중간에 속하는 것으로서 농작물이나 입목에 관한 법률에 의하여 등기되지 아니한 수목의 집단(동법 제2조 참조)이나 건물 이외의 공작물 같은 반독립정착물이 있다는 것이다. 특히 반독립정착물은 제256조 단서를 근거로 토지 소유자 이외의 권원 있는 자가 이를 정착시킨 경우에는 당해 토지에 부합되지 않고 독립된 물건으로 다룬다.

그러나 이러한 통설의 설명에 대해서는 의문이 없지 않다. 우선 정착물이 구체적으로 어떠한 형태와 구조를 갖추고 있을 때 이를 독립정착물 또는 종속정착물 내지 반독립정착물로 구별할 수 있는지 그 객관적 기준이 모호하다. 그리고 통설이 제256조를 근거로 반독립정착물을 권원에 의하여 부속시킨 경우에는 독립한 물건으로 다루어 부동산으로 보고, 권원에 의하지 않고 부속시킨 경우에는 토지의 구성 부분

**표 4-2** 제99조 제1항 소정의 정착물

| 구 분 | 토지와의 관계 | 예 | 법적 취급(부합 여부) |
|---|---|---|---|
| 독립정착물 | 토지와 별개의 부동산임이 명백한 것 | 건물, 입목에 관한 법률에 의한 입목 | 부합이 생기지 않는다. |
| 종속정착물 | 토지의 일부로 인정되는 것 | 교량, 구거(도랑), 돌담 등 | 강한 부합(제256조 본문) |
| 반독립정착물 | 원칙적으로 토지의 일부로 취급되나, 명인 방법을 갖추면 별개의 부동산으로 취급되는 때도 있음. | 농작물, 미분리 과실, 수목 등 | 원칙적으로 부합(제256조 본문), 단 권원에 기하여 부속시킨 경우에는 부합이 생기지 않는다 (동조 단서). |

으로 된다고 새기고 있는데, 이러한 해석은 당사자의 의사와 관계없이 객관적으로 인정되어야 할 부동산의 인정을 권원의 존재 여부를 기준으로 하고 있다는 점에서 의문이있다. 오히려 토지의 정착물은 원칙적으로 토지의 구성 부분이라고 할 것이지만, 예외적으로 법률에 특별규정이 있는 경우(제305조, 제366조 등과 같이 건물을 토지와는 독립한 물건임을 전제로 한 규정)라든가 등기나 명인 방법(예: 입목, 미분리 과실 등)에 의하여 공시 될 수 있는 정착물은 토지와는 독립한 물건(부동산)이 된다고 보아야 하지 않을까? 다만, 이곳에서는 이와 같은 의문만을 제기하는 것으로 그친다.

② 건 물

건물은 독립정착물로서 부동산이다 (제289조의2, 제304조, 제305조, 제365조, 제366조 등은 건물이 토지와는 독립한 물건임을 전제로 한 규정이다). 건물의 일부도 독립하여 소유권의 객체로 될 수 있다. 구분소유권이 그것이다 (제215조, 집합건물의 소유 및 관리에 관한 법률 제1조). 역시 건물의 일부에 대해서도 전세권이 설정될 수 있다 (4294민상1297판결).

문제는 언제부터 건물로 볼 것이냐에 있다. 판례는 "반드시 그 물리적 구조만을 표준으로 하여 획일적으로 이를 결정지을 수는 없는 것이지만, 건물의 기능과 효용면에서 적어도 기둥과 지붕, 그리고 주벽만이라도 이루어져야 건물"(86누173판결, 2000다51872판결, 2004다67691 판결)이라고 한다. 그리하여 가령, 콘크리트 지반 위에 볼트조립방식으로 철제 파이프 또는 철골 기둥을 세우고 지붕을 덮은 다음 삼면에 천막이나 유리를 설치한 세차장구조물이 민법상 부동산인 '토지의 정착물'에 해당하지 않는다고 한다 (2008도9427 판결).

**판 례**

신축 건물이 경락대금 납부 당시 이미 지하 1층부터 지하 3층까지 기둥, 주벽 및 천장 슬라브 공사가 완료된 상태이었을 뿐만 아니라 지하 1층의 일부 점포가 일반에 분양되기까지 하였다면, 비록 토지가 경락될 당시 신축 건물의 지상층 부분이 골조공사만 이루어진 채 벽이나 지붕 등이 설치된 바가 없다 하더라도, 지하층 부분만으로도 구분소유권의 대상이 될 수 있는 구조라는 점에서 신축 건물은 경락 당시 미완성 상태이기는 하지만 독립된 건물로서의 요건을 갖추었다 (2002다21592, 21608 판결).

한편 판례는 집합건물의 일부가 구분소유권의 대상 내지 객체로 되었다는 점, 즉 구조상 · 이용상 독립성을 갖추어야 한다는 것과 1동의 건물이 완성되어 구분소유권이 성립한다는 것을 분명히 구별하고 있다. 즉, 건물의 일부에 대해서도 구분소유권이 성립할 수 있는데(제215조), 판례에 의하면 객관적·물리적인 측면에서 1동의 건물이 존재하고, 구분된 건물부분이 구조상 · 이용상 독립성을 갖추어야 할 뿐 아니라, 1동의 건물 중 물리적으로 구획된 건물부분을 각각 구분소유권의 객체로 하려는 구분행위가 있어야 건물의 일부에 구분소유권이 성립한다고 한다(2010다71578 전원합의체판결).

문제는 어떠한 경우에 구분의사의 표시로서 구분행위를 인정할 수 있는지에 있다. 판례는 "구분건물이 물리적으로 완성되기 전에도 건축허가 신청이나 분양계약 등을 통해 장래 신축되는 건물을 구분건물로 하겠다는 구분의사가 객관적으로 표시되면 구분행위를 인정할 수 있고, 이후 1동의 건물과 구분건물이 객관적 · 물리적으로 완성되면 그 건물이 집합건물대장에 등록되거나 구분건물로써 등기부에 기재되지 않았더라도 그 시점에서 구분소유가 성립한다."(2010다71578 전원합의체판결, 2013다98420, 99447 판결도 참조)고 판시하고 있다.

③ 입목 등

수목의 집단인 입목도 독립하여 부동산으로 될 수 있다(입목에 관한 법률 제3조 제1항). 이 경우에는 등기 또는 명인 방법에 의하여 공시할 수 있다. 또한 미분리 과실도 명인 방법을 갖추면 독립한 물건으로 취급된다. 다만, 이를 부동산으로 볼 것이냐 아니면 동산으로 볼 것이냐에 대하여 다툼이 있으나, 미분리 과실에 대한 선의취득을 인정해서는 안 된다는 점에서 부동산으로 봄이 타당할 것이다(김증한/김학동, 243면; 김용한, 226면; 이영준, 848면; 백태승, 295면. 다만, 곽윤직, 179면은 민사집행법 제189조 제2항 제2호를 근거로 하여 미분리 과실은 동산에 지나지 않는다고 한다. 그리고 고상룡, 283면은 미분리 과실을 동산으로 보아 이에 대하여 선의취득을 인정한다). 또한 토지 소유자 이외의 자가 권원에 의하여 경작한 농작물은 독립된 부동산으로 된다.

다만, 판례는 "적법한 권원 없이 타인의 토지를 경작하였더라도, 그 경작한 입도가 성숙하여 독립한 물건으로서의 존재를 갖추었으면, 그 입도의 소유권은 경작자에게 귀속한다."(79다784판결)고 한다. 이러한 판례의 태도에 대해서는 비판의 견해(곽윤직, 179면)가 유력하다. 물론 농작물의 소유권이 경작자에게 있다고 하더라도 소유자는 악의의 경작자에 대하여 그 농지 자체의 사용이익의 반환을 청구하거나 불법행위를 이유로 손해배상을 청구할 수는 있다(제748조 제2항). 그러나 "타인의 임야에 권한 없이 식부한 입목의 소유권은 임야 소유자에게 귀속한다."(88다카9067판결)고 한다.

**판 례**

물권 변동에 있어서 형식주의를 채택하고 있는 현행 민법하에서는 소유권을 이전한다는 의사 외에 부동산에 있어서는 등기를, 동산에 있어서는 인도를 필요로 함과 마찬가지로 이 사건 쪽파와 같은 수확되지 아니한 농작물에 있어서는 명인방법을 실시함으로써 그 소유권을 취득한다(95도2754판결).

**판 례**

경매의 대상이 된 토지 위에 생립하고 있는 채무자 소유의 미등기 수목은 토지의 구성 부분으로서 토지의 일부로 간주되어 특별한 사정이 없는 한 토지와 함께 경매되는 것이므로, 그 수목의 가액을 포함하여 경매 대상 토지를 평가하여 이를 최저 경매가격으로 공고하여야 하고, 다만 입목에 관한 법률에 따라 등기된 입목이나 명인 방법을 갖춘 수목의 경우에는 독립하여 거래의 객체가 되므로 토지 평가에 포함되지 아니한다(98마1817판결).

### 4) 동 산

(1) 부동산 이외의 물건은 모두 동산이다(제99조 제2항). 정착물이 아닌 토지의 부착물, 전기 기타 관리할 수 있는 자연력은 동산이다. 다만, 선박(선박등기법 제3조), 자동차 · 항공기 · 건설기계(자동차 등 특정동산저당법 제3조) 등은 법률상 부동산으로 취급된다.

(2) 금전은 그 존재 형태로 보면 동산이라고 할 수 있지만, 일정액의 가치를 표상하는 수단에 지나지 않는다. 따라서 금전에 대해서는 물권적 청구권이 인정되지 않고, 금전이 타인의 점유에 들어간 때에는 소비대차계약이나 사용대차계약 또는 부당이득에 기한 채권적 반환청구권만이 인정된다. 그리하여 금전(화폐)에 대해서는 선의취득에 관한 규정이 적용되지 않는다(제250조 단서).

그러나 금전을 봉투에 넣어 타인에게 임치하거나 기념 화폐를 거래하는 경우에는 동산으로서의 물건이 된다.

### 5) 주물 · 종물

#### (1) 개 념

물건의 소유자가 그 물건의 상용에 공(供)하기 위하여 자기 소유의 다른 물건을 이에 부속하게 한 때, 그 물건을 주물이라 하고 주물에 부속된 다른 물건을 종물이라 한다 (제100조 제1항). 가령, 주유소와 주유기(94다6345판결), 횟집과 수족관(92도3234판결), 안채와 사랑채, 백화점 건물과 그 지하에 설치된 전화교환설비 등이 주물과 종물의 예이다.

**판 례**

백화점 건물의 지하 2층 기계실에 설치되어 있는 전화교환설비가 건물의 원소유자가 설치한 부속시설이며, 위 건물은 당초부터 그러한 시설을 수용하는 구조로 건축되었고, 위 시설들은 볼트와 전선 등으로 위 건물에 고정되어 각 층, 각 방실까지 이어지는 전선 등에 연결되어 있을 뿐이어서 과다한 비용을 들이지 않고도 분리할 수 있고, 분리하더라도 독립한 동산으로서 가치를 지니며, 그 자리에 다른 것으로 대체할 수 있는 것이라면, 위 전화교환설비는 독립한 물건이기는 하나, 그 용도, 설치된 위치와 그 위치에 해당하는 건물의 용도, 건물의 형태, 목적, 용도에 대한 관계를 종합하여 볼 때, 위 건물에 연결되거나 부착하는 방법으로 설치되어 위 건물인 10층 백화점의 효용과 기능을 다하기에 필요불가결한 시설들로서, 위 건물의 상용에 제공된 종물이라 할 것이다 (92다43142판결).

#### (2) 종물의 요건

① 주물의 상용에 공(供)할 것

상용에 공한다는 것은 사회 관념상 계속하여 주물 자체의 경제적 효용을 높이는 관계에 있다는 것을 의미한다. 따라서 주물의 소유자나 사용자의 상용에 공여되고 있다고 하더라도 주물 자체의 효용과 직접 관계가 없는 물건은 종물이 아니다 (97다3750판결 등). 상용에 이바지하는지 여부는 객관적으로 결정되며, 주물과 종물 사이에 장소적 밀접한 관련성이 있어야 한다 (4288민상526판결).

**판 례**

호텔의 각 방실에 시설된 텔레비전, 전화기, 호텔세탁실에 시설된 세탁기, 탈수기, 드라이 클리닝기, 호텔주방에 시설된 냉장고 제빙기, 호텔방송실에 시설된 브이티알(비디오), 앰프 등은 호텔의 경영자나 이용자의 상용에 공여되고 있는 것이고, 주물인 부동산 자체의 경제적 효용에 직접 이바지 하지 아니한다고 하여 부동산의 종물이라고 할 수 없다 (84다카269판결). 그러나 횟집으로 사용할 점포 건물에 거의 붙여서 횟감용 생선을 보관하기 위하여, 즉 위 점포 건물의 상용에 공하기 위하여 신축한 수족관 건물은 위 점포 건물의 종물이다 (92도3234판결).

② 독립한 물건

종물은 독립한 물건이어야 한다. 독립한 물건이면 동산이든 부동산이든 관계없다. 가령, 정화조는 건물의 구성 부분이고 종물이 아니다 (93다42399판결).

**판 례**

낡은 가재도구 등의 보관 장소로 사용되고 있는 방과 연탄창고 및 공동변소가 본채에서 떨어져 축조되어 있기는 하나 본채의 종물이다 (91다2779판결).

③ 동일한 소유자에 속할 것

제3자 소유의 물건이 제100조 제2항에 따라 법률적 운명을 같이하게 되면 제3자의 권리가 침해되므로, 주물과 종물은 동일한 소유자에 속하여야 한다. 그러나 제3자의 권리를 침해하지 않는 범위에서 다른 소유자에 속하는 물건도 종물이 될 수 있다 (통설).

### (3) 종물의 효과

종물은 주물의 처분에 따른다 (제100조 제2항). 따라서 주물에 관한 처분의 효과는 종물에도 미친다. 가령, 주물인 부동산에 대한 처분의 등기가 있으면 종물에 대해서도 그 처분의 효력이 생긴다. 나아가 제358조는 주물에 저당권이 설정된 경우에 그 저당권의 효력은 저당권 설정 후의 종물에도 미친다고 규정한다. 다만, 제100조 제2항은 임의규정이다 (78다2028판결).

### (4) 종물법리의 확장

주물과 종물에 관한 법리는 물건과 권리의 관계 또는 권리 상호간의 관계에도 유추 적용된다.

**판 례**

저당권의 효력이 저당부동산에 부합된 물건과 종물에 미친다는 민법 제358조 본문을 유추하여 보면 건물에 대한 저당권의 효력은 그 건물에 종된 권리인 건물의 소유를 목적으로 하는지상권에도 미치게 되므로, 건물에 대한 저당권이 실행되어 경락인이 그 건물의 소유권을 취득하였다면 경락 후 건물을 철거한다는 등의 매각 조건에서 경매되었다는 등 특별한 사정이 없는 한, 경락인은 건물 소유를 위한 지상권도 민법 제187조의 규정에 따라 등기 없이 당연히 취득하게 되고, 한편 이 경우에 경락인이 건물을 제3자에게 양도한 때에는, 특별한 사정이 없는 한 민법 제100조 2항의 유추 적용에 의하여 건물과 함께 종된 권리인 지상권도 양도하기로 한 것으로 봄이 상당하다 (84다카1131, 1132전원합의체 판결, 95다52864판결). 판례는 집합건물의 전유 부분의 경매와 대지권의 이전의 경우에도 같은 법리를 적용하고 있다 (2002다40210판결).

**판 례**

민법 제366조 소정의 법정지상권은 토지와 그 토지상의 건물이 같은 사람의 소유에 속하였다가 그중의 하나가 경매 등으로 인하여 다른 사람의 소유에 속하게 된 경우에, 그 건물의 유지·존립을 위하여 특별히 인정된 권리이기는 하지만 그렇다고 하여 위 법정지상권이 건물의 소유에 부속되는 종속적인 권리가 되는 것이 아니며, 하나의 독립된 법률상의 물권으로서의 성격을 지니고 있는 것이기 때문에 건물의 소유자가 건물과 법정지상권 중 어느 하나만을 처분하는 것도 가능하다 (2000다1976판결).

## 6) 원물·과실

### (1) 개 념

물건으로부터 생기는 산출물 내지 경제적 수익을 과실(果實)이라 한다. 그리고 과실을 생기게 하는 물건을 원물(元物)이라 한다. 과실에는 천연과실과 법정과실이 있다.

### (2) 천연과실

① 의 의

물건의 용법에 의하여 수취하는 산출물을 천연과실이라 한다 (제101조 제1항). "물건의 용법에 의한다."라 함은 원물의 경제적 용도에 따른다는 의미이다. 산출물은 유기적으로 생산되는 물건(예: 과수의 열매, 가축의 새끼 등)에 한하지 않고, 무기적으로 수취하는 물건(예: 토사, 석재 등)도 포함한다. 인공적인 산출물도 과실이 된다.

② 천연과실의 귀속

천연과실은 원물로부터 분리되는 때에 수취할 권리자에게 귀속된다 (제102조 제1항). 이는 임의규정이다 (통설). 과실수취권자는 원물에 대하여 수익권을 가지고 있는 자이며, 따라서 원칙적으로 원물의 소유자이지만 선의의 점유자(제201조 제1항) · 전세권자(제303조) · 지상권자(제279조) · 사용차주(제609조. 특약이 있는 경우에만) · 임차인(제618조) · 매도인(제587조) · 수유자(제1079조) 등은 과실을 수취하여 그에 대한 소유권을 가진다. 그리고 유치권자(제323조) · 질권자(제343조) · 저당권자(제359조) 등은 과실을 수취하여 과실의 교환가치를 취득한다. 이 밖에 친권자가 과실을 수취한 경우에 그것은 자녀의 양육비, 재산관리비용과 상계한 것으로 본다 (제923조). 미분리의 천연과실은 원물로부터 분리되지 않은 경우에도 명인방법을 갖추는 경우에는 독립한 부동산으로 다루어진다. 따라서 미분리 과실에 대해서는 타인의 권리의 대상이 될 수 있다.

**판 례**

돼지를 양도담보의 목적물로 하여 소유권을 양도하되 점유개정의 방법으로 양도담보 설정자가 계속하여 점유 · 관리하면서 무상으로 사용 · 수익하기로 약정한 경우, 양도담보 목적물로서 원물인 돼지가 출산한 새끼 돼지는 천연과실에 해당하고, 그 천연과실의 수취권은 원물인 돼지의 사용 · 수익권을 가지는 양도담보 설정자에게 귀속되므로, 다른 특별한 약정이 없는 한 천연과실인 새끼 돼지에 대하여는 양도담보의 효력이 미치지 않는다 (96다25463판결).

### (3) 법정과실

① 의 의

법정과실이란 물건의 사용 대가로 받는 금전 기타 물건을 말한다 (제101조 제2항).

가령, 차임(제618조)·지료(제286조)·이자(제598조. 이자는 원본채권의 수익이므로 과실이 아니라는 견해도 있다. 김주수, 214면) 등이 법정과실이다. 그리고 원물은 모두 물건이어야 하므로, 노동의 대가인 노임·권리 사용의 대가(예: 특허권의 사용료)·주식배당금 등은 법정과실이 아니다(반대, 고상룡, 291면: 김민중, 351면). 독일 민법은 물건의 과실 이외에 권리의 과실도 인정하나(동법 제99조 제2항), 우리 민법은 그러하지 아니하다. 그러나 법정과실에 관한 규정은 원물이 물건이냐 권리이냐에 따라 그 적용을 달리할 이유는 없는 것이므로, 본조 소정의 법정과실이 아닌 경우에도 그 분배에 관하여는 본조를 유추 적용하여야 할 것이다(김병재, 민법주해(Ⅱ), 76면). 판례는 국립공원의 입장료는 토지의 사용대가라는 민법상 과실이 아니라 수익자 부담의 원칙에 따라 국립공원의 유지·관리비용의 일부를 국립공원 입장객에게 부담시키고자 하는 것이어서, 토지의 소유권이나 그에 기초한 과실수취권과는 아무런 관련이 없다고 한다(2000다27749판결).

**판 례**

법정지상권자라고 할지라도 대지 소유자에게 지료를 지급할 의무는 있는 것이고, 법정지상권을 취득할 지위에 있는 자 역시 지료 또는 임료 상당 이득을 대지소유자에게 반환할 의무를 면할 수는 없는 것이므로, 이러한 임료 상당부당이득의 반환청구까지도 신의성실의 원칙에 반한다고 볼 수 없다(87다카1604판결).

② 법정과실의 귀속

법정과실은 수취할 권리의 존속기간 일수의 비율로 취득한다(제102조 제2항). 이 규정은 권리의 귀속을 정한 것이 아니라 당사자 사이의 내부관계를 정한 것에 지나지 않는다. 이는 임의규정이다(통설). 물건의 사용이익은 무형의 재산상의 이익인 점에서 엄격한 의미에서 법정과실은 아니나(양창수, 민법주해Ⅳ[물권(1)], 369면), 통설·판례는 사용이익을 법정과실에 준하여 처리한다. 즉, 사용이익의 반환에 관하여 제102조 및 제201조 이하의 규정을 유추 적용한다.

판 례

제201조 제1항에 의하면 선의의 점유자는 점유물의 과실을 취득한다고 규정하고 있는 바, 건물을 사용함으로써 얻는 이득은 그 건물의 과실에 준하는 것이므로, 선의의 점유자는 비록 법률상 원인 없이 타인의 건물을 점유 사용하고 이로 말미암아 그에게 손해를 입혔다고 하더라도 그 점유 사용으로 인한 이득을 반환할 의무는 없다(95다44290판결).

## 제 4 절 권리의 행사와 의무의 이행

### 1 개 관

#### 1) 권리의 행사와 방법

**(1) 권리행사의 자유**

권리의 행사란 권리자가 권리의 내용을 현실화하는 것을 말한다. 즉, 권리를 행사한다는 것은 어떤 물건에 대한 소유권을 가지고 있는 자가 그 소유물을 현실적으로 사용 또는 수익하거나 처분하는 것을 의미한다(제211조). 권리의 행사는 사실행위일 수도 있고 법률행위일 수도 있다. 가령, 건물의 소유자가 건물의 용법대로 사용하는 것은 사실행위이고, 건물을 다른 사람에게 빌려 주고 사용료를 받는 것은 법률행위이다. 이러한 권리의 행사는 개인의 자유에 맡겨져 있다. 즉, "자기의 권리를 행사하는 것은 누구에 대해서도 불법을 행하는 것이 아니다(Qui iure suo utitur, nemini facit iniuriam)." 그리고 일신전속권 이외의 권리는 타인으로 하여금 행사하게 할 수 있다.

**(2) 권리행사의 방법**

① 권리의 구체적인 권리행사 방법은 권리의 작용(기능 내지 효과)에 따라 상이하다. 지배권은 권리의 객체를 직접 지배하는 것을 내용으로 하는 권리로서, 객체를 직접 지배해서 사실상의 이익을 누리는 모습으로 행사된다. 청구권은 특정인에 대하여 일정한 행위를 청구하는 것을 내용으로 하는 권리로서, 상대방에 대하여 일정한 행위를

요구하거나 그 이행을 수령하여 보유하는 모습으로 나타난다. 그리고 형성권은 권리자의 일방적인 의사표시에 의하여 법률관계를 변동케 하는 권리로서, 권리자가 그러한 의사표시를 함으로써 행사된다. 항변권은 청구권의 행사에 대하여 그 작용을 막을 수 있는 권리로서, 청구권자의 이행 청구가 있을 경우에 이를 거절하는 방법으로 행사한다.

② 권리행사 모습의 예: 권리행사의 모습을 사례를 들어 좀더 자세히 보기로 한다. 가령, 甲 토지를 소유하고 있는 A와 乙 토지를 소유하고 있는 B 간에 甲 토지와 乙 토지를 교환하기로 하는 계약을 체결하면서, 토지의 인도와 소유권 이전등기에 필요한 서류의 교부는 1개월 후에 하기로 약정하였다고 하자.

a) A·B 간의 교환계약이 성립함에 따라 A는 乙 토지, B는 甲 토지에 대한 소유권의 이전을 내용으로 하는 채권을 취득한다. 채권은 채권자가 채무자에 대하여 일정한 행위를 청구할 수 있는 청구권이다. 채권은 채무자에 대해서만 권리를 행사할 수 있는 상대적인 권리이다. 물론 청구권은 일정한 권리를 바탕으로 하여 발생할 수 있다. 가령, 물권이 침해되거나 방해받는 경우에 물권에 기초하여 물권적 청구권(제213조, 제214조) 또는 손해배상청구권(제750조)이 발생하고, 인격권이 침해된 경우에 그에 기초하여 손해배상청구권(제750조)이 발생한다. 그리고 상속권을 기초로 상속회복청구권(제999조)이 발생한다든가 친족권을 기초로 부양청구권(제826조, 제974조)이 발생하게 된다. 이러한 청구권은 그 기초가 되는 권리와 불가분적으로 결합되어 있다.

b) A·B 간의 교환계약은 서로 상환적 의무를 발생시키는 쌍무계약이다. 즉, 쌍무계약에서 계약 당사자가 부담하는 의무는 상호 의존관계에 있다. 이러한 의존관계를 견련관계라 한다. 이러한 견련관계는 쌍무계약의 성립시부터 소멸에 이르기까지 모든 과정에 걸쳐 인정된다. 즉, 성립·존속·소멸의 경우에 견련성이 인정된다. 따라서 일방의 채무가 성립하지 않으면 타방의 반대채무도 성립하지 않고, 각 당사자의 채무는 이행의 경우 일방이 채무를 이행하지 않으면 상대방도 채무의 이행을 거절할 수 있다. 이를 동시이행의 항변권(제536조)이라 한다. 또한 일방의 채무가 소멸하면 타방의 채무도 소멸하게 된다. 즉, 일방의 채무가 당사자 쌍방의 책임 없는 사유로 이행할 수 없게 된 때에는 그 채무자는 타방의 채무이행을 청구할 수 없다(제537조). 이를 채무자위험부담주의라고 한다.

c) A·B가 각자 부담하고 있는 소유권이전의무를 이행함으로써 이들은 각각

乙 토지와 甲 토지의 소유권을 취득한다. 소유권은 완전한 물권으로서 물건을 전면적으로 지배하는 권리라는 점에서, 물건에 대한 부분적 지배를 내용으로 하는 제한물권과 구별된다. 제한물권에는 물건의 사용가치의 지배를 목적으로 하는 용익물권(지역권, 지상권, 전세권)과 물건에 대한 교환가치의 확보를 목적으로 하는 담보물권(유치권, 질권, 저당권)이 있다. 이러한 물권은 상대적인 권리인 채권과 달리 누구에게나 주장할 수 있는 배타적이고 절대적인 권리이다. 여기에서 물권은 공시의 원칙(제186조, 제188조)이 요구되고 물권법정주의(제185조)가 적용된다.

d) 위의 사례에서 A는 의무를 이행하였으나 B는 자신의 의무를 이행하지 않았다고 하자. 이 경우 A는 B의 채무불이행을 이유로 A·B 간의 교환계약을 해제할 수 있다. 계약이 유효하게 성립하면 당사자는 그 계약에 구속된다. 이에 따라 계약상의 채무를 이행하지 않으면 그 채무의 불이행에 대하여 일정한 제재가 따른다. 채권자는 채무의 이행을 소(訴)로써 강제하거나 손해배상을 청구할 수 있고, 계약을 해제하여 계약의 구속으로부터 해방될 수 있다. 즉, 계약을 해제하면 당사자는 상호 원상회복의 의무가 발생한다 (제548조 제1항).

이러한 해제권은 형성권으로서 권리자의 일방적 의사표시에 의하여 법률관계를 변동시킨다. 법률관계의 변동은 당사자 사이의 합의에 의하거나 법률의 규정에 의하는 것이 원칙이라는 점에서 보면 특이하다. 여기에서 형성권은 당사자 간의 약정에 의하여 발생할 수도 있지만, 법률의 규정에 근거하여 인정된다. 가령, 동의권(제5조, 제10조)·취소권(제140조)·추인권(제143조)·해제권(제543조)·해지권(제543조)·상계권(제492조)·지상물매수청구권(제285조)·부속물매수청구권(316조) 등이 그 예이다.

### 2) 권리행사의 한계

(1) 권리의 절대성이 인정되던 로마법하에서는 권리자의 권리행사의 제한은 인정되지 않았다. 다만, '시카네 금지(Schikaneverbot)'에 의하여 오로지 상대방의 불이익을 위하여 행하는 권리행사만이 허용되지 아니하였다. 그리고 신의성실의 원칙은 채무관계에서 채무 이행의 하나의 원칙으로만 존재하였다.

(2) 오늘날의 자본주의 사회의 법적 근간은 개인에게 사적 소유권을 인정하고 계약을 통해서 사적인 법률관계를 형성하도록 하는 데 있다. 그런데 사적 소유권을 기

초 기점으로 행하여지는 계약은 사적 소유권의 동적·사회적인 측면이라고 할 수 있다. 따라서 사적 소유권은 그 자체 '자유'를 내포하면서 또 '사회성'을 띠게 된다. 즉, 사적 소유권은 사회로부터 떠나 개인을 위해서만 인정되는 것이 아니고, 사회를 구성하는 일원으로서의 개인을 위하여 인정된 것이므로 그 권리의 행사에서 개인성과 사회성이 조화될 수 있는 사회성·공공성의 원리가 요청된다.

이에 민법은 사적 자치를 기본으로 하면서도 공공복리의 실천 이념인 신의칙과 권리남용 금지라고 하는 제한 원리를 채택하고 있는 결과(제2조), 권리의 행사와 의무를 이행하는 데 사회성·공공성을 요구하고 있다. 신의칙과 권리남용 금지의 원칙에 대해서는 항을 나누어 살펴보기로 한다.

### 3) 의무의 이행

의무의 이행은 의무자가 의무의 내용을 실현하는 행위를 말한다. 의무의 내용에는 작위와 부작위가 있다. 또 계약상의 의무의 내용에는 급부의무와 부수의무가 있다. 가령, 위의 사례에서 A와 B는 계약에 구속되어 각각 상대방에 대하여 재산권 이진의무와 이러한 급부의무를 제대로 실현할 수 있도록 요구되는 부수의무를 이행하여야 한다. 즉, 위의 사례처럼 매매계약의 목적물이 특정물인 경우에 매도인은 그 목적물을 인도할 때까지 선량한 관리자의 주의의무를 가지고 목적물을 보존하여야 한다 (제374조).

그러면 위의 사례에서 A와 B는 어떠한 방법으로 의무를 이행하여야 하는가? 즉, 어떠한 행위를 하여야 토지의 소유권이 각 상대방에게 이전되는지가 문제된다. 민법은 계약과 같은 법률행위로 인한 부동산 물권 변동은 등기하여야 효력이 발생한다고 규정하고 있다 (제186조). 따라서 A와 B는 甲 토지와 乙 토지에 대한 소유권 이전등기를 각 상대방에게 이전해 주어야 한다. 한편 매매 내지 교환계약의 목적물이 동산이면 인도가 있어야 소유권이 이전된다. 인도에는 현실인도·간이인도·점유개정·목적물반환청구권의 양도에 의한 인도가 있다 (제188조 내지 제190조).

이러한 의무의 이행은 그 의무의 내용에 좇아 신의성실의 원칙에 따라서 하여야 하며(제2조), 의무의 이행이 신의칙에 위반한 경우에는 이행의 효과가 인정되지 않고, 채무불이행(제390조) 또는 불법행위(제750조)가 성립될 수 있다.

## 2 신의성실의 원칙

### 사례와 해결 방향

i) A는 별장을 지어 노후를 보내려고 B의 임야 2,000평을 2천만 원에 사기로 하고 B와 매매계약을 체결하고 계약금과 중도금을 치렀다. 그런데 잔금을 치르는 날 100만 원이 부족하여, 100만 원에 대해서는 주는 날까지 월 5푼의 이자를 쳐서 곧 갚기로 하고 간신히 등기를 마쳤다. 그 후 한 달이 지난 어느 날, 그 일대에 골프장을 짓는다는 소문이 돌자 땅값이 폭등하였다. 이렇게 되자 B는 땅을 싸게 판 것이 억울해서 궁리 끝에 잔금을 모두 주지 않았다는 이유로 계약을 해제한다는 내용증명우편을 A에게 보냈다. 이 계약은 해약된 것으로 보아야 할까?

ii) 해결 방향

ⓐ 채권자는 채무자의 채무불이행을 이유로 계약을 해제할 수 있다. 따라서 A의 잔금 지급의 지체를 이유로 B는 계약을 해제할 수 있고, 해제를 하면 매매계약은 소급하여 효력이 없게 되어 땅은 다시 B의 소유로 된다.

ⓑ 잔금 100만 원은 매매대금 중 지극히 일부에 지나지 않으므로 이를 지급하지 않았다는 이유만으로, 매매계약 전체를 해약한다는 것은 상대방의 신뢰를 해치고 거래관계에서 신의에 어긋나는 것이므로 인정되어서는 안 된다.

### 사례 해설

사례에서 채권자인 B는 원칙적으로 A의 채무불이행(**이행지체**)을 이유로 계약을 해제할 수 있다(제544조). 계약을 해제하면 통설·판례인 직접효과설에 의하면 처음부터 계약이 체결되지 않은 상태로 돌아간다. 그리하여 당사자는 상호 원상회복의 의무가 발생한다(제548조 제1항). 즉, 채권자는 자기의 계약상의 채무를 면함과 동시에 상대방에 대한 권리를 잃게 된다.

그러나 이러한 해제권의 행사는 신의에 좇아 성실하게 행사하여야 한다(제2조 제1항). 사례에서 A가 지급하지 못한 잔금은 매매대금 중 아주 작은 일부에 지나지 않을 뿐 아니라, B와의 사이에 변제할 때까지 월 5푼이라는 고율의 이자를 지급하기로 약정한 상태이다. 또한 B가 계약을 해제하고자 하는 이유는 A의 이행지체에 있다기보다는 땅값 상승으로 인한 데에 기인한다. 이와 같이 볼 때 B의 해제권의 행사는 신의성실의 원칙에 반하여 허용되어서는 안 된다고 할 것이다.

### 1) 의의와 법적 성격

#### (1) 의 의

신의성실의 원칙(이하 신의칙이라 한다)이란 법률관계의 당사자는 권리의 행사와 의무를 이행할 때 서로 상대방의 신뢰(信賴)를 헛되이 하지 않도록 성의(誠意)를 가지고 할 것을 요구하는 법명제이다. 다시 말하면, 법률관계에 참여한 모든 자는 상대방의 정당한 이익을 고려하여 행위할 의무를 부담한다는 원칙이다.

**판 례**

신의성실의 원칙은 법률관계의 당사자는 상대방의 이익을 배려하여 형평에 어긋나거나 신뢰를 저버리는 내용 또는 방법으로 권리를 행사하거나 의무를 이행하여서는 안 된다는 추상적 규범을 말하는 것으로서, 신의성실의 원칙에 위배된다는 이유로 그 권리행사를 부정하기 위하여는 상대방에게 신의를 공여하였다거나, 객관적으로 보아 상대방이 신의를 가짐이 정당한 상태에 이르러야 하고 이와 같은 상대방의 신의에 반하여 권리를 행사하는 것이 정의 관념에 비추어 용인될 수 없는 정도의 상태에 이르러야 한다(91다3802판결). 따라서 부동산의 매매계약을 체결함에 있어서 그 매매대금이 시세에 비하여 비싸다는 것을 들어 신의칙에 반하는 것이라고 할 수는 없다(84다카890판결).

#### (2) 법적 성격

신의칙은 사람의 행동이나 태도에 대한 윤리적·도덕적 평가를 나타내는 것을 법적 평가의 한 내용으로 도입한 것이므로 윤리규범성을 가진다. 또한 신의칙은 권리의무를 그의 사회적 사명하에 관찰하여야 한다는 오늘날 사법 이념의 일반적 추상적 내용을 선언한 것으로서 가치의 보충을 요하는 일반 조항이다. 따라서 이를 구체적 사건에 적용할 경우에는 상대방의 이익의 내용, 행사하거나 이행하려는 권리 또는 의무와 상대방의 이익과의 상관관계 및 상대방의 신뢰의 타당성 등 모든 구체적인 사정을 고려하여 그 적용 여부를 결정하여야 한다(87다카2407판결). 한편 신의칙은 강행법규적 성질을 가지므로 당사자의 주장이 없더라도 법원이 직권으로 판단할 수 있다(94다42129판결).

## 2) 연혁과 입법례

신의칙은 로마법 이래 채권법의 영역, 즉 채무의 이행시에 요구되었던 원칙으로서 당사자 간의 특별한 법률관계를 전제로 하여 인정된 것이다. 이러한 점에서 그러한 법률관계를 전제로 하지 않는 대(對) 사회관계에서 인정되었던 '권리남용 금지(Schikaneverbot)'의 원칙과는 그 연혁을 달리한다. 신의칙은 원래 로마법상의 일반적 악의(惡意)의 '항변(抗辯, *exeptio doli generalis*)'과 '선의소송(善意訴訟, *actiones bonae fidei*)'에 유래하지만, 프랑스 민법 제1134조 제3항에서 "계약은 신의에 따라 이행하여야 한다."고 규정함으로써 채무자의 채무이행의 규준으로서 처음으로 명문화되었다. 이어 독일 민법 제157조는 "계약은 거래의 관행을 고려하여 신의성실의 요구에 따라 해석하여야 한다."고 규정하여 신의칙을 법률행위 해석의 일반적 기준으로 하는 한편, 제242조는 "채무자는 거래상의 관행을 고려하여 신의성실에 따라 급부를 하여야 할 의무를 진다."고 규정하여, 신의칙을 채무자의 행동 원리로 규정하였다. 이에 대하여, 스위스 민법은 제2조 제1항에서 "모든 사람은 그의 권리행사에 있어서나 그의 의무의 이행에 있어서 신의와 성실로써 행동하여야 한다."고 정함으로써, 채권법을 넘어 민법 전체에 걸치는 법원칙으로 규정하였다. 우리 민법도 스위스 민법처럼 민법 전체에 걸치는 법원칙으로 정하고 있다.

## 3) 신의칙의 적용 범위와 효과

### (1) 신의칙의 적용 범위

신의칙은 민법의 일반 원칙이므로 채권관계뿐 아니라 널리 물권관계나 가족관계에도 적용된다. 즉, 신의칙은 계약법의 영역에 한정되지 않고 모든 법률관계를 지배·규제하는 원리이다 (82다카1919판결). 나아가 이 원칙은 민법뿐 아니라 공법 및 민사소송법(제1조)에도 적용된다. 그러나 신의칙의 적용은 채권법 분야에서 가장 중시된다.

문제는 신의칙과 선량한 풍속과의 한계이다. 통설은 일반적으로 선량한 풍속은 법적 특별결합관계의 존부와 관계없이 누구에게나 요구되는 최소한의 윤리적 행위규범임에 반하여, 신의칙은 그 적용을 위하여 특별결합관계의 존재가 필요하다고 한다 (가령, 김증한/김학동, 71면). 그러나 신의칙은 의무이행뿐 아니라 권리행사에도 적용되는 것이며, 특히 소유권의 행사와 같은 권리행사의 경우에는 특별한 결합관계의 존재가

**판 례**

사적 자치의 영역을 넘어 공공질서를 위하여 공익적 요구를 선행시켜야 할 경우 합법성의 원칙은 신의성실의 원칙보다 우월한 것이므로, 신의성실의 원칙은 합법성의 원칙을 희생하여서라도 구체적 신뢰보호의 필요성이 인정되는 경우에 한하여 예외적으로 적용되는 것인바(99다62609, 62616 판결 등), 어떠한 경우에 합법성의 원칙보다 구체적 신뢰보호를 우선할 필요가 있는지를 판단하기 위하여는 신뢰보호를 주장하는 사람에게 위법행위와 관련한 주관적 귀책사유가 있는지 여부 및 그와 같은 신뢰가 법적으로 보호할 가치가 있는지 여부 등을 종합적으로 고려하여야 한다(2012다44518 판결. 95누18383 판결도 참조).

요구되지도 않는다. 따라서 신의칙이 특별한 결합관계에 있는 자 사이에서만 적용된다는 설명은 타당하지 않다(백태승, 92면). 요컨대 신의칙 위반이 언제나 선량한 풍속 위반이 되는 것은 아니지만, 선량한 풍속 위반은 항상 중대한 신의칙 위반이 된다는 정도로 이해하면 충분하다고 할 것이다.

**(2) 신의칙의 적용 효과**

① 의무이행의 측면

신의칙에 반한 의무의 이행은 채무불이행이 된다. 즉, 채무자는 언제, 어느 곳에서, 어떻게 채무의 내용을 실현할 것인가 등에 관한 사항을 결정하여야 하는데, 이때 신의칙이 중요한 기준이 된다. 가령, "매수인이 자기의 귀책사유로 인한 채무불이행의 경우 상대방의 계약해제권의 행사를 회피할 목적으로 매매계약 체결시 자신의 주소를 허위로 기재하거나 실지 주소를 매도인에게 알리지 아니하고 소재를 밝히지도 아니하여, 매도인이 이행의 최고를 할 수 없게 된 채 이행기가 지나버린 경우에는 신의성실의 원칙상 특별한 사정이 없는 한 매도인은 이행의 최고 없이 바로 계약을 해제할 수 있다."(90다카14611판결)고 할 것이다.

② 권리행사의 측면

권리의 절대성이 강조되던 시대에는 신의칙에 기한 권리행사의 제한은 인정되지 않았다. 그러나 권리의 사회성·공공성이 강조됨에 따라 권리행사에도 신의칙이 적용되게 되었다. 즉, 권리의 행사가 신의칙에 위반하면 권리남용이 되어 그 효과가 발생하지 않을 뿐 아니라 불법행위를 구성할 수도 있다.

**판 례**

형식적으로는 권리행사라 하여도 그 권리행사로서 사회적 관념과 권리의 감정으로서 도저히 허용할 수 없는 정도의 막대한 손해를 상대방에게 입히게 한다거나, 그 권리행사로서 사회질서와 신의에 어긋나는 결과를 사회에 초래케 한다거나 또는 권리자에게는 아무 이익이 없음에도 불구하고 오로지 상대방에게 손해와 고통을 줄 목적만으로서 행사한 경우에는 권리행사에 있어서의 정당성은 배제되어 권리행사라고 하기보다는 오히려 불법행위라고 아니할 수 없는 것이다(64아4판결).

또한 권리자가 장기간에 걸쳐 그의 권리를 행사하지 아니하여 의무자인 상대방으로서도 이제는 권리자가 그 권리를 행사하는 것이 신의성실의 원칙에 반하는 결과가 될 때에는 이른바 실효의 법리에 따라 허용되지 않는다(91다13250판결).

### 4) 신의칙의 기능과 적용례

#### (1) 신의칙의 기능

① 윤리·도덕적 규범을 법규범화하는 기능을 가진다. 즉, 도덕규범에 반하는 행위를 법적으로 규제할 수 있는 법원칙이 신의칙이다. 다시 말하면, 신의칙은 불성실 내지 부당한 권리행사를 제한하는 기능을 가지는 것이다. 선행행위와 모순되는 행위의 금지의 원칙, 실효의 원칙, 권리남용 금지의 원칙 등이 이 기능에 속한다.

② 신의칙은 법의 취지 또는 계약상 당사자의 기도를 그 의미에 적합하도록 구체화하는 기능을 가진다. 즉, 성문법 국가에서 시대의 변화에 민감하지 못한 법률을 살아 있는 법으로 기능하게 하는 작용을 신의칙이 행한다. 또한 계약상 권리와 의무의 내용을 구체화하는 기능을 가지는 것이다. 특히 계약상 부수적 주의 의무의 존재를 승인함은 신의칙에 그 근거를 두고 있다.

**판 례**

사용자는 근로계약에 수반되는 신의칙상의 부수적 의무로서 피용자가 노무를 제공하는 과정에서 생명, 신체, 건강을 해치는 일이 없도록 인적·물적 환경을 정비하는 등 필요한 조치를 강구하여야 할 보호의무를 부담하고, 이러한 보호의무를 위반함으로써 피용자가 손해를 입은 경우 이를 배상할 책임이 있다 (99다47129판결, 98다25061판결).

③ 신의칙은 실정법 또는 계약 내용을 보정(補正)하는 기능을 가진다. 즉, 법규가 흠결되어 있는 경우에는 조리(條理)에 의하여 그 결함을 보충하여야 하는데, 이 경우 신의칙은 조리의 중요한 한 내용이 된다. 마찬가지로 신의칙은 법률행위의 내용이 불분명하거나 흠결되어 있는 경우에 그 내용을 분명히 하고 이를 보충한다. 나아가 구체적 타당성을 기하기 위하여 권리 의무의 내용을 수정한다 (90다카23899판결). 사정변경(事情變更)의 원칙은 이 기능에 포함될 수 있다.

**해석 기준으로서의 신의성실의 원칙**

i) 법률의 해석 기준: ⓐ 법규의 의미 및 내용을 구체화하는 기능(제390조, 채무의 내용을 구체화), ⓑ 법규의 내용을 수정하는 기능(제756조, 구상권의 제한), ⓒ 법규의 흠결을 보충하는 기능(유추해석, 확장해석)

ii) 법률행위의 해석 기준: ⓐ 내용(당사자 의사)를 명확히 하는 기능, ⓑ 당사자 의사를 수정하는 기능(예문해석, 수정해석), ⓒ 당사자 의사를 보충하는 기능(보충적 해석)

### (2) 신의칙의 적용례

① 선행행위와 모순되는 행위의 금지의 원칙(금반언의 원칙)

a) 의의: 권리자의 권리행사가 그것에 선행하는 행위와 모순되는 것이어서 그러한 후행행위대로 법률효과를 인정하게 되면 선행행위로 인하여 야기된 상대방의 신뢰를 해치게 되는 경우 권리자의 그와 같은 권리행사를 제한하는 원칙을 말한다. 우리의 판례는 금반언의 원칙이란 표현을 사용한다 (89누8224판결). 제452조의 양도통지(讓渡通知)와 금반언(禁反言)은 이 원칙에 기초한 것으로 볼 수 있다.

b) 요건: 첫째, 행위자에게 주관적인 귀책 가능성이 존재하여야 한다. 여기에

서의 귀책 가능성이란 귀책사유의 존재를 반드시 필요로 하는 것은 아니고 행위자의 선행행위로 인하여 상대방의 신뢰를 야기하였는데, 이와 모순되는 행위를 하는 점에 대한 비난 가능성을 말한다(백태승, 97면). 달면 삼키고 쓰면 뱉는다는 말은 이를 잘 표현한다고 할 것이다. 둘째, 상대방의 신뢰가 보호할 가치가 있어야 한다(91다3802판결).

**판 례**

i) 농지의 매수인인 A가 농지의 부근으로 주소를 옮긴 후 자경 의사가 있는 것처럼 가장하여 소재지 관서의 증명을 얻은 다음 농지의 소유권 이전등기를 마친 것을 토대로, 국가가 상속세법 제32조의2 제1항에 따라 A의 농지 취득은 증여로 의제되는 경우에 해당한다 하여 증여세 및 방위세를 부과하였는 바, A는 농지를 취득한 것은 자경 의사 없이 한 것이므로 농지개혁법에 위배되어 무효이므로 증여의제의 대상이 되지 않는다고 하여, 증여세 등의 부과처분취소청구의 소를 제기한 사건에서, 대법원은 "스스로 적극적으로 농가이거나 자경 의사가 있는 것처럼 하여 소재지 관서의 증명을 받아 그 명의로 소유권 이전등기를 마치고 소유자로 행세하면서 이제 와서 증여세 등의 부과를 면하기 위하여 농가도 아니고 자경 의사도 없었음을 들어 농지개혁법에 저촉되기 때문에, 그 등기가 무효라고 주장함은 전에 스스로 한 행위와 모순되는 행위를 하는 것으로 자기에게 유리한 법 지위를 악용하려 함에 지나지 아니하므로, 이는 신의칙이나 금반언의 원칙에 위배되는 행위로서 법률상 용납될 수 없다."(89누8224판결, 80다191판결, 2003다63937판결)고 판시하였다.

그러나 매매계약을 체결한 후 토지거래 허가가 나지 아니하자 증여를 원인으로 한 소유권 이전등기를 하였으나, 이에 대하여 증여세가 부과되자 이 사건 토지는 증여받은 것이 아니고 매매계약에 의하여 취득한 것이므로 국토이용관리법에 위배하여 무효라고 주장한 사안에서는, 대법원은 "국토이용관리법상의 규제지역 내의 토지거래에 대하여 허가를 받도록 한 취지는 규제지역 내의 개인 간의 토지거래가 위 법의 투기 거래 방지 목적에 저촉되는지 여부를 관할 관청이 검토한 후 허가하게 하고, 이와 같은 허가 없이는 당사자를 구속하는 계약의 효력 자체가 발생하는 것을 금지하려는 것이므로, 이와 같은 허가를 받지 아니하고 거래한 당사자 스스로가 무효를 주장하는 것이 신의성실의 원칙에 위배되는 권리의 행사라는 이유로 이를 배척한다면 투기거래계약의 효력 발생을 금지하려는 국토이용관리법의 입법 취지를 완전히 몰각시키는 결과가 될 것이어서 특단의 사정이 없는 한 그러한 주장이 신의성 실의 원칙에 반한다고는 할 수 없다."(95누18383판결, 동지, 99다53490판결, 2001다67126판결)고 한다.

ii) 보증금을 지급하고 건물에 임차권을 취득한 A가 임대인의 부탁으로 본건 건물을 은행에 담보로 제공함에 있어서 은행 직원에게 보증금의 지급 없이 임차하고 있다고 하고 그런 뜻의 확인서를 써 주었고, 은행은 이를 믿고 담보 가치를 평가하여 금융을 제공하게 되었다. 그 후 건물에 대하여 경매가 진행되어 은행 스스로 경락받은 다음 임차인에 대하여 건물명도 청구의 소를 제기하였던 바, 임차인은 보증금이 지급될 때까지는 건물을 명도할 수 없다고 항변하였다. 이에 대법원은 "임차인이 보증금의 반환을 내세워 그 명도를 거부하는 것은 금반언 및 신의칙에 위반되는 것"(86다카2788판결, 99마4307결정)이라고 판시하였다. 그러나 "甲이 乙 명의로 건물을 임차하여 乙로 하여금 식당을 경영하게 하던 중 乙이 甲에 대하여 실질적인 임차인은 甲이며 자신은 명의상의 임차인임을 인정하고 임차인으로서의 권리 일체를 甲에게 환원하기로 약정을 한 후, 소송 과정에서 자기가 임대차 계약상의 권리자라고 주장한다 하더라도 그것만으로 신의칙 또는 금반언의 원칙에 위반된다고 할 수 없다."(92다55497판결)는 판결도 있다.

한편 "자신의 친딸로 하여금 그 소유의 대지상에 건물을 신축하도록 승낙한 자가 위 건물이 친딸의 채권자에 의한 강제경매 신청에 따라 제3자에게 경락되자 경락인에 대하여 그 철거를 구하는 것은 신의식에 위배된다."(91나9299판결)고 하고 있으며, 대지에 관하여 매매계약을 체결하면서 매수인들에게 대지 사용 승낙을 한 경우 대지 소유자가 건물을 신축하게 한 원인행위자라면 대지 사용 승낙을 신뢰하여 견고한 건물을 건축한 제3자에게 건물 철거를 구하는 것은 신의성실의 원칙에 위배된다고 한다(91다9756판결).

iii) 사고 발생, 불성실한 근무태도와 징계 전력으로 해고당한 근로자가 회사에서 퇴직금과 해고수당을 공탁하자 조건 없이 수락하고 수령한 다음, 약 1개월이 지난 후 동종 업체에 취업하여 전 회사에서와 유사한 봉급 수준의 임금을 지급받으며 근무하고 있으면서 해고당한 때로 부터 3년 가까이나 경과하여 제기한 해고무효확인청구는 금반언의 원칙에 위배되는 것이라고 한다(90다카25512판결, 88다카19804판결, 91다9275판결). 그런데 위와 같은 사안에 대하여는 금반언의 원칙에 따라 권리 주장이 허용되지 않는다고 볼 것이 아니라 실효의 법리에 의하여 그 주장이 허용되지 않는다고 판단함이 타당하지 않을까? 왜냐 하면 권리자의 장기간의 권리 불행사로 인한 상대방의 정당한 신뢰보호가 문제되기 때문이다. 아무튼 이후 대법원은 위와 같은 해고무효확인청구 사건에서 실효의 법리를 들어 그 청구를 받아들이지는 않고 있다(후술).

② 실효(失效)의 법리

a) 의의: 권리자가 실제로 권리를 행사할 수 있는 기회가 있어서 그 권리행사의 기대 가능성이 있었음에도 불구하고 상당한 기간이 경과하도록 권리를 행사하지 아니하여, 의무자인 상대방으로서도 이제는 권리자가 권리를 행사하지 아니할 것으로 신뢰할 만한 정당한 기대를 가지게 된 다음에 새삼스럽게 그 권리를 행사하는 것이 법질서 전체를 지배하는 신의성실의 원칙에 위반하는 것으로 될 때에는 그 권리의 행사가 허용되지 않는다. 이를 이른바 실효의 원칙이라 한다(87누915판결, 90다15488판결).

**판 례**

실효의 원칙이라 함은 권리자가 장기간에 걸쳐 그 권리를 행사하지 아니함에 따라, 그 의무자인 상대방이 더 이상 권리자가 권리를 행사하지 아니할 것으로 신뢰할 만한 정당한 기대를 가지게 된 경우에 새삼스럽게 권리자가 그 권리를 행사하는 것은 법질서 전체를 지배하는 신의성실의 원칙에 위반되어 허용되지 아니한다는 것을 의미하고, 항소권과 같은 소송법상의 권리에 대하여도 이러한 원칙은 적용될 수 있다(94다51840판결).

b) 요건: 첫째, 권리자가 권리를 상당히 오랫동안 행사하지 않고 있다가 후에 이르러 새삼스럽게 권리를 행사하였어야 한다.

둘째, 지체된 권리행사가 신의칙에 반한다고 보여지는 특별한 사정이 존재할 것 등이다. 즉, 의무자인 상대방에게 이제는 더 이상 권리행사가 없으리라는 기대 혹은 신뢰가 생겼다면 특별한 사정이 존재한다고 할 것이다.

**판 례**

권리자가 장기간에 걸쳐 그 권리를 행사하지 아니하여 새삼스럽게 그 권리를 행사하는 것이 신의성실의 원칙에 위반되어 허용되지 아니한다고 하려면, 의무자인 상대방이 더 이상 권리자가 그 권리를 행사하지 아니할 것으로 믿을 만한 정당한 사유가 있어야 한다. 따라서 토지 소유자가 그 점유자에 대하여 부당이득반환청구권을 장기간 적극적으로 행사하지 아니하였다는 사정만으로는 부당이득반환청구권이 이른바 실효의 원칙에 따라 소멸하였다고 볼 수 없다(2001다60019판결).

셋째, 실효의 원칙이 적용되기 위하여 필요한 요건으로서의 실효기간(권리를 행사하지 아니한 기간)의 길이와 의무자인 상대방이 권리가 행사되지 아니하리라고 신뢰할 만한 정당한 사유가 있었는지의 여부는 일률적으로 판단해서는 안 되고, 구체적인 경우마다 권리를 행사하지 아니한 기간의 장단과 함께 권리자 측과 상대방 측 쌍방의 사정 및 객관적으로 존재하는 사정 등을 모두 고려하여 사회 통념에 따라 합리적으로 판단하여야 한다 (91다30118판결). 가령, 징계해임처분의 효력을 다투는 분쟁에서는 징계 사유와 그 징계해임처분의 무효 사유 및 징계해임된 근로자가 그 처분이 무효인 것을 알게 된 경위는 물론, 그 근로자가 그 처분의 효력을 다투지 아니할 것으로 사용자가 신뢰할 만한 다른 사정(예: 근로자가 퇴직금이나 해고수당 등을 수령하고 오랫동안 해고에 대하여 이의를 하지 않았다거나 해고된 후 곧 다른 직장을 얻어 근무하였다는 등의 사정 등), 사용자가 다른 근로자를 대신 채용하는 등 새로운 인사 체계를 구축하여 기업을 경영하고 있는지의 여부 등을 모두 참작하여 그 근로자가 새삼스럽게 징계해임 처분의 효력을 다투는 것이 신의성실의 원칙에 위반하는 결과가 되는지의 여부를 가려야 한다 (91다30118판결).

**판 례**

i ) 피고(한국전력공사)가 인사위원회를 개최하여, 피고의 전기원으로 근무하던 원고가 수용가로부터 금품을 받았다는 이유로, 원고에게 사직을 권고하여 원고 스스로 사직원을 제출하면 의원면직으로 처리하되 이에 불응할 경우에는 징계해임으로 처리하도록 하는 내용의 조건부 징계해임 결의를 하고, 그 사실을 원고에게 통지함에 따라 원고가 사직원을 제출하자 의원면직으로 처리되었다. 그런데 같은 경위로 의원면직처분을 받은 직원들이 제기한 다른 소송의 결과에 관심을 갖고 있던 원고는 의원면직처분이 무효라는 취지의 판결이 선고되자, 피고의 취업관리 요령에 의하면 인사위원회가 징계사건을 심리함에 있어서는 비위자 본인을 출석시켜 그의 진술을 들어야 하고, 심리 기일에 비위자가 결석한 때에는 1회에 한하여 심리를 연기하도록 규정하고 있는데, 위의 인사위원회에서는 이러한 절차를 거치지 아니한 채 조건부 징계해임을 결의하였는 바, 이는 위의 규정을 위반한 것으로 무효이며, 따라서 이에 기한 의원면직처분도 무효라고 주장한 사안에서, 대법원은 실효의 원칙을 들어 원고의 청구를 받아들인 원심을 파기환송하였다.

즉, 사용자와 근로자 사이의 고용관계(근로자의 지위)의 존부를 둘러싼 노동분쟁은, 그 당시의 경제적 정세에 대처하여 최선의 설비와 조직으로 기업활동을 전개하여야 하는 사용자의 입장에서는 물론, 임금 수입에 의하여 자신과 가족의 생계를 유지하고 있는 근로자의 입장에서도 신속히 해결되는 것이 바람직하므로, 실효의 원칙이 다른 법률관계에서보다 더욱 적극적으로 적용되어야 할 필요가 있다(91다30118판결, 92다23285판결, 92다49171판결)고 한다. 그러나 해고의 효력을 인정하지 않고 이를 다투고 있었다고 볼 만한 객관적인 사정이 있는 경우에는 신의칙에 반하지 않는다거나(92다1728판결), "하자 있는 조건부 해임처분을 받고 의원면직된 후 10년 남짓 경과된 뒤에 위 처분의 무효를 구하는 소를 제기한 것이 신의칙에 위반되지 않는다."고 본 판결도 있다(90다카9619판결). 그리고 일부 판결에서는 실효의 법리를 적용하지 않고 금반언의 법리에 의하여 권리행사를 허용하지 않은 경우가 있음은 앞에서 본 바와 같다.

ii) 이에 대하여, 대금의 약 7분의 6에 해당하는 잔금을 지급하지 않은 채로 목적물을 인도받은 부동산 매수인이 매매계약이 체결되고 19년이 지난 후에 그 동안 가격이 많이 상승한 목적물에 대하여 이전등기청구를 하는 것은 신의칙에 반하지 않는다고 한다(92다12384판결). 즉, 매매계약 체결 후 이미 중도금까지 지급한 후 잔금 지급만을 지체하였고, 상대방으로서도 그 이행 기일이 지나도 소유권 이전등기에 필요한 서류를 제공하지 아니하여 쌍방이 각 그 이행을 지체한 상태에서 장기간이 경과되었을 뿐, 매수인으로서의 권리를 행사하지 아니할 것으로 믿거나 행사하지 아니할 것으로 추인케 하는 어떠한 사유를 찾아볼 수 없어 위 매매계약에 관하여는 실효의 법리가 적용되지 않는다는 것이다(91다28221판결).

iii) 그리고 약한 의미의 양도담보에서도 채무의 변제기가 도과된 이후라 할지라도 채권자가 그 담보권을 실행하여 정산을 하기 전에는 채무자는 언제든지 채무를 변제하고 그 가등기 및 가등기에 기한 본등기의 말소를 구할 수 있는 것이고(87다카62판결), 정산금 청구는 담보부동산이 환가되어야 비로소 그 권리행사가 가능한 것이므로, 금원 차용일이나 소유권 이전 본등기시로부터 환가시까지 오랜 기간이 경과되었다 하더라도 이를 이유로 그 권리행사를 허용하지 않을 수는 없고, 위 법리에 따른 장기간에 걸친 권리 불행사 여부를 판단함에 있어서는 담보 부동산의 환가시를 그 시점으로 삼아야 할 것이라고 한다(90다15488판결).

③ 사정 변경의 원칙

a) 의의: 일반적으로 사정 변경의 원칙이라 함은 법률행위, 특히 쌍무계약의 성립 당시에 있었던 환경 또는 그 기초가 되는 사정이 그 후 현저하게 변경되어, 당초에 정하였던 행위의 효과 내지 계약의 내용을 그대로 유지하고 강제하는 것이 신의

칙과 공평의 원리에 반하는 결과가 되는 경우에, 당사자가 그 법률행위의 효과를 신의 공평에 맞게 변경하거나 해소할 수 있는 원칙을 말한다. 현행 민법에는 이 원칙에 근거한 규정이 산재해 있으나(제218조, 제286조, 제557조, 제627조, 제628조, 제661조, 제689조, 제978조 등), 이 원칙의 적용을 일반적으로 인정하는 규정은 없다.

이리하여 판례는 종래 "사정 변경의 원칙은 현행법상 용인되지 않는다."(63다452판결)는 태도를 견지하고 있었다. 특히 대법원은 매매계약 체결 후 9년이 지났고 시가가 올랐다는 사정만으로 계약을 해제할 만한 사정 변경이 있다고 할 수 없다고 판시한 바 있다(90다19664판결). 그러나 후술하는 바와 같이 대법원은 사정 변경의 원칙의 적용가능성을 인정하기에 이르렀다(2004다31302판결).

다만, 판례는 사정 변경으로 인한 계약해지를 인정하여 왔다. 가령, 단순고용직 이사로 근무하는 자가 회사의 요구로 부득이 회사와 은행과의 거래로부터 발생하는 채무에 대하여 연대보증하였던 경우, 그 후 이사의 직을 사임한 경우에는 연대보증계약 성립 당시의 사정에 현저한 변경이 생긴 경우에 해당하므로, 사정 변경을 이유로 보증계약을 해지할 수 있다는 것이나(92다2332판결, 2002다1673판결). 이에 대하여, 학설은 사정 변경의 원칙을 일반 원칙으로 법원이 인정할 것을 주장하고 있다(통설).

b) 입법례: 세계 각국에서는 사정 변경의 원칙의 문제를 중세의 '사정존속약관(事情存續約款)'의 이론 이래 여러 가지 이론으로 논의하고 있으며 실무에서도 받아들여지고 있다. 영미법의 '계약 목적 불도달(不到達)의 법리', 프랑스법의 '불예견론(不豫見論)', 독일의 '행위기초론(行爲基礎論)' 등을 들 수 있다. 이들 각국 이론의 중요한 차이점은 영미법과 프랑스법의 이론은 이를 이행 불능 내지 당사자의 해제권 발생의 근거로 보아 그 법률효과면에서 계약해제를 중시하고 있으며, 독일의 행위기초론은 계약 유지에 중점을 두는 결과 그 법률효과면에서 계약해제는 2차적이고 우선 계약 내용의 변경을 중시하고 있다.

c) 요건: 첫째, 법률행위의 성립 당시 그 환경이었던 사정을 변경하였어야 한다. 여기서 말하는 사정이란 객관적인 사실을 말하는 것이고 당사자의 주관적 인식은 제외된다고 한다.

둘째, 사정의 변경은 법률행위의 성립 후, 그리고 그 소멸 이전에 발생하여야 한다. 법률행위가 성립되지 않으면 고려될 사정이 존재하지 않고, 그리고 이행으로 법률행위가 소멸하면 고려되어야 할 당사자의 채권·채무관계가 남지 않기 때문이다.

셋째, 사정의 변경이 당사자에 의하여 예견할 수 없거나 또는 예견할 수 없는 현저한 것이어야 한다. 당사자가 예견하였음에도 채무를 부담하였다면 그 위험에 따른 손해를 감수함이 위험 분담의 원칙상 당연하기 때문이다.

넷째, 사정의 변경이 당사자의 귀책사유로 인한 것이 아니어야 한다. 이는 사정 변경의 원칙을 신의칙의 한 표현으로 보는 한 당연하다는 것이다. 따라서 사정의 변경이 당사자의 일방의 책임 있는 사유에 의하여 발생하였을 때에는 과실 있는 당사자가 사정 변경의 결과를 부담하여야 한다.

다섯째, 사정의 변경이 있은 결과 당초의 법률효과를 그대로 발생시키거나 또는 유지하는 것이 현저하게 신의 공평에 반할 것을 요한다.

**판 례**

이른바 사정 변경으로 인한 계약해제는, 계약 성립 당시 당사자가 예견할 수 없었던 현저한 사정의 변경이 발생하였고, 그러한 사정의 변경이 해제권을 취득하는 당사자에게 책임 없는 사유로 생긴 것으로서, 계약 내용대로의 구속력을 인정한다면 신의칙에 현저히 반하는 결과가 생기는 경우에 계약준수 원칙의 예외로서 인정되는 것이고, 여기에서 말하는 사정이라 함은 계약의 기초가 되었던 객관적인 사정으로서, 일방 당사자의 주관적 또는 개인적인 사정을 의미하는 것은 아니다. 또한 계약의 성립에 기초가 되지 아니한 사정이 그 후 변경되어 일방 당사자가 계약 당시 의도한 계약 목적을 달성할 수 없게 됨으로써 손해를 입게 되었다 하더라도 특별한 사정이 없는 한, 그 계약 내용의 효력을 그대로 유지하는 것이 신의칙에 반한다고 볼 수도 없다(2004다31302판결).

d) 효과: 우리나라의 학설은 사정 변경의 원칙의 법률효과에 대하여 계약의 해소에 중점을 두는 입장과 계약 내용의 변경에 중점을 두는 입장으로 갈려 있다. 즉, 전자는 "계약 체결 당시에 예상하지 않았고 또한 예상할 수 없었던 사정이 발생한 경우에 당사자를 그대로 그 계약에 구애받게 하는 것이 가혹하고 응당하지 않다고 인정되는 때에는 계약을 해제 또는 해지하는 것이 타당하다."(곽윤직, 채권각론, 박영사, 1995, 144면; 이영준, 사정변경의 원칙에 관한 연구, 사법논집, 제5집, 67면 이하. 이은영, 9면은 사정변경으로 인한 계약의 해소 여부를 당사자에게 맡기는 것은 부당하고 사정 변경이 생긴 경우에는 바로 계약의 구속력을 부정하거나 소멸시키는 것이 타당하다고 한다)고 한다.

후자의 입장은 독일의 '행위기초론'의 영향을 받은 견해로서 법률효과면에서 전자의 입장과는 달리 계약관계를 가급적 존속시킬 것을 강조한다. 즉, "사정 변경으로 인하여 손해를 입게 된 당사자는 상대방으로부터 그 이행을 청구당한 경우에 이행을 거부할 수는 없지만, 상대방에 대하여 자기가 부담하는 반대급부의 내용 정도를 변경할 것을 청구할 수 있다."(백태승, 사정 변경의 원칙의 문제점(하), 법률신문, 제2242호(1993. 8. 26), 15면)는 것이다. 계약의 구속력을 될 수 있으면 견지하여야 한다는 점에서 후자의 입장이 타당하다.

**사정 변경 원칙의 도입안**

i) 제안 이유: 현저한 사정 변경으로 계약을 유지하는 것이 명백히 부당한 때에는 당사자는 계약의 수정을 요구할 수 있고, 상당한 기간 내에 수정에 관한 합의가 이루어지지 아니한 때에는 계약을 해제·해지할 수 있도록 한다.

ii) 제안 내용: 第544條의4(**事情變更과 解除·解止**) 當事者가 契約 당시 예견할 수 없었던 顯著한 事情變更으로 인하여 契約을 維持하는 것이 명백히 부당한 때에는 그 當事者는 變更된 事情에 따른 契約의 修正을 요구할 수 있고 相當한 期間內에 契約의 修正에 관한 合意가 이루어지지 아니한 때에는 契約을 解除 또는 解止할 수 있다.

## 3 권리남용 금지의 원칙

### 1) 의 의

(1) 계약 또는 법률이 보호하는 이익을 실현하고자 권리를 행사하는 것이 아닌, 즉 외관상 형식적으로는 권리행사처럼 보이지만 그 권리의 본래의 사명을 일탈하여 실질적으로는 권리행사라고 할 수 없는 경우에, 이는 신의칙에 위반하는 것으로 이를 금지하는 원칙이다.

판 례

사회적 공동생활에 있어서는 공동생활자 상호간 이해관계가 서로 경합되므로, 모든 권리 행사에는 필연적으로 일정한 한계가 있어야 하기 때문에 민법 제2조는 "권리의 행사는 신의에 좇아 성실히 하여야 하고, 권리는 남용하지 못한다."고 규정하고, 민사소송법 제1조도 "법원은 소송절차가 공정, 신속하고 경제적으로 진행되도록 노력하여야 하며, 당사자와 관계인은 신의에 좇아 성실하게 이에 협력하여야 한다."고 규정하여, 권리의 사회성과 적법성을 명백히 하고 있는 바, 따라서 형식적으로는 권리행사라 하여도 그것이 권리의 사회성과 적법성의 관념에 비추어 도저히 허용할 수 없는 정도의 것이라면 그 권리의 행사는 부인되어야 할 것이다(91마500결정).

### (2) 신의칙과 권리남용 금지의 원칙과의 관계

권리의 행사가 권리남용에 해당하면 그 권리행사는 저지된다. 이러한 결과는 신의칙의 적용을 통해서도 얻을 수 있다. 여기에서 이들 두 원칙의 관계를 어떻게 이해할 것인지를 둘러싸고 학설은 입장 차이를 보이고 있다. 양자는 적용 영역을 달리한다는 입장(고상룡, 65면)은 신의칙은 채권법 분야에서 적용되고 권리남용 금지의 원칙은 물권법에서 적용되는 것이라고 한다. 즉, 신의칙은 대인관계에서 적용되고 권리남용 금지의 원칙은 대 사회관계에서 적용된다는 견해이다. 다만, 양자는 상호 보완하면서 새로운 관계를 형성해 나가고 있다고 한다. 이에 대하여 통설・판례(68다1526판결, 98다9021판결 등)로서 양자의 중복 적용을 인정하는 입장은 권리의 행사가 신의칙에 반하는 경우에는 권리남용이 된다고 하여, 권리남용 금지의 원칙을 신의칙의 적용 효과로 이해한다. 즉, 권리남용 여부를 판단하는 기준이 신의칙이라는 것이다. 또한 권리남용 금지의 원칙을 신의칙의 파생 원칙으로 이해하는 입장(이영준, 71면; 이은영, 88면)도 있다.

생각건대 양자의 중복 적용을 인정하면서 권리남용 금지의 원칙을 신의칙의 적용 효과로 이해하는 입장이나, 권리남용 금지의 원칙을 신의칙의 파생 원칙의 하나로 이해하는 입장은 각각 설명이 다를 뿐 그 내용은 같은 것으로 이해된다. 또한 적용 영역을 달리한다는 견해도 연혁적 측면을 강조한 것뿐이지 양자의 상호보완성을 부인하고 있는 것은 아니라는 점에서 학설의 대립은 없는 것으로 보아야 할 것이다. 제2조의 규정 형식으로 볼 때 신의칙은 권리남용 금지의 원칙의 중요한 판단 기준이 된다고 이해하면 충분하다고 할 것이다.

### 2) 연혁과 입법례

로마법은 개인주의적 자유주의적 성격으로 말미암아 "자기의 권리를 행사하는 자는 누구도 해치지 않는다." 또는 "자기의 권리를 행사하는 자는 누구에게도 불법을 행하는 것은 아니다."라는 법언이 지배하여 권리의 불가침성·무제약성이 강조되었다. 그리하여 로마법에서는 권리남용 금지의 원칙은 일반적으로 인정되지 않고, 악의의 항변에 기하여 오로지 타인을 해(害)할 목적으로 권리를 행사하는 경우에만 이를 금지하였다(Schikaneverbot). 프랑스 민법도 개인주의적 법원리에 입각하여 권리남용 금지에 관한 규정을 두지 않았지만, 판례에 의해서 시카네 금지가 인정되었다(가령, 1855년 5월 2일 Comar 抗訴法院의 Doerr 사건: 이웃의 채광 통풍을 방해할 목적으로 불필요한 굴뚝을 건조한 사례와 1856년 4월 18일 Lyon 抗訴法院의 우물파기사건: 이웃의 광천수를 고갈시킬 목적으로 자기의 우물을 파 하천에 버린 사례 등. 이에 대하여는 고상룡, 민법학특강, 법문사, 1995, 19면 이하 참조).

그러나 독일 민법 제226조는 시카네 금지를 규정하고 있으며, 스위스 민법은 시카네 금지를 넘어 권리의 사회성·공공성에 반하는 경우를 권리남용으로 금지하는 규정을 두고 있다. 즉, 제1조 제2항은 "명백한 권리의 남용은 법의 보호를 받지 못한다."고 정하고 있으며, 이러한 태도를 일본 민법(1947년)과 우리 민법도 따르고 있다고 할 것이다. 다만, 우리 민법은 단순히 "권리는 남용하지 못한다."라고 규정하고 있는 점에서, 그 해석을 둘러싸고 학설·판례가 견해의 일치를 보지 못하고 있다.

### 3) 권리남용의 요건

#### (1) 개 관

권리남용이 인정되기 위해서는 첫째, 권리의 행사가 있어야 한다. 이 경우 권리는 엄격한 의미의 권리만을 의미하지 않고, 법적 지위도 포함하는 넓은 의미이다(이영준, 69면; 이은영, 88면). 둘째, 그 권리의 행사가 사회성·공공성에 반해야 한다.

판 례

권리남용이라 함은, 권리자가 그 권리를 행사함으로 인하여 사회적·경제적으로 얻는 이익보다 상대방에게 과대한 손해를 입히는 결과가 됨에도 불구하고, 권리자가 권리행사라는 구실로 상대방에게 손해를 가할 것만을 목적으로 하거나 또는 객관적으로 우리의 통념상 도저히 용인될 수 없는 부당한 결과를 자아내는 등 공공복리를 위한 권리의 사회적 기능을 무시하고, 신의성실의 원칙과 국민의 건전한 권리의식에 반하는 행위를 하는 것을 뜻한다고 할 것으로서 어느 권리행사가 권리남용이 되는가의 여부는 각 개별적이고 구체적인 사안에 따라 판단되어야 한다 (91다27273판결).

### (2) 사회성·공공성의 판단 기준

문제는 어떠한 경우에 권리의 행사가 사회성·공공성에 반한다고 할 것이냐이다.

판례는 "권리남용이라고 하기 위해서는 주관적으로는 그 권리행사의 목적이 오직 상대방에게 고통이나 손해를 주는 데 그칠 뿐이요, 권리를 행사하는 사람에게는 아무런 이익이 없는 경우라야 될 것이며, 아울러 객관적으로는 그 권리행사가 사회질서에 위반된다고 볼 수 있는 경우라야 한다."(4294민상934판결, 85다카2307판결, 87다카2911판결)고 하여, 권리남용의 요건으로 주관적 가해 의사와 객관적으로 사회질서에 위반할 것을 요구하고 있다. 다만, 판례 중에는 주관적 요건 또는 객관적 요건 중 어느 일면만을 강조한 판례(주관적 요건만으로 권리남용을 인정한 것으로는 80다484판결을 들 수 있으며, 객관적 요건만으로 권리남용을 인정한 판결로는 77다2324, 2325판결을 들 수 있다)가 있는가 하면, 양자를 선택적 관계로 이해한 판결도 있다 (83다카335판결). 그러나 판례는 "비록 그 권리의 행사에 의하여 권리 행사자가 얻는 이익보다 상대방이 입는 손해가 현저히 크다고 하여도 그러한 사정만으로는 권리남용이라고 할 수는 없다."(78다254, 255판결, 85다카2307판결)고 하는가 하면, "그 권리의 행사가 상대방에게 고통이나 손해를 주기 위한 것이라는 주관적 요건은 권리자의 정당한 이익을 결여한 권리행사로 보여지는 객관적 사정에 의하여 추인할 수 있다."(93다4366판결, 97다42823판결)고 하여, 종래의 판례의 태도와는 달리 주관적 요건을 탈피하고자 하는 노력을 보이고 있기도 하다.

통설은 가해의 의사 내지 목적이 있는 경우 권리남용이 인정됨은 물론이나, 가해 의사라는 권리자의 주관적 요건은 권리남용을 인정하기 위한 요건으로 볼 수 없다고 한다 (곽윤직, 67면; 이영준, 68면; 김증한/김학동, 82면). 즉, 권리자의 주관적 가해 의사가 없는 경우에도 권리남용이 인정될 수 있다고 한다. 따라서 권리남용의 주관적 요건을 강조할 것이 아니라 객관적 요건을 구체화하는 작업이 더욱 필요하다고 한다(백태승, 112면). 권리남용의 구체화 내지 유형화의 시도에는 기능별 유형화의 시도(고상룡, 61면 이하)와 신의칙의 구체화의 시도(박영우, 권리남용의 판단 기준에 관한 소고, 채권법에 있어서 자유와 책임(김형배교수 화갑기념논문집), 1994, 86면 이하)가 있다.

### 4) 권리남용의 효과

권리의 행사가 권리남용으로 판단되면 정상적인 법률효과를 발생시키지 못한다. 가령, 권리가 청구권인 때에는 물권적 청구권이든 채권적 청구권이든 그 청구권의 실현에 대하여 법이 조력하지 않으며, 권리가 형성권인 때에는 당해 형성권의 내용에 따른 효과가 발생하지 않고, 권리가 항변권인 때에는 상대방의 청구권 행사를 저지할 수 없다.

다만, 권리의 행사가 권리남용으로 된다고 하여 권리자가 권리를 상실하는 것이 아니고, 권리 그 본래의 효력을 저지당하는 것뿐이다. 가령, 토지의 소유자가 그 소유권에 기초하여 토지 위에 불법으로 건물을 소유하고 있는 자를 상대로 건물의 철거를 청구한 것이 권리남용으로 되어 그 청구권이 받아들여지지 않는다고 하여 토지 소유자의 소유권이 상실되는 것은 아니다. 이 경우 토지 소유자는 건물 소유자를 상대로 대지 사용을 내용으로 하는 지상권 내지 임차권의 설정을 요구할 수가 있다. 만약 건물 소유자가 이를 거절하게 되면 이것은 신의칙 위반이 될 수 있다.

### 5) 권리남용의 기능

(1) 권리행사의 한계를 설정해 주는 기능을 한다(81다649판결은 친권자의 재산관리권 행사를 제한하고 있으며, 82므64판결은 유책배우자의 혼인무효청구를 배척하고 있다. 그리고 93다26007판결은 혼인 1년 만에 가출하여 다른 남자와 동거하면서 그와 이중으로 혼인신고를 마쳤고 또 아들 둘을 출산하였으며, 나아가 혼인 후 약 20년이 지난 후 피상속인의 법률상 처로서 상속인임을 주장하는 것은 신의칙상 허용될 수 없다고 판시하고 있다).

(2) 일종의 강제 조정적 기능을 한다. 즉, 권리행사에 의하여 권리자가 얻게 되는 이익과 상대방이 입는 불이익 내지 사회적인 불이익을 비교 형량하여 상대방 내지 사회적인 불이익이 훨씬 큰 경우에는 강제 조정의 방법으로 권리남용을 적용시킬 수

있다 (77다2324, 2325판결은 학교 건물의 철거청구를 배척하고 있으며, 75다1571판결은 학교 건물의 철거청구를 배척한 것은 권리남용 법리를 오해한 것이라고 하여 원심을 파기하고 있다. 기타 91다8593판결, 92다16911판결, 93다4366판결 등도 참조).

(3) 권리의 행사는 행위자 측에서 보면 적법한 행위이다. 그러나 권리행사로 인하여 타인에게 손해를 주면 위법한 행위가 된다고 해야 할 것이다. 이 경우 불법행위가 된다는 것을 근거짓기 위한 도구로 권리남용이 원용될 수 있다 (88다카8217판결, 2000다44928, 44935판결).

## 제 5 절 권리의 소멸과 소멸시효

### 1 권리의 소멸

#### 1) 개 관

법률효과로서의 법률관계(권리 · 의무관계)의 변동은 권리의 주체를 중심으로 보면 권리의 득실 · 변경으로 나타나는 바, 권리 소멸이란 권리가 권리 주체로부터 이탈하는 것을 말한다. 권리의 소멸에는 절대적 소멸과 상대적 소멸이 있다.

#### 2) 절대적 소멸

절대적 소멸은 권리 자체가 소멸하는 것이다. 가령, 목적물의 멸실에 의한 물권 소멸, 소멸시효(제162조 이하), 권리의 포기, 변제에 의한 채권 소멸(제460조 이하) 등이 그것이다.

**판 례**

토지 소유권의 상실 원인이 되는 포락(浦落)이라 함은 토지가 바닷물이나 적용 하천의 물에 개먹어 무너져 바다나 적용 하천에 떨어져 그 원상복구가 불가능한 상태에 이르렀을 때를 말하고, 그 원상회복의 불가능 여부는 포락 당시를 기준으로 하여 물리적으로 회복이 가능한지 여부를 밝혀야 함은 물론, 원상회복에 소요될 비용, 그 토지의 회복으로 인한 경제적 가치 등을 비교 검토하여 사회 통념상 회복이 불가능한지 여부를 기준으로 하여야 하는 것으로서, 복구 후 토지가액보다 복구공사비가 더 많이 들게 되는 것과 같은 경우에는 특별한 사정이 없는 한 사회 통념상 그 원상복구가 불가능하게 되었다고 볼 것이며, 또한 원상복구가 가능한지 여부는 포락 당시를 기준으로 판단하여야 하므로 그 이후의 사정은 특별한 사정이 없는 한 이를 참작할 여지가 없는 것이다. 따라서 포락 당시를 기준으로 포락된 토지에 대한 복구비용이 복구 후의 토지가액보다 많이 드는지 여부를 판단함에 있어 장래 대규모 개발사업으로 토지가액이 상승할 가능성이 있다는 사정을 참작할 수는 없다 (99다11687판결).

판 례

건물 임차인이 자신의 비용을 들여 증축한 부분을 임대인 소유로 귀속시키기로 하는 약정은 임차인이 원상회복의무를 면하는 대신, 투입비용의 변상이나 권리주장을 포기하는 내용이 포함된 것으로서 특별한 사정이 없는 한 유효하므로, 그 약정이 부속물매수청구권을 포기하는 약정으로서 강행규정에 반하여 무효라고 할 수 없고 또한 그 증축 부분의 원상회복이 불가능하다고 해서 유익비(有益費)의 상환을 청구할 수도 없다 (94다44705판결).

판 례

어느 사유지가 종전부터 자연발생적으로 또는 도로 예정지로 편입되어 사실상 일반 공중의 교통에 공용되는 도로로 사용되고 있는 경우, 그 토지의 소유자가 스스로 그 토지를 도로로 제공하여 인근 주민이나 일반 공중에게 무상으로 통행할 수 있는 권리를 부여하였거나 그 토지에 대한 독점적이고 배타적인 사용·수익권을 포기한 것으로 의사 해석을 함에 있어서는 그가 당해 토지를 소유하게 된 경위나 보유 기간, 나머지 토지들을 분할하여 매도한 경위와 그 규모, 도로로 사용되는 당해 토지의 위치나 성상, 인근의 다른 토지들과의 관계, 주위 환경 등 여러 가지 사정과 아울러 분할·매도된 나머지 토지들의 효과적인 사용·수익을 위하여 당해 토지가 기여하고 있는 정도 등을 종합적으로 고찰하여 판단하여야 한다 (98다59262판결).

판 례

인지청구권은 본인의 일신전속적인 신분관계상의 권리로서 포기할 수도 없으며 포기하였더라도 그 효력이 발생할 수 없는 것이고, 이와 같이 인지청구권의 포기가 허용되지 않는 이상 거기에 실효의 법리가 적용될 여지도 없다 (2001므1353판결).

### 3) 상대적 소멸

권리의 상대적 소멸은 권리 자체는 소멸하지 않고 권리의 주체만이 변경되는 경우이다. 가령, 물건의 매매로 매도인이 소유권을 상실하는 경우이다. 이 경우 매매의 목적물이 부동산인 경우에는 매수인 명의로의 소유권 이전등기시에 매도인은 소유권을 상실하고(제186조), 동산인 경우에는 매수인에게 동산을 인도한 때에 소유권을 상실한다 (제188조).

## 2 소멸시효

### 1) 시효제도의 의의

#### (1) 시효의 개념과 성질

① 어떠한 사실 상태가 일정한 기간 동안 계속된 경우에 그러한 사실 상태가 진정한 권리관계와 일치하는가의 여부를 묻지 않고 그 상태를 그대로 존중하여 권리관계로서 인정하려는 제도를 '시효(時效)'라고 한다. 시효에는 취득시효와 소멸시효의 두 종류가 있다. 취득시효란 어떤 사람이 마치 그가 권리자인 것처럼 권리를 행사하고 있는 사실 상태가 일정한 기간 계속한 경우에 권리의 취득을 인정하는 제도이다. 소멸시효란 권리를 행사할 수 있음에도 불구하고 권리 불행사의 상태가 일정한 기간 동안 계속한 경우에 그 권리의 소멸을 인정하는 제도이다. 민법은 취득시효를 물권편에 규정하고(제245조 내지 제248조), 소멸시효를 총칙편에 규정(제162조 내지 제184조)하여 양자를 분리하는 체계를 취하고 있다.

② 시효는 일정한 기간의 계속을 요소로 하여 권리의 취득 또는 소멸이라고 하는 법률효과를 발생시키는 법률요건이다. 시효는 재산권에 관한 것이며, 가족관계에 대해서는 그 적용이 없다. 그리고 시효에 관한 규정은 공익과도 관련되기 때문에 강행규정이다.

#### (2) 시효제도의 존재 이유

① 종래의 입장

종래의 통설은 소멸시효와 취득시효를 포괄하는 시효제도의 존재 이유로 다음의 세 가지를 들고 있다.

a) 사회질서의 유지(**법적 안정성의 확보**): 일정한 사실 상태가 오래 지속되면 비록 그것이 진실한 권리관계와 부합하지 않아도 사회는 그 사실 상태를 정당한 것으로 신뢰하고, 그것을 기초로 하여 여러 가지의 법률관계가 형성되어 사회질서가 이루어진다. 따라서 만약 이러한 사실 상태가 정당하지 못하다고 하여 부인되면 사회질서가 흔들리게 된다. 그래서 법은 일정한 기간 계속된 사실 상태를 권리관계로 인정함으로써 사회질서를 안정시키고 제3자의 신뢰를 보호한다는 것이다.

b) 과거 사실의 증명 곤란으로부터의 구제(**입증 곤란의 구제**): 일정한 사실 상태가 오래 지속되면 그 사이에 진정한 권리관계에 대한 증거가 없어지기 쉽다. 따라서 과거의 사실에 대한 증명은 곤란하게 되며 재판에서의 실질적 진실의 발견도 매우 어렵게 된다. 여기에서 과거의 사실에 관한 증명 곤란으로부터 소유자나 채무자를 구제할 것이 요청된다. 영속한 사실 상태는 진실의 법률관계와 부합하고 있는 개연성이 매우 높기 때문이다. 이러한 개연성에 기초하여 시효는 입증 곤란에 빠진 당사자를 구제한다는 것이다.

c) 권리 위에 잠자는 자의 법적 제재(**권리행사의 태만에 대한 제재**): 권리를 행사하지 않고 이를 방치하고 있는 자를 법원이 비용을 들이면서까지 보호할 필요가 없을 뿐 아니라, 이러한 권리자는 묵시적으로 권리를 포기한 자라고 할 수 있다는 점에서 오히려 장기간에 걸쳐 점유한 자라든가 장기간 동안 이행을 요구받지 아니한 채무자의 신뢰가 더 보호되어야 한다는 것이다.

**판 례**

시효제도는 일정 기간 계속된 사회질서를 유지하고 시간의 경과로 인하여 곤란해지는 증거보전으로부터의 구제를 꾀하며 자기 권리를 행사하지 않고 소위 권리 위에 잠자는 자는 법적 보호에서 이를 제외하기 위하여 규정된 제도라 할 것인 바, 부동산에 관하여 인도, 등기 등의 어느 한쪽만에 대하여서라도 권리를 행사하는 자는 전체적으로 보아 그 부동산에 관하여 권리 위에 잠자는 자라고 할 수 없다 할 것이므로, 매수인이 목적 부동산을 인도받아 계속 점유하는 경우에는 그 소유권이전등기청구권의 소멸시효가 진행하지 않는다(98다32175판결).

② 종래의 시효관에 대한 비판

우선 시효제도는 1차적으로 시효로 인하여 직접 의무를 면하게 되거나 권리를 취득하게 되는 시효의 당사자를 보호하는 제도이므로 사회질서의 안정은 이에 부합하지 않는다. 그렇다고 시효제도에 의하여 스스로 채무를 부담하고 있다고 자각하고 있는 채무자를 면책시키거나 또는 권원이 없는 불법점유자를 소유자로서 보호하는 것은 부도덕한 것이다. 또한 권리 위에 잠자는 자는 보호할 가치가 없다는 것은 입증곤란의 구제를 보강할 구실을 할 뿐이고 시효제도 자체를 근거지을 수는 없다. 오히려 시효는 다음과 같이 이해하여야 한다고 한다(고상룡, 660면).

a) 원칙: 어떤 형태의 이익을 보호하여야 할 요청이 있는 경우라든가 단기로 일을 처리하여야 할 요청이 있는 경우를 제외하고는, 진실한 권리자의 권리를 보호하고 변제자가 이중으로 변제를 하지 않도록 하여야 한다는 것이다. 그 근거는 원칙적으로 타인의 권리를 박탈할 수 없으며 채무는 변제되어야 하기 때문이다. 따라서 시효를 넓게 인정하여 채무자를 과도하게 보호하는 것은 타당하지 않으며, 시효를 가능한 한 제한하려는 해석을 해야 한다는 것이다.

b) 예외: 특수한 이유로 조속히 처리하여야 할 필요가 있다든가 조속히 처리하는 것이 타당한 채권·채무에 대하여는 시효를 용이하게 인정하여야 한다. 즉, 채무자로 하여금 변제의 증거를 장기간 보관할 것을 요구하는 것이 무리인 경우라든가, 채권자도 단기간에 채권을 회수하여야 한다고 생각하고 채무자로서도 단기간 내에 청구가 없을 때에는 이미 면책되었다고 믿어도 현저히 부당하다고 생각되지 않는다는 것이다.

c) 이처럼 유력설은 통설과 달리 소멸시효의 존재이유를 일반소멸시효제도와 단기소멸시효제도로 구별하여 파악한다. 즉, 일반소멸시효제도는 채무를 이행하였으나 이를 증명하지 못하는 채무자를 보호하려는 데에 그 존재이유가 있다고 하며, 단기소멸시효제도는 채권·채무를 조속히 처리하여야 한다는 점에서 그 존재이유를 찾고 있다.

③ 사 견

시효제도를 통해서 유동적이고 불안정한 법률관계가 종식된다는 점에서 법적 안정성의 확보도 시효제도의 존재이유라고 할 수 있을 것이다. 그렇지만 소멸시효제도에 의하여 궁극적으로는 채무자 내지 의무자가 보호되고 채권자 내지 권리자가 불이익을 입는다는 점에서, 소멸시효제도의 존재이유는 어디까지나 채무자 내지 의무자의 보호에 있다고 보아야 할 것이다. 특히 통설은 권리행사를 소홀히 한 권리자에 대한 제재를 소멸시효제도의 존재이유로 들고 있는데, 이는 소멸시효의 근거 내지 요건이라고 할 수는 있으나 권리자에게 권리행사의 의무가 부과되어 있는 것은 아니라는 점에서 그 존재이유라고는 볼 것은 아니다. 이와 같이 볼 때 유력설의 논거가 타당하다고 하겠다. 물론 채무불이행의 증거가 분명하게 존재하는 경우에도 소멸시효는 적용될 수 있다는 점에서 유력설의 논거도 충분하지는 않다.

**시효 및 제척기간에 관한 민법개정안(2011. 6. 22.)의 주요내용**

① 제안 이유 : i) 시장경제의 발달로 거래의 양과 속도가 비약적으로 증가함에 따라 거래관계를 신속하게 종결시키고 국제거래의 증가에 따른 현실을 반영하여 외국의 입법례와 균형을 이루기 위하여 채권의 일반소멸시효기간 및 기산점을 단축·정비하고, ii) 악의의 무단점유로부터 진정한 소유권자를 보호하기 위하여 자주점유 추정을 폐지하고 부동산 점유시효취득의 요건으로 선의·무과실 요건을 추가하며, iii) 장기간 손해발생이 잠복하게 되는 가해행위로부터 피해자를 보호하고 성적(性的) 침해를 입은 미성년자를 특별하게 보호하기 위하여 불법행위로 인한 손해배상청구권의 소멸시효기간 및 기산점을 조정하고, 성적 침해를 이유로 하는 손해배상청구권은 피해자가 미성년인 동안에는 소멸시효가 정지하도록 하려는 것임.

② 주요 내용 : **〈채권의 일반소멸시효 기간 및 기산점 조정(안 제162조)〉** : i) 급변하는 현대 사회의 특성에 비추어 볼 때 거래관계를 신속하게 종결지어야 할 필요가 있음에도 불구하고, 현행 채권의 일반소멸시효기간(10년)은 장기이므로 현실에 부합하지 못하는 문제가 있음. ii) 일반소멸시효기간을 현행 10년에서 5년으로 단축하는 한편, 일반소멸시효기간 단축에 따른 채권자의 실질적 권리행사기간 확보를 위하여 소멸시효 기간의 기산점을 '채권자가 권리를 행사할 수 있다는 사실과 채무자를 안 때부터'로 조정하되, 이로 인해 시효기간이 무제한으로 연장되는 것을 방지하기 위하여 채권자의 인식과 상관 없이 10년이 경과하면 소멸시효가 완성되도록 하는 최장기간 제도를 도입함. iii) 채권자의 권리를 보호하는 데 만전을 기하면서도 채권자로 하여금 신속하게 권리를 행사하게 함으로써 증거의 일실 등으로 인한 분쟁비용이 감소할 것으로 기대됨. **〈단기소멸시효제도 폐지(현행 제163조 및 제164조 삭제)〉** i) 일반적인 경우와 달리 단기소멸시효의 특례를 인정할 합리적 이유가 없는 상황에서 단기소멸시효제도의 존재로 인해 소멸시효체계의 복잡성만 가중되어 국민들에게 혼란을 초래하는 문제가 있음. ii) 단기소멸시효제도를 폐지함으로써 소멸시효기간의 체계를 일반

소멸시효기간으로 일원화함. iii) 소멸시효기간의 체계를 단순화함으로써 시효 관련 규정의 해석·적용에 관한 불필요한 분쟁을 방지하고 시효기간에 대한 국민들의 예측가능성을 향상시킬 것으로 기대됨. **〈시효장애사유 및 그 효력 정비(안 제168조부터 제178조까지, 안 제178조의2 신설)〉** i) 현재는 시효장애사유로 "중단" 및 "정지"를 규정하고 있으나 그 의미가 포괄적이고 불명확하며, 시효장애사유를 "정지", "완성유예" 및 "재개시"로 3분화하는 국제적 추세와도 맞지 않는 문제가 있음. ii) 현행 시효장애사유를 정지, 정지 및 완성유예, 완성유예, 재개시, 정지 및 재개시 등으로 세분화하고 각각의 효력을 명확하게 규정함. iii) 시효장애사유에 관한 국제적 추세와 균형을 맞추고, 각 시효장애사유의 성격에 부합하는 정확한 효력이 부여될 것으로 기대됨. **〈부동산 점유취득시효 요건 정비(안 제197조 제1항 및 제245조 제1항)〉** i) 20년의 점유만 입증하면 반대 입증이 없는 한 점유물을 시효취득할 수 있는 현행 제도는 진정한 권리자의 희생하에 시효취득자를 지나치게 보호하는 문제가 있음. ii) 자주점유(自主占有) 추정을 폐지하고 부동산 점유취득시효 요건으로 선의·무과실 요건을 추가함. iii) 악의의 무단점유자의 점유시효취득을 배제하여 진정한 소유자의 권리를 보다 실효적으로 보호하게 될 것으로 기대됨. **〈불법행위로 인한 손해배상청구권의 소멸시효 규정 정비 및 미성년자를 상대로 한 성적 침해에 대한 특칙 도입(안 제766조)〉** i) 현행 불법행위로 인한 손해배상청구권의 소멸시효기간 및 기산점은 가해행위와 현실적 손해발생 간에 시간적 간격이 있는 불법행위로 인한 피해자들을 구제하기에 충분하지 못하다는 문제점이 있는 한편, 미성년자에 대한 성적 침해는 미성년자 또는 그 법정대리인이 그 손해 및 가해자를 안 경우에도 현실적으로 손해배상청구권을 행사하지 못하는 경우가 많으므로, 시효를 적용하는 경우에 일반불법행위와 차등을 둘 필요가 있음. ii) 불법행위로 인한 손해배상청구권의 소멸시효기간 및 기산점을 단기의 경우 '피해자나 그 법정대리인이 그 손해 및 가해자를 안 날부터 3년'에서 '5년'으로, 장기의 경우 '불법행위를 한 날부터 10년'에서 '불법행위로 인한 손해가 발생한 날부터 20년'으로 각각 연장하고, 성적 침해를 이유로 하는 손해배상청구권은 피해자가 미성년인 동안에는 소멸시효가 정지되도록 함. iii) 일반소멸시효체계와의 정합성을 제고하고, 잠복손해로 인한 피해 및 성적 침해로 인한 미성년자의 피해 등에 대한 구제가 두터워질 것으로 기대됨.

### (3) 시효와 유사한 제도

#### ① 제척기간

##### a) 의 의

제척기간은 일정한 권리에 관하여 법률이 미리 정한 그 권리의 존속기간을 말한다(통설). 그 기간 내에 권리를 행사하지 않으면 그 권리는 당연히 소멸한다. 이러한 점에서 소멸시효와 다르다 (시효기간의 완성으로 권리 소멸의 효과가 생긴다는 절대적 소멸설에 의하면 소멸시효와 제척기간은 같다. 곽윤직, 320면). 일반적으로 법문에 '시효로 인하여'라는 형태로 규정되어 있으면 소멸시효로 보고, 그렇지 않으면 제척기간으로 본다(총설). 제척기간을 두는 이유는 그 권리를 중심으로 하는 법률관계를 조속히 확정하려는 데 있고, 이는 형성권의 경우에 강하게 요청된다.

민법은 이와 같이 법률관계를 조속히 확정하기 위하여 형성권의 존속기간을 두면서 상대방에 대하여는 최고권(제15조, 제146조)을 부여하고 있다. 즉, 형성권자에게 형성권을 인정하는 대신에 그 상대방에게는 형성권자에 대하여 상당한 기간을 정하여 권리행사 여부를 최고하게 하고 상당한 기간 내에 확답하지 않으면 형성권이 소멸되는 것으로 하고 있다. 물론 형성권의 행사기간을 두지 않고 최고권만을 둔 경우(제131조, 제381조, 제552조 등)도 있다.

b) 제척기간의 보전

제척기간이 정하여져 있는 권리는 그 기간 내에 어떠한 행위가 있을 때 보전되는가이다. 학설은 그 기간 내에 소의 제기가 있어야 보전된다고 보아, 제척기간을 제소기간으로 해석하는 입장(통설)과 권리의 성질 및 법률의 규정에 따라 소의 제기를 요하는 경우와 형성권 행사의 의사표시로 족한 경우로 나누는 입장이 있다 (김증한/김학동, 515면; 이은영, 787면; 윤진수, 민법주해(Ⅲ), 401면). 법률의 규정으로 반드시 소(訴)의 형식으로 형성권을 행사할 것을 규정하고 있지 않는 한, 그 존속기간을 제소기간으로 이해할 것은 아니다. 판례도 재판상 또는 재판 외의 권리행사가 있으면 보전되는 것으로 새긴다. 다만, 판례는 청구권으로서의 점유보호청구권의 존속기간은 제소기간으로 새긴다 (2001다8097, 8103판결).

**판 례**

미성년자 또는 친족회가 민법 제950조 제2항에 따라 제1항의 규정에 위반한 법률행위를 취소할 수 있는 권리는 형성권으로서 민법 제146조에 규정된 취소권의 존속기간은 제척기간이라고 보아야 할 것이지만, 그 제척기간 내에 소를 제기하는 방법으로 권리를 재판상 행사하여야만 되는 것은 아니고, 재판 외에서 의사표시를 하는 방법으로도 권리를 행사할 수 있다고 보아야 한다 (92다52795판결).

**판 례**

보험계약의 해지권은 형성권이고, 해지권 행사기간은 제척기간이며, 해지권은 재판상이든 재판 외이든 그 기간 내에 행사하면 되는 것이나 해지의 의사표시는 민법의 일반 원칙에 따라 보험계약자 또는 그의 대리인에 대한 일방적 의사표시에 의하며, 그 의사표시의 효력은 상대방에게 도달한 때에 발생하므로 해지권자가 해지의 의사표시를 담은 소장 부본을 피고에게 송달함으로써 해지권을 재판상 행사하는 경우에는 그 소장 부본이 피고에게 도달할 때에 비로소 해지권 행사의 효력이 발생한다 할 것이어서, 해지의 의사표시가 담긴 소장 부본이 제척기간 내에 피고에게 송달되어야만 해지권자가 제척기간 내에 적법하게 해지권을 행사하였다고 할 것이고, 그 소장이 제척기간 내에 법원에 접수되었다고 하여 달리 볼 것은 아니다(99다50712판결).

c) 소멸시효와의 차이점

소멸시효는 그 기산일에 소급하여 권리 소멸의 효과가 생기지만(제167조), 제척기간의 경우에는 기간이 경과한 때로부터 장래에 향하여 권리가 소멸한다. 또 소멸시효는 권리자의 청구나 압류 등 또는 채무자의 승인이 있으면 중단되고 그때까지 경과한 시효기간은 산입되지 않는다(제168조, 제178조). 반면에, 제척기간에서는 권리자의 권리 주장이 있으면 그 효과가 발생하며 이를 기초로 다시 기간이 갱신된다든지 하는 문제가 생기지 않는다. 즉, 제척기간에서는 소멸시효와 같이 기간의 중단이 있을 수 없다(99므1855판결, 2001다13952판결, 2000다26425판결). 다시 말하면, 제척기간은 권리의 존속기간을 말하며, 그 기간 내에 권리를 행사하지 않으면 권리는 소멸한다. 따라서 제척기간에 의한 권리의 소멸은 당사자가 이를 주장하지 않더라도 법원이 당연히 고려하여야 하는 직권조사 사항(96다25371판결)인데, 소멸시효의 완성에 의한 권리 소멸은 변론주의의 원칙상 시효원용권자가 시효 완성 사실을 원용한 때 비로소 고려된다(94다35886판결). 또한 소멸시효의 이익은 이를 포기할 수 있으나(제184조 제1항), 제척기간에는 포기가 인정되지 않는다.

**판 례**

매매예약완결권의 제척기간이 도과하였는지 여부는 소위 직권조사 사항으로서 이에 대한 당사자의 주장이 없더라도 법원이 당연히 직권으로 조사하여 재판에 고려하여야 하므로, 상고법원은 매매예약완결권이 제척기간 도과로 인하여 소멸되었다는 주장이 적법한 상고이유서 제출 기간 경과 후에 주장되었다 할지라도 이를 판단하여야 한다 (99다18725판결).

**판 례**

소멸시효 기간 만료에 인한 권리 소멸에 관한 것은 그 시효의 이익을 받는 자가 소멸시효 완성의 항변을 하지 않으면, 그 의사에 반하여 재판할 수 없다 (79다1863판결).

나아가 소멸시효의 기간은 약정에 의하여 이를 단축 또는 경감할 수 있지만(제184조 제2항), 제척기간은 자유로이 단축할 수 없다. 물론 제척기간에서와 마찬가지로 소멸시효 기간에서도 당사자 사이의 약정으로 그 기간을 연장할 수는 없다 (제184조 제2항). 다만, 천재 기타 사변으로 인한 시효정지에 관한 제182조가 제척기간에도 준용될 것인지에 대해서는 부정설(곽윤직, 321면)이 있으나, 이를 준용하지 않으면 당사자에게 가혹하다는 점에서 이를 긍정할 것이다 (고상룡, 668면).

**판 례**

제척기간은 권리자로 하여금 당해 권리를 신속하게 행사하도록 함으로써 법률관계를 조속히 확정시키려는 데 그 제도의 취지가 있는 것으로서, 소멸시효가 일정한 기간의 경과와 권리의 불행사라는 사정에 의하여 권리 소멸의 효과를 가져오는 것과는 달리 그 기간의 경과 자체만으로 곧 권리 소멸의 효과를 가져오게 하는 것이므로, 그 기간 진행의 기산점은 특별한 사정이 없는 한 원칙적으로 권리가 발생한 때이고, 당사자 사이에 매매예약 완결권을 행사할 수 있는 시기를 특별히 약정한 경우에도 그 제척기간은 당초 권리의 발생일로부터 10년 간의 기간이 경과되면 만료되는 것이지 그 기간을 넘어서 그 약정에 따라 권리를 행사할 수 있는 때로부터 10년이 되는 날까지로 연장된다고 볼 수 없다 (94다22682, 22699판결).

d) 소멸시효와 제척기간의 구별 기준

ㄱ) 구별 기준: 제척기간은 권리의 존속기간을 말하며, 그 기간 내에 권리를 행사

하지 않으면 권리는 소멸한다. 일반적으로 법문에 '시효로 인하여'라는 형태로 규정되어 있으면 소멸시효로 보고, 그렇지 않은 것은 제척기간으로 본다(통설). 소멸시효와 제척기간의 구별 실익은 기간의 중단을 인정할 것인가에 있다. 제척기간에는 그 중단이 인정되지 않는다.

ㄴ) 형성권의 성질과 시효중단: 형성권의 행사기간은 원칙적으로 제척기간으로 볼 것이다. 형성권은 권리자의 의사표시가 있으면 그것만으로 권리의 내용이 바로 실현되는 성질을 가지는 권리이므로, 권리자가 어떠한 청구 등을 함으로써 시효의 진행을 중단시키는 일은 관념할 수 없기 때문이다. 또한 형성권에서는 권리자의 의사표시가 있으면 그것만으로써 목적인 법률효과가 생기는 것이고, 권리가 행사되었으나 목적을 달성하지 못한다는 상태는 논리적으로 생각할 수 없다. 따라서 형성권은 소멸시효에 걸리는 권리는 아니다(곽윤직, 325면).

ㄷ) 형성권의 행사 결과 발생하는 권리의 행사 기간: 문제는 형성권의 행사의 결과 발생하는 권리의 행사 기간도 그 형성권의 행사 기간 내에 행사하여야 하는가이다. 긍정설은 제척기간을 정한 취지가 법률관계를 조속히 확정시키려는 데 있다고 하여, 그 형성권의 행사 기간까지 존속한다고 새긴다(곽윤직, 325-6면; 김상용, 693면; 김증한/김학동, 516면). 가령, 취소권의 행사 결과 발생하는 부당이득반환청구권의 행사 기간을 10년으로 보게 되면 조속한 기간 내에 법률관계를 확정하려는 형성권을 둔 취지에 반한다는 것이다. 그러나 유력설은 제척기간 내에 형성권이 행사되면 그로써 권리관계는 확정되고, 따라서 그 행사의 결과 발생하는 채권까지 제척기간 내에 행사하여야 할 필요는 없다고 한다(윤진수, 민법주해(Ⅲ), 428면; 이은영, 784면). 즉, 형성권의 제척기간은 형성권 자체의 행사 여부의 불확정으로부터 오는 법률관계를 조속히 확정짓고자 하는 것이지, 그 행사의 결과 발생하는 채권까지 그 제척기간 내에 행사하여야 한다는 취지는 아니라는 것이다.

생각건대 긍정설은 첫째, 모순된 논리를 전개하고 있는 것이 아닌가 생각된다. 긍정설을 취하는 입장에 의하면, 법률로 행사 기간을 정하지 않은 형성권의 존속기간을 10년으로 보아야 한다고 하면서, 그 이유로 형성권의 행사 결과 발생하는 채권은 10년의 소멸시효에 걸린다는 점을 들고 있기 때문이다(가령, 곽윤직, 325면). 그러나 행사 기간이 정해져 있지 않은 형성권의 경우와 행사 기간이 법정되어 있는 형성권의 경우에, 형성권의 행사 결과 발생하는 권리의 행사 기간을 달리 보아야 할 이유는 없다고 할 것이다.

둘째, 긍정설은 법률관계를 조속히 확정하려는 것이 형성권에 존속기간을 둔 취지라는 점을 그 이유로 들고 있다. 그런데 만약 그 존속기간의 말일(末日)에 형성권을 행사하였다고 한다면, 형성권의 행사 결과 발생하는 권리의 존속기간도 그 말일에 해당하는 날로 소멸한다고 보아야 하는 결과가 되는데, 이는 문제가 있다고 할 것이다. 물론 대체로 형성권의 행사는 그 행사의 결과 발생하는 채권 등 권리의 행사와 함께 행하여진다는 점에서 크게 문제될 것이 없다고 할 수도 있을 것이다. 그러나 형성권의 행사와 그 행사의 결과 발생하는 권리를 함께 행사하지 않는 경우도 얼마든지 있을 수 있으며, 또 반드시 동시에 행사하여야 할 이유도 없다. 그렇다면 형성권의 행사 기간과 그 행사의 결과 발생하는 권리의 행사 기간은 별개의 문제라고 보아야 할 것이다. 더구나 형성권의 행사의 결과 발생하는 권리는 채권(예: 부당이득반환청구권)인 경우도 있지만, 물권에 기초한 권리(예: 소유물반환청구권 또는 원상회복청구권)도 있다는 점에 유의할 필요가 있다. 결국 형성권의 행사 결과 발생하는 권리가 채권이라면 형성권이 행사되어 그 권리를 행사할 수 있는 때로부터 별개의 소멸시효가 진행하는 것으로 새겨야 할 것이다.

**판 례**

원고가 이 사건 토지에 대하여 환매권을 행사할 수 있게 된 1972. 11. 1.부터 제척기간인 10년이 경과하기 전인 1982. 8.경 환매권을 행사하였고, 다시 그때로부터 소멸시효 기간인 10년이 경과하지 아니한 1989. 5. 27. 위 환매권 행사로 발생한 소유권이전등기청구권에 기하여 피고를 상대로 이 사건 소를 제기하였으므로, 위 환매권과 그 행사에 의한 소유권이전등기청구권은 위 각 기간 내에 적법하게 행사하였다고 판단하였음은 정당하고 거기에 소론과 같은 환매권의 행사 방법과 형성권의 행사로 생긴 청구권의 시효에 관한 법리를 오해한 위법이 없다(90다13420판결). 즉, 환매권의 행사로 발생한 소유권이전등기청구권은 위 제척기간과는 별도로 환매권을 행사한 때로부터 일반채권과 같이 민법 제162조 소정의 10년의 소멸시효의 기간이 진행된다(92다4673판결, 92다4666판결).

ㄹ) 기간을 정하지 않은 형성권의 존속기간: 법률로 형성권의 제척기간을 정하지 않은 경우(예: 지상권자의 매수청구권)에 그 형성권의 제척기간에 대하여는 논의가 있

다. 통설·판례는 그 형성권을 행사한 결과 발생하는 채권의 소멸시효 기간(제162조 제1항)을 고려하여 10년이라고 한다. 만약 형성권도 제162조 제2항에 따라 20년의 기간으로 소멸한다고 보게 되면, 형성권을 행사한 결과 발생하는 채권은 10년의 소멸시효에 걸리는데, 이는 형성권을 행사하는 것보다 행사하지 않고 있는 것이 권리행사기간의 면에서 권리자에게 유리하게 된다는 결과가 된다. 이러한 결과는 형성권의 경우에 법률관계를 조속히 해결하고자 제척기간을 둔 취지와 어울리지 않는다는 것이다. 그러나 제척기간이 정해져 있지 않는 형성권은 원칙적으로 20년 내에 행사하여야 하고, 그 전이라 하더라도 형성권 자체나 이의 행사에 의하여 발생하는 원상회복청구권은 실효의 요건을 갖추면 실효된다고 하는 견해(이영준, 735면)와 형성권의 행사기간은 그것의 기초가 된 권리관계에 의하여 결정하여야 한다는 견해(김증한/김학동, 515면; 이은영, 784면)도 있다.

생각건대 형성권의 행사 기간과 형성권의 행사 결과 발생하는 권리의 소멸시효 기간의 불균형은 시정되어야 한다는 점에서, 원칙적으로 법률로 기간을 정하지 않은 형성권의 제척기간은 10년이라고 보아야 할 것이지만, 일정한 법률관계에 기초하여 발생하는 형성권은 그 기초가 되는 법률관계가 존속하는 한 존속한다고 새겨야 할 것이다.

**판 례**

민법 제564조가 정하고 있는 매매의 일방예약에서 예약자의 상대방이 매매완결의 의사를 표시하여 매매의 효력을 생기게 하는 권리(이른바 예약완결권)는 일종의 형성권으로서 당사자 사이에 그 행사 기간을 약정한 때에는 그 기간 내에, 그러한 약정이 없는 때에는 예약이 성립한 때부터 10년 내에 이를 행사하여야 하고, 위 기간을 도과한 때에는 상대방이 예약목적물인 부동산을 인도받은 경우라도 예약완결권은 제척기간의 경과로 인하여 소멸된다고 하여야 할 것이다(91다44766, 44773판결, 99다18725판결, 2000다26425판결).

**판 례**

공유물분할청구권은 공유관계에서 수반되는 형성권이므로 공유관계가 존속하는 한, 그 분할청구권만이 독립하여 시효소멸될 수 없다(80다1888, 1889판결).

② 실효의 법리

a) 개 념

실효의 법리는 권리자가 그 권리의 행사를 상당한 기간 태만히 하는 경우에, 소멸시효라든가 제척기간에 걸리지 않더라도 신의칙에 의하여 권리의 행사가 허용되지 않는 원칙을 말한다(자세한 내용은 신의칙의 적용례의 하나로 앞에서 보았다. 제4장 제4절 2. 4) (2) ② 참조). 즉, 권리행사를 방해하는 사유가 없음에도 불구하고 권리불행사의 상태가 장기간 계속된 경우에 상대방에게 앞으로도 권리행사가 없을 것이라고 하는 정당한 신뢰를 갖게 한 때에는 후에 그 권리를 행사하는 것은 신의칙에 반하는 것으로서 이는 허용되지 않는다는 것이다.

**판 례**

권리자가 장기간에 걸쳐 그 권리를 행사하지 아니하여 새삼스럽게 그 권리를 행사하는 것이 신의성실의 원칙에 위반되어 허용되지 아니한다고 하려면, 의무자인 상대방이 더 이상 권리자가 그 권리를 행사하지 아니할 것으로 믿을 만한 정당한 사유가 있어야 한다. 그렇다면 토지 소유자가 그 점유자에 대하여 부당이득반환청구권을 장기간 적극적으로 행사하지 아니하였다는 사정만으로는 부당이득반환청구권이 이른바 실효의 원칙에 따라 소멸하였다고 볼 수 없다(2001다60019판결).

b) 소멸시효와의 차이점

실효의 원칙은 일정한 권리불행사의 기간을 요건으로 한다는 점에서 소멸시효와 유사한 면이 있으나, 실효의 원칙에서 권리불행사의 기간 경과는 소멸시효와 달리 실효의 원칙을 적용하기 위한 여러 요소 중의 하나에 불과하다. 또한 실효의 원칙을 적용하여 권리를 실효시키기 위해서는 권리자의 권리불행사에 대한 상대방의 신뢰가 요구된다는 점에서, 이러한 상대방의 신뢰 여부와 상관 없이 일정한 기간의 경과에 따라 권리를 소멸시키는 소멸시효와 다르다. 그리고 실효의 원칙은 신의성실의 원칙을 근거로 인정된다는 점, 형성권과 같이 원칙적으로 소멸시효에 걸리지 않는 권리에 대하여 인정할 실익이 크다는 점, 소멸시효 기간의 정함이 있는 경우에 그 기간의 만료 전에 적용될 수 있다는 점에서 소멸시효와 다르다.

## 2) 소멸시효의 요건

### (1) 소멸시효의 대상

민법은 채권 및 소유권 이외의 재산권에 대하여 소멸시효를 인정하고 있다(제162조). 따라서 소멸시효의 대상이 되는 권리는 재산권에 한하고, 신분권·인격권과 같은 비재산권은 소멸시효의 대상이 되지 않는다. 소멸시효의 대상이 아니라는 점은 소멸시효에 의하여 권리가 소멸하지 않는다고 주장하는 상대방이 주장·입증책임을 진다.

① 소멸시효에 걸리지 않는 권리

a) 소유권은 소멸시효에 걸리지 않는다. 취득시효에 의하여 반사적으로 소유권을 상실하는 경우가 있을 수 있으나, 이는 취득시효의 효과이지 소멸시효로 인한 것이 아니다. 그리고 소유권에 근거한 물권적 청구권도 소멸시효에 걸리지 않는다고 할 것이다(통설). 만약 소유권에 기한 물권적 청구권만이 시효로 인하여 소멸한다고 하면 소유권은 존재하여도 그에 대한 방해의 제거나 예방을 청구할 수 없다는 결과가 되어 부당하기 때문이다.

**판 례**

매매계약이 합의해제된 경우에도 매수인에게 이전되었던 소유권은 당연히 매도인에게 복귀하는 것이므로, 합의해제에 따른 매도인의 원상회복청구권은 소유권에 기한 물권적 청구권이라고 할 것이고 이는 소멸시효의 대상이 되지 아니한다(80다2968판결). 또한 채권담보의 목적으로 이루어지는 부동산 양도담보의 경우에 있어서 피담보채무가 변제된 이후에 양도담보권 설정자가 행사하는 등기청구권은 양도담보권설정자의 실질적 소유권에 기한 물권적 청구권이므로 따로이 시효소멸되지 아니한다(78다2412판결).

b) 형성권에 관하여 존속 기간이 정해져 있는 경우에 그것은 제척기간이다. 따라서 형성권은 소멸시효의 대상이 아니다. 다만, 존속기간이 정해져 있지 않은 형성권이라도 일반채권의 소멸시효 기간을 고려하여 10년의 제척기간에 걸린다고 하는 점은 앞에서 보았다(제4장 제5절 2. 1) (3) ① d) ㄷ) 참조).

**판 례**

농지분배처분은 행정처분으로서 그 효력이 적법한 절차에 의하여 부인되지 않는 한 처분과는 별도로 수분배자의 권리가 소멸된다고 할 수 없고, 또 이는 수분배자가 현실로 그 농지를 점유하였는지의 여부와도 무관한 것이어서 수분배자가 장기간 상환을 지연하였다고 하더라도 원래의 분배처분은 유효하되, 단지 상환이 완료되지 아니한 상태로 남아 있을 뿐이므로 수분배자의 권리가 시효로 인하여 소멸한다고 할 수 없다(97다22003판결).

c) 기타 소멸시효에 걸리지 않는 재산권

점유권(제192조 제1항)과 유치권(제328조)은 성질상 소멸시효가 문제되지 않는다. 상린권(제216조 내지 제244조) 또는 공유물분할청구권(제268조)과 같이 소유권에 수반하여 발생하는 권리도 소유권과 독립하여 소멸시효에 걸리지 않는다. 역시 피담보채권에 부종하는 담보물권도 독립하여 소멸시효에 걸리지 않는다. 또한 쌍무계약에 기한 동시이행의 항변권(제536조) 또는 보증인의 최고·검색의 항변권(제437조)도 소멸시효의 대상이 아니다.

② 소멸시효에 걸리는 권리

a) 채 권

ㄱ) 일반채권은 제162조 제1항에 의해 소멸시효의 대상이 된다.

ㄴ) 채권이 소멸시효의 대상이 되는 한 그 채권에 기한 청구권, 즉 채권적 청구권도 10년의 소멸시효에 걸린다. 다만, 등기청구권이 시효로 인하여 소멸하는지에 대해서는 논의가 있다. 문제가 되는 등기청구권으로는 법률행위로 인한 소유권이전등

**판 례**

토지를 매수하여 그 명의로 소유권이전청구권 보전을 위한 가등기를 경료하고 그 토지상에 타인이 건물 등을 축조하여 점유 사용하는 것을 방지하기 위하여 지상권을 설정하였다면, 이는 위 가등기에 기한 본등기가 이루어질 경우 그 부동산의 실질적인 이용가치를 유지 확보할 목적으로 전 소유자에 의한 이용을 제한하기 위한 것이라고 봄이 상당하다고 할 것이고, 그 가등기에 기한 본등기 청구권이 시효의 완성으로 소멸하였다면 그 가등기와 함께 경료된 위 지상권 또한 그 목적을 잃어 소멸되었다고 봄이 상당하다(90다카27570판결).

기청구권과 취득시효에 기한 소유권이전등기청구권이 있다. 이하 항을 나누어서 살펴보기로 한다.

ㄷ) 법률행위로 인한 소유권이전등기청구권: 판례는 매수인이 목적물을 인도받아 점유하여 사용·수익하고 있으면 등기청구권은 시효로 인하여 소멸하지 않는다고 한다 (다만, 판례는 소유권이전등기청구권과 동시이행의 관계에 있는 매매대금청구권은 시효로 인하여 소멸한다고 한다. 90다9797판결).

**판 례**

토지나 건물 등 부동산을 매수한 자가 아직 자기 명의로 그 소유권 이전등기를 경료하지 못하였으나, 그 매매 목적물의 인도(명도)를 받아 이를 사용 수익하고 있는 경우에는 물권 변동에 있어서 형식주의를 취하는 우리의 법제상으로 보아 매수인에게 법률상의 소유권은 이전된 것이 아니므로, 매수인의 등기청구권은 채권적 청구권에 불과하여 소멸시효제도의 일반원칙에 따르면 매매 목적물을 인도받은 매수인의 등기청구권도 소멸시효에 걸린다고 할 것이지만, 부동산 매매에 있어서 거래 당사자의 채권채무의 내용은 다른 경우와 달라서 목적물의 인도와 등기이전이라는 두 가지 형태로 나누어져 있어서 비록 부동산 거래의 공시 방법을 여행시킬 목적으로 규정된 법률상으로는 등기이전이 물권 변동의 요건일 뿐 목적물의 인도는 그 요건이 아니라 할 것이니, 매매의 목적물은 부동산 자체이고 등기는 다만 부동산의 거래상황을 공시하기 위한 등기법상의 절차에 불과하므로, 부동산의 매수인으로서 그 목적물을 인도받아서 이를 사용 수익하고 있는 경우에는 시효제도의 존재 이유에 비추어 보아 그 매수인을 권리 위에 잠자는 것으로 볼 수도 없고, 또 매도인의 명의로 등기가 남아 있는 상태와 매수인이 인도받아 이를 사용 수익하고 있는 상태를 비교하면 매도인 명의로 잔존하고 있는 등기를 보호하기보다는 매수인의 사용 수익상태를 더욱 보호하여야 할 것이며, 만일 이러한 경우의 등기청구권도 다른 일반채권과 동일하게 소멸시효에 걸린다면 매도인의 등기이전의무가 소멸되는데 그치는 것이 아니고, 더 나아가 매도하여 기히 매수인에게 인도까지 완료한 매매 목적물이 매도인에게 환원되어야 하는 결과가 되어 비록 그 책임이 매수인의 등기청구권 행사의 태만에 있다고는 할지라도 우리나라 부동산 거래의 현실정에 비추어 심히 불합리하다고 아니할 수 없다. 따라서 부동산을 매수한 자가 그 목적물을 인도받은 경우에는 그 매수인의 등기청구권은 다른 채권과는 달리 소멸시효에 걸리지 않는다고 해석함이 타당하다 (76다148판결).

위의 전원합의체 판결에는 유력한 별개의견 둘이 있다. 하나는 승인에 의한 시효중단에 의하여, 또 다른 하나는 물권적 기대권을 근거로 소유권이전등기청구권은 시효로 인하여 소멸하지 않는다고 한다.

학설은 다수의견에 동조하는 입장도 있지만(이영준, 687면; 백태승, 560면), 매수인이 목적물을 인도받았든 받지 않았든 소유권이전등기청구권은 시효로 인하여 소멸한다는 견해(곽윤직, 324면)가 있다. 즉, 매도인은 부동산의 매매계약에 의하여 소유권을 이전하여야 할 의무와 목적 부동산의 점유를 이전하여야 할 인도의무를 부담하는데, 목적물을 인도하였다고 하여 그것이 동시에 매수인이 등기청구권을 행사하고 있는 것으로는 인정할 수 없다고 보아야 한다는 것이다. 이에 대하여, 물권적 기대권자는 물권적 합의와 대금 지급 및 목적물의 점유취득을 요건으로 물권적 기대권을 인정하고, 이러한 물권적 기대권의 효력으로 등기청구권이 발생한다고 새김으로써 등기청구권은 일종의 물권적 청구권으로 소멸시효에 걸리지 않는다고 이론 구성한다 (정옥태, 물권적 기대권, 사법연구, 제1집, 청림출판, 1992, 105면 이하; 김상용, 실효의 법리의 채용, 법률신문, 제2094호, 1992. 1.27, 15면).

그러나 이 문제는 승인에 의한 시효중단으로 이론 구성함이 타당하다고 할 것이다 (고상룡, 668면). 즉, 등기청구권의 법적 성질을 채권적인 것으로 이해한다면 이는 당연히 시효로 인하여 소멸한다고 할 것이지만, 매도인이 목적물을 매수인에게 인도하고 그 상태가 계속된다면 채무의 승인에 의해서 중단 상태는 계속된다고 할 수 있기 때문이다. 매도인의 목적물 인도의무는 소유권 이전등기의무와 함께 제568조 소정의 재산권 이전의무의 내용을 이룬다는 점에서 목적물의 인도의무의 이행은 소유권 이전등기의무의 존재를 승인한 것으로 이해할 수 있을 것이다 (기타 자세한 것은 홍성재, 부동산 매수인의 등기청구권과 소멸시효 여부, 성균관법학, 제11호, 1999, 58면 이하 참조). 물론 부동산의 인도가 등기의무의 승인이 된다는 것은 수긍할 수 있으나 그 승인으로 인한 중단 상태가 계속된다는 것은 무리라는 견해도 있다 (윤진수, 민법주해(Ⅲ), 416면). 하지만, 소멸시효 중단 사유로서의 승인은 시효이익을 받을 당사자인 채무자가 소멸시효의 완성으로 권리를 상실하게 될 자 또는 그 대리인에 대하여 그 권리가 존재함을 인식하고 있다는 뜻을 표시함으로써 성립한다고 할 것이며, 그 표시의 방법은 아무런 형식을 요구하지 아니하고, 또한 명시적이건 묵시적이건 불문한다 (98다63193판결). 또한 “타인의 토지를 불법으로 점유하여 계속 사용하고 있다면 이로 인한 불법행위가 계속 이루어져 손해도 계속 발생하고 있다고 하여야 할 것이고, 따라서 나날이 발생한 각 손해를 안 날로부터 별개의 소멸시효가 진행한다고 하여야 할 것이다."(66다615판결)라는 판결은 시효중단 상태의 계속을 이해하는 데 좋은 시사를 준다고 하겠다.

나아가 판례는 매수인이 자신의 명의로 등기하지 아니하고 미등기 전매하여 점유를 상실한 경우에도 매수인의 매도인에 대한 소유권이전등기청구권은 시효로 인하여 소멸하지 않는다고 한다(98다32175판결). 이 전원합의체 판결에는 유력한 소수의견과 별개의견이 있다(이 판결의 비판적 평석에 대해서는 홍성재, 부동산 매수인의 등기청구권과 소멸시효 여부, 58면 이하 참조). 다만, 점유의 침탈로 점유를 상실한 경우에는 그때부터 시효가 진행한다고 본다(91다40924판결).

**판 례**

부동산의 매수인이 그 부동산을 인도받은 이상 이를 사용·수익하다가 그 부동산에 대한 좀더 적극적인 권리행사의 일환으로 다른 사람에게 그 부동산을 처분하고 그 점유를 승계하여 준 경우에도, 그 이전등기청구권의 행사 여부에 관하여 그가 그 부동산을 스스로 계속 사용·수익만 하고 있는 경우와 특별히 다를 바 없으므로, 위 두 어느 경우에나 이전등기청구권의 소멸시효는 진행되지 않는다고 보아야 한다(98다32175판결).

학설 중에는 위의 전원합의체 판결이 있기 전에 이미 다수의견과 같은 결론을 주장하는 견해가 있었다(윤진수, 점유를 상실한 부동산 매수인의 등기청구권의 소멸시효, 인권과 정의, 제261호, 135면). 그러나 매도인이 매수인에게 목적물을 인도한 경우에는 처분행위로 인한 점유이전이 허용되는 것으로 의사 해석할 수 있다고 하더라도(양창수, 민법주해(Ⅴ), 224면 이하), 그러한 점유이전을 권리행사로 보아 여전히 등기청구권은 시효로 인하여 소멸하지 않는다고 새기게 되면, 민법이 채택하고 있는 등기주의를 무의미하게 한다는 점에서 매수인의 등기청구권은 그가 미등기전매로 인하여 점유를 상실한 때로부터 시효가 진행하여 10년의 소멸시효에 걸린다고 보아야 할 것이다. 그리고 미등기 전매를 금지하고 있는 부동산등기특별조치법(제2조)의 입법 취지도 고려하여야 할 것이다. 또한 미등기 매수인이 전매행위로 인하여 목적물의 점유를 상실하게 되면 시효중단 사유로서의 '승인'이라는 요건에 부가하여 시효중단 상태의 계속성을 인정하여 매수인을 보호할 수 있는 목적물의 점유·사용이라고 하는 목적론적 또는 법정책적인 근거가 제거되었다고 보아야 할 것이다.

그러면 이 경우 전매인은 매도인에 대하여 더 이상 점유할 권리를 주장하지 못하고 매도인에게 목적물을 반환하여야 하는가? 생각건대 매수인의 매도인에 대한 소유권이전등기청구권은 매수인이 점유를 상실한 때로부터 소멸시효가 진행한다고 보아야 한다면, 전매인이 점유를 취득한 때로부터 10년이 지난 후에는 매도인의 물권적 청구권의 행사를 더 이상 저지할 수는 없다고 보아야 할 것이다. 이러한 경우까지 전매인을 보호하는 것은 등기주의를 채택하고 있는 민법의 체계에 반하기 때문이다. 물론 전매인은 10년의 소멸시효 기간이 경과한 후에는 20년의 점유 기간을 기다려 취득시효 기간 완성을 이유로 한 소유권이전등기청구권을 행사하여 소유권을 취득할 수는 있다. 그리고 전매인은 매수인에 대하여 타인물의 매매로 인한 담보책임(제570조)을 물을 수 있다. 다만, 매수인은 매도인에 대하여 매매대금의 반환을 청구할 수 없다고 보아야 할 것이다. 매매계약이 유효할 뿐 아니라 소유권이전등기청구권은 시효로 인하여 소멸하였기 때문에 채무불이행을 이유로 매매계약을 해제할 수도 없기 때문이다. 일부 학설은 이러한 결과가 부당하다고 하여 매수인이 점유를 상실한 경우에도 소유권이전등기청구권은 시효로 인하여 소멸하지 않는다고 보아야 한다고 하나(윤진수, 점유를 상실한 부동산 매수인의 등기청구권의 소멸시효, 135면; 백태승, 563면), 의문이다.

ㄹ) 취득시효 기간 완성으로 인한 소유권이전등기청구권: 판례는 이에 대하여도 76다148판결의 태도와 마찬가지로, 시효 완성자가 점유를 계속하는 한 소유권이전등기청구권의 소멸시효가 진행하지 않는다고 한다(90다카25352판결). 그리고 시효 완성자의 점유가 중단되더라도 그와 같은 점유의 상실을 시효이익의 포기로 볼 수 없는 한 이미 취득한 소유권이전등기청구권은 소멸하지 않는다고 한다. 다만, 그 경우에 소유권이전등기청구권은 점유를 상실한 때부터 10년의 소멸시효에 걸린다고 한다. 이 점은 위에서 본 바와 같이 법률행위로 인한 소유권이전등기청구권이 매수인이 점유를 상실한 경우에도 시효로 인하여 소멸하지 않는다는 판례(98다32175판결)와 다르다.

**판 례**

토지에 대한 취득시효 완성으로 인한 소유권이전등기청구권은 그 토지에 대한 점유가 계속되는 한 시효로 소멸하지 아니하고, 그 후 점유를 상실하였다고 하더라도 이를 시효이익의 포기로 볼 수 있는 경우가 아닌 한 이미 취득한 소유권이전등기청구권은 바로 소멸되는 것은 아니나(90다카25352판결, 93다47745판결), 취득시효가 완성된 점유자가 점유를 상실한 경우 취득시효 완성으로 인한 소유권이전등기청구권의 소멸시효는 이와 별개의 문제로서, 그 점유자가 점유를 상실한 때로부터 10년 간 등기청구권을 행사하지 아니하면 소멸시효가 완성한다(95다34866판결).

b) 소유권 이외의 재산권

ㄱ) 소유권 이외의 재산권은 소멸시효의 대상이 된다(제162조 제2항).

ㄴ) 이 경우 소유권 이외의 재산권으로는 용익물권과 담보물권을 들 수 있으나, 담보물권은 앞에서 본 바와 같이 소멸시효의 대상이 아니다. 문제는 지역권, 전세권, 지상권이 소멸시효의 대상이 되는가이다. 우선 전세권은 그 존속기간이 10년을 넘지 못한다고 규정하고 있는 점(제312조)에서, 20년의 소멸시효에 걸리는 경우를 상정하기 어렵다. 그런데 지상권은 최단 존속기간만이 법정되어 있다(제281조). 따라서 지상권은 소멸시효에 걸릴 수 있다. 물론 지상권의 존속기간이 20년 이상인 경우에만 소멸시효가 문제될 것이다. 그리고 지역권도 그 존속기간을 약정하지 않는 한 20년의 소멸시효에 걸릴 수 있다(제296조 참조). 그렇다면 이러한 물권에 기초한 물권적 청구권이 물권과 독립하여 소멸시효의 대상이 되는가이다. 학설 중에는 소유권 이외의 물권은 소멸시효에 걸리기 때문에, 그로부터 흘러나오는 물권적 청구권도 소멸시효에 걸린다고 하는 견해(곽윤직, 324면; 고상룡, 672면)가 있다. 그러나 물권에 대한 방해가 존재하는 한 당해 물권에서 물권적 청구권이 부단히 발생하므로 물권과 독립하여 물권적 청구권만이 소멸시효에 걸리지 않는다고 할 것이다(김증한/김학동, 519면; 김상용, 814면; 윤진수, 민법주해(Ⅲ), 422면). 즉, 물권에 기초한 물권적 청구권은 그 물권의 존속기간 내지 소멸시효의 기간 내에 존속하고 독립하여 소멸시효의 대상이 되지 않는다고 하면 충분하다. 다만, 실효의 원칙의 적용으로 권리가 실효될 수 있음은 별개의 문제이다.

### (2) 권리의 불행사: 시효의 기산점

① '권리를 행사할 수 있는 때'의 의미

a) 소멸시효는 권리의 불행사가 일정 기간 계속함으로써 완성한다. 따라서 소멸시효는 권리를 행사할 수 있을 때로부터 진행한다(제166조 제1항). 즉, 권리를 법률상 행사할 수 있음에도 불구하고 권리를 행사하지 않은 때로부터 소멸시효 기간이 진행된다. '권리를 행사할 수 있는 때'라 함은 법률상의 장애가 없음을 뜻하고, 사실상의 장애(권리자의 개인적 사정, 권리 존재의 부지 등)는 시효의 진행을 방해하지 않는다(84누572 전원합의체 판결).

다만, 불법행위로 인한 손해배상청구권의 경우에는 피해자나 그 법정대리인이 '그 손해 및 가해자를 안 날'로부터 시효가 진행하는 점에서, 권리자의 권리의 지(知)·부지(不知)를 묻지 않고 시효가 진행하는 것으로 보는 제166조 제1항에 대한 특칙을 이룬다. 즉, 불법행위로 인한 손해배상청구권은 민법 제766조 제1항에 의하여 피해자나 그 법정대리인이 그 손해 및 가해자를 안 날로부터 3년 간 행사하지 아니하면 시효로 인하여 소멸한다. 여기에서 그 손해를 안다는 것은 손해의 발생 사실을 아는 것만으로는 부족하고 불법행위를 원인으로 해서 그것의 배상을 소구할 수 있다는 것까지 아는 것을 의미한다(2010다71592판결). 즉, 피해자나 그 법정대리인이 손해 및 가해자를 현실적이고도 구체적으로 인식하는 것을 뜻하고, 손해발생의 추정이나 의문만으로는 충분하지 않다(76다256 판결, 90다8152 판결 등). 물론 이 경우 그 손해의 정도나 액수를 구체적으로 알아야 하는 것은 아니다. 따라서 통상의 경우 상해의 피해자는 상해를 입었을 때 그 손해를 알았다고 보아야 할 것이다(99다42797판결). 하지만, 가해행위와

**판 례**

소멸시효에서 권리를 행사할 수 없는 때라 함은 권리행사에 법률상의 장애사유, 예컨대 기간의 미도래나 조건 불성취 등이 있는 경우를 말하는 것이고, 사실상 권리의 존부나 권리행사의 가능성을 알지 못하였거나 알지 못함에 과실이 없다는 사유는 법률상 장애 사유에 해당한다고 할 수 없다(93다3622판결). 그리고 건물에 관한 소유권이전등기청구권에 있어서 그 목적물인 건물이 완료되지 아니하여 이를 행사할 수 없었다는 사유는 법률상의 장애 사유에 해당한다(2007다28024, 28031판결).

**판 례**

보험금청구권은 보험사고가 발생하기 전에는 추상적인 권리에 지나지 아니할 뿐 보험사고의 발생으로 인하여 구체적인 권리로 확정되어 그때부터 그 권리를 행사할 수 있게 되는 것이므로, 특별한 다른 사정이 없는 한 원칙적으로 보험금액청구권의 소멸시효는 보험사고가 발생한 때로부터 진행한다고 해석하여야 할 것이고, 다만 보험사고가 발생한 것인지의 여부가 객관적으로 분명하지 아니하여 보험금청구권자가 과실 없이 보험사고의 발생을 알 수 없었던 경우에도 보험사고가 발생한 때로부터 보험금청구권의 소멸시효가 진행한다고 해석하는 것은, 보험금청구권자에게 너무 가혹하여 사회 정의와 형평의 이념에 반할 뿐만 아니라 소멸시효제도의 존재 이유에 부합된다고 볼 수도 없으므로, 이와 같이 객관적으로 보아 보험사고가 발생한 사실을 확인할 수 없는 사정이 있는 경우에는 보험금청구권자가 보험사고의 발생을 알았거나 알 수 있었던 때로부터 보험금액청구권의 소멸시효가 진행한다고 해석할 것이다(2000다31168판결).

**판 례**

소멸시효의 기산일은 채무의 소멸이라고 하는 법률효과 발생의 요건에 해당하는 소멸시효 기간 계산의 시발점으로서 소멸시효 항변의 법률요건을 구성하는 구체적인 사실에 해당하므로 이는 변론주의의 적용 대상이고, 따라서 본래의 소멸시효 기산일과 당사자가 주장하는 기산일이 서로 다른 경우에는 변론주의의 원칙상 법원은 당사자가 주장하는 기산일을 기준으로 소멸시효를 계산하여야 하는데, 이는 당사자가 본래의 기산일보다 뒤의 날짜를 기산일로 하여 주장하는 경우는 물론이고 특별한 사정이 없는 한 그 반대의 경우에 있어서도 마찬가지이다(94다35886판결).

이로 인한 현실적인 손해의 발생 사이에 시간적 간격이 있는 불법행위에 근거한 손해배상 청구권에서 소멸시효의 기산점이 되는 불법행위를 안 날이라 함은 단지 관념적이고 부동적인 상태에서 잠재하고 있던 손해에 대한 인식이 있었다는 정도만으로는 부족하고 그러한 손해가 그 후 현실화된 것을 안 날을 의미한다(2000다11836판결). 가령 후유증 등으로 인하여 불법행위 당시에는 전혀 예견할 수 없었던 새로운 손해가 발생하였다거나 예상 외로 손해가 확대된 경우에는 그러한 사유가 판명된 때에 새로이 발생 또는 확대된 손해를 알았다고 보아야 할 것이다. 이와 같이 새로이 발생 또는 확대된 손해 부분에 대하여는 그러한 사유가 판명된 때로부터 민법 제766조 제1항에 의한 시효소멸기간이 진행된다고 할 것이다(91다40924판결).

판 례

법인의 경우 불법행위로 인한 손해배상청구권의 단기소멸시효의 기산점인 '손해 및 가해자를 안 날'을 정함에 있어서 법인의 대표자가 법인에 대하여 불법행위를 한 경우에는 법인과 그 대표자는 이익이 상반하게 되므로, 현실로 그로 인한 손해배상청구권을 행사하리라고 기대하기 어려울 뿐만 아니라 일반적으로 그 대표권도 부인된다고 할 것이므로, 단지 그 대표자가 그 손해 및 가해자를 아는 것만으로는 부족하고, 적어도 법인의 이익을 정당하게 보전할 권한을 가진 다른 임원 또는 사원이나 직원 등이 손해배상청구권을 행사할 수 있을 정도로 이를 안 때에비로소 위 단기소멸시효가 진행한다 (2002다11441판결).

판 례

일반적으로 위법한 건축행위에 의하여 건물 등이 준공되거나 외부골조공사가 완료되면 그 건축행위에 따른 일영의 증가는 더 이상 발생하지 않게 되고, 해당 토지의 소유자는 그 시점에 이러한 일조방해행위로 인하여 현재 또는 장래에 발생 가능한 재산상 손해나 정신적 손해 등을 예견할 수 있다고 할 것이므로, 이러한 손해배상청구권에 관한 민법 제766조 제1항 소정의 소멸시효는 원칙적으로 그때부터 진행한다. 다만, 위와 같은 일조 방해로 인하여 건물 등의 소유자 내지 실질적 처분권자가 피해자에 대하여 건물 등의 전부 또는 일부에 대한 철거의무를 부담하는 경우가 있다면, 이러한 철거의무를 계속적으로 이행하지 않는 부작위는 새로운 불법행위가 되고 그 손해는 날마다 새로운 불법행위에 기하여 발생하는 것이므로 피해자가 그 각 손해를 안 때로부터 각별로 소멸시효가 진행한다 (2006다35865판결).

판 례

헌법재판소에 의하여 면직처분의 근거가 된 법률 규정이 위헌으로 결정되어 위헌 결정의 소급효로 인하여 면직 처분이 당연 무효가 되고 그 면직처분이 불법행위에 해당되는 경우라도, 그 손해배상청구권은 위헌 결정이 있기 전까지는 법률 규정의 존재라는 법률상 장애로 인하여 행사할 수 없었다고 보아야 할 것이므로 소멸시효의 기산점은 위헌 결정일로부터 진행되는 것이다 (94다52195판결).

b) 법률상의 장애인지 여부가 문제가 되는 경우가 있다. 우선 판례의 변경이 있는 경우이다. 즉, 종래에 권리자의 권리를 인정하지 않던 판례가 그 후 변경되어 그 권리의 행사를 인정하게 된 경우에, 종전의 권리를 인정하지 않던 판례의 존재는 법률상의 장애에 해당하는가이다. 원칙적으로 판례의 법원성을 인정할 수 없다는 점에

서 이를 법률상의 장애에 해당한다고 볼 것은 아니지만(93다3622판결), 종래의 확고한 판례는 법원성을 인정할 수 있다고 할 것이므로, 이를 법률상의 장애로 보아 변경된 판결이 있은 때로부터 소멸시효가 진행한다고 볼 수 있지 않을까? 특히 판례는 재심절차에서 무죄판결이 확정된 경우에 법률상의 장애가 제거된 것으로 보지 않고 사실상의 장애사유가 제거된 것으로 보고 있으나(2013다201844 판결), 의문이다. 그리고 동시이행의 항변권 등 항변권(제320조, 제536조, 제437조)의 존재가 법률상의 장애에 해당하느냐이다. 상대방의 동시이행의 항변권 등은 자신의 의무를 이행함으로써 저지 내지 소멸시킬 수 있다는 점에서 이를 법률상의 장애로 볼 것은 아니다. 따라서 항변권부 채권도 이행기부터 소멸시효가 진행한다고 할 것이다 (90다9797판결). 특히 의용민법시행 당시 체결된 매매계약에 따른 소유권이전등기청구권은 민법부칙 제10조에 따라 소유권을 잃게 되는 1966. 1. 1.부터 소멸시효가 진행한다 (66다1151판결).

**판 례**

국가기관이 수사과정에서 한 위법행위 등으로 수집한 증거 등에 기초하여 공소가 제기되고 유죄의 확정판결까지 받았으나 재심사유의 존재 사실이 뒤늦게 밝혀짐에 따라 재심절차에서 무죄판결이 확정된 후 국가기관의 위법행위 등을 원인으로 국가를 상대로 손해배상을 청구하는 경우, 재심절차에서 무죄판결이 확정될 때까지는 채권자가 손해배상청구를 할 것을 기대할 수 없는 사실상의 장애사유가 있었다고 볼 것이다. 따라서 이러한 경우 채무자인 국가의 소멸시효 완성의 항변은 신의성실의 원칙에 반하는 권리남용으로 허용될 수 없다. 다만 채권자는 특별한 사정이 없는 한 그러한 장애가 해소된 재심무죄판결 확정일로부터 민법상 시효정지의 경우에 준하는 6개월의 기간 내에 권리를 행사하여야 한다 (2013다201844 판결).

c) 권리의 종류에 따른 소멸시효의 기산점

ㄱ) 변제기를 정한 채권: 변제기가 확정기한인 때에는 그 기한이 도래한 때이고, 기한이 연장된 경우에는 그 연장된 기한이 새로운 기산점이 된다. 변제기가 불확정기한인 때에는, 채무자가 기한 도래를 안 때로부터 이행지체에 빠지는 것(제387조 제1항 후단)과 달리, 그 기한이 객관적으로 도래한 때로부터 소멸시효가 진행한다. 역시 채권자의 기한 도래에 관한 지·부지나 과실의 유무를 묻지 않는다.

**판 례**

소멸시효의 기산점인 '권리를 행사할 수 있는 때'라 함은 권리를 행사함에 있어서 법률상의 장애가 없는 경우를 말하며, 권리자의 개인적 사정이나 법률지식의 부족, 권리 존재의 부지 또는 채무자의 부재 등 사실상 장애로 권리를 행사하지 못하였다 하여 시효가 진행하지 아니하는 것이 아니며, 이행기가 정해진 채권은 그 기한이 도래한 때부터 소멸시효가 진행한다 (80다2626판결).

ㄴ) 기한의 정함이 없는 채권: 이행지체의 경우와 달리 채무자가 이행청구를 받은 때(제387조 제2항)가 아니고, 소멸시효의 기산점은 채권이 발생한 때이다. 만약 기산점을 채무자가 이행청구를 받은 때로 하게 되면 채권자가 이행청구를 하지 않고 방치하게 되면 권리는 영원히 소멸시효가 진행하지 않게 되어 소멸시효제도의 취지에 어긋난다.

문제는 채무불이행으로 인한 손해배상청구권의 시효의 기산점이다. 학설은 채무불이행으로 인한 손해배상청구권은 본래의 채권과 별개의 채권이 아니라, 본래의 채권의 변형물에 지나지 않는다는 점을 들어 본래의 채권을 행사할 수 있는 때로부터 소멸시효가 진행한다는 견해(곽윤직, 327면)와 손해배상청구권은 채무불이행에 대한 중요한 구제 수단이므로 본래의 채권이 시효소멸한 후에도 그 존재를 인정하여야 하고, 또 손해배상청구권은 채무불이행이 있어야 비로소 성립한다는 점에서 채무불이행시부터 소멸시효가 진행한다는 견해(고상룡, 677면; 윤진수, 민법주해(Ⅲ), 472면. 다만, 이영준, 690면; 김상용, 737면은 이행지체와 달리 이행불능의 경우에는 의무의 이행이 불능으로 된 때로부터 소멸시효가 진행한다고 한다)로 갈린다. 판례는 채무불이행이 발생한 때로부터 진행하는 것으로 본다 (72다2600판결, 2000다47361판결, 2002다57119판결 등). 그리고 판례는 매도인에 대한 하자담보에 기한 손해배상청구권은 특별한 사정이 없는 한 매수인이 매매의 목적물을 인도받은 때부터 그 소멸시효가 진행한다고 한다 (2011다10266판결). 생각건대 지연손해배상청구권은 본래의 채권의 연장이라는 점에서 본래의 채권과 동일성을 유지하는 것이기는 하지만, 채권자보호를 위하여 이행지체로 인한 손해배상청구권을 이행불능 및 이행거절로 인한 손해배상청구권의 경우와 달리 볼 것은 아니므로 다같이 채무불이행시부터 소멸시효가 진행한다고 할 것이다.

판 례

대상청구권은 특별한 사정이 없는 한 이행불능이 되었을 때 매수인이 그 권리를 행사할 수 있다고 보아야 할 것이고, 따라서 그때부터 소멸시효가 진행하는 것이 원칙이라 할 것이나, 국유화가 된 사유의 특수성과 법규의 미비 등으로 그 보상금의 지급을 구할 수 있는 방법이나 절차가 없다가 상당한 기간이 지난 뒤에야 보상금 청구의 방법과 절차가 마련된 경우라면, 대상청구권자로서는 그 보상금 청구의 방법이 마련되기 전에는 대상청구권을 행사하는 것이 불가능하였던 것이고, 따라서 이러한 경우에는 보상금을 청구할 수 있는 방법이 마련된 시점부터 대상청구권에 대한 소멸시효가 진행하는 것으로 봄이 상당할 것인 바, 이는 대상청구권자가 보상금을 청구할 길이 없는 상태에서 추상적인 대상청구권이 발생하였다는 사유만으로 소멸시효가 진행한다고 해석하는 것은 대상청구권자에게 너무 가혹하여 사회 정의와 형평의 이념에 반할 뿐만 아니라 소멸시효제도의 존재 이유에 부합된다고 볼 수 없기 때문이다(99다23901판결).

ㄷ) 정지조건부 채권: 권리가 정지조건부인 경우에 권리자는 조건 미성취의 동안은 권리를 행사할 수 없는 것이어서 소멸시효가 진행되지 않는다(92다28822판결). 따라서 정지조건부 채권은 조건이 성취한 때로부터 소멸시효가 진행한다.

ㄹ) 선택채권: 선택권의 소멸시효도 선택권을 행사할 수 있는 때로부터 시효가 진행한다고 할 것이다(98다23195판결). 가령, 무권대리인의 상대방이 가지는 계약이행 또는 손해배상청구권의 소멸시효는 그 선택권을 행사할 수 있는 때로부터 진행한다(64다1156판결).

ㅁ) 청구 또는 해지통고를 한 후 일정 기간이나 상당한 기간이 경과한 후에 청구할 수 있는 권리(제603조 제2항, 제635조, 제659조, 제660조 등): 이 경우 문제는 청구나 해지통고를 할 수 있는 때로부터 소멸시효가 진행하는가, 아니면 청구나 해지통고를 한 후 일정한 기간이 경과한 때로부터 소멸시효가 진행하는가에 있다. 후자로 해석하는 데 이견이 없다.

ㅂ) 기한의 이익을 잃은 채권: 가령, 할부급 채무에서 1회라도 변제가 없으면 잔액 전부를 일시에 청구하여도 이의가 없다는 등의 약정이 있는 때에, 채무자가 1회의 분할급 채무를 이행하지 않은 경우 그때부터 잔액 전부의 채권에 대한 소멸시효가 진행하느냐, 아니면 채권자의 청구가 있은 때로부터 시효가 진행하고 그 청구가 없으

면 본래의 분할급 변제기별로 각각 시효가 진행하느냐가 문제된다. 통설은 전자의 입장에 있다. 만약 후자의 입장에 따르면, 아무리 오랫동안 내버려 두어도 각 기의 분할급이 오래된 것부터 차례로 시효에 걸리는 수는 있어도 전액이 시효에 걸리는 일은 없게 된다. 이는 기한의 정함이 없는 채권의 경우와 균형이 맞지 않는다. 기한이익의 상실에 의하여 채권자가 이익을 얻는 이상 그 시효의 진행이 앞당겨진다고 하더라도 부당한 것은 아니라는 점에서 통설이 타당하다. 그러나 판례는 후자의 입장이다.

**판 례**

정지조건부 기한이익 상실의 특약이 있는 경우와 달리, 이른바 형성권적 기한이익 상실의 특약이 있는 경우에는 그 특약은 채권자의 이익을 위한 것으로서 기한이익의 상실 사유가 발생하였다고 하더라도 채권자가 나머지 전액을 일시에 청구할 것인가 또는 종래대로 할부변제를 청구할 것인가를 자유로이 선택할 수 있으므로, 이와 같은 기한이익 상실의 특약이 있는 할부채무에 있어서는 1회의 불이행이 있더라도 각 할부금에 대하여 그 각 변제기의 도래시마다 그때부터 순차로 소멸시효가 진행하고 채권자가 특히 잔존 채무 전액의 변제를 구하는 취지의 의사를 표시한 경우에 한하여 전액에 대하여 그때부터 소멸시효가 진행한다 (97다12990판결, 2002다28340판결).

ㅅ) 부작위를 목적으로 하는 채권: 부작위를 목적으로 하는 채권의 소멸시효는 위반행위를 한 때로부터 진행한다 (제166조 제2항).

ㅇ) 구상권: 보증인의 사후 또는 사전 구상권은 각각 그 권리가 발생되어 이를 행사할 수 있는 때로부터 각각 소멸시효가 진행한다.

**판 례**

보증인의 주채무자에 대한 사후구상권과 사전구상권은 그 발생 원인을 서로 달리하는 별개의 독립된 권리라 할 것이므로, 그 소멸시효는 각각 그 권리가 발생되어 이를 행사할 수 있는 때부터 각별(各別)로 진행한다 (80다2699판결).

② 소멸시효의 기간

a) 채권의 소멸시효 기간

ㄱ) 원칙: 채권의 소멸시효 기간은 원칙적으로 10년이다 (제162조 제1항). 다만, 제162조 소정의 소멸시효 기간은 원칙적인 것이고, 그와 다른 소멸시효 기간을 정하고 있는 경우도 있다. 가령, 후술하는 단기소멸시효에 관한 규정과 제766조에 특별규정을 두고 있다. 즉, 불법행위로 인한 손해배상청구권은 피해자나 그 법정대리인이 그 손해 및 가해자를 안 날로부터 3년의, 불법행위가 있은 날로부터 10년의 소멸시효에 걸린다 (94다22927판결). 그리고 상행위로 인한 채권은 5년을 원칙으로 한다 (상법 제64조). 특히 금전채무에 대한 변제기 이후의 지연손해금의 소멸시효 기간은 원본채권과 같다 (2010다28031판결). 따라서 은행대출금채권에 대한 지연손해금의 소멸시효 기간도 5년이다 (2006다2940판결 등).

한편 금전의 급부를 목적으로 하는 국가나 지방자치단체의 권리 또는 국가나 지방자치단체에 대한 권리는 특별한 규정이 없는 한 5년의 소멸시효에 걸린다 (국가재정법 제96조, 지방재정법 제82조). 그리고 관습법상 상속재산의 분재청구권의 소멸시효 기간은 10년이다 (2005다26284판결). 그런데 채권의 내용이 경개(更改) 등에 의하여 변경되면

**판 례**

민법 제164조 제3호 소정의 단기소멸시효의 적용을 받는 노임채권이라도 채권자인 원고와 채무자인 피고 회사 사이에 위 노임채권에 관하여 준소비대차의 약정이 있었다면, 동 준소비대차계약은 상인인 피고 회사가 영업을 위하여 한 상행위로 추정함이 상당하고, 이에 의하여 새로이 발생한 채권은 상사채권으로서 5년의 상사시효의 적용을 받게 된다 (80다1363판결).

**판 례**

물상보증은 채무자 아닌 사람이 채무자를 위하여 담보물권을 설정하는 행위이고 채무자를 대신해서 채무를 이행하는 사무의 처리를 위탁받는 것이 아니므로, 물상보증인이 변제 등에 의하여 채무자를 면책시키는 것은 위임사무의 처리가 아니고 법적 의미에서는 의무 없이 채무자를 위하여 사무를 관리한 것에 유사하다. 따라서 물상보증인의 채무자에 대한 구상권은 그들 사이의 물상보증위탁계약의 법적 성질과 관계없이 민법에 의하여 인정된 별개의 독립한 권리이고, 그 소멸시효에 있어서는 민법상 일반채권에 관한 규정이 적용된다 (2001다6237판결).

소멸시효 기간은 새로운 법률관계에 의하여 결정되어야 한다 (80다1363판결). 그리고 청구권경합설을 따르는 한 채권(청구권)이 경합하는 경우에 한 청구권의 소멸시효는 다른 청구권에 영향을 미치지 않는다 (88다카17839판결).

ㄴ) 예외: 단기소멸시효

원칙에 대한 예외로 제163조와 제164조는 3년 또는 1년의 단기소멸시효에 걸리는 채권을 규정하고 있다. 다만, 이들 3년 또는 1년의 단기소멸시효에 걸리는 채권이더라도 변제기 경과 후 승소의 확정 판결을 받은 때에는 그 소멸시효 기간은 10년이다 (제165조 제1항). 이는 10년보다 장기의 소멸시효를 10년으로 단축한다는 의미도 아니고, 본래 소멸시효의 대상이 아닌 권리가 확정판결을 받음으로써 10년의 소멸시효에 걸린다는 뜻도 아니다 (80다1888, 1889판결). 또한 파산절차에 의하여 확정된 채권 및 재판상의 화해, 조정 기타 판결과 동일한 효력이 있는 것(예: 확정된 지급명령(민사소송법 제474조) 등)에 의하여 확정된 채권도 같다 (동조 제2항). 단기소멸시효에 속하는 유치권의 피담보채권이 확정판결 등에 의하여 10년으로 연장된 경우에 채무자와 마찬가지로 유치물의 매수인도 단기소멸시효를 주장할 수는 없다 (2009다39530판결).

**3년의 시효에 걸리는 채권(제163조)**

ⅰ) 이자·부양료·급료·사용료 그 밖의 1년 이내의 기간으로 정한 금전 또는 물건의 지급을 목적으로 하는 채권

ⅱ) 의사·조산사·간호사 및 약사의 치료·근로 및 조제에 관한 채권(무면허자의 채권도 동일)

ⅲ) 도급받은 자·기사·기타 공사의 설계 또는 감독에 종사하는 자의 공사에 관한 채권

ⅳ) 변호사·변리사·공증인·공인회계사 및 법무사의 직무에 관한 채권

ⅴ) 생산자 및 상인이 판매한 생산물 및 상품의 대가(상법 제64조가 배제됨)

ⅵ) 수공업자 및 제조자의 업무에 관한 채권

ⅶ) 그 밖의 임금채권(근로기준법 제48조)

**1년의 시효에 걸리는 채권(제164조)**

ⅰ) 여관·음식점·대석(貸席)·오락장의 숙박료·음식료·대석료·입장료·소비물의 대가 및 체당금의 채권

ⅱ) 의복·침구·장구(葬具) 기타 동산의 사용료의 채권

ⅲ) 노역인·연예인의 임금 및 그에 공급한 물건의 대금채권

ⅳ) 학생 및 수업자의 교육·의식(衣食) 및 유숙(留宿)에 관한 교생·숙주(塾主)·교사의 채권(국가재정법 제96조와 지방재정법 제82조가 배제됨)

**단기소멸시효에 관한 개정안(2004)**

ⅰ) 제안 이유: 3년의 단기소멸시효의 대상이 되는 채권의 범위에 치과의사, 한의사, 수의사, 한약사의 치료, 근로 및 조제에 관한 채권과 공인노무사, 세무사, 관세사, 감정평가사의 직무에 관한 채권 등을 추가한다.

ⅱ) 개정 내용: 제163조 제1호 중 "其他"를 "그 밖의"로 하고, 동조 제2호 중 "醫師"를 "醫師, 齒科醫師, 韓醫師, 獸醫師"로 하고, "看護師 및 藥師"를 "看護師, 藥師 및 韓藥師"로 하고, 동조 제3호 중 "其他"를 "그 밖의"로 하고, 동조 제4호 중 "公認會計士 및 法務士"를 "公認會計士, 法務士, 公認勞務士, 稅務士, 關稅士 및 鑑定評價士"로 하고, 동조 제5호 중 "公認會計士 및 法務士"를 "公認會計士, 法務士, 公認勞務士, 稅務士, 關稅士 및 鑑定評價士"로 한다.

제164조 제4호 중 "塾主"를 "學院主"로 한다.

**판 례**

민법 제163조 제1호 소정의 "1년 이내의 기간으로 정한 금전 또는 물건의 지급을 목적으로 하는 채권"이란 1년 이내의 정기에 지급되는 채권을 의미하는 것이지, 변제기가 1년 이내의 채권을 말하는 것이 아니므로, 이자채권이라고 하더라도 1년 이내의 정기에 지급하기로 한 것이 아닌 이상 위 규정 소정의 3년의 단기소멸시효에 걸리는 것이 아니다(96다25302판결).

**판 례**

이른바 금융리스에 있어서 리스료는, 리스회사가 리스 이용자에게 제공하는 취득자금의 금융 편의에 대한 원금의 분할변제 및 이자·비용 등의 변제의 기능을갖는 것은 물론이거니와 그 외에도 리스회사가 리스 이용자에게 제공하는 이용상의 편익을 포함하여 거래관계 전체에 대한 대가로서의 의미를 지닌다. 따라서 리스료 채권은, 그 채권관계가 일시에 발생하여 확정되고 다만 그 변제 방법만이 일정 기간마다의 분할변제로 정하여진 것에 불과하기 때문에(기본적 정기금채권에 기하여 발생하는 지분적 채권이 아니다) 3년의 단기 소멸시효가 적용되는 채권이라고 할 수 없고, 한편 매회분의 리스료가 각 시점별 취득원가 분할액과 그 잔존액의

이자조로 계산된 금액과를 합한 금액으로 구성되어 있다 하더라도, 이는 리스료액의 산출을 위한 계산 방법에 지나지 않는 것이므로, 그중 이자 부분만이 따로 3년의 단기 소멸시효에 걸린다고 할 것도 아니다 (99다1949판결).

**판 례**

우수 현상광고의 광고자로서 당선자에게 일정한 계약을 체결할 의무가 있는 자가 그 의무를 위반함으로써 계약의 종국적인 체결에 이르지 않게 되어 상대방이 그러한 계약 체결의무의 채무불이행을 원인으로 하는 손해배상을 청구한 경우, 그 손해배상청구권은 계약이 체결되었을 경우에 취득하게 될 계약상의 이행청구권과 실질적이고 경제적으로 밀접한 관계가 형성되어 있기 때문에, 그 손해배상청구권의 소멸시효 기간은 계약이 체결되었을 때 취득하게 될 이행청구권에 적용되는 소멸시효 기간에 따른다. 따라서 우수 현상광고의 당선자가 광고주에 대하여 우수작으로 판정된 계획설계에 기초하여 기본 및 실시설계계약의 체결을 청구할 수 있는 권리를 가지고 있는 경우, 이러한 청구권에 기하여 계약이 체결되었을 경우에 취득하게 될 계약상의 이행청구권은 "설계에 종사하는 자의 공사에 관한 채권"으로서 이에 관하여는 민법 제163조 제3호 소정의 3년의 단기소멸시효가 적용되므로, 위의 기본 및 실시설계계약의 체결의무의 불이행으로 인한 손해배상청구권의 소멸시효 역시 3년의 단기소멸시효가 적용된다 (2002다57119판결).

**판 례**

상행위로 인한 채권의 소멸시효에 관하여도 다른 법령에 상사시효보다 단기의 시효의 규정이 있는 때에는 그 규정에 의하는 것이므로, 본건 채권이 1년 단기시효에 의하여 소멸되는 것이라면 상사시효에 관한 규정을 적용할 것이 아니라 민법상 1년의 단기시효의 규정을 적용하여야 한다 (66다790판결).

**판 례**

민법 제163조 제2호 소정의 "의사의 치료에 관한 채권"에 있어서는, 특약이 없는 한 그 개개의 진료가 종료될 때마다 각각의 당해 진료에 필요한 비용의 이행기가 도래하여 그에 대한 소멸시효가 진행된다고 해석함이 상당하고, 장기간 입원 치료를 받는 경우라 하더라도 다른 특약이 없는 한 입원 치료 중에 환자에 대하여 치료비를 청구함에 아무런 장애가 없으므로, 퇴원시부터 소멸시효가 진행된다고 볼 수는 없다 (2001다52568판결).

판 례

민법 제163조 제3호가 3년의 단기소멸시효에 걸리는 채권으로 들고 있는 "도급을 받은 자의 공사에 관한 채권"에서, 그 "채권"이라 함은 도급받은 공사의 공사대금채권뿐만 아니라 그 공사에 부수되는 채권도 포함하는 것이다. 그리고 당사자가 공사에 관한 채권을 약정에 기한 채권이라고 주장한다고 하더라도 그 채권의 성질이 변경되지 아니한 이상 단기소멸시효에 관한 민법 제163조 제3호의 적용을 배제할 수는 없다(94다17185판결).

b) 기타 재산권의 소멸시효 기간

채권 및 소유권 이외의 재산권의 소멸시효 기간은 20년이다(제162조 제2항).

### 3) 소멸시효의 중단과 정지

#### (1) 개 관

권리의 불행사라는 사실 상태가 소멸시효의 완성을 향하여 경과하는 과정을 소멸시효의 진행이라 하는데, 그러한 진행이 방해되는 경우가 있다. 소멸시효의 진행을 방해하는 사유로는 중단과 정지가 있다. 시효가 중단되면 그때까지 진행된 시효 기간은 산입되지 아니하고 중단사유가 종료한 때부터 새로 시효가 진행하지만, 시효의 정지는 단지 일정 기간 동안만 시효의 진행을 멈추게 할 뿐이다.

#### (2) 소멸시효의 중단

① 의 의

소멸시효의 중단이란 소멸시효가 진행하는 도중에 그 시효를 그대로 진행시키는 것이 타당하지 아니한 일정한 사유가 발생한 것을 이유로 하여 그때까지 경과한 기간을 소멸시효의 완성으로서는 무의미한 것으로 하고, 그때부터 새로이 소멸시효를 진행하게 하는 제도를 말한다. 즉, 중단 사유가 종료한 때부터 새로이 시효가 진행한다(제178조 제1항).

**판 례**

원래 시효는 법률이 권리 위에 잠자는 자의 보호를 거부하고 사회생활상 영속되는 사실 상태를 존중하여 여기에 일정한 법적 효과를 부여하는 제도이므로, 어떤 사실상의 상태가 계속 중 그 사실상의 상태와 상용할 수 없는 사정이 발생할 때는 그 사실상의 상태를 존중할 이유를 잃게 된다고 할 것이니, 이미 진행한 시효 기간의 효력을 상실케 하는 것이 이른바 시효중단이다 (79다569판결).

② 소멸시효의 중단 사유

소멸시효의 중단 사유로는 청구, 압류 또는 가압류・가처분, 승인의 세 가지가 있다 (제168조).

a) 청 구

청구란 권리를 행사하는 것을 말하며, 재판상뿐 아니라 재판 외의 것도 포함한다. 민법은 청구의 유형으로 재판상의 청구, 파산절차 참가, 지급명령, 화해를 위한 소환 내지 임의출석, 최고 등 다섯 가지를 규정하고 있다.

ㄱ) 재판상의 청구: 재판상의 청구는 권리를 재판상 주장하는 것을 말한다. 재판상 청구에 의한 시효중단의 근거에 대해서는 권리행사설과 권리확정설의 대립이 있으나(윤진수, 민법주해(Ⅲ), 494면), 판례는 권리행사설을 취한다 (79다569판결). 재판상의 청구를 기판력이 미치는 범위와 일치시켜 고찰할 필요는 없다고 할 것이다. 따라서 보통 재판상의 청구라 함은 소의 제기를 의미하지만, 재심의 소, 공시최고의 신청은 물론 소송계속 중 청구의 변경이나 확장의 경우도 시효 중단사유가 된다. 본소이든 반소이든 묻지 않는다. 또한 이행의 소이든 확인의 소이든 불문한다 (윤진수, 민법주해(Ⅲ), 497면). 뿐만 아니라 권리가 발생한 기본적 법률관계를 기초로 하여 소의 형식으로 주장하는 경우에도 권리 위에 잠자는 것이 아님을 표명한 것으로 볼 수 있을 때에는 이에 포함된다 (2011다19737판결). 가령, 시효취득의 대상인 목적물의 인도 내지는 소유권존부확인이나 소유권에 관한 등기청구소송은 말할 것도 없고, 소유권 침해의 경우에 그 소유권을 기초로 하는 방해배제 및 손해배상 또는 부당이득반환 청구소송도 이에 포함된다 (79다569판결). 물론 형성권은 소멸시효의 대상이 되지 않는 바 형성의 소는 시효 중단 사유가 되지 못한다.

그리고 형사소송이나 행정소송은 사권의 존부 확인을 직접 목적으로 하지 않으므로 시효 중단 사유가 되지 못한다. 다만, 판례는 오납한 조세에 대한 부당이득반환청구권을 실현하기 위한 수단이 되는 과세처분의 취소 또는 무효확인을 구하는 소는 시효 중단 사유가 된다고 한다 (91다32053판결).

**판 례**

일반적으로 위법한 행정처분의 취소, 변경을 구하는 행정소송은 사권을 행사하는 것으로 볼 수 없으므로 사권에 대한 시효 중단사유가 되지 못하는 것이나, 다만 오납한 조세에 대한 부당이득반환청구권을 실현하기 위한 수단이 되는 과세처분의 취소 또는 무효확인을 구하는 소는 그 소송물이 객관적인 조세채무의 존부 확인으로서 실질적으로 민사소송인 채무부존재 확인의 소와 유사할 뿐 아니라, 과세처분의 유효 여부는 그 과세처분으로 납부한 조세에 대한 환급청구권의 존부와 표리관계에 있어 실질적으로 동일 당사자인 조세부과권자와 납세의무자 사이의 양면적 법률관계라고 볼 수 있으므로, 위와 같은 경우에는 과세처분의 취소 또는 무효확인청구의 소가 비록 행정소송이라고 할지라도 조세환급을 구하는 부당이득반환청구권의 소멸시효 중단사유인 재판상 청구에 해당한다고 볼 수 있다 (91다32053판결).

나아가 채권의 양수인이 대항 요건을 갖추지 못하여 채무자에게 대항하지 못한다고 하더라도 그가 채무자를 상대로 재판상의 청구를 하였다면, 이는 재판상의 청구에 해당하여 소멸시효가 중단된다. 또한 채무부존재확인소송에 응소하여 채권의 존재를 주장하는 경우에 그 응소행위가 소멸시효의 중단사유가 될 뿐 아니라(92다47861판결), 그 밖의 경우에 상대방이 제기한 소에 응소하여 권리를 주장하여 승소하는 것도 재판상의 청구가 되어 소멸시효가 중단된다고 볼 것이다. 2004년도 개정안은 이를 명문화하고 있다 (개정안 제170조 제3항).

**판 례**

채무자 겸 저당권 설정자가 피담보채무의 부존재 또는 소멸을 이유로 하여 제기한 저당권설정등기 말소등기절차이행청구소송에서 채권자 겸 저당권자가 청구기각의 판결을 구하면서 피담보채권의 존재를 주장하는 경우에는 그와 같은 주장은 재판상 청구에 준하는 것으로서 피담보채권에 관하여 소멸시효중단의 효력이 생긴다. 그러나 타인의 채무를 담보하기 위하여 자기의 물건에 담보권을 설정한 물상보증인은 채권자에 대하여 물적 유한책임을 지고 있어 그 피담보채권의 소멸에 의하여 직접 이익을 받는 관계에 있으므로 소멸시효의 완성을 주장할 수 있는 것이지만, 채권자에 대하여는 아무런 채무도 부담하고 있지 아니하므로, 물상보증인이 그 피담보채무의 부존재 또는 소멸을 이유로 제기한 저당권설정등기 말소등기절차이행청구소송에서 채권자 겸 저당권자가 청구기각의 판결을 구하고 피담보채권의 존재를 주장하였다고 하더라도 이로써 직접 채무자에 대하여 재판상 청구를 한 것으로 볼 수는 없는 것이므로, 피담보채권의 소멸시효에 관하여 규정한 민법 제168조 제1호 소정의 '청구'에 해당하지 아니한다고 할 것이다(2003다30890판결).

**재판상의 청구 외에 본안에 관한 응소 등 추가안(2004)**

ⅰ) 제안 이유: 본안에 관한 응소, 재판상 상계항변과 같은 권리행사도 재판상청구를 통하여 자신의 권리를 주장하는 것과 동일하게 볼 수 있으므로, 소멸시효의 중단 사유에 재판상 청구 외에 본안에 관한 응소, 그 밖의 재판상 권리행사를 추가한다.

ⅱ) 개정 내용: 제170조 제1항 중 "訴訟의 却下, 棄却"을 "訴의 却下"로 하고, 동조 제2항 중 "前項"을 "第1項"으로 하고, "6月內"를 "6個月內"로 하고, "破産節次 參加"를 "破産節次 參加, 支給命令의 申請, 財産明示 申請"으로 하고, 동조에 제3항을 다음과 같이 신설한다.

③ 本案에 관한 應訴 그 밖의 裁判上 權利行使도 時效中斷의 效力이 있다.

제172조 중 "支給命令은 債權者가 法定期間內에 假執行申請을 하지 아니함으로 因하여 그 效力을 잃은"을 "支給命令의 申請은 그 申請이 却下 또는 取下된"으로 한다.

제174조 중 "6月內"을 "6個月內"로 하고, "破産節次 參加"를 "破産節次 參加, 支給命令의 申請, 財産明示 申請"으로 한다.

제176조 중 "받은"을 "받을"으로 한다.

한편 채권자가 복수의 채권을 가지고 있는 경우에, 채권자로서는 그 선택에 따라 권리를 행사할 수 있으나, 그중 어느 하나의 청구를 한 것만으로는 다른 채권 그 자체를 행사한 것으로 볼 수는 없으므로, 원칙적으로 그중 하나의 청구를 하는 것으로 다른 채권에 대하여 소멸시효를 중단시키지 못한다(2002다11441판결, 2005다39735판결). 가령, 상법 제339조에 의한 손해배상청구의 소를 제기한 것이 일반 불법행위로 인한 손해배상청구권에 대한 소멸시효 중단의 효력은 없다. 다만, 기본적 법률관계에 관한 확인소송의 제기가 파생적 청구권의 실현 수단으로서의 의미를 가지는 경우에는 그에 대한 소멸시효의 중단 사유가 된다. 가령, 파면처분무효확인의 소는 보수금채권을 실현하는 수단이라는 성질을 가지고 있으므로, 보수금채권 자체에 관한 이행소송을 제기하지 않았다 하더라도 위 소의 제기에 의하여 보수금채권에 대한 시효는 중단된다(77다2509판결). 근저당권설정등기청구의 소는 피담보채권의 소멸시효 중단 사유가 된다(2002다7213판결). 그리고 지급을 확보하기 위하여 어음이 교부된 경우에 어음채권에 대하여 재판상 청구가 있으면 어음채권이 원인채권의 실현 수단이라는 점에서 원인채권에 대한 시효중단의 효력이 있다. 반면에, 원인채권에 대한 재판상의 청구는 어음채권에 대하여 시효중단의 효력이 없다(99다16378판결). 또한 원칙적으로 채권의 일부만을 청구하는 일부청구의 경우에는 그 일부에 대해서만 시효중단의 효력이 발생한다. 다만, 판례는 소의 제기시 일부청구임을 명시적으로 밝힌 경우에는 시효중단의 효력이 나머지 청구에 미치지 않지만, 일부만을 청구한 경우에도 채권 전부에 관

**판 례**

채권자가 동일한 목적을 달성하기 위하여 복수의 채권을 갖고 있는 경우, 채권자로서는 그 선택에 따라 권리를 행사할 수 있되, 그중 어느 하나의 청구를 한 것만으로는 다른 채권 그 자체를 행사한 것으로 볼 수는 없으므로, 특별한 사정이 없는 한 그 다른 채권에 대한 소멸시효 중단의 효력은 없는 것이고, 채권자가 채무자를 상대로 공동불법행위자에 대한 구상금 청구의 소를 제기하였다고 하여 이로써 채권자의 사무관리로 인한 비용상환청구권의 소멸시효가 중단될 수는 없다(2001다6145판결).

**판 례**

한 개의 채권 중 일부에 관하여만 판결을 구한다는 취지를 명백히 하여 소송을 제기한 경우에는 소 제기에 의한 소멸시효중단의 효력이 그 일부에 관하여만 발생하고, 나머지 부분에는 발생하지 아니하지만, 비록 그중 일부만을 청구한 경우에도 그 취지로 보아 채권 전부에 관하여 판결을 구하는 것으로 해석된다면 그 청구액을 소송물인 채권의 전부로 보아야 하고, 이러한 경우에는 그 채권의 동일성의 범위 내에서 그 전부에 관하여 시효중단의 효력이 발생한다고 해석함이 상당하다(91다43695판결).

하여 판결을 구하는 것으로 해석되는 경우에는 그 전부에 관하여 시효중단의 효력이 발생한다고 한다 (91다43695판결).

그리고 재판상 청구에 의한 시효중단의 효력은 소를 제기한 때에 발생한다 (민사소송법 제265조). 다만, 재판상의 청구가 있더라도 소송의 각하, 기각 또는 취하가 있으면 시효중단의 효력이 없다 (제170조 제1항). 이 경우 6개월 내에 재판상의 청구, 파산절차 참가, 압류 또는 가압류·가처분을 하면 최초의 재판상의 청구로 인하여 중단된 것으로 본다 (동조 제2항).

ㄴ) 파산절차 참가: 채권자가 파산재단의 배당에 참가하기 위하여 자기의 채권을 신고하는 파산절차 참가(채무자 회생 및 파산에 관한 법률 제32조 제2호)는 시효중단의 효력이 있다. 다만, 채권자가 이를 취소하거나 그 청구가 각하된 때에는 시효중단의 효력이 없다 (제171조). 또한 회사 정리절차의 참가도 시효중단의 효력이 있다 (회사정리법 제5조). 역시 파산선고의 신청이나 강제집행절차에 배당 요구를 하는 것 또는 화의설자 참가도 파산절차 참가에 준하여 시효중단의 효력을 가진다고 할 것이다.

ㄷ) 지급명령: 금전, 기타 대체물이나 유가증권의 일정한 수량의 지급을 목적으로 하는 채권자의 신청에 대하여 법원은 지급명령을 할 수 있는데(민사소송법 제462조), 동 신청서를 관할 법원에 제출하였을 때 시효중단의 효력이 있다. 또한 지급명령에 대하여 채무자가 적법한 이의신청을 하면 지급명령을 신청한 때에 소를 제기한 것으로 보는 바(민사소송법 제473조), 시효중단의 효력이 계속된다. 개정안 제172조는 "지급명령의 신청은 그 신청이 각하 또는 취하된 때에는 시효중단의 효력이 없다."고 정한다. 다만, 재판상의 청구와 마찬가지로 지급명령 신청이 각하된 경우라도 6개월 이내에 다시 소를 제기한 경우라면 제170조 제2항에 의하여 시효는 당초 지급명령의 신청이 있었던 때에 중단된 것으로 보아야 할 것이다 (2011다54686판결).

ㄹ) 화해를 위한 소환: 제소전화해를 신청(민사소송법 제385조)하면 시효가 중단된다. 그러나 법원이 화해를 권고하기 위하여 상대방을 소환하였으나 상대방이 출석하지 않거나 출석하더라도 화해가 성립하지 않은 경우에 화해 신청인이 1개월 내에 소를 제기하지 않으면 시효중단의 효력이 없다 (제173조 전단). 그리고 조정은 재판상 화해와 동일한 효력을 가지고 있는 바, 조정신청은 시효중단의 효력이 있다. 다만, 조정신청이 취하된 경우에 1개월 내에 소를 제기하지 아니하면 시효중단의 효력이 없다.

ㅁ) 임의출석: 임의출석이란 당사자 쌍방이 임의로 법원에 출석하여 소송에 관

하여 구두변론을 함으로써 제소 또는 제소전화해신청을 하도록 허용하는 제도를 말하는데, 이것은 시효중단의 효력이 있다. 그러나 임의출석에 의한 화해가 성립하지 않으면 1개월 내에 소를 제기하여야 시효중단의 효력이 유지된다 (제173조 후단). 다만, 소액사건심판법에 의하여 소액사건에 한하여 임의출석에 의한 소의 제기가 인정된다 (동법 제5조).

ㅂ) 최고: 최고는 채무자에 대하여 채무의 이행을 청구하는 것으로 특별한 방식을 요하는 것은 아니다. 소송고지도 최고의 효력이 인정된다 (2009다14340판결).

**판 례**

소멸시효 중단 사유의 하나로서 민법 제174조가 규정하고 있는 최고는 채무자에 대하여 채무이행을 구한다는 채권자의 의사통지(준법률행위)로서, 이에는 특별한 형식이 요구되지 아니할 뿐 아니라 행위 당시 당사자가 시효중단의 효과를 발생시킨다는 점을 알거나 의욕하지 않았다 하더라도, 이로써 권리행사의 주장을 하는 취지임이 명백하다면 최고에 해당하는 것으로 보아야 할 것이므로, 채권자가 확정판결에 기한 채권의 실현을 위하여 채무자의 제3채무자에 대한 채권에 관하여 압류 및 추심명령을 받아 그 결정이 제3채무자에게 송달이 되었다면 거기에 소멸시효 중단사유인 최고로서의 효력을 인정하여야 한다 (2003다16238판결).

최고에 의한 시효중단의 효력을 유지하기 위해서는 최고 후 6개월 내에 앞에서 든 다섯 가지의 청구 중 하나 또는 압류 · 가압류 · 가처분의 방법을 취하여야 한다 (제174조).

**판 례**

시효중단제도는 그 제도의 취지에 비추어 볼 때 이에 관한 기산점이나 만료점은 원권리자를 위하여 너그럽게 해석하는 것이 상당하므로, 민법 제174조 소정의 시효 중단 사유로서의 최고도 채무이행을 최고받은 채무자가 그 이행의무의 존부 등에 대하여 조사를 해 볼 필요가 있다는 이유로 채권자에 대하여 그 이행의 유예를 구한 경우에는 채권자가 그 회답을 받을 때까지는 최고의 효력이 계속된다고 보아야 하고, 따라서 같은 조 소정의 6월의 기간은 채권자가 채무자로부터 회답을 받은 때로부터 기산되는 것이라고 해석하여야 한다 (94다24336판결).

**판 례**

최고를 여러 번 거듭하다가 재판상 청구 등을 한 경우에 시효중단의 효력은 항상 최초의 최고시에 발생하는 것이 아니라, 재판상청구 등을 한 시점을 기준으로 하여 이로부터 소급하여 6월 이내에 한 최고시에 발생한다(83다카437판결).

b) 민법개정특별분과위원회(2004년)는 법원행정처의 의견을 받아들여 다음과 같이 '재산명시신청'을 시효중단 사유의 하나로 추가하고 있다.

**시효중단 사유로서의 재산명시 신청의 추가안**

i) 개정 이유: 채권자의 재산명시 신청은 압류에 버금가는 강력한 권리 실현의 의사표시라고 볼 수 있고, 나아가 재산명시를 소멸시효 중단 사유로 규정하게 되면, 확정판결을 받은 채권자가 10년의 소멸시효 기간을 연장하기 위하여 다시 소를 제기하여야 하는 현재의 실무 관행을 개선하여 소 제기 없이 단순히 재산 명시 신청을 함으로써 소멸시효의 진행을 중단시키는 효과를 거둘 수 있으므로 실효성도 있다.

ii) 개정 내용: 第168條(消滅時效의 中斷事由) 消滅時效는 다음 各號의 事由로 因하여 中斷된다.

1. 請求
2. **財產明示申請**
3. 押留 또는 假押留, 假處分
4. 承認

第175條(**財產明示**, 押留, 假押留, 假處分과 時效中斷) ① **財產明示**, 押留, 假押留 및 假處分은 權利者의 請求에 依하여 또는 法律의 規定에 따르지 아니함으로 因하여 取消된 때에는 時效中斷의 效力이 없다.

**② 民事執行法 第62條 第7項에 의하여 財產明示決定이 取消되고 財產明示申請이 却下되는 경우, 6個月 내에 裁判上의 請求, 破產節次參加, 支給命令의 申請 또는 押留를 한 때에는 時效는 최초의 財產明示申請으로 인하여 中斷된 것으로 본다.**

c) 압류 또는 가압류·가처분

ㄱ) 압류 등은 반드시 재판상의 청구를 전제로 하지 않을 뿐 아니라 재판확정 후에도 다시 시효가 진행하므로 별도의 시효중단 사유로 인정할 필요가 있다. 가압류

를 시효중단 사유로 정하고 있는 것은 가압류에 의하여 채권자가 권리를 행사하였다고 할 수 있기 때문인데, 가압류에 의한 집행보전의 효력이 존속하는 동안은 가압류채권자에 의한 권리행사가 계속되고 있다고 보아야 할 것이므로, 가압류에 의한 시효중단의 효력은 가압류의 집행보전의 효력이 존속하는 동안은 계속된다 (2000다11102판결). 이 경우 주의할 것은 채권자가 채무자의 제3채무자에 대한 채권을 압류 또는 가압류한 경우에 채무자에 대한 채권자의 채권에 관하여 시효중단의 효력이 생긴다고 할 것이나, 압류 또는 가압류된 채무자의 제3채무자에 대한 채권에 대하여는 민법 제168조 제2호 소정의 소멸시효 중단 사유에 준하는 확정적인 시효중단의 효력이 생긴다고 할 수 없다는 점이다 (2003다16238판결).

**판 례**

집행력 있는 채무명의 정본을 가진 채권자는 이에 기하여 강제경매를 신청할 수 있으며, 다른 채권자의 신청에 의하여 개시된 경매절차를 이용하여 배당요구를 신청하는 행위도 채무명의에 기하여 능동적으로 그 권리를 실현하려고 하는 점에서는 강제경매의 신청과 동일하다고 할 수 있으므로, 부동산 경매절차에서 집행력 있는 채무명의 정본을 가진 채권자가 하는 배당요구는 민법 제168조 제2호의 압류에 준하는 것으로서 배당요구에 관련된 채권에 관하여 소멸시효를 중단하는 효력이 생긴다고 할 것이고, 따라서 원인채권의 지급을 확보하기 위하여 어음이 수수된 당사자 사이에 채권자가 어음채권에 관한 집행력 있는 채무명의 정본에 기하여 한 배당요구는 그 원인채권의 소멸시효를 중단시키는 효력이 있다 (2000다25484판결). 그러나 재산관계 명시절차는, …… 특정 목적물에 대한 구체적 집행행위 또는 보전처분의 실행을 내용으로 하는 압류 또는 가압류, 가처분과 달리 어디까지나 집행 목적물을 탐지하여 강제집행을 용이하게 하기 위한 강제집행의 보조절차 내지 부수절차 또는 강제집행의 준비행위와 강제집행 사이의 중간적 단계의 절차에 불과하다고 볼 수밖에 없으므로, 민법 제168조 제2호 소정의 소멸시효 중단사유인 압류 또는 가압류, 가처분에 준하는 효력까지 인정될 수는 없고, 따라서 재산관계 명시 결정에 의한 소멸시효중단의 효력은 그로부터 6월 내에 다시 소를 제기하거나 압류 또는 가압류, 가처분을 하는 등 민법 제174조에 규정된 절차를 속행하지 아니하는 한 상실되는 것으로 보는 것이 옳다 (2000다32161판결).

ㄴ) 압류 등에 의한 시효중단이 발생하는 시기는 소의 제기에 준하여 집행행위가 있으면 신청시에 소급하여 시효중단의 효력이 생긴다. 압류절차를 개시한 이상 집행불능이라도 시효중단의 효력이 있다. 다만, 압류 등이 취소된 때에는 시효중단의 효력이 없다 (제175조). 그런데 압류 등은 시효의 이익을 받는 자에 대하여 하지 아니한 때에는 이를 그에게 통지한 후가 아니면 시효중단의 효력이 없다 (제176조).

**판 례**

채권자가 연대보증인 겸 물상보증인 소유의 담보부동산에 대하여 임의경매의 신청을 하여 경매 개시 결정에 따른 압류의 효력이 생겼다면 채권자는 그 압류의 사실을 통지하지 아니하더라도 연대보증인 겸 물상보증인에 대하여 시효의 중단을 주장할 수 있다. 그리고 경매절차에서 이해관계인인 주채무자에게 경매 개시 결정이 송달되었다면 주채무자는 민법 제176조에 의하여 당해 피담보채권의 소멸시효중단의 효과를 받는다고 할 것이나, 민법 제176조의 규정에 따라 압류 사실이 통지된 것으로 볼 수 있기 위하여는 압류 사실을 주채무자가 알 수 있도록 경매개시 결정이나 경매기일통지서가 교부송달의 방법으로 주채무자에게 송달되어야만 하는 것이지, 이것이 우편송달(발송송달)이나 공시송달의 방법에 의하여 채무자에게 송달됨으로써 채무자가 압류 사실을 알 수 없었던 경우까지도 압류 사실이 채무자에게 통지되었다고 볼 수 있는 것은 아니다 (93다21477판결).

d) 승 인

ㄱ) 승인이란 시효의 이익을 받을 자가 시효로 말미암아 권리를 잃는 자 또는 그 대리인에 대하여 그 권리가 존재함을 인식하고 있다는 뜻을 표시하는 관념의 통지이다. 따라서 승인은 시효이익의 상대방 또는 그 대리인에 대하여 하여야 하고, 권리의 존재를 인식하면서 하여야 한다 (98다18124판결). 그리고 승인은 시효의 이익을 받을 자가 상대방의 권리가 존재하는 사실을 인정하는 일방적 행위로서 그 권리의 원인, 내용이나 범위 등에 관한 사항을 확인할 것이 필요한 것은 아니다. 다만, 시효중단의 의사가 있어야 하는 것은 아니다.

**판 례**

소멸시효의 중단 사유로서의 승인은 시효이익을 받을 당사자인 채무자가 그 권리의 존재를 인식하고 있다는 뜻을 표시함으로써 성립하는 것이므로, 이는 소멸시효의 진행이 개시된 이후에만 가능하고 그 이전에 승인을 하더라도 시효가 중단되지는 않는다고 할 것이고 또한 현존하지 아니하는 장래의 채권을 미리 승인하는 것은 채무자가 그 권리의 존재를 인식하고서 한 것이라고 볼 수 없어 허용되지 않는다고 할 것이다(2001다52568판결).

**판 례**

채무자가 수건의 대출금 채무 중 변제되지 않고 있는 모든 채무를 변제한다는 의사로 채권자에게 잔존 채무를 정산해 달라고 하였는데, 채권자의 실수로 일부의 채무를 제외한 나머지 대출금 채무만이 남아 있는 것처럼 정산하여 채무자가 위 나머지 채무가 남아 있는 전채무인 것으로 알고 이를 변제한 경우, 채무자로서는 채권자가 제외된 채무까지 포함하여 정산하고 이를 잔존 채무로 제시하였다 하더라도 당연히 변제하였을 것이므로, 채무자의 행위는 정산된 채무만이 전채무이고 그 이상의 채무는 존재하지 아니 한다는 인식을 표시하거나 특정 채무를 지정하여 그 일부의 변제를 한 것이 아니라, 당시 자신이 부담하고 있던 모든 채무를 그대로 인정한다는 관념을 표시한 것으로 보아야 한다(2000다65864판결).

ㄴ) 승인은 특별한 방식을 요하는 것은 아니고 명시적이건 묵시적이건 묻지 않는다. 가령, 이자의 지급, 일부변제 내지 담보의 제공은 묵시적 승인이 있는 것으로 된다(2009다51028판결). 한편 승인은 시효 완성 전에만 있을 수 있는 것이고, 시효 완성 후의 승인은 시효이익의 포기의 문제가 된다.

ㄷ) 승인의 경우 상대방의 권리에 관한 처분의 능력이나 권한 있음을 요하지 않는다(제177조). 그러나 승인자에게는 관리 권한이 있어야 한다.

**판 례**

소멸시효 중단 사유로서의 승인은 시효이익을 받을 당사자인 채무자가 소멸시효의 완성으로 권리를 상실하게 될 자 또는 그 대리인에 대하여 그 권리가 존재함을 인식하고 있다는 뜻을 표시함으로써 성립한다고 할 것이며, 그 표시의 방법은 아무런 형식을 요구하지 아니하고, 또한 명시적이건 묵시적이건 불문한다(98다38661판결). 이 경우 승인으로 인한 시효중단의 효력은 그 승인의 통지가 상대방에게 도달하는 때에 발생한다(95다30178판결).

**판 례**

채무자가 소멸시효 완성 후 채무를 일부 변제한 때에는 그 액수에 관하여 다툼이 없는 한 그 채무 전체를 묵시적으로 승인한 것으로 보아야 하고, 이 경우 시효 완성의 사실을 알고 그 이익을 포기한 것으로 추정되므로, 소멸시효가 완성된 채무를 피담보채무로 하는 근저당권이 실행되어 채무자 소유의 부동산이 경락되고 그 대금이 배당되어 채무의 일부 변제에 충당될 때까지 채무자가 아무런 이의를 제기하지 아니하였다면, 경매절차의 진행을 채무자가 알지 못하였다는 등 다른 특별한 사정이 없는 한, 채무자는 시효 완성의 사실을 알고 그 채무를 묵시적으로 승인하여 시효의 이익을 포기한 것으로 보아야 한다(2001다3580판결).

③ 시효중단의 효력

a) 기본적 효력

시효가 중단된 때에는 그때까지 경과한 시효 기간은 무효로 되고, 중단 사유가 종료한 때로부터 새로이 소멸시효가 진행한다(제178조 제1항). 다만, 재판상의 청구에 대하여는 재판이 확정된 때부터 시효가 새로 진행한다(제178조 제2항).

b) 시효중단의 인적 범위

ㄱ) 원칙: 시효중단은 원칙적으로 당사자 및 그 승계인 사이에서만 효력이 있다(제169조). 당사자란 시효중단행위에 관여한 당사자만을 말하며 시효의 대상인 권리의 당사자를 의미하는 것은 아니다. 다만, 채권자대위권 행사의 효과는 직접 채무자에게 귀속하므로(제404조 제1항), 채권자가 채무자를 대위하여 채무자의 제3채무자에 대한 채권을 재판상 청구한 경우에 그로 인한 채권의 시효중단의 효과는 채무자에게 미친다(84다1594판결). 문제는 피대위채권, 즉 채권자의 채무자에 대한 채권도 시효가 중단되는가이다. 채권자대위권의 행사는 채무자를 상대로 하는 것이 아니고, 또 채권자대위소송의 효과도 대위채권자에게만 귀속하는 것이 아닐 뿐 아니라 채권자의 채무자에 대한 채권은 대위소송의 소송물이 아니라는 점에서, 이를 부정할 것이다(윤진수, 민법주해(Ⅲ), 506면; 김준호, 547면). 사해행위 취소의 소를 제기하는 경우에도 피보전채권, 즉 채권자의 채무자에 대한 채권의 소멸시효는 중단되지 않는다(고상룡, 687면). 승계인이란 시효중단에 관여한 당사자로부터 중단의 효과를 받는 권리를 승계한 자를 말하며, 특정승계이건 포괄승계이건 묻지 않는다. 승계는 중단 사유가 발생한 후

에 이루어져야 한다.

**판 례**

민법 제169조 소정의 '승계인'이라 함은 시효중단에 관여한 당사자로부터 중단의 효과를 받는 권리를 그 중단 효과 발생 이후에 승계한 자를 가리킨다 (96다26961판결 96다46484 포괄승계인도포함).

ㄴ) 예외: 물상보증인의 재산에 대하여 압류를 한 경우에 이를 채무자에게 통지하면 채무자에 대해서도 시효가 중단된다 (제176조). 또한 시효중단의 효력은 당사자 및 승계인 사이에만 효력이 있으나, 지역권 · 연대채무 · 보증채무의 경우에는 예외가 있다. 가령, 요역지가 수인의 공유인 경우에 어느 1인에 의한 지역권 시효 소멸의 중단 또는 정지는 다른 공유자에 대해서도 효력이 있다 (제296조). 연대채무자에 대한 이행청구는 다른 연대채무자에게도 효력이 있다 (제416조, 제421조). 주채무자에 대한 시효의 중단은 보증인에게도 미친다 (제440조).

**판 례**

민법 제440조의 입법 취지는 보증채무의 부종성에 따른 당연한 규정이 아니라 주채무자에 대한 권리행사만으로도 보증인에 대한 시효중단의 효력이 미치게 하여, 주채무와 별도로 보증채무가 시효 소멸하는 일이 없도록 하여 채권담보의 목적을 달성하고 채권자를 보호하려는 것이다 (93헌바6결정).

**판 례**

보증채무에 대한 소멸시효가 중단되었다고 하더라도 이로써 주채무에 대한 소멸시효가 중단되는 것은 아니고, 주채무가 소멸시효 완성으로 소멸된 경우에는 보증채무도 그 채무 자체의 시효중단에 불구하고 부종성에 따라 당연히 소멸된다 (2000다62476판결).

### (3) 소멸시효의 정지

① 의 의

소멸시효의 정지란 시효기간이 완성할 무렵에 이르러 권리자가 시효중단행위를 하는 것이 불가능하거나 또는 극히 곤란한 사유가 있는 경우에 일단 그 시효기간의 진행을 멈추게 하였다가 그러한 사유가 소멸하였을 때에 다시 나머지 기간을 진행하는 제도로서, 시효기간의 일시적 연장제도라고 할 수 있다. 시효의 정지는 정지 사유가 소멸된 후 일정한 유예기간이 경과하면 시효는 완성한다는 점에서 이미 경과한 기간이 무(無)로 돌아가는 중단과 다르다.

② 시효정지의 사유

a) 제한능력자를 위한 정지

소멸시효의 기간 만료 전 6개월 내에 제한능력자의 법정대리인이 없는 경우에, 그가 능력자로 되거나 법정대리인이 취임한 때부터 6개월 내에는 시효가 완성되지 않는다(제179조). 제한능력자의 재산을 관리하는 부·모 또는 후견인에 대한 제한능력자의 권리는 소멸시효 정지 사유의 대상이 된다(제180조 제1항).

b) 혼인관계 종료에 의한 정지

부부 중 한쪽이 다른 쪽에 대하여 가지는 권리는 혼인관계가 종료한 때로부터 6개월 내에는 소멸시효가 완성하지 않는다(제180조 제2항).

c) 상속재산에 관한 정지

상속재산에 속한 권리나 상속재산에 대한 권리는 상속인의 확정, 관리인의 선임 또는 파산선고가 있은 때로부터 6개월 내에는 소멸시효가 완성하지 않는다(제181조).

d) 사변에 의한 정지

천재 기타 사변으로 인하여 소멸시효를 중단할 수 없는 때에는 그 사유가 종료한 때로부터 1개월 내에는 소멸시효가 완성하지 않는다(제182조).

### 4) 소멸시효 완성의 효과

#### (1) 학설·판례

① 개 관

민법은 소멸시효의 효과에 관하여 단지 "소멸시효가 완성한다"고 규정할 뿐, 구체적으로 그 완성의 효과가 무엇인가에 관하여는 아무런 규정을 두고 있지 않다. 다만, 입법자의 의사는 시효의 원용에 관한 규정을 두지 않음으로써 시효기간의 완성으로 권리는 절대적으로 소멸하는 것으로 확정되었다고 한다(**민의원 법제사법위원회 민법안심의소위원회, 민법안심의록(상), 1957, 103면**). 그렇지만 학설은 소멸시효 완성의 효과에 관하여 절대적 소멸설(곽윤직, 340면; 김주수, 535면; 이영준, 711면; 이은영, 777면)과 상대적 소멸설(김증한, 민법론집, 박영사, 1980, 285면 이하; 김용한, 486-9면; 김상용, 758면; 김증한/김학동, 541-4면; 윤진수, 민법주해(Ⅲ), 480-4면; 백태승, 580면. 다만, 고상룡, 707면은 상대적 소멸설은 지지하면서도 단기소멸시효의 경우에는 절대적 소멸설을 따른다)로 갈려 있다. 양설은 특히 시효의 원용, 소멸시효가 완성한 채무의 변제, 소멸시효 이익의 포기의 효력을 둘러싸고 견해의 대립을 보인다.

② 절대적 소멸설

소멸시효의 완성으로 권리는 당연히 소멸한다는 주장이다. 현행 민법은 시효의 원용에 관한 규정을 두지 않고 있고(의용민법 제145조 참조), 채권이 시효의 완성, 기타 사유로 인하여 소멸한 때(제369조) 또는 시효로 인하여 소멸한다(제766조 제1항, 제1024조 제2항)는 규정을 둔 점 및 소유권을 취득한다는 취득시효규정과의 균형 등을 근거로 하여 소멸시효 완성에 의하여 당연히 권리가 소멸한다는 것이다.

다만, 우리 민사소송법에서 변론주의를 취하고 있으므로(이를 인정하는 명문의 규정은 없으나, 민사소송법은 이를 인정하는 것을 당연히 전제로 하고 있다. 이시윤, 신민사소송법, 박영사, 2002, 274면), 당사자가 시효 소멸을 소송상의 공격방어 방법으로 제출하지 않는 한 법원은 이를 고려할 수 없으므로, 이 한도에서 상대적 소멸설과의 사이에 실제적인 차이는 없다고 한다. 그리고 당사자가 소멸시효 완성 후에 그 사실을 알지 못하고 채무를 변제하면, 이는 도의 관념에 적합한 비채변제(제744조)로서 그 반환을 청구할 수 없다고 한다. 그러나 절대적 소멸설은 소멸시효 이익의 포기의 효력이 소멸시효 완성 전에 소급하는 까닭을 설명하는 데는 어려움을 실토한다(곽윤직, 341면). 물론 절대적 소멸설은 대체로 소멸시효 이익의 포기를 소멸시효의 이익을 받지 않겠다는 의사표시로서 그에 의하여 이익이 생기지 않았던 것으로 된다고 설명하고 있다(이영준, 712면).

③ 상대적 소멸설

시효의 완성으로 권리 소멸의 효과가 발생하기 위해서는 당사자의 시효의 원용이 있어야 한다는 주장이다. 상대적 소멸설에 의하면, 소멸시효의 완성이 상대방에게 어떤 권리를 발생시킬 뿐이라면 그 권리를 행사할 것인지 여부는 그 권리자의 자유이므로, 시효의 원용에 관한 규정이 없더라도 있는 것과 같은 결과가 된다고 한다. 만약 절대적 소멸설에 따르면, 당사자가 소멸시효 이익을 원하지 않는 경우에도 그 의사를 존중하지 않는 것이 되어 부당하며, 채무자가 시효 완성 사실을 모르고 변제하는 경우에 비채변제(제742조)로서 반환을 청구할 수 있게 되어 사회 관념에 반하고, 또 시효이익의 포기의 법적 성질을 설명할 수 없다는 것이다. 따라서 소멸시효가 완성하더라도 권리 소멸이라는 효과가 발생하는 것이 아니라, 단지 시효이익자가 권리의 소멸을 주장할 권리, 즉 시효원용권이 발생할 뿐이라고 한다. 시효원용권은 형성권(다만, 김증한/김학동, 544면은 형성권 또는 항변권이라고 한다)이고, 이 시효원용권의 행사에 의하여 비로소 권리는 소멸한다고 한다.

④ 판례의 태도

판례는 "신민법상 당사자의 원용이 없어도 시효 완성의 사실로써 채무는 당연히 소멸하고, 다만 소멸시효의 이익을 받는 자가 소멸시효 이익을 받겠다는 뜻을 항변하지 않는 이상 그 의사에 반하여 재판할 수 없을 뿐이다."(78다2157판결)라고 하고 있다. 즉, 판례는 원칙적으로 시효가 완성되면 당사자의 주장이 없더라도 채무가 당연히 소멸하지만, 시효 완성 후에 시효이익을 포기할 수 있는 것이므로 당사자가 시효 소멸의 이익을 받겠다고 주장한 때에 비로소 이를 고려할 수 있다는 것이다.

그러면서도 판례는 소멸시효의 완성을 원용할 수 있는 자를 권리의 소멸에 의하여 직접 이익을 받는 자에 한정하고 있다. 즉, 채무자라든가 가등기담보가 설정된 부동산의 제3취득자(95다12446판결) 또는 매매 예약에 의하여 가등기가 경료된 부동산의 제3취득자(90다카27570판결), 그리고 유치권이 성립한 부동산의 매수인(2009다39530판결)도 이에 해당한다고 한다. 이에 대하여, 채무자에 대한 일반채권자(97다22676판결)나 채권자대위 소송에서의 제3채무자(97다31472판결)는 직접 수익자에 해당하지 않는다고 한다. 그리고 시효원용권자가 수인인 경우에 그중 일부가 시효이익을 포기하더라도 이는 채권자와 그 시효원용권자 사이에서만 효력이 있을 뿐 다른 시효원용권자는 독자적으로 시효 완성을 원용할 수 있다고 한다(95다12446판결). 이와 같이 볼 때 판례가 어느 설의 입장에 있는지를 단정하는 것은 무리가 있다고 할 것이다.

⑤ 검토와 사견

위의 양설은 시효의 완성으로 권리가 당연 소멸하느냐, 아니면 소멸시효의 완성을 원용할 수 있는 권리가 발생하느냐에 관한 법률 구성에 차이만 보이고 있을 뿐이다. 즉, 양설은 권리의 소멸 원인을 법률요건으로 본다는 점, 소멸시효 이익의 포기가 가능하다는 점, 재판상 당사자의 원용 없이는 법원이 직권으로 소멸시효를 고려할 수 없다는 점 등에서 결론적으로 같은 입장을 보이고 있다. 다만, 소멸시효 이익의 포기의 효력이 소급한다는 점을 설명하는 경우에 절대적 소멸설의 입장보다 상대적 소멸설의 입장이 자연스럽다고 할 것이다(곽윤직, 343면 참조). 상대적 소멸설을 지지한다.

**판 례**

채무자의 소멸시효에 기한 항변권의 행사도 우리 민법의 대원칙인 신의성실의 원칙과 권리남용 금지의 원칙의 지배를 받는 것이어서, 채무자가 시효 완성 전에 채권자의 권리행사나 시효중단을 불가능 또는 현저히 곤란하게 하였거나, 그러한 조치가 불필요하다고 믿게 하는 행동을 하였거나, 객관적으로 채권자가 권리를 행사할 수 없는 장애 사유가 있었거나 또는 일단 시효완성 후에 채무자가 시효를 원용하지 아니할 것 같은 태도를 보여 권리자로 하여금 그와 같이 신뢰하게 하였거나, 채권자보호의 필요성이 크고, 같은 조건의 다른 채권자가 채무의 변제를 수령하는 등의 사정이 있어 채무 이행의 거절을 인정함이 현저히 부당하거나 불공평하게 되는 등의 특별한 사정이 있는 경우에는 채무자가 소멸시효의 완성을 주장하는 것이 신의성실의 원칙에 반하여 권리남용으로서 허용될 수 없다(2004다71881판결, 2007두2173판결).

### (2) 소멸시효의 소급효

소멸시효는 그 기산일에 소급하여 효력이 생긴다(제167조). 시효는 계속된 사실관계를 그대로 진정한 것으로 보호하려는 제도이기 때문이다. 따라서 소멸시효의 이익을 받는 자, 특히 채무를 면하는 자는 기산일 이후의 이자를 지급할 필요가 없다. 다만, 소멸시효 완성 전에 상계할 수 있었던 채권은 상계할 수 있다(제495조).

### (3) 시효이익의 포기

① 의 의

시효이익의 포기는 시효의 완성으로 소멸하는 권리의 의무자가 시효 완성으로 인하여 생기는 이익을 받지 않겠다는 일방적인 의사표시를 말한다. 시효이익의 포기에 의하여 소멸시효 완성의 효과가 처음부터 발생하지 않았던 것으로 된다. 즉, 소급효가 인정된다. 시효이익의 포기자는 시효이익을 받을 당사자 또는 그 대리인에 한정되고, 그 밖의 자가 시효이익의 의사를 표시하였다고 하더라도 이는 시효 완성의 이익을 받을 자에 대한 관계에서 효력이 없다(97다53366판결). 그리고 시효이익의 포기는 처분행위이므로 포기자는 처분 권한과 처분 능력을 가져야 한다.

② 시효이익 포기의 상대효

a) 시효이익 포기의 효과는 상대적이므로 포기자 이외의 자에게 영향을 미치지 않는다. 따라서 채무자가 시효이익을 포기하더라도 보증인이나 물상보증인에게는 포기의 효과가 발생하지 않는다 (89다카1114판결).

**판 례**

소멸시효 이익의 포기는 상대적 효과가 있을 뿐이어서 다른 사람에게는 영향을 미치지 아니함이 원칙이나, 소멸시효 이익의 포기 당시에는 그 권리의 소멸에 의하여 직접 이익을 받을 수 있는 이해관계를 맺은 적이 없다가 나중에 시효이익을 이미 포기한 자와의 법률관계를 통하여 비로소 시효이익을 원용할 이해관계를 형성한 자는 이미 이루어진 시효이익 포기의 효력을 부정할 수 없다 (2015다200227 판결). 한편, 판례는 시효 완성 전 저당부동산의 제3취득자에 대하여는 채무자의 시효이익의 포기의 효력이 미치지 않는다고 한다 (2009다100098 판결).

b) 문제는 물상보증인이 시효이익을 포기하는 경우에도 그 효력이 채무자에게 미치지 않는가에 있다. 즉, 채무자는 여전히 시효 완성의 이익을 주장할 수 있는가이다. 바꾸어 말하면, 물상보증인이 시효이익을 포기하고, 즉 채무를 변제한 후 채무자에게 구상할 수 있는가이다. 본래 물상보증인이 채무를 변제한 때에는 채무자에게 구상권을 취득하고, 이러한 경우에는 보증채무에 관한 규정에 의하여 구상권이 있다 (제341조, 제370조). 따라서 부탁을 받고 물상보증인이 된 경우라면 수탁보증인에 관한 제441조, 제445조의 예에 따라 구상 여부가 정해질 것이지만, 부탁을 받지 않고 물상보증인이 된 경우에는 제444조, 제445조의 예에 따라 구상 여부가 정해질 것이다.

그렇다면 채무의 소멸시효가 완성된 경우에는 어떠한가이다. 만약 시효이익 포기의 상대효를 인정하면, 이 경우에 채무자가 시효를 원용하면 물상보증인은 구상권을 행사할 수 없을 것이다. 하지만, 이 경우에 피담보채권은 소멸하고 담보물권만 존재하게 되어 담보물권의 부종성에 반한다. 또한 시효이익의 포기의 효과가 채무자에게 미친다고 하면 주채무자의 의사에 반하여 채무가 존속하게 되어 부당하다.

생각건대 현실적으로 채무를 부담하지 않는 물상보증인이 채무자에게 사전에 통지하지 아니한 상태에서 시효이익을 포기하고 채무를 변제한다는 것은 이례(異例)에 속한다고 보아야 할 것이다. 따라서 물상보증인에게 시효이익의 포기 의사가 명백한 경우(변제)에만 시효이익의 포기의 상대효에 따라 포기의 효과가 채무자에게 미치지 않고, 이 경우 물상보증인은 채무자가 부담하는 것과 동일한 내용의 새로운 채무를 채권자에게 부담하는 것으로 보아야 할 것이다. 그렇지 않고 물상보증인이 경솔하게 채무를 단순히 승인한 경우라면, 다시 시효 완성의 사실을 주장할 수 있다고 새겨야 물상보증인에게 가혹하지 않다고 할 것이다.

③ 시효기간 완성 전의 포기

소멸시효의 이익은 미리 포기하지 못한다(제184조 제1항). 시효는 개인의 의사에 의하여 좌우될 수 없는 공익상의 제도일 뿐 아니라, 만약 사전 포기를 허용하면 권리자가 시효이익의 포기의 특약을 강요할 염려가 있다. 또한 소멸시효의 배제・연장・가중의 계약은 무효이다. 다만, 시효기간의 단축 또는 경감하는 특약은 유효하다(제184조 제2항). 한편 시효 완성 전의 채무 승인은 시효중단사유가 된다.

④ 시효기간 완성 후의 포기

제184조의 반대 해석상 소멸시효가 완성한 후에 시효이익을 포기하는 것은 유효하다. 포기는 명시적이든 묵시적이든 관계없다. 가령, 시효 완성 후에 변제 기한의 유예 요청(65다2133판결)이나 채무의 승인(66다2173판결) 또는 일부변제(93다14936판결) 등이 이에 해당한다. 그리고 시효이익의 포기는 시효가 완성되었다는 것을 알고 하여야 한다. 다만, 판례는 시효 완성 후에 시효이익을 포기하는 듯한 행위가 나타나면 시효 완성 사실에 대한 악의를 추정한다(95다3756판결). 그리고 판례는 채무의 승인이 있었다하더라도 소멸시효이익의 포기의 의사표시가 있었다고 단정할 수 없다고 한다(2011다21556판결).

**판 례**

소멸시효 이익의 포기 사유로서의 채무의 승인은 그 표시의 방법에 아무런 제한이 없어 묵시적인 방법으로도 가능하기는 하지만, 적어도 채무자가 채권자에 대하여 부담하는 채무의 존재에 대한 인식의 의사를 표시함으로써 성립하게 되고, 그러한 취지의 의사표시가 존재하는지 여부의 해석은 그 표시된 행위 내지 의사표시의 내용과 동기 및 경위, 당사자가 그 의사표시등에 의하여 달성하려고 하는 목적과 진정한 의도 등을 종합적으로 고찰하여 사회정의와 형평의 이념에 맞도록 논리와 경험의 법칙, 그리고 사회 일반의 상식에 따라 객관적이고 합리적으로 이루어져야 한다(2008다25299판결).

**판 례**

소유권이전등기청구권의 소멸시효 기간이 지난 후에 등기 의무자가 소유권이전등기를 해 주기로 약정(합의)한 바 있다면, 다른 특단의 사정이 없는 한 이는 시효이익을 포기한 것으로 보아야 할 것이다 (93다12824판결).

**판 례**

채무자가 소멸시효 완성 후 채무를 일부 변제한 때에는 그 액수에 관하여 다툼이 없는 한 그 채무 전체를 묵시적으로 승인한 것으로 보아야 하고, 이 경우 시효 완성의 사실을 알고 그 이익을 포기한 것으로 추정되므로, 소멸시효가 완성된 채무를 피담보채무로 하는 근저당권이 실행되어 채무자 소유의 부동산이 경락되고, 그 대금이 배당되어 채무의 일부 변제에 충당될 때까지 채무자가 아무런 이의를 제기하지 아니하였다면, 경매절차의 진행을 채무자가 알지 못하였다는 등 다른 특별한 사정이 없는 한, 채무자는 시효 완성의 사실을 알고 그 채무를 묵시적으로 승인하여 시효의 이익을 포기한 것으로 보아야 한다 (2001다3580판결). 다만, 그 채무가 별개로 성립되어 독립성을 갖고 있는 경우에는 일률적으로 그렇게만 해석할 수는 없을 것이고, 특히 채무자가 가압류 목적물에 대한 가압류를 해제받을 목적으로 피보전채권을 변제하는 경우에는 특별한 사정이 없는 한 피보전채권으로 적시되지 아니한 별개의 채무에 대하여서까지 소멸시효의 이익을 포기한 것이라고 볼 수는 없을 것이다 (93다14936판결).

**판 례**

채무자가 소멸시효가 완성된 이후에 여러 차례에 걸쳐 채권자의 제소 기간 연장 요청에 동의한 바 있더라도, 그 동의는 그 연장된 기간까지는 언제든지 채권자가 제소하더라도 이의가 없다는 취지에 불과한 것이지, 완성한 소멸시효 이익을 포기하는 의사표시까지 함축하고 있는 것은 아니다 (86다카2107판결).

⑤ 시효이익 포기의 효과

일단 시효이익을 포기하면 더 이상 소멸시효의 완성을 주장하지 못한다. 즉, 시효이익 포기의 효력이 영구적인가 아니면 포기한 때로부터 새로운 시효가 진행하는가에 관하여 다툼이 있을 수 있으나, 새로이 시효가 진행한다는 명문의 규정이 있는 시효 중단의 경우와는 달리 시효이익의 포기의 경우에는 그 포기의 효력이 영구적이라고 할 것이다 (윤진수, 민법주해(Ⅲ), 558면). 다만, 판례는 채무자가 소멸시효 완성 후에 채권자에 대하여 채무를 승인함으로써 그 시효이익을 포기한 경우에는 그때부터 새로이 소멸시효가 진행한다고 한다(2009다14340판결). 한편 판례는 공법상의 채무에 관하여는 시효이익의 포기를 인정하지 않는다.

**판 례**

소멸시효 완성 이후에 있은 과세처분에 기하여 세액을 납부하였다 하더라도, 이를 들어 바로 소멸시효의 이익을 포기한 것으로 볼 수 없다(87다카70판결).

### (4) 종속된 권리에 대한 소멸시효의 효력

주된 권리의 소멸시효가 완성된 때에는 종속된 권리에 그 효력이 미친다(제183조). 가령, 원본채권이 시효로 소멸하면 지분권인 이자채권도 역시 시효로 소멸한다.

# 제 5 장 기 간

## 제 1 절 기간의 의의

### 1 기간의 개념

기간이란 일정한 시점에서 어느 시점까지의 계속된 시간을 말한다. 기간은 시간의 연속을 의미하는 점에서 어느 특정한 시점을 의미하는 기일과 다르다.

### 2 기간의 성질

법률사실로서의 기간은 사건이다. 기간만이 법률요건이 되는 경우는 없고, 다른 법률사실과 결합하여 법률요건을 이루는 경우가 많다. 가령, 성년의 도달에 의한 행위능력의 취득(제4조), 시효에 의한 권리의 취득과 상실(제162조 · 제245조 등), 최고기간(제15조 · 제131조) 등이 그 예이다.

**판　례**

제소기간과 같은 불변기간은 국민의 기본권인 재판을 받을 권리행사와 직접 관련되기 때문에, 그 기간계산에 있어서 나무랄 수 없는 법의 오해로 재판을 받을 권리를 상실하는 일이 없도록 쉽사리 이해되게, 그리고 명확히 규정되어야 할 것인 바, 지방세 부과처분 이의신청에 대한 과세관청의 결정통지가 없는 경우 상급관청에 대한 심사청구기간과 그 기산점에 관하여 규정한 지방세법 제58조 제3항(1961. 12. 8. 법률 제827호, 개정 1984. 12. 24. 법률 제3757호)의 전단 및 후단의 규정은 통상의 주의력을 가진 이의신청인이 심사청구기간에 관하여 명료하게 파악할 수 없을 정도로 그 규정이 모호하고 불완전하며 오해의 소지가 충분하여 헌법상 법치주의의 파생인 불변기간 명확성의 원칙에도 반하고, 그 불복청구기간마저 단기간이어서 종당에는 재판청구권으로 연결되는 불복신청권 상실의 위험을 초래케 하는 등 헌법상 보장된 국민의 재판을 받을 권리를 본질적으로 침해할 우려가 크므로 헌법에 위반된다 (92헌바11결정).

## 제 2 절　기간의 적용 범위

법령이나 재판상의 처분 또는 법률행위에 달리 기간을 정한 바가 있으면 그에 따를 것이나, 이를 정하고 있지 않은 경우에는 공・사법상의 관계를 불문하고 민법의 규정이 보충적으로 적용된다 (제155조).

**판　례**

자산양도차익 예정신고 납부에 있어 보유기간 계산에 관한 소득세법 제97조 제3항에 의하여 준용되는 같은 법 제70조 제6항의 규정 형식에 비추어 볼 때, 위 규정은 국세기본법 제4조 소정의 "특별한 규정"에 해당하는 것으로 보아야 할 것이고, 따라서 민법상 초일 불산입의 원칙 규정은 그 적용이 배제되어 취득일을 보유기간의 기산일로 보아 보유기간을 판정하여야 할 것이다 (91누8548판결).

## 제 3 절 기간의 계산 방법

기간의 계산 방법에는 순간에서 순간까지를 계산하는 방법(자연적 계산 방법)과 일(日)을 최소 단위로 하여 역(曆)에 따라서 계산하는 방법(曆法的 계산 방법)이 있다.

### 1 기간을 '時·分·秒'로 정한 때

시간을 단위로 하여 정한 기간에 관해서는 자연적 계산 방법을 택한다. 즉, 기간을 시·분·초로 정한 경우에는 '즉시'를 기산점으로 계산하고, 종료된 시·분·초에 만료한다(제156조). 지금부터 10시간이라는 경우에는 그 순간을 기산점으로 하여, 10시간이 경과한 때가 시간의 만료점이 된다. 이러한 계산 방법은 정확하지만 불편하므로 단기간을 계산할 때 사용된다.

### 2 기간을 '日·週·月·年'으로 정한 때

#### 1) 기산점

기간을 일·주·월·년으로 정한 때에는 초일(初日)을 산입하지 않는다(제157조 본문). 가령, '9월 1일부터 1개월'인 경우에는 그 다음 날인 9월 2일부터 기산한다. 다만, 기간이 오전 0시로부터 시작하는 경우에는 초일을 산입한다(제157조 단서). 또 연령 계산에는 출생일을 산입한다(제158조).

**판 례**

지방세법 제58조 제2항 소정의 재심사청구에 대한 결정기간의 계산에 있어서는 민법의 기간 계산의 방법에 따라 초일을 산입하여서는 아니 된다(80누557판결, 2006다62942판결, 2006다62942판결).

### 2) 만료점

기간 말일의 종료로 기간은 만료한다(제159조). 즉, 기간의 말일은 일(日)을 단위로 기간을 정한 때는 일수(日數)를 계산하여 그 최후의 일(日)이다. 가령, '3월 2일부터 5일간'인 경우에는 3월 3일이 기산점이고, 3월 7일이 기간의 말일이 된다. 따라서 기간의 만료점은 3월 7일 24시가 된다.

기간을 주, 월 또는 년으로 정한 때에는 역에 의하여 계산한다(제160조 제1항). 따라서 월이나 년의 일수의 장단은 문제되지 않는다. 그리고 주, 월 또는 년의 처음으로부터 기간을 기산하지 아니하는 때에는 최후의 주, 월 또는 년에서 그 기산일에 해당한 날의 전일로 기간이 만료한다(제160조 제2항). 가령, 9월 10일에 9월 11일부터 2개월이라고 정한 경우에는 기간은 11월 10일에 만료한다.

기간을 월 또는 년으로 정한 경우에 최후의 월에 해당일이 없는 때에는 그 월의 말일로 기간이 만료한다(제160조 제3항). 가령, 1월 30일에 1월 31일부터 1개월이라고 정한 경우에는 2월 28일이 기간의 말일이 되며, 기간의 말일이 토요일 또는 공휴일에 해당하는 때에는 기간은 익일(翌日: 다음 날)로 만료한다(제161조).

## 제 4 절 기간의 역산 방법

위 2에서 본 기간의 계산 방법은 현재부터 장래로 향해 계속한다고 생각되는 시간의 계산법이다. 그런데 시간은 현재부터 과거로 소급하여 계산할 수도 있다. 이 기간의 계산 방법에 관하여도 장래로 향한 경우와 같은 계산 방법을 취한다는 것이 통설이다. 가령, 사단법인의 총회의 소집은 1주일 전에 통지하여야 한다(제71조). 만약 총회를 5월 1일에 개최하는 경우에 4월 30일을 기산일로 하여, 역산(逆算)하여 말일인 4월 24일의 오전 0시에 만료하므로, 23일 중으로 총회소집 통지가 발송되어야 한다.

# 참고 문헌

## 저자 이름만으로 인용한 민법총칙 교과서

高翔龍, 민법총칙[제3판], 법문사, 2003.
郭潤直·김재형, 민법총칙, 박영사, 2012.
金基善, 한국민법총칙[3개정증보판], 법문사, 1985.
金大貞, 민법총칙, 피데스, 2012.
金玟中, 민법총칙, 두성사, 1995.
金相容, 민법총칙[전정판 증보], 법문사, 2003.
金容漢, 민법총칙론[전정판], 박영사, 1986.
金疇洙, 민법총칙[제2판], 삼영사, 1988.
金俊鎬, 민법총칙, 법문사, 1999.
金曾漢·金學東, 민법총칙[제9판], 박영사, 1995.
白泰昇, 민법총칙, 법문사, 2000, 2004.
宋德洙, 민법총칙, 박영사, 2014.
李英俊, 한국민법론[총칙편], 박영사, 2003.
李銀榮, 민법총칙, 박영사, 1996, 2004.
張庚鶴, 민법총칙[제3판], 법문사, 1991.
黃迪仁, 현대민법론 I [총칙], 박영사, 1985.

## 기타 참고 문헌

**〈한국 문헌〉**

고상룡, 민법학특강, 법문사, 1995.
고상룡, 물권법, 법문사, 2001.

고상룡 집필대표, 민법판례해설Ⅰ, 경세원, 1990.
곽윤직, 물권법[신정 수정판], 박영사, 2000.
곽윤직, 채권각론[신정판], 박영사, 1995.
곽윤직 집필대표, 민법주해(Ⅰ)·(Ⅱ)·(Ⅲ), 박영사, 1992.
권오승, 민법특강, 홍문사, 1994.
권용우, 민법총칙[제5전정판], 법문사, 1999.
김용진, 실통본 민사소송법[제2판], 신영사, 2004.
명순구, 민법학의 기초원리, 세창출판사, 2002.
명순구, 민법총칙, 법문사, 2005.
양창수, 민법입문[전정판], 박영사, 1995.
양창수, 민법연구, 제1권, 박영사, 1991; 제2권, 1991; 제3권, 1995; 제4권, 1997; 제5권, 1999; 제6권, 2001.
양형우, 민법의 세계[제8판], 진원사, 2016.
이시윤, 신민사소송법, 박영사, 2002.
이영준, 물권법[신정판], 박영사, 2001.
이은영, 물권법[개정신판], 박영사, 2002.
조성민, 민법총칙[제3판], 두성사, 2003.
지원림, 민법강의[제14판], 홍문사, 2016.
현병철 외 10인, 민법총칙기본판례평석 100선, 현암사, 1998.
황적인 외 29인, 민법개정안의견서, 삼지원, 2002.

**〈일본 문헌〉**

鈴木祿弥, 民法總則講義, 創文社, 1991.
大村敦志, 民法總論, 岩波書店, 2001.
吉田豊, 民法總則講義, 中央大學出版部, 2000.
內田貴, 民法Ⅰ[總則·物權總論], 東京大學出版會, 1994.
伊藤眞, 民法總則, 弘文堂, 2001.
石田喜久夫, 民法總則, 法律文化社, 1991.
石田穰, 民法總則, 悠々社, 1992.
星野英一, 民法概論Ⅰ[序論·總則], 良書普及會, 1981.

**〈독일 문헌〉**

Dieter Medicus, *Allgemeiner* Teil des BGB, 6. Aufl., 1994.
Hans Brox, *Allgemeiner Teil des Bürgerlichen Gesetzbuchs*, 8. Aufl., 1984.
Hans-Martin Pawlowski, *Allgemeiner Teil des BGB*, 2. Aufl., 1983.

Heinz Hübner, *Allgemeiner Teil des Bürgerlichen Gesetzbuches*, 1. Aufl., 1985.
Karl Larenz, *Allgemeiner Teil des Bürgerlichen Rechts*, 7. Aufl., 1989.
Lange · Köhler, *BGB · Allgemeiner Teil*, 17. Aufl., 1980.
Werner Flume, *Allgemeiner Teil des Bürgerlichen Rechts, Zweiter Band: Das Rechtsgeschäft*, 3. Aufl., 1979.

# 찾아보기

## ㄱ

ㄴ



ㄷ

ㅂ

ㅅ

ㅇ

## ㅊ

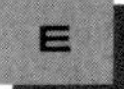



ㅍ

ㅎ

# 저자 소개

**홍성재**(洪性載)

〈약 력〉

대전고등학교 졸업
성균관대학교 법과대학 법학과 졸업
성균관대학교 대학원 법학과 수료(법학석사, 박사)
충청남도 행정심판위원회 위원, 소청심사위원회 위원
충청남도교육청 행정심판위원회 위원, 소청심사위원회 위원
사법시험 및 군법무관임용시험 위원, 국회입법고등고시 시험위원,
공인노무사시험, 주택관리사시험 출제위원 등
법무부 민법개정위원회 위원
공주대학교 인문사회과학대학 학장
현 공주대학교 법학과 교수

〈저 서〉

부동산물권변동론(법문사, 1992)
민법판례해설Ⅰ,Ⅱ,Ⅲ(공저, 경세원, 1990~1995)
민법총칙기본판례평석 100선(공저, 현암사, 1998)
물권법[신정판](동방문화사, 2014)
주석 민법[물권Ⅰ](공저, 한국사법행정학회, 2011),

**민법총칙**

제6판

펴낸날 / 제1판 제1쇄 2003년 7월 10일
제2판 제1쇄 2005년 6월 30일
제3판 제1쇄 2009년 6월 30일
제3판 제2쇄 2010년 1월 25일
제3판 제3쇄 2010년 8월 31일
제4판 제1쇄 2012년 2월 25일
제5판 제1쇄 2013년 7월 1일
제6판 제1쇄 2016년 7월 1일

지은이 / 홍성재
펴낸이 / 임춘환
펴낸곳 / 도서출판 대영문화사
주소 / 서울 용산구 청파동 1가 178-2 ㊐ 140-869
등록 / 1975년 12월 26일 제3-16호
전화 / (02)716-3883, (02)714-3062
FAX / (02)703-3839
홈페이지 / http://www.dymbook.co.kr



ISBN 978-89-7644-560-5

〔값 27,000원〕